ブルターニュ
死の伝承

アナトール・ル＝ブラース

後平澪子訳

藤原書店

Anatole Le Braz

La légende de la mort
chez les Bretons armoricains

Édition définitive
Paris, Librairie Ancienne HONORÉ CHAMPION, 1923

コンカルノーのサン・タンヌ・ドゥ・フエスナンのパルドン祭に向かう人々
（アルフレッド・ギユー制作、油彩、1887 年、カンペール美術館収蔵）

ガンガンのパルドン祭（7月1日日曜日）前夜の行進
（フェリックス・ブノワの素描による版画）

メネス・ブレの聖エルヴェ礼拝堂
（ヴァン・デン・アラン制作、木版画）

ケルゴアトのパルドン祭
（ジュール・ブルトン制作、油彩、1891年、カンペール美術館収蔵）

「真実の聖イヴ」の墓前でひざまずく女性

（古い絵葉書）

教会での告解

娘の告白を盗み聞きしようとした若者が、司祭につまみ出されるところ。

（ペランの素描による版画）

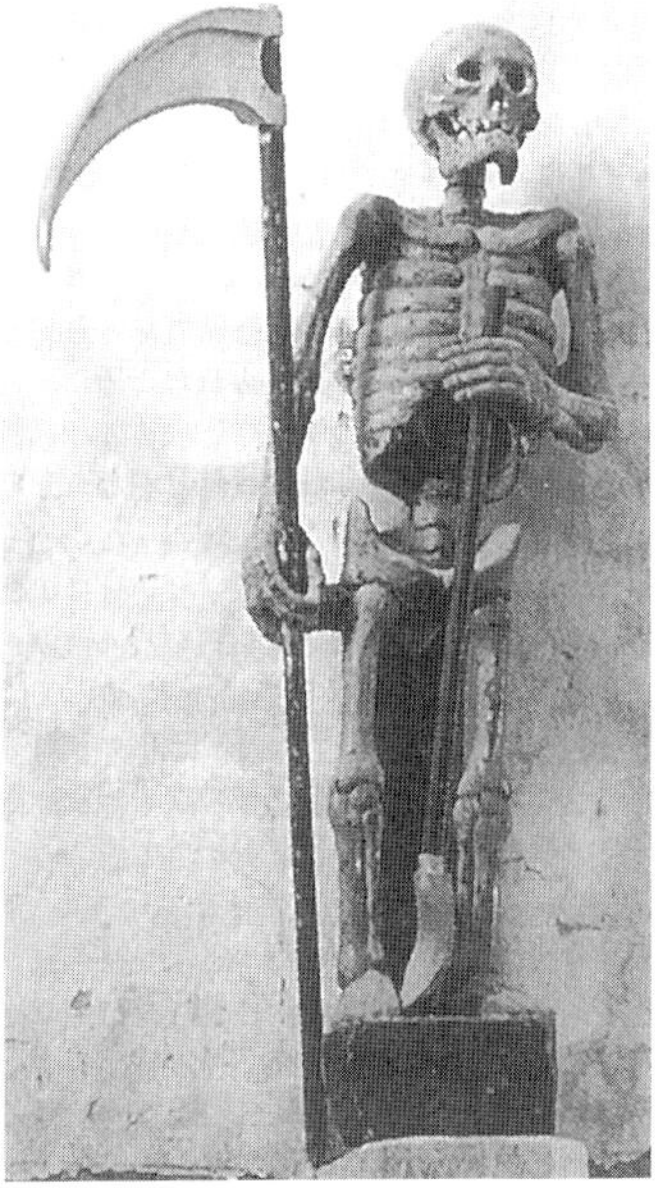

プルミリオーのアンクー

亡くなった娘の葬列
（アメデ・ゲラール制作、油彩、1861年頃）

おじいさんのお通夜
「白い礼拝堂」のしつらえ。
（ペランの素描による版画）

喪中の家
亡くなった子供の通夜のひとこま。
（G・T・ワレン制作、油彩、1892年頃、カンペール美術館収蔵）

遺骨を納めた箱

それぞれの箱には、死者の名前が記されている。
（パンポル近郊ケリティの納骨堂、古い絵葉書）

ノワイヤル・ポンティヴィの納骨所

遺骨を納めた箱が一列に並んでいる。
（古い絵葉書）

グラドロン王の逃走

（エヴァリスト=ヴィタル・リュミネ制作、油彩、1884年頃、カンペール美術館収蔵）

トレギエ、ジョーディ川での海難事故

『ル・プチ・パリジャン』紙の文芸付録のイラスト
（1901年9月8日付）
（この事故でル=ブラースは父、義母、妹らを失う）

フィニステール県ケルルアン沿岸での海難事故
（フェリックス・ブノワの素描による版画）

フィニステール県クロゾン半島にあるロテル洞窟
溺死した死者の霊が悔悛の行をするとされる場所
（フェリックス・ブノワの素描による版画）

オーディエルヌ港の入口
（1900 年頃、ヴィクトル・カミュ撮影）

引き潮のドゥアルヌネ湾
（エマニュエル・ランシエ制作、油彩、1879 年、カンペール美術館収蔵）

海藻採り《ゴエモン》
ゴエモンは浜で焼き、ソーダの材料にした。フィニステール県サン・ポル・ドゥ・レオン付近の光景。
（フェリックス・ブノワの素描による版画）

海藻《ゴエモン》採りの女性
（アルフレッド・ギユー制作、油彩、1890 年）

漁師
（ドゥアルヌネ近辺、プロアレ）

農家の室内
主婦は箱ベットの前のベンチに座り、炉にかけた大鍋で食事の用意をしている。
（古い絵葉書）

農家の中庭
フィニステール県クロアール・カルノエ
(1910年頃、フィリップ・タシエ撮影)

農家の室内
家畜と人が同じ家に住むこともしばしばだった。
(1914年頃の古い絵葉書)

麦打ちの光景

フィニステール県ネヴェズ

（19 世紀末、撮影者不明）

仕立て屋で婚礼衣裳を試着する娘

（古い絵葉書）

野外での結婚式の祝宴
コルヌアイユ地方。会食者は 2100 人にものぼった。
(1914 年頃の古い絵葉書)

コワフ
（キャップ・シザン地方）

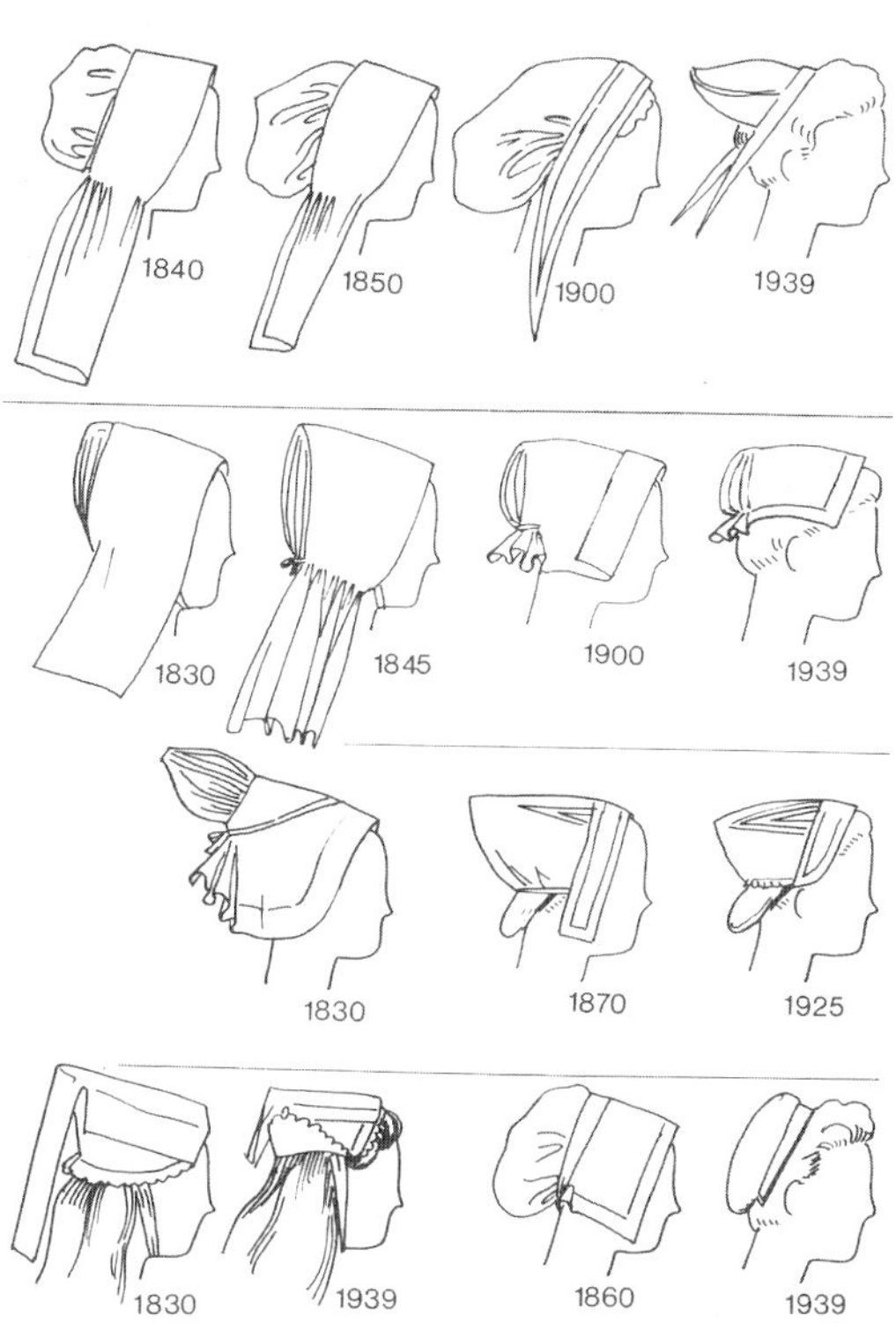

様々なコワフ（地域別・時代別）
（上から、トレゴール、ヴァンヌ・オーレー、ナント、ウェッサン島）

糸紡ぎの女性
（ポン・ラベ）

男性の服装
（カンペール）

若い男女の服装
（ゲメネ・シュル・スコルフ）

アナトール・ル=ブラース

父　ニコラ・ル=ブラース

ポール・ブランで聞き書きをするル=ブラース

ブルターニュの民家でのル =ブラース
（左から２番目）

トレギエ近郊のギンディ川の岸辺で執筆するル=ブラース
（現在、森の見える対岸に彼の墓がある）

ラ・ロッシュ・ジョーヌにて

ブルターニュ　死の伝承／目次

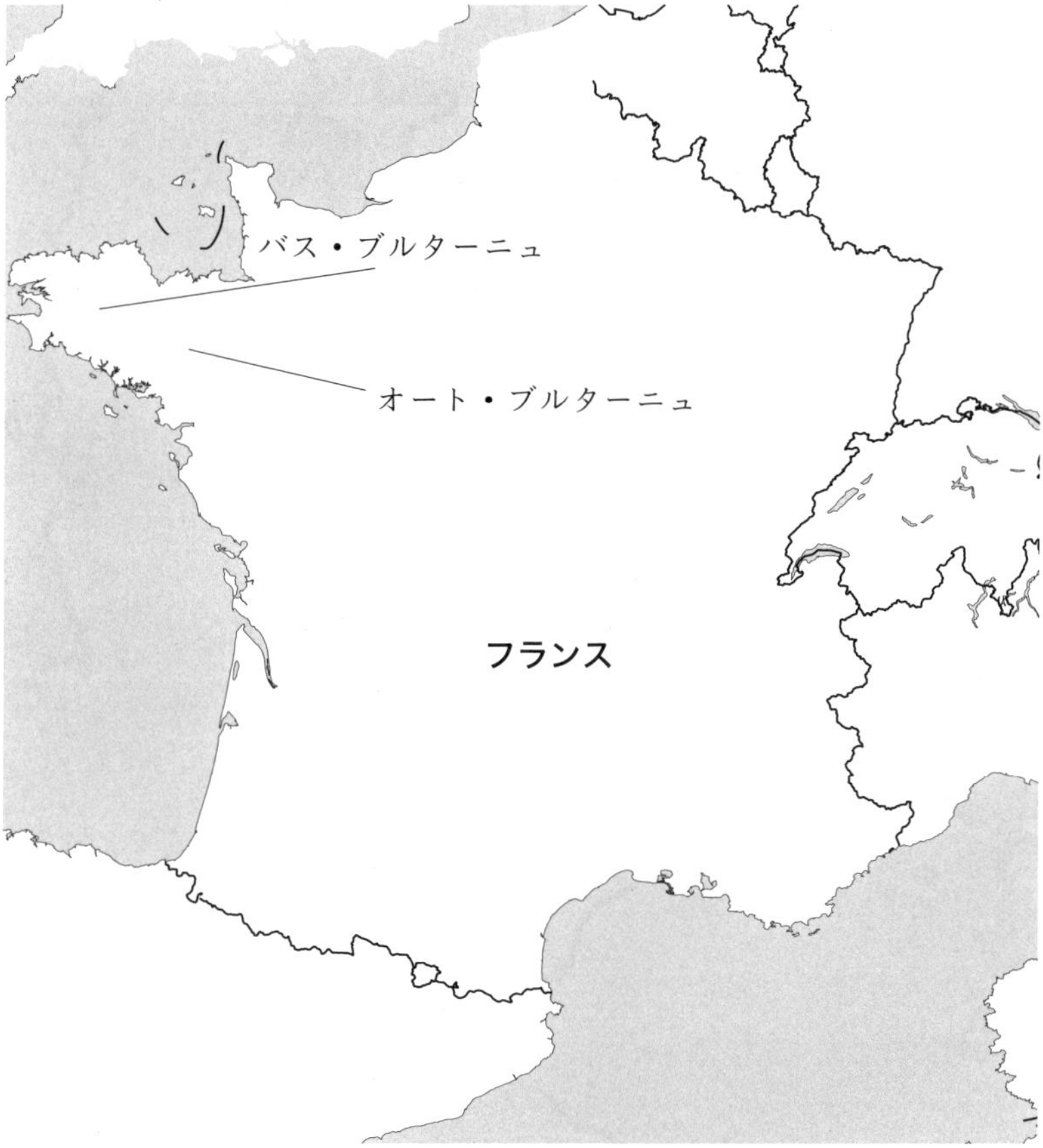

物語の舞台、バス・ブルターニュ地方

バス・ブルターニュ地方

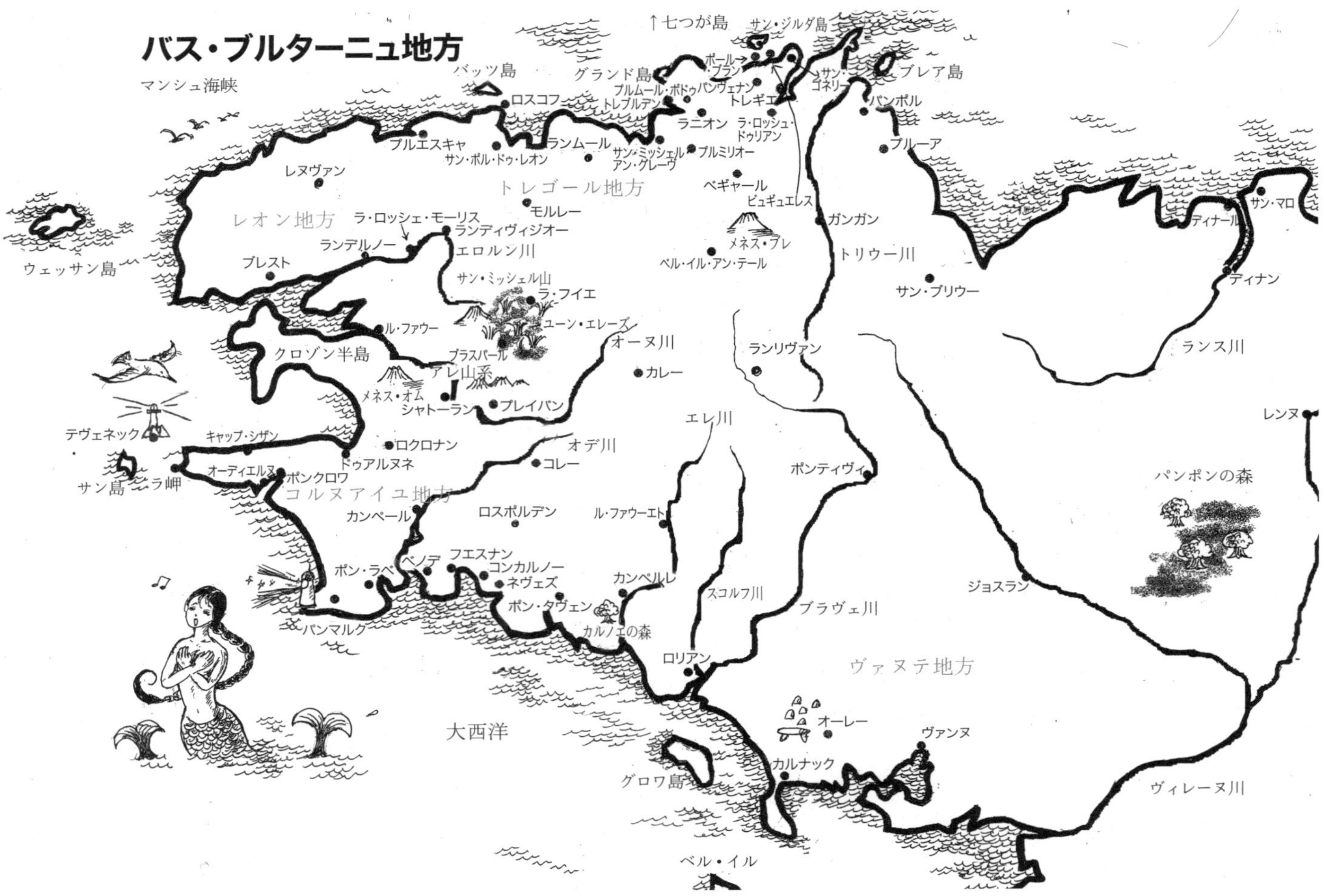

マンシュ海峡
バッツ島
↑七つが島
サン・ジルダ島
グランド島
ポール・ブラン
サン・ゴネリー
ブレア島
ロスコフ
プルムール・ボドゥ
パンヴェナン
トレブルデン
トレギエ
パンポル
ラニオン
ラ・ロッシュ・ドゥリアン
プルエスキャ
ランムール
サン・ミッシェル・アン・グレーヴ
プルミリオー
プルーア
サン・ポル・ドゥ・レオン
レヌヴァン
ベギャール
トレゴール地方
ビュギュエレス
レオン地方
ラ・ロッシェ・モーリス
モルレー
ガンガン
サン・マロ
ランディヴィジオー
ディナール
ランデルノー
エロルン川
メネス・ブレ
トリウー川
ブレスト
ベル・イル・アン・テール
ウェッサン島
サン・ミッシェル山
サン・ブリウー
ディナン
ラ・フイエ
ユーン・エレーズ
ル・ファウー
オーヌ川
ランス川
ランリヴァン
クロゾン半島
ブラスパール
アレ山系
カレー
メネス・オム
シャトーラン
プレイバン
エレ川
レンヌ
テヴェネック
キャップ・シザン
ロクロナン
オデ川
ドゥアルヌネ
コレー
オーディエルヌ
ポンクロワ
ポンティヴィ
サン島
ラ岬
コルヌアイユ地方
パンポンの森
カンペール
ロスポルデン
ル・ファウーエト
フエスナン
ポン・ラベ
ベノデ
コンカルノー
ネヴェズ
カンペルレ
ジョスラン
ポン・タヴェン
スコルフ川
ブラヴェ川
パンマルク
カルノエの森
ロリアン
ヴァヌテ地方
オーレー
大西洋
ヴァンヌ
カルナック
グロワ島
ヴィレーヌ川
ベル・イル

ブルターニュ　死の伝承

凡例

一、本書は、*La Légende de la mort chez les Bretons armoricains*, par Anatole Le Braz, Paris, Librairie Ancienne Honoré Champion, Éditeur, 1923. の全訳である。今回、訳出の底本として用いたのは、一九二三年に刊行された版であり、著者自身が決定版としたものである。但し、訳出にあたって、現代の読者には不要と思われる「一九二三年版序文」、「序文」の第一段落、巻末のレオン・マリリエによる「付録」、一部の原注を省略した。

二、序文の訳出にあたって、原文にはない見出しを付した。

三、原文中の《 》は、原則として訳文では「 」で示した。但し、意味のまとまりを示すために、訳者が「 」を補ったところもある。原文中の( )は、訳文でも( )で示した。

四、原注は、アナトール・ル＝ブラースとジョルジュ・ドタン(Georges Dottin)によって付されたものである。各注がいずれによるかは明記されていないが、ケルト(アイルランド、スコットランド、ウェールズ)関連の原注の大部分は、ケルト学者であるドタンによるものである。訳文では、短かいものは、本文中に( )内にポイントを落として記し、長いものは、本文中に(1)(2)(3)……と付した上で巻末に載せた。

五、訳注は、短かいものは、本文中に〔 〕内に示し、長いものは、本文中に〔*1〕〔*2〕〔*3〕……と付した上で巻末に載せた。

序文

ギミリオー、聖堂囲い地の十字架磔刑像（カルヴェール）

死後の世界を知る神秘的な民族

ケルト人の異界観

ルナン〔一八二三―九二年。トレギエ生まれ。宗教史家、思想家。『イエス伝』が名高い〕はこう記している。「ケルト人の習俗のうち、ローマ人にもっとも強い印象を与えたもの。それは、ケルト人が来世についてはっきりとした考えを抱いていたことだ。ケルト人は自殺に心を惹かれ、あの世での暮らしのために借金をし、契約書にサインする。それよりずっと気楽な性格の地中海人は、ケルト人が未来を予見し、死の秘密を知っているからこそ、来世を確信できるのだと思い、この神秘的な民族に対して恐れを抱いていた」(『道徳批評試論』*Essais de morale et de critique*, Paris,1860,p.451)ケルト人の歴史を遡れば遡るほど、いわゆる「あの世」に関する事象が、人々の想像力において、奇妙なほど重要な位置を占めていたように思われる。カエサル〔紀元前一〇〇―紀元前四四年。ローマの軍人、政治家〕の報告によれば、ガリア人はドルイド〔ケルトの祭司、賢者〕の教えに帰依し、死の神の庇護を求め、自らその末裔であると公言していたという。「それゆえに、彼ら(ガリア人)はすべての時間的経過を、日の数ではなく、夜の数で計算する」〔カエサル著『ガリア戦記』第六巻一八節、國原吉之助訳、講談社学術文庫〕。また、『ガリア戦記』には、彼らがいかに葬送を重要視し、豪華盛大に執り行っていたかが伝えられている。さらに、これもカエサルからの引用だが、ドルイドを教育するうえでもっとも肝心なのは、霊魂は決して死なないという強い確信を叩き込むことだという。この点について言うならば、確かにカエサルの記述には、死後の世界というより、むしろ一種の輪廻転生の趣きが見て取れる。[*1] だが、ゲドス氏〔一八四二―一九三二年。フランスのケルト学者。『ケルト研究誌』の創刊に尽力〕

の鋭い指摘によれば、カエサルの断定的な記述は、彼自身が別の箇所で述べていることと、奇妙にも矛盾する。例えば、死者の遺体を荼毘《だび》に付すとき、飼っていた犬や奴隷を含め、故人が生前愛したものを共に焼く習慣があるが、そこには当然のことながら、愛された者たちがあの世でも変わらず故人に尽くすように、という願いがこめられていたにちがいない。同じように、魂が不滅であることを人々が固く信じていなかったら、故人に金を貸すことを承知するはずがないのである。とはいえ、次のようなことも考えられなくはない。すなわち、一般の人々は死後も魂が存続するという見解を共有していたが、ドルイドはこうした考えに与せず、自分たち独自の考えを持っていた。そして、その思想はピュタゴラス学派の概念から直接着想を得たものか、あるいは幾人かの学者が主張するように、それとたいして変わらないものであったということだ。ポンポニウス・メラ〔一世紀のローマの地理学者〕の記述を読むと、ドルイドは自らの学識を一般人にはまったく明かさず、僧侶階級と信者のみに固く秘していたということがわかる。したがって、いまここで問題となっている死後の世界については、次のように推測できなくもない。すなわち、ドルイドたちは、霊魂の行く末に関する特別な秘密の理論を持っていたものの、一般大衆に対しては、人間は死んだあとも生き延びる、と教えるにとどまっていた、ということである。

いずれにせよ、人間の死について、ガリア人の胸に刻まれた教えは、この一点に尽きていたものと思われる。そう判断するには、『ファルサリア』の中の、韻文で書かれた次の下りを一読すればいい。ルカヌス〔三九—六五年。ローマの叙事詩人。セネカの甥にあたる〕はドルイドたちに向かって、こう語りかける。「あなたがたの教えによれば、エレボスの静かな住まいにも、またプルトンの地下のうす暗い王国にも、影は忍び寄らないというのですね。そしてあの世でも、生きていたときと同じ魂によって身体が支配されると。あなたがたの学識がおためごかしでなければ、人間は死後の世界で長く生きられるはずです」（『ファルサリア』*Pharsale*, I, p. 449-453）

死後の世界はどこにあるか

では、ケルト人にとって、人間が死んだ翌日からふたたび生を享けるという異界、すなわち「オルビス・アリウス」とは、いったいどのような場所だったのだろうか。ロジェ・ドゥ・ベロゲ〔一七九五―一八七二年。フランスの歴史学者。ブルゴーニュの専門家で、ガリア民族史を研究した〕は、ケルト人の言う異界とは月世界のことだ、と証明しようとした。一方、アンリ・マルタン〔一八一〇―一八八三年。フランスの歴史家、政治家。一六巻に及ぶ『フランス史』を執筆〕は、いや、むしろ太陽こそがケルト人の異界なのだ、と考えた。だが両者とも、「オルビス」という言葉の意味を確認しなかったために、過ちを犯している。かつてサロモン・レーナック〔一八五八―一九三二年。ユダヤ・ドイツ系のフランスの考古学者。サン・ジェルマン・アン・レーの国立古代博物館の館長を務めた〕が指摘したように、ルカヌスの言葉や当時の詩に登場する「オルビス・アリウス」という言葉は、地球全体ではなく、単に陸地の一地方を指しているに過ぎない。したがって、ケルト人の楽園を、この地球以外の星に求めるのは間違っている。ルカヌスの言う「異界」とは、この地球にほかならない。死者は地上から逃げもしなければ、地中の奥深くに姿を消しもしない。死とは単に、こちらからあちらへの移住にすぎないのだ。紀元前四世紀、ガリアの戦士が一族郎党とともに、現在のオランダ一帯を支配していた。北海の荒れ狂う大波が、凄まじい勢いで小屋を呑み込まんと押し寄せてくるのを目の当たりにし、厄除けの祈祷も虚しいとあって、戦士は戦闘服をまとい、手には抜き身の剣を携え、もう片手には盾を構えた。そして、傍らに肩を寄せ合う家族とともに、おじけづくことなく最期のときが来るのを待った。そのときが過ぎれば、五体満足で向こう岸で生き返り、新しい国でこれまでとまったく同じ生活を続けられるものと信じて。

この死者たちの国を、ケルト人はどこにあると想定していたのだろうか。具体的に特定することは不可能だ。おそらく彼ら自身も、漠然かつ混沌とした概念しか持っていなかったのだろう。言い伝えにある死者の国の位置は、人々の住む環境によっても違っていたはずだ。現在のバス・ブルターニュ〔*2〕を見ると、そのことがよくわかる。故人の霊が過ごすとされる場所は、内陸の住民と海沿いの住民とでは異なっている。大西洋沿岸のケルト人は自然なりゆきで、一つ、あるいはいくつかの島を死者が過ごす場所だと考えていた。沖合い遠くに霞み、代わる代わる日光に照らされては霧にけぶる島々。そこは、あたかも魔法の国のように思われたにちがいない。プロコピオス〔五〇〇頃―五六〇年。東ローマ帝国の歴史家〕の記述によれば、四世紀、ブリテン島は死者のふるさとだと信じられていたという。島の対岸には数多くの村落が点在し、人々は互いに助け合いながら野良仕事や漁をして生計を立てていた。住人の多くはフランク人の臣民だが、年貢は免除されていて、その代わり、住民らの言うところによると、はるか昔から、「ある種の奉仕」を行なうことが義務づけられていた。その奉仕とは、霊を島へ渡してやることだ。それが自分たちの役目だと、住民は自認していた。夜眠っていると、突然扉を叩く音ではっと目が覚める。仕事だぞ、と呼ぶ声が家の外から聞こえてくる。人々は急いで寝床から飛び出す。拒絶しても無駄なのだ。不思議な力が彼らを駆り立て、家から砂浜へと引っ張っていくのだから。そこには船が待っている。住民の所有する船ではない、別の船だ。一見したところ、船には何も乗っていない。だが、実際には積み荷が満載されていて、船はずっしり沈み、水が船べりにまで寄せている。人々は船に乗り込み、櫂を握る。一時間後、見えない乗客の重みに耐えながら、船は無事、島に到着する。とはいえ、ふつうはそこまで行くのに、少なくとも一晩と丸一日はかかるのだ。ブリテン島の岸辺に着くや否や、船は突然、軽くなる。乗組員は誰一人として下船していないのに。そして陸地から、人々を呼び覚ましたのと同じ声が聞こえてくる。それは霊魂を導いてきた者の声で、迎えに来た偉い人たちの前で、連れてきた死者を一人一人、紹介しているのだ。紹介される者が男なら、その人の父親の苗字を呼び、女なら、結婚している場合は夫の苗字を呼ぶ。霊の指導者は、それぞれの人影を指し示しながら、生前の職業を説明する。

以上が、プロコピオスの語るエピソードの大筋である（『ゴート人戦記』*De la guerre des Goths* IV,20）。これは、ケルト人の死の伝説を記した古代の記録のうちで、いちばんまとまった記述だ。見知らぬ船が夜の海へと滑り出すところから、霊が列をなして目に見えない者の点呼に答える場面まで、すべてが示唆に満ちている。アイルランドの古い叙事詩に、このエピソードとよく似た特徴を持つものがあり、つい両者を比べたくなる。その叙事詩もやはり別世界を題材にしており、人々はガラスもしくはブロンズでできた船に乗り、海を渡って異界へと向かう。目的地は、さまざまな名で呼ばれる。あるときは「マグ・メル」（喜びの野原）、またあるときは「ティール・インナム・ベオ」（生者の地）、あるいは「ティール・ナ・ノーグ」（常世の国）というように。そこは夢のように素晴らしい土地として描かれている。美しい妖精は甘い言葉でコン王の息子コンラに語りかけ、次のように別世界を褒め称える（『コンラの異界行』）。「そこに行けば、素晴らしいことばかりが待っているの。ほら、今まさに太陽が沈みかけている。遠くにあるけれど、夜になる前にきっとたどりつけるわ。そこは喜びの国なの。行った人は、誰もがそう言うわ」（『アイルランドのケルト叙事詩』H.d'Arbois de Jubainville,*L'épopée celtique en Irlande*, p.389）そこには死も、罪も、怒りもない。喜びに満ちた時間が永遠に続く。楽園にふさわしいすべての条件がそろっているのだ。フィリ（中世アイルランドの詩人集団。知識階級に属し、預言者でもあった）の考えでは、その国がルカヌスの言う「オルビス・アリウス」であり、プロコピオスの語るブリテン島なのだろうか？　だが、おそらくそれには疑問が呈されるだろう。

大方の場合、別世界で悦楽の日々を過ごす住人は死者ではなく、人間よりも優れた別種の生き物として描かれている。彼らは「妖精」を意味する「シー」という言葉で表現される。彼らの住む御殿はたいそう立派で、百五〇台もの寝台が並んでいるのが一目で見渡せる。柱は金で彩られ、桶にはなみなみと蜂蜜があふれ、決して尽きることがない。住人はいつも宴会に興じ、戦さに余念がない。彼らが、死ぬ定めにある常人に興味を示すことは、稀ではない。実際、シーは自分の意のままに姿を消したり現したりすることができ、好んでこの世を訪れる。水面を飛ぶように走る魔法の車が、彼らの乗り物だ。とりわけマグ・メルの娘たちは、恋の冒険を求めてアイルランドの岸辺にやって来る。この女たちは、土地の娘とは似ても似つかない。金髪の長い髪をたゆたわせ、美しい形をした胸は金で覆われている。比類なきまでの魅力を備え、その言葉は人を陶然とさせ、相手の心にずばりと突き刺さる。彼女たちは自分の力を熟知していて、人間の息子を惑わして打ち興じるのだ。一度は自分のものとなったシーに去られたがため、クー・ホリン〔超自然的な戦いの英雄で、アルスター神話群の一部『クーリーの牛争い』の主人公〕は何をもってしても心が慰められず、いつまでも嘆き悲しんでばかりだった。そしてドルイドからすべてを忘れる薬を飲まされて初めて、恋の痛手から立ち直ることができたのである『クー・ホリンの病』。妖精たちは、これと定めた若者に魔法のりんごを渡す。若者がそれを食べると、永遠に妖精の虜となってしまう。そうなったら最後、いかなる策を講じようと、どんな呪文を唱えようと、彼を妖精から引き離すことはできない。最愛の人との絆を断ち切ってでも、若者は海を越え、「果てしない海の彼方の地」にまで妖精を追いかけて行き、ときとして二度とこの世に戻って来ない。しかしそれは、「妖精の国」に魅せられた者が、そこから出ることを禁じられているからではないのである。その国は、戻って来られないような場所ではない。物語の主人公の中には、妖精の国に行き、一、二ヶ月そこに滞在してから、無事にふるさとの家に帰還した者もいる。ふつうの人間もそれと同様だが、ただふるさとに戻ったとき、犯してはいけない何らかの魔法の制約に縛られている場合がある。

キリスト教改宗後にも残ったケルト的伝統

妖精の世界

このように、純粋に妖精の世界として語られる場所を、厳密な意味での「あの世」に当てはまると断定するには、幾分かの困難を覚える。ところが、この分野でもっとも権威あるフランス人学者、ダルボワ・ドゥ・ジュバンヴィル氏〔一八二七―一九一〇年。コレージュ・ドゥ・フランスのケルト語文学担当教授〕は、いささかのためらいも見せずに、この両者を同一のものと考えているのである。氏は、アイルランドの言い伝えと古代ギリシャの伝承に、数多くの共通点があると真っ先に主張した学者だが、その数々の報告を拝読すると、どうもそのように考えているとしか思えない。ダルボワ氏は、ギリシャ人の言う「エリュシオンの野原」と、ゲール人の「喜びの野原」を比べながら、そこに住む「幸福な民」をシーと同一視している。両者はどちらも死者である、として。彼らが死者だからこそ、これらの住民を指し示す呼び名として、「若人」「生者」という言葉がテキストの中で使われているのだ、とダルボワ氏は説明する。なぜなら、死者は尽きることのない命を得ることができ、永遠の若さを授かるのだから……。とはいえ、古い叙事詩を探しても、このような解釈を許すものはいささかも見出せない。しかしながら、また別の伝承に目をやると、氏の見解を裏付けているように思われる材料も見つかる。例えば、トゥアサ・デ・ダナン〔ダーナ神族〕にまつわる物語がそうだ。このトゥアサ・デ・ダナンというのは、ミールの息子たち〔ミレシア人またはゲール人。渡来民族で、ギリシャの植民地からアイルランドに攻め入り、ダーナ神族を破って国を征服し、いまのアイルランド人の祖先になったとされる〕がアイルランドに侵略したとき、その地に住んでいた先住民族である。この人々は戦いに敗れ、新たな侵略者に座を明け渡したことを機に、姿を消すのだが、島を完全に捨てたわけではなく、やがてシーのように、ときには人の目に見え、またときには目に見えない存在として、民間信仰の中で生き残り、超人的な役割を果たすようになる。トゥアサ・デ・ダナンの物語は、何がしか本当に起きた出来事がもとになっていて、神話から着想を得たのではないとしたら、かなり早い時期に、そこに祖先にまつわる伝説が入り混じったのだと思われる。もしかすると、昔から存在した妖精伝説に取って代わった、という可能性もある。ともかく、トゥアサ・デ・ダナンが死後過ごすとされる場所は、原始時代に埋葬が盛んに行なわれていた場所と一致する。例えば、考古学者が足繁く訪れるボイン川流域の巨大な墳墓もその一つで、そこはアイルランドの年代記によると、ダグザ王〔神話物語群に登場するダーナ神族の首領〕の素晴らしい宮殿があったとされる場所なのだ。

『クーリーの牛争い』という十世紀の叙事詩の前話に、『ネラの異界行』と題された小編がある。これは、アイルランドではっきり幽霊について言及されている最初のテキストである。その粗筋は、つぎのとおり。「サウィンは今の万聖節（一一月一日）にあたり、ケルトの暦で重要な日である〔四つある季節の大祭のうちの一つ。現実界と超自然界との境界が薄れ、異界の住人が自由にこの世にやって来ることができる日とされた〕。そのサウィンの日の前夜、一人の捕虜が吊るし首にされた。翌日の晩、アリル王とメイブ王妃〔コナハトの女王〕は、次のような提案をした。すなわち、遺体の足に柳の枝を結んできた戦士に、その豪胆さを寿ぐために褒美を与えよう、というのだ。たった一人ネラだけが、物の怪《もののけ》が人前に姿を現すこんな夜、闇と恐怖をものともせず、賭けに応じたのだった。約束の場所にたどりついたとき、ネラにどうやって柳の枝を結ぶかを指示したのは、吊るし首になった死者自身だった。その作業がすむと、死者は、お前の背中におぶって水を飲みに連れて行ってくれ、と頼んだ。そこで、ネラは言われたとおり死者をおぶい、家の戸口から戸口を訪ね歩いた。死者は、桶に水が溜まっていて、暖炉の火がつきっぱなしの家にしか、入ろうとはしなかった。望みどおりの家が見つかって、喉の渇きを癒すと、死者はその家の主人に、最後に一口だけ残しておいた水をかけた。するとたちまち、主人は死んでしまった」〔『ケルト研究誌』Kuno Meyer, *Revue celtique*, t.X, p.214-227〕このエピソードはたいへん重要な意味を持っている。というのも、ここで語られる吊るし首の男の行為は、たいていの場合、妖精が行うものと相場が決まっているからだ。多くの物語で、妖精は生来、無秩序と不潔さを敵視するものとして、描かれている。この話の死者のように、妖精もまた家の中に侵入し、家がきちんとしているかどうか目を光らせ、汚れた水を家の外に捨てずにおく、だらしない連中に容赦なく罰を与える。したがって、このエクトラーエ・ネライ〔『ネラの異界行』〕では、死者と妖精が混同されていることは明らかだ。さらに、『ダ・デルガの館の崩壊』の中の一節は、ダルボワ氏の説をいっそう裏づける根拠となるだろう。コナラ王が旅をしていると、自分の前に、赤い服を着た三人の騎手が見えた。王はすぐさま一人の家来を三人のもとに遣わし、ぜひ自分に仕えるように申し伝える。だが、家来の受け取った返事は次のようなものだった。「われわれの乗っている馬は、シーの住む地のものだ。われわれは生者だが、もはや死者なのだ」赤い服の三人の男たちは嘘をついたために、シーの国を追放されたのだった〔デルガには「赤い」という意味もあり、三人の赤い騎手との邂逅は、コナラ王の死の前兆と考えられる〕。

さまざまなテキストで、本当の意味での幽霊について言及しているのは、この話だけである。それに、アイルランドの叙事詩では、異界から来た人物は死者ではなく、ほぼ常に妖精として登場する。だが、近世の信仰ではそれとは逆に、妖精と死者はほとんどいつも同じものとして認識されている。このことを示す例は、ほかにも数多くある。マン島で、一人の男が、妖精が宴会をしている広間に闖入した。その席に連なっている者たちのうちに、男の顔見知りが何人かいた。そのうち一人の女が親切にも、出されたものは決して口にしてはいけない、と教えてくれた。そうでなければ、二度とふたたび自分の家に戻れないよ、と。そこで、男は、慌ててコップの中身を床にぶちまけた。するとたちまち、広間も宴会も、そこに集まっていた人々も、蜃気楼のように消えてしまった。男に忠告してくれたのは、死者だった。アイルランドでは、死を告げる不思議なベン・シー（バンシーともいう）は、常に妖精、もしくは幽霊として登場する。そのどちらであるかは、場合によって異なる。また、死んだ両親のさまよえる霊魂は、夜道を走りながら音楽を奏でる小人の姿に擬せられることがある。妖精と同じように、死者も地下の館に住んでいるとされる。妖精と同じように死者もまた、立派な馬具をつけた馬に乗って全速力で道を駆けていくところを目撃される。鉄は妖精から身を守ってくれると同時に、幽霊に対するお守りにもなる。アイルランドの神話では、シーの祭りはベルテネ〔明るい日という意味で、五月一日のこと〕とサウィン（一一月一日）の日に行なわれる。ところで、この両日は、死者がもとの主人のところに戻り、束縛から解き放たれて、自由を楽しむ日でもある。サウィンの夜、死者たちは妖精の祭りに参加し、妖精の杯でワインを飲み、妖精の楽器が奏でる音楽に合わせて踊る。妖精たちに攫《さら》われ、このダンスパーティに連れてこられた一人の男は、踊りの輪の中に、三年前に亡くなった妹の姿を見つける。男は、妹と一緒に生きてこの世に戻ってもいい、という許しを取りつける。現実の死は、年老いた人にのみ訪れる、という考えは、アイルランド人の間で広く信じられている。彼らによれば、若くしてこの世を去った人は、死んだのではなく、妖精に魅入られたのだ。似たような民間信仰は、スコットランドにも存在する。キャンベルで収集された民話によると、一人の老婆が、その昔、自分の主人だった人の幽霊と言葉を交わす。そして、亡くなったものとして人々からその死を悼まれた一人の若者は、実は妖精に攫われたのだ、と明かされる。妖精と死者という二種類の人物が、まだ完全に混同されておらず、妖精を悪魔と同一視するキリスト教的な考えがまだ根づいていなかった時代、妖精はトゥアサ・デ・ダナンの末裔だと信じられていた。それよりもっと時代が下ると、トゥアサ・デ・ダナンは超自然の人物ではなく、正真正銘の人間で、常人のように死んだ、と考えられるようになったのである。

聖パトリックの煉獄

このように、智者のつくった叙事詩に語られていない白紙の部分は、口承という手段によって伝えられている。大昔のフィリ〔詩人〕たちが語らなかったこと、もしくは残さなかった痕跡は、後世の語り手たちによって今に伝えられているのだ。死者と妖精という特殊な問題について、どのような意見を採用するとしても、一つだけ確かなことは、アイルランド人の脳裏には、他のケルト民族と同じように、あの世の強烈なイメージが常に焼きついていた、ということである。このことを最も雄弁に物語る例が、そうしたイメージに加えられたキリスト教的色彩の中に見出せる。キリスト教は人々の死に対するイメージをねじ曲げ、自分たちの教えに有利に働くようにつくりかえ、利用した。これまで見てきたように、シーや死者が過ごす国に関する伝説は、いわば二重仕立てになっている。その国は、ときには日の沈む彼方、光輝く海の向こうの国として描かれ、またときには地面の下に深く埋もれた都市として登場する。例えば、征服された種族であるトゥアサ・デ・ダナンの宮殿は、地下にあるとされている。こうした地下宮殿の伝説は、異教徒が古代の墳墓に崇敬の念を払っていたことと、あながち無関係ではないように思われるし、さらには『聖パトリックの煉獄』というキリスト教伝説の形成にも関与したと考えられる。

この敬虔な物語はよく知られている。あるとき、聖パトリック〔パトリキウス。三八七—四六一年。アイルランドの守護聖人。数奇な運命を経て、三〇年に及ぶ布教活動により、アイルランド全島のケルト人を改宗させたといわれる〕は、ヒベルニア〔アイルランドのラテン語名〕の人々に、天国と地獄の教義を説こうとしたが、人々はまったく信じようとはせず、激しい拒絶反応を示した。現世の行ないが来世で罰せられるという考えは、実際ケルト人にとっては及びもつかないことだったからだ。説教を聴いていた人は、聖人にこう言った。「あんたの言う来世の苦しみとやらが本当なら、ここにいる誰かをそこに行かせて、その目でしかと確かめたうえで、俺たちに報告させてくれ。そうしたら信じるとも」人々を納得させるため、聖人はその願いを叶えてやることにした。そこで、洞窟や葬室のような形の穴が掘られた。ちなみに、元来この地方には洞穴が多くあり、そうした地形がこの伝説の形成に大きく関与していると思われる。さて、穴ができると、一人のアイルランド人が中に入って行った。やがて、ふたたび現れたこの男の顔には、生々しい恐怖のあとが刻まれていた。それは、かの地を歩き回ったときに見た、数々の恐ろしい光景のせいだった。テキストによれば、これは、デルグ湖に浮かぶ小さな島で起きた出来事だという。アイルランドの荒涼としたこの奥地は、後にキリスト教世界全体にとって重要な聖地となった。聖パトリックの「井戸」もしくは「煉獄」を訪ねる巡礼は、中世に熱烈な信仰を集めたのである。この巡礼を果たした人は、もはや人並みの喜びを追い求めることに興味を失い、ほかの人とともに生きながら、死者のような暮らしを送った。そのためには、長く恐ろしい試練を経なければならなかった。古代の秘教や近世のフリーメーソンの入門儀式と同じように。巡礼志願者はまず自らの良心を徹底的に検証し、自分には巡礼を果たせるだけの強靭な魂と勇気がある、という信念を得なければならない。ひとたび決心を固めたら、その地方の司教に会いに行く。司教は、いかなる危険が待っているか、志願者にこんこんと説いてから、聖なる島の修道院の院長に紹介状をしたためる。それから志願者は、木の幹をくりぬいて、人一人がようやく乗れるくらいの大きさにつくられた船に乗って湖を渡る。この旅にはもちろん、危険がともなう。ときとして数日間も船を漕がねばならず、その間、志願者は水とパンだけで飢えをしのぐ。陸に上がったら、すぐさま修道院長のもとに赴き、司教の手紙を渡す。すると院長は彼に苦行用の独房を与えるが、その部屋はようやく一人分の棺桶が置けるくらいのスペースしかない。彼はそこに七日間滞在し、俗界といっさいの接触を断って、祈りと苦行に明け暮れる日々を送る。八日目になると、さらに地下の独房に移され、まったく食べ物が与えられなくなる。断食明けの朝は、志願者にとって記念すべき日となる。独房にいるところを呼び出され、盛大な歓迎を受けて教会に連れて行かれる。志願者はそこで告解をし、聖体拝領を受け、死者のためのミサ、レクイエムに出席する。これは彼の死のミサなのだ。それから連祷を歌う聖職者と俗人との後ろに続き、ぽっかりと口を開けた暗い穴のほうへ歩いていく。穴の入口で、修道院長は志願者に向かって最後にもう一度、まだ時間があるうちに、こんな無謀な試みを諦めるよう、諭《さと》す。だが志願者がそれを拒むと、その身体を抱擁して祝福を与えてから、「行きなさい!」と号令をかける。その瞬間、志願者はこの世と断ち切られる。棺の置かれた墓穴が石でふさがれるときのように、背後で扉が閉まる。次の日の同じ時刻、同じ儀式が行なわれたあと、扉はふたたび開けられる。そのとき志願者が姿を現さなければ、信仰が十分でなかったために死んだものとみなされ、その後、彼の名前は二度と人々の口にのぼらなくなる。

だが、無事試練に打ち勝った者は、不思議でうっとりする出来事、あるいは身の毛のよだつような恐ろしい冒険を体験した主人公として、数多くの物語に詠われる。この奇妙な物語は十三、十四世紀のヨーロッパで頻繁に取り上げられ、ウェールズの物語と同じくらい豊かな題材を提供した。ダンテもそこからインスピレーションを得たことは明白だ。特に騎士オーウェンの報告は大成功を博し、マリー・ドゥ・フランス〔十二世紀後半、プランタジュネット王家に仕えたフランスの詩人。ブルターニュで伝承されていた題材に着想を得て発表した一二編の韻文短編「レー」が有名。十二世紀初頭、修道士の手で書かれたラテン語の原典を翻訳した『聖パトリスの煉獄』は彼女の作とされている〕は、それを韻文に直している。さらに四百年後、長い歳月の間にかなり歪曲されてしまったものの、聖パトリックのエピソードは、ライバル同士のスペインの劇作家、カルデロン・デ・ラ・バルカ〔一六〇〇―一六八一年。スペインの劇作家、聖職者〕とロペス・デ・ヴェガに素晴らしい題材を提供したのである。だが、わたしが思うに、アイルランドを除くと、バス・ブルターニュほど、直接この題材から強い影響を受け、魂を揺すぶられた地域はないだろう。ブルターニュでは聖パトリックの煉獄の話が劇仕立てにされ、広く民衆に浸透している。それが、無名の農夫によってしたためられた『ルイス・ユーニウス伝』である。ストーリーは単純に場面ごとに区切られ、韻文で書かれた荒削りなせりふが物語を引っ張っていく。これは、いまなおブルトン人〔フランス・ブルターニュ地方の人々〕に最も好まれている読み物で、その昔、かれらの祖先も大いに喜んだ出し物であった。わたしはかつて、トレゴール地方の糸紡ぎの老婆からこう言われたことがある。「この本の右に出るものはないね。考えてもごらん、これを読むと、あの世の様子が、隅から隅までわかるんだから!」

ケルト民族の中で最も死に関心を示すブルトン人

ブルターニュの風土と精神世界

このように、どのケルト民族も、死の問題について、古来より旺盛な好奇心を示してきた。だが、死に対するそうした関心を、いまだ最も完全なかたちで保っているのは、たぶんブルトン人であろう。彼らの心をこれほど強く捉える主題は、ほかにはない。死は人々の身近にあり、毎日の暮らしに欠かせないテーマなのだ。ブルトン人の住む土地の地理的条件自体も、こうした精神をはぐくむのに一役買っているように思われる。ルナンは、次のように記している。「アルモリカ〔ブルターニュ地方の旧名〕半島を旅していて、言葉のうえからも種族のうえからも、本物のブルターニュと呼ぶにふさわしい地域に分け入ったとき、突如としてそれまでとはまったく違う風土が肌で感じられるようになる。波のうねりと悲しみに満ちた冷たい風が起こり、魂はまた別の思索へと運ばれる。木々の梢は裸に剥かれ、その身を折り曲げる。あたりには、一面同じ色で塗りつぶされた霧が広がる。一歩進むたびに御影石が足の下で、舗装しても無駄なくらい、痩せた土の中にめり込む。ほぼ常に暗い色をした海が水平線の彼方まで広がり、永遠に繰り返される呻き声をあげている。まるで、別の時代の地層の中に分け入ったかのような気がする。それはどこかしら、ダンテに導かれて、一つ一つ地獄の階層を降りていくときのような感じに似ている」(Renan, 前掲書 p.375-376) 描写はわざと暗いほうへ、暗いほうへ導かれている、と言っても過言ではない。とはいえ、この地方に、独特の荘厳な感じ、憂愁が満ちていることも事実である。おぼろな光、しじゅう立ちこめる霧、そのせいで、ときどき奇妙に変形して見える事物。浜辺の岩や木の幹は、それ自体すでにへんてこな形をしているのに、ぼんやりした光と濃霧のせいで、いっそうおかしな動きをしているように見え、そのシルエットはまるで怪物のようだ。土手には枝を切り落とされた楢《なら》の木が佇み、吹き荒れる風が嘆き節をうたう。海の咆哮は絶えず調子を変え、海岸線が滑らかであることはない。深い溝が通っていたり、ごろごろした岩で縁取られていたり、あるいは砂利の敷き詰められた浜が続いていたりする。ブルトン人が生まれつき幻想的なものや超自然的なものに想像を逞しくするのは、こうした風土が後押ししているからなのだ。

実際、その土地の風景は、気候と切っても切り離せない。夕暮れどき、柔らかい草が生え、もう人が通らなくなって久しい古い道をたどりながら、ふいに見知らぬ通行人と出くわすと、幽霊に出会ったような気がしても不思議ではない。荒々しく、不吉な感じさえするこんな孤独な土地には、おのずと伝説が生まれる。例えば、見渡すかぎり、堅い花崗岩に覆われた土地がある。生き物という生き物は皆無で、植物さえも生えることができない。そこは奥ブルターニュでもっとも荒涼とした場所だ。その真ん中に、ユーン・エレーズと呼ばれる真っ黒な泥炭質の沼地が広がっている。アイルランド人が、デルグ湖に浮かぶ小島を地獄の入口だと考えていたように、この場所もまた、死の国の地下宮殿の玄関だとされているのだが、実際にこの地を訪れた人なら、なるほど無理もないと、うなずくにちがいない。それからまた、ジグザグした海岸線に砕ける波から、海のアンフェール〔アンフェールはフランス語で地獄の意〕が生まれたのも、やはりその場所の特徴がなせる業なのだ。死者の嘆きの声が聞こえてくるという、このアンフェールは、いちばん有名なものを挙げるだけでも、プルグレサン、プロゴフ、グロワに存在する。それと同じく、水晶のように頂上がピラミッド型で、墳墓のようなシルエットのブルターニュの低い山並みを見れば、それが大昔の巨大な墓所だと言われても、いわれのないことではないように思われてくる。山の下には、予言の才に恵まれた賢者が眠っている。実際、グエンクランはメネス・ブレの下に眠り、あるいは伝説の戦士たちの長、マルク王の墓はメネス・オムの頂につくられたといわれている〔メネスはブルトン語で山の意〕。また、並の人間をかけはなれた身長と強さを持った豪傑グエルは、ロッケフレの山中に埋葬され、遺体が収まりきれずに九回も体を折りたたまなければならなかったと伝えられている。

墓場という安息の地

こうしたもろもろの理由により、ブルターニュはまず第一に、死者の国であると言えよう。この点で、人間は自然のなせる技を完成させた。死後の世界に思いを馳せることを容易に許すこの土地で、人々はせっせと墓をつくった。ブルターニュを旅するということは、伝統的な納骨堂の地をたどることをも意味する。どんなに鄙《ひな》びた村落にも、独自の納骨堂がある。そうでないときでも、少なくともその遺構くらいは残っている。昔は、ブルターニュの教会に、納骨堂はつきものだった。納骨堂は壁の中に設けられる場合もあったし、教会から数歩離れた場所に別につくられることもあった。人々は神の館の正面に、「死者の館」を建てたのである。原初の神話では、死者もまた神であり、生者はキリスト教の神と、神となった死者とをともに崇拝した。じっさい、納骨堂が教会そのものより大きく壮麗で、念入りに飾られることもあるほどだ。ロッシュ・モーリス、サン・セルヴェの埋葬用礼拝堂はその良い例であろう。また、純粋に建築学的観点から、素晴らしい納骨堂も数多くある。そのすべてを列挙するとしたら、それこそ小教区の長々しいリストを作成しなくてはならないだろう。なかでも特筆すべきは、サン・ポル・ドゥ・レオンのカンポ・サントだ。ゴチック様式の小礼拝堂の内部に足を踏み入れ、何本もの柱が立ち並ぶ壮麗な空間を眺めると、寺院というよりもむしろ死の都に入り込んだような印象を受ける。逆に、惨めこのうえない様相を呈している納骨堂を見れば、それはそれで、また強く心を打たれる。そして、そんな物悲しい埋葬地のすぐそばで暮らすことに、ブルトン人がいかに喜びを感じているかを推量するには、ランリヴァン、スペゼなど、山岳地方の小さな村落を訪ね歩いてみるといい。建物は古く荒れ果て、雨風のせいで屋根のひび割れた納骨堂は、中に収められている人間の骨と同じように、物悲しくうらぶれている。格子の向こうには、棺桶の板と一緒に、ばらばらになった骸骨が雑然と積み重ねられている。骨は棚から溢れ出さんばかりに積まれ、窓の外側の支柱すれすれのところを人が通ることがある。そんなとき、棚に並ぶ苔むした頭蓋骨は、行き来する通行人をうつろな眼窩で眺めるのだ。

こうした光景から発せられる無言の訴えではまだ足りぬ、とでもいわんばかりに、ほとんどの「死者の館」には、ラテン語、フランス語、ブルトン語で、眩暈《めまい》を起こさせるような、いつも同じ強烈な文句が刻まれている。「メ

メント　モリ」〔死を思え〕と、ギミリヨーの納骨堂は言う。「コギタ　モリ　レスピーチェ　フィネム」〔死を考えよ、最期のときを忘れるな〕と、ランネデルンの納骨所は繰り返す。サン・テゴネックでは、死者自身からこう呼びかけられているような気がする。「敬虔な死者のために祈るのは、尊く正しい考えだ。『レクィエスカント　イン　パーチェ、アーメン。ホディエ　ミヒ、クラス　ティビ』〔死者に安らかな憩いがありますように。今日はわが身、明日はお前〕ああ、罪びとたちよ、命あるうちに悔い改めよ。なぜならわれわれ死者には、もうその時間がないから。死んだ者たちのために祈っておくれ。なぜなら、いつの日にか、お前たちもそうなるのだから。お前たちに平和がありますように」ブルトン語の韻文で書かれた、フィニステール県ラ・マルティィールの碑銘は、もっと陰鬱な調子を帯びている。嘆かわしさはさほど感じられないものの、その訴えには、どこかしら荒ら荒らしく、熱っぽいものが感じられる。

死、最後の審判、冷たい地獄
それを思うと震えずにはいられない。
そのことを考えぬ人の気が知れない、
いずれ死ぬ運命にありながら。

当然のことながら、これらの建物を飾る彫刻にも、建物の用途としっくりあうような模様が選ばれている。それが、十字に組み合わされた骨と頭蓋骨だ。ときには、天翔る天使が両腕を広げ、霊魂を表す裸の人物を迎えている図も見られる。あるいは、遺体が経帷子の襞《ひだ》を揺さぶり、墓から出ようとする場面。なかでも圧巻なのは、槍を携えた骸骨の姿で表現される、死そのものの図像化だ。槍は、コーンウォールの劇やブルターニュの聖史劇でも、死を象徴するものとして登場する。人々はこの人物をアンクー（死者）と呼ぶ。石や木に彫られたアンクーの中には、土地の有名人になっている者もいる。ビュラのアンクー、プルミリオーのアンクー、クレドン・ポエールのアンクー、ラ・ロッシュ・モーリスのアンクー、ランディヴィジオのアンクー……。あとは省略する。プルミリオーのアンクーは長い間、教会の中の死者の祭壇の上に鎮座ましましていた。そして、人々は近隣のあまねく小教区からそれを拝みにやって来て、なかには供え物をする者もいた。ランディヴィジオでは、花崗岩でできた柱頭に、アンクーの肉の削げ落ちた頭部が刻まれている。そこには、こんな皮肉めいた言葉が記されている。「そうとも、わしは代父であるぞ。死にいく者たちのな」一方、ラ・ロッシュ・モーリスのアンクーは槍を構えて、脅しとも勝利のおたけびともとれる叫び声を上げている。「お前たち全員を殺してやるぞ！」と。

ブルターニュでは年に一度、万聖節の晩に隊列を組んで、祖先の骨が祀ってある納骨堂におまいりをする慣わしがある。とはいえ、人々は一年を通じて、近くの墓地に出かけ、墓石の前でひざまずくことを欠かさない。最近では衛生管理の面から、埋葬地をなるべく村から離れた場所に追いやる風潮にある。だが、ブルターニュでそんなことをしようものなら、耐え難い冒瀆《ぼうとく》だとみなされる。教会のすぐそばに眠る死者たちを追い払うなんて、彼らを二度死なせるも同然ではないか？　家族や親戚が聖体拝領を受けることで、死者たちは、生者がいまだに自分たちのことを忘れないでいてくれると思い、心慰められるのだ。それなのに、その教会から彼らを切り離すなんて！　それにまた、ごく稀な例を除いて、墓地はだいたいどこでも、村の中心に位置している。実際、墓地は人々の生活の中核をなす、大切な場所なのだ。まるで墓守でもするかのように、人家は墓地のまわりに寄り集っている。どの家も、聖堂囲い地の一部であるかのように。〔＊3〕それにつけても思い出されるのは、サン・ジャン・デュ・

ドワの旅籠屋で見た光景である。広間のテーブルは、向かいの墓地の平墓石と対になるかのように置かれていて、広間と聖なる地とは、窓ガラス一枚で隔てられているにすぎなかった。死と生のこの親密さは、ブルターニュという土地でもっとも衝撃的なことの一つだろう。

例えば、生まれたばかりの赤ん坊が、墓地を横切らずに洗礼を授かるのは、よくないこととされている。若い男が好きな娘に、日暮れどきの逢引の場所として指定するのは、墓地に生えているニレの木やイチイの木の下だし、パルドン祭〔＊4〕の日、一緒に散歩やダンスをしようと、恋人同士が待ち合わせるのは墓地の壁の前だ。また、墓地の入口の前にある階段では、お知らせや公示が発表される。墓地は井戸端会議の会場でもあり、散策の場でもある。人々は義務感から、あるいは自ら進んで、足繁く墓地に通う。週日は、仕事が引けた夕方からアンジェラスの鐘の音が夜のしじまに消えるまで、信心深く散策を行ない、日曜ともなると、朝から大勢の人が墓地に詰めかける。ブルトン人にとって、日曜は神の日であるとともに、死者の日でもあるからだ。教会財産委員会は、そのことを百も承知している。彼らの収入の大部分は、死者のために施される日曜日の寄付に頼っているのだ。村のミサに出席してみるといい。三、四人の募金係が列をなし、これこれのノートル・ダムのために、あるいはしかじかの聖人のために、といって信者に布施を頼む。そうやってあちこちから、わずかばかりの寄付金を掻き集めようというのだが、残念ながら見入りはほとんどない。ところが、そのあとから五番目の人物がやって来て、「エウィット　アン　アナオン！」（どうか亡き人の霊のために）と叫ぶ。するとたちまち、銅貨が雨霰《あめあられ》と投げ込まれる。その中に銀貨が混じっていることも、少なくない。どんなに貧しい女中でも、いかに惨めな牛飼いでも、「死者のための小銭」を出し惜しみする者はいないのだ。

募金が終わると、人々は墓地へと急ぐ。各々の塚、墓石の前に、生者たちが群れ集う。すると、そこでまた別の儀式が始まる。今度、司式をするのは、信者自身だ。彼らが、心の奥深くに秘めた思いのたけを死者に打ち明けていることは、その態度や顔つきから容易に見て取れる。これはかけがえのない宗教行事であり、ブルトン人はそれを墓場でまっとうする。わたしはパリで、ブルターニュから移住して、グルネル通りやヴォージラール通り一帯に居を定めた、労働者や鉄道作業員の一家と面識があった。彼らは暇さえあれば、外の空気を吸うという口実で、モンパルナス墓地に散策しに出かける。「こうすると、故郷《くに》にいるような気がするから」と言って。彼らは墓場という安息の地を歩きながら、ふるさとの思い出に浸っていたのである。

死者と共に生きるブルトン人

死者と生者の垣根がない

実際、ブルトン人の意識はおしなべて、死に関する事象に向かっている。人々が死に対して抱く概念はキリスト教に色濃く染まってはいるものの、その中身は、異教徒だった彼らの祖先が抱いていた考えとまったく変わらないように思われる。原初のケルト人同様、ブルトン人にとって死とは、人間の生存条件ががらりと変わってしまうのではなく、別の世界へ旅立つことを意味するのだ。この別の世界について語るとき、人々の口からは天国、地獄、煉獄といった言葉が飛び出す。だが、教わった言葉を鸚鵡返しに繰り返しているに過ぎないことは明白で、こうした言葉の裏にあるものが、自分たちが表現したい概念とかけ離れているということに、彼らはちゃんと気づいているのだ。

ルカヌスの時代のガリア人や古代アイルランドのゲール人のように、ブルトン人もまた、死者と生者の間に厳密な垣根を設けてはいない。アイルランドの伝統では、あの世は、ときには海の向こうの土地であるとされ、またときには地下の国であるとされるが、こうした二通りの考え方は、細部に多少の変更が見られるものの、ブルトン人の伝承にもはっきりそれとわかる形で残っている。死者の国を地下に置く例としては、ブルターニュのユーン・エレーズ〔バス・ブルターニュ内陸部にある沼地〕が挙げられる。死者はそこからユーディックと呼ばれる穴を通り、地中の奥深くに降りて行く。海の彼方を死の国とする例では、ラ岬の沖合いに浮かぶ岩の小島、テヴェネックがある。プロコピオスの報告にあるように、死者は夜、船に乗ってその小島に連れて行かれるのだ。さらに、こうした小島の伝説は、海に沈んだ町の伝説へと発展する。特にトレゴール地方の沿岸一帯がそうで、海の下にいまも広大な土地が眠っており、海岸ぞいに数珠つながりに並ぶ島はその遺構であると信じられている。海の下の都はそれはそれは壮麗で、美しい庭園があり、立派な通りに城門、見事な教会や宮殿が建ち並んでいるという。それがイスの町、すなわちケー・イス〔ケーはブルトン語で街の意〕だ。風が凪《な》ぎ、海が静かな夏の美しい晩など、波の下から教会の鐘の音が響いてくる。人々がいつもどおりの生活を送り、普段の活動をしていた最中に突然、災厄が襲いかかったため、町は不思議な命を、魔法の命を授かったのである。アイルランドの伝説に登場する、三人の赤い騎手の言葉を逆にすれば、そのままイスの住人たちの言葉として通用するだろう。「われわれは死んでいるが、生きているのだ」と〔イスの語源については、第11章訳注1を参照のこと〕。しかも、イスの町がシーの国に酷似しているのは、この点だけではない。

町に天罰が下ったというのはキリスト教の作り話だが、それ以前のイスの町は、シーの国のように、「歓びに満ちた場所」として描かれている。そこでは毎日毎晩、浮かれ騒ぎ、大宴会、放埒が繰り広げられていた。マグ・メル〔アイルランド叙事詩に登場する海の彼方の異界〕の王テトラと同じように、イスの王グラドロン〔コルヌアイユ地方を治めていたとされる伝説の王〕も臣下に模範を説く。さらに、グラドロン王の娘アエス、またの名ダユーに目を向けるがいい〔聖グウェノレの命令により、海に落とされたアエスは人魚になって、船乗りを水底に誘うといわれている〕。比類なき美貌、はちきれんばかりの若さ、聞く者をうっとりさせる声を持ち、豊かな金髪を靡かせるこの娘に、ファンドの面影を認めない者があるだろうか〔ファンドは異界の美女。ある物語では、異界の王ラブレスがクー・ホリンに取引を持ちかけ、自分の敵を殺すことを承知したら、ファンドの愛を与えると申し出る〕？　ダユーもファンドと同じく人間の男を捜し求め、愛の術に長けている。ファンドの呼びかけがクー・ホリンやコンドレの心を捉えたように、ダユーが誘惑すれば、相手はいともたやすく彼女の虜になってしまうのだ。こうした共通点に加え、海の下の町と生者の町が、同じような曖昧さで描かれていることが挙げられよう。イスは楽園なのか、それとも単なる妖精の都市なのか？　この問いに、明確な答えはない。この世の人間が海の下の町を訪問し、そこから戻っている以上、イスはマグ・メルのように、死なずに行くことのできる場所である。なかには城門をくぐり、住民と話を交わした者もいる。だが、そうした人がこの世に戻って語った話からは、イスの町で出会った人々について、はっきりしたことは何一つわからずじまいだ。住民がほんとうの死者なのか、それともシーの犠牲者で、魔法によって海の底に囚われているのか、まったく不明なのである。二つの考えは渾然一体としているので、その一つ一つを切り離して解明するのはきわめて難しい。

ブルターニュでもアイルランド同様、空想上の人物と幽霊との混同は、かなり早い時期から起きている。原初の闇への恐れから生まれたおそろしい姿かたちのものが、長いときを経て、死者と同一視されるようになったのだ。カンネレゼッド・ノス〔夜の洗濯女〕は、最初は水の妖精だったにちがいない。それがいまでは、人気のない谷底にある池の堤や泉の縁にしゃがみこみ、死者の布を絞る不気味な存在と化した。ホッペー・ノス〔夜叫ぶ者）やビュゲル・ノス（夜の子供）にしても、だいたいは影の精霊だったのが、民間信仰の中で次第に性格が不明瞭になり、ついに幽霊と同列に区分されるに至ったのだ。両者は名なしの幽霊として、出会う人に恐怖を起こさせる神秘的なもの、という定義づけしかなされていない。したがってこの点から見て、厳密な意味での幽霊とは、それとなく区別されている、と言えるだろう。

大方の場合、幽霊はあの世でも、生前この世でしていたことと同じことを行なうと考えられている。これは、ブルトン人の言い伝えと古代ケルト人の伝承との間に認められるすべての類似点のなかでも、おそらく最も注目すべき事柄の一つであろう。死者は、人間としての条件を何一つ変えていない。死者は新しい居住地へと「旅立った」が、そこで営まれる暮らしは、以前とまったく変わらない。叙事詩の時代のケルト人が、海の対岸で自分の馬具と武具をふたたび手に取れると信じて疑わなかったように、現代のブルトン人も、自分たちがいつも使っている道具と習慣を「あの世」で取り戻せる、と信じている。水底に沈んだはずのイスの町では、商人は布を、八百屋は野菜を客に売り続ける。あるいはまた、農夫の幽霊が鋤《すき》を押す姿が目撃され、死んだ糸紡ぎの老人が回す糸車の音が聞こえる。これら、あの世の住人は、おしなべてアン・アナオン、つまり「霊魂」と呼ばれる。霊魂が肉体をともなわずに現われることは、まずない、と言っていい。故人はもとの姿かたちをそっくりそのまま保ち、いつも着ていた服を身につけている。生前と同じ仕事着、同じつば広のフェルト帽。感情、嗜好、頭を占める考えも、生きていたころとまったく変わらない。この点について言えば、原始時代の古い信仰は、キリスト教の教えによって損なわれはしなかったのだ。死者は親近感、嫌悪感、恋愛感情、憎悪を抱く。敬意を欠く者にたいしては激高し、邪魔する者には復讐する。死んでも、持ち前の貪欲さをなくさず、返済されなかった借金に執着する。こうした執心を解き放つのが宗教であるという点では、ドルイドの時代のケルト人と同じだ。生前と同じように、死者は仕事に情熱を燃やす。農夫なら畑仕事に、漁師なら船や網に。住んでいた家に関しても、生きていたときと同じように頻繁に出入りする。しじゅう家に戻って来ては、炉辺に座って焚き火で足を暖めたり、女中とおしゃべりをしたり、家の中がきちんとなっているかどうか見張ったりする。

いま、「戻ってくる」、とわたしは言ったが、厳密に言うと、この表現はふさわしくない。というのも、正確には、死者はどこか遠くに行ってしまうわけではないからだ。人々が棺に釘を打った直後、中にいるはずの故人が庭の柵によりかかっているのが目撃される。死が旅立ちだというならば、出発した直後にもう帰還したことになる。おそらくキリスト教の埋葬のあり方が、古代の伝承を歪めたのであろう。墓地の出現とともに、別世界は墓穴から始まる、という考えが示唆されたにちがいない。あの世は、人里離れた山の中や海の彼方の、これといった特別な場所にあるのではないのだ。こうしてユーン・エレーズは、その伝説の衣の一部を引き剥がされたのである。そこはあいかわらず霊の赴く場所とされたが、行くのはもっぱら人々に不安を催させる危険な悪霊で、そこに封じ込めておかなければ悪さをする。同じようにテヴェネックの岩場やその他の浄土も、海で遭難し、遺体の上がっていない死者の棲家とされるようになった。

ブルターニュ全体が死者の国

それ以外の絶対的多数の死者は、死出の旅路をたどったようには思われない。むしろ墓に入ることで、突然、別の生に移行したかのように思われる。それまで生活していた場所に「戻ってくる」というのは、そういう意味においてだ。実際、死者の暮らしは生者のそれと入り混じっている。死者は、地上のしかじかの土地にいるわけでもなければ、海の小島にいるわけでもない。死者はどこにでもいる。ブルターニュという地域が続くかぎり、どこにでも。だから、ブルトン人の住む土地全体が、文字通り「死者の国」なのである。このことは、伝承にも顕著にあらわれている。昼間、霊魂はどこかに隠れているわけではなく、人間の目に見えないだけだ。それが、日が暮れたとたん、畑を、荒地を、道を占領し、黙って仕事に精を出す。その数は「野原の草の茎ほども、あるいは砂浜の砂粒ほども」いる。そして、葉のそよぐ音や風の囁きの中で、互いにひそひそおしゃべりをする。家のまわりをうろつき、中にしのびこみ、一番鶏が夜明けを告げるまで腰を据える。ブルターニュでは長いこと、夜、死者が来るかもしれないからといって、扉に鍵をかけない習慣があった。いまでもまだ人々は、寝る前に炉の中の熾き火に灰をかぶせておく。そうすれば、死者はいつでも火にあたることができるからだ。特定の祝日、テーブルの上に食べ物を出しっぱなしにしておくのも、同じような心遣いからだ。暗黙の了解によって、この地上は昼間は生者のものだが、夜になれば死者のもの、と合意ができているのだ。これは、双方が守らなければならない約束事である。規則を破った生者は恐ろしい目に遭わされ、最悪の事態も覚悟しなければならない。同じように死者の側も、違反したら必ず罰をくらう。それはどんな罰なのか？　それについて、はっきり言及した記述はないものの、日光におびえながらさまよう霊魂のことは頻繁に取り上げられている。おそらく、超越した力を持つ者が、——キリスト教ではそれは神だということになっている——ときとして、心ならずもそうした霊魂を、定められた昼の住まいに追いやるのだと考えていいだろう。

　ところで、原初の民衆は、アナオンを統率する常設の警察組織のようなものを想定していたのだろうか？　いくつかの手がかりが、この問いかけに対し、肯定の答えを裏付けているように思われる。そのうち、特にきわだった特徴を持つ人物が、アンクーだ。アンクーの果たす多種多様な役割を検討すると、実に様々な仮定が成り立つ。アンクーとはもとを正せば、ディースパテル〔ローマの死の神。ケルトでも崇拝されていた〕に似た存在だったかもしれない。カエサルの時代のガリア人は、自分たちはこのディースパテルの子孫であると認めていた。あるいはまた、アイルランドの伝承にある、シーの国を司る、死者たちの王であった可能性もある。「おいでませ、素早い剣の使い手、ラブレス〔異界の王〕よ！」アルスター神話群〔アイルランドの英雄物語群。『クーリーの牛争い』が最も有名〕の詩人はこう歌う。「彼は盾を打ち砕き、槍をへし折り、身体を傷つけ、自由な市民を殺す。虐殺を探し求め、見事にやってのける。軍を壊滅させ、財宝を霧消させる。そなた、戦死たちを攻撃する者、おいでませ、ラブレスよ！」(H.d'Arbois de Jubainville, 前掲書、p.185-186) この歌と同じ猛々しい詩句は、アンクーの振るう全能の権限を褒め称える、ブルターニュのバラードの中にも見出すことが出来る。マグ・メル〔アイルランド叙事詩に登場する海の彼方の異界〕の王たちのように、アンクーも車に乗って旅をする。確かにアンクーの荷車は、ゲール人の叙事詩の素晴らしい乗り物とは似ても似つかぬ、みすぼらしい車ではある。だが、この車がギイギイときしみながら通過するところにはどこでも、マグ・メルの車に負けず劣らぬ恐怖が巻き起こる。その容貌からして、アンクーは明らかに、古代に信じられていた死神を想起させる。ところが一方で、それとはまったく違う概念が由来になっているのではないか、と思わせる特徴も備わっているのだ。アンクーはしばしば、あの世の事象を管理し、監視する一種の役人として登場する。あるときわたしは、一人の農夫からこう言われたことがある。「アンクーは死者たちの市長なんだ」と。どの小教区にも、必ず一人はアンクーがいるといわれるのも、そのせいだ。こうした土俗のアンクーは、一般の死者たちの中から選ばれ、その務めは一時的なものでしかない。その年の最後に死んだ者がアンクーとなり、翌年の暮れまでこの職を任される。マリリエ氏〔初版の序文を執筆した宗教学者。ル＝ブラースの妹と結婚した。この序文の最後にあるように、若くして海難事故が原因で亡くなった〕がほのめかしたように、こうした考え方の中には、遠い昔の先祖崇拝が生き残っていると考えるべきだろう。つまり、それぞれの村のアンクーはその昔、最後に死んだ一族の長なのだ。その後、氏族《クラン》も先祖崇拝も、両方とも途絶えてしまったので、人々は民間信仰の中で、かつて崇められていた長の特権的な役割を、いちばん最後に死んだ者でありさえすれば、誰彼の区別なく、与えたのであろう。

こうした憶測の根拠が正しいか間違っているかはともかく、唯一、否定できないことがある。それは、ケルト人の意識のなかで大切にされてきた死の信仰は、ブルトン人の魂の中で奇妙なまでに生き生きと息づき、しっかと根を下ろしている、ということだ。それがブルトン人にとっての宗教のすべてではないとしても（とはいえ、そう言いたくなる誘惑にかられることはあるが）、少なくともこうした死の信仰は、頑丈な糸となって彼らの意識をぐるぐる巻きにし、常に心の底にわだかまっている。キリスト教もこれを打ち壊すことはできず、むしろ逆にいっそう堅固にしたくらいだ。そういうわけで、死者によって、また死者とともに生きる種族の、時代錯誤と言ってもいいような伝統は、今日まで変わらず続いている。ブルトン人は内心恐れながらも死者と付き合い、死者たちのしぐさ、働きかけ、歓び、悲しみ、後悔、あるいは欲望を常に念頭に置くだけではなく、そこから不朽の伝承を紡いだのである。

本書はいかにつくられたか

伝承と民話

最初に目についた藁《わら》葺き小屋に、入ってみるといい。冬の夕べ、人々はほかにすることもないので、いたしかたなく暇つぶしをする。それは、普段の寡黙さを放り出し、頭からあふれ出そうになっている夢想を吐露する絶好の機会だ。その家の家族、そして数人のご近所さんが一部屋に集っている。もっとも、家には一間しかないことがよくあるので、この部屋は居間と台所と食堂、それに寝室を兼ねているわけだ。彫刻されたオーク材の板で囲われた大きな箱ベッド〔＊5〕が炉の両側に向かい合わせに置かれ、その前に木の長持ちが踏み台代わりにぴったりとつけられている。この長持ちは、ベンチ代わりにもなる。人々はめいめいこの長持ちに座るか、斧で切った木の幹を椅子にする。この簡単な腰掛けは、巨大で奥行きの深い炉の両側の隅に置かれている。ある者は麻を梳き、ある者は藁《わら》を編んでかごをつくり、あとの者たちは、だいたいが小さな黒い陶器のパイプを口からぶら下げ、火皿を引っくり返して、穏やかに煙をふかす。男たちのグループから少し離れたところに、女たちが寄り集まっている。それがブルトン人の礼儀なのだ。昔ながらの社会の偏見によって定められているように、家の上座は男たちの場所。女たちは下座に陣取って、編み物をしたり、糸を紡いだり、羊毛を梳いたりする。糸車のかたかたという単調な音に、編み針のぶつかり合う軽い音、櫛のぎしぎしいう荒い音が入り混じる。炉では、炎が勢いよくあがる。あるいは穏やかに燃えながら、柔らかい光であたりを照らす。火の燃え方は、燃料が乾いたハリエニシダか、薪かで違う。そこに鉄挟みにつけられた、細い樹脂のろうそくが加われば、室内の家具はそれでおしまい。ろうそくの投げかける不規則な光は、明かりとしての役目はさておき、煙と巨大な影を共に揺らめかせる効果は抜群だ。

　さあ、今度は人々の会話に耳をそばだててみよう。まず、話題はもっぱら、その日いちにちの些細な出来事に集中する。男たちは畑仕事の話に熱が入る。畑に種蒔きをしただの、これこれの荒地を耕しただの、しかじかの道に砂利を敷いただの。女たちは、乳搾りの量、その前の日曜に歌ミサで聞いた説教、村で起きたちょっとしたスキャンダル、つまらない噂話について意見を交わす。だが、そんな話題はじきに尽きる。すると一人が、こんなことを言い出す。「なあ、娘さんがた、誰かソーン〔日常生活を題材にした歌〕を歌ってくれんかね！」あるいは、「話」が聞きたい、と所望する御仁がいる。すると、無数に伝わる冒険譚や魔法民話のうち、いずれか一つが語られる。ちなみに故リュゼル氏〔フランソワ＝マリー・リュゼル。一八二一—一八九五年。ブルターニュの民俗学者。バス・ブルターニュの民話・民謡の発掘に力を入れた〕は、そういう物語のうち、もっとも重要な話を、驚くべき入念さをもって収集した。いっぽう外では、重苦しい夜の闇が垂れ込めている。その圧迫感のこもった憂愁が、あたかも粗末な小屋にいる人々の心に徐々に伝染したかのように、みんな次第と口が重くなり、言葉はぽつりぽつりと途切れがちになる。沈黙が長く続き、人々は漠とした不安を感じる。そのとき突然、一陣の風がごうっと吹き荒れる。それとともに、糸車の糸がプツンと切れ、あるいはテーブルに置かれたパンを包むクロスが風にはためく。それだけで、その場にいる全員がアナオン〔死者の霊魂〕の存在を強く感じ、喜びと鋭い悲しみの入り混じった気持ちを抱くには、十分なのだ。そして、それが合図でもあったかのように、人々は堰を切ったように、死と死者という、彼らを夢中にさせる話題について語り始める。記憶と言葉は、促されずとも自然と湧いてくる。会話が飛び交い、一つの話が終わったと思う間もなく、また新しい話が披露される。そして、その場にこもる熱気、宗教的なまでの厳粛さといったら！

そこに集まった人のうち、齢百歳になんなんとする老人から、若い羊飼いに至るまで、何らかの霊や不思議な事象に出会わなかった者は皆無といっていいくらいだ。だが、驚くにはあたらない。人々の精神が、日常生活のごく些細な出来事ですら、超自然のなせる業として解釈するような段階にあることを思うと、誰もが霊体験をしていても不思議ではない。実は、こうした「怪談」で語られる事件のほとんどは、現実に起こったありきたりの出来事にすぎず、人々の欲するまま、あるいは恐れるままに想像力が働いただけのことなのである。それは例えば、こんなことだ。一人の農夫がふと気づくと、夕暮れが迫っていた。彼は慌てて家に駆け戻るが、そのあいだ、何か恐ろしいものに遭遇したらどうしよう、という怖れが頭から離れない。ところで、この農夫の前を、たまたま別の人物が歩いていた。すると農夫は、こんなに遅くなってから外に出ている者は生きている人間のはずがない、と直感する。そしてこの人物を追い越さないように、歩みを緩める。一定の距離を保ちながら、見知らぬ人物から目を離さない。やがてそれが、背丈、身体つき、着ているものなどから、以前に埋葬されたはずの近所の男だとわかる。これは気まぐれな思いつきだろうか？　いや、ちがう。彼はすぐさまそう決めつけ、間違いないと確信する。幽霊が姿を消すや否や（つまり、通行人が脇道に入ったとたん）、農夫はふたたび駆け出して、息を切らしながら家に帰る。その慌てふためいた様子にびっくりした妻や子の質問に、いま、先だって亡くなったばかりの隣人に出くわした、と語る。これが伝承の発端だ。翌日、人々はこの話を家の戸口という戸口でふれてまわり、そのたびに新たな尾ひれがつく。そしてその年の冬、夜の集いで披露される話のレパートリーに加えられ、脚色を施されたうえで、聞き手から、いわば最終的な駄目押しを出されるのだ。

実際、ブルトン人は、この手の話に優れた才能を発揮する。彼らの心をこれほど強く捉えるテーマはほかになく、これほどバリエーションに富んだ題材も、ほかにはない。彼らはそこに、自分たちの持てるすべてを注ぎ込む。しかも、ブルトン人ほど、ものの考え方や感じ方が独創性に富んでいる種族はいないことを思うと、彼らの注ぎ込む「すべて」がいかに豊かなものか、たやすく想像がつくだろう。「古代ローマ・ギリシャの人々の持つ想像力にくらべると、ケルト人の想像力はまさに有限に対しての無限に相当する」と、ルナンは語る（前掲書 p.386）。確かなのは、ブルターニュの民衆とともに暮らしていれば、じきに彼らの魂の類稀なる繊細さとその魅力に心打たれずにはいられない、ということだ。彼らの歌は、香り高い詩情に満ちている。ソニウは繊細なニュアンスで彩られ、グウェルジウの暗い情熱的なアクセントは独特の雰囲気を醸し出す〔ソニウはソーンの複数形で、恋愛歌、仕事歌など。グウェルジウはグウェルスの複数形で、物語歌〕。そして注目に値するのは、これらの歌が無意識の芸術でありながら、そこに教養のない民衆の感情や夢想がこめられている、ということだ。人々は生まれながらの詩人であると同時に、語り部でもある。彼らは本能的に創作のセンスに恵まれており、とりわけ動作、風景、色彩を表現することに長けている。彼らの伝承が一種文学的ともいえる形式と調子を帯びているのは、そのためだ。題材となるのは、語り手自身が体験した、ちょっとした劇的な出来事である。その事件が彼の存在を根底から揺るがしたために、話の中にも恐怖が深く刻みこまれているのだ。怪談が伝説的な民話と異なる点は、そこにある。民話は個人的な体験ではなく、遠くからもたらされたものだ。民話は時空を超えて、人々に伝えられる。外国の出来事や実在しない主人公、素晴らしい冒険についての物語を人々は面白がって聞きながらも、本当に起きた事件だとは思わない。何かの教えを伝授するときのように、その内容や言葉は寸分たがわず、世代を超えて語り継がれる。民話には、絶対的で決定的な何かがあるのだ。だが、伝承はそれとは反対に、地域の産物である。人々はそれが生まれ、信じられ、そして消えていく現場に立ち会う。伝承は絶えまなく形成され、変化する。要は、生き物なのだ。舞台に登場する俳優は、聞き手の知人か、あるいは昔知っていた人だ。それは同じコミューンや小教区に住む人々、聞き手の親戚、もしくは聞き手自身だ。語られた体験と同じ状況、同じ場所の事件が、誰に起きても不思議はない。なぜなら、話の枠組みもまた、現実の世界そのものなのだから。家の戸口に立つと、目の前に広がる風景。物語の舞台は、何回となく通った「トンネル道〔*6〕」であり、一面にハリエニシダの生える荒地であり、イチイの巨木の影に沈む墓地である。十字架も碑文もないが、海はもう一つの墓地であり、絶え間ない波のうねりは、悲しみ嘆く呻き声となって人々の耳に届く。このようなありふれた景色が悲劇的な荘厳さを湛えた空間となるには、語り手が、自分の語る出来事から受けた強烈な第一印象を、素朴な心のありったけをもって吐露するだけでいいのだ。そうすれば期せずして、知らないうちに美が生み出される。

十五年にわたりブルターニュのほぼ全域をめぐる

この本を編纂するにあたっては、こうした話の荒削りな風合いが多少なりとも感じられるように、腐心したつもりである。とはいえ、その試みが成功していると、胸を張るつもりは毛頭ない。しかし、粗野で無作法だと思われる危険を侵してでも、ブルトン語のテキストにできるだけ忠実であるように努めた。[*7] というのも、ほぼすべての記録は、まず最初にブルトン語で記述されたからだ。それらは、信用の置ける第三者にいくつかの民間信仰や風習に関する指摘を仰いだほかは、(1) すべてわたしが話し手から直接聞き取ったものだ。都合一五年近く、わたしはたゆまず人々の記憶を掘り起こす努力を続けてきた。そのため、モルビアンを除くブルターニュ全域を、丹念に歩いて回った。唯一モルビアンを例外としたのは、その地方の方言にさほど慣れ親しんでいなかったためだ。バス・ブルターニュのそれ以外の地域、すなわちゴエロ、トレゴール、レオン、オートならびにバス・コルヌアイユで、わたしの探求の手が及ばなかった地域はない。この本の中に話の採取場所を明記したのは、多分、これらあまたの伝承の産地がどこなのか、読者に知っておいてもらいたいと思う気持ちがあるからだろう。同時に、そのときそのときの遍歴から、時を経ても色褪せることのない素晴らしい思い出を得たがゆえに、それを記録しておきたいという欲求のせいでもある。例えば、木靴職人の小屋で話を聞いたこと。アルゴアトでの一夜がまさにそうだった。藁《わら》葺き小屋の真ん中には原始的な炉が設けられ、屋根に開いた穴から星空が覗いていたのを思い出す。また別の折りは、サン島の灯台で、寝ずの番をする灯台守をおとなった。当直の灯台守はベンチに座り、反射鏡から放たれる光が、荒れ狂う海の上を静かに行き来しながら海面を照らしていた。あるいはコルン・カムのうらぶれた旅籠屋。人里離れたミケル山のさびしく陰気な荒野にぽつんと立つその宿屋は、車引きたちの泊まる一時の宿りで、ベッドがないので、客はみんな土間に寝るのだ。あるいはまた……。わたしが時折体験した、風変わりなもてなしを挙げれば、きりがない。いずれの宿でも、空手で帰されたことはなかった。わたしを自宅に歓迎してくれた貧しき人々が、この本から、感謝の気持ちを汲み取ってくれますように！　過ぎ去った日々、わたしは人々とともに、死にまつわる物語を話し合った。そのうち、多くの人が鬼籍に入った。彼らはいま、確かな知識によって、物語の中に真実があることを知っている。少なくとも人々の思考の断片は、この本の中に混ざりこみ、そのまま残るだろう。この本は、いわば彼らの遺言書なのだ。

わたしは、自分の理解できる方言が話されている村落すべてに調査の手を広げたが、その中でも特に頻繁に滞在し、最も大きな収穫を得た地区がある。農民の記憶は、家を飾る食器棚と同じだ。彼らの頭の中にはものが一杯詰まっているが、それを披露してもらうには時間がかかる。その秘密をこじ開け、中に収納されているものを一つ一つ取り出すには、彼らのもとを定期的に訪れ、いわば繰り返し圧力をかけなければならないのだ。忍耐のいるこの作業には、何日も何ヶ月もかかる。わたしがこの方法を実践し、豊かな成果を挙げた地区の一つが、ポール・ブランである。そのことは、本書の中にポール・ブランという地名が頻繁に登場することから、お察しいただけることと思う。わたしがどのようにして伝承を集めたのかご理解いただくためには、ポール・ブランという限られた地域で、実際に用いた方法を紹介するのがいいだろう。

海辺の小さな集落、ポール・ブラン

ポール・ブランはトレギエから数キロのところにあり、パンヴェナン・コミューン〔コミューンはフランスの最小行政〕に属する海辺の小さな集落である。プロコピオスの語るガリアの村のように、住民は漁師で、海で収穫を得る一方、畑を耕して生活の糧としている。土地は痩せ、魚穫量も乏しいために、暮らし向きはかなり厳しい。そこで、冬が過ぎると、多くの住民がアイスランドや北極海の漁に出かける。遠征から無事に帰れたとしても、残念ながら前より豊かになったとは到底言えない。それ以外の者はジェルセーに出稼ぎに行き、ジャガイモの収穫を手伝う。家を離れるのを厭う者は内職をして、細々とした稼ぎを補う。そのため、周辺に点在する岩山で石を切る。あるいは貴重なヒバマタを一生懸命採集し、薬屋にそれを売る。海藻《ゴエモン》を集めて乾かし、焼いてソーダをつくる。だが人々が一番熱心に行なうのが、夜番の税関吏の見張りがゆるいとき、引き潮を見計らって、砂浜に上がった漂着物を拾うことだ。住民たちが自分で言うように、こうした「しがない商売」に身を入れても、彼らの先行きは不安定だ。それでも、人々は文句を言わない。彼らの血の中には、先祖代々の楽観主義が受け継がれているのだ。アルコールという恐ろしい致命的な病に侵されないかぎり、人々の表情は陽気で、開けっぴろげで、愛想がいい。辛い現実は、そこには現れない。人々の心は夢想によってのみ、慰撫される。彼らは空想を愛する。丈の低い藁《わら》葺き小屋の中、ヒースの燃える頼りない明かりに照らされ、人々は互いに、素朴なドラマに書き直された、昔の騎士物語のいくつかの場面を語り合い、読みあう。彼らはみずから進んで歌を歌い、信頼するに足ると思った人とは、いつ果てるともないおしゃべりに打ち興じる。

わたしは少年時代の最良のときを、こうした人々とともに過ごした。その後、休暇は必ずポール・ブランで過ごすことに決め、今ではそれが大切な行事となっている。わたしの夏の別荘は、住民の家と隣り合っている。人々は、昔からの知りあいであるわたしのことを、友人として受け入れ、仲間扱いしてくれる。ブルターニュの死の伝承という分野を新たに開拓しようと考えたとき――それはわたしの畏敬する師、故リュゼル氏が手をつけなかった唯一のテーマであったから――、ポール・ブランは、わたしが、いの一番に突撃した地域の一つだった。正直言って、最初の結果は散々だった。人々を個別に質問したところ、いいや何も知らないよ、という答えが返ってきた。あるいは、あえて何も打ち明けたくなかったのかもしれない。みんなの返事は、「わかった、考えておくよ。思い出すには時間がかかるからね」というものだった。一八九一年の夏、わたしは自宅に人々を招くことにした。グループごとに、週末の土曜日の晩「おしゃべりに」来てはもらえませんか、と声をかけたのである。はじめは遠慮がちだった人々も、愛想よく気取らないもてなしによって緊張がほぐされ、勇気を出して家の敷居をまたいでくれた。やがて最初の訪問者たちから話を伝え聞いた人々が、足を運んでくれるようになった。じきに、我も我も、と客が訪れるようになった。人々が固くならずにすむように、会合は台所で開かれた。めいめい、思い思いの場所に陣取り、わたしの妻が、男たちにはシードルを、女たちにはコーヒーをサービスする。嗅ぎたばこを好む男女にはもちろんのこと、パイプ愛好者たちのためにも、テーブルにはたばこが山盛りに用意された。八時か八時半の鐘が鳴ると、時間きっかりに外の砂利道から木靴の音が聞こえ、客の到来を告げる。人々は家の中に入るなり、敷居の上から、この家の主婦に丁重なお辞儀をする。その礼儀正しい態度には、卑屈な様子などみじんもない。それが、ブルトン人という種族のならわしなのだ。こうして、夏の長い宵が始まる。すべての窓は海に向かって、夜に向かって、大きく開け放たれたまま。

けれども、会話をわたしの望む方向に導くためには、まだ人々のうちに少なからず残っている抵抗を打ち砕く必要があった。一同は、わたしがなぜ死の民間信仰などに興味を示すのか怪ぶんでいたし、面白半分の好奇心から、根掘り葉掘り質問されるのではないか、と危惧していた。「まさか先生、わしらの話をからかいの種にするおつもりじゃ、ございませんよね？　死者ってもんは、冗談を嫌いますからな。死者を怒らせて、呪いでもかけられては大変ですからねえ！」わたしは彼らの疑いを晴らすために、持てる力を総動員して、説得にあたらなければならなかった。だが、みんなに話してもらう怪談を文字に書き留めるつもりだ、とこちらの意図を明かすと、それがまた心配性の女たちの不安を呼び覚ました。ペンをとろうとして人々の顔をふと見渡すと、女たちは表情を曇らせ、唇を真一文字に結んでいる。死者を冒瀆《ぼうとく》するようなことになるのではないかと思い、怖れているのだ。数人が首を振り、こう呟いた。「もしこのことが司祭さんの耳にでも入ったら、あたしらに復活祭の聖体拝領を授けるのを嫌がりなさるでしょうよ」幸い、このトレゴール地方の男たちは反骨精神に富んでいた。男たちは肝っ玉の小さい女房どもをからかい、女たちのいわれのない心配を吹き飛ばした。そこでようやく、事はわたしの思うとおりに運んだのである。

熟達した語り手たち

こうして繰り返された土曜の晩の会合のことは、忘れようとしても決して忘れることができないだろう。そのことを思い出すたびに、わたしは鮮明な喜びを感じる。素朴な人々の魂に触れながら、わたしはまるで、ブルトン人という種族の尽きせぬ才能と交流しているような気がした。いざ仕事を始めるぞ、というとき、きっかけをつくるのは、たいていいつもわたしだった。わたしは他の地方で集められた、何かの出来事にまつわる小話を披露する。すると、ランプの照らす明かりの輪の中で、突然、そこにいる全員が活気づき、首を捻り、眉根を寄せる。口々にしゃべる客たちを眺めながら、わたしはこう感じた。わたしの言葉一つ一つに刺激され、人々の頭に詰まっている底知れぬ記憶がいま蘇ろうとしている。自分はまさに復活の作業に立ち会っているのだ、と。客たちがわたしの話の腰を折らず、最後まで耳を傾けていることなど、めったになかった。「ナン、ネ　ケッテ　ヴェル　ゼ！」（ちがう、そんなふうじゃないよ）と、誰かが叫ぶ。「アマン　ヴェ　ラレッ　タ　フェッソン　アル」（ここではまた別の話になっているんだ）。するとわたしは、話をしてもらうために急いで口を噤《つぐ》み、聞き取りを始める。そのときのわたしの慌てようを、ご想像いただけるだろうか。あとは、ひたすらペンを握りしめていればいい。やがて、人々の心に競争心が芽生え、その場の空気が徐々に熱気を帯びてくる。部屋中いたるところから、今度は自分の話す番だ、と口々に要求する声が上がる。往々にして、待ちきれない人々をなだめ、冷静さを取り戻すよう、呼びかけなければならなかった。だが、わたしが「じゃあ、お次は誰それさん」と指名すると、とたんに座はしーんとしずまりかえる。人々は厳粛な儀式に出席しているかのように、上半身を傾け、両手を膝に置いて、じっとしている。光に惹かれて寄って来た蛾が、ランプの上を飛びまわる、はばたきの音すら聞こえたくらいだ。そして、話が悲劇的なクライマックスへさしかかろうとするときの、人々の青ざめようといったら！語り手自身ですら、これから自分が明かす不思議な出来事に、恐怖を覚えるかのように、意図せずして声を落とし、話のスピードを緩める。

　こうした集会によく顔を出す二、三人の常連は、まさに熟達した語り手だった。例えば、ロー・メンギーの大仰な語り口に並ぶものは、ジャン＝マリー・トゥルーザンの荒削りで暗い話しぶりだけだ。メンギーは半ば盲目《めしい》の年老いた石工。トゥルーザンはかつてアイスランド漁で活躍した漁師で、今は引退の身だ。二人とも、驚くほど巧みな弁舌の技を有していた。しかしながら、女性の語り手の技芸といったら、おそらくいちばん上手な男性の語り口をも凌ぐだろう。ジャンヌ＝マリー・ベナールやカトリーヌ・カルヴェネックは、長いキャリアで優れた技術を習得していた。「物語」を引っ張っていく手口の巧みなことといったら、プロの小説家も顔負けだ。だが、こうした夜長話の「女王」が、リズ・ベレックとマリー＝サント・トゥルーザンだということは、誰しもが認めるところだった。二人とも未婚の老女で、才能の点では両者引けを取らなかったが、その外見と物腰はおよそ正反対といってよかった。(2) リズ・ベレックは日雇いのお針子だ。ぽっちゃりした小柄な女性で、貴族のような上品さを漂わせ、動作はきびきびしていると思わせるほど控えめで、尼さんのように穏やかな表情をしている。その語り口は厳《おごそ》かで、人の心を揺さぶる。強く断定するでもなく、あれこれ手直しするでもなく、落ち着いてくつろいだ話し方だ。声はいつも澄んでいながら柔らかく、強弱のつけ方にもバランスが感じられる。まるで、抑揚をつけて歌を奏でるフルートのようだ。彼女はたいてい、わたしの隣に置かれた低い椅子に腰掛け、こちらが話を聞き書きしているあいだ、手の動きを目で追いながら、作業が遅れていると思うと話をやめて、追いつく時間をつくってくれた。そう、まさに理想的な語り手だった。一方、マリー＝サントのほうは、見た目は武骨な様子をしている。木の皮のようにざらざらした肌、燐光のように輝く緑の瞳。痩せていて神経質そうで、いつも動いていなければ気がすまない。そんな彼女は、驚くべき情熱を傾けて話を語る。身振り手振りよろしく演技をし、生き生きと活写してみせる。その熱心なことといったら、粗暴だといってもいいほどだ。彼女は、自分で自分の言葉にのめりこむ。この風変わりな老女からは、ある種の電気のようなものが発散する瞬間があり、そんなときは、その場の全員がゾグゾクッと身震いする。沈黙さえもが雄弁で、悲劇的だ。彼女はわたしたちを取り巻く、夜の闇に沈んだ、茫漠とした外の景色そのものをドラマにしてしまうのだ。「ほら!……風の音を聞いてごらん!……海の音を聞いてごらん!……」その厳粛で不吉な口調は、強烈に印象に残る。

いまだ息づく伝承とマリリエの死

初版に相当な加筆を行なったとはいえ、わたしはこの本の中で、死にまつわるブルトン人の慣習をあまさず紹介した、と胸を張るつもりはまったくない。ここには、丹念になされた調査結果が発表されているにすぎない。わたしの耕した畝《うね》の上をこれから辿ろうとする人には、まだまだ多くの収穫が残されているということを、誰よりも確信しているのは、ほかならぬ、このわたしである。ブルトン人の記憶は無尽蔵だ。探っても探っても底に行き着かないので、しまいには絶望するほどだ。それがいかに予想外の豊かさに満ち、驚きの連続であるか、わたしは自分の経験からよく知っている。なかでも印象深いのは、ブルトン人にとって伝承とは、絶え間なく生成されるものだということだ。ある伝承が一つの形にまとめられたとたんに、すぐまた別の形で開花する。語り手の年齢、世代、気質によって、手が加えられた伝承は、また別の性格を帯び、別の魂が吹き込まれる。伝承は生きている。すべての生き物の定めであるように、伝承も絶えず進化しているのだ。

というのも、これらの伝承は今日でも、ブルトン人の心の中に息づいているのだから。遠い昔、彼らの祖先の心の中で息づいていたときと同じように、伝承の強靭な生命は失われていない。実際この点について、かつてマリリエはこう述べた。「これらの話の主人公は死者の霊魂であり、その土壌をつくった民間信仰は、いまだに豊かに息づいている」と。ああ、気の毒に！　マリリエは、自分の言葉がこれほどまでに的を射ているとは、思わなかっただろう！　死者たちの霊魂が猛威を揮い、生者を震え上がらせることがなかったなら、彼は死なずにすんだかもしれない。マリリエと人々を乗せた船が沈没したとき、彼は波に運ばれて岩礁に流れ着き、そのせいで溺れ死にせずにすんだ。海に浮かぶ、細い中州いっぱいに響き渡る大声で、助けてくれ、と叫んだが無駄だった。

とはいえ、沿岸はかなり近く、家の輪郭のみならず、まだ明かりのついている窓ガラスに映る人影までも見分けられたほどだったのだ。彼はずっと自分にこう言い聞かせた。「必ず、誰か助けに来てくれる」と。だが、あてははずれた。やがて岸辺の明かりは一つ、また一つと消え、誰も家を出ようとはしなかった。そこで、彼は一晩中叫び続けた。一晩中、人々は彼を虚しく叫ばせておいた。明け方になってようやく、いいかね、明け方になってからだ、人々は遭難者の遺骸を捜しに行こうと決意した。溺死せずにすんだのだから、もっと早く救援の手が差し伸べられていれば、きっとマリリエの命も学識も、そして彼の愛したすべての気高いものも、損なわれずにすんだにちがいない。それなのに、肉体的かつ精神的な、激しい苦悶を長引かすだけの役にしか立たないときになって初めて、救援が来たのはなぜだったのか？　そう言って悲しい面持ちで漁師のおかみさんを非難すると、彼女は頭《こうべ》を垂れて答えた。「ええ、おっしゃるとおり、あたしらみんな、呼び声を聞きましたよ。夜を切り裂くような凄まじい声をね！　でも、それだからこそ、喚《わめ》いているのは、てっきりプルグレスカンの地獄《アンフェール》にいる悪霊だと思ったんですよ」

この沿岸の住人ほど勇猛果敢な船乗りはいない、ということに注意していただきたい。内輪では悪ふざけをして、死者をないがしろにするような真似もする。だがその実、理由のない畏怖、野蛮なまでの恐怖心を抱いていて、下手をするとそのせいで、基本的な人間的感情すらなくしかねないのだ。わたしがマリリエの死を人々のせいにしないよう、神さま、お守りください！　人々がおのれの種族に伝わる古代の遺産をまだ放棄せず、原始時代の迷信の重い頚木《くびき》を引きずっているのは、彼らのせいではないのだから。だが、少なくとも子供たちについては、近代的な教育によって、こうした過去の亡霊から解き放たれるように、と祈らずにはいられない。そして、そのうちブルトン人にとって、「死の伝承」が思い出でしかなくなり、経帷子《きょうかたびら》に包まれた死者のように、一つ一つ、この本のページに封じ込められて保存されますように！

アナトール・ル＝ブラース
一九〇二年三月一九日、レンヌにて

第1章　死の前ぶれ

ポン・クロワの通り

前ぶれとは、近いうちに誰かが死ぬことを知らせるものだ。[1] だが、前ぶれを受け取った人が死ぬ当人であることは、まず滅多にない。

前ぶれが午前中にあったなら、凶事は近いうち（遅くとも八日以内）に起こる。もしそれが夜であれば、もっと後のことになる。一年、あるいはもっとずっと先かもしれない。

人が死ぬときは必ず、親戚や友人、あるいは近所の人のもとに前ぶれが起きる。

太陽を背にして立ったとき、目の前の地面に影が映る。前ぶれとは、その影のように、ある出来事の前に投げかけられるものだ。

もし人間がこの世で、毎日の生活やまわりの出来事などにわずらわされずにすむなら、あの世で起こるあらゆることに精通できるのだろうが……。

前ぶれなど信じないと言う人にかぎって、ほんとうは最も頻繁に前ぶれを受け取っているものなのだ。その人が前ぶれを信じないのは、それを見たり聞いたりする力がないからだ。もしかすると前ぶれを怖がる気持ちがどこかにあって、そのせいで、あの世のことを見聞きしたくないのかもしれない。

普通の人より「見る力」に恵まれた人間がいるものだ。

わしの若かったころ、そういう不思議な能力を授かった人を、みんな内心恐れながら、こっそり指さしてこう言ったものだ。

「ヘネス　ヘン　ウール　アー　プワー！」（あの人には霊力があるんだよ）と。

「見る力」に特別に恵まれているのはどんな人かというと、まっ先に挙げるべきが、「洗礼されないうちに祝福された地に行き、そこから出て来た人たち」だ。[2]

それは、例えばこんな場合だ。

生まれたばかりの赤ん坊がいるとしよう。人々は主任司祭のところに行き、洗礼の時間を決めてもらう。でも、お前さんも知ってのとおり、田舎の連中はあまり時間に正確じゃない。親父さんとグロアーハ・アン・オレン（直訳すると塩婆の意。幼児の洗礼に立ち会う年配女性）、代父と代母はのんびりと道を歩き、もし途中に旅籠屋でもあれば、そこで寄り道するものだから、決められた時間よりだいぶ遅れて町に着く、という寸法だ。

主任司祭はさんざん待って待ちくたびれたか、ほかの用事でよそに呼ばれたか、したんだろう。一行が教会に着くと、中は空っぽだ。そこで今度は、連中が待ちあぐねる番になる。

火の気はなし、子供は泣くしで、とうとうグロアーハ・アン・オレンが、これ以上ここにいたら赤ん坊は死んじまうよ、と言い出す。そこで、もう少しましな場所、つまりそこからいちばん近くの旅籠屋にこぞって移動する。旅籠屋で杯を重ねながら、司祭の帰りを待とうという算段だ。で、子供は、墓地という祝別された地に行きながら、キリスト教徒にしてもらわないうちにそこから出てきた、ということになる。こういう子は長じて、「見る力」に恵まれることだろう。

こうしたことは、よく起きる。だから、たいていの人には見聞きできないようなことでも、多くのブルトン人には見えるのだ。（パンナールの元聖歌隊員で、県立文書課の使い走り、ルネ・アランから聞いた話／カンペールにて）

四つ葉のクローバー、あるいは七つの穂がついた麦を持っている者。または碾《ひ》き臼《うす》にかけても潰れず、かまどに入れても焼けない麦粒を持つ者。こういう人たちも、「見る力」に恵まれる。(3)

二人の人間が一緒に旅をしていて、そのうち一人に、前ぶれや幽霊を見る力があるとしよう。その人が相棒の手を

握るか、杖で相棒の杖に触れるかすれば、自分の持つ霊力が相手にも伝わる。(4)（ピエール・ル＝ゴフ談／アルゴルにて）

どんぶり、皿、グラスなど、物が落ちて割れる音がしたら、それは旅行中の親戚や友達が死ぬ知らせだ。(5)
棺桶を作る大工には、村の誰かがその日のうちに死ぬはずだ、ということが前もってわかる。大工はそのことを、屋根裏でぶつかりあう板の音で知らされる。

イイズナ〔イタチの一種〕を見た者は、年が明けないうちに死ぬ。(6)

カササギが屋根に止まったら、その家の誰かが死ぬ前兆だ。(7)

すぐそばで雄鶏《おんどり》が鳴いたら、その人の最期は近い。

雌鶏《めんどり》が藁《わら》の中で休んだあと、尾っぽに藁《わら》くずをつけていたら、その家の誰かに不幸が起きる。

雄鶏《おんどり》が午後になってから時を告げたら、大きな吉事、あるいは凶事が起こる知らせだ。(8)もしそれが深夜で、真夜中の前であれば、事故が起こったり、人が死んだりするくらいの、重大な不幸が起きる。

死が家に訪れると、死の鳥が家のまわりを飛びまわり、窓ガラスを叩く。(9)

夜、犬が遠吠えするのは、死が家に近づこうとしているからだ。(10)

教会で結婚式が行われている最中に、新郎新婦のうち、どちらかの前で灯されたろうそくが消えたら、その人は近いうちに寡婦、もしくは寡《やもめ》になる。

パンポル地方では、船乗りのおかみさんが、亭主から長いこと知らせがないとき、「小さき聖ルー」の祠《ほこら》におまいりする。この祠《ほこら》は、プルエザックとプルアのあいだのランルーというコミューン〔フランスの最小行政区〕にある。おかみさんたちは聖像の足元に、持ってきたろうそくを灯す。亭主が元気でいるなら、ろうそくは楽しそうに赤々と燃える。だが、もし死んでいようものなら、炎は悲しそうにゆらゆら輝いたあと、突然ふっと消えてしまう。(11)

朝起きたとき、手の上に「黄色い蝋《ろう》」のようなしみを見つけたら、やがて家で葬式のろうそくが灯されるものと覚悟するがいい。

家の中でろうそくの匂いがしたら、近いうち、その家の客を葬ることになる。

部屋の中で三本のろうそくを同時に灯してはいけない。というのも、そんなことをしたら、じきに「死のろうそくを三本」灯す羽目になるからだ。

(通夜に灯す三本のろうそくのこと。一本目は死者の枕元に、二本目はテーブルに、三本目は炉の中に置かれる)(12)

(マリー＝ジャンヌ・フィッシュ談／ロスポルデンにて)

こんなことわざがある。

テール　グラウェン　バールズ　アン　ティ

ズ　ジン　プロント　ドゥー　マロ　クリ

（家の中の三つの明かり、まもなく悲しい死の知らせ）

聖体奉挙《エレヴァツィオ》（第3章訳注2参照）のとき、侍者の子供（典礼の手伝いをする子供）が鳴らすベルの音と同時に大時計の鐘が鳴ったら、それはミサに預かっている人のうち、誰かが死ぬという知らせだ。

鳴り終わったあとも長いこと鐘が振動していたら、その小教区のうちの誰かが、なかなか死ねずに、長いあいだ臨終の苦しみを嘗める羽目になる、という意味だ。

汚れた布をたくさん持っている人を夢に見たら、まもなく近親の誰かが亡くなるしるしだ(13)。布がところどころ白ければ、その人の死はほとんど、あるいはまったく悲しみを引き起こさない。もし真水、あるいは海水の夢を見たら、家族の誰かが病気にかかっているしるしだ。そのとき水が澄んでいたら、命は助かる。だが、もし水が濁っていたら、死は時間の問題だ。

馬の夢は死の前ぶれだ。ただし、その馬が白馬のときは別だ。ときとして、死を予告するのが病人自身、あるいはいわゆるその「霊体」（エクスペリアンス。いわゆるドッペルゲンガー）である場合がある。そんなとき、とてつもなく変わった姿かたち、――例えば、白い色もしくは黒い色をした動物の姿――で現れる。白になるか黒になるかは、その当人があの世で救われるか、あるいは地獄に堕ちるかによって決まる。[14]

いまわの際《きわ》にある女が、家から少し離れたところにあるりんごの枝の上に、ネグリジェをまとっただけの姿でいるところを目撃された。それはまさに、その女の臨終のときだった。

はっきりした原因もないのに、突然ぶるぶるっと寒気がすることがある。[15] そんなとき、人はよく「いまアンクー（死）がここを通ったぞ」と言う。

ふいに誰かに呼ばれたり、何かに触れたりしたとき、無意識にびくっとすることがあるだろう？　それは死がお前さんに襲いかかり、お前さんを離れて別の人のところに行ってしまったためだ。

突然目に涙が溜まる感じがしたら、近いうち、家族の誰かのために泣く羽目になる。[16]

1話　一人の死に、前ぶれが八つも起こった話

これまで、家族のうちの誰かが亡くなるたびに、必ず前ぶれが起きて、あらかじめそのことを知らされたものだった。だけど、いちばん頻繁に前ぶれが現れたのは、うちの亭主が死んだときだった。本当にあのときは、うちの人が病に伏していた七ヶ月のあいだ、ありとあらゆる種類の前ぶれが起きた。

ある晩、あたしは遅くなるまであのひとの看病をしていたが、そのうち日頃の疲れが出て、ベッドの前のベンチに座ったまま、うとうとしてしまった。すると突然、窓が開いたときのようなバタンという音がして、目が覚めた。「お

やおや！」と、あたしゃ、そのとき思った。「こりゃ、風のいたずらだね」[17]地下の酒蔵から吹いてきたような、湿った冷たい風が顔の上にかかったのさ。そのとき、梳いた麻を乾かそうと思って、庭の垣根に掛けっぱなしにしていたことを思い出した。大事な麻が、風に飛ばされてはたいへんだ。

慌てて起き上がってみると、驚いたことに、窓はぴったり閉ざされているじゃないか。そこで、玄関に行って戸を開けた。星が満天の明るい夜だったよ。麻はまだ垣根に掛かっていた。庭の木々は、そよとも揺るがない。風はまったく凪いでいた。

奇妙なこともあるもんだ、と思っただけで、あたしはこの最初の事件を、そう深刻に受け止めはしなかった。それから数日経った日暮れどき、あたしは糸を紡いでいた。近所のおかみさんと一緒に玄関口でね。すると不意に、うちの人の呼ぶ声が聞こえた。亭主は、そことは反対側の、炉辺のベッドで寝ていたんだよ。あたしは駆けていった。「どうしたんだい？」と、尋ねてみたが、あの人はまったく返事もしない。壁のほうに顔を向けて、ぐっすり眠ったきりだ。

そこであたしは、近所のおかみさんのところに戻った。

「さっきリュカスがあたしを呼んでたの、聞こえたよねえ」

「ああ、はっきり聞こえたよ」

「ところが、おかしいんだよ。あの人、穴熊みたいにぐっすり眠ってるんだもの……」

それから一、二ヶ月経ったときのことだ。うちの人の容態は、あいかわらず一進一退だった。その夜、あたしは亭主の横で休もうとしたんだが、そのとき屋根裏の、ちょうど頭の上のあたりで、誰かがしのび足で歩く音が聞こえた。それから、何人かがひそひそ話す声がした。[18]次に、誰かが板を揺するようなギイギイいう音がして、最後に釘を打ち付ける、金槌のトントンいう音が聞こえた。[19]

不思議なこともあるものさ。だって、屋根裏に上がる上げ戸は、もう一週間前から閉めきったままだし、そうでなくとも屋根裏にあるものといったら、カラス麦の袋が数個と薪が少々で、板なんか一枚もなかったんだから。

あたしは大声で怒鳴《どな》った。

「そこでやかましい音をたてて、キリスト教徒の眠りを妨げるのは、一体どこのどいつだい？」

それから十字を切って、返事を待った。

でも、あたしが声をあげたとたん、音はやんでしまった。

その翌日、シーツを洗いに川に出かけた。うちからギンディ川までは、まともな道は通ってやしないが、ハンノキの生えた斜面に細い小道が続いている。あたしが小道に足を踏み入れた直後、後ろから足音がして、ハアハアいう息づかいと、張り出したハンノキの枝をざわめかせる音が聞こえた。それがまた、おかしいったらないんだよ。うちの人の足音が、はっきり聞き分けられたんだから。まだあの人が元気で、日雇い仕事を終えて近くの農家から帰ってくるときの足音だった。

あたしは振り向いた。

誰もいやしない！

あたしは午前中、ずっと洗濯場にいた。帰りにはもう音はしなかったが、肩に担いだ洗い物があんまり重いもんだから、まるで布が鉛に変わったんじゃないかと思われるほどだった。あたしもさすがに、それがどういう意味なのか、うすうす感づいていた。それから三日後、かわいそうな亭主の遺骸を包むはずのシーツが、この洗濯物の中に入っていたのさ。

ああ、そうとも。三日後にリュカスは亡くなった。あの人の魂を神さまがお守りくださいますように！　このときから三日間、前ぶれはほとんど間を置かず、ひっきりなしに続いた。

ある晩は、バタンバタンと激しく開け閉めする扉だったり、そうかと思うと、家の中にまで響き渡る大勢の人のざわめきだったり、階段を上り下りする雑多な足音だったりした。次の晩は、遠くから鐘の音が聞こえ、[20] ベッドの枕辺に青い炎を出して明かりが燃えたり、[21] 町の方から神父さんの歌声が流れてきたりした。

とうとう、一睡もできなくなった。

でも、いちばん恐しかったのは、最後の晩だったよ。その夜、亭主はそれほど具合が悪いようには見えず、徹夜で看病するには及ばない、とあたしに言った。そこで、うちの人が寝ちまったのを確かめてから、少しうとうとすることにした。ところがそのとき、荷馬車のガタガタ鳴る音が聞こえてきたのさ。うちのまわりには荷馬車の通れる道なんかまったくないのだから、これにはびっくりしたね。なにしろ、この家にあたしらが越してきたとき、家具を手押し車で運ばなくちゃならなかったくらいだから。それなのに、車が向かってくる方角は、まちがいなくこの家の方だった。きちんと油のさしていない、車軸のキイキイいう音が、だんだんはっきり聞こえてくる。じきにその音は、母屋のそばでするようになった。あたしは身体を起こし、マットレスの上で正座した。壁に小さな窓があいていたので、荷馬車が通るところを見てやろうと思って、外を覗いた。ところが、目にしたものはというと、月光に照らされて、一面真っ白な麦打ち場と、畑の土手に生えている木々の黒い影ばかり。それなのに車軸はあいかわらずギイギイ鳴り、荷馬車はガタガタいっている。荷馬車は家のまわりを一周、二周、そして三周した。三周目に、ものすごい勢いで扉にぶつかる音がした。[22] うちの人はびっくりして、目を覚ましちまった。

「いったい何事だ?」

あたしはうちの人を悲しませたくなかったので、こう答えた。

「さあ、何だろうね」

その実、恐ろしさのあまり、ぶるぶる震えていたのだけどね。

でも、人間が恐怖で死ぬことはないみたいだよ、あたしはその晩、生き延びることができたんだから。

うちの人は次の日、身罷《みまか》った。それは土曜日で、ちょうど一〇時の鐘が鳴ったときだった。

(コート・デュ・ノール県プリュジュネの糸紡ぎの老婆から聞いて、教員ル゠マール氏が語った話／一八九一年八月)

2話 「牛」の前ぶれ

このことが起きたのは、あの「大革命」の少し前のことだ。あたしはおっ母さんからこの話を聞いたんだがね、そのとき、おっ母さんは十六だったそうだ。一度も嘘なんかついたことのない人だったよ。

おっ母さんは、ブリエクの農家で牛飼いをしていた。いま、その農家の名前をはっきり思い出すことはできないが、どこかラ・プレーンのあたりにあったと思う(23)。そこのご主人は、確かユエン(フランス語ではイヴ)という名前だった。実直で、しかも物知りなひとでねえ。ご主人は司祭になるためにポン・クロワの寄宿学校《コレージュ》で勉強したということだけど、やっぱり力仕事のほうが性に合っているといって、家に戻って来たのさ。きっと、神さまの召し出しを感じなかったんだろうね。それでもご主人は、若いころ学校で教わったことを忘れなかった。どんな種類の本でも読むことができるというので、近所の人はみんな、ご主人のことを尊敬していたよ。ありとあらゆる言葉を使って、どんな人とでも話ができるそうだ、という噂すら囁かれていたくらいだ。

ある朝、ご主人は荷馬車頭にこう言いつけた。

「いちばん若い牛二頭に、くびきをつけてくれ。プレイバンの市場に売りに行くから」

ご主人はいつもこんなふうだった。売るにしろ買うにしろ、時間ぎりぎりにならないと決心しなかった。でも、なぜか売買はうまくいった。それだから、あの人には良い霊がついていて、その霊が時間時間にすべきことを耳元で囁いてくれるのだ、というもっぱらの噂だった。それも道理さ、ご主人はいつだって、とびきり上々の商いをしていたからねえ。

そんなわけで荷馬車頭は、いちばん若い二頭の牛にくびきをつけ、馬に鞍を置いた。

ご主人は、農場のみんなにそれぞれ仕事を言いつけてから、出かけた。

玄関口で旦那が出かけるのを見送ったおかみさんは、あたしのおっ母さんにこう言った。

「ティナや、あの若い二頭の牛で、うちの人は百エキュ稼いでくるにちがいないよ」

それからおっ母さんは、雌牛を野原に連れて行って番をした。連れ帰ったのは、「夕方の靄《もや》」が出る時分だ。おっ母さんが辿っていた小道は、広い街道と交差していた。その十字路にさしかかったとき、ちょうど市場から戻って来たご主人に出っくわした。ところが、かならず売って来るからなといって、その日の朝、連れて行った二頭の牛が一緒なのを見て、おっ母さんはたいそうびっくりした。

「ねえ、ユエン」と、母は言った。「プレイバンの市でひと稼ぎしそこなったの？」

ご存知だろうが、バス・ブルターニュの人間は、たとえそれがご主人さまであろうとも、ちっとも物おじせずに、馴れ馴れしい口をきくんだよ。

「いいや、お前さんの思い違いだな」と、ご主人は答えたが、どうもいつもと様子が違う。「それどころか、思いもよらぬ収穫があったんだよ」

「ふーん……」と母は思った。「それにしては、ご主人さま、あんまり嬉しそうには見えないわ。手綱《たづな》を首に垂らしたままで、馬を勝手に歩かせているもの」

ご主人はというと、腕を交差させ、頭《こうべ》を垂れて考え事をしている。牛は一頭が右に、もう一頭が左に、一種厳《おごそ》かな様子で、ご主人のお供をしていた。牛をつないでいたくびきは、市場で失くしてしまったにちがいない。まあ、若いとはいっても、その二頭は、おとなしくていい牛だったよ。まだ犂《すき》につながれたことも、荷車を引かされたこともなかったしね。それというのも、ユエンはこの二頭を売ろうと思って、大事にとっておいたからだ。とはいえ、しっかりした足取りで、地面に鼻面をつけて静かに歩くのを見れば、この二頭がいますぐにでも、立派に勤めを果たせることは一目瞭然だった。

　でもそのときは、牛も何か悲しいことを考えている様子だった、ご主人と同じようにね。

　一行はしばらく黙ったまま、牛を前にして進んでいった。あたしのおっ母さんは、ご主人がさっき何を言いたかったのかを考えていた。プレイバンの市場で、思いもよらない収穫があった、というのは何のことだろう、とね。

　さて、ご主人は二頭の牛と共に車道の真ん中を行き、母は用水堀の脇の草むらの中を歩いていた。

　突然、ユエンが母に呼びかけた。

「ティナ、その雌牛は、わしが連れて帰ってやろう。その代わり、この近道を走って、町まで行っておくれ。まず最初に大工のところに寄って、長さ六ピエ〔約一八〇センチ〕、幅二ピエ〔約六〇センチ〕の棺を注文するんだ。それから司祭館に向かう。司祭さんがいたら誰でもいいから、『終油の秘跡の袋』[24]を持って、できるだけ早くうちまで一緒に来てください、と頼むんだぞ」

　おっ母さんは、あっけにとられてご主人を眺めた。ご主人の目には涙があふれ、頬をつたって流れ落ちていた。

「さあ、早く」と、ご主人が命令した。

　そこでおっ母さんは木靴を手に持つと近道を通り、息を切らせて町まで走って行った。

　一時間たって農場に戻ったときには、助任司祭が一緒だった。

　敷居には、おかみさんが座っていた。

「間に合いませんでしたよ」と、おかみさんが助任司祭に言った。「主人は、いましがた息をひきとりました」

おっ母さんは、この言葉に耳を疑った。

おかみさんはともかくも助任司祭を中に通し、おっ母さんは二人のあとからそっと台所に入った。テーブルの上にマットレスが敷いてあって、ご主人はそのうえに寝かされていたが、もう亡くなっていた。昼間着ていた服を身につけたまま。

助任司祭は遺体に聖水をふりかけ、弔いのお祈りを始めた。

助任司祭が帰ってしまうと、おっ母さんは寝に行くよう、言いつけられた。というのも、死者に最後のお清めをする仕事がまだ残っていたからだ。

おっ母さんのベッドは家のいちばん下座にあって、台所とは簡単な木の板で仕切られているだけだった。お察しのとおり、そこに寝るなんてまったく気がすすまなかった。そこで、ベッドのカーテンを引いて、寝たふりをした。そして、しばらく経ってからネグリジェのまま起き上がり、中仕切りに耳をつけた。

台所に残っていたのはユエンのおかみさんと、埋葬の準備をいつも手伝う、近所のばあさま二人だけだ。

中庭では、通夜に駆けつけた近所の人たちが、家の者としゃべっているのが聞こえた。みんな、いったい全体どういうわけで、あんなに頑丈な男が突然死んでしまったのか、不思議がっていた。

母が合点がいかなかったのも、そこだったんだよ。でも、そのわけはほどなくしてわかった。というのも、ユエンの遺体を清めるあいだに、おかみさんが二人のばあさまに語った話を一言も漏らさず聞いたからだ。

「知っての通り、うちの人が売り損ねるなんてことは、これまで一度だってなかったんだよ」と、おかみさんは言った。「だもんだから、うちの人が牛を連れて帰ってきたとき、あたしはそのことを責めたんだ。

『ユエンったら今度はヘマをやったもんだね』って。

するとあの人は、『これが最初で最後だよ』と言った。

『ふん、どうだか！』と、あたしが言うと、あの人は奇妙な目であたしを見ながら、こう言ったんだよ。『お前はじきに、そんな口をきいたことを悔やむだろうよ。これからたいそう悲しい目に遭うんだから……』いったん口を噤《つぐ》んだあと、あの人はまた続けて言った。『そうとも。お前は、市場でわしがヘマをやったのはこれが初めてだと思っているだろうが、これが最初で最後だ。なぜなら、この先、どんな市場にだって、もう行くことはないんだから。明日、わしは葬られるのさ』

夢でも見ていたんだよ、と一笑に付してしまいたかったけれど、そのとき、以前にあの人が言っていたことを思い出した。『わしが死ぬとき、最初に知らされるのは、このわし自身だ』って。あの人が、ひどく落ち込んでいるものだから、あたしは心底恐くなった。確かに、前ぶれを受け取ったにちがいない。そこであたしは、ぶるぶる震えながら訊いた。

『昨日からというもの、いったい何があったんだい？』

『神かけて本当のことだが、わしがシャトーランの坂道にさしかかったときのことだ。牛どもは、それまでおとなしく道を歩いていたんだが、不意に歩みを止めたかと思うと、鼻を鳴らし始めた。それから、一頭がもう一頭に、牛の言葉でこう言ったんだ。『俺たち、シャトーランへ連れてかれるみたいだな』すると、もう一頭が答えた。『そうともさ。でも今夜、またラ・プレーンに連れ戻されることになるよ』わしは二頭を市場で披露した。人々は牛のまわりを回って、口々にこう言っとった。『ごらんよ、見事な若牛じゃあないか』ところが、いくらなのか、と値段をきく者は一人もいない。一日中、そんな調子だった。わしはじっと辛抱強く待っていたが、市場にだんだん人がいなくなり、夕暮れが迫るにつれて、ぶつくさ言わずにはおれなかった。本当言うとな、持っていってくれる人さえいたら、二頭をただでくれてやってもいい、と思ったくらいだ。黒とグレーの混ざった牛が蹄《ひづめ》で地面を掻き始めたので、わしは腹に足蹴りを一発くらわせてやった。すると奴は悲しそうに横目でわしを見て、こう言った。『ユエン、あと二時間もしないうち、夜になる。で、あと四時間もすりゃ、あんたは死ぬ。早いとこ農場に戻ったほうがいい。あんたは気持ちにけじめをつけなきゃならないし、俺たちは明日、埋葬のためにあんたを運ぶ仕事に備えなきゃならないから』

「これがうちの人の話さ」と、おかみさんは締めくくった。「これがほかの人だったら、牛に腹を立てただけでおしまいだろうよ。でもあの人は物分りのいい人だったから、牛の忠告どおりにした。おかげで、獣のように、どぶに体を突っ込んで死ぬような目に遭わずにすんだのさ。それどころか、司祭さんに来てもらって、終油の秘跡[*1]を授かり、ちゃんとしたキリスト教徒としてあの世に旅立つことができたんだからね」

「ドゥエ　ダ　バルドノ　アン　アナオン！」（亡き人の魂に神さまのお赦しがありますように！）と、ばあさま方は呟いた。

そこで、あたしのおっ母さんは、十字を切ってベッドに戻った。

次の日、二頭の若牛が、弔いの荷車をブリエクの町へ引いていった。

これは「大革命」のちょっと前の出来事だ。あの革命があってからというもの、牛はもうしゃべらないと言われているよ、クリスマスイヴの真夜中の零時以外にはね。[25]

（語り手、果物売りの老婆ナイック／カンペールにて、一八八七年）

3話　エンドウ豆のダンス

お年寄りのマデック夫人は、ポン・クロワで食料品店を営んでいました。ずいぶん前から病気だったので、近所の若い娘に店番を頼んでいたんです。

ある日の夕方、一人の農夫がエンドウ豆を買いに来ました。娘は注文どおり、天秤皿にエンドウ豆を入れ、重さを測ろうとしました。すると突然、豆がぴょんと跳ね、めまぐるしい速さでまわり始めたのです。あたかもパルドン祭で男女がくるくる踊るように。

ええ、それは本当に奇妙なガボットでしたよ。

娘は、農夫がいたずらをしたんだと思いました。けれども、客はカウンターから離れたところに立っていて、ブルトン人の流儀どおり、両腕を組んだままです。しかも、エンドウ豆のダンスを見て、娘に輪をかけた驚きようです。ダンスはたっぷり二、三分も続いたでしょうか。豆を捕まえるのは一苦労でした。この豆には魔法がかかっているにちがいない、と農夫は言いました。

客が出て行ってしまうと、娘は、いまの出来事をマデック夫人に知らせようと思い、店の奥に駆けて行きました。ですが、マデック夫人は話を聞けるような状態ではありませんでした。まさに、たったいま、息をひきとったばかりだったからです。

（語り手、リオレー夫人／カンペールにて、一八九一年六月）

4話　「ピン」の前ぶれ

お前さんもご存知だとは思うが、トレギエやゴエロ地方（サン・ブリウー一帯のブルトン語圏。トレギエ地方とは、トリウー川で隔てられている）では、厳《おごそ》かな式のあるとき、女たちは「正装用コワフ」（ブルターニュの女性が頭にかぶるレースの帽子）を着用する。近親者が亡くなると、コワフの縁を垂れ下げることも知っていなさるだろう。

それがわかっていなくては、この前ぶれの話は理解できまい。

これは四〇年ほど前、イヴィアスで起こった出来事だ。復活祭の日曜のことだった。その家の娘はマリー＝ルイーズという名前でね、ちょうどミサに出るため、身なりを整えているところだった。おめでたい式にふさわしい上等の服と、自分の持っているカティオル（あたしたちは正装用コワフのことをこう呼んでいるんだよ）のうち、いちばんきれいな刺繍の入っているやつを箪笥《たんす》から取り出した。コワフをかぶるときは、誰かもう一人に助けてもらったり、多いときは数人もの手を借りる女の人もいるが、マリー＝ルイーズはいつも一人でやっていた。それなのに、この娘ほど格好よくカティオルをかぶれる女は、まずいないといってよかったのさ。その日の朝、マリー＝ルイーズは鏡の前に立って支度をしていた。コワフをかぶる準備は、もう半分くらいできていた。二つに分けた前髪を三つ編みにし、ボンネットの中にまとめる。あとはもう両側のコワフの縁を上に折り、ピンで留めればいいだけだ。娘は上手に、縁をちょうどいい具合に折り返した。さっきも言ったように、なにせ手が器用だったからね。しかしピンを挿す段となると、そうは問屋がおろさなかった。

マリー＝ルイーズはピンを口に銜《くわ》えて、両手を自由にした。いつもならピン一本だけで、髪型をしっかり固定できたんだ。

そこで、歯に挟んでいたピンを一本、手に取った。すると、ピンは指からすべり落ちてしまった。もう一本のピンを取って、めざす場所に挿した。カチン！　二本目のピンもみごとにもはずれ、澄んだ音をたてて床の上に落ちた。それと一緒に、コワフの縁が、娘の肩に垂れ下がった。

マリー＝ルイーズは三本、四本とピンを取り、いずれも失敗したのち、ついに一二本目のピンを手に取った。だが、骨折り損のくたびれもうけだった。

ピンはまるで、コワフの縁を固定するのを頑《かたく》なに拒否するかのようだった。あるいはコワフの方が、ピンで留められるのを嫌がったのかもしれない。

そのとき、町でミサの始まりを告げる二番目の鐘が鳴った。このままでは、教会に遅れてしまう。晴れの復活祭に遅刻だなんて、みっともないこと、この上ない。

そこでマリー＝ルイーズは、無念ながらも、これまで決してやったことがないことをした。つまり、コワフをかぶるのを手伝ってもらおうと、女中を呼んだのだ。

女中が二階に上がって来た。

だが、下にいて、台所仕事に精出していても同じことだった。

なぜなら、女中もお嬢さん同様、ピンを挿すことはできなかったからだ。コワフをピンで固定したかと思うと、たちまち床に落ちてしまう。ピンを挿すたびに女中はこう言った。「ほら、今度こそ大丈夫！」ところが、マリー＝ルイーズが、チュールの縁を持ち上げていた手を離し、安堵のため息をついて両腕を下ろしたとたんに、コワフの縁も垂れ下がるのだった。

「ねえ、試しにもう一回！」

じきにマリー＝ルイーズの足元には、ピンの山ができ上がった。カチン、カチン、カチン！　新しいピンが落ちるたびに、澄んだ小さな音が響いた。

やがて、ミサの始まりを告げる三番目の鐘が鳴った。

結局、マリー＝ルイーズはミサの時間に間に合わなかった。その夜、娘は主任司祭に告解をし、ピンの話をした。すると、司祭はこう言った。

「この日のことを、しっかり記憶に留めておきなされ」

それからほどなく、イヴィアスの若い娘は、アルジェリアに出征していた婚約者が、復活祭の日曜日、朝一〇時ごろに亡くなったことを知らされた。

（語り手、女商人《あきんど》ジャンヌ＝イヴォンヌ・パリスコアト／イヴィアスにて、一八八八年八月）

5話　扉の上の手

それはポン・ラベで起こった出来事で、いまから、ゆうに七〇年は昔のことです。そのとき、わたしの祖母はひどく具合が悪くて、命の瀬戸際にいました。そこで母さんは、三人の妹といっしょに、寝ずの番をしていたんです。真夜中近くなって、母さんは妹たちに声をかけました。三人はまだ小さかったので、疲れのあまり、ぐったりしていました。

「みんな、もう休んでいいよ。夜も半ばが過ぎたし、あとはあたしが、朝までついているから」

三人の少女は、ようやく子供部屋に引き取りました。

そのときです。最後に部屋に入った妹が、扉を閉めようとして、けたたましい叫び声をあげました。

「キャーッ！　見て、あそこ！」

すると、どうでしょう。木の扉の上に、痩せこけた手がひとつ、五本の指を開いた格好で、くっついているではありませんか。[26] 骨ばって皺の寄った手には、太い静脈が浮き出ていました。その手は、危篤状態にある祖母の手にそっくりでした。

それを見て、少女たちは悲嘆にくれました。そして、めいめいベッドの前にひざまずき、いつものようにお祈りを捧げました。

ベッドのマットレスに頭を埋めて、お祈りの文句に考えを集中させようとしたのですが、どうしてもあの手のことが頭から離れません。そして、まだ手がそこにあるかどうか、そっと横目で盗み見てしまうのでした。

手は、あいかわらず元の場所にくっついていました。

そのとき、母さんが上がってきました。

「みんな、おいで。いよいよ臨終だよ」

四人そろって下に降りると、祖母がちょうど息をひきとるところでした。


(語り手、リオレー夫人/カンペールにて、一八九一年六月)

6話 「揺り籠」の前ぶれ

マリー・グリウーは、パンポルのそばのミン・グェン(フランス語ではピエール・ブランシュ)村に住んでいた。ご亭主は、アイスランド漁に出稼ぎに行って留守だった。

その晩、マリー・グリウーは、ベンチ(ベッドの前にぴったり付けられた、長持ち兼ベンチ)の上に揺り籠を置いてから、横になった。揺り籠の中では、赤ん坊がすやすや眠っていた。

うとうとし始めてしばらく、赤ん坊が泣いている声が聞こえたような気がした。そこで目をあけて、あたりを見まわした。

すると、ジェズ　マ　ドゥエ!(わが主、イエスさま!)部屋の中は明かりで煌々《こうこう》と照らされ、一人の男が揺り籠の上にかがみこんで、赤ん坊をそうっと揺すりながら、船乗りの歌を低い声で口ずさんでいるじゃないか。だが、防水服のキャップを目深《まぶか》にかぶっていたので、その顔はよく見えなかった。

「誰?」マリー・グリウーは肝を潰して叫んだ。

男は顔をあげた。グリウーのおかみさんには、それが亭主であることがわかった。

「おやまあ! あんた、もう戻ってきたの……?」

ご亭主が出かけてから、まだひと月と経っていなかったのだ。

おかみさんは、亭主の服から水がしたたり落ちているのに気がついた。それとともに、海の匂いがぷんと鼻を突いた。

「ちょいと、気をつけておくれよ」と、おかみさんは言った。「あんた、坊やをずぶ濡れにしちゃうじゃないか。ああ、そうだ、いま火をつけるから」

そして、すぐさま寝台から二本の脚を引き出して、ペチコートをはこうとした。だがそのとたん、部屋を照らしていた不思議な光はふっと消えてしまった。マリーは手探りでマッチを探し、一本つけたが、もう夫の姿はなかった。

その後、マリーが亭主にふたたび会うことはなかった。アイスランドから戻った、そのシーズン最初の漁師たちが、ご亭主を乗せた船は積荷もろとも沈んでしまった、と教えてくれたのだ。それはちょうど、グリウーの姿が現れ、息子の揺り籠の上に身をかがめていた晩のことだった。

（語り手、道路工夫ゴアンヴィック／パンポルにて）

7話「屍」の前ぶれ

わたしはそのころ、十二歳くらいでした。当時わたしたちは、レスシアガトの、海辺の小さな集落にすんでいて、父は税関の副所長をしておりました。

母には弟が一人いて、ジャン叔父さんという名前でした。叔父は、わたしたちの家からそう遠くないポン・ラベで、所帯を持っていました。クリスマスや復活祭の折に、何度か叔父の家に遊びに行き、いとこたちと一緒に過ごしたものです。わたしはこの叔父が大好きでした。旅から帰ると必ず、何かおみやげをくれたものですから。叔父さんは「ヴィルジニー号」の二等航海士で、よく遠洋航海に出ていました。それはナントの船で、しじゅう南洋を回っていたのです。わたしの母も、自分と歳の近いこの弟が大好きでした。なにせ、母はジャン叔父さんの代母だったのですから。叔父のほうも、奥さんに手紙を書くのと同じくらい頻繁に、母に手紙を書いて寄越したんです。ちょうどその日、叔父からの手紙が届いたところでした。それには、モンテヴィデオ〔南米ウルグァイの首都〕に到着したこと、元気でいること、まもなく「ヴィルジニー号」が故国に向けて出帆すること、などが書かれていました。わたしはこういった細かいことを、とてもよく覚えています。それというのも、さっきも申し上げたように、叔父に関することなら、何にでも興味があったからなんです。

その夜、父が海岸に見まわりに出かけたので、わたしは母と二人だけで夕飯をしたためました。外は雨と風の入り混じった、かなりの時化《しけ》でした。寝る時間になると、母がこう言いました。

「お祈りするとき、ジャン叔父さんのことを忘れちゃいけませんよ！」

「わかってるって！　ちゃんとするよ」と、わたしは答えました。

「主の祈り」〔＊2〕を唱えるとき、わたしがジャン叔父さんの無事をお願いしないなんてことは、まずもってありませんでした。そうすれば、叔父のほうでもわたしのことを思い出して、外国から何かすてきなおみやげを買ってきてくれると思ったからです。

ですから、その晩も、いつものようにお祈りをしました。けれども、なぜかはわかりませんが、お祈りしているうちにだんだん悲しくなってきたんです。とうとう我慢できなくなって、しくしく泣きじゃくってしまいました。すると、母が寝台のほうに来て、こう訊きました。

「どうして、そんなにめそめそしてるの？　早く寝なさい。もうとっくに夜になっているんだよ」

こんなふうに言いながら、母は小窓を指さしました。その小窓は船の舷窓みたいに、わたしの頭の高さより少しだけ上のところについていて、そこから四角い空が見えました。空は暗く、雲が流れていました。わたしは涙をぬぐうと、目をつぶったふりをしました。でも、母がテーブルに戻って編物を始めると、そっと目を開けて、暗い中で物思いにふけりました。外では、ときたま風がどっと激しく吹き荒れていましたが、それが収まっているあいだは、スレート屋根に雨のあたる、ぱたぱたという音がしました。うちは平屋だったので、その音はずいぶんはっきり聞こえたのです。ところが不意に、雨粒が一滴、屋根裏の天井を通り越して、わたしの寝ているベッドカバーの上に落ちたような気がしました。それから二滴、三滴、さらに続けて五滴、一〇滴、二〇滴と落ちてきました。(27) ピタン、ピタン、ピタン……と、規則正しい小さな音がします。わたしは母を呼びました。

「今度は何？　どうしたっていうの？」

「ベッドに雨漏りがしてるよ」

「嘘もいいかげんにしなさい！」

母はわたしの掛け布団を手で撫で回し、それからろうそくを掲げて天井を見、どこにもまったく濡れたあとがないことを確かめました。雨漏りの音も、すでに止んでいました。

「いいかい」と、母はわたしに言いました。「この先まだ馬鹿馬鹿しいことや、ありもしないことを言って寝ないつもりなら、父さんが戻ってから言いつけるよ！」

わたしは父を恐れていました。根はいい人なのですが、荒っぽいところがあったものですから。そこで、もうおとなしく寝る、と約束しました。けれども、母が寝台から離れるや否や、奇妙なピタン、ピタン、ピタンという音がまた始まったのです。どこから水が漏れているのでしょうか、シミのあとも残っていないというのに……。いろいろ考えましたが、どうしてもわけがわかりません。しまいには、自然と気にならなくなり、いつの間にか眠ってしまったようでした。というのも、父が帰ってきたことも知りませんでしたから。

突然、柵が壊れるようなバリバリという大音響がして、わたしは飛び起きました。そしてベッドの上に膝を折って座り、目を大きく見開いたまま、ぶるぶる震えました。そのとき見たものの恐ろしさに、体は凍りついてしまいましたが、その恐怖といったら、それから五〇年経ったいまも、思い出しては身震いするほどです。小窓が——頭上のあの小窓が、——ものすごい衝撃でがたがた揺れていたのです。突如として、小窓はそれ以上の水圧に耐え切れず、割れてしまいました。そして、その割れ目から、水がどっと雪崩《なだ》れ込んで来たのです。水はどんどん押し寄せてきます。あっという間にわたしは水浸しになり、水位が見る見るうちに上がって、緑色の透明な水が溜まりました。まるで座ったまま、海の底に沈んでしまったかのようです。壁も、天井も、箱ベッドの木の板も、みんなどこかへ消えてしまいました。どちらを向いても水、水、水！　まるで自分が、生きながら溺れてしまったかのようでした。こう話しても、それがどんなに恐ろしいことか、想像もつかないでしょうがね。

　けれども、いちばん恐ろしかったのは、こんなことでした。

　わたしはどんどん水かさが増すのを、ただ唖然として眺めていましたが、そのとき、一人の男の死骸が、顔に触れるくらい近いところに流れてきたのです。男は上半身裸で、体を横たえ、波間に力なくゆらゆら浮いていました。腕を十字に組み、脚を開いたまま。ぼろぼろになった赤いメルトンの股引《ももひき》が、辛うじて腰を覆っています！　わたしは勢いよく後ずさりしました。シーツのまわりでは、ごぼごぼと激しい水の音がします。男の死体は水に流されてゆき、それとともに自分も引っ張られるのを感じました。そこでわたしは悲鳴を上げて、助けを求めたのです。

　父が帰宅していたことはちっとも知りませんでしたが、その父が、寝台に飛んで来ました。よく覚えていますが、父はそのとき銃を手にしていました。いつも天気が悪い日は、外から帰ると必ず銃の手入れをしていましたから、そのときもそうだったのでしょう。わたしが悪い夢にうなされているのだと思い、父は力いっぱいわたしを揺さぶりました。

「起きるんだ、マルグリット！」

「でもあたし、さっきからずっと起きているよ！」と、わたしは答えました。

歯はがちがち鳴り、体中が冷汗でじっとり濡れ、まるで水から上がったばかりのような状態でした。父はひどくびっくりして、こう訊きました。

「いったいどうしたんだ？　何があったんだ？　ちゃんと話せ！」

わたしは黙ったまま、哀願するような目で父を見ました。すると、父はすぐに声を和らげ、わたしを撫でて、元気づけるようにこう言いました。

「怖がらなくていいよ……。母さんから、今夜、どうもお前の様子がおかしい、ということをさっき聞いたばかりだ。どうしたのか言ってごらん、怒ったりはしないから」

わたしは父の首のまわりに腕を巻きつけ、胸に顔を押し当てて泣きじゃくりました。

「海がね、海が全部、押し寄せてきたの、あたしのベッドに！　でね、溺れた男の人の死体が、ぷかぷか浮いていたの」

「その溺れた男の人って、どんなふうだったのかい？」

「さあ、よくわかんない……。だって、ちらっと見ただけだもん。ただ覚えているのは、赤い股引《ももひき》をはいていたってことだけだよ、ジャン叔父さんみたいに」

「ああ、よかった！　おチビちゃんや、それはな、ジャン叔父さんが元気でいるって証拠だ。いいかい、夢ってもんはな、いつも本当のこととは逆のことを知らせてよこすんだ」

「それ、夢じゃなかったんだよ」と、わたしは呟きました。

でも、父にはわからなかったようでした。

「片手を握っていてあげるから、もうお休み。そばにいるからな。そうすれば安心だろ？」

「うん、父さん」

わたしがもぞもぞ動かなくなったので、父は、今度こそ寝てしまったのだと思い、一五分ほどすると、わたしを一人にして母のところに戻りました。わたしには、母が低い声で父にこう尋ねるのが聞こえました。

「どう思う、イヴォン？」

「お前の弟は遭難したにちがいない。奴さん、あの子を特別にかわいがっていたからなあ。わざわざあの子のところに、それを知らせてよこしたんだろう。あの子が見たのは、奴さんの前ぶれだよ」

「ああ、かわいそうな、かわいそうなジャン！　神さま、あの人の魂をお守りください！」と、母は真っ青になって言いました。

そして、手にした編物の上に、滝のように涙を流しました。

それから一二日経って、ナントから速達が届きました。それは、叔父が仕事を請け負っていた商社からで、大西洋横断船「サン・ナゼール号」が南洋で無人のボートに出会ったこと、そのボートが「ヴィルジニー号」のものと見られること、を知らせたものでした。

船そのものについては、どうなったのか皆目わからない、ということです。おそらく座礁して、乗組員もろとも海に沈んでしまったのでしょう。


（語り手、マルグリット・ゲヌール／カンペールにて）

8話　「生首」の前ぶれ

ある晩、パンポルに住むバルバ・ルアルンは、夜更けまでずっと糸を紡いでおりました。そして、あんまり疲れたので、紡いだ糸の上に頭を乗せて居眠りをしてしまいました。ゆうに七十は近かったねえ、あのかわいそうなおばあさんは！　糸巻き棒はいつの間にか手からすべり落ち、それが糸車にあたる音で、バルバは飛び起きました。すると部屋中が白い光に照らされ、あたりが明るかったので、びっくりしたの何のって！　部屋の真ん中には丸いテーブルがあって、バルバはいつもその上に、自分が紡いだ麻の糸かせを置いていました。ところがそのとき、糸かせの山の上にバルバが見たものは、なんと人間の生首だったのです。首は新しく切られたばかりで、切り口から血がしたたっていました。

顔は、息子にそっくりです。でも息子は、お国の船に乗っているはずでした。

その目は大きく見開き、何とも形容しがたい苦しみを湛えて、バルバを見つめておりました。

「マビック、マビック！」（坊や、坊や！）と、手を合わせてバルバは叫びました。「いったい全体、何があったんだい？」

このように呼びかけたとたん、生首はテーブルの上で転がりだし、そのまわりを回ったんです、きっかり九回ね。

それから、ふたたび糸かせの山の上に現れました。

そして、「さよなら、母さん」という声がしました。

バルバ・ルアルンは、あたりが真っ暗になるのを覚えました。翌日、床の上に気絶しているバルバを近所の人たちが見つけ、助け起こしました。

それからまもなく、まさしくその晩のその時間に、「猛者号《ルドゥタープル》」の副船長であるバルバの次男、イヴォン・ルアルンが操作を誤り、頭が胴体から切り離されてしまった、という知らせが届きました。そして、折しも悪天候だったので、追いかけて捕まえるまでに、首は甲板のあちこちを転がっていった、ということです。

（語り手、マリー＝ジャンヌ・ル＝ヴェイ／パンポルにて）

9話　「水に映った影」の前ぶれ(28)

そのころ、あたしはまだたいそう若かったが、まるで昨日のことのようにはっきり覚えているよ。今は六十八を過ぎたがね、この話のときは、まだ十二歳くらいだった。その時分、あたしは人のお情けで、ケルフントゥン小教区コアト・ブーズの農場で、雌牛番として雇ってもらっていた。その日の朝、あたしは、牛たちをステール川のほとりの牧場に放牧しにやらされた。そこは、前の日に草を刈ったばかりの場所だった。

牛たちがあちらこちらでもぐもぐやっているあいだ、あたしは川の土手に座って、普段は牛を集めるのに使う、あの長い杖で、暇つぶしに水を叩いて遊んでいた。

ところが不意に、あたしはびくっとした。

ちょうど目の前に、流れは澱《よど》んでいるけれど、水がたいそう澄んでいるところがあって、そこに、まるで今ここにいるお前さんを見るみたいにはっきりと、あたしのご主人の顔と上半身が現れたんだよ。

ご主人の様子がずいぶん陰気だったことさえ、わかったくらいだ。あたしは、ご主人にがみがみ言われんじゃないかと思って、震え上がった。だって、こんなふうに、ぶらぶらしているところを見つかったわけだから。それで、なかなか後ろを振り返ることができなかった。

そんな膠着状態が二、三分は続いただろうか。

いつまでたっても小言も平手打ちも飛んでこないので――というのも、ご主人は短気なことで有名だったから――、あたしはとうとう思い切って、よいしょっと立ち上がった。

すると、牧場には自分と雌牛しかいないじゃないか。そのときのあたしの驚きようといったら。

土の中に飲みこまれてでもしまわないかぎり、人間の姿がこれほど素早く消えるなんて、あり得ないことだ。そのくせ、あたしが水面に見たのは、ご主人の影以外の何物でもなかったんだからねえ。

その日いちにち、この奇妙な出来事が頭から離れなかった。

夕方の靄《もや》が出るころ、あたしは牛を連れて農場に帰った。コアト・ブーズの門を開けたとき、最初に出会った人物は、まさしくご主人だった。

「さっきは何も言わなかったけど、今になって雷が落ちてくるんじゃないかしら」と、あたしは思った。

それがね、ちっともそうじゃなかったのさ！　それどころか、ご主人はあたしの帰りを喜んで、ねぎらいの言葉をかけてくれたし、牛小屋まで一緒について来て、雌牛のつなぎ方を丁寧に教えてくれた。あたしには、どうしてもそれがうまくできなかったのでねえ。

ご主人がたいそうご機嫌だったので、あたしは、ああ！　よせばいいのに、自分の方から話しかけた。

「ねえ旦那さま、お昼、とっても暑かったでしょ。ほら、牧場を通りかかったとき。あたしみたいに水の中に足をつければよかったんだよ。そうすれば、体中の血が冷やっこくなったのに」

「お前、何たわごとを言っとるんだ？」とご主人。「俺は牧場のほうになんか、行かなかったぞ。今日はサン・トレムールで市が立つ日で、さっき町から戻ったばかりなんだから」

そのときになって初めて、あたしはご主人がよそゆきの上着を着ていることに気づいた。

「あっ、そうか！　あたし、てっきり……あの、勘違いしていたわ！」

あたしは間抜けな言いわけを、口の中でもごもご呟いた。

そのとき幸いにも、夕食を知らせる角笛が鳴った。

食事中、あたしは一言もしゃべらなかった。でも、胸の内はたいそう苦しかったんだよ、ほんとに。

あたしは台所の隅っこで、女中頭と一緒に横になった。一台のベッドに二人で寝ていたんでね。シーツの中にくるまってから、あたしは隣に寝ている相棒にこう言った。

「この家には、きっと不幸が起きるよ」

そして、その日の出来事を話した。それを聞いた女中頭は、あたしを阿呆扱いした。でも実は、あたしと同じくらい不安にかられているのが、よくわかったけどね。

夜明け前、まだ一番鶏が鳴かない時分に、台所の反対側の隅の、ご主人夫婦のベッドがある方から、女中頭を呼ぶ声がした。あたしが肘でぐいっと押しやると、女中頭は起き上がった。そのあとすぐに、女中頭が走り寄ってきて、ご主人のジャン・ドリアンがいましがた息をひきとった、と教えてくれた。卒中で亡くなったそうだ。

（語り手、行商の果物売り、ナイック／カンペールにて、一八八八年）

10話　「オール」の前ぶれ

ある晩、夕飯のあと、あたしたちはちょうどいまみたいに、炉辺でおしゃべりをしていた。それは冬のさなかのことで、お前さんも知っていなさるだろうが、冬、このあたりの海岸では風がひどく吹き荒れる。そのころ、あたしはたったの十歳。今は六十三だけど、こういう思い出は、命が体から離れるときまで、頭から消えないとみえる。嵐がごうごう吹き荒れるのを聞いているうち、自然と上の兄、ギヨームの話になった。兄は水兵で、当時、海に出ていたんだ。もう長いこと便りがないねえ、と母が言いだした。兄から来た最後の手紙は、ヴァルパレーゾ〔米国インディアナ州北西部の都市〕から投函されていた。手紙には、とても元気だと書いてあったが、それも、もう六ヶ月も前の話だ。まあ、だいたい海の男ってもんは、筆まめじゃないからね。

「それでもさ」と、母が言った。「いまこの時間、あの子がどこにいるか知りたいもんだよ。今夜のこのひどい風に、難儀していなけりゃいいけど！」

そこで、みんなでお祈りをして、ギヨーム兄さんのために特別に「主の祈り」をつけ加えた。それから、めいめい寝床に行って、横になった。

あたしは、妹のクーパイアと一緒のベッドで寝ていた。

うとうとしかけたころ、母の呼び声で目が覚めた。母のベッドは暖炉をはさんで、あたしたちのベッドと向かいあっていたのさ。

「ねえ！　お前たちにも、聞こえたかい？」

「何が、母《マンム》ちゃん？」

「あの音さ、外の」

端っこに寝ていたのは、あたしだった。そこで体を起こし、耳を澄ませた。

「うん、オールが四本、拍子をとりながら水を掻いている音がする」と、あたしは言った。

「それだけかい？」と、人の好いおっ母さんが訊いた。

「ううん、それだけじゃない！　人の話し声もするよ」

「じゃあ、ベッドから出ておくれ、マリー＝サント（マリー＝イヤサントの略称。トレゴール地方ではありふれた名前）。で、窓を少しだけ開けて、その人たちがどんな言葉でしゃべってるのか、聞き耳をたててごらん」

あたしは言われたとおりにした。突風で両開きの扉がばたばたして顔にぶつからないよう、注意しながら、窓をそっと開けた。

話し声は、海の方からしていた。その海とわが家とは（いま、あたしが住んでる家のことだがね）、道一本で隔てられているだけだ。それは明らかに、四人の漕ぎ手の話し声だった。ただ、おかしなことに、一人一人がちがう言葉でしゃっべっているようだった。いくつかの言葉が、あたしの耳に飛び込んできた。覚えているところでは、こんなものだったよ。

「ウーラ……シネマーラ……ダリ……アリブーエ……」

不思議なボートの乗組員は、英語、スペイン語、イタリア語といった言葉を、いちどきに話しているみたいだった。しかもそのうち一人は、ブルトン語を使っていた。でも、ごちゃまぜな言葉で話していたし、また特に風が強かったせいで、その人の言っていることはよく聞き取れなかった。

「どう、マリー＝サント？」と、母が尋ねた。

「きっと、このあたりの沖で難破した船のボートにちがいないよ」と、あたしは答えた。「そのボートには、いろんな国の船乗りが乗っているみたいだよ」

「ろうそくを灯しておくれ。そうすれば、そのかわいそうな人たちが陸に上がったとき、灯りのついた家が見つかるだろう」

母は、進んで人助けをする質《たち》だった。自分のできる範囲で人の役に立つことが嬉しくて、特に船乗りのこととなると、もう一生懸命だったよ。というのも、うちは父親から息子まで、みんな船乗りだったからね。

そこで、あたしはろうそくに火を灯し、ペチコートと胴着を着た。がたがた震えていたのは寒さのせいだが、実は、ちょっぴり怖かったんだ。

半時間……一時間……。

待てど暮らせど、扉をノックしに来る者は誰もいない。とはいえ、ボートの人たちは、とうの昔に上陸したはずだ。しかし、オールの音も人の話し声も、まったく聞こえなくなっていた。とうとう母は、もう寝なさい、と言った。クーパイアは、とっくにぐうぐう眠っている。不気味で身体がぞくぞくしたが、あたしもじきに妹のように寝てしまった。

次の日、夜が明けたとたん、年老いた母がまっ先にしたのは、聞き込みに行くことだった。家から家へ尋ねて回ったが、それも空しく、何の情報も得ることはできなかった。あたしら以外に誰一人として、どんな些細なことすら聞きつけた者はいなかったのさ。沿岸警備のお役人ですら、ビギュエレスからトレズテルに至るまで、その夜は船なんか一隻も見なかったし、岸辺に着いたボートはなかった、と何度も請け合ったくらいだ。

母はすっかり青ざめて、家に戻って来た。

みんな、ひたすら夜が来るのを待ち焦がれながら昼間の時間を過ごしたが、それでいて夜が来るのが恐ろしいのだった。

晩ご飯でみんなが食卓についたとき、その前日、船でペロスまで出かけていた二番目の兄が、戸口に姿を見せた。あたしたちは、次の大潮のときまで帰って来ないものと思っていたんだけれどね。あたしは兄の食器を用意し、みんなで食事になった。すると突然、兄が天井を見上げて、大声をあげた。

「なんで梁に、血の滴る肉なんか吊るしておくんだよ！」

「お前、飲みすぎたんじゃないかい」と、騒ぎに気を悪くして、母が言い返した。

「まさか！ そんなこと言ってないで、ちゃんと見てくれよ。ここにあるのは、塩水のしずくなんかじゃないぜ」

兄は食卓の上に手を置いていたが、本当にその手の甲に、赤いしずくが三滴ついている。それがどこから落ちてきたのかは、わからない。とにかく、三滴の大きな血のあとがついていた。(29)

とたんに、母の顔が死人のように真っ白になった。

「もう、まちがいない」母は呟いた。「家族の誰かに不幸が起きたんだ」

みんな、めいめい寝床に向かった。ベッドに入っても、誰もが同じ考えに苛《さいな》まれ、なかなか眠れなかったが、ついに疲れが恐怖に打ち勝った。あたしたちは、見知らぬ漕ぎ手がリズムをつけてオールを漕ぐ音が聞こえやしないかと、耳を澄ませていた。風はおさまり、深閑とした夜だった。変わった物音は何も聞こえない……。ところが三日目の晩は、事情がちがった。母がろうそくを消したとたんに、四本のオールが二本ずつ水を掻く、ピチャッ、パシャッという音がまた始まった。あたしは前のときのように、ぱっと飛び起きた。今度こそ自分の目で確かめてやろうと、腹を括《くく》ったのさ。服を着て外に出ると、海は月光を反射させて、きらきら輝いていた。あたしは目を皿のようにして、明るい水面を探した。でも、見えたのは、亡霊じみたサン・ジルダの岩場と、遠くに浮かぶ、忌まわしい七つが島《セッティル》だけだ[30]。

船なんか、影も形もない！

それなのに、ピチャッ、パチャッという音は、柱時計の規則的なチクタクのように、夜のしじまに響いている。でも、それだけだった。漕ぎ手は黙って船を「泳がして」いるだけで、わけのわからない言葉を使って、仲間うちでしゃべってはいなかった。兄があとからやって来て、崖の上で合流した。兄の目は、あたしなんかよりずっと鍛えられていたんだよ。

「どうだったね？」うちの敷居をまたいだとたん、年老いた母があたしたちに訊いた。

すると、兄がこう答えた。

「『船乗りの前ぶれ』にちがいないと思うよ」

母はすぐさまベッドの中で、「デ・プロフンディス」〔*3〕を唱え始めた。

あたしたちはみんな、ギヨーム兄さんのことを思ってお祈りをしながら、すすり泣きをこらえることができなかった。

けれどもその一ヶ月後、トレギエの海軍事務所で家族手当てを受け取りに行った母から、ギヨーム兄さんが死んだ、と知らされたときのあたしたちの嘆きようときたら、そのときの比ではなかった。

母に事情を教えてくれたのは、事務所の副所長だった。最初にあたしたちがオールの音を聞いたちょうどあの晩、兄さんはインドのカリカルにいたそうだ。そして、将校たちを探しに陸に行って来い、という命令を受けて、船に積まれていた小型ボートに乗って、三人の水夫と一緒に出かけて行ったということだ。船に戻ってから、兄さんはものすごい頭痛に苦しんだ。で、次の日、鼻から大量の血を出した。その翌日には、みんなで兄さんの遺体を陸に揚げて、カトリック墓地に葬ったんだそうだよ……。この世では、どんなにびっくりするようなことが起きても、驚いてはいけない。すべては、神さまのおぼしめしなんだから。


（語り手、マリー＝サント・トゥルーザン／ポール・ブランにて、一八九一年八月）

11話 「池」の前ぶれ

カンペールからほど近い、ケルゴン村に住むジャン・トレムールは、週のうちは勤勉な日雇い農夫だったが、日曜ともなると、パンナールの旅籠屋にしけこんで、すっかり暗くなるまでジョッキを傾けないことでもありゃ、もう奇跡だ、というくらいだった。家ではたいてい、奴さん抜きで夕飯になったし、ときどきはどんぶり鉢を洗い終わって、食後の「感謝の祈り」を唱えちまってからもなお、みんなで奴さんの帰りを待っていたくらいだ。そんなとき、かみさんのペリーナは娘のジョジクに、こう言いつけたものだった。

「ケープを着て、飲んだくれのおっ父さんを探しに行っておくれ。そうでもしなきゃ、おっ父さんは両足を酒場に置き忘れ、池で溺れちまうからさ」

そのとおり、道沿いにはもう使われていない石切り場があって、そこに深い池があった。ジョジクが喜んで言いつけに従ったためしがないのも、その池のせいだった。このでかい水溜まりのそばを通らなきゃならないと思っただけで、震え上がったのさ。なにしろ噂によると、池には「夜の物の怪《もののけ》」の姿が映ったり、そこから「恐ろしい物音」が聞こえてくる、と言われていたものな。

それでも、ジョジクは出かけていった。もし嫌だと言おうものなら、おっ母さんにひっぱたかれるからだ。それに、自分には優しくしていれるおっ父さんが大好きだったし、迎えの人がジョジクならば、無茶苦茶に上着を引っ張らなくても家に帰ってくれたからだ。

さてその晩、月の光は皓々《こうこう》とあたりを照らし、いつもは黒い池の面も、真新しい銀みたいにぴかぴか輝いていた。だから、ジョジクも普段のように顔をそむけたりせず、水の方にちらっと目を走らせた。向こう岸に洗濯女が一人、木の桶を前にしてひざまずき、腕をまくりあげて洗濯物を洗おうとしているのを見たとき、ジョジクの驚きはひとかたではなかった。その人の顔まではよく見えなかったけれど、女がコワフをかぶっていて、この辺の農家のかみさんみたいな風だったから、ジョジクはてっきり、同じ小教区の人だろうと思い込んだ。そこで思い切って、慣わしどおり挨拶をした。

「お洗濯ですか」

「そうだよ、ジョジク」女はまるで旧知の間柄のように、娘の名前を呼んだ。

「でも、お洗濯するにはずいぶん変な日だし、変な時間ですね」ジョジクはさっきより気楽な気持ちで言った。

女は答えた。

「あたしらのような商売で、贅沢は言えないよ」

「じゃあ、それ、急ぎの仕事なのね」

「そうとも、ジョジク。これは死者のシーツでね、これからあんたが迎えに行く人を、明日、包むためのものさ」

こう言いながら女は、自分の前に白い布を広げたが、それは、どんどん、どんどん、どんどん広がって、池全体を覆い隠すほどになった。ジョジクは怖くて気が狂いそうになり、町に向かって一目散に駆け出した。いつもおっ父さんがいるはずの「ツケ払いの店」の敷居をまたいだ時は、はあはあ息を切らしていた。この店をおっ父さんは、「十字架の道行き」〔*4〕になぞらえて、「おいらの最終留」と呼んでいたんだ。ジョジクはてっきり、おっ父さんがそこでくたばってしまったものと思っていた。だから、いつも以上に泥酔しているわけじゃないとわかったときは、ほっと安堵した。半ば引っ張り、半ば支えながら、ジョジクはおっ父さんを連れて帰った。二人が池にさしかかったとき、そこにはもう洗濯女も白い布も見えなかった。そこで、ジョジクはこう考えた。

「あれは近所の誰かだったんだ、絶対そうだよ。日曜の、誰もこんな場所通らないと思っていた時間に洗濯しているところを見られたもんだから、きまりが悪かったんだろう。だから、自分が誰かを悟られまいとして、あたしを煙に巻くため、あんな脅しを言ったにちがいない」

そんなわけでジョジクは、このことをおっ父さんにもおっ母さんにも、黙っていた。だいたい、二人が帰ったとき、おっ母さんはもう寝ていたしな。ジョジクは安心してベッドにもぐこみ、そのあいだ酔っ払いのおっ父さんは、わざわざ冷めないように灰の中に入れて温かくしておいたスープを食べようと、いつものように炉辺の隅に陣取った……。それから何が起こったかって？ そりゃあ、神のみぞ知ることさ。でもな、かみさんのペリーナは夜中に目が覚めて、亭主がまだ寝ていないことに気がついた。そこで、いささかきつい口調で名前を呼んだ。炉辺のベンチで眠りこけちまったものと思ったんだよ。ところが返事がないもんだから、ペリーナは起き出して、夫の身体を揺すぶった。樹脂ろうそくが燃えたまんまになっていたから、その明かりでかみさんには、亭主が、半分だけスープの入ったどんぶり鉢を膝のあいだに抱えた格好でいるのが見えた。実際、奴さんは眠っていたのさ、もはや腹も減らなきゃ、喉も渇かない者たちの眠りをね！ ドゥエ　ダ　バルドノ　アン　アナオン！（亡き人の魂に神のお慈悲がありますように！）

(語り手、ジャン＝ピエール・デュポン／カンペールにて)

12話　ジョゾン・ブリアンの「パイプ一服」

そのころ、といっても今から六〇年ほど前のことだが、ケルマルケにジョゾン・ブリアンという人が住んでいた。[31]この男の日課は、夕飯のあと、お祈りを唱えてしまってから、炉辺に座って、「パイプ一服」をふかすことだった。その晩、いざパイプにたばこを詰めようというとき、たばこ入れの中に粉状のかすしか残っていないことに気がついて、ジョゾン・ブリアンはいささか機嫌を悪くした。

女房はもう箱ベッドの中で横になっていたので、そこから亭主に声をかけた。

「その不機嫌、神さまに差し上げておしまいよ。明日になったら、もっといい香りの『パイプ一服』ができるじゃないの」

「この年で長年の習慣を変えるのは、ちっと無理だな」と、農場主は答えた。

「でも、うちの使用人はもう全員、寝てしまったんだから」

「仕方ない！　俺がこの足で、町にたばこを買いに行くまでだ」

それでジョゾンは、そのとおりにした。

パンヴェナンの町に行くには、バール・アン・エオルを通らなきゃならないが、これはご存知のように、不吉な場所だ。このあたりの言い伝えでは、二本の道が交差する角じゃあ、グロアーハ（山姥）が、夜遅くまで外をうろついている連中を待ち伏せしているっていう話だ。[32]実際、大勢の人がこの妖婆にひどい目に遭わされたって話だからね。

そこでジョゾンは十字路にさしかかる少し前、グロアーハの注意を引かないようにと、木靴を脱いで素足になった。

さて、バール・アン・エオルの山姥がいつも座る白い石を、すでに数歩あとにしたときだ。ジョゾンは、棺桶を担ぐ四人の男に出くわした(33)。

「こんな夜中に埋葬とは、一体どうしたことだろう?」と、ジョゾンはいぶかしく思った。

棺桶を担いでいる男を呼び止めて訊いてみようかと思ったが、用水堀に退いたほうが賢明だと考え直し、声をかけずにおいた。

町に着くとさっそく、まだ開いている店を見つけ、蓄え用のたばこを買い、家に戻った。帰りも行き同様、無事にバール・アン・エオルを通り過ぎることができた。グロアーハはどこか別のところに行っちまったにちがいない。ところが、ケルマルケの屋敷へと続く楡《にれ》の並木道にさしかかったとき、柵の門が大きく開け放たれているのを見て、ジョゾンはひどく驚いた。町に行くとき、確かに後ろで閉めたはずだからだ。門を閉めろということは、いつもジョゾンが農場の下男たちにうるさく言っていることだし、自分でも必ずそうしていた。そうでないと、馬や雌牛、羊などあらゆる動物が逃げ出して、それをパンヴェナンの町の連中は平気で放っておくからさ。

ジョゾンはぶつくさ文句を言いながら、開き戸の扉を寄せ合わせ、鎖で固定した。そして木々の黒い影の下をぶらぶら歩きながら、これから寝る前に、炉辺の熾き火で足を暖めながらふかす、おいしい「パイプ一服」のことを考えた。無理もないさ、こうして苦労して手にいれたんだからね!

ところが中庭に入ったとたん、ジョゾンは愕然とした。さきほどすれ違った棺桶が、家の戸口をふさぐように置かれていて、その脇に四人の男が、片側に二人ずつ、物も言わずに立っているではないか。

ジョゾン・ブリアンは臆病ではなかった。「先代ナポレオン」の時代には、戦争にも行ったくらいだもの。そこで、四人の男の方にずかずかと進んで行った。

「行き先をお間違えのようですな」と、ジョゾンは男たちに言った。「このうちには、『五枚板』〔棺桶のこと〕のお世話になる者など、誰もおりませんよ」

「われわれを遣わしたお方が間違えることなど、決してない！」男たちは抑揚のない声で答えた。その声は、まるで死者の国から聞こえてくるかのようだった。

「さあ、それはどうだか！」とジョゾン・ブリアン怒鳴《どな》った。そして棺桶をまたいで、家の戸を開けた。が、中に入ったとたん、長いため息をついたかと思うと、へなへなと崩おれてしまった。みんなが抱き起こしたときにはもう、体中の血が全部、鼻から流れて出てしまったあとだった。ジョゾンがこれまでのいきさつを語って、遺言を伝える時間はあったけれど、最後の「パイプ一服」をふかすことはついに叶わなかった。

今でもケルマルケでは、暖炉がくすぶるたびに、奴さんが「パイプ一服」をさせてほしがっている、と言うそうだ。

（語り手、海藻《ゴエモン》採りフランソワーズ・トマ／パンヴェナンにて、一八八四年）

13話　「葬式」の前ぶれ

そのころ、マリー・クレアーハカディックという十五、六の小娘が、ブリエクのケルヴェゼンの農家で女中をしていました。そこからあまり遠くない、人里離れた一軒の小屋で、目の見えないおじいさんが、ひっそりと病《やまい》の床に伏しておりましたが、それはブルターニュ流にいうマリーの「叔父さん」〔遠い親戚のこと〕で、マリーはときどきその老人に会いに行っていました。

ある朝、マリーはカンペールからケルヴェゼンに帰る途中でした。というのも、毎日、手押し車に牛乳を積んで、町まで届けるのが日課だったからです。それは冬のことで、夜はまだ明けていませんでした。と、突然、マリーの目の前に荷車が現れました。乗っているのは顔見知りのお百姓さんで、手綱《たづな》を握って馬を御していました。マリーはやっとのことで荷車をよけ、手押し車と一緒に用水堀に避難しました。(34) その脇を、お百姓さんの荷車が通り過ぎて行きます。そのときマリーは、荷台に棺桶が乗せられていることに気づきました。そのあとから、十字架を掲げた人や神父さん、ブリエクの主任司祭、そして最後にお葬式の行列がやってきました。盲目の叔父さんの親戚が列の先頭にいるのを見たとき、マリーはびっくり仰天いたしました。(35)

すぐに「行かなくちゃ」と思ったんです。「叔父さんが亡くなったんだわ」

マリーはすっかり意気消沈してケルヴェゼンに戻りましたが、大好きな叔父さんが死んだというのに、そのことを知らせてもらえなかったことを、少々恨めしく思いました。

農家のおかみさんは、マリーの様子がいつもと違うことに気がついて、こう尋ねました。

「何かあったのかい、マリーや?」

「さっき、叔父さんのお葬式とすれ違ったの。なのに、誰もあたしに知らせてくれなかったの」

すると、おかみさんは笑い出しました。

「まあ、お前、夢でも見たんだよ。そうさ、お葬式に出会ったなんて、まだ寝ぼけているんじゃないのかい。もし叔父さんが亡くなったというんなら、このあたりにすぐ知れ渡るはずだもの」

「いいわ。それなら、確かめて来るから!」

マリーは、叔父さんの住む小屋まで駆けて行きました。

家の中にはいつものように、炉辺に置かれた箱ベッドの中に老人が横たわっていました。ただその顔は真っ黄色で、ほとんど息をしていません。老人の娘さんが親類縁者と共にそこにいて、マリーを中に招き入れ、一緒に寝ずの番をしましょう、と誘いました。おそらく最後の晩になるだろうから、と言って。

マリーは迷わず、みんなのいるところに座りました。

けれども昼間の疲れが出て、一、二時間もすると、こっくりこっくりし始めました。すると不意に、何か重いものが扉にぶつかったような気配がして、マリーはびくっと目を覚ましました。見ると、その場にいるお年寄りは、みんなぐっすり眠っています。

それなのに、扉が開けっ放しにされているのです。

そのときマリーは、棺桶が部屋の中に入ってきて、見えない手によってベンチの上に置かれたのを見ました[36]。

恐しさのあまり、金縛りにでもあったかのように、身動き一つできません。マリーは、まぶたをきつく閉じました。何も見えないかわりに、今度は音が聞こえます……。不思議な手が、棺桶の中で、死体の下に敷く木の板敷きや、枕がわりに首の下にあてがう、梳いた麻糸だのを掻き分ける音です。

そのとき、叔父さんが深々とため息をつきました。

明け方、その体はすでに冷たくなっていました。

マリー・クレアーハカディックはがっくり気落ちして、ケルヴェゼンの農家に戻り、お葬式に立ち会うのを許してくれるよう、おかみさんに頼みました。でも、おかみさんは、村では毎日、牛乳が届くのをあてにしているし、故人にとってマリーは遠い親戚にすぎないんだし、徹夜の看病につきあったんだから、もうそれで充分だ、と考えたんです。

かわいそうに、マリーは泣く泣く諦め、小さな荷車を引いてカンペールへと向かいました。途中、前と同じ曲がり道で、今度は本物のお葬式とぶつかりました[37]。

葬列に加わらないことを咎《とが》められるのではないかと思い、マリーは慌てて、柵の隙間から畑の中に逃げこみました。そしてそのまま、ハリエニシダの生えた土手越しに、葬式の行列が遠ざかっていくのをじっと眺めておりました。

しばらくして、その隠れ場所から出ようとしたときです。呆然と、その場に釘付けになっちまったんですよ。だってほら、その道をふらふらした足取りでやってくるお年寄りがいるじゃありませんか。顔が蝋《ろう》のように黄色い老人。それは、マリーの叔父さんでした。あの、目の見えない叔父さんですよ。それがみんなより遅れて、自分自身の葬列について行くんです。

驚きのあまり、マリー・クレアーハカディックはその場で気を失ってしまいました。一時間後、畑を通った人たちが、用水堀の中にのびているマリーを見つけました。そして、半死半生の娘を、ケルヴェゼンに連れ帰ったというわけです。

（語り手、お針子マリー・マンシェック／カンペールにて）

14話　「墓選び」の前ぶれ

この話があったのは、ブルトン人の毎日の暮らしに、まだコーヒーがいまほど重要な地位を占めていなかったころのことだ。みんなコーヒーを飲んではいたが、家で淹《い》れるのではなく、週にせいぜい一、二回、町に出た折に嗜《たしな》む程度だった。そんなときは、「おいしいのを淹《い》れる」と評判の店に、仲の良い四、五人が集まって、世間話をしながら、この貴重な飲み物をしみじみと味わうのだった。

ル・ファウーエトの裕福な農婦たちが贔屓にしている食事どころは、モルガン女将《おかみ》が営んでいる旅籠屋だった。この店は、道を隔てて、ちょうど墓地と向かい合わせの位置にあった。目と鼻の先に墓場があったせいだろうかねえ。ともかくモルガン女将《おかみ》には、いつ埋葬があるのか、そしてそれが一等なのか、それとも二等、あるいは三等なのか、ということが前もってわかっていて、その予想はほぼ確実に当たった。つまりな、女将《おかみ》には、俗に言う「霊感」があったんだ。

「コーヒーの日」に足繁く通ってくる常連客の中でも、いちばんのお得意さんは、一人の若い農婦だった。滅多にないくらいきれいな顔立ちの娘だったから、小教区の誰一人として、彼女のことを「プラーハ・コアント」（別嬪《べっぴん》さん）というあだ名以外で呼ぶ者はいなかった。さて、ある日の午後、プラーハ・コアントは自分と数人の友人のために、大きなコーヒー沸かしを火にかけていた。その中身を茶碗に注ぐ段になって、モルガン女将《おかみ》は客の顔を一人一人、しげしげと眺めながら、突然こんなことを言い出した。

「ねえみなさん、ここにいるあたしたちのうち、近々、一人がいなくなると思うと、本当に悲しいじゃございませんか」

「その一人って、誰のことなの？」

そう訊き返したのは、プラーハ・コアントだった。女将《おかみ》の視線がほかのみんなより、自分の上に長く注がれていたように思ったからだ。

すると、女将《おかみ》はこう答えた。

「実はおととい、日が暮れてからこんな光景を目にしたんですよ。あたしは窓辺に立って、よろい戸を閉めようとしていましたのさ。そのとき一人の女が、何か捜し物でもするかのように面を伏せ、墓地の墓石の間を行ったり来たりしているのが見えましてね。夕暮れどき、そんなことをする人はいないから、あたしは不思議に思って、よくよく観察していましたのさ。あたしには、女が何を探しているのか、すぐにピンときたんでございますよ。自分の棺桶を入れる場所を物色していたんだねえ。間違いございません。というのも、アンナ・キャベルとマリー・ゴランの墓石のあいだに来たとき、女はふと立ち止まると、その場にひざまずいて、エプロンで長さを図るようなしぐさをしていましたからね。たぶん、それで仕事が終わったんでしょう、夕闇の中に忽然と姿を消してしまいました。ただ、あっという間に消えたわけじゃなかったんで、あたしにはその女の顔を見る時間がありましたのさ」

「まあ！」悲痛な叫び声が、一同の口から漏れた。「で、それは誰だったの？」

「ここにいるうちの一人ですよ、お気の毒に！」

「誰なの？　神さまの御名《みな》にかけて、お願いだから教えてちょうだい！」

「あたしが言えるのはね、この中の一人が、もうあたしたちと一緒にコーヒーを飲めないだろう、ということだけですよ」

一同がどれだけ頼んでも、モルガン女将《おかみ》はこの話題について、それ以上語ろうとはしなかった。

それから二、三日経って、ル・ファウーエトで、ある噂が流れた。小教区で絶世の美女といわれる女が、危篤状態に陥ったというのだ。その週が終わらないうちに、娘のために弔鐘が鳴らされた。葬式のとき、よくプラーハ・コアントと一緒に旅籠屋に来ていた友人が、モルガン女将《おかみ》にこう尋ねた。

「じゃあ、あのとき女将さんが見たというのは、彼女のことだったのね？」

「そうですとも、お気の毒に！　あたしが見たのは、あの人だった。お墓に行けば、はっきりするでしょうよ」

葬列は教会を出てから、墓地へと向かった。そしてプラーハ・コアントの墓穴は、女将《おかみ》が目撃したとおりの場所に、ぽっかり口を開けていた。つまり、アンナ・キャベルとマリー・ゴランの墓石の間にな。


（語り手、ル＝ブアール／ル・ファウーエトにて）

15話　「結婚指輪」の前ぶれ

ブレアのマリー・コルニックは遠洋航路船の船長と結婚し、文字通り、旦那さんに首っ丈でした。でも気の毒なことに、ご主人は仕事柄、マリーと離ればなれで暮らすことのほうが多かったんです。そこでマリー・コルニックは、昼も夜も、もっぱら愛しい夫の面影を偲んで過ごしておりました。ご主人が出かけてしまうが早いが、マリーは家の中に引きこもり、ただひとり顔を合わせる人間といったら、一緒に暮らす実の母親ばかり。その母親は、娘が夫に対してあまりにも激しい愛情を抱いていることを気に病んで、ときどきマリーを諫めていました。

常日頃、母親はこんなことを口にしていました。

「あんまり一途《いちず》に思いつめるのもどうかと思うよ、マリーや。昔の人もこう言ってるじゃないか。過ぎたるは及ばざるがごとし、って」

それに対して、マリーも諺で応酬しました。

「この世で愛し愛されることほど、素晴らしいことはない」と。

若い奥さんが外出するのはもっぱら朝のうちで、それも教会に行くときだけでした。マリーはいつも、すべてのミサに出席して、神さまに、マリアさまに、そしてブルターニュの全聖人にお祈りをして、うちの人をお守りください、無事にブレアにお帰しください、とお願いするのでした。

ところで、マリーの家の庭は、教会の墓地と隣り合っていました。マリーは地所を区切る壁に扉をつくらせ、家から教会へ、また教会から家へ行き来するときは、いつもその扉をくぐるようになりました。そうすれば、町を通らずにすむので、店屋のおかみさんたちの無遠慮な視線を気にしなくていいからです。

ある晩、マリーはびっくりして目を覚ましました。鐘の音が聞こえたような気がしたんです

「もう明け方の最初のミサの時間なのかしら?」と、マリーは思いました。

室内は、ぼんやりとした光で照らされていました。冬のことだったから、それを夜明けの光だと思ったのです。マリーは急いで起き上がり、服を着ると、一目散に教会に駆けつけました。

ところが中に入ったとたん、唖然としてしまいました。身廊にはぎっしり人が詰めかけているではありませんか。ミサを司式しているのが見たこともない神父さんなので、マリーはもっと驚きました。

そこで、身をかがめ、隣の席の女の人の耳元で、こう尋ねました。

「すみませんが、こんなに盛大なお式があるのは、どうしたわけなんでしょう？　このあいだ日曜のミサに出席したときには、今週大事なお祭りがある、というお知らせは聞いておりませんが……」

しかし、女の人はお祈りに没頭していて、返事もしません。

そのとき、居並ぶ人々のあいだでざわめきが起こりました。それは、ぎっしり詰めかけた会衆のあいだを縫って、「堂守り」（教会の門番）が進んできたためでした。堂守りは、片手に矛槍を携え、もう片手には銅のお盆を持ち、それを会衆の鼻先に回しながら、哀れっぽい声を張り上げてこう繰り返していました。

「アナオン（煉獄にいる死者の霊魂）のために、どうかご喜捨を！　アナオンのために！」

銅のお盆の上では、お金がじゃらじゃら音をたてています。

マリー・コルニックは、こちらへ近づいてくる献金係を眺めて、こう考えました。

「へんねえ。ここにいる人、みんなあたしの知らない人ばかりだ。あの堂守りだって、ついぞ見かけたことない人だし。それにしても、ピピ・ロールの次に新しい人が来たなんてこと、寝耳に水だわ。この前の日曜だって、矛槍を持っていたのはあの人だった。本当にあたし、夢でも見てるんじゃないかしら……」

こんなことを考えていたときです。堂守りがマリーのそばに立ちました。

マリーは慌ててポケットの中に手をつっこみました。

ところが、どっこい！　あんまり急いでミサに来たものだから、お財布を忘れたとみえます。

献金係の男は、むやみとお盆を揺すりました。

「アナオンのために！　どうか哀れなアナオンのために！」

「まあ、どうしよう」マリーは口の中で、もごもごと言いわけをしました。あまりの恥ずかしさに、穴でもあったら入りたいくらいでした。「あの、いま持ち合わせがないんです」

するとと、堂守りは冷たく言い放ちました。

「亡くなった人の霊に献金する小銭を持たず、おめおめとこのミサに来る者など、誰一人いないはずだ」

哀れなマリーは、中が空っぽであることをわからせようと、両方のポケットをひっくり返しました。

「ほらね、一銭も持っていないでしょう」

「だが、それでも何か献金しなくてはならない！　どうしてもだ！」

「何をあげればいいの？」マリーは必死で呟きました。

「その指に金の結婚指輪を嵌めているではないか。それをこのお盆に載せるのだ」

マリーには、嫌だという勇気はありませんでした。みんなの目がいっせいに自分に注がれているのを、痛いほど感じたからです。そこで、結婚指輪をそっと指から抜き取りました。でも、それをお盆の上に載せたとたん、わけのわからない痛みで心臓が締めつけられるような気がしました。マリーは額を両手で覆い、声をたてずに泣き出しました。

いつまでそうしていたのでしょう。マリーにはわかりませんでした。

……いつの間にか、六時の鐘が鳴りました。教会の下の扉を開けにやって来たブレアの主任司祭は、柱の足元に一人の婦人がひざまずいているのを見て、たいそう驚きました。それが誰かわかるや否や、主任司祭はそばに行き、肩にそっと手を置きました。

「そこで何をしているんだね、マリー・コルニックや？」

「まあ、司祭さま……。あたし、ミサに出ていたんです！」

「ミサですと！　これから始まるミサを待っていた、ということではないのかね？」

そこで初めて、マリーはあたりを見まわしました。さきほどまで堂内一杯詰めかけていた群衆は、人っ子ひとりいません。驚愕のあまり、もう少しで気絶するところでした。主任司祭は一生懸命マリーを励まし、こう言いました。

「のうマリー、何があったのか、話してくれんかね」

そこでマリーは、すべてを話しました。順序よく、何一つ省略せずに。話が終わると、主任司祭は悲しそうに言いました。

「来なさい。結婚指輪を取り上げた者は、ここからそう遠くないところに、指輪を持っていったにちがいない」

主任司祭は内陣の欄干をまたぎ、祭壇へと続く段々をのぼりました。そして、祭壇にかけてあるクロスを持ち上げました。すると、「聖なる石の祭壇」の上に指輪がありました。

「さあ、嵌めなさい」若い新妻に指輪を返しながら、主任司祭はこう言いました。「そして、すぐ家に戻るがいい。お前さんは人を愛しすぎた。その分だけ、多く泣く羽目になるだろう」

一五日後、マリー・コルニックは自分が未亡人になったことを知らされました。夫が指揮していた船は、イギリス沿岸を目前にしながら、沈没してしまったのです。それはマリーが不思議なミサに出席した夜のことで、「死者の堂守り」が、彼女から指輪をはずさせた、ちょうどその時刻のことでした。

（語り手、ブレア出身の税関吏の妻、ジャンヌ＝マリー・ベナール／コート・デュ・ノール県パンヴェナン・コミューン、ポール・ブランにて）

第2章　人が死ぬ前

トレギエ、聖チュグデュアル大聖堂

死期を占う

だいたい、あとどれくらいで人が亡くなるかを知りたいときは、柳の小枝を二本組み合わせて十字架をつくり、それを聖なる泉の水面に浮かべるとよい。十字架が水に浮かんだら、その人には近いうちに死が訪れる。だが十字架が沈んだら、死期はまだ先の話だ。十字架があっという間に流れたときも、死ぬのはもっと後になる。(1)

(F・ル＝ルーから聞いた話／ロスポルデンにて)

その昔、サン・ジャン・トロリモン地方(キャップ・キャヴァル地方)には、その昔、こんな風習があった。正月に、家族の人数分だけパンを切り分け、バターを塗る。(2) 一家の主人はこのバターつきパンを手に取って、こう言いながら次々に空中に投げる。

「これは誰それの分、これは誰それの分……」そうやって、自分を含めた家族全員の名前を呼ぶ。それから、各人が背をかがめて自分のパンを拾う。パンがバターのついた側を下にして落ちていたら、それを拾った者には不幸が訪れる。その人は、年内に身罷《みまか》るだろう。

(ヴィクトール・ゲランから聞いた話／カンペールにて)

プレガ・ゲランでは、ゲルレスカンに続く村道の脇に、フントゥン・アン・アンクー(死の泉)と呼ばれる泉がある。自分の運命について知りたい者は、五月一日の晩、真夜中の鐘が鳴るころ、その泉に行き、水の上に身をのりだすがいい。(3) 近々死ぬ運命であれば、水鏡に自分の生きた姿ではなく、骸骨が映るはずだ。

(ジャケット・クラス談／ランムールにて)

ブレスト港の北部では、五月は不吉な月だとされている。ローベルラック在住のある船主が、ブレストで新しい船をつくらせた。ちょうど五月だったので、その船に「マリアの花号」という名前をつけた。そうすれば幸運に恵まれるだろう、と考えたのだ。ところが、式に出ていた一人の男は、首を振りながらこう言った。

「いくら聖母さまでも、五月を五月でなくするのは無理なこった。たとえ、この船が自分に捧げられたからといってもな。この船には悪運がついている。俺は、乗組員に同情するね」

その年の冬、早くも船は沖合いで遭難し、乗組員は誰一人として戻って来なかった。

（アメデ・クレアーハから聞いた話）

死を招く行ない

妊婦は、たとえ頼まれても、代母になってはいけない。そうでないと、彼女自身か、お腹の子供が、その年の内に死ぬ。

新兵が従軍するとき、ふるさとの見納めに、小教区教会の尖塔や、家の暖炉のほうを振り返ったとしたら、もう二度とふたたびその光景が見られない、というしるしだ。

思いがけない宝物を見つけたとしても、喜びは長くは続かない。(4) 宝を見つけた翌年の同月同日に死ぬのが、その人

の運命、あるいは俗に言う「巡り合わせ」だからだ。(5)

16話　死者の宝物

プルネウール・ランヴェルンに、マリー＝ジャンヌ・トスという名前の農婦が住んでいました。庭に出るたび、道に面した垣根の横に、かれこれ五年ほど前に亡くなった一人の男が立っているのを見かけました。男は、まるでわしについて来なされ、とでもいうように手招きをするのです。ある晴れた日、そのしぐさの意味を知りたくて、とうとう矢も楯もたまらなくなったマリー＝ジャンヌは、思い切って男の方に歩み寄り、こう尋ねました。

「いったい何のつもり？　このあたしに、どうしろっていうの」

すると男は、垣根を越えてこっちへ来い、という身振りをしました。

「いいわ、この際、はっきりさせてもらおうじゃないの」と、農婦は思いました。

そして、死者のあとについて行きました。男は、人気のない荒地の高台にマリー＝ジャンヌを連れ出しました。そこには、一つの大きな岩がありました。男は地面にひざまずき、手で土を掘り始めました。それが終わると農婦の方を向き、自分が開けた穴を見せました。マリー＝ジャンヌが身をかがめて穴の底を見ると、真新しい金貨が山と積まれ、ピカピカ光っているではありませんか。(6)これほどたくさんの金貨を目にしたのは、生まれて初めてです。うらやましく思いながら、その輝きに見とれているうちに、死者の姿はいつの間にか消えていました。

「あの人が金貨の隠し場所をあたしに教えてくれたのは、きっと中のお金を好きに使いなさい、というつもりだったんだわ」と、マリー＝ジャンヌ・トスは思いました。

そこで、目の前に山と積まれた金貨をざっくり握って、エプロンの中いっぱいに入れました。そして家に帰ると、その金貨を箪笥《たんす》の中にしまいました。夜になって、マリー＝ジャンヌは旦那さんにこう言いました。

「ねえ、あんた、新しい馬を欲しがっていたわよね。いまなら買えるわよ、一頭どころか四頭、一〇頭、いいえ、それよりずっと多くても。あたしたち、いまや大金持ちなんだから」

「へえ、そりゃまた何でだね？」と、旦那さんが面白がって訊きました。

そこでマリー＝ジャンヌは、その日の出来事を話しました。けれども、それを聞いた農夫の顔は、たちまち曇ったんです。

「お前、自分の命が大事なら、すぐにその金を元の場所に置いて来い」

「どうしてさ？」

「それはな、もしお前がその金を始末しなかったら、年内に死んじまうからだよ」

翌朝になると、マリー＝ジャンヌはさっそく荒れ地の高台に駆けて行き、元の場所に金貨を埋めました。しかし、それから数日と経たないある日、リネンを取ろうとして箪笥《たんす》を開けてみると、金貨と金貨のぶつかりあう音がしました。死者の宝物が戻っているのをまざまざと見て、マリー＝ジャンヌが肝を潰したの何のって！

「それがまさに、わしの恐れていたことだよ」と、旦那さんは言いました。「主任司祭さんのところに行くがいい。きっと役に立つ助言をして下さるだろう」

ところが主任司祭は、マリー＝ジャンヌが最初の一言を口にしただけで、その話を遮りました。

「わしにはもはや、いかんともしがたい」と、主任司祭は断言しました。「お前さんは死者を解き放ってしまったのじゃ。今度はお前さんが、間髪を入れずに、その死者の代わりを務める番だ。だから覚悟を決めて、キリスト教徒らしく死ぬ準備をするがいい。そして遺体と一緒に、棺の中に金貨を入れてもらうように頼んでおきなさい。それ以外に、お前さんの魂が救われる術《すべ》はないんじゃ」

それからまもなく、マリー＝ジャンヌは亡くなりました。重い病気に罹《かか》ったわけではないのに。故人の魂が地獄に堕ちないように、みんなは死者の宝物を遺体と一緒に埋めました。(7)（語り手、ペリーヌ・ラス／カンペールにて）

17話　潮の満ち干と命

あたしの父さんは船頭でしてね、毎日ジョーディ川を下って海に出て、海藻《ゴエモン》や砂を集めていました。辛い仕事でしたよ、そのわりに、実入りはほとんどありませんでしたね。ある晩のこと、船が泥の中にはまりこんでしまったので、父さんは寒さにも負けず、――というのも、それは一二月のことだったので――船を出そうと、じゃぶじゃぶ水の中に入っていきました。で、家に戻ったとたん、床から起き上がれなくなってしまったんです。ずっと熱が続き、週を追うごとに、身体は弱っていきました。

「俺はもう駄目だ。あと四日と、もたねえだろう」父さんはある朝、あたしたちにそう言いました。

いいですか、こんな不運な目に遭うまでは、働き盛りで、とても丈夫な人だったんですよ。だからこそ、こんなに若くして死ななきゃならないと思って、父さんは絶望しちまったんです。そうなったら、残されたあたしたちがどれほど辛酸を嘗めるか、想像がついたので、なおさらでした。

それでも時折、あたしたちは希望を取り戻しました。父さんの顔色が良くて、元気になったように見えることがあったからです。そんなとき、母さんはこう言いました。

「気分が良くなったんだね、チュアル？」

すると、父さんは悲しそうに笑いました。

「それはな、今が上げ潮の時刻だからだよ、マリヴォンヌ」父さんは首を横に振りながら、答えました。「引き潮になったら、そうじゃないってことがわかるだろうよ」

父さんの言ったとおりでした。海の満ち干と連動して、多少の差こそあれ、命も行ったり来たりしていたんです。父さんはあたしたちに、驚いてはいけない、船乗りがこの世におさらばするときはたいていそうなのだから、と言い含めました。

四日目の明け方、あたしがあったかいスープを持っていくと、父さんが尋ねました。

「ベトリス、今日は大潮の日じゃないかい？」

「うん、そうよ、父さん。なぜ？」

「それはな、そろそろ終わりが近づいているからさ。スープは下げておくれ。もう何も食う気がしない」

父さんは目に涙をいっぱい溜めていました。あたしは泣きたいのを一生懸命こらえました。すると、母さんがやって来ました。

「けさは洗濯場まで行こうと思ったんだけど、あたしがいた方がいいんなら、行くのはやめにするよ」

「いいや、洗い物をしておいで。お昼に帰ってくれればいいから。いてほしいのは司祭さんだ。時間になったら、ベトリスが司祭さんを迎えに行ってくれるさ」

そこで母さんは、父さんの言うとおり、弟と妹を連れて洗濯場に出かけて行きました。チビたちが家でうるさくしないように。あたしは一人、病人のそばに残りました。父さんはときどき、あたしにこう言うのでした。

「ベトリス、海がどこまで来たか、見ておいで」

うちから土手まではたった一五歩だったので、ドアを開けるだけで、川の水がどこまで上がったか、すぐにわかります。そのたびに、あたしはベッドに戻って、こう知らせるのでした。

「黒いブイが浮いているよ」

あるいは、「泥地が半分水浸しになっているよ」ってね。

水が桟橋のいちばん下の石を濡らしたとき、父さんはこう言いました。

「そろそろ司祭さんを迎えに行く時間だぞ」

あたしは母さんが帰るのを待っていたかったんですが、父さんはそうさせてくれませんでした。幸い、あちこち駆けずりまわらずとも、息を切らしながら、まっすぐトロゲリーまで走っただけで、半時間後にはもう、司祭さんを連れて戻って来ることができたんです。父さんは告解をし、聖体拝領をいたしました。そして、自分がいなくなったあと、あたしたち家族のことを小教区のみんなにくれぐれも頼むと伝えてほしい、と主任司祭にお願いしました。それがすむと、陽気といってもいいほどの口調で、こうつけ加えました。

「さあ、土につるはしを入れろと、ヤン・ガムに言って下さいよ、司祭さん」

ヤン・ガムというのは、町の墓堀り人です。

母さんがチビたちを連れて洗濯場から戻って来ると、父さんはこう言いました。

「おかえり、マリヴォンヌ。司祭さんはもう帰ってしまわれた。俺のことは、すべて片がついたからな」

それから、あたしの方を向いて、

「ベトリスや、潮は止まっているにちがいない。どうだい？」

「うん」と、あたしは返事をしました。「ずいぶん水位が上がっているよ」

水はほとんど土手すれすれまで届いていて、ひたひたという音が聞こえていました。すると、父さんは母さんに言いました。

「隣近所に知らせに行っておくれ。そろそろ臨終の祈りを始める時間だからって」

父さんは、こっちがびっくりするほど落ち着き払い、諦めきっていました。かわいそうな父さん！　そして、女たちの唱える祈祷に自分も唱和し始めましたが、その声は次第に低く、低くなっていきました。そして何もかも、前に父さんが言ったとおりになったんです。引き潮になるころ、父さんは息絶えました。[8]

（語り手、老女ベトリス／トロゲリーにて、一九〇〇年）

神さまはご自分の愛している人々を、土曜日の夜に死なせる。というのも、神さまは世界をお造りになったあと、土曜の夜に休息をお取りになったからだ。

「受難（臨終）は金曜、土曜に死んで、葬式は日曜。天国にゃ必ず行けるとも」（バス・ブルターニュの諺）

この世の終わり

教会の内陣にランプが灯っているかぎり、この世は続く。

教会に灯るこの明かりを神さまがお消しになる日、——いいかい、一つでもお消しになったら、だよ！——それは人間にとっても、地上の生き物たちにとっても、じきに宿命の時間が訪れるということだ。この小さな炎の死は、全世界の死の前ぶれなのだ。

この世の終わりはいつ来るのでしょう、と質問され、一人の司祭はこう答えた。

「夜、教会のそばを通ったとき、ガラス窓が暗くなっていたら、急いで人々に知らせなさい。もうすぐ、世の終わりが来ると」

万が一、人間がこの聖なるランプの手入れを怠ったとしても、神さまご自身が気をつけていて下さる。

18話　ジャン・カリウーの話

その夜、パンヴェナンの香部屋係〔カトリックの典礼に必要な準備をする係〕のジャン・カリウーは、アンジェラスの鐘〔朝六時、正午、夕方六時のお告げの祈りの時を知らせる鐘〕が鳴ったあと、いつものように教会の見まわりをした。ところが家に戻ってから、内陣の奥で絶えず燃やすことになっているランプの油が十分かどうか確かめるのを、うっかり忘れたことに気がついた。

だが、気がついたのが、いましもベッドに入ろうとしていたときで、すでに服を脱ぎかけていたものだから、油はきっと明日の朝まではもつだろうよ、と自分に言いきかせた。

そして寝床に入ると、ぐっすり眠ってしまった。

そうやって、かなり長いあいだ熟睡していたにちがいない。ジャン・カリウーは夢うつつに、優しい声で自分の名前が呼ばれるのを聞いた(9)。

「カリウーや！　カリウーや！」

「もうかよ！」と、香部屋係は呟いた。呼んだのは、おかみさんのモナかと思ったんだ。いつも明け方のアンジェラスの鐘が鳴るとき、夫を起こすのは、おかみさんの役目だったからだ。だが、ジャン・カリウーはこのとき、夜が明けてから、すでに大分時間が経っていることに気がついた。

というのも、まるで夏の日の朝みたいに、部屋の中に白い光が煌々《こうこう》と射していたからだ。

「カリウーや、」と、声は優しく語りかけた。「急げ。教会のランプがいまにも消えかかっているぞ」

話しかけたのはおかみさんではなく、光輝く大きな形のものだった。身には空色の衣をまとい、顔は金色の後光に包まれている。カリウーはその顔に見覚えがあった。宗教画で見たことがあったからだ。

それは、イエス・キリストご自身だった。

香部屋係が素早く十字を切ると、光り輝く大きな形のものは、ぱっと消えうせ、突然あたりは真っ暗闇になった。

そのとき、塔の時計が真夜中を告げた。

カリウーは息を切らしながら、何とか間に合った。そのおかげで、聖なるランプの炎は、ふたたび生き生きと輝きだしたのだった。

(わたしの弟、シャルル・ル＝ブラース談／パンヴェナンにて、一八九〇年)


この話に出てくる香部屋係を、わたしは仮にジャン・カリウーと名づけた。なにぶんにも当人がまだ生きていることを慮《おもんぱか》ってのことだったが、本当はジャン・モルヴァンという名前の男だ。一九一二年九月、ある日の午後、モルヴァンがポール・ブランのわが家にやって来た。というのも、数ヶ月前、わたしが弟からこの男の話を聞いて、本に書き記したことを知ったためで、モルヴァンは自分の体験を、ありのまま伝えるのが義務だと考えたのだった。この男がブルトン語で語った話を、そのままフランス語に訳したものを以下に記しておく。

わしが香部屋係としてパンヴェナンに身を落ち着けてから、まだ一年と経たないころのことです。香部屋係の地位はとても人気がありましてね、小教区でも、なり手はたくさんおったんです。けれども主任司祭さんは、ほかのライバルを押しのけて、わしをお選びになった。だもんだから、わしを冷ややかな目で見たり、憤懣やるかたない連中が、一方ならずいたもんです。で、隙あらばわしを追い落とそうと、虎視眈々としておったんです。だが、わしはそんなこと、露ほども気にしていませんでした。

というのも、万事がことごとくうまく行っていたからです。香部屋の仕事以外も、ですよ。実際、香部屋の管理は、わしの仕事のほんの一部にすぎなかったんで。実を言うと、わしの本職は仕立て屋でしてね。ところで、その日の晩――今でも思い出しますが、一二月でしたよ――わしは、いつもより少し遅くまで起きていました。急ぎの仕事を終わらせちまおうと思ってね。でも、かみさんがうるさく言うもんだから、一一時ごろ仕事を切り上げて、寝床に入ったんです。それから結構長い間、寝ちまったようで。浅い眠りの中で、突然名前を呼ばれて、目が覚めました。

「ジャン！」

家の玄関は木製の二重扉になっていましてね、その声は内扉と外扉の間から聞こえて来たようでした。というのも、あまりはっきりしない、こもったような声音でしたからな。わしは上体を起こして耳を澄ませましたが、自分が夢を見ているのか、目が覚めているのか、よくわかりませんでした。声はもう一度、わしの名前を呼びました。

「ジャン！」

そこで、わしは尋ねました。

「何だ、どうしたんだ？」

答えはありません。深い沈黙のうちに、数秒が過ぎました。わしはじっとしたまま、答えを待っていました。すると前より強い口調で、三回目にまた名前が呼ばれました。

「ジャン！」

わしは苛立って、こう言い返しました。

「それがどうした？　お前さんは、ジャンにどんな用があるっていうんだい？」

すると、声が応じました。

「起きるのだ。そうすることが、そなたの義務なのだから」

「そりゃまた、どうして？」

「教会のランプが消えかかっているからだ」

そのランプですがね、毎晩、アンジェラスの鐘のあと、必ず油を継ぎ足しておくんですが、前の晩も、たしかにそうした記憶があったんですよ。でも、油が悪かったり、芯がいつもより早く燃え尽きることもある。そこでわしは、即座にシーツを跳ねのけて、ズボンに脚を突っこみました。すると、その動きでかみさんが目を覚ましました。

「どうしたんだい、お前さん。どこに行くつもりだよ？」

「誰かが、教会のランプが消えそうだと教えてくれたんだ。だから、ちょっくら行って、火を灯してくるよ」

「誰かって、誰なんだい？」

「さあ、誰だかわからん」

「いま何時なのさ」

「だいたい夜中の一二時半ってところだろう」

「で、こんな時間に、たった一人で町を通り抜けるっていうのかい。お前さんのことを妬んで、ぎゃふんと言わせてやろうと思って、手ぐすね引いている連中があんなにいるっていうのに。いまこのとき、そのドアの向こうにだって、お前さんの動向を窺っている人間がいるかもしれないんだよ」

「そんなの、知ったことか」と、わしは答えました。「もし教会を一晩中、明かりがないままにしておいたら、わしのせいで、わしらだけじゃなく、この世の中全体に不幸がやって来るかもしれんのだぞ。行くのがわしの義務だ。じゃあな」

かみさんはすでに想像を逞しくして、わしがかつてのライバルたちに切り刻まれるものと思い込み、やいのやいのと反論しましたが、こっちはもう耳に蓋《ふた》をして、マッチとちびたろうそくを手にすると、二重扉を押し開けました。いましがた警告をしてくれた人が、てっきりそこに立っているにちがいないと思ったんですが、誰もいません。もっと奇妙なのは、閂《かんぬき》を掛けたはずの玄関扉が、そのままの状態で閉まっていたことです。そこでわしは、扉を開けて外に出ました。一二月という暗い月にもかかわらず、あたりは比較的明るんでいました。左右を見回しましたが、通りには人っ子一人、おりません。町中が、ぐっすり眠っていました。人が遠ざかる足音が聞こえやしないかと、耳を澄ましましたが、何も聞こえません。夜中、生きている人間はわしだけでした。そこで、墓地に向かって歩き、北側の階段から教会に入りました。中は真っ暗でした。祭壇のランプは完全に消えています。真っ暗闇の中で、体中に寒気が走りました。ご存知ですかね、明かりの消えた夜更けの教会がどんなに恐ろしい場所か！　そんなところに行くのは、二度とごめんですよ。まるで、この世の終わりが、身近に迫っているみたいでした。

わしはまず、手探りで聖水盤を探し、十字を切ってから、ようやく勇気を出して、ちびたろうそくに火を灯しました。明かりのせいでずっと気が楽になったので、祭壇のほうへ進んで行きました。欄干をまたいだとき、四本の鎖で吊り下げられたランプがひとりでに回転し、あたかもそれ自体生きているかのように、おかしな音を立てて動いているのに気がついて、わしは総毛立ちました。

「こいつは妙だぞ」と、わしは思ったんです。

それでもとにかく、吊りランプを自分の方へ引き寄せました。そのとき何が見えたか、おわかりですかい？　コウモリですよ。ばかでかいコウモリが、鎖に羽を絡ませて、無闇矢鱈《むやみやたら》と暴れていたんです。教会の丸天井を住処《ねぐら》にしているコウモリは、うんざりするほどいましてね。冬、第二助祭さんが司式する、最初の読誦ミサの準備をしようと思って夜明け前に香部屋に行くと、コウモリが群れになって飛びながら、わしの鼻先まで降りてくることもあるくらいです。そのとき、わしの目の前にいたやつは、並たいていの大きさではなく、まさに怪物でした。バタバタ羽ばたいて聖なる火を消しちまった犯人は、そいつだったんですよ。そこでわしは、急いでコウモリを鎖からはずしました。あまりにも醜いので、一刻も早く目の前からいなくなってほしかったからです。そいつが暗闇の中に姿を消して初めて、肩の荷が降りたような気がいたしました。

ランプの火を灯してしまうと、わしは家に帰って、もう一度寝床の中にもぐりこみました。ところが、かみさんもわしも、その後まんじりともできなくなっちまったんです。二人とも、不安に心が掻き乱されてね。というのも、この出来事には、どうしても腑に落ちない点があったからですよ。ご丁寧にも、わしを起こしてくれた見知らぬ人は、小教区の司祭さんの一人にちがいない。わしは自分にそう言い聞かせました。

「臨終の人にご聖体を授けに呼ばれた司祭さんが、道具の入った『黒鞄』を取りに香部屋に行こうとして、ランプが消えていることに気づいた。それで、慌ててわしに知らせて下さったんだ」

でも、とにかく事をはっきりさせておきたいと思ったので、次の日さっそく、各人が受け持つミサの前に、司祭さん一人一人に尋ねてまわりました。昨晩、うちに知らせに来て下さいましたかね、と。しかし三人が三人とも、答えは同じでした。誰一人として外出していない、と言うのです。わしがいちばん最後に声をかけたのは、主任司祭さんでした。三番目のミサの司式をなさったのが、主任司祭さんだったからです。ミサが終わると、わしは祭壇に上がってこう言いました。

「主任司祭さん、告解をしたいんですが」

そして、昨日の出来事を逐一、報告いたしました。主任司祭さんは真剣な面持ちで、じっと耳を傾けておいででしたが、わしの話が終わると、こうおっしゃいました。

「神さまに感謝するがいいぞ、ジャン・モルヴァン。神さまがお前のもとに天使を一人、お遣わしになったのだ。

もしイエスさまご自身が、わざわざおいでになったのでなければな。これで、よくわかっただろう？　この世がこの世であり続けるために、祭壇のランプは決して消えてはならないのだ、ということが。これからは、いままで以上の注意を払って、ランプの火に気をつけておくれ。さあ、ではもう安心して行くがいい」

これが本当の話ですよ、先生。ほかの人のためにも、ぜひ話を訂正しておいてくださいまし。

グランド島のそばに、小さな島がある。フランス語ではカントン島、ブルトン語ではエネス・アガントン、もしくはアガトンと呼ばれている。その島には、一五〇歩ほどの距離を置いて、花崗岩でできた十字架が二本立っている。言い伝えによると、二つの十字架の距離は七年ごとに麦粒の長さ分ずつ、縮まるのだそうだ。この二本の十字架が触れ合うとき、この世は終わる。

サン・ミシェル・アン・グレーヴの広い海岸の真ん中に、一枚岩でできた十字架が砂の中に立っていて、潮が満ちるたびに、海水に呑みこまれる。この十字架はクロアース・アー・レウドレス（一里塚の十字架）と呼ばれていて、百年ごとに、小麦粒の長さ分だけ砂の中に埋まる。これが完全に砂の中に埋まってしまったとき、世の終わりが来る。

この世が終わるとき、偽キリスト《アンチ》が出現する。偽キリスト《アンチ》は、脱落司祭と善良な修道女から生まれる。(10)

臨終

病人の容態が絶望的になるとすぐ、家の人たちは寝台のかたわらにひざまずき、臨終の祈りを唱え始める。

だいたいの場合、病人の息が絶えるのを待たず、意識がなくなる前に、もう「祝別のろうそく」を灯してしまう。そして、病人が断末魔にさしかかったとたん、このろうそくで顔の上に十字を描く。そうすると、霊魂が体から離脱しやすくなるのだそうだ。(11)

レオン地方では、誰かが重い病気に罹《かか》り、回復の見込みがなくなると、近所に住む若い娘が一〇人、行列をつくって、近くの聖母マリアの礼拝所に赴く。そして、病人がすぐさま苦しみから解放されるよう、キリストにおとりなしください、と聖母に祈願する。

九人の娘たちは一団となって前を進み、道中ずっと、数珠を一つ一つ繰りながら歩く。互いに一言もしゃべってはならず、通行人と言葉を交わしてもいけない。そのあとから、十番目の娘が少し距離を置いてついてゆき、道行く人の質問に一人で答える。行列に出くわした人は、いったいどこの家の人のために祈りに行くのか、この娘に問い合わせる。

(プリジャンから聞いた話/プルエナンにて)

瀕死の病人が危篤状態になりながら、なかなか死ねないとき、断末魔の苦しみを短くするための確実な方法がある。それは、病人をベッドから下ろし、素足を地面につけてやるのだ。(12)

土に足が触るや否や、宙ぶらりんになっていたその人の命は絶える。

(ル=ディグーから聞いた話/スキャエールにて)

グーラン地方では、瀕死の病人のために、ロドゥアレック街道沿いの聖ミン礼拝堂にお参りに行く。この礼拝堂には聖ディボーンの像がある。この聖人の名前は、「あらゆる苦痛から解き放ってくださるお方」という意味だ。まず聖人の像を拝み、病状を話す。それからご宣託を伺いに、谷間の奥に流れる泉に行く。次にお椀を取って、泉の水を完全に空にする。そのあと、地下から水が湧き出している穴の上にかがみこむ。水が湧き出るときに、ゴボゴボという音が聞こえたら、病人は今しも身罷《みまか》る最中だ。逆に音がしなければ、希望が持てる。そのときは、命がつながったものと思っていい(13)。

（サン・ジャン村のナイック・アン＝エネ談／スペゼにて）

19話　死んだ司祭から臨終の聖体を授かった病人

ロム・グレンは、ケルニズの農家で日雇い農夫をしていました。金持ちの家にすら、掛け時計なんかなかった時代のこと。ましてや貧乏人の家になど、あろうはずがありません。仕事に行く時間かどうか、ロム・グレンは空の色を見て判断していました。空が白み始めるや否やベッドから起き上がり、服を着て家を出て行く、というふうにね。ある晩のこと、ふと目を覚ますと、あたりが真っ昼間のように明るくなっていたので、ロムは慌ててベッドから飛び起きました。

それは冬のさなかのことで、ロムは寝ぼけまなこで外に出ました。街道を歩いていると、聖体を捧げ持った司祭に出くわしました。その後から子供の侍者が、ベルを鳴らしながらやってきます。

司祭はロムのそばを通りながら、こう言いました。

「わしについて来なされ！」

神さまの体を運ぶ司祭さんの命令ですもの、逆らえるはずがありません。ロムは帽子を脱いで、聖体を授かる病者のためにお祈りを唱えながら、あとに従いました。

司祭と侍者は、森の中にずんずん入っていきます。そこはトレグロス館のお狩場だったので、ロムはこう考えました。

「おやおや。こりゃトレグロスで、誰かが病気になったらしいぞ。たぶんギルシェじいさまだろう」

その通り、瀕死の病人はトレグロス館のギルシェじいさまだったんです。じいさまはベッドの上に横たわり、そろそろ土の中に埋めてもよさそうな頃あいでした。二人の男が番をしていましたが、実際には二人とも、椅子の上で眠りこけています。司祭が病人に臨終の秘跡を授けているというのに、まぶたを開けようともしません。ロムは部屋の戸口にひざまずきながら、なんて失礼な連中だろう、と腹を立てずにはおれませんでした。

式が済むと、司祭は十字を切り、ギルシェじいさまに向かって言いました。

「なあ。わしはずっと昔、おぬしに秘跡を授けなければならなかった。いま、それを果たしたぞ。これで、わしら二人のあいだに、貸し借りはなしじゃ」

この言葉の意味は、ロムにはさっぱりわかりませんでした。

それから、司祭はその場を去りました。

「さあ、もう仕事に行きなさい」と、司祭は日雇い人夫に言いました。「まだ朝は早いから」

ロムがケルニズに着くと、地面に足をつけているのは台所女だけでした。

「おやまあ、ずいぶん早起きだねえ」と、女中は言いました。「うちの連中はまだ寝ているよ。あたしもたったいま、スープに火をつけたところさ」

「遅刻するよりいいさ！」と、ロム。「少なくとも、怠け者呼ばわりされずにすむもんな」

そして、スープの準備ができるのを待つあいだ、馬小屋の掃除をしに行きました。食事をしようと家の中に戻ってみると、食卓についていた男たちの一人が、こう話すのが聞こえました。

「なあ、お前ら、聞いたか？　ギルシェじいさまが昨夜、臨終の秘跡を授からずに亡くなったんだってよ」

「そりゃ、嘘っぱちだ」と、ロムが叫びました。「ギルシェじいさまは確かに亡くなったが、きちんとキリスト教徒らしく死んだぞ。俺はその場にいて、司祭さんが終油の秘跡を授けるところを見ていたんだからな。じいさまは、ご聖体も授かったぞ」

そして、ロムは自分の見たことを語りました。

「馬鹿言うな！」と、先ほどの男が言いました。「俺は今しがた、ギルシェじいさまを看取っていた連中に会って、話を聞いてきたばかりなんだぜ。二人は、いつじいさまが息絶えたのか、ちっとも知らなかったそうだ。俺が会ったのはイヴ・メネスで、町に銀の十字架を探しに来ていた。あいつ、主任司祭さんに怒られるんじゃないかと、気が気じゃなかったぜ」

「よし。そんなら、俺がはっきりさせて来よう。いますぐ司祭館に行ってくらあ」

そこで、ロムは司祭館に出かけて行きました。

一部始終を打ち明けると、主任司祭はこう言いました。

「はっきり言えることはだね、お前さんがついて行った司祭はこの世の人ではない、ということだ。二人の看護人はうかつにも居眠りしてしまい、そのせいでギルシェじいさまは永遠に地獄に堕ちるところじゃった。だが、慈悲深い神さまは、ありとあらゆる方法で人間の魂をお救いくださるのじゃ」

これを聞いて、ロム・グレンは仕事に戻りました。けれども、この事件があってからというもの、ロムはいつもぼんやりしていて、あまり笑わなくなりました。その様子は、悲しいといってもいいくらいでした。そして春になると、亡くなったのです。

（語り手、ファンティック・オムネス／ベギャールにて、一八八八年）

20話　二匹の犬と女

これから話す出来事があったのは、バス・ブルターニュの布が最上だといわれていたころのことです。その時分、パンヴェナン界隈《かいわい》で、クレック・アヴゥルのファント・アー＝メレより上手な紡ぎ手はいませんでした。毎週水曜日、ファントはトレギエに糸を売りに行くのでした。ある火曜日の晩、ファントはこう思いました。

「明日は早起きしなくちゃ」

そう考えながら、寝床に就いたんです。

真夜中、ふと目を覚ますと、もうすでにあたりが明るくなりかけていたので、ファントはびっくり仰天しました。大慌てでベッドから降りて服を着ると、糸かせの束を肩にかけて、出かけました。

グロアース・アー・ブラバン（「ブラバンの十字架」の意。二本の街道の交差点に十字架が立っている）へ向かう上り坂についたときです。一人の若い男に出くわしました。

二人は互いに「おはよう」と挨拶を交わし、並んで歩き出しました。やがて二人は、十字架のところまで来ました。見知らぬ若者はファント・アー＝メレの腕をとり、「ここで止まろう」と言いました。

そして、土手の手前にある用水堀へと押しやり、まるで彼女を守るかのように、その前に立ちはだかりました。

そうやって道端に寄るや否や、おそろしい音が聞こえてきて、ファントはぞっとしました。そんなにやかましい音は、それまで耳にしたことがありません。百台もの荷車が列になって、猛烈なスピードで駆けてきたとしても、それほどの轟音はたてなかったでしょう。

ものすごい音は、だんだんこちらへ近づいて来ます。

ファントは全身でガタガタ震えました。そのくせ、何がそんなに凄まじい音をたてているのか、知りたくてたまらなかったんです。

一人の女が息を切らしながら、道を走っていました。あまりにも速く駆けるので、コワフの縁が、まるで鳥の翼のようにバタバタ羽ばたいています。足は素足で、ほとんど地面についていないかのよう。その足からは血が滴り、髪はざんばらにほどけて、後ろに棚引いています。女は絶望的なしぐさで腕を振り、悲痛な声で叫んでいました。

胸が抉られるようなその嘆きように、ファント・アー＝メレは、爪先にまで戦慄が走るのを覚えました。

女は、二匹の犬に追いかけられていたのです。犬どもは、どちらが先に女を貪《むさぼ》り食らうかで、互いに争っているようでした。

二匹のうち、一匹は黒く、もう一匹は白い色をしています(14)。

耳を聾《ろう》さんばかりの音をたてていたのは、この犬たちでした。

それぞれが跳躍するたびに、地面が深いところから鳴動します。

女は十字架礫刑像《カルヴェール》めざして、必死に駆けているのでした。

女が、十字架の石段に身を投げ出したときです。黒い犬がスカートの裾をつかまえました。けれども女は全身の力を振り絞って、十字架の軸にしがみつきました。

すると、黒い犬は恐ろしい声で吼えたかと思うと、ぱっと姿を消しました(15)。

あとに残った白い犬は、気の毒な女のそばに近づき、その傷を舐め始めました。

そのとき、若者がファントにこう言いました。

「さあ、これでもう道を続けてもいいよ。まだ真夜中になったばかりだ。これからは深夜、無用心に外に出て、いまのような光景を目にするようなことがないよう、気をつけなさい。わたしがいつもそばにいて、お前さんを守ってあげられるとは限らないのでね。道を歩いてはいけない時間があるのだよ。ケルヴェヌーに着いたら、一軒の家の中に入るがいい。そこには、瀕死の男がいる。夜のあいだ、その男の枕元で臨終の祈りを唱えなさい。明け方にならないうちに、その家を出てはいけないよ。わたしが誰かって？　わたしはお前さんの守護天使だよ」

（語り手、マリー＝ルイーズ・ベレック／ポール・ブランにて）

第3章　死の執行人、アンクー

モルレー、「アンヌ女公の家」の炉辺

アンクー[1]は、死の執行人だ。

それぞれの小教区で、その年の最後に死んだ者が、翌年、その教区のアンクーになる。[2]

例年より死者の数が多いとき、その年のアンクーについて、人々はこんなふうに噂しあう。

「誓ってもいいが、いまのアンクーは意地悪な奴だぞ」

アンクーは人間の姿をしていることもあれば、骸骨のときもある。人間のときは、たいそう背が高く、げっそり痩せた男の姿だ。その髪は白くて長く、顔は大きなフェルト帽の影に隠れて、ほとんど見えない。骸骨のときは、屍衣をまとっている。その頭は、ぴんと伸びた背骨の上で、絶えずくるくる回っている。まるで、鉄柱の上で回転する風見のように。それは、自分の受け持ち区域全体を一目で見渡すためだ。[3]

いずれの場合も、長柄の鎌を携えている。といっても、それは普通の鎌とはちがう。アンクーの鎌は、刃が外側についている。だからアンクーが刈り入れをするときは、農夫が小麦や干し草を刈るときとは逆で、自分の方に鎌を引き寄せるのではなく、鎌を前に振るうのだ。

アンクーの荷車（カーリックもしくはカリゲル・アン・アンクー）は、昔、死人が運ばれていた荷馬車にそっくりだ。

たいていの場合、一列につながれた二頭の馬がこの荷馬車を引いている。先頭の馬は骨と皮ばかりで、立っているのも、やっとなくらい。後ろの馬はよく肥えていて、毛並も艶々して馬力がある。[4]

アンクーは荷台の上で、仁王立ちになっている。

お供がふたり、徒歩《かち》でこの荷馬車につき従っている。一人は先頭の馬の轡《くつわ》をとり、もう一人は牧場の柵についた扉

や、家の扉を開ける係だ。アンクーが死者を刈り取ると、荷台に死体を積み上げるのも、この男の役目だ。(5)

アンクーが巡回に出かけるとき、荷台には石が満載されている。それは荷物を重くして、わざとやかましい音をたてるためだ。

瀕死の病人がいる家のそばに着くと、新しい「荷物」を迎え入れるために、手早く荷台を空にする。

家の中で臨終の人を看取っていると、よく石がゴロゴロぶつかるうるさい音が聞こえるのは、そのせいだ。騒音は、病人が息をひきとる間際《まぎわ》まで続く。

（マリヴォンヌ・メンギー談／ポール・ブランにて）

21話　死者の荷車

六月のある晩のことです。この季節になると、このへんでは一晩中、馬を外に出しておく習慣がありましてね。トレゼラン在住の若者が、牧場に馬を連れて行きました。大きな月が出ていて、とても明るい晩だったので、帰り道には口笛を吹きながら歩きました。そのとき、向こうから一台の荷車がやって来る音がしました。車軸に油がさしていないとみえ、ギイギイ鋭い音をたてています。

若者は、こりゃてっきりカリゲル・アン・アンクー（死の荷車）にちがいない、と思いました。

「噂に名高いあの荷車が、まさかこの目で見られるとはなあ！」

そこで、土手をよじ登り、ハシバミの木の茂みに身を潜めました。そこからだと、こっちの姿は見られずに、あたりの様子がよく見えます。

荷車が近づいてきました。

車を引いているのは、一列につながれた三頭の白い馬で、男が二人、つき従っています。二人とも真っ黒い服を着て、つば広のフェルト帽をかぶっています。(6) 一人は先頭の馬の轡《くつわ》を取り、もう一人は荷台の上に立っていました。荷車はとうとう、奴さんが隠れているハシバミの茂みの真正面にやって来ました。そのときです。車軸がパキッと鳴りました。

「止まれ！」荷車に乗っている男が、馬を引いている男に声をかけました。馬を引いている男が「どう！」と叫ぶと、荷車と馬は止まりました。

「車軸のボルトが折れた」と、アンクー。「そこのハシバミの茂みから、新しい枝を切って来い」

「ああ、もう駄目だ！」このとき若者は、浅はかな好奇心にかられたことをひどく後悔しました。でも、その場で罰をくらうのだけは、なんとか免れたのです。荷車引きの男がハシバミの枝を一本切り取り、それを車軸に付けたところ、馬はふたたび歩き出しました。

若者は、どうやら無事に家に帰ることができました。けれども、朝方、原因不明の熱が出て、翌日葬られたのです。

（語り手、ベギャール在住フランソワーズ・オムネス、通称ファンティック・ジャン・アー＝ギャック、「ジャン・ル＝ギャックの娘フランソワーズ」／一八九〇年九月）

22話　ギャブ・リュカスの体験

ギャブ・リュカスは、リュヌ・リウの農家で日雇い人夫をしていました。毎晩ギャブは、仕事場からケルドレンケンの自宅まで帰るんですが、その家ときたら、貧しい村でもいちばんお粗末な小屋で、そこに妻と五人の子供と一緒に暮らしていました。なにしろギャブは、毎日苦労して一〇スー稼ぐのがやっとで、それで何とか家族を養っていたんです。そんなせちがらい暮らしをしてはいましたが、ギャブは陽気な性格で、仕事は一生懸命やりました。リュヌ・リウの農家の主人も、奴さんには一目置いていたくらいです。週末になると、主人はギャブを誘って、土曜の晩、焼き栗をつまみながら一緒にフリップ（シードルでつくったグロッグ）を飲むのがお決まりになっていました。一〇時の鐘が鳴ると、会はお開きです。主人はその週の給金をギャブに払い、おかみさんはいつも、ケルドレンケンの家の者たちにと言って、ちょっとした心づけを渡してくれるのでした。

ある土曜の晩、おかみさんがギャブにこう言いました。

「ねえ、ギャブ。お前さんのためにジャガイモを一袋とってあるんだがね、それをあたしからだって言って、奥さんのマドレーヌ・デネスに渡しておくれよ」

ギャブ・リュカスはお礼を言うと袋を肩に担ぎ上げ、みんなにお休みの挨拶をしてから歩き出しました。

リュヌ・リウからケルドレンケンまで、ゆうに四分の三リュー（約三キロ）はあります。ギャブは始めのうち、いい心持ちで歩いていました。何しろ、月は明るく照っているし、さっき飲んだフリップのせいで腹はぽかぽかあったかかったしね。ジャガイモがぎっしり詰まった袋を背負って帰る自分を見て、かみさんのマドレーヌ・デネスがどんなに喜ぶだろうと思うと、気もそぞろになって、ブルターニュの民謡を口笛で吹きながら歩きました(7)。

「明日は鍋にいっぱい、ジャガイモを入れて煮よう。ラードを一切れ入れてやりゃあ、家の者はみんな、大ご馳走だと喜ぶだろう」

けれども、そんな浮き浮きした気分が続いたのは、四分の一リューのあいだだけでした。じきにフリップの霊験が跡形もなくなり、夜風が身にしみるようになると、その日いちにちの疲れがどっと押し寄せてきました。ジャガイモの袋も、肩に食い込むようです。そうなってくると、口笛を吹く気など、すっかり失せてしまいました。

「どっかから荷馬車でもやって来ないかなあ！……だが、そんなうまい巡り合わせにゃ、なりそうもないな」と、ギャブは思いました。

そのとき、ケラントゥールの十字架《カルヴェール》磔刑像の近くにさしかかりました。ニジルジィの農場に向かう小道が街道と合流するところです。

「そうだ。十字架の石段に座って、いつものように一服するとしよう」と、ギャブは考えました。

そこで重い荷物を降ろし、その隣に腰を下ろすと、火打石を打ってパイプに火をつけました。

野原はどこまでも続き、あたりはひっそり閑としています。

突然、ニジルジィの農場の犬どもが、哀れっぽい声で遠吠えを始めました。

「あいつら、なんで騒いでいるんだ？」と、ギャブ・リュカスは不審に思いました。

そのとき、「トンネル道」から荷車の音が聞こえてきました。油のさしていない車軸が、ギイーコ、ギイーコと耳障りな音をたてています。

「やったぜ！」と、ギャブは考えました。「おいらの願いがかなったんだ。ありゃ、きっと農場の連中が、サン・ミシェル・アン・グレーヴに砂を積みに行く荷車だ。連中なら、この袋を家の玄関まで運んでくれるだろうて」

まず馬が、それから荷車が姿を現しました。その馬ときたら、おそろしく痩せていて、ほとんど骨と皮ばかりです。そいつは明らかに、ニジルジィの農場の馬ではありませんでした。農場の馬はどれもよく肥えていて、毛並も艶々していましたからね。で、荷車ですが、床板が何枚かはずれていて、まわりにはぐらぐらする柵がめぐらされていました。背の高い不恰好な男が一人、馬と同じくらい痩せこけた奴が、そのみすぼらしい荷車を御していましたは、大きなフェルト帽の影にすっぽり隠れて見えません。だからギャブには、それが誰だかわかりませんでした。その顔れでもとにかく、おーい、と声をかけたんです。

「すまんが、お前さんの荷車に、この袋を置くだけの場所はないもんかね？　おいら、もう腰が折れそうなんだ。遠くまでじゃないからさ、ケルドレンケンまでで、いいんだよ！」

ところが、荷車の男は一言も答えずに、通り過ぎてゆきます。

「耳が聞こえねえのかよ。みっともねえ荷車め、あんなひどい音をたてやがって！」と、ギャブは思いました。

とはいえ、このチャンスをむざむざ逃しては、いかにももったいない話です。そこで、急いでパイプの火を消して上着のポケットに突っ込み、ジャガイモの袋を肩に担ぐと、まだかなり早いスピードで走っている荷車のあとを追いかけました。そして、とうとう荷車に追いつくと、袋をどっかと置き、「ふー！」と安堵のため息をつきました。

ところが、どうしたことでしょう。袋は古い床板を抜けて、地面に落ちてしまったじゃありませんか。

「こいつは、けったいな荷車だなあ」と、ギャブはいぶかしく思いました。

そして袋を拾い上げ、もう一度荷台に置いたんですが、今度はもっと前の方に押しやりました。

でも、荷台の床は、とてつもなく柔《やわ》にできていたようです。というのも、またしても袋は下に落ち、袋と一緒にギャブ・リュカスもドスンと尻餅をついてしまったからです。袋も人も、両方とも地面に転がりました。

それなのに、不思議な荷車はそのまま道を走っていきます。謎めいた御者は、一度も後ろを振り返ろうとしません。

ギャブは荷車が遠ざかるのを見送りました。その姿が見えなくなると、ふたたび道を歩き出しましたが、ケルドレンケンに着いたときは、恐怖で息もたえだえになっていました。

「お前さん、いったいどうしたんだい？」腑抜けたようになっているギャブを見て、マドレーヌ・デネスが訊きました。

そこで、ギャブ・リュカスは、自分の見たことを話しました。

「そりゃ、お前さんが出会ったのは、ほかでもない、カーリック・アン・アンクー〔死の荷車〕だよ」と、おかみさんは言いました。

それを聞いて、ギャブは寒気がしました。

翌日、町の教会で、弔いの鐘が鳴らされるのが聞こえました。前の晩、一〇時か一〇時半ごろ、ニジルジィの農場のご主人が亡くなったのです。

（語り手、マリー＝イヴォンヌ・メンギー／ポール・ブランにて）

23話　ピエール・ル＝リュンの見たもの

この話の時分、田舎には仕立て屋があまりいなかった。だから、わしら仕立て屋を呼びに、かなり遠くからでも、わざわざ人が訪ねて来たくらいだ。しかも、仕立て屋をあらかじめ確保しておくには、何週間も前から頼んでおかなきゃならなかった。

あるときわしは、家から三リュー〔約一二キロ〕ほど離れたミニーへ、仕事をしに行く約束をした。呼ばれたのはロズヴィリエンという名前の農家だった。

そこでわしは、日曜の午後、晩課が終わってから家を出た。そうすれば、ロズヴィリエンで夕飯にありつけるはずだった。一週間丸々、仕事の予約が入っていたから、わしは月曜の朝からすぐにとりかかるつもりでいた。

「おや、ピエールじゃないかね？」台所でわしの姿を見るなり、この家の主婦のカトリーヌ・アモンが声をかけた。

「そうさ、わしだよ、カテル。だが、ご亭主のマルコの姿が見えないようだが。まだ町から帰っていないのかね？」

「それがねえ……町に行くなんて、とんでもない！　実は二週間ほど前から、寝たきりになっちまったんだよ」

そう言ってカトリーヌは、炉辺のそばの箱ベッドを指さして見せた。

わしはそばまで行くと、ベンチの上にひざまずいて、カーテンを引いた。(8)

するとそこに、あのマルコじいさんがじっと動かずに、長々と横になっているじゃないか。その顔は、病のせいでげっそりしていた。そのとき、わしは密かにこう思ったのさ。「奴さん、もう死人の顔になっているぞ」って。だが、わしは、わざと陽気に茶化してやった。こういう場合、みんながするようにな。

「よう、マルコ！　一体どうしたんだね？　お前さんの年で、またお前さんのような気性のもんが、そんな有様だとは情けないぞ！　まさか、そのまま埋められちまうつもりじゃ、ないだろうな？　しっかりしろや、丈夫が自慢のお前さんじゃないか！」

奴さんは、何やらボソボソ返事をしたらしい。だが、息をするのも苦しそうで、声があまりにも細かったので、その言葉は聞き取れなかった。

「うちの人、どうだろうねえ、ピエール？」

わしが食卓に戻って、農場の連中と一緒の席に座ると、カトリーヌが尋ねた。

「うーん、そうだな。奴さん、お世辞にも具合いいとは言えないな。だが、マルコのように体の頑丈な男は、体力があるから、きっと大丈夫だよ」

カテルをおびえさせたくなかったので、わしには思ったとおりのことが言えなかった。部屋に寝に行くとき、わしはこう考えた。

「もう、駄目だな！　奴さん、週末までもたないだろう……。ロズヴィリエンは古い馴染み客だが、もう二度とブレ〔膝までの短ズボン〕を仕立てることはあるまいなあ！……」

そんな悲しい考えに浸りながら、わしはシーツにくるまった。

実際、ロズヴィリエンではわしを一介の仕立て屋としてではなく、客人として扱ってくれた。仕立て屋連中が台所や馬小屋に寝かされるなんぞ、当時はよくある話だったが、ここではわしに、屋敷中で一番きれいな部屋をあてがってくれたんだ。〔＊1〕それは広い寝室で、その昔、ロズヴィリエンが城館だったころ、広間として使われていたに相違なかった。部屋の壁には台所に通じる狭い扉が設けられていて、中庭に面する窓は昔風の高く幅広いつくりで、床板から天井近くまで届いていた。実際、床板があったんだよ、この部屋には。そいつは楢《なら》の木でできていて、手入れされていなかったから、本当言うと、ちょっぴり傷んでいた。それでも、昔の絵が壁のあちこちに掛けられていたし、床板があるしで、部屋は、貴族のお屋敷らしい典雅な雰囲気を漂わせていた。寝台は天蓋つきで、窓の正面に置かれていた。

さて、いつも「おやすみの鐘」が鳴ると、わしは、部屋の扉を閉める前に、敷居の上で一瞬立ち止まり、まだ台所でがやがややっているロズヴィリエンの連中に、重々しい声でこう呼ばわったものだった。

「これ、皆のもの、お休みの挨拶をするがよい。これよりポン・ター・ヴェスケン（指ぬき橋）侯爵は、侯爵夫人が待っておられる天蓋つきベッドにご退出であるぞ」

こんな冗談を言ったり、おどけて見せたりすると、みんな大笑いしたもんだ。

翌日、朝ご飯のとき、連中はわざと仰々しく、昨夜はいかがお休みでしたか、などとわしに訊く。そこでわしは、途方もない出鱈目《でたらめ》話をしてやる。「金髪姫」、あるいは「銀の手姫」のお忍びがあったのじゃ、などと言ってな。おわかりじゃろう、そんなでまかせが、ここでは大いにうけたのさ。そうとも、悲しそうな顔をした奴なんか、一人もいなかった。

だがな、お察しのとおり、そのときはお姫さまや侯爵夫人の話なんて、とんでもないことだった。

わしは悲しい思いで、あと何日かすれば夜中に起こされて、マルコの最期を看取りに枕辺に行かなきゃならんだろうな、と考えた。

マルコ・アモンという男は、実に立派な人物だったよ。親切で礼儀正しく、思いやりがあった。わしは奴さんのいいところを全部思い返しているうち、いつの間にか眠りについた。

さて、どのくらい眠っていたものか、まったくわからない。突然、床板がミシミシッと鳴ったような気がして、目が覚めた。まるで、誰かが部屋の中を通り過ぎたような音だった。

わしは目を開けた。

月がのぼっていた。あたりは、真昼のような明るさだ。

部屋中きょろきょろ見回したが、人っ子一人いない！

そこで、もう一度シーツにくるまろうとしたんだが、そのとき首筋のあたりに、ヒヤッと冷たいものを感じた。

窓を見ると、開けっ放しじゃないか。わしは、こりゃ寝るとき、うっかり閉め忘れたんだわい、と思った。そこでベッドから降りて、開き戸に手をかけたときだ。中庭の、それこそ目と鼻の先に、一人の男が行ったり来たりしているのが見えた。後ろ手を組んで、誰かを待っている人に特有の、どうでもいいような投げやりな歩き方で、退屈を紛らわすために行きつ戻りつしている。男は背が高く、痩せていて、その顔は大きな帽子の影に隠れて見えなかった。

中庭の真ん中にある井戸のそばには、粗末なつくりの荷馬車が停めてあった。つながれているのは、ひょろひょろに痩せさらばえた二頭の馬で、そのたてがみは地面に届かんばかりに長く、前足のあたりにモジャモジャと垂れ下がっていた。荷台のまわりは柵で囲ってあった。柵のあいだからは、人間の脚やら腕やらがはみだしていたが、それだけじゃなくて、人間の顔も、——黄色くなって、しかめ面をした、見るもおぞましい顔が——見えたんだよ！

こんな肉を運ぶ肉屋が何者か、たやすく見当はつく。

それにな、いいかい、わしがそういったものを一通り眺めていた時間は、こんなふうにお前さんに話して聞かせるより、はるかに短かかったんだよ。

もう窓はそのままにして、わしは寝床まで四つん這いになって戻った。大きな帽子をかぶった男がわしを見たか、物音に気づいたのではないかと思うと、恐ろしくてたまらなかった。

ベッドに這い上がるや否や、頭からすっぽり布団を引っかぶったんだが、ちょうど目の位置に小さな覗き穴をこしらえておいた。そうすれば、自分は見られずに、相手を眺めることができるからな。

大きな帽子をかぶった男は、三〇分近くも行ったり来たりを繰り返していた。窓から入る月明かりのせいで、その巨大な影が部屋の床に映し出された。

突然、今度は部屋の中で、さっきわしの目を覚ましたのと同じ足音が聞こえた。

誰かが、台所へ通じる扉から入って来たのだった。

そいつは、中庭にいるもう一人の男とどこからどこまでそっくりだったが、ただしもっと背が高く、もっと痩せていた。その頭は極端に小さくて、大きな体にはおよそ不釣合いなしろものだった。頭は肩の上でぐらぐら激しく揺れていて、いまにも取れちまいそうだった。その目は普通の目ではなく、ろうそくの小さな白い炎が、ただ真っ暗な穴の底で燃えているみたいだった。鼻はなく、耳まで裂けそうな口は、にんまり笑っていた。

わしは、冷や汗がこめかみを伝って胸を流れ落ち、腿から脚に伝わって、つま先から落ちていくのを感じた。そして髪の毛はというと、ばりばりに強張《こわば》っちまった。翌朝になっても、まだ縫い針に使えそうなほど硬かったくらいだ。

ああ、まったく！　わしのように、心底怖い、という目に遭った者は、そうざらにはいないだろうよ！

まあ、待ちなされ！　この話には、まだ続きがあるんだ。

ぐらぐら頭の男は、通りすがりにわしのベッドを手探りしたが、すぐにそこから離れて、窓辺に張りついた。そのときだよ、もう一人別の人物が、台所から部屋に入って来たんだ。姿を見るより先に足音がしたので、そいつが部屋に入って来たことがわかったのさ。というのも、その足音というのが、普段から聞きなれている音だったからねえ！

それは、足のサイズよりずっと大きくて重い、木靴のたてる音だった。そいつは床の上で木靴を引きずり、ひっきりなしにコツンコツン打ち合わせたり、つまずいたりして、ひどくやかましい音をたてていた。そのせいで、わしは、そいつが連れて行くつもりなのは、てっきりこのわしにちがいない、と思いこんだ。それなら、ただ恐怖に震えているより、いっそ死んじまったほうがましだ。わしは意を決し、潔く布団をはいで、そこに居直った。

そのとたん、木靴の男が立ち止まった。そのときそいつは、わしの枕元から三歩の距離にいたんだ。

わしにはそれが誰だか、すぐにわかった。マルコ・アモンさ、あの気の毒なマルコだよ。

奴は絶望的なまなざしを投げてよこしたが、そのときわしは、冷たいナイフで心臓を抉られるような感じがした。それから、長く悲痛なため息を洩らすと、奴さんはふいに背中を向けた。

その瞬間、何もかも、ぱっと消えちまった。

同時に、開いていた窓が、凄まじい勢いでバタンと閉まった。

数分後、月光に照らされて、石ころだらけの道を行く、ギイギイという陰気な荷車の音が遠くから響いてきた。もう間違いない。アンクーがマルコを連れていったのだ。

わしはそれ以上、一人で部屋にいる気にはなれなかったので、台所に避難した。そこではカテルが炉辺に座り、消えかかった樹脂ろうそくのそばで半分居眠りをしていた。

「マルコの容態はどうだい?」と、わしはカテルに訊いた。

カテルは目をこすって、呟いた。

「あたし、ずっとここで看病をしていたんだけど、あの人、いまは寝ているんじゃないかしら。何も欲しくないようだから」

「様子を見てみよう!」と、わしは言った。

わしら二人は、箱ベッドに頭をつっこんだ。もちろん、マルコ・アモンが何かを欲しがるはずはなかった。死んでいたのだから！　わしは、そっと奴さんの目を閉じてやった。その目には、さっき部屋を通ったとき、わしに投げかけたのと同じ、絶望のまなざしが浮かんでいた。

　わしが思うに、マルコ・アモンは逝っちまう前に、わざわざわしの寝ているベッドまで来たにちがいない。それというのも、きっと「何か言いたいことがあった」からだと思う。わしは、自分が連れて行かれるかと思って震え上がったんだが、それがいけなかった。そのことが、今でもいちばん悔やまれてならない。

　さあ、これでお前さんも、信じないわけにゃいかんじゃろう。いまお前さんを目の前で見ているようにはっきりと、わしはアンクーを見た。そのわしが言うことだからな。いいかい、それは、死ぬよりも、ずっとずっと恐ろしいことなんだよ！

（語り手、仕立て屋ピエール・ル＝リュン／パンヴェナンにて、一八八六年）


　アンクーは鎌の刃を研ぐのに、人間の骨を使う。

　アンクーはときどき、鍛冶屋に頼んで鎌を鍛えなおしてもらうことがある。アンクーが仕事を頼むのは、急ぎの仕事があるからといって、土曜の晩、真夜中を過ぎても火を消さないでいる鍛冶屋だ。だが、アンクーの仕事をした鍛冶屋は、その後、誰からも仕事を頼まれない。

24話　鍛冶屋の話

　ファンク・アー＝フローハは、プルミリオーの鍛冶屋でした。たいそう腕のいい職人で、いつもこなしきれないほど仕事を抱えていました。あるクリスマスイヴの晩、夕飯がすむと、ファンクはおかみさんにこう言いました。

「真夜中のミサには、お前一人で子供たちを連れて行ってくれないか。俺、どうしたって一緒には行けないや。まだ車輪に鉄輪をはめにゃならんからな。そいつをちゃんと仕上げて、明日の朝、届ける約束なんだ。それに、その仕事が終わったとしても、何よりも俺に必要なのは寝床だしな」

するとおかみさんはこう言いました。

「しょうがないねえ。でも、奉挙の鐘《エレヴァツィオ》〔＊2〕が鳴る前に、仕事を切り上げるようにしておくれよ」

「あたりまえさ！　そのときは、もう高いびきをかいてらあ！」

こう言うとファンクは鉄床《かなとこ》に戻り、おかみさんは子供たちの支度をしてやり、自分も一リュー〔四キロ〕ほど離れた町へ、ミサに出かける用意をしました。空は晴れていて、道には少し霜が降り、冷たい空気は肌を突き刺すようでした。みんなが出かけるとき、ファンクは、気をつけて行って来な、と声をかけました。

「お前さんの分もお祈りしてくるよ」と、おかみさんが言いました。「でも、いいかい、忘れちゃ駄目だよ。神聖な時刻を過ぎてまで、仕事をするのはよしておくれ」

「わかってる、大丈夫だよ。安心してなって」

ファンクはいつものように鼻歌を歌いながら、熱心に鉄を叩き始めました。それが、仕事に精出すときの癖だったんです。さて、夢中で仕事をしていると、時間は瞬く間に過ぎるものです。ファンク・アー＝フローハは、時間が経ったことにまったく気がつきませんでした。それに、鉄床《かなとこ》に叩きつけられる槌のやかましい音に邪魔されて、遠くから響いてくるクリスマスの鐘の音が聞こえなかったんでしょう。わざわざ鍛冶場の天窓を開けておいたんですがね。いずれにせよ、奉挙の鐘の時間が過ぎても、ファンクはまだ働いていました。と、突然、ドアの蝶番《ちょうつがい》がギィーときしむ音がしました。

ファンク・アー＝フローハはびっくりして、槌を止めたまま、誰が入ってくるのか見つめました。

「やあ、こんばんは！」甲高く響く声が言いました。

「やあ、こんばんは！」ファンクも答えました。

そして、訪問客が誰か見定めようとしましたが、その顔は大きなフェルト帽のひさしに隠れて見えません。男は背が高く、やや背中が曲がり、古臭い服装をしていました。というのは、裾の長い上着を着て、膝の上をリボンで結んだブレを履いていたからです。短い沈黙ののち、その男はこう言いました。

「お前さんの仕事場に明かりが灯っているのを見て、それで入ってきたというわけだ。どうしても頼みたい急ぎの用事があってな」

「それは、おあいにくさまですな！　まだこの車輪に、鉄輪を嵌めなくちゃならんのでさ。それに、あっしもちゃんとしたキリスト教徒である以上は、聖体奉挙の鐘が鳴るっていうのに、平気で仕事をしているわけにゃいきませんのさ」

「そうかい！」と、男は奇妙なあざ笑いを浮かべて、「だが、鐘が鳴ってから、もう一五分以上経っているぞ」

「まさか、そんな！」鍛冶屋は槌を取り落として、叫びました。

「そうとも！」と、見知らぬ男は言いました。「こうなったからには、お前さんがもう少し仕事をしようがしなかろうが、関係ないじゃないか！　それに、わしの頼みごとは、たいして時間をとらせない。ただ釘を一本つけてくれるだけでいいのだ」

こう言いながら男は、それまで肩の後ろに隠し持っていた大きな鎌を取り出しました。そのときまで、柄の部分しか見せないようにしていたので、ファンク・アー＝フローハは、てっきり長い棒だとばかり思っていたのです。

「いいか、ここが少しぐらぐらしている。これを急いで留めてほしいのだ」

「なんだ、そんなことですかい、結構ですよ！　それしきのことなら、喜んで」と、ファンクは答えました。それに男の口調には、嫌とは言わせない、命令するようなものがあったもんで。

すぐに男は、自分で鎌を鉄床《かなとこ》に置きました。

「おや！　お客さん、柄がさかさまについていますぜ、この鎌は！」と鍛冶屋。「それに、刃が外向きだ！　こんなへんてこな道具をつくったぶきっちょは、いったいどこのどいつですかね？」

「余計な心配をするな」男はぴしゃりと言いました。「一口に鎌といっても、いろいろあるのだ。それはそのままにして、お前はきちんとそいつを固定すればいいのだ」

「おっしゃるとおりにいたしやす」と、ファンク・アー＝フローハは口の中でぶつぶつ言いましたが、相手の横柄なもの言いに、いささか気を悪くしました。

そしてすぐに、釘がなくなっている箇所に別の釘を打ち付けました。

「それでは、報酬を払おう」と男。

「とんでもない！　お代をいただくほどの仕事じゃありませんや」

「いいや！　どんな仕事にも、それに見合う報酬がある。だが、わしが払うのは金ではない。ファンク・アー＝フローハよ、わしは金銀より、もっと貴いものを支払おう。それは、良き警告じゃ。寝床に行くがいい、そして最期のときのことを考えよ。女房が帰ってきたら、町にとんぼ帰りして、司祭を探してくれと言いつけるのだ。お前がわしにしてくれた仕事は、この世でお前がする最後の仕事となる。ケナヴォ！」（さらば！）

鎌を持った男の姿は消えうせました。すでにファンク・アー＝フローハは、足の力が抜けて、よろよろするのを感じました。もうベッドに行く力がようよう残っているだけです。亭主がベッドの中で死の苦しみと闘って汗を流しているところに、おかみさんが帰って来ました。

「町へ戻って、司祭さんを連れてきてくれ」と、ファンクは言いました。

そして、一番鶏が鳴くころ、息をひきとりました。それもこれも、アンクーの鎌を直した報いですよ。

アンクーは主に二人の御用商人から、商品を仕入れる。それは、

一、ペスト

二、飢饉

昔はそれに加えて、三番目の御用商人がいたものだ。それは、「塩税」という名前だった。だが、アンヌ女公〔*3〕がこの世から、塩税というものを永遠に追い払ってくださった。

（語り手、マリー＝ルイーズ・ダニエル／プルミリオーにて）

25話　アンヌ女公と塩税

その昔、アンヌ女公はケルフォのコレック城に住んでいました。(9) ある日、女公のご亭主がこう言いました。

「三部会が開かれるので、わしは行かねばならん」

「政《まつりごと》は、くれぐれも慎重になさいませ。特に、ブルターニュに新しい税金をかけないように願います」

「わかった、わかった」

ご亭主は三部会に出席して、お館に帰って来ました。

「いかがでございました？」と、女公が尋ねます。

「それがだなあ、わしは塩税を了承せねばならなかったのだよ」

「まあ！」

それ以上アンヌ女公は何も言わず、台所に行くと、ご主人のためにお粥《かゆ》を煮ていた女中の耳に、何事かを囁きました。

やがて、女中があつあつのお粥《かゆ》を持って来ました。ご亭主はそれをスプーンですくいました。

「なんだ、こりゃ！」と、すぐにご亭主は叫びました。「塩を入れるのを忘れとるぞ！」

「あら、そんなこと、どうでもいいではありませんか！」女公はからかうような口調で答えました。

「わしはな、こんなお粥《かゆ》、食えたものじゃない、と言っておるのだ」

「でも、そのまま召し上がっていただきますよ。殿さまたるもの、国のお百姓たちの手本にならなくてはいけませんもの。あなたはお百姓から塩を取り上げておしまいになった。ですから、ご自分も塩を使ってはならないのです」

「わしの食べるものには、塩を入れるようにせい」

「では、塩税を廃止なさいませ」

「それはならぬ。わしが生きているかぎり、塩税を存続させると誓ったのだ」

「あなたが生きていらっしゃるかぎり、ですって？」

「うむ」

「まあ！　それでは、そんなに長いあいだ待たずにすみますわ」と、アンヌ女公は言いました。そして、テーブルから先細りの刃のついたナイフを取り、それをご亭主の心臓めがけて突き刺しました。次に、一人の家来を呼んで、塩税が廃止になったことをあちこちでふれてまわるよう、お命じになりました。

それに対し、貴族たちはぶうぶう文句を言いました。

「でも女公さま、生きているかぎり塩税を維持すると、ご主人がおっしゃったんですよ」

「そうですとも」と、アンヌ女公は答えました。「でもね、主人は亡くなりましたの。だからわたしたち、あの人と一緒に塩税を埋葬するのです」

実際、このときから、塩税という、この疫病神の話はまったく聞かれなくなったのです。

（語り手、アンナ・ドリュト／ペデルネックにて、一八八八年）


ペストはびっこを引いている。それなのに、風のように早く移動できる。ただ、川を跳び越すことはできない。だから川を渡るには、親切で馬鹿正直な男の背中におぶってもらうしかない。

26話　ペストを肩車した男

ある晩、プレスタン在住の一人のお年寄りが、ドゥーロン川のほとりでペストに出会った。彼女は土手に座り、流れる水をじっと眺めていた。ペストはランムールの住人を根こそぎにしたあと、ラニオン地方に行くところだった。

「もしもし、そこのお人！」と、ペストは叫んだ。「あたしゃ、川を渡りたいんだけど、肩車してくれないかね？」

おじいさんは女の正体を知らなかったので、二つ返事で承知した。

そして相手を肩に担ぎ上げ、川の中に入った。が、進めば進むほど、女は重くなる一方だ。

とうとう精根尽き果て、それに流れがたいそう早くなったので、おじいさんはこう言った。

「なあ、悪いがここで降ろさせてくれ。わしゃ、あんたのために溺れるのは真っ平御免なんでね」

「そんな殺生な！　それくらいなら、さっきのところまで戻っておくれ」

「お好きなように」

そこで道を引き返したが、帰りは造作もなかった。岸辺に近づくにつれて、女はますます軽くなったからだ。

こうしてラニオン地方は、ペストの災いから免れたのだった。

だが、もしおじいさんが最初そうしようと思ったように、いやらしいグロアーハ（ペストの精）を川の真ん中で落としていたら、ペストは金輪際この世からなくなったはずなのだが。（語り手、わたしの父、N・M・ル＝ブラース）

キャップ・シザン地方のプロゴフでは、ペストの流行について、こんな言い伝えがある。

大きな黒々とした帆を上げた一隻の船が、沖合いを航行していた。パルクー・ブリュック谷の正面に来たとき、その船から女の幽霊のような、白くて長い煙が立ち昇るのが見えた。煙は海水には触れず、空中を漂いながら沿岸にやって来た。それはペストだった。そしてたった一日のうちに、半径三リュー〔約一二キロ〕一帯が根絶やしになってしまった。

（語り手、ガイド・アラン／プロゴフにて）


不幸なことに、パンがなくなったあとでも、飢饉はずっと長いあいだ続く。

27話　死が食事に招かれた話

これから話す出来事があったのは、金持ちがまだそんなに威張りくさっておらず、貧しい連中にも少しばかりはいい目を見せてあげようと、富のお裾分けをしていた時分のことだ。

ほんにこの話も、もうずいぶん昔のことになっちまったなあ。

ラウー・アー＝ブラースは、プレイベール・クリストでいちばん土地持ちのお百姓だった。ラウーのうちでは、豚にしろ、雌牛にしろ、家畜を殺すのはいつも土曜日だった。翌日の日曜、朝のミサに出るため、ラウーは町に出かけて行く。ミサが終わると、市役所の役人が墓場の石段の上に立ち、その場に集まっている人たちに向かってお知らせをする。そして、新しい法律を読み上げたり、公証人の名で、その週のうちに予定されている売り立てを発表したりするのだった。

「次はわしの番だ！」市役所の役人が書類を片づけてしまうと、ラウーはこう叫んで、俗に言うところの、「十字架磔刑像《カルヴェール》の上にあがる」のだった。[10]

「さあさあ皆の衆、ケレスペール一肥えた豚が、包丁の一撃をくらって、ころりと逝ったばかりですわい！　そこで、みなさんをブダン〔豚の血入りのソーセージ〕の宴にご招待したいのですわ。〔*4〕大人も子供も、お若い方もお年寄りも、お大尽さんも日雇いさんも、皆々おいで下され！　家は広いですし、家が満杯になっても納屋がありますぞ。納屋がいっぱいになっても、まだ麦打ち場がありますぞ」

いいかね、ラウー・アー＝ブラースが十字架の石段に姿を現すと、それはそれは大勢の人間が、奴さんの話を聞きに集まってくるんだ！　ラウーの言葉を聞き漏らすまいと、みんな、十字架磔刑像《カルヴェール》のまわりに押しかけてきたものさ。

その年も、いつものように日曜のミサのあと、ラウーは誰彼かまわず声をかけて、毎年恒例の宴会に来るよう、誘ったのだった。

「みなさん、お揃いでおいで下され！　お揃いでね！」と。

ラウーのまわりに詰めかけた人の顔をみると、まるでりんごがたくさん集まったかのようだった。大きな真っ赤なりんごの寄せ集め。みんなはもう嬉しくて嬉しくて、顔を真っ赤にさせていたんだよ。

「くれぐれもお忘れめさるな、今度の火曜ですからな！」と、ラウーが繰り返すと、みんなも鸚鵡《おうむ》返しに言った。

「今度の火曜だね！」

死者たちもその場にいたよ、土の中にな。人々は死者の墓を踏んでいたんだ。[11]だが、そのとき誰がそんなことを気にかけていただろう。ところが、群集がちりぢりになると、小さな震え声が、かすれた小さな声が、ラウー・アー＝ブラースにこう尋ねた。

「メ　イエルー　イヴェ？」（わしも伺ってよろしいですかな？）

「どうぞ、どうぞ！」と、ラウーは大声で言った。「みなさんを招待したんだもの、客が多すぎるってことはありませんぞ」

ケレスペールで開かれる大宴会のことを考えただけで、人々はもう有頂天になって、大勢が早くもその日の日曜、べろべろに酔っ払っちまった。そのうえ、かなりの連中が、引き続き月曜日にも、ぐでんぐでんになった。そのほうが、翌日、「王子さま」（バス・ブルターニュ地方では、豚のことをこう呼んでいるんだよ）のご逝去を、ずっと盛大にお祝いできるからって口実でな。

さて、火曜の朝ともなると、早くもケレスペールの方角に向けて、途切れることなく行列が続いた。金持ちはベンチつき荷車で街道を行き、乞食は松葉杖にすがって農道を歩いていった。

一人の客が遅れて姿を現したとき、みんな、もう皿いっぱいに盛られたご馳走を前に、席についていた。遅れて来た男は、みすぼらしい格好をしていた。古い上着はぼろぼろで、肌にぴったり貼りついて、腐ったような嫌な匂いがした。

それでも、ラウー・アー＝ブラースは男のところにやって来て、席をつくってやったのさ。

男は椅子に腰掛けたが、よそってもらったご馳走に歯の先で触れただけだった。じっと顔をうつむけたままで、そばの席の連中が会話に引き入れようとしても、食事のあいだ、唇ひとつ動かさなかった。そいつが誰なのか、誰も知らなかった。「爺《じっ》ちゃん」たちは、男の顔に、昔知っていた誰かの面影を見たように思ったが、その誰かは、もうとうに死んだはずだった。

さて、食事が終わり、女は女どうし、おしゃべりに花を咲かせ、男は男で「パイプ一服」をやりに、席を立った。みんな、大いに盛り上がっていたのさ。

ラウーは、宴会の会場となった納屋の戸口に立って、客の一人一人が「トルガレ」（ありがとう）の挨拶をするのに応えていた。大方の連中は、ろれつの回らない舌でしゃべり、千鳥足でよろよろしている。ラウーはしきりに揉み手をしていた。奴さん、客が自分の家を出て行くときは、喉までごちそうを詰め込んでいなけりゃ我慢できない性分だったんでね。

「結構なこった！」と、ラウーは思った。「今夜、ケレスペール周辺の用水堀では、みんなのおしっこが小川となって、勢いよく流れることだろうよ」

ラウーは自分自身に対して、また家のコックや、客に出したシードルの樽や、お客たちに対しても、すこぶるご満悦だった。

ふいにラウーは、まだ誰かがテーブルに残っていることに気がついた。それは、あのぼろぼろの古着を着た男だった。

「慌てなくても、よござんすよ！」男の方に歩み寄りながら、ラウーは声をかけた。「あんたは最後に来なすったんだ、せいぜいゆっくりしていってくだされ。ですが、そのまんまだと、空のお皿とグラスを前にして、居眠りしちゃいそうですな」

そのとおり、男のお皿もグラスも、引っくり返してあった。(12)

ラウーの声を聞いて、男はゆっくり顔を上げた。そのときラウーには、それが死人の顔であることがわかった。

男は立ち上がり、まとっていたぼろ切れを揺すった。すると、ぼろ切れは地面にばらばらと落ちた。一つ一つのぼろには、腐った肉の切れ端がくっついている。腐臭があたりにプーンとたちこめたのと、恐怖にとらわれたのとで、ラウーは喉に吐き気がのぼってくるのを感じた。

ラウーは臭い空気を吸わないように息を止め、骸骨に尋ねた。

「お前は誰だ？　何しにここに来た？」

いまじゃ骸骨は、葉っぱが落ちたあとの木の枝みたいに、骨だらけの姿になっていた。それがラウーのところまで来て、肉のない手を奴さんの肩にかけてこう言った。

「トルガレ、ラウー！　わしも伺っていいかい、と墓場でお前さんに訊いたとき、お客が多すぎることはない、とお前さんは答えた。お前さんは今になってわしが誰か尋ねたが、そいつはちょいとばかり遅すぎたな。わしはアンクーと呼ばれる者さ。お前さんはわしに親切にしてくれた。ほかの人と同じように、わしを宴会に招いて、もてなしてくれた。だから今度はわしが、お返しをする番だ。いいか、お前さんに残されているのは、あと八日だけだ。そのあいだに用事を片付けてしまうことだ。八日たったら、わしは荷車を引いて、またここに来る。そっちの用意ができていようといまいと、わしはお前さんを連れて行くよう言いつかっているのでな。では、来週の火曜にまた会おう！　わしがお前さんにふるまう食事は、今日のご馳走ほど豪華ではないが、お客はもっとずうっと大勢いるはずだ」

こう言ったかと思うと、アンクーの姿は消えた。

ラウー・アー＝ブラースは、その一週間を子供たちに財産を分ける作業に費やした。月曜になると、プレイベール・クリストの司祭さんと二人の助祭さんに来てもらって、聖体拝領を受けた。そして火曜に死んだ。

奴さんは心の広い人だったから、まっとうな死に方ができたんだよ。

わしらみんな、そういう最期を遂げられるようであってほしいものだ！

（語り手、ル＝コアト／カンペールにて、一八九一年）

死者の通り道

昔、人里離れた田舎の農場から町へ行くには、歩きにくい細い小道を通るしかなかった。みんな、その道を通って日曜のミサに出たし、死者が墓場に行くときもその道を通った。冬、雨が降って道がぬかるむと、たいそう歩きにくくなるので、悪路を避けて近くの畑を通ったものだ。

ブルターニュの田舎には、たくさんの農道が昔ながらの道に沿って通っている。そういった農道には斜面に石の段々が設けてあって、人が通ってもいいようになっていた。

あとになると、もっとずっといい道がつくられたので、生者は古い道を通らなくなってしまった。でも死者たちは、——つまり死者を運ぶ葬式の荷車のことだが——あいかわらず古い道を通っていた。なぜなら、死者をその最後の住処《すみか》に運ぶのに、父ちゃん、爺ちゃん、曾爺ちゃん、曾々爺ちゃん、曾々々爺ちゃん、それにもっと前のご先祖様が通った道以外のところを通ったりしたら、罰《ばち》が当たる、と誰もが思っていたからだ。

こういった古い道は、いまでは埋葬のときにしか使われなくなってしまった。そこで、「死者の道」(エント・アー・マロ)と呼ばれるようになった。

この神聖な道に出るために、他人が自分の土地を通るのを嫌がる地主がときどきいるものだが、そういう不心得な地主には災いがふりかかる(13)。

クロゾン半島では、死者の道はエント・コーフ(遺体の通り道)と呼ばれている。この道で走ったり、大声をあげたり、無礼なふるまいをしてはならない(14)。

パンナールのケルランで小作を始めたときのことだ。そう、もうかれこれ三〇年前のことになる。地所の中に、沼と湿地しかない場所があって、荷馬車がやっと通れるくらいの細い道が一本、そこに通じていた。わしは、家畜どもがこのズブズブの土地に入り込んで、ぬかるみに足をとられでもしたら困ったことになるわい、と考えた。で、道を塞いでしまおうと思いついた。そこで、道の入口と出口に、固定の柵を設けたんだ。

ある朝、畑仕事をしていると、この柵の前に埋葬の荷車が止まっているじゃないか。わしはびっくり仰天した。

そこで、荷車のところに駆けていった。

「おい、何しているんだ?」わしは、荷車を御している男に訊いた。

「無論、ここを通りたいのさ! あんたは何の権利があって、この『死者の道』を塞いじまったんだ?」

「わかっちゃないな、もしこのまま原っぱに乗り入れてみろ、荷車は沼に沈んで終わりだぞ」

「このあたりじゃ、死者はいつもこの道を通って墓場に向かったんだ。だから、これからもここを通るさ。あんたの知ったこっちゃないわ!」

こんなときに、言い争いをしても仕方がない。わしは柵を取り払ったが、すぐまた元に戻すつもりでいた。そして、立て札を立てて、今後はこの危ない場所を通行禁止にしようと心に決めた。

だがその夜、うちの家内や近所の者たちにこのことを話すと、みんな、異口同音にこう喚《わめ》きたてた。

「お前さん、正気かい?『死者の道』を通れなくするなんて! そんなことになったら、この家では片時も安心して暮らせなくなるよ! 死者のための道を塞いでしまったら、道を通れなくなった奴どもが、この家のベッドをめちゃめちゃにしたり、みんなを地面に転がしたり、さんざん悪さをするにちがいない。だから、そんな罰《ばち》当たりなことをしないでおくれ!」

わしはその言葉に屈するしかなかった。柵は永久に取っ払ってしまったよ。その代わりに、乾いた石で低い壁をつくった。簡単に壊せて、すぐにまたつくり直せるようなやつをな。

(語り手、ルネ・アラン/カンペールにて、一八八七年)

いつも自由に道を行き来できるように、死者たちは、自ら道を見張っているらしい。

ある晩、アルゴルの農夫が、畑に肥料を運ぼうとして、葬列用の道を横切った。そのさい、家畜をはずしたあとの荷車だけを、道の入口に置きっぱなしにした。明日取りにくればいいさ、と言いわけして。農夫は家に帰り、晩ご飯を食べてから、寝床に入った。眠りが深くなったころ、突然、誰かの手で体を揺すぶられた。その揺すぶり方があまりにも情け容赦ないので、どうも相手は女房ではなさそうだった。

「何だ？　どうしたんだ？」と、農夫は飛び起きて尋ねた。

箱ベッドの扉の方に身を乗り出したが、誰もいない。だがそのとき、声が、生きている人間のものではない声が、脅かすような口調でこう言った。

「起きろ。そしてすぐさま『遺体の道』を空けるんだ。さもないと、お前の荷車の最初の仕事は、お前を埋葬地に運ぶことになるぞ」

農夫は二度言われるまでもなく、すぐさま言いつけどおりにした。

(ピエール・ル＝ゴフから聞いた話)

人がよくアンクーの荷車に出くわすのは、「死者の道」と呼ばれる、この歩きづらい小道でだ。

28話　アンクーの通り道

ある日曜の夕方のこと、わしはつい町で長居してしまった。家に帰ってみると、女房と女中とがいまにも死にそうなほど怯えている。二人の顔が恐怖にひきつっていたので、それを見たわしですら、思わず怖くなっちまったほどだ。どうも留守をしていた間に、何か良からぬことが起こったにちがいない。ところで当時、わしは素晴らしい仔馬を育てていた。わしの頭に最初に浮かんだ考えは、この馬が脚に怪我でもしたんじゃないか、ということだった。

「いったい何があったんだ？　いい加減、話してくれてもいいだろうが？」

ようやく女房が口を開いた。

「お前さん、帰り道、何かおかしなものに出会わなかったかい？」女房はあえぐような声で言った。

「いや、何も。だが、なぜそんなことを？」

「荷車が『死者の道』から出て来るところ、見なかったの？」

「いいや、実を言うと、見ていない」

「あたしたちもだよ。でも、荷車は見ていないけれど、音がしたんだ！　あそこの上り坂のところさ。ああもう、それがなんて音だっただろう！　馬どもが激しく息をしていて、まるで嵐のときの風の音みたいだったよ。車軸はキイキイいって鼓膜が破けそう。荷車につながれた馬たちは、丘を登れずに苦労しているらしく、もたついた足踏みを繰り返す。まるで鉄床を叩く槌のように、地面に蹄《ひづめ》を激しく打ちつける音が、あたり一帯に響き渡った。五、六分も続いていたかねえ。それからふいに、しーんと静かになった。女中のマリーとあたしは、このものすごい騒ぎのあいだじゅう、あっけにとられて、互いに顔を見合わせるばかり。二人とも、身動きすらできなかった。いやもう、ほんとに、気が狂わないのが不思議なくらいだよ」

「いや、もうじゅうぶん気が狂っているともさ！　荷車が通ったくらいで、この騒ぎようとはな」

「まあ、ひどい！　それは普通の荷車じゃなかったんだよ！　第一、この道をわざわざ通るのは、『埋葬用の荷車』だけだし、この辺では最近、誰も死んでなんかいないんだから」

「それがどうした？」

「好きなだけ肩をすくめるがいいさ。でも、あたしゃ、お前さんに請け合うよ。カー・アン・アンクー〔死の荷車〕がこのあたりを巡回しに来たんだって。アンクーがいったい誰を迎えに来たのか、じきにわかるだろうよ」

わしはまともに取りあわず、外に出て家畜小屋を見に行った。

ふたたび家に戻ってみると、近所に住む男が台所にいた。その表情があまりにも悲しそうだったので、わけをきこうとすると、女房がわしにこう言った。

「もうこれでお前さんも、あたしを馬鹿にしないだろうよ。ねえ、ルネ、ジャン＝マリーがいま知らせに来てくれたんだけどね、上のお嬢さんが急にぽっくり亡くなってしまったそうだよ。それで、あたしに通夜に出て、遺体の番をしてほしいんだって」

当然のことながら、わしには言い返す言葉などなかった。（語り手、ルネ・アラン／カンペールにて、一八八七年）

29話　塞がれた道

カラックのレネス村には、ギスアルン家の三兄弟が住んでいた。ある冬のこと、三人の若い衆は、家からかなり離れた農家で夜遅くまで仕事をしたあと、うちに帰るところだった。昔からの古い街道がガンガンからカレーまで通っていて、三人が家に帰るには、しばらくこの道を歩かなくてはならなかった。その日は空気が乾いていて、月の明るい晩だったが、風が激しく吹き荒れていた。シードルをしこたま飲んで千鳥足の三人は、風に負けないくらいの大声を張り上げて、陽気に歌を歌っていた。

突然三人は、用水堀沿いに何か黒いものがあるのを見つけた。それは、嵐のせいで斜面から根こそぎにされた古い楢《なら》の木だった。

いちばん年下のイヴォン・ギスアルンは悪知恵の働く男で、この楢《なら》の木を見て面白いことを思いついた。

「よう兄貴、この木を引っ張って、道に横倒しにしてみようや。俺らのあとから誰かが荷車を引いて来たとするだろ、もしこの先道を続けたかったら、いっぺん車から降りてこの木をどけなきゃなんないぜ」

「そしたらそいつは、さぞ口汚い悪態をつくだろうな。いい気味だ」と、あとの二人も賛成した。

そこで三人は楢《なら》の木を引っ張って行って、道に横倒しにした。それから、このちょっとした悪事を大いに愉快に思って、家に帰った。ところで、連中は家の中では寝ていなかったんだ。家畜の面倒を見るのに便利だからと、馬小屋に寝床をしつらえていたのさ。夜もずいぶん遅かったし、一日中働いたので、どっと疲れが出て、三人はすぐさま眠りに落ちた。ところが、ちょうどぐっすり眠ったころ、突然はっと目が覚めた。誰かが、家畜小屋の戸をどんどん叩いているのだ。

「いったい何なんだよ？」三人はふとんをはねのけて尋ねた。

扉の向こうにいるはずの人物は返事をせず、ただもう一度、やかましく戸を叩いただけだった。

そこでギスアルン家の長男が戸口に駆けよって、扉を大きく開け放した。しかしそこには、月明かりに照らされた夜の景色があるだけで、風のびゅうびゅう唸る音が聞こえただけだった。長男は扉を閉めようとしたが、駄目だった。弟たちと力を合わせても、扉は依然として閉まらない。三人は恐怖で震えだし、訴えるような声で言った。

「神さまの御名《みな》にかけて教えてくれ、なあ、頼むよ！　あんたは誰だ？　何しに来たんだ？」

誰の姿もなかった。ただ、かすかな声がこう言うのが聞こえた。

「わしが誰か、お前たちは犠牲を払って知ることになろう。だが、さっき道を塞ぐように転がしておいた木を、斜面に寄せれば話は別だ。そうしてもらわなくては、わしが困る。さあ、行くんだ」

三人はそのまんま裸に近い格好で、外に出ていった。そしてのちに白状したところによると、怖さのあまり、まったく寒さを感じなかったそうだ。木が倒れているところまで来ると、奇妙な荷車が一台止まっているのが見えた。荷台が低く、馬には引き具がついていない。その荷車は、道を通れるようになるまでじっと待機しているのだった。そうさ、三人は大急ぎで楢《なら》の木を元の場所に移したとも。するとアンクーは――というのも、そいつはまさしくアンクーだったからで――、自分の馬に手を置いて、こう言ったんだよ。

「お前たちが道を塞いだおかげで、わしは一時間損をした。だからわしは、お前たち一人一人から、一時間分の貸しを返してもらうことになるだろう。だが、もしお前たちが命令にさからっておれば、わしの通り道に木がそのままになっている分数だけ、お前たちの生きる年数が短くなるところだったのだ」　　（語り手、カラックのある石工）

新築の家と死

新築の家に初めて足を踏み入れるときは、犬でも鶏でも猫でも何でもいいが、とにかく飼っている動物を先に行かせなくてはいけない。

建設中の新しい家には、玄関の上がり框《かまち》をつけないほうがいい。というのもアンクーがやって来て、そこに腰掛けるからだ。そうやって、家族の中で誰が最初に敷居をまたぐか、見張っているのだ。(15) 奴を遠ざける方法は、ひとつしかない。それは、何かの動物を貢物として差し出すことだ。カンペルレのあたりでは、雄鶏《おんどり》を捧げ物にして、家の土台にその血をかける習慣がある。

30話　新築の家を訪れたアンクー

フリュピック・アン＝トエルは、プルゼランブルで藁葺《わら》き屋根の職人をしておった。ある日の夕方、新築の家の屋根を葺き終わったところだった。それは、小さな農場を営む、在所のお百姓さんが建てさせている家で、今度の聖ミシェルの日〔九月二九日〕に引っ越す予定になっていた。

作業が済んだので、フリュピックは屋根から降り、使ったはしごをかついで、ほかの道具といっしょに家の中にしまおうとした。毎晩、自分の家に帰る前に、必ずそうする習慣だったんだ。だが、家の扉を開けたとたん、奴さん、肝を潰しちまった。なぜって、台所と物置きとを仕切る廊下に、黒い人影が立っていたからだよ。(16)

「ピウ　ゾ　アゼ？」（そこにいるのは誰だ？）と、フリュピックは尋ねた。そのとき、背筋に激しい寒気が走った。それというのも、確かに一日中、そのあたりでは人っ子ひとり見かけなかったからだ。

影はぴくりともせず、返事もしない。そこでフリュピックは、もう一度繰り返した。

「ピウ　ゾ　アゼ？」

見知らぬ人影は、あいかわらず黙っている。

「やれやれ」と、フリュピックは思った。「どうも、人と話をするのが嫌みたいだな。とはいえ、この家に忍び込んだのは、盗みをするためじゃあるめえ。なにしろ、まだ屋根と壁しかないんだから。持っていく物なんか、何もありゃしねえよ。よし、もう一度きいてみよう。それでも口を開かないんなら、仕方ねえ、このはしごを腹に一発くらわせてやらあ。そうしたら、きっと口をきくだろうよ」

そこで、フリュピックは三回目の質問をした。

「ピウ　ゾ　アゼ?」

今度は効果があった。というのも、不思議な男は、それまでじっと頭《こうべ》を垂れていたのだが、そのとき初めて顔を上げ、ドスのきいた声でこう言ったからだ。

「ダ　ヴェズール　ア　メストル　アノール、パ　トゥス　ホアントゥ　ダ　グレウェッド」（知りたければ教えてやろう。わしは、お前の主人であり、すべての人間の主人たる者だ）

そのときフリュピックは、知りたい以上のことを知った。男の顔の、目と鼻のあるべきところには空洞しかなく、下顎はぶら下がっていた。それ以上の説明はいらなかった。奴さん、はしごを放り出して、ぴゅうっと一目散に逃げ出した。そいつがアンクーだってことが、一目でわかったからさ。


（語り手、ジョベン・ダニエル／プルミリオーにて）

31話　アンクーのバラード

老いも若きもみなの衆、わしの忠告を聞きなされ。いつも用心しているに、越したことはないんだよ。これがわしの考えさ。それというのも人生の、終わりは毎日近づくからだ。お前さんがた、誰もみな、同じ定めにあるんだよ。

「お前は誰だ?」と、アダムが言う。「お前を見てるとぞっとする。おそろしいほど痩せこけて、げっそりしているその姿。お前の骨には、これっぽっち、わずかな肉すらついていない!」

「アンクーとは、わしのことだよ、よろしくな！　お前さんの心臓に、槍を刺すのは、このわしだ。体内に、熱く流れる赤い血を、まるで鉄や石さながら、冷たくするのも、わしの仕事！」

「わたしはこの世で思うさま、豊かに暮らしているのだよ。財産ならば、うんとある。もし見逃してくれるなら、お好きなものを何なりと、差し上げることにいたしましょう」

「もしわしが、人間の申し出にうんと言い、贈り物を受け取ってたら、たとえ一人半ドゥニエでも、いまごろわしは大金持ち！

だがわしは、ピン一本さえ、もらわない。いかなるキリスト教徒にも、慈悲を垂れはしないのだ。なぜならイエスやマリアすら、見逃さなかったわしだもの。

大昔、族長たちは九百年、岩の上に座り続けた。だが見るがいい、とっくのとうに、みな死んだ。最後の一人にいたるまで！

神さまの親友、聖ヨハネ。父さんヤコブも、また然《しか》り。清く堂々としたモーゼ。わしは杖で、みんなに触れた。

教皇だって枢機卿だって、何人たりとも容赦しない。王さまだって誰一人、見過ごしたりはしないのだ。王も王妃も、王子も姫も。

大司教、司教に司祭、そして貴族。金持ちブルジョワ、職人、商人。たとえ日雇い人夫でも。

自分を元気で利口だと、思いこんでる若者は、世界中にあふれてる。わしに出会おうものならば、あっちの方から挑みかかる。

だが、勘違いめされるな！　わしはお前のいちばんの友。昼夜の別なくお前さんに、いつもぴたりと寄り添っている。神さまの命令を待ちながら。

わしはひたすら待っている、永遠の父の命令を！　哀れな罪人、わしはお前を呼びに来た。アンクーとは、このわしのこと。わしに買収は通用しない！　姿を見せず、世界中をさまよう者だ！　メネスの上からたった一発銃弾を、放っただけでこのわしは、五千人を殺せるのだ[17]」

（ロー・アー＝ジュンテールが歌った歌／ポール・ブランにて、一八九一年八月）

第4章　死んだふり

ポン・クロワの教会

32話　死んだふりをしてはいけない(1)

その昔、トレギエの寄宿学校《コレージュ》には、ずいぶん歳のいった生徒も通っておりましてね、二十二歳の者もいれば、中には二十五歳になる者もいましたよ。そういう生徒はほとんどが若い農夫たちで、かなり遅くなってから勉強を始めた連中でした。みんな、将来は司祭になるつもりでいましたが、ずいぶん荒っぽい悪ふざけに打ち興じることもありました。

ある日のこと、この小さな神学校に、見るからに虚弱な少年が入学してきました。その子は頭のほうも身体同様、ひ弱にできていましてね、俗に言うブリス・ゾッド、つまり、ちょいとばかり「のうたりん」だったんですよ。親たちは、この子は頭が単純だから、かえっていい司祭になるだろうと考え、血反吐を吐くような思いで、なけなしの金をはたいて、この子を神学校に入れたんです。

かわいそうに、この坊やはじきにみんなからいじめられ、ありとあらゆるいたずらをされました。

なのに、意地悪をされても、それを根に持つことなく、どんな言いつけにも、はいはいと素直に従ったのです。

いまでもそうなっているかどうかはわかりませんが、その時分、年長の生徒には二人部屋、あるいは三人部屋があてがわれていました。そこで、そういう生徒は「部屋住み」と呼ばれていました。(2)あの「お人好しの坊や」と相部屋なのは、ペデルネック出身のジャン・コスと、プラのシャルル・グラウイエでした。

ある晩、アントン・レギャレは、――それがブリス・ゾッドの名前でしてね――礼拝堂に残ってお祈りをしていました。そこでシャルル・グラウイエは、ジャン・コスにこうもちかけたんです。

「なあ、面白いことを思いついたぜ。あの阿呆をからかってやろうや」

「どうやって？」

「まず、お前のシーツをひっぺがすんだ。そいつを俺のベッドの枕元と足元に吊り下げて、『白の礼拝堂』をつくる〔通夜のしつらえ。第7章を参照のこと〕。俺がその中に寝るから、お前はレギャレが部屋に戻ってきたら、目に涙を浮かべて、俺がぽっくり逝っちまったって言うんだ。それで、そのときまで通夜の付き添いをしていたようなふりをして、自分と代わってくれ、って頼むのさ。奴は素直だからな、すぐにうんと言うだろう。部屋を出るとき、戸を少し開けとくのを忘れるなよ。で、近くの部屋の奴らに、廊下で待機するように言い含めておけや。臍《へそ》が茶を沸かすこと、請け合いだぜ。今晩みたいなことがあってもなお、この先、レギャレが死者の付き添いを引き受けるようなら、俺は鬼に食われちまってもいいぜ」

「うまいぞ！」と、ジャン・コズが叫びました。「こんなふざけたことを思いつくのは、お前くらいなもんだ！」

そこで、二人はさっそく仕事にとりかかりました。

あっという間に、シーツが天井から吊り下げられ、ナプキンが一枚、小机の上に置かれました。石鹸入れに使っている小皿を聖水盤にして、その脇にろうそくを数本、灯しておきました。こうしてお通夜の支度が整うと、シャルル・グラウイエは両手を組み、薄眼を開けたまま、身動き一つせずにベッドの上に横たわったんです。それは見事に、死体の真似をしたんですよ。

さて、アントン・レギャレが部屋に戻ると、ジャン・コスが部屋の真ん中でひざまずき、「デ・プロフンディス」を唱えているじゃありませんか。奴さん、肝を潰したのなんのって。

「何かあったんですかい？」と、アントン。

「かわいそうにシャルルの奴、いましがた、神さまのみもとに旅立っちまったんだ」ジャン・コスは低い声で、さも心を痛めたような口調で答えました。

「えっ、シャルル・グラウイエが！　さっきまで、あんなにピンピンしていたのに」

「そりゃもう、突然のことでね。俺、一人で通夜の支度をして、かれこれ二時間ほど付き添っているんだが、悲しくて胸が張り裂けそうだし、もう疲れてくたくたなんだ。きみもシャルルとは同室のよしみだろ。俺の代わりに、遺体を見ていてくれないかな。少し休んだら、また交代するから」

「いいとも、休んで来てくれ」と、お人好しの坊やは呟きました。

アントン・レギャレは、ジャン・コスがさっきまでいた場所に陣取り、レンガを敷きつめた床の上にひざまずきました。そして、ポケットから時祷書を取り出すと、こうした場合に唱える祈祷をすべて朗誦し始めました。ときどきお祈りを中断して、ろうそくの芯を切ったり、聖水と称する水を体にふりかけたり、神さまがお召しになった仲間の顔をおずおず眺めたりしました。おそらくアントンが死人と一対一になるのは、これが生まれて初めてだったのでしょう。

アントンは通夜のお勤めをきちんと果たすのに精一杯で、そこから数歩離れた扉の隙間から漏れてくる囁き声には、ちっとも気がつきませんでした。

本当は、この廊下に面した部屋の住人がひとかたまりになって、そこにいたんですよ、目を皿のようにしてね。連中は、ジャン・コスがグラウイエからの伝言だといって予告したどんでん返しを、今か今かと待っていました。

一同は、ずいぶん長いこと待ちました。

夜を告げる鐘が一つ、また一つと鳴り響きます。

そのうちついに、真夜中の鐘が鳴りました。

みんな痺れを切らし始めましたが、その一方で、次第に背筋がぞくぞくしてきました。

そのとき、一人の生徒が低い声でこう言いました。

「グラウイエの奴、ぴくりともしないぞ。もしかして、本当に死んでるんじゃないか？」

それが合図となって、一同総崩れして逃げ出しました。ただ、肝っ玉の太い連中だけが、その場に残ったのです。「中に入ろうぜ！　確かめなきゃ！」と、ジャン・コスが言いました。「きっとグラウイエは、アントン・レギャレだけじゃなく、俺たちみんなを煙に巻くつもりなのさ。奴さんのやりそうなこった」

そこでみんなは、部屋の中に雪崩《なだ》れこみました。

けれどもそのとき、「神父候補生」たちの足は恐怖のあまり、その場ですくんでしまいました。だって、グラウイエの顔が蝋《ろう》のように黄色かったんですもの。その眼はひきつったまま、一点を凝視していました。アンクーに息を吹きかけられたせいで、眼からは光が失われ、口はぽっかり開いていました。魂が体から逃れるとき、唇を開けて出て行ったためにね。白い歯のあいだに見えるのは、真っ暗で不気味な穴ばかり。

「かわいそうに！」生徒たちは声を揃えて叫びました。「こいつ、死んでるよ、本当に死んでる！」

すると、「うすのろ」がきょとんとしてこう言ったんです。

「だって、ジャン・コスがそう言っただろ？」[3]

（語り手、カトリーヌ・カルヴェネック／ポール・ブランにて）

33話　死を冗談の種にした者は、報いを受ける

ケルヴェヌーのお屋敷の娘、リザ・ロズトレンは、ル・ファウーエトでいちばんの器量よしだった。それどころか近隣の小教区を探しても、これほどきれいな娘は見つからなかったくらいだ。

リザは数ヶ月前から、プルリヴォ在住のロル・アー＝ブリス（ロルはオリヴィエの略称）という青年と婚約していた。フィアンセは日曜になると必ず、リザに会いにケルヴェヌーにやって来た。

リザ・ロズトレンは底抜けに明るい子で、冗談が大好きだった。そんな彼女に、ロルは首っ丈《たけ》だったんだよ。そこでリザは、よくあの手この手でロルに一杯くわせちゃ、面白がっていた。

さて、ケルヴェヌーのお屋敷には若い小間使いがいて、この子がまた、リズに負けず劣らぬふざけん坊だった。主人と一緒になって、哀れなロルを始終からかっていたのさ。日曜の朝、ロルが館にやって来ても、リズが出迎えてくれることなんか、まずなかったといっていい。最初に小間使いが現れて、お嬢さまはこれこれの用事でお留守です、と恋する男に言いわけするんだが、そのとき、ありそうもない出鱈目《でたらめ》話をでっちあげ、うまうま信じさせてしまう。その実、本人は納屋に身を潜めていたり、中庭の藁《わら》塚の後ろに隠れていたりするんだよ。そして、すっかり気落ちしたロルが、プルリヴォへ戻ろうと踵《きびす》を返すその瞬間、不意に姿を現すんだ。二人のいたずら娘は、いつまでも腹を抱えて笑いころげる。すぐにロルは機嫌を直すが、それでも恋人に文句を言わずにはおられない。子供っぽい悪ふざけをして、せっかく二人で優しく語らう時間を無駄にしたと言ってな。

リザの悪い癖は直らなかった。

ある土曜の晩、リザは隣に寝ている小間使いに言った。

「明日はどんないたずらをして、ロル・アー＝ブリスを困らせてやろうかしら」

「そうねえ！　とにかく、何か新しい手を考えなくっちゃ。だって、もうどれもこれも、やったことがあるいたずらばかりですもの」

「あたしもそう思うのよ。ねえ、アニー（これが小間使いの名前だった）、いいこと思いついたわ。ロルがいつも口で言うほど、本当にあたしのことを好きかどうか、試してみたいの。明日、あの人がここに来たら、あたしはどこにいるか、って訊くでしょう。そのとき、お前はとっても悲しそうな顔をして、こう答えるのよ。『ああ！　あの方は神さまに召されました！　この世ではもう二度とお会いになれません』って。」

「まあリザ、死人の真似をするつもり？」

「そうよ、ご名答」

「そんなことをしたら、罰《ばち》が当たるって言うわ」

「ふん！　大丈夫よ、無邪気ないたずらをするくらい。あたしがいなくなったってわかって、ロルが悲しむかどうかを知るには、それが一番いい方法なのよ」

「じゃあ、やってみましょうか」と、アニーは結局、同意した。

二人は夜が更けるまで、この悪ふざけの段取りを相談した。

翌朝になった。このとんでもない思いつきにすっかり夢中になった二人の娘は、いつものように早朝のミサに出かけ、早々と戻ってきた。これは、ロル・アー＝ブリスが正式にリザの婚約者と認められてからの習慣だった。そうすれば、ほかの人たちが歌ミサに出席しに町へ行っているあいだ、ロルは婚約者と二人っきりでいられるからだ。二回目の鐘の音が鳴ると、年老いた両親、召使い、豚飼いなど、農場の全員が、ル・ファウーエトの町に出かけていく[4]。そして館には、リザと小間使いだけが残る。ロルが姿を現すのは、いつもその時間だった。

さて、自分たちだけになると、二人の娘は、さっそく前の日に相談した計画を実行に移した。リザ・ロズトレンは、台所のテーブルの上に長々と横たわった。慣わしどおり、窓に近い上座に頭を向け、丸パンを枕にしてな。その丸パンは、その日の朝、箪笥《たんす》から取り出した真新しいクロスにくるんであった。

そして小間使いは、リザの体にシーツをかけた。

準備が終わると、小間使いは幅の狭いベンチに腰掛けた。このベンチは、家具の前に取りつけられていて、ブルターニュではほとんどの農家で見かけるものだ。

そうこうするうち、歌ミサの開始を知らせる三回目の鐘が鳴った。鐘の音がすっかり消えてしまう前に、ロル・アー

＝ブリスが扉の隙間から姿を現した。

「やあ、こんにちは、アニー。リザはいるかい？」

「まあ、ロルさん。今日くらい悲しくて、嫌な日はありませんわ」アニーは鼻をすすり上げながら、悲しそうに答えた。

「どうしたんだい、何かあったの？」

「ああ、ロルさん。うちのお嬢さまは、もうあなたの奥さんになれないんです」

「俺が嫌いになったってことかい？　それとも、先週の日曜から今日までのうちに、誰か新顔の伊達男《だて》が現れて、俺の後釜に座ったのか？」

「あなたにも、またほかの誰にも、リザさまが嫁がれることはありません。いまは、神さまのみもとにおられるんですもの！」

「死んだって！　リザが！　いいかい、アニー。言っていい冗談と悪い冗談があるぜ」

「そんなに疑うんなら、テーブルをご覧になるといいわ！　シーツを持ち上げて、その下に何があるか、ご自分の目で確かめて下さいまし！」

若者は真っ青になった。だが、その様子を見て、小間使いはお腹の中で大笑いした。

ロルはシーツを持ち上げると、驚愕のあまり後ずさりした。

「そんな！　嘘だろ！」ロルは大声をあげた。

「ねえ、ロルさん」アニーは真面目な顔を取り繕いながら、「死んだ恋人にひざまずいてキスをしたら、生き返ったって話をご存知でしょ？　試してごらんになったら、いかが？　もしかすると……」

「馬鹿！　この期に及んで、まだそんなふざけたことを言うのか‼」

「怒らないで、試してごらんなさいませ。お手伝いしますわ」

小間使いは、座っていたベンチから立ち上がった。が、テーブルに近寄ったとたん、腰を抜かした。リザ・ロズトレンの顔が、死人の色になっているではないか！　かっと見開いた目は、どこも見ていなかった。

「嘘よ！　ありえないわ！　嘘よ！」哀れなアニーは泣き叫んだ。「ああ、ロルさん、助けてちょうだい……リザさまを起こして、座らせて……さっきまで生きていらしたの、ほんとよ。死ぬなんて、ありえない！」

だが、本当だった。リザ・ロズトレンは死んでいた、確かに死んでいた。ロルとアニーがどんなに力を合わせて蘇生させようとしても、それは死者を苦しめただけだった。

翌日、ケルヴェヌー屋敷の別嬪《べっぴん》さんは、ル・ファウーエトの墓地に葬られた。

おそらくフィアンセのロルは、立ち直るまでに、相当長い時間を要しただろう。だが、もっと悲惨なのは小間使いのほうだった。それがもとで、気が狂ってしまったのだから。

（語り手、石工ジャン＝マリー・トゥルーザン(5)／ポール・ブランにて）

第5章　人を死に至らしめる方法

モルレー、聖メレーヌ教会と鉄橋

憎い相手に死んでほしいときは、その方面の達人に相談するといい。まじないの心得がある者が、各小教区に、少なくとも一人くらいはいるはずだ。その人はきっと、小さな袋を渡してくれるだろう。その袋には、何がしかの混ぜものが入っているが、さらに自分で次のものを調達して、袋の中に入れなくてはならない。

一、塩数粒(1)。
二、墓場の土少々(2)。
三、真新しい蝋《ろう》(3)。
四、蜘蛛一匹。家にいる蜘蛛を自分でつかまえること。
五、爪の切れ端（自分の爪を歯で噛んで、入れること）。

そして、この袋を九日間、首にかけていなくてはならない。それがすんだら、死んでほしい相手がよく通る場所に、この袋を置く。肝心なのは、袋を人目につきやすいところに置くことだ。相手がそれに気がついて、これは何だろうと思ったら、しめたもの。だから、道の真ん中や、家の近くに置いておくのがよかろう。相手は、中にお金が入った財布だと思って、袋を拾うだろう。これでいい。その人は一二ヶ月以内に死ぬはずだ。

（フランソワ・ル＝ルーから聞いた話／ロスポルデンにて）

まじない師が、穴の空いた銅貨をくれることもある。そうしたら、ミサのとき、死んでほしい相手のポケットにその銅貨をそっと滑りこませればいい。

34話　ベッドの下の小鉢

いまからかれこれ二〇年、あるいは二五年くらい前のことだ。モルレーに一人の女中がおってな、若い奥方に仕えていた。その女中の名前は言わないでおくとしよう。なぜって、その人はまだ存命だからだよ。ある朝、女中が奥方の部屋を掃除していると、砂のいっぱい入った小さなどんぶり鉢がベッドの下に置いてあった。これはきっと、奥さまに何かお考えがあってのことだろう、と思ったので、これはそのままにしておきましょうか、と尋ねたところ、奥方の驚きようは女中に輪をかけたものだった。

「ベッドの下に、どんぶり鉢が置いてある、ですって？　まあ、おかしなこともあるもんだわ！」

「嘘じゃございませんよ。見に来てくださいませ」

二人は、小鉢の中身を床にひっくり返した。中から砂といっしょに、卵が二、三個、ピン数本、それと、とても小さな骨のかけらがいくつも出てきた。そこで、奥方はたいそう気に病んだ。こんなものをベッドの下に置いたのは誰だろう、どうしてこんなことをしたんだろう、ってね。

「隣近所の人に、それとなく訊いてみておくれ」と、奥方は女中に言いつけた。「きっと、何かわけがあるにちがいない。それを突きとめないことには」

そこで女中はすぐに駆けて行って、あたり一帯の人に訊いてまわった。あちこち訪ね歩き、お店の人に問いただしたりして、やっとこんなことがわかった。つまりな、その家の旦那は、奥さんと結婚する前に、カトリーヌ・ジャグリーとやらいう女とできていたんだ。この女はブーレ通りに住んでいて、たばこ工場で女工をやっていた。世間じゃあ、このカトリーヌ・ジャグリーと旦那とのあいだには子供が一人いた、なんて噂も囁かれていたくらいだ。とにかく一つだけ確かなことは、女は男に捨てられたことを深く恨んで、事あるごとに、どんな手を使ってでも復讐してやる、と公言していたことだ。「ベッドの下の小鉢」は何かの呪いをかけるためで、若い娘が旦那に捨てられたことを根に持ってやらかした、ということのほか考えられなかった。

女中の行動は素早かった。女主人の意見を聞くまでもなく、すぐその足で警察に行って、事の次第を話した。すると署長は、すぐさまカトリーヌ・ジャグリーを署に呼び出した。

「ジャグリーさんよ、なぜここに呼ばれたのか、胸に覚えがあるんじゃないかね？　さあ、本当のことを話しちまいな」

すると、若い女工は真っ青になった。

「それじゃあ、あの女は死んじまったんだね！　ああ、そうさ、やったのは、このあたしだよ。あの人は、あたしと所帯を持つ約束をしていたんだもの、あの女だって、あの人と結婚さえしなけりゃ、こんな目に遭わずにすんだんだ！」

「そうか。奥さんを殺すつもりで、小鉢を置いたんだな」

「いいや、ちがうね！　小鉢を置いたのはあたしじゃない。でも、誰がしたかは言えないよ。あたしなんかが、あの女の家にのこのこ出かけて行ってごらんよ、即刻叩き出されるに決まっているもの」

「で、その小鉢の中には何が入っていたんだ？」

「必要な物は全部。墓場の土だろ、三羽の鶏が別々に産んだ卵三つだろ、十字にしたピンが二本、それから聖遺物のかけらだよ。あとは呪文を唱えて……」

「どんな呪文だ？」

「あたしも人から教わったんだ。その人に訊いてごらん。あたしの一存で、ほかの人に秘密をばらすわけにはいかないよ」

「それはさておき、罪を犯してもいいと思ったのかね？」

「誰かを殺したら、そりゃ犯罪だろうさ。でも、あたしは人を殺したわけじゃない。死を呼んだだけだもの」

「それもそうだな……。では、言っておくが、もう二度とやるんじゃないぞ。お前が死を呼んだ人は、ピンピンしている。ありがたいことにな。では、行ってよし！」

娘にとっては、呪いが効果を発揮しなかったと知らされるくらいなら、牢屋にぶち込まれた方がどれだけ嬉しかったか、わからない。自分の望みが叶わなかったので、気落ちのあまり、病気になった。一方、標的にされた奥方のほうは、女中が張り切って活躍したため、たいへんな赤っ恥をかかされた。というのも、そのあと噂は町中に広がり、新聞にもでかでかと載っちまったからだよ。（ジョゼフ・ル＝コアトから聞いた話／モルレーにて、一八九六年）

嫌な人間を厄介払いする、もっと確実な方法がある。トレギエに行って、憎い相手を「真実の聖イヴ[*1]」に告発するのだ[4]。

聖イヴさまに喧嘩の仲裁役になってもらう、というわけだ。

だが、もちろん、訴える側が正しくないとだめだ。

もし自分の方に非があると、逆にやられてしまう。

真実の聖イヴに訴えられた者は、やつれ果て、九ヶ月間、生死の境をさまよう。しかし、告発した人間がその人の家の敷居をまたがないかぎり、息をひきとることはない。

なかなか死なせてもらえないのも辛いから、自分を訴えたんじゃないかと思われる人に頭を下げて、家に来てもらう。そうすれば、苦しみから早く解放される。

真実の聖イヴに訴えるときは、次のようにする。

一、死んでほしい相手の木靴の中に、リアール貨を一枚、しのばせる。
二、断食をして、聖イヴの家に三日続けてお参りをする。月曜は聖なる日である。
三、聖イヴのお像の肩をつかんで乱暴に揺すぶり、こう唱える。「あんたは真実の聖イヴだろ。わたしは誰それを訴える。もしあっちに理があるなら、わたしを断罪するがいい。でもわたしが正しければ、定めどおりの日きっかりに、あいつが死ぬようお願いするよ(5)」
四、供えものとして、聖人のお像の足元に、十字架の刻印のついた一八ドゥニエ貨を一枚置く。
五、いつものお祈りを、おしまいの方から逆に唱える。
六、聖イヴの祈祷室の中を、振り向かずに三回まわる。

その昔、真実の聖イヴの祈祷室には、ちょうど聖人のお像の後ろに、錐《きり》が置いてあった。靴屋が革に穴を開けるときに使う、あの錐《きり》と同じものだ。

聖イヴに自分の願いを確実に聞いてもらいたいときは、木でできた聖イヴの像にその錐《きり》を三回突き刺す。そのとき毎回、この文句を唱える。

「パ　ズートゥ　アー　ジュグ　ブラース、クレーウ　アハノン！」（お前さんは偉大な裁判官だ、わたしの言うことを聞いておくれ）

（リズ・ベレック談／ポール・ブランにて）

ラ・ロッシュ・ドゥリアンのはずれの、ランゴアトへと続く街道沿いに、昔は聖イヴの礼拝堂があった。中には、真実の聖イヴの像が安置されていた。ちなみにその礼拝堂はすでに壊されてしまって、現存しない。

真実の聖イヴの像がふつうの聖イヴの像と違う点は、右手の中指が、まるで祝福を与えるかのように上を向いていて、ほかの指よりずっと長いことだ。

(ロンジュアール夫人談／ラ・ロッシュ・ドゥリアンにて)

35話　蹄鉄づくりの話

昔、ファンシという名の蹄鉄づくりがいて、カウエネックの町に自前の鍛冶場を構えていた。そのうえ、いくばくかの土地を耕していて、雌牛も二、三頭飼っていた。ファンシは一生懸命働いたので、暮らしにも相当余裕があってしかるべきだったが、それがまあ、気の毒なことに、おかみさんが湯水のようにお金を使うものだから、いくらあっても足りなかった。おかみさんにお金を渡したが最後、それがどうなったのか、ファンシには知るよしもなかったのさ。というのも、これが気のいい男でねえ、お金にだらしない連れ合い、マリー・ベネーハの行状を疑ってみたことなんぞ、ついぞなかったからだよ。ほんとうは、ファンシが汗水流して働いているあいだ、おかみさんは旅籠屋から旅籠屋へと渡り歩いて、近所のあばずれ女どもに「ミカモ」を奢っていたんだがね。おや、ミカモをご存じない？これは、「蒸留酒でぴりっと味つけした」コーヒーのことさ。

さて、ファンシにはルイスって名前の弟子がいた。ルイスは何年も住み込みで働いていて、親方の絶大なる信頼を得ていたんだよ。

ある晩、親方は弟子にこう言った。

「明日は、朝早起きしなきゃならんぞ。うちのマリー・ベネーハがなあ、もう金がすっからかんだというんだ。だからラ・ロッシュ・ドゥリアンに出向いて、赤牛を売りに行こうと思うのさ。市場ではきっといい値がつくぞ」

実際、赤牛は高値で売れた。手つけ金を別としても、三百エキュももらえたんだからね。

カウエネックに戻る道すがら、ルイスは親方にこう言った。

「ねえ、親方。あっしが親方だったら、この金をまるまるマリー・ベネーハに渡すようなことはしませんぜ。そっくりそのまま箪笥《たんす》の中にしまっておいて、入り用なとき、そのつど、渡しますがね」

「そりゃ、なかなかうまい考えだ」と、ファンシは言った。自分じゃそんなこと、これまで一度も思いついたためしがなかったんだ。

家に帰ると、ファンシは三百エキュを小分けにして、オーク材でできた大きな箪笥《たんす》の中にしまった。そして箪笥《たんす》の鍵を、枕の中につっこんでおいた。

でも、こんな小細工がマリー・ベネーハの慧眼を逃れられると思ったら、大間違い。旦那が丸一日の疲れで大いびきをかき始めたとたん、おかみさんはそっとベッドから起き出して、鍵を盗むと、箪笥《たんす》の前に走っていき、大金をまんまとせしめたのさ。

次の日のファンシの落胆ぶりといったら！

ファンシは闇雲に、まず弟子を疑った。

「おい、ルイス！」ファンシは怒りで顔面蒼白になり、ものすごい剣幕で食ってかかった。「俺はお前の言ったとおりにしたんだぞ。それで、このざまだ。さあ、三百エキュ、耳を揃えて返してもらおう」

「あっしは金なんぞ、盗っちゃおりませんよ」

「あくまで、しらを切るつもりだな？　それなら、この足で俺と一緒に、真実の聖イヴのお堂まで行くんだ！」

「親方の気のすむまで、どこにでもお供しますよ」

そこで二人は出かけた。

祈祷室の入口に着くと、蹄鉄づくりは例の決まり文句を唱えた。すると聖イヴは、ファンシの言い分を聞いた証拠に三回うなずいて、裁きを行なうつもりのあることを知らせたのだった。

ファンシはそれですっかり気が楽になって、カウエネックに戻ることにした。一方、ルイスのほうは、家を出たときは上機嫌だったのに、帰りは浮かない様子だった。

町の入口で、ファンシは弟子にこう言った。

「こうなった以上、お前と俺とは、これから別々にやっていこうじゃないか」

「親方のよろしいように。ただ、犯人はあっしじゃない、ってことは、そのうちおわかりになると思いますがね」

こうして二人は、袂《たもと》を分かった。

さて、マリー・ベネーハは鍛冶場の戸口で、夫の帰りを待っていた。

「あんた、どこに行ってたんだい？」

「真実の聖イヴのところさ」

「へえ、いったい何のために？」

「俺の三百エキュを盗んだ奴が、一年以内に死にますように、と願掛けに行ったんだ」

「なんだって！　馬鹿なことを！　なんて馬鹿なことをしたんだよお！」と、マリー・ベネーハが喚《わめ》いた。すでに首は、死の色に染まっている。

「そうする前に、なんであたしに一言相談してくれなかったんだ！　あんたの三百エキュは、盗まれたんじゃないんだよお。あの夜、あんたが寝ているあいだに、あたしがちょいと失敬したのさ。ああ、早くお堂に行って、願いを取り消してきておくれ!」

「もう遅いよ、かあちゃんや。聖人さまは首を三回、縦に振られたんだから」

この日からマリー・ベネーハは次第に衰弱し、一二ヶ月後に死んだのだった。(6)

(語り手、マリー=イヤサント・トゥルーザン/ポール・ブランにて)

36話　銃の話

あたしの家からかなり遠く離れた丘の斜面に、それはそれは見事なエニシダ畑がありました。それはわが家のものでしたが、許しを得ず、勝手にエニシダを切りに来る人が後を絶ちませんでしたのさ。そこである晩、泥棒を捕まえてやろうと、兄が見張り番をすることにしたんです。兄は出かける前、まず暖炉の方に歩いて行ったので、あたしはこう言いました。

「お願いだから、鉄砲は持っていかないで!」

でも兄は、あたしの言うことを無視して出て行きました。

そして一時間後、怒りで顔を真っ青にして戻って来たんです。

「兄さん、どうしたの?」

「エニシダを盗むだけじゃなくて、俺の銃まで持っていきやがった」

兄の話によれば、銃を持ったままエニシダ畑の土手を越えたとき、誰かが反対側に隠れていて、いきなり銃身をつかんで兄から鉄砲をもぎ取り、そのまま逃げて行った、というのです。

「で、そいつの顔は見なかったのか?」と、父が訊きました。

「いいや、しっかり見たよ。エルヴェ・ビドーの奴だった、馬具つくりの」

「ふーん、そうか！　奴は悪どいからな。ま、銃はあきらめることだな。もう戻ってはこない」

「なんでだよ。明日の朝一番、力ずくでも取り戻すさ」

「いや、だめだ。というのもな、馬具屋は役場に行って、お前が禁猟の時期なのに狩りをしていた、と嘘を言うだろう。そうすりゃ裁判沙汰になって、罰金をくらう。で、銃は裁判官に没収されるのが関の山だ」

「でも、誰にだって、泥棒から身を守る権利はあるだろうが！」

「奴が銃を盗んだって、どうやって証明するつもりだ？　どこに証人がいるっていうんだ？」

「こんちくしょう！」と、兄は叫びました。「いいとも、銃を返してくれとは言わないよ。でもな、明日のこの時間までにビドーの奴が自分のほうから銃を持ってこなけりゃ、聖イヴに訴えてやるからな！」

「そんなことを言ってはいかん」と、父は言いました。「思いがけず高い代償を払う羽目になるかもしらんぞ」

「そうなったらそうなったで、仕方ないさ！　文句は言わないよ。奴と俺と、どっちの言い分に権利と真実があるのか、はっきりさせなきゃ、気がおさまらねえんだ」

あたしたちは、ひと晩過ごせば兄の怒りも鎮まるのではないかと期待したのですが、それも虚しく、翌朝になっても、兄は前日と同じようにかっかしていました。

「兄さん、どこに行くの？」

「アンナ・ルースのところだ」

アンナ・ルースというのは巡礼女で、死んだ人を生き返らせたり、生きている人を死なせたりするまじないを、すべてこころえている、ということでした。アンナはうちの近所に住んでいて、藁《わら》と粘土でできたそのあばら屋には、昼夜をとわず、ひっきりなしに人が訪れていました。兄もそこに出かけて行って、どうぞ家に夕食をしに来てくれませんか、と頼みました。アンナに頼みごとがあるときは、夕食に招くのが慣わしだったからです。兄は落ち着いた様子で戻って来ました。そして夕方、アンナおばあさんが家に来てくれることになった、と言い残して、畑に出かけていきました。けれども、父はおそろしく悩んでいました。

「ああ、もしユエン――ユエンというのは、兄の名前です――の方に理がなかったら、どうすればいい？」父はずっとそう呟いていたんです。

とうとう、父はいたたまれなくなりました。兄が家を留守にしているうちに、自分で馬具屋のところに出かけ、銃を返してもらおうと決心したんです。そこで父は馬具屋に会いに、町に出かけていきました。

「なあ、いいかい」と、父は馬具屋に言いました。「ユエンは白黒つけようといきまいておるんだよ。もしお前さんが鉄砲を返して仲直りしてくれなけりゃ、せがれは、真実の聖イヴに裁きをつけてもらうつもりだぞ[7]」

「聖イヴも、あんたも、それからあんたのせがれも、クソくらえだ！」と、馬具屋は不遜にもそう答えました。

「そうか、それがお前さんの答えか。もし取り返しのつかないことになっても、そいつは身から出た錆だぞ」

父はそう言い捨てて、出て行ったんです。

家に戻ると父は、どんなふうにあしらわれたか、あたしに話してきかせました。

「このことは、兄さんには内緒だぞ。もう、なるようにしかならん」

夕方、うちの雇い人たちが野良仕事から戻ってくるころ、アンナ・ルースがやって来ました。日曜の晴れ着を着て、男物の大きな靴を履いていました。アンナはあたしたちと一緒に食卓に座り、さて食事がすむと、雇い人がみんな台所から出て行くのを待って、いよいよ本題に入ることとなりました。

「それじゃあ、ザカリ・プリジャンよ」と、アンナは父に向かって言いました。「真実の聖イヴ詣でをしてほしい、という息子さんの頼みは、お前さんも承知のうえのことなんだろうね」

「そうだ」と、父はうなずきました。

「で、ユエン・プリジャン」と今度は兄の方を向いて、「あんたもお願いする以上、覚悟はできているんだろうね？」

「当然じゃないか！」と、兄は語気荒く言い放ちました。「このさい、悪いのは俺かあいつか、聖イヴにはっきりさせてもらいたい」

「それじゃあ、あたしのあとについて、この文句を唱えておくんなさい」

オトロ　サント　エルウァン　アー　ヴィリオネ
ア　ヴァー　ドゥス　アン　シル　ハグ　エギレ
ラケット　アー　グヴィール　エレーハ　マ　マン
ハグ　アン　トート　ガント　アン　ヒニ　マン　ガンタン
（聖イヴさま、あなたさまは良いも悪いもご存知です。正しいほうに権利を、間違っているほうに罰をお与えください）

父もあたしも身の毛がよだち、体中の血が凍ってしまったかと思われました。でも、兄は震えたりせず、アンナおばあさんの後について、この文句を唱えたのです。

「これでよし、と。あとは一八ドゥニエ貨を一枚と、釘をひとにぎり、頂戴すればおしまいだ。釘は本数を数えないで、渡しておくんなさいよ」

当時は、もう使われなくなった古いお金を、福を呼ぶからといって、取っておく家が結構あったんです。そこで父は、箪笥《たんす》の中にしまってあった小さい箱を持ってきました。中には、昔のお金がぎっしり詰まっていました。父はそこから言われたとおり、一八ドゥニエ貨を取り出すと、アンナに渡しました。それから納戸にいって、金具のたぐいがごちゃごちゃに入っている長持ちの引き出しに手をつっこんで、目をつぶったまま、釘をひとつかみ取り出しました。

「さあ、どうぞ!」父は願掛け女にいいました。

おばあさんは指に唾《つば》をつけるとリアール貨の十字をなぞり、それを自分の胴着にすべりこませました。釘のほうは、エプロンのポケットに入れました。

「なあアンナさんよ、さしつかえなければ、どんなふうにするのか、教えてくれんかね?」と、父が尋ねました。

「ああ、いいですとも。隠すことなんか、何もありゃしないよ。あんたがたのためにやることだものね。今晩はあたしゃ、服を着たまま、ずっと起きているつもりさ。で、明日の朝、一番鶏が鳴いたら、まず教会に出向いて簡単なお祈りをする。それからお宅のにっくき相手、エルヴェ・ビドーの玄関先に立ち寄って、左手で三回十字を切ってから、いよいよ出かけるって寸法さ。教会の鐘楼が見えなくなるまでは、道中、誰とも口をきいちゃなりませんのさ。挨拶に答えるのも、だめ。道すがら、三つの十字路で立ち止まり、そのたびごとに必ず左手で三回十字を切る。トレギエに着いたら、日が暮れるのを待って、川の対岸に渡る。礼拝堂があるのは、川向こうだからね。そして、あたりに人がいなくなるのを見計らってから、ガラスの嵌っていない天窓の下に立つ。そっちを見ないようにして、釘をひとつかみ、窓から中に放り込むんだ。次に聖イヴのお堂のまわりを、人が亡くなったときと同じように、お日さまのまわる方向とは逆に三回まわる。(8)そのとき、見捨てられた魂の成仏を願って、『デ・プロフンディス』を三度唱えるのさ。それが終わってから、ようやく中に入れるんだよ。で、聖人さまの足元にリアール貨を置き、こう唱える。『聖イブさま、わたしがなぜ、誰のためにここに来たか、あなたさまはとっくにご存知のはず。お金は払いました。裁定をお願いします』どうだい、ザカリ・プリジャンさんよ。これでお前さんもあたしと同じくらい、事情通になったってわけだ」

「うむ」と、父は呟きました。「それにしても、ぞっとする話だな」

「こわくなったかい？　今夜一晩、よく考えるといい。もしも願いを取り下げたいんなら、一番鶏が鳴く前ならば、まだ間に合うからね」

そう言い置いてアンナ・ルースは、お休みの挨拶をすると、家に戻っていきました。兄は馬小屋に寝に行ってしまいました。あたしもベッドに入りましたが、父は樹脂ろうそくの明かりの中、暖炉の前で、一人じっと考えごとをしていました。あたしはなかなか寝つけませんでした。箱ベッドの板の隙間から、父が両手に顔を埋め、泣いているのが見えました。どうにか慰めたいと思いましたが、何と声をかけたらいいのか、わかりませんでした。だってあたしも、父と同じくらい悲しかったからです。突然、中庭に広げた堆肥のあいだを誰かが歩いているような気配がしたので、あたしは父を呼びました。

「父さん！」

「なんだい？」

「外に、誰かいる」

父は立ち上がると、扉を止めていた棒をはずし、開き戸を開けて、こう尋ねました。

「お前か、ユエン？」

「違います」と、声が答えました。「俺です、馬具屋のエルヴェ・ビドーでさ。けさは、失礼なことを言って申し訳ありませんでした。よければ銃をお返しして、仲直りしたいんですが」

「入んなさい」と、父は言いました。

あたしは、ほっとしました。それまで胸にどかんと乗っかっていた五百リーヴル〔約二五〇キロ〕の錘《おもり》が、すっと取れたかのようでした。父はシードルの入った水差しを出してきて、ビドーと一緒に互いの健康を祝して、友だち同士のように乾杯しました。ビドーが、それでは失礼します、と席を立つと、父はこう言いました。

「ちょっと待ってくれ。わしも一緒に行こう。アンナ・ルースのところに寄らなきゃならんのでね」

父はおばあさんに支払うつもりで、二エキュを持って出かけました。というのも、たとえ取り消したとしても、それがこの手の巡礼に払う手間賃の相場だったからです。

（語り手、マリー＝アンヌ・プリジャン／ペデルネックにて、一八九四年）

37話　巡礼の報復

わしはそのころ、トレダルゼックに住んでおった。わしはその町の生まれでな、仕立て屋を営んでいた。ある夏の晩、わしは開け放した窓のそばで、脚を十字に組んでテーブルに乗せ、縫い物をしておった。そのとき、プルダニエルに続く街道から、二人の旅人がやって来るのが見えた。それは一組の男女で、見るからに遠くからやって来たようだった。というのも、二人の顔はやつれ、靴には埃が鬱蒼《うっそう》と積もっていたからだ。二人はわしに気がつくと立ち止まり、男のほうが近づいて来て、こう尋ねた。

「すまぬが教えてくださらんか、ご親切なお方。真実の聖イヴの方に行く道は、これでいいのかね？」

「そうですよ」と、わしは答えた。「でも、聖人さまに会いに行くおつもりなら、いまはお留守ですよ」

見知らぬ男は、わしが冗談を言っていると思ったようだ。

「はて、仕立て屋さんというのは、いずれも人をからかうのがお上手ですな」と、男は言った。

「とんでもない。あんた、わしは極めて真面目ですぞ。あんたと奥さんが無駄足を運ばないよう、前もって教えてさしあげているんです。お二人とも、たいそうお疲れのご様子ですから」

これを聞くと、二人とも窓辺に近づいて来て、外の下枠に寄り掛かった。そこでわしは、去年、この小教区のケルロー主任司祭が一連の騒ぎをやめさせようと、お像の所有者である、パンポルのベコさんに断ったうえで、お像を他所《よそ》に移したこと、主任司祭は礼拝堂を壊すことも検討している、ということを説明した。

「それならトレダルゼックの司祭は、この世では、貧しい者なんかに正義はいらない、とお考えなんだね！」女は憤懣やるかたない、といった調子で叫んだ。

「あの人は、この土地の者じゃないからね。川向こうから来なすったんだ。[9]あっち側、ゴエロ地方の出だよ。わしらとは考え方が違うんだ」

男はしばらくじっと考えてから、こう質問した。

「それにしても、お像を燃やして、足を温めたりはしなかったでしょうな？」

「まさか、そこまでは。お像を礼拝堂から引っ込めて、どうやらご自分の納屋に置かれたようですよ。少なくとも、そういう噂ですわ。とはいえ、納屋に行かれるのは、お勧めしませんね」

「どうしてです？」

「ケルロー神父はなにしろ短気でしてね、それにヘラクレスみたいな身体つきをしているんですよ。手がムズムズし出すと、祝福を与えるときと同じくらい簡単に、拳骨を使いますからねえ」

「マ！（そうかい！）何とかするさ。とにかく、教えてくれてありがとう」

二人はそれまでにもましてくたびれきった様子で、うな垂れながら、墓場の方へ遠ざかっていった。わしは二人を目で追った。墓地に入ると、二人は一つの墓石の前に並んで座り、だいたい一五分くらい、まるでお伺いでもたてるかのようにその場でじっとしていた。それが終わると、ようやく立ち上がり、教会をぐるりと一まわりした。どうやら、司祭館の方に歩いて行くらしかった。二人について、わしが直接知っていることは、それだけだ。

だが翌朝、びっくりするようなニュースが町を駆け巡った。あんなに頑丈で、元気溌剌としていた主任司祭が、前の晩から脚が半分麻痺してしまったというのだ。ミサの司式をするときも、脚を引きずってでなければ祭壇に上がれなくなってしまった。「パワフル・ケルロー」というあだ名の司祭が、たった一夜にして、手引き紐がなければ一歩も進めない幼児のように、足萎《な》えになってしまったのだ。噂によると、それはこういう次第だった。見知らぬ男とその女房は司祭館に赴き、女中を懐柔しようとした。かなりの金額を提示して、納屋においてある聖人のお像のところまで案内してくれ、と頼んだのだ。

「聖人さまにおとりなし願うために、わたしらはここまで一八リュー〔約七二キロ〕も歩いて来たんだよ！　ちょっとは同情してくれてもいいだろう」と、女は哀願した。

そのままだったら、女中はきっと二人の言いなりになったはずだ。だが、たぶん見知らぬ二人が司祭館のベルを押したのを見ていたのだろう、主任司祭が台所に姿を現わし、いきなりその場のやりとりをさえぎった。

「何事だね？　あんたがた、何を探しているんだ？」

「聖イヴさまですよ、司祭さん」

「それでは、聖人のお住まいに行かれるがいい。つまり、教会にね。祭壇の側廊、内陣の右手に聖イヴの祈祷室があるから、すぐにわかる」

「ええ、でも、わたしたちが用があるのは、そっちじゃないんです」

「ああ、なるほど！　どうしてこういう連中が後を絶たないんだろう。お前さんがたもまた、聖人を使って魔術のたぐいをやらかし、神の教えを汚す異端者だな！　いいか、わたしは許さないぞ、そんなこと！　さっさと出て行くがいい！」

相手に一言の反論の余地も与えず、司祭は男の襟首をつかむと、外に放り出した。それから、女房がさっさと旦那のあとを追わないことに業を煮やし、すっかり頭に血がのぼった司祭は、片脚を腰の高さまで振り上げて、夫のいる中庭に女を追いやった。女は悔しさのあまり真っ青になって、自分たちを追い払った神父の方を振り返り、頭上の納屋を指さして叫んだ。

「神さまの邪悪な僕《しもべ》め。お前があそこに閉じ込めたお方、お前が薪や蜘蛛《くも》の巣、埃とネズミのあいだに追いやって、強きを挫《くじ》き、弱きを助けることを妨げたお方の名にかけて、宣告する。いましがた悪心から行った動作を、お前は生涯二度と繰り返せないだろう」

女がそう言い終わらないうちに、司祭の二本の脚の血はもう半分凍ってしまった。そしてそれ以来、二度と元には戻らなかった。(10)

ところで、本当にこんな不思議なことが起こったのだろうか？ わしはその場に居合わせなかったんで、お前さんには、人から聞いたことしか話せない。だがな、これから話してしんぜるのは、わしがその場で見聞きしたといってもいいくらい、確かなことだよ。なぜならこの事件の証人は、わしの息子、ユルバン・モルヴァンだからさ。

その前に、知っておいてもらいたいことがある。それは、わしの一族には、いつも必ず美声の持ち主がいる、ってことなんだ。ユルバンはそのとき十六歳で、まだ完全に大人の声にはなっていなかったが、第一侍者に任命されるくらいきれいな声をしていた。しかも熱心にお勤めに励んだので、教会の日常業務に関することなら、知らないことは何一つなかったくらいだ。ちょうどそのとき、トレダルゼックの香部屋係が二八日間、ガンガンの兵舎に召集されたので、すぐにユルバンが呼ばれて代わりを務めることになった。

新しい仕事に就いて、かれこれ二週間が過ぎたころだ。わしの記憶に間違いがなければ、それは九月の第二週の日曜だった。その日の朝、ミサの準備をするため、夜が明けるとすぐにユルバンは教会へ出かけて行った。聖なる水瓶に水を満たし、香部屋の引き出しから祭服を出す。そして信者たちが来る前に、扉を開ける。手始めにいつもどおり、司祭館に面した扉を開けようとした。その扉を通るのは、司祭さんだけだ。ところが、鍵穴に鍵を差し込み、回すか回さないかのうちに、掛け金が外から勢いよく持ち上がった。そして、小教区の人間ではない、三人の見知らぬ人物が雪崩《なだれ》こんで来たので、わしの息子は仰天し、とっさに脇に退いて、辛うじて三人に押し潰されずにすんだ。そのトリオのうち二人は老人で、一人は女だったが、その女自身もかなりの年寄りで、びっこを引いていた。三人とも、それは険しい表情をしていたので、ユルバンは漠然と恐怖を感じ、内陣に逃げ込んだ。そして心を落ち着かせようと、まだ時間には早かったが、主祭壇のろうそくに火を灯した。

だが、三人の闖入者もまた、手すりの方へと進んできた。三人はそこにひとかたまりになって、興奮した面持ちで、互いに低い声で話していた。なかでも老婆は、とりわけ気が立っているようだった。あるときなど、女がこう繰り返すのが耳に入った。

「そうとも、そうとも！　あいつを訴えなきゃ！　あいつを訴えなきゃ！」

最後のろうそくを灯し終わったとき、老人が尋ねた。

「のう、マビック〔坊や〕。わしらのために、聖イヴのお像の前にも、ろうそくを灯してはくれんかね？」

「ええ、よろしいですとも」と、主祭壇から降りながら、ユルバンが答えた。

話しかけた男はポケットからろうそくを取り出し、それをナイフで同じ長さに三つに切り分け、芯をほぐすと、それをユルバンの方に差し出し、火をつけてもらった。

「これを聖人のお像の足元に、ぐるりと置いてくださらんか？」と、男が言った。

ユルバンは言われたとおりにすると、もうそれ以上、この見知らぬ参拝者には関わらなかった。三人は三人とも、三本のろうそくの上で揺らめく炎に目を据えたまま、お祈りに夢中になっていたからだ。その背後では、読誦ミサに来た信徒たちが、一人、また一人と、ひざまずき始めた。教会は次第に人で埋まり、ミサが終わると空っぽになった。そして、ユルバンが歌ミサの開始のベルを三回鳴らし終わったとき、堂内はふたたび人で一杯になった。歌ミサを司式するのは、必ずケルロー主任司祭と決まっている。さっき話した出来事があってからというもの、歩くと脚が痛むので、司祭はいつも二番目のベルが鳴る前に姿を現す。だが、そのときにかぎって、三番目のベルが鳴ってから十分も経つのに、まだ司祭は祭壇に上がっていなかった。息子は心配になって、集まった信者たちの間を掻き分けるようにして、助任司祭に知らせに行った。助任司祭は何人かの信者を告解室に送ったところだった。

「いますぐ司祭館に見に行っておくれ」と、助祭は命じた。

まもなく、ユルバンはすっかり取り乱して戻って来た。

「早く、早く！　主任司祭さんが死にそうです、女中さんがたった一人で付き添っていて、恐怖で気が狂わんばかりになっています」

助祭は香部屋に飛び込み、聖油の入った黒い袋をつかんだ。

いやはや、教会中が騒然となった。誰も彼も、立ち上がった。ただ、あの三人の参拝者だけは別だった。三人は朝から椅子の上で身じろぎもせず、お祈りに没頭していた。三人がようやく腰を上げたとき、ちょうどそばを通りかかったユルバンは、ろうそくの最後の一本が消えたばかりだったことに気がついた。そして背後で、老婆がこう呟くのが聞こえた。

「これでよし。わしらは仇《かたき》をとった」

折りしもそのとき、ユルバンは助祭から、主任司祭の死を、小教区に知らせるため、弔鐘を鳴らすように言いつかったのだった。

これで話はおしまいさ。

（語り手、ジャン・モルヴァン／パンヴェナンにて、一九一二年）

38話　魔女の船

サン島では、所有地がそれは細かく分かれているので、土地の境界線をめぐって頻繁に争いごとが起こり、怨恨の原因となることがしばしばだ。特に女たちが恨みを募らせ、復讐の焔を燃やす。女はか弱いから、敵が男だと正面切って攻撃を仕掛けることができない。そこで、憎い仇《かたき》を海に捧げる。つまり、相手が死ぬように願掛けをするのだ。

そのやり方は、次の通り。

島には、生まれつき「願掛けの才」を授かっていると評判の後家さんたちがいる。誰も大きな声で名指ししないが、それが誰だか、みんな知っている。その女たちは海の悪霊とつきあっていて、「海のサバト」への出席が認められているという話だ。後家さんたちは特殊な形の小舟に乗って、サバトに出かけてゆく。お前さんは、島の女たちが浜で海藻《ゴエモン》採りをしているのを見かけたことがあるだろう。採った海藻《ゴエモン》は、葡萄酒の瓶底のようになった柳の籠に積み、荷物が飛び出さないように、バ・ベディナ（海藻棒《ゴエモン》）と呼ばれる小さな棒を突き刺しておく。で、いいかい！「サバト婆」が夜のお出かけをするときは、この手の柳の籠に乗って行くんだよ。そういう小舟は、バグ・ソルセレス（魔女の船）と呼ばれている。船は小さいので、しゃがまないと場所がない。そうやって小舟に乗り込んで沖合いに出るんだが、装備といえば、舵とオールの代わりのバ・ベディナだけさ。漁師がこの舟に出くわすこともたびたびあるが、誰もそんなことを吹聴したりはしない。軽々しい行動がどんな致命的な結果を招くか、みんなよく知っているからだ。

ところで、誰かに死んでほしいと思うときは、こうした後家さんと連絡を取る。だいていの場合、家には行かず、通りがかりのところをつかまえて、できるだけさりげなく、こう声をかける。

「ねえおばさん《モエレブ》、お願いがあるんだけど」

もし相手がその頼みをきいてもいいと思ったら、人気のない待ち合わせの場所を指定して、日暮れどき、そこで待っているからね、と言うだろう。たいていは、町から灯台へと続く道の途中にある、アン・イリス（教会）と呼ばれる巨石の後ろが、待ち合わせ場所に選ばれる。

そのとき、災難に遭わせたい人間の名前を打ち明ける。すると相手はこう尋ねるだろう。

「その人が非道な行ないを後悔し、償いをするのに、どのくらいの猶予を与えるおつもりかい？」

何でもいいから、猶予期間を決める。一週間、一五日間、あるいは一ヶ月という具合にね。指定する期間が短ければ短いほど、「願掛け女」たちは高い報酬を要求する。

いったん話し合いがまとまったら、あとはもう心を落ち着かせて家に帰ればいい。憎い相手は、指定した期日に死ぬだろう。

一人の死を願うたび、老婆たちは三度海に出て、三度サバトに出席する。そのとき毎回、風と海の精霊に、死んでほしい人の持ち物を捧げなければならない。

この方法で亡くなった島の人間は、そりゃもう大勢いるそうだよ。例えばあたしは、こんな話を聞いたことがある。二人の兄弟が遺産相続のことで、互いを殺しあうほど、凄まじい喧嘩をした。ある日、この二人が海に出た。もちろん、別々の船に乗ってだよ。二人のかみさんは、島の慣わしどおり、夫がちゃんと乗船したかどうかを確かめに、埠頭までやって来た。船に乗らずに、どこかの宿屋にでも居すわって、へべれけになっていたら困るからね。ところで、かみさん二人がそこでばったり出会ったので、一人が挑みかかるような目つきで相手を見ながら、もう一人の女にこう言った。

「こんなところにのこのこやって来るよりも、家に戻って、お針子があんたのために未亡人のコワフを仕上げたかどうか、確かめに行ったほうがいいよ」

そう言った女は、こっそり「願掛け女」のところに行き、憎い義兄を海に捧げたのだった。
実際、兄は二度と戻って来なかった。死ねと誓われた、まさにその場所で、亡くなったそうだ。

（語り手、サン島の女、シェッファ／一八九八年）

第6章　霊魂の旅立ち

箱ベッドとベンチ

人が死ぬとすぐ、その人の魂は神さまの法廷に引き出され、「特別な裁き」を受ける。[1] ひとたび裁定が下ったら、魂はまた体のそばに戻る（といっても、体の中には入れない）。そして埋葬がすむまで、じっとそばに付き添っている。そういう魂はたいてい、葬式のミサを挙げた司祭にしか見えないものだ。昔、ドロ神父という司祭がいたが、この人にはいつも死者の霊が見えていた。しかも、その霊がどこに行って罪の償いをするかまで、わかっていたという。

ドロ神父はサン・ミシェル・アン・グレーヴの主任司祭で、アナオン〔死者の霊魂〕のことにかけては、何一つ知らないことはなかった。埋葬に立ち会った死者の霊魂がどこに飛んで行ったか、すべて心得ていた。だが、そんな司祭にも、たった二つだけ、行方のわからない霊魂があったという話だ。

こういう司祭のほかにも、魂が体から離れるところを見ることのできる者がいる。[2] それは特別な能力を授かっている人か、何らかの理由で秘密を明かされた人たちだ。

39話　開いた窓

ある晩、あたしは、危篤になった親戚を看取りに、トレレヴェルンまで出かけていきました。その人は漁師で、名をジャン・ギルシェと言いましてね、若いころはその近辺でいちばん丈夫な男として知れ渡っていました。貧乏暮らしと長年の年月のせいで、すっかりヨボヨボになってはいたけれど、その体には並外れた体力が残っていたんですねえ。そのことをまざまざと見せつけられたのが、この話のときですよ。ギルシェじいさんは二日間、臨終の苦しみに耐えていました。体が、魂と別れるのを嫌がったんです。

枕元に集まった人々は、何度もこう言いました。

「今度こそ、いよいよだぞ！」

みんな、てっきり息をひきとる音を聞いたように思ったんです。でも次の瞬間、病人はふたたび目を開いて、まわりに集まっている人たちの顔を眺め、何か飲みものをくれ、と合図をするのでした。

あたしが着いたのは容態がもっとも思わしくないときでしたがね、それでも病人にはあたしが誰だかわかったんですよ。あたしは枕辺に座って、ほかの人たちと一緒に臨終の祈りを唱え始めました。すると突然、誰かに肘のあたりを触られような気がしました。それはほかでもない、ギルシェじいさんで、あたしの注意を引きたかったんでしょう。そこであたしは、おじいさんの顔の上にかがみこんで、こう訊きました。

「何ですね？」

すると、ギルシェじいさんはたいへんな苦労をして、弱々しい声であたしの耳に囁きました。

「窓を開け忘れとるぞ。魂が外に出られなくて困っとる[3]」

その部屋には、窓が一つしかありませんでした。あたしはそこに飛んでいくと錠を下ろし、思いっきり窓を開け放ちました。それから、また病人のそばに戻ったんですが、そのときふっと、何やらかぐわしい香りがしました。家の中には花なんか、ひとつも置いてなかったんですがね。というのも、それは冬の真っ只中の、一二月のことでしたから。

椅子に座ろうとしたとき、あたしは、ギルシェじいさんの瞳が一点を凝視して、唇が半開きになっているのに気がつきました。あたしが席を空けていたちょっとの間に、おじいさんは神に召されたんです[4]。

（語り手、フランソワーズ・ビドー／トレヴー・トレギニェックにて）

瀕死の病人が目を開けたまま亡くなったとしたら、それはアンクーが、その家でまだ仕事をし終わっていない、という意味だ。だから、近いうちにまたアンクーが家に舞い戻り、家族の誰かを連れて行くものと、覚悟しておく必要がある。

40話　魂が白ネズミになった話

リュド・ギャレルは一介の召使いでしたが、田吾作どころではありませんでした。リュドの頭は、そんじょそこいらの人間が思いつきもしないようなことで、いつもいっぱいだったんです。ずいぶん難しいことがらについて、じっと考えこむ癖があって、自分にはどうやら賢者の素質があるらしいと、常日頃、口にしていたくらいです。

「だが、この俺にもどうしてもわからないことが一つだけ、あるんだ。それさえ解き明かされれば、もう人から教わることなんか、何もありゃしないんだがなあ」

それが、この男の口癖でした。

リュドのご主人という人はカンキーズの名家の末裔で、リュドに絶大な信頼を寄せていました。リュドのことを実に立派な人物で、的を得た助言をすると、それは高く買っていたんです。

ある日、ご主人はリュドを書斎に呼んで、こう言いました。

「なあ、リュドや。わしゃ、今日はどうも気分がすぐれない。なにか悪い病にとりつかれたんじゃないかと思うのだ。そのせいで近々、死ぬような気がする。例の件が落着しておれば、安心できるんじゃがなあ……。あのレンヌの訴訟には、実に悩まされるわい。もうかれこれ二年になる。死ぬ前にせめて、こっちに有利な決着がついたとわかりさえすれば、少しは楽な気持ちで、この世とおさらばできそうだが。リュド・ギャレルよ、お前さんは利口な若者だ。それに、わしのためなら、いかなる労苦も厭わない。それは、すでに何度も証明ずみだ。そこで一つ、頼みがある。これがおそらく、最後の骨折りになるじゃろう。明日、夜が明けたらさっそく、レンヌに出かけてくれないか。で、判事さんの家を一軒一軒訪ねて、できるだけ早く裁きをつけてほしいと頼んでもらいたいのだ。お前は弁舌がたつ。だからきっと、わしに有利な方向に裁判を持っていってくれるだろう。そのあいだ、わしはベッドでおとなしくしていよう。お前が戻るまで、どうか神さまのお召しがありませんように！」

リュドは暇乞《いとまご》いをする前に、がっくりきている主人の心をどうにか元気づけようとしました。

「伯爵さま、どうかそんな不吉なことを考えないでくださいまし。アンクーに連れて行かれるにしちゃ、旦那さまは若すぎますや。おいらが戻ってくるとき、元気なお姿を見せてくださいよ。あとのことは、万事引き受けましたから！」

リュドはその日の午後、せっせと旅の支度を整え、裁判官たちにぶちかます演説を頭の中で考えました。

次の日の朝早く出立できるように、黄昏どきにはもう床の中に入りました。けれども、頭の中でとりとめのない考えがさまざまに渦巻き、ぐっすり眠ることができませんでした。

突然、一番鶏の鳴き声が聞こえたような気がして、リュドはがばと跳ね起きました。

「しまった、もう夜明けだぞ。一目散で出かけなきゃならねえ」

リュド・ギャレルは道を急ぎました。

それは、冬のさなかのことでした。あたりはまだ大分暗く、ようやく歩ける程度の薄明かりしか射していません。歩き始めて小一時間ほど経ったとき、高い塀が行く手に立ち塞がっているのが見えました。塀に沿って歩いていくうち、石の階段があったので、それを上りました。すると、そこはお墓でした。

「ふーむ！」まわりに墓石と十字架が並んでいるのをみて、リュドは考えました。「だが、『不吉な時刻』は、とっくのとうに過ぎたはずだものな。まあ助かったわい」

こう思ったのも束の間、地面から黒い影のようなものがもやもやと立ち上り、横の小道を通って自分の方に近づいてくるではありませんか。黒い影がすぐそばまで来たとき、リュドにはそれが、黒い薄い布をかぶった、上品そうな顔立ちの若い男であることがわかりました。

そこで見知らぬ男に、おはようございます、と挨拶しました。

「おはようございます」と、男も返しました。「こんな時間にお出かけですか」

「いま何時なのか、正確にはわかりませんがね、おいらが家を出たときにゃ、一番鶏が鳴いていましたよ」

「そうです、白い鶏《にわとり》がね！」と若い男。(5)「で、あなたはどちらに行かれるんですか？」

「はあ、レンヌに」

「奇遇だな。わたしもですよ。よろしかったら、ご一緒させてもらえませんかな？」

「願ったり叶ったりですよ」

若い男の顔つきや物言いから、この人なら大丈夫そうだと思われました。リュド・ギャレルは最初のうちこそ、やや不安を感じたものの、やがて旅の道連れを得たことを喜びました。というのも、その日はなかなか夜が明けなかったからです。道すがら、二人はおしゃべりをしました。そのうちリュドは、だんだん口が軽くなってしまいました。墓場で会った見知らぬ男に、自分のことを洗いざらいしゃべってしまったんです。ご主人の不思議な病気の話から、前日の不吉な予感について、また、なぜ自分がこうして旅をしているかについてもね。でも、見知らぬ男は耳を傾けるばかりで、自分からは何ひとつ話そうとしません。

そうこうするうち、近くの農家から雄鶏《おんどり》の鳴き声が響き渡りました。

「ほいさ、いよいよ夜明けだ」

「いや、まだですな」と、若い男が言いました。「いま鳴いたのは、灰色の雄鶏《おんどり》ですよ」

その通り、時間だけが過ぎてゆき、あたりは相変わらず真っ暗です。

二人は歩き続けました。とはいえ、リュドの話の種は尽きたし、見知らぬ男は自分から打ち明け話をしそうにないしで、会話は途切れ途切れになり、とうとうぷっつり途絶えてしまいました。

昼間話がなくなると人は退屈になりますが、それが夜だと、無性に怖くなるもんです。

リュド・ギャレルは横目で、連れの顔をはっきり見定めようとしました。それに、相手の歩き方はどうも変わっています。リュドは内心、一刻も早く夜明けがくるように必死で祈りました。

とうとう三番目の雄鶏《おんどり》が鳴きました。

「ああ、よかった！」ほっと安堵の吐息をつきながら、リュドが言いました。「こんどこそ本物だ！」

「そう、いまのは赤い雄鶏《おんどり》ですから」と、若い男は答えました。「そろそろ空が白み始めるころです。ね、おわかりでしょう？　実はあなたは、だいぶ早くお出かけになったんですよ。わたしたちがあの墓場で出会ったとき、まだ真夜中にもなっていなかったのですから」

「はあ、そうかもしれません」と、リュドは小声で答えました。

「今度お出かけになるときは、もっと時間に注意なさったほうがよろしいでしょう。わたしがお供していなかったら、大変な目に遭われていたことでしょうからね[6]」

「おかげさんで、どうもありがとうございました！」と、リュド・ギャレルは謙虚に呟きました。

「いや、たいしたことじゃありませんよ。ところでもう一つ、お知らせしたいことがあるんですがね。それは、この先、道を続けても無駄だということですよ。裁判はきのう片がついて、ご主人の勝ちに決まりました。だから一刻も早く館に戻って、この良い知らせを伝えてさしあげなさい」

「ジェジュ・マリア・クレド！　ああ、よかった、よかった。これで、伯爵さまもお元気になられるだろう」

「いいえ、その逆です。ご主人はじきにお亡くなりになる。それでね、リュド・ギャレルさん。魂が体から離れるところを見たいという、あなたの長年の願いはようやく叶えられますよ」

「おいらはそんなこと、あんたにしゃべりましたかね？」と、リュドはぎくっとして言いました。そして、道中ぺらぺらしゃべりすぎたんじゃないかと、少し反省しました。

「いやいや、そういうわけじゃありません。あなたを助けるようにとわたしを遣わしたお方は、ご本人以上に、あなたのことをご存知なんですよ」

「それじゃあ、おいらは本当に、魂が体から離れるところをこの目で見れる、とおっしゃるんで？」

「そうです。ご主人はじきに身罷《みまか》られる。十時か十時半ごろにね。あなたはわたしに会ったことを、誰にも他言しないように。そうすれば、みんなは当然、あなたがレンヌまで行って、とんぼ帰りして来たのだと思うから、どうか体を休めるように勧めるでしょう。でも、寝てしまってはいけません。伯爵の枕元に付き添い、その顔から目を離さないことです。伯爵が亡くなると、その魂は白ネズミの姿となって口から飛び出します。ネズミはすぐさまどこかの穴に入って、姿を消すでしょう。でも、気を揉むことはありません。いいですか、町の教会にお葬式用の十字架を取りに行く用事を、ほかの人にまかせてはだめですよ。あなたが自分で行くんです。教会の門の前に着いたら、そこでしばらく待っていなさい。まもなく白ネズミが来ます。そして、ネズミより先に教会に入らないように。いつもネズミのあとからついて行くのです。そこが肝心ですよ。もしわたしがいま言ったことをきちんと守ったなら、夜になる前に、これまで身を焦がすほど望んでいたことを、その目で確かめられるはずです。それではリュド・ギャレルよ、さらば！」

この言葉とともに、見知らぬ男の姿は薄い煙となり、じきに明け方の地面から立ち昇る湯気に紛れて、消えてしまいました。

やがて、リュド・ギャレルはカンキーズに戻りました。

「ああ、神さまのおかげだ！」召使いが無事に帰ってきたのを見て、ご主人は言いました。「ほんとうによく間に合ってくれた。わしはもう駄目だ。あと半時間遅かったら、お前の前には死人が横たわっているところだった。で、レンヌでの首尾は？」

「裁判はあなたさまの勝ちです」

「ああ、よかった。お前には心から感謝しよう。おかげで心安らかに逝ける」

今回、リュド・ギャレルは主人に慰めの言葉を一言もかけませんでした。というのも、定められた運命のとおりにしかならないことがわかっていたからです。そこで悲しそうにベッドの枕元にはべり、伯爵の顔から一瞬たりとも目を離さないようにしました。部屋の中には大勢の人が詰めかけ、みんな涙を浮かべていました。伯爵夫人はリュドの腕を取り、耳元でこう囁きました。

「ご苦労さまでした。さぞ疲れているでしょう。気の毒な夫の看取りをしてくれる人はこんなに大勢いるのだから、どうぞ休んでいらっしゃい」

けれども、召使いはこう答えました。

「いいえ、最期のときまで旦那さまの枕元についています。それが、おいらの勤めですから」

何回も勧められましたが、リュドはあくまで部屋に残りました。

十時の鐘が鳴りました。見知らぬ男が予言したように、カンキーズの領主は断末魔のときを迎えました。すると、一人の老婦人が「感謝の祈り」を唱え始めました。一同がそれに答唱します。リュド・ギャレルもほかの人と声を合わせましたが、頭の中ではお祈りの文句とは別のことを考えていました。やがて訪れるはずの、魂が体から離れる瞬間をひたすら見守っていたんです。

伯爵は長枕の上で、頭を左右に動かし始めました。(7) 死が近いことを悟ったものの、どの方角から死がやって来るのか、わらなかったからですよ。

と、不意にその体が強張《こわば》りました。死に触わられたのです。

それから伯爵は、長いため息をつきました。リュドはそのとき、主人の魂が白ネズミの形になって、唇のあいだから出て来たのを見ました。

墓場で出会った男の言ったことは、本当だったんです。

しかもその予言どおり、ネズミはひっきりなしに現われたり消えたりしています。

「感謝の祈り」を唱えていた老婦人は、今度は「デ・プロフンディス」を唱え始めました。人々が伯爵の死を嘆き悲しんでいるあいだに、リュドは館を抜け出しました。そして近道を走って、町に向かいました。カンキーズではお葬式の十字架を取りに行く手配をまだしていませんでしたが、リュドはもう教会の門をくぐっていました。そこへ、白ネズミが姿を現しました。リュドはネズミを先にして、身廊に通してやりました。ネズミはせわしなく走り始めました。リュドのほうはそれを大股で追いかけて、楽にあとをつけることができたんです。そして、ネズミについて、教会の中を三回まわりました。三回まわり終わったところで、ネズミはまた外に飛び出しました。それを急いで追いかけながら、リュドはお葬式の十字架を引っつかみ、胸にひしと抱きかかえました。十字架についている鈴はひっきりなしにチリンチリンと鳴り、ネズミは駆けて行きます。こうして十字架を抱えたリュドは、ネズミといっしょにカンキーズの畑を縦横無尽に走りまわりました。小さな白いけものは、柵に出会うたびにその上を飛び越しました。生前、ご主人がよくやっていたように。それから、四本の畝《うね》に沿って走りました。

畑を一周すると、今度はふたたび館の方へと走りました。敷地の中に入ると、白ネズミは、母屋からぽつんと離れた納屋に向かいました。そこには畑仕事の道具が収納されていたのです。ネズミは一つ一つの道具にそっと前足を置きました。(8)犂《すき》、鍬《くわ》、シャベル……。こういったものすべてに暇乞《いとまご》いをしたんです。

そのあと、あらためて館の中に入りました。

リュドはネズミが遺体によじ登り、そのまま棺のなかに入れられたのを見届けました。

やがて、司祭さんがやって来ました。人々は埋葬のミサを詠唱しています。棺が墓穴の中に下ろされます。司祭さんが棺の上に聖水を撒《ふりま》いて清め、親族が最初の土をかけたとたん、白ネズミは棺から出てきました。見知らぬ若い男は、とことんネズミを追いかけるように、と強調していました。たとえ茨《いばら》やぬかるみがあっても、ひるんではいけない、と。

そこでリュドは埋葬の儀式をうっちゃって、ひたすら白ネズミのあとをついていきました。

森を抜け、沼を渡り、土手を攀じ登り、町を抜け、そうこうするうち、とうとう広々とした荒地に着きました。真ん中には、半分干からびた大きな木の幹が立っています。あまりにも古びて、皮が剥けていたので、橅《ぶな》の木か楢《なら》の木か、わからないほどで、中はうろになっていました。

そんな状態で立っていられるなんて、まさに奇跡としか言いようがありません。薄い樹皮は、上から下までぱっくり裂けていました。ネズミはその割れ目から中に入ったかと思うと、次の瞬間、カンキーズの領主の姿となって、木のうろの中に現われました。

「ああ、お気の毒な旦那さま！」両手を合わせて、リュドが叫びました。「ここで何をなさるおつもりで？」

「リュドよ、人間はみんな、神さまが指定なさった場所で罪の償いをしなけりゃならんのだ」

「何か、おいらでお力になれることがありますか？」

「ああ、ある」

「何をすればいいでしょう?」

「わしのために一年と一日、断食をしてもらいたいのだ。もしそうしてくれれば、わしは永久に罪から解放され、お前さんの清らかな魂は、わしの傍らにやすらうだろう」

リュドは約束を通しました。そして、断食明けに死んだのです。

(語り手、お針子マリー=ルイーズ・ベレック/ポール・ブランにて)

41話　木の上の死者

トレガルヴァンのお百姓、ジャン=ルネ・ブレリヴェはある朝、おかみさんにこう言った。

「風が雨に変わった。今日、麻を取り入れないと、濡れちまうだろう。だから、フランソワ・カンキの葬式には出られない。お前、俺の代わりに出ておくれ。式が始まるのは九時だから、忘れないようにな」

「いいともさ」と、おかみさんは答えた。「そんなら、支度をしなきゃ」

このフランソワ・カンキというのは近所の住人で、夫婦の遠い親戚でもあったが、ついおといの晩、亡くなったばかりだった。

麻畑の隣は土手になっていて、そこがフランソワ・カンキの所有する果樹園との境目だった。ジャン=ルネ・ブレリヴェは麻畑に着くと、さっそく仕事を始めたが、そうしながらも、じきに土に埋められる故人を悼まずにはいられなかった。無理もない、これまでずっと仲良くしてきたのだから。

「人間の命なんて、はかないもんだ」と、乾かした麻の茎を山に寄せ集めながら、ジャン=ルネは考えた。

九時ごろ、町の教会で弔鐘が鳴り始めた。農夫はしばし仕事の手を休め、故人の農場があるほうを眺め、葬列が通らないかと目で探した。ところがなんと、二人の共有地である土手の上に、死んだはずのフランソワ・カンキ本人が立っているではないか！　それを見たときの、ジャン＝ルネの驚きようといったら！　カンキは土手を歩きまわりながら、木のそば近くまで来るたびごとに、歩みを止め、まるで他のものなど眼中にないといった様子で、しげしげとその枝ぶりを眺めるのだった。

「こいつは奇妙だぞ」と、ジャン＝ルネ・ブレリヴェは思って、十字を切った。

そのとき、近くの道から、司祭たちの歌声が聞こえてきた。葬列が行進している証拠だ。それなのに、目の前に立っているのが死んだはずの男であることも、これまた間違いがない。いったい、幻《まぼろし》でも見ているのだろうか？

「おや！　奴さん、探し物を見つけたらしいぞ」ジャン＝ルネ・ブレリヴェは心の中で呟いた。「今度は古い楡《にれ》の木の幹に、背をもたせかけているもの」

土手の真ん中に、たいそう古い楡《にれ》の木が一本立っていた。その前の年、大枝は全部切り払われ、そのとき残っていたのは若枝だけだった。フランソワ・カンキはしばらくその木に寄りかかっていたが、突然、地面から五ピエ〔約一六〇センチ〕の高さの、細い木の枝に腰を掛けた。いったいどうやってそんなところに飛び上がったのか、ジャン＝ルネにはまったくわからなかった。しかもその枝は、子供の指くらいの太さしかないのに、まったく重みに撓《たわ》んでいない。ジャン＝ルネは唖然として、恐怖を忘れてしまった。その不思議な椅子に腰掛けた死者が自分を優しく見下ろしているのを見て、彼は意を決して声をかけた。

「なあ、フランソワ・カンキ。俺たちはいつも、仲良くやってきた。だから、どうか教えてくれ。隣の楢《なら》の木には太い枝がついているのに、その上ではなくて、せいぜい小鳥しか止まれないような、か細い枝にわざわざ座っているのは、どうしてなんだい？」

すると、フランソワ・カンキはそっと頭を揺すって、こう答えた。

「わしが自分でこの木を選んだわけじゃないんだよ。神さまは一人一人に、生前の罪の償いをする場所と期間をお定めになる。で、わしの運命は、この細い枝が十分に太くなって、何かの仕事道具の取っ手に使われるようになるまで、ここにいることなんだ」

そう言った死者の顔がたいそう悲しげだったので、ジャン＝ルネ・ブレリヴェは心を揺さぶられた。

「ああ、そういうことか！」と、農夫は叫んだ。「それなら、すぐにでも解放されるとも！　ちょうど最近、かみさんからこう言われたばかりだよ。クレープの生地を伸ばす小さな熊手に、新しい取っ手をつけなきゃ、って。それだって、仕事道具には相違なかろう」

そして死者の答えを待たず、土手に駆け上がり、楡《にれ》の木に登ると、ナイフで幹ぎりぎりのところで小枝を切り落とした。枝を切り離した瞬間、嬉しそうな「ありがとうよ」という声が聞こえた。そして、まるで風で煙が一掃されたとかのように、死者の姿はいずこともなく消え去った。それはまさに、フランソワ・カンキの棺が墓穴におろされたときの出来事だった。

（語り手、ピエール・ル＝ゴフ／アルゴルにて）

42話　死んだ女の秘密

あるとき、パンナールのアンナ・タンギーは、キスティニックの森で枯れ枝を集めていた。ひどく腐食した一本の古い栗の木のそばを通ったとき、木のうろの中に、首のない女が立っているのが見えた(9)。その瞬間、背筋が鳥肌立ったが、タンギーはなかなか頭の回転が早い女だったので、相手にこう尋ねた。

「そこにいるのは、神さまから遣わされた者か、悪魔から遣わされた者か、どっちだね？」

「神さまからだよ」と、不思議な人物は答えた。

「あたしでよかったら、何か力になれることがあるかい？」

「あたしはね、慈悲深い人がここにやって来て、ある秘密からあたしを解き放ってくれるまで、ここで償いをしなくてはならない定めなんだ。あんたにその気があるのかい？」

「とにかく、わけを聞こうじゃないか」

「いいえ、いまはその時ではないし、ここはその場所でもない。明日、真夜中の鐘が鳴るころ、トロイール橋に来ておくれ。そうしたら、話すから」

「わかった。必ず行くよ」

家に帰ると、アンナ・タンギーはこの体験を隣に住む女に話し、次の日、一緒にトロイール橋に来てくれるよう、頼んだ。だが、家を出るのがやや遅かったため、パンナールで一二回目の鐘が鳴ったとき、二人はまだ橋から二百歩も手前の地点にいた。ようやく橋に着いて四方八方を探したが、誰もいない。

「どうしたらいいだろう？」と、タンギーが言った。死者との約束をたがえたことが、心苦しかったのだ。

「あたしなら、その人のためにミサを挙げてもらうがね。そうすれば少なくとも、あんたに善意はあったってことがわかるからさ」と、隣人は答えた。

そこでアンナ・タンギーは、夜が明けるとすぐにパンナールの主任司祭のもとに行き、代金を払ったうえでミサを挙げてもらった。もちろん、敬虔な気持ちでミサに出席したことは言うまでもない。その晩、寝る支度をしていると、自分の名前が三回呼ばれるのが聞こえた。だが、アンナは振り返らなかった。すると、聞き覚えのある声が、外でこう叫んだ。

「これをどこに置けばいいの？」

首のない女の声だ。

「玄関の石の上に」と、アンナ・タンギーは行き当たりばったりに答えた。

「神さまの祝福がありますように！」と、声が返ってきた。「あんたのおかげで、あたしの重荷は軽くなった」

窓越しに、大きな光が夜の闇の中に、次第に遠ざかって行くのが見えた。おそらくそれは、アンナの守護天使で、その天使が、アンナの頭に答えを思いつかせてくれたのだ。というのも、死んだ女が置いて行ったものは、自分の秘密にほかならなかったからだ。玄関の石の上に、と答えていなければ、いまごろアンナ・タンギーは、自分がその秘密を背負わされているところだった。そして、今度は自分が解放されるまで、あの世で、死んだ女の代わりを務めなければならなかったはずだ。

（語り手、デュポン／カンペールにて）

43話　魂が小蝿の姿になった話

イヴォン・パンケールはまわりから賢人といわれるほどの物知りで、日ごろから神さまをたいそう敬っていました。パンケールの一番の親友は、ペル・ニコルという男でした。ところがあるとき、ペル・ニコルは重い病気に罹《かか》ってしまい、イヴォン・パンケールにこう頼みました。

「なあ、おいら、じきに死ぬような気がするんだ。きみはこの世でいちばん大切なおいらの親友だ。最期のときまで、どうかそばについていてくれないか？」

パンケールは答えました。

「ああ、決してきみのそばを離れないよ」

そして、その言葉どおり、友だちの枕元に陣どりました。

真夜中が近づくと、ニコルは押し殺したような声でこう言いました。

「手を握っていてくれ」

そして、パンケールが手を握ったとたん、病人はこの世を去ったんです。

パンケールは目に涙を溜めて死にゆく友を見守っていましたが、そのとき、小さな羽虫が死者の口の中から出てきたのを目撃しました。それはか細くて、いかにもひょろひょろとした頼りない小蠅で、よく夏の夜、川端で飛びまわる蜻蛉《かげろう》にそっくりでした[10]。

小蠅は、テーブルの上に置いてあった壷の中のミルクに脚をひたしました。それから部屋の中をあちこち飛んでいたかと思うと、突然、姿を消しました。

「これはどういうこった？」イヴォン・パンケールは不思議に思いました。

するとまた、小蠅が現われたんです。

今度は遺体の上にとまったまま、じっとしています。そして、死者と一緒に棺の中に入れられてしまいました。

そのあとパンケールは、墓地でまた小蠅を見かけました。穴の中に最初の土がかけられると、棺から小蠅が飛び出したのです。そのとき初めて、パンケールには、その小蠅はニコルの魂にちがいない、ということがわかりました。

そこで、こいつをどこまでも追いかけてみようと決心したんです。

さて、小蠅は、ペル・ニコルが生きていたとき住んでいた農場からそう遠くないところにある、荒地まで飛んでいきました。そして、ハリエニシダの枝にとまりました。

「かわいそうな小さな虫さん、何をしにここまで来たの？」と、賢者パンケールは呼びかけました。

「じゃあ、きみにはおいらが見えるんだね！」

「そうとも、見えるよ。だから話しかけているんじゃないか。ねえ、お前は俺の一番の親友、亡くなったペル・ニコルの魂なんだろう？」

「そうだよ、イヴォン。死んでしまったペル・ニコルとは、おいらのことだ」

「それじゃあ、俺の家に来てくれよ。きみは誰にも邪魔されず、好きな場所に落ち着いたらいい。そうしたらまた前のように、ときどきおしゃべりができるじゃないか」

「それはだめだよ。ごめんな、イヴォン。ここで罪の償いをするように、神さまに言いつけられているんだもの。五百年のあいだ、おいらはここにいなくちゃならないんだ。神さまはきみを愛しておられるにちがいないね。小蝿になったおいらの魂を見られるように、取り計らってくださったくらいだもの」

「きみが体から出てきたときから、俺は一瞬たりとも目を離さなかった。数分間姿を消したときには、いったいどこに行ってしまったのか、心配になったくらいだ。ところで、教えてほしいことがある。なぜきみは、最初に壷の中のミルクに足を浸したんだい？」

「だって、神さまの法廷にまかり出るんだから、その前に体をきれいにしておかなくちゃならないだろう？」

「それから、家の中をあちこち飛びまわったね。これはどうして？」

「それはね、家具の一つ一つにさよならを言っていたのさ。そのあと中庭と牛小屋に飛んで行ったのは、これまで使っていた道具と、農作業を手伝ってくれた動物たちに暇乞《いとまご》いをするためだよ。(11) それが終わってから、おいらは神さまの法廷に出頭したんだ」

「でも、そういうこと全部をしたにしては、たいして時間がかからなかったぞ」

「魂には、速く飛べるように羽がついているんだ」

「じゃあ、体と一緒に棺の中に入ったのはどうしてだい？」

「神さまが判決を宣告するまで、そこにいるように言われたからだよ」

「ねえ、うちで一緒に暮らして、俺のそばで罪の償いをするわけにはいかないのかなあ。俺が生きているあいだだけでも、そうしてくれないか？　なあ、ペル・ニコル。神さまだって、俺たち二人が稀にないほど固い友情で結ばれているってことは、ご存知のはずだろ？」

「ああ、もちろんよくご存知さ、イヴォン・パンケール。だから、じきにおいらたちを一緒にしてくださるおつもりだ。きみの魂もやがてこの荒地に来て、おいらと合流するだろう」

その三ヶ月後のちょうど同じ日に、賢者イヴォン・パンケールは埋葬されたのです(12)。

（語り手、カトリーヌ・カルヴェネック／ポール・ブランにて）


魂は、花のかたちになって現われることもある。大きな白い花だ。人が近づけば近づくほど、花はますます美しくなる。でもこれを摘もうとすると、花は遠ざかってしまう。

44話　肉体と霊魂の別離

霊魂
「さらば、体よ。さらばと言おう。
きみとわたしは物心、ついたときから一心同体。
いま神さまの御旨《みむね》によって、別れのときを迎えるのだ。
一生懸命生きたのだから、悲しんだりしてはいけないよ」

体

「ああ！　哀れな霊魂、不死の心よ、
わたしは鎖を鍛えよう。きみが出て行けないように！
きみのため、したいことも我慢した、
それなのに、いまになってこのわたしを、一人ぼっちにするというのか」

霊魂

「そのとおりだよ、わたしのかたわれ、運命の伴侶。
神さまの定めた戒律を、きみは一つも犯さなかった。
だが、全能の神がお命じなのだ。
これまでは、わたしが主人で、
きみはわたしの家来だった。その関係をもう解消せよ、と。
神さまが二人の行ないにご満足なら、
これまでどおりの条件で、
二人を引き離したりせず、
生かしておいてくださったはず、二人一緒に。
実際、最初は、そういう決まりになっていた。
ところがアダムが神さまの、言いつけを守らなかったため、すべて帳消しになってしまった。
そのせいで、体は霊と離されて、

きみは土の下に行き、わたしは天に昇るのだ」

体

「わたしは、きみを宿す家。
それなのに、もし二人が別々になったらば、誰がきみを受け入れる？
ねえきみ、兄弟であるわたしと、さよならするのは辛いだろう。
でも、わたしはもっと悲しいよ。なぜってきみは、わたしの真《まこと》の心だもの」

霊魂

「わたしは鎖できみとつながれているけれど、もしも解き放されたなら、
三位一体と聖人と、天使のましま す宮殿が、
わたしを迎えてくれるだろう。きらびやかに飾られて、
東に輝く太陽の家より立派な宮殿に」

体

「神さまの言いつけどおりにしたせいで、
父なる神の宮殿に入れてもらえるというならば、
きみの栄誉に一役買ったわたしにも、入る権利があるはずだ。
だってわたしは、きみの美徳の道具だから」

霊魂
「待つのだ、友よ、
復活の時が来るのを。そうしたら、わたしはきみの手をつかもう。
たとえ鉛のように重くても、天国で過ごしたあとだから、
きみを引っぱり上げるとき、磁石のように強い力が湧くだろう」

体
「自由を奪われ、墓の中に横たわり、
土の中で手足は腐る。
そうして手足も腕もなくなれば、
引っぱり上げてもらうには、残念だけど遅すぎる」

霊魂
「神さまは、見本も材料もなしに、この世をおつくりになった方。
もう一度、きみに形をお与えになるくらいは朝飯前。
生まれる前の影も形もない無から、きみをおつくりになったのだ、
きみがどこにもいなくても、また見つけ出してくださるさ」

体

「きみはわたしを軽んじて、わたしの願いを撥ねつける。かけがえのない友なのに。
なぜならきみは、わたしを下等だと思うから。
平等の立場の者にしか、愛はない。
わたしが劣った者だから、きみはわたしを見放すつもりだ」

霊魂

「高潔な体、きみがまさにそうだった。そういう体は、
祝別された地においても、このうえなく貴重な財産。
庭の隅に埋もれている薔薇やラベンダー、あるいは百合の花の根っこのように、
きみは教会にとって貴重な存在」

体

「薔薇や百合、そのほか花はどれもみな、
花びらを落としたあとにもう一度、きれいな花を咲かせるものだ。
わたしが花に似ていると、きみは言うけど、そうならば、
一年のうちに蘇るはず」

霊魂
「その一年は、普通の一年同様に、三六五日ある。
だが、その一日の長さというと、人間界なら千年だ。
そんな一年が過ぎないと、復活の日は来ないだろう。
とはいえ、神さまのみもとでは、千年さえもあっという間」

体
「さらば、わたしの命よ、さらば。それが定めであるならば！

神さまが、きみの待ち望む国に連れて行ってくれますように！

きみはいつでも目覚めている。けれどもわたしは、ああ、悲しい！　眠らなくてはならないのだ。

時がきたら忘れずに、必ず知らせてくれたまえ」

霊魂
「さらば、幸せな体よ、さらば。そしてどうもありがとう。
きみはわたしの言うことをきいて健気に尽くしてくれた。
天使がトランペットを吹き鳴らし、
最後の審判のときがきたら、わたしたち二人、また会おう」

体

「行くがいい、わたしの命よ、ご褒美をもらいに行ってしまうがいい、
尊い遺産、きみがあんなに恋焦がれていた、永遠に続く喜びを。
ところが、このわたしはどうだ。臨終が終わり、まぶたを閉じる。
あとはもう、最後の息を吐くばかり(13)」

第7章　人が亡くなったあと

サン・ブリウー、ファルデル通り

人が亡くなると、俗に「白い礼拝堂」といわれるものを張り巡らす。いまでは死者のベッドをしつらえるだけだが、一昔前までは、台所のテーブルを窓に向き合うように置いて、そこに遺体を寝かせたものだ。(1) それから、死者の上に白いシーツをかける。そのほかにシーツをもう二枚、テーブルの両側を覆うように天井の梁から下げて、ところどころにヤドリギや月桂樹の枝をピンで留める。(2)

（カトリーヌ・カルヴェネック談／ポール・ブランにて）

その昔、まだ死者を台所のテーブルに寝かせる習慣が残っていたころ、人々はこんなふうにした。死者の頭部をテーブルの端に置き、カラス麦でつくった丸い枕の上に乗せる。そして、日光が射し込む大きな窓の方に向ける。たいていの家では、そういう窓は一つしかない。そこにはいつも、丸パンが置かれていた。太陽が当たったり、埃がついたりしないように、このパンはいつも大きなクロスにくるまれていた。遺体に布をかけるときは、必ずそのクロスが使われた。

このクロスは薄い布でできていて、赤と青の十字架の模様が一つ、糸で織り込まれていた。(3)

その昔、トレゴール地方では、家に死者がいることを知らせるために、フードのついた黒い長コートを二着、玄関扉の両側に吊るしておいたものだ。この長コートは、いまでも土地のご婦人たちが、喪服として着用している。

（カトリーヌ・カルヴェネック談／ポール・ブランにて）

一家の主人が死んだら、真っ先にすべきことは、庭に蜜蜂《みつばち》の巣があったら、それに喪章をつけることだ。つまり、黒いぼろきれを蜂の巣にピンでとめる。もしこれを怠ると、蜜蜂《みつばち》は全部死んでしまい、巣は空屋になる。そうしたら、

その家にはじきに不幸が起きて、家自体も空屋になってしまう。(4)

（庭師バティスト・トゥパン談／プルギエルにて）

死者の装い

死者に葬儀の装いを施すときは、まず最初に白いシャツを着せる。お年寄りには、さらにナイトキャップを被せる。女の人は、髪を梳かして撫でつけてから、いちばんきれいなコワフをかぶせ、コルレット〔飾り襟〕とギンプ〔レースのシュミゼット〕をつける。

ところで、屍衣を着せる手順だが、まず新しいシーツで死者の半身を包む。子供をくるむときと同じ要領で、両手は自由にし、足も邪魔にならないようにする。(5)

それから、死者の手を組ませるのだが、このとき、手のひらと手のひらが合わさるようにして、手首に数珠を掛けてやる。この数珠は、なるべく故人のものを使う。

（マリー＝ジャンヌ・フィッシュ談／ロスポルデンにて）

それぞれの地区では、たいてい、いつも同じ人が死者のお清めをする。これは立派な職業で、聖職といってもいいくらいだ。その人たちには不思議な霊感が働いて、どこの家で自分が必要とされるか、あらかじめわかるのだそうだ。不幸があったことを知らせに行く人が、まだ玄関で靴の紐を結んでいるときに、もうどの家から呼ばれるのか、ちゃんと心得ていた、という話もある。

ケルマリアのレナ・ビトゥーという老婆は、使いの者が家から出たとき、すでに道半ばまで来ていたそうだ。

「ええ、ええ、一切合切《いっさいがっさい》承知しておりますよ。何も言わなくても、もう結構」レナばあさんは、こうのたまったという。

(クロード・ロリヴィエ談/ポール・ブランにて)

クロゾン半島では、いつも決まった人が死者の装いを担当する。いわば、お清め係と言ってもいい。各小教区には、それを専門の職業にして、生活の糧を得ている女たちがいる。そういう女たちは、たいていがお年寄りで、仕事をするときは妙に格式ばる。まず始めに聖水に手を浸し、いざ死者の身体をいじるとなると、実にこまごました手順を踏む。その人たちの言い分を聞いていると、この世の中には、遺体ほど感じやすいものはないように思えてくる。

(ピエール・ル=ゴフ談/アルゴルにて)

ある地域では、死者の装いがすんだら、枕元で灯るろうそくを体の上に傾け、屍衣の上に、祝別された蝋《ろう》を垂らす習慣がある。

聖体祭の日曜日〔移動祝日だが、たいていは六月に行われる〕、行列の通り道には壁に布を掛ける習慣がある。このとき使われた布で死者を装うのは、とてもよいことだ。

故人の屍衣を縫うとき、針で指を刺したら、それは生前、死者から密かに恨まれていたというしるしだ。そんなときは必ず、死者の魂が安らかに憩うことを祈って、ミサの文句を唱えなければならない。

いまでは極貧の貧乏人だって、市役所から頂戴したり、隣近所を探し回ったりして、ちゃんとした棺を確保できる。だが、昔はそんなわけにはいかなかった。

わしの子供のころ、貧しい人たちは、たいそう原始的な棺桶を使っていたものだ。あまりお上品な言葉とはいえないが、そういう棺はスパルロー・モッシュ（豚の足枷）と呼ばれていた。

それは、上下二枚の板のあいだに遺体を安置し、六本の小さな棒で固定する、というものだ。棒は左右対称になるよう、両側に三本ずつ打つ。最初の二本は首を、次の二本は身体に沿って下ろした腕を、そして最後の二本はくるぶしのところで脚を固定するためだ。

二枚の板の、ちょうど棒が来る位置に、錐で穴をあける。それから角を合わせて棒を穴に嵌め、しっかり留める。草地を柵で囲うとき、棒をわたすだろう、あれと同じ要領だ。これ以上、粗末で雑な棺はないだろう。

ところで、大叔父から聞いた話だが、当時、つまり大革命が起きる数年前、小さな子供が死んだときは、もっとずっと簡単な方法で葬っていたのだそうだ。古い木の皮を半分ずつ、二枚剥いで、その一枚の、半月型になった窪みの上に小さな遺体を置き、もう一枚を上からくるむようにかぶせる。揺り籠の中のふとんみたいに。それから、エニシダをよじってつくった紐で、全体を括《くく》ったそうだ。(6)

（わたしの父、N・M・ル＝ブラースから聞いた話／トレギエにて、一八九八年）

45話　ネヴェズの寺男の話

昔はね、小さな村で死者を棺桶に入れるのは、いつだって寺男の役目と相場が決まっていたんだよ。

ある日のこと、ネヴェズの町の寺男がこの勤めを終えて、こまごました埋葬の準備をしようと教会に戻るところだった。そのとき、日曜の晴れ着をまとった男が、道端の柵に座っているのが目に入った。

「やあ元気かい、ジャン＝ルイどん」男はそう言って、それまでうつむけていた顔を上げた。

「ややっ！」寺男はぎょっとして叫んだ。「ジョアキム・ラスブレイスじゃないか！」

そいつは紛れもなく、数分前、できるだけきれいにして棺桶に納めたはずの、ご当人だった。

「そうとも、おいらさ」と、ラスブレイスが言った。「ここであんたが戻ってくるのを待ってたんだ。すぐにやり直してもらおうと思って」

「それじゃ何かい、わしの入れ方じゃ、具合が悪いと言いなさるんで？」

「ああ、そうさ。あんたはおいらの左腕を曲げて、体の下に敷いちゃったんだよ。そんな格好で出かけたくはないんでな」

そう言うと、奴さんの姿は消えた。寺男はすぐさま道を取って返し、喪中の家に入ると、遺族の猛烈な抗議にもかまわず、棺桶を開けた。するとラスブレイズの言ったとおり、左腕が体の下になっているじゃないか。そこで、腕をきちんと直してから、また町に戻った。柵の前を通りかかったとき、死んだはずの男がまだそこにいるのに気づいた。でも、今度は立って、顔を上げていた。

「何か、まだ都合が悪いことがあるのかな」と、寺男は思ったが、そういうことではなかったようだ。死者はさよならを言うかのように、ただ手で合図をしただけだった。

「神さまがよくしてくれますように！」寺男は帽子を脱いでそう言った。

話はこれだけさ。


（語り手、クドレー／コレーにて）

どの小教区にも必ず一人は、死者の髭《ひげ》を剃ることを専門とする人たちがいる。パンヴェナンでは昔、フレムじいさん（アー・フレム・コス）という人がその仕事を請け負っていた。噂によるとじいさんは、髭《ひげ》を剃るときの剃刀《かみそり》の音で、故人があの世で罪の赦しを受けられるかどうかが、わかったそうだ。

喪中の家から遺体が出されないうちは、床を掃除したり、家具の埃を払ったりしてはいけない。(7) それに、埃やごみを家の外に捨ててもだめだ。そういったことは死者の霊を追い払うも同然の行為だから、恨みを買うおそれがある。また、中に水の入っている盥《たらい》があったら、全部空にするか、あるいは蓋《ふた》をしなければならない。そうしておけば、霊魂が溺れずにすむ。ただし、ミルクが入っている場合だけは、中を空にしなくてよい。(8)

死者が埋葬用の架台に載せられているあいだは、何事もなかったかのように、家の雇い人たちを野良にやってはならない。それは死者に対する冒瀆《ぼうとく》だ。(9)

46話　傷んだ干し草の話

そのころあたしは、ケルサリウーで下働きの女中をしていました。その家のご主人はバルテルミー・ロパルスという名前で、あるとき、ぽっくり亡くなってしまったんです。それは、七月始めのことでした。その日、長男のルイは使用人たちと一緒に、近くの牧草地で一生懸命まぐさを乾かしていました。そこで、あたしが使いにやらされて、すぐ家に帰るように若旦那に知らせたんです。じきに他の連中も、三時のおやつを食べに戻って来ました。食べ終わると、そのうちの一人がこう訊きました。

「このあともう一度、牧場に戻ったほうがいいですかね?」

「あたりまえだろ」と、ロパルスの若旦那は答えました。「時間がないんだから。今日中に干し草作業を終えとかなくちゃ、明日には駄目になっちまう」

「でもなあ、若旦那。昔からのしきたりで、死者が架台に載っているうちは、仕事に出ちゃなりませんのよ」と、三〇年近くケルサリウーで働いているクリストフ・ロアレじいさんが口をはさみました。

するとルイ・ロパルスは、厳しい口調でこう答えました。

「今日からこの家の主人は、この俺だ。決めるのは俺で、お前じゃない。さあ、言われたとおりにするんだ」

そこでみんなは、しぶしぶ腰を上げたんです。

牧草地の近くまで来ると、自分たちより先に一人の男が来ているのを見て、みんなはいぶかしく思いました。男はそこいらじゅう歩きまわって、干し草の山を踏んで面白がっているようでした。ところが、もっとそばに来たとき、みんなの疑念は恐怖に変わったんです。だって、不思議な男の歩き方や服装から、それが亡くなったバルテルミー・ロパルスその人だとわかったからです。

ロアレじいさんが思わずこう言いました。

「ドゥエ　ダ　バルドン　アン　アナオン！」（神さまが死者をお赦しくださいますように！）

それと同時に男の姿は消え、みんなは牧草地に入っていきました。すると、どうでしょう。フォークが二本ずつ、十字に交差して置かれているじゃありませんか。

これを見て、ロアレじいさんが仲間に言いました。

「なあ、みんな。そのうちわかるだろうが、干し草はこれでもう、使いものにならなくなったぞ」

けれども、それから数日経って、干し草を屋敷の中庭に積み上げたとき、別に何ともなっていないように見えたんです。さらに、何ヶ月かが経ちました。みんなはロアレじいさんの言ったことなんか、すっかり忘れてしまい、じいさん自身も気にしているそぶりはありませんでした。ある晩、若旦那が厩《うまや》係の下男にこう言いました。

「おい、侯爵（これがその男のあだ名でした）、今年刈り取った干し草の山があるだろ。これからは、あの山を取り崩して、まぐさに使ってくれ」

それは、秋の終わりの耕作の時期のことでした。翌朝、ケルサリウーでいちばん上等の雌馬に犂《すき》をつけようとしたところ、馬は四本の足で立っているのがやっとで、その日のうちに死んでしまったんです。それから一週間と経たないうちに、今度はまた別の雌馬が同じようになりました。これは素晴らしい繁殖用の雌馬でねえ、このあたり一帯を見渡したって、それ以上の馬はいないってくらいの優《すぐ》れものでした。このときばかりは、さすがのロパルスの若旦那も、獣医を呼んだのですが、この先生ときたら、何か悪いものでも食べたんじゃないかと疑う始末。そこで、まぐさを見せると、獣医自身も良い草だと認めたうえで、

「だが、何かが変だ。何が変なのかはわからないが」と、断言しました。

ところが、わざわざ獣医に往診してもらっても、ほかの馬には大して効き目がありませんでした。というのもね、厩に入っていた一五頭ばかりが、次から次へと死んでしまったからですよ。

ロパルス家は、もう破産同然。若旦那はがっくり落ち込んで、すっかり性格が暗くなり、そのうえ、酒に溺れるようになりました。そして、ついにクリスマスの晩、行方をくらましてしまったんです。おかみさんに言われて、あたしらは必死であちこち探しまわりました。見つけたのは、ロアレじいさんでした。若旦那はりんごの木で首を吊っていたんです。亡くなったお父さんをないがしろにして、不幸を呼んじまった報いだね。

（語り手、カトリーヌ・レスコップ／プルヴォルンにて）


近親者が亡くなった夜、何か光ったものが自分の前を行くのが見えるだろう。だが、その光に追いつこうと、いくら歩みを速めても、距離は決して縮まらない(10)。

貧しい人に辛くあたった金貸しや金持ちが死ぬときは、いつも嵐や激しい雨、あるいは雷が起きる。
遺体が喪中の家から出て初めて、自然界の怒りがおさまる。
そんなとき、通夜の番をしている人は、ベッドの脇に灯したろうそくに何度も火をつけ直さなければならない。[11]
絶対に道で死者に出会わないようにする、確実な方法がある。それは、棺に安置される前に、遺体にキスをすることだ。[12]
バス・コルヌアイユ地方では、虚弱体質の子供を丈夫にし、長生きさせるためには、その子を死んだ子供のそばに連れて行ってお祈りをさせ、小さな遺体にキスさせるといい、といわれている。[13]

（マリー＝ジャンヌ・フィッシュ談／ロスポルデンにて）

通夜

通夜のことを、アン・ノス・ヴェイルという。[14]
天賦《てんぶ》の霊感に恵まれた人は、地域のどこで通夜があるか、あらかじめ知っている。
わしの義理の親父がそういう人だった。義父は赤サンザシの杖を持っていて、「夜のお供」と呼んでいた。
それは頑丈なペン・バス〔ブルトン語でペンは頭、バスはステッキ〕で、どのペン・バスもそうであるように、握りのところについている革紐で、自由自在に操ることができた。義父は散歩から戻ると必ず、戸棚の後ろにある釘に、杖を掛けることを習慣にしていた。

さて、近所で通夜があるとしよう。その二、三日前になると、赤サンザシの杖は揺れ始める。最初はゆっくり、それから次第に速く、戸棚と壁のあいだで揺れ動き、両方にぶつかって音をたてる。

戸棚にぶつかるときは、ドンという音。

壁にぶつかるときは、タンという音。

まるで柱時計の振り子のよう、いや、弔いの鐘を鳴らす撞木《しゅもく》のようだった。

ドン、タン！ ドン、タン！ この音は、半時間も続くことがあった。

そんなとき、わしらは恐怖のあまり、真っ青になったものだ。

だが、義父は落ち着き払って、こう言うのだった。

「気にしなさんな！ こいつはな、近々ノス・ヴェイルがあるってことを知らせてくれるだけで、悪さはせんのじゃから」

（語り手、ルネ・アラン／カンペールにて、一八八七年）

昔は、危篤の人が亡くなったとたん、その家の主婦が通夜の夜食にと、クレープを焼き始めたものだ。親戚、友だち、近所の人など、少なくとも一家族から誰か一人、必ずその夜食につきあわなくてはならなかった。わしは昔、お通夜の夜食に五〇人もの会食者が集ったのを見たことがある。それよりもさらに盛況な会があった、という話も聞いている。

通夜の席では、何時間も「感謝の祈り」が相次いで行われる。これは、出席者全員が口ずさむお祈りで、教会の頌歌と詩篇をブルトン語に翻訳したものだ。土地の名士たちはライバル意識をむき出しにし、どれだけたくさんお祈りのレパートリーがあるか、互いに競い合う。なかには、半時間も休みなく朗誦が続くときもあり、いちばん速く、長く、そして誰も知らないような祈りを唱えた者に軍配が上がる。[15]

（わたしの父、N・M・ル＝ブラースから聞いた話／トレギエにて）

コルヌアイユでは、真夜中の食事が終わると、祈祷の朗誦を止める。そのわけは、魂が旅立って行ったからだ。

「山」（つまりカレー周辺）では、町の住人が亡くなると、周辺の住人が全員、交代で故人の付添いをする。一晩をいくつかに分けて当直を決め、持ち時間の終わりになると、一人の男が部屋から部屋へと移動しながら、「死のベル」を鳴らし、寝ている者たちに、次の付き添いの番が来たことを知らせる。

ドゥアルヌネ地方では、通夜には必ず食事を出す。その食事もたっぷりあって、真夜中近くに用意される。死者もこの豪華な晩餐に出席するから、その分の食器もちゃんと並べておかなくてはいけない、といわれている。[16] この最高の聖体拝領がないと、死者はあの世で力尽き、指定された期間内に、贖罪の地まで行き着けない。

（ル＝ブラース夫人から聞いた話／ケメネヴァンにて）

ベル・イル・アン・メールでは、村で死者が出ると、村全体がいわば「操業停止」して通夜に馳せ参じ、「当直」を勤める。

ロスポルデン一帯では、通夜のときは真夜中に食事を用意する。通夜に出席している人にパンと蜂蜜を出すのだが、それは蜂蜜の匂いがアナオン〔死者の霊魂〕にとって、特にいい匂いだからだ。ときどき、このあたりではまるっきり見かけないような小さな蝿が、死者の口から飛び出して、蜂蜜の入った壷の縁《ふち》に止まることがある。人々は、死者の魂が、神さまから指定された場所に出発する前に、食料を調達しているのだ、と信じている。だからこの地方では、夜のあいだ、壷に蓋《ふた》をしない慣わしがある。(17)

（マリー＝ジャンヌ・フィッシュ談／ロスポルデンにて）

サン島では、通夜のとき、目の前の故人のために祈るだけでは足りず、これまでに亡くなったその家の死者それぞれに、「デ・プロフンディス」を唱える。その際、過去に遡れるだけ遡り、代々の先祖の名前やあだ名を唱える。ときには、死んだときの状況を再現することもある。まるで過去帳のように、人々の記憶には数世代にわたって、その家の誰がいつ亡くなったかが、はっきりと刻みこまれているのだ。

遺体が家に横たわってるあいだ、同じ地区に住む人は、いつ家を訪ねてもいいことになっている。そして、死者に最後のお別れをする。そのことを、「お祈りをしに行く」とか、「聖水を振りかけに行く」などと言う。死者の枕元には椅子が置かれていて、その上に聖水の入ったお皿が載っている。その中には、祝別された柘植《つげ》の枝（その前の枝の主日〔復活祭直前の日曜。キリストのエルサレム入場を記念する日〕に祝別されたもの）が浸してある。訪問客は、最初に死者の顔に水を振りかけてから、遺体の前にひざまずく。(18) 次に体を起こし、二度目の水を振りかける。死者の肌に触れたとたんに水滴が乾くようなら、死者のアナオンには、あの世で悪い運命が待っている。

（アンナ・ドリュト談／ペデルネックにて）

死者を納棺しないうちは、家の窓や扉を開けっ放しにしておかなくてはならない。でも、扉に「猫穴」と言われる小さな丸窓がついている場合や、窓枠に窓ガラスが嵌っていない場合は別だ。裕福な家でも、窓ガラスがないことは結構あるものだ。窓や扉を開けておくのは、そうしないと故人の魂が家の中に居座って、家族にもう一人死人が出るまでは出て行かない、といわれているからだ。

棺が家から出され、墓地に向けて出発したら、遺体の枕元で燃えていたろうそくをそのまま家に置いておいてはならない。というのも、もしうっかりして、そのろうそくにふたたび火を灯そうものなら、死者はすぐにまた家を恋しがるからだ。だから、どんなにちびてしまっても、そういうろうそくは教会にお供えするのがよい。[19]

47話　神父さまのお通夜

その日が何日だったか、この先、決して忘れることはないでしょう。それは二月の二〇日で、あたしは主任司祭さんのお通夜をしていました。立派な神父さままでねえ、その日の朝、亡くなったんです。あたしのほかにお通夜番として、指物《さしもの》屋のファンク・サヴェアンと、糸紡ぎのマリー＝サント・コルフェックおばあさんが一緒でした。

死者は、手持ちのいちばん立派な衣装を着て、ソファに座っていました。その顔は穏やかで、微笑《ほほえ》んでいるようでした。

あたしたちはめいめい勝手に、口の中でお祈りを唱えていました。

あたりは静かだし、じっとしているせいで、あたしはだんだん眠くなってきました。そのまま居眠りしてしまうんじゃないかと心配になったので、一緒に「感謝の祈り」を唱えましょうよ、とファンク・サヴェアンとマリー＝サントに声をかけました。そうすれば、互いに目を覚ましていられると思ったからです。

指物屋《さしもの》は願ったり叶ったりと、すぐに承知しましたが、糸紡ぎのおばあさんは、人の言うことを聞いたためしがない天邪鬼《あまのじゃく》なもんだから、すっと席を立ち、炉辺に座って、一人でお祈りを続けました。

そこで、あたしとサヴェアンとが、遺体のかたわらに残ったんです。

あたしがお祈りを唱えると、サヴェアンが答唱します。

突然、サヴェアンが手で合図をしました。黙って耳を澄ましてごらん、というように。

そこで、あたしは聞き耳をたてました。

「聞こえるかい？」と、指物屋《さしもの》が尋ねました。

そう言われてみると、確かに澄んだ鈴のような音がします。ただそれは、とってもとってもかすかな音でした。どこか遠くでチーン、チーンと小さな鐘が鳴っているような音。クリスタルのように透明な音の出る鐘が、ここから何リューも離れた野原で鳴っているみたいでした。

音は何秒間か、続きました。

それから、うっとりするような楽の音が、壁から、天井から、家具から、ええ、部屋のありとあらゆるところから聞こえてきたんです。[20]

サヴェアンもあたしも、これほど美しい音楽を耳にしたのは、生まれて初めてのことでした。

サヴェアンはあたりをきょろきょろ見回して、その音の出所を確かめようとしました。でも、結局わかりませんでした。

音楽が途絶えたので、あたしは中断していたお祈りをもう一度始めましたが、そのとき、また別の音が聞こえてきました。

今度は単調で長い、ブンブン唸る音です。蜜蜂《みつばち》の大群がこの部屋に押し寄せて、どこか羽を休める場所はないかと探しながら、壁のまわりを飛んでいるみたいな音でした。

「なんだ、こりゃあ」と、サヴェアンが言いました。「ここにゃ、マルハナバチでもおるのかね」

指物屋《さしもの》は死者の前に灯してあったろうそくのうち、一本を手に取ると、頭上に掲げてあたりを照らしてみましたが、いくら隅から隅へと視線をさまよわせても、ハエの影ひとつ、見かけません。

それなのに、ブンブンいう音はあいかわらず続いています。ふいに甲高く鳴り響いたかと思うと、突然低くなり、ほとんど聞き取れないくらいになる、という具合でした。

ファンクとあたしは座ったまま、じっと長いこと不審気に顔を見合わせていました。

怖くはなかったけれど、変なことばかり起きるので、すっかりまごついてしまったのです。まるで、夢の中の出来事のようでした。

そのとき、マリー＝サントのどら声がして、あたしたちは腰を抜かしました。

「今度はあんたがたがここに来て、体をあっためるといい。死者のそばには、あたしがついていましょう」

あたしたちはマリー＝サントに、何か音がしなかったか、と訊きました。

いいや、というのが答えでした。

そして、このときを境に、あたしたちにもまったく音が聞こえなくなったんです。

（語り手、Ａ・Ｍ・ロルセ／パンヴェナンにて、一八八九年）

聖ジョルナンの死

聖ジョルナンの名前は、どんな暦を探しても載っていない。というのも、ごくごくちっぽけな聖人さまだからだ。

とはいえ、プルエックの駅のすぐそばに、聖ジョルナンに捧げられた礼拝堂がある。それはなかなか立派な建物で、「美教会《ベル・エグリーズ》」と呼ばれているくらいだ。

聖ジョルナンが亡くなったのは、ちょうどトレギエで聖イヴの列聖のお祝いが執り行われている最中だった。プルエックの人々が馬に乗ってこのお祝いの儀式から戻ってきたとき、誰も揺らしていないのに、この美教会の鐘が激しく鳴るのが聞こえた。みんなが礼拝堂の近くに来たとたん、馬たちが勝手に、道の上で膝を折って座り込んだ。

そこで人々は、こう言い合った。

「この場所で、誰か聖人が亡くなったにちがいない」と。

人々が教会の扉を開けると、聖ジョルナンが、いまお墓のある場所で横たわっていた。両手を胸の上で組み、ちょうど心臓のあたりに、素晴らしく美しい赤い薔薇が一輪咲いていて、そこから、えも言われぬ香りが漂っていた。

人々は、聖人をそれは丁重に埋葬した。そして早くも翌日になると、その墓のまわりで次々と奇跡が起こったのだった。

（語り手、美教会の香部屋係／一九〇三年）

48話　ロンのお通夜

ロン・アン＝トルファド（罪つくりのロン）という男は、生前、生臭坊主のオリエ・アモンの悪い教えばかりを実行したものだから、こんなあだ名がついたんです。(21) ロンが亡くなったとき、おかみさんは、遺体のそばでお通夜をしに来てくれないかと隣近所に頼んだんですが、首を縦に振る者は誰もおりませんでした。

「かといって、あたし一人でこの極道者のお通夜をするなんて、真っ平だよ」と、おかみさんは思いました。「死んだとはいえ、この人ったら、生きてたとき以上に悪どいいたずらをしそうだからねえ……」

それは土曜の晩のことでした。

夜はすっかり更けていましたが、ロン・アン＝トルファドのおかみさんは、町に出かけていきました。

というのも、こう考えたからです。

「旅籠屋に行けば、きっとロンみたいな悪たれが三、四人、管《くだ》を巻いているにちがいない。そういう連中に、お通夜をしてくれるよう、頼んでみよう。なあに、お礼にシードルとワインを好きなだけ飲ませてあげる、とでも言えば、喜んでついてくるだろう」

おかみさんの思う壺でした。

その旅籠屋というのはね、いまラジュア家が経営している、町の入口にある宿屋のことですよ。そこでは、酔っ払いたちがトランプをやりながら、わあわあ大騒ぎしていました。

ロンのおかみさんは敷居をまたぐと、こう言いました。

「ここにいるキリスト教徒の中で四人ほど、あたしの頼みを聞いてくれる人はいないかね？」

「ああ、いいとも」と、一人の酒飲みが応じました。「その頼みってのが、あんたと寝てほしいってこと以外ならな。残念ながら、お前さんはもう薹《とう》が立ちすぎてらあ」

「あたしの頼みはね、ついさっき亡くなった亭主のお通夜をしてほしいってことだよ。お礼にシードルとワインを好きなだけ、ご馳走するからさ」

「よっしゃ、合点だ。おい、野郎ども」と、その男は仲間に声をかけて、「宿屋の親爺ときたら、九時が鳴ったら俺たちをお払い箱にすると、脅しをかけてやがる。なあ、この女について行こうぜ。そうすりゃ、この女の家でゲームの続きをやれるし、ただで酒も飲める」

「おう、行こうぜ」と、あとの連中も気勢をあげました。

そこでロンのおかみさんは、ほろ酔い加減の四人の男を引き連れて、家に戻ったんです。男どもは道中ずっと、大声で喚《わめ》き散らし、騒ぎまくっていました。

「さあ、着いた」と、おかみさんは扉を押しながら言いました。「死者の手前、どうかもう少しおとなしくしておくれよ」

なるほど、死者がいました。台所のテーブルの上に長々と横たわって。遺体の上には、パンを包むクロスが掛けられていました。というのも、それがこの家で唯一のまともな布だったからです。でも、顔はすっかりあらわになっていました。

「おやまあ、なんとなんと！　こいつはロン・アン゠トルファドじゃないか！」と、にわか仕立てのお通夜番の一人が叫びました。

「そうだよ」と、後家さんが言いました。「今日の午後、亡くなったのさ」

おかみさんは箪笥《たんす》のところに行くと、グラスと瓶《びん》を出してベンチに置き、男たちに言いました。

「好きなだけ飲むがいい。あたしは横にならせてもらうよ」

「どうぞどうぞ。ロンは俺たちが見ててやるよ。逃げ出さないよう、しっかり見張っているからな」

おかみさんが行ってしまうと、男たちは、死者のそばに置いてある小さなテーブルに陣取りました。テーブルの上にはろうそくが一本灯り、聖水を入れたお皿には、柘植《つげ》の木の枝が水に浸されていました。

そうそう、連中の名前をまだ言っていなかったねえ。一人がケロートレのファンク・ヴラース、次がミン・カムのリュック・アー゠ビトゥス、それにケレルガインのトロアデク兄弟。こいつらは全員が怖いもの知らずの男たちで、死者が隣に寝ていようが、平気の平左でした。

さて、ファンク・ヴラースが、肌身離さず持っているトランプを上着のポケットから取り出しました。

「ほらよ、切ってくんな！」と言って、ギョーム・トロアデクにトランプを渡しました。

そして、ゲームが再開しました。

一時間のあいだ、連中はトランプをしては飲み、飲んでは悪態をつきました。

ここに来たときはほろ酔い加減だったのが、今やみんなへべれけです。ただし、トロアデクの弟の方だけは別でした。ほかの連中にくらべ、少しは恥というものを知っていたんです。

「なあ、みんな」と、トロアデクの弟が言いました。「俺たち、いくらなんでも、少し不謹慎すぎやしないか？　死者のそばでこんなに羽目をはずして、あとで後悔するようなことにならなきゃいいけど。魂の休息を祈って、『デ・プロフンディス』の一くさりくらい、唱えちゃどうかい？」

「あーっはっはっ！」この言葉に、リュック・アー＝ビトゥスが大笑いしました。「ロン・アン＝トルファドの魂のためだと！　奴に魂なんてものがあるとしたら、『デ・プロフンディス』を聞かされるより、俺たちと一緒に酒をかっくらって、ひと勝負やりたいと思うだろうよ！」

「仰せの通り！」と、ファンク・ヴラースが賛成します。「そうとも、ロンって奴は、根っからのろくでなしよ！　請け合ってもいいがね、奴さん、死んでいやがっても、俺たちが誘ってやりゃあ、喜んでゲームに入るぜ(22)」

「そんなこと言うなよ、ファンク」

「いいから、見てなって！」

こう言いながらファンクはカードを切って、四人分のところを五人分配りました。

そして、「さあ、ロン！　お前の分も用意したぜ」と、大声で言いました。

すると、口にするだに恐ろしいことが起こりました。

死者は、それまで胸の上で組んでいた手を離し、左腕を滑らせるようにして、トランプをしている連中がいるテーブルへと少しずつ手を伸ばしたんです。それから、自分のカードの上に手を乗せ、札を見るかのように顔の上に持ち上げました。そして、そのうち一枚を床に落としましたが、そのあいだ、ぞっとするほど不気味な声で、三回こう唸りました。

「こんちくしょうめ、スペードが切り札だと！　スペードが切り札！　スペードが切り札！」(23)

能天気な四人は、しばし恐怖に凍りついていましたが、突然、扉に向かって我先に突進しました。しかも最後に飛び出したのは、あんなに空威張りしていたファンクじゃありませんでしたとさ。

四人は真夜中、どの道かもかまわず、闇雲に駆けました。夜が明けるまで、気の狂った牛のように、野原をうろうろするばかり。あたりがすっかり明るくなると、ようやくめいめい自分の家に戻ったんですが、全員、首のところに死の色が出ていました。

さて、その週のうちにファンク・ヴラースが息絶えました。あとの連中はなんとか生き長らえたものの、一年近く原因不明の熱に悩まされ、体が震えてならなかったそうです。聖ゴネリーの泉の水を飲んで初めて、その奇病が治ったんですとさ。(24)

（語り手、ジャンヌ＝マリー・コール／パンヴェナンにて、一八八六年）

49話　開いた扉

これからお話しするのは、パンヴェナンとプルギエルの里境にある、レスカドゥの古いお屋敷で起きた出来事です。お屋敷では、その日の昼間に亡くなった、ル＝グラン何某《なにがし》という、その家の当主のお通夜が行われていました。付き添いは、男女の召使いと、自ら手を貸そうとしてやって来た近所の人たちでした。

ル＝グランの臨終は、不思議なことだらけでした。死ぬとき、雌犬が小屋から出てきて、ぞっとするような唸り声を立てたのです。気を落ち着かせようとして犬を見に行くと、火達磨になっていて、肉が半分焼け焦げ、地獄のような嫌な匂いがしました。

そして、主人が息をひきとったその瞬間に、犬も絶命したのです。人々は、不思議な偶然の一致だと、たいそう気味悪がりました。

主人と飼い犬が死ぬや否や、凄まじい嵐が起こりました。(25) 中庭に積んであった藁《わら》塚が突風にさらわれ、そこから二百メートルも離れた野原に吹き飛ばされましたし、古いイチイの木が、頂上から根っこまで、真っ二つに裂けました。付き添いの人々は、これはいったいどうしたことかと、長いこと話しあいました。

みんな、ル＝グランが、人から後ろ指をさされるような人生を送ってきたことを知っていたからです。実際、雇い人にはいつも辛く当たり、貧しい人々には容赦ないと、悪評高い男でした。

突然、一同は口を噤《つぐ》みました。

扉が大きく開いたからです。みんな、てっきり誰かが姿を現すものと思いました。ところが、入ってきたのは風ばかり。

「早くドアを閉めてちょうだい！」と、一人の女が召使いに言いました。

お屋敷の下男が腰を上げ、扉を閉めてから、元の位置に戻りました。ところが脚立《きゃたつ》に腰掛けたとたん、またもや扉が大きく開け放たれたのです。

「なぜちゃんと閉めないんだ？」と、叫んだ者がいます。「お前、パリに行ったことがないんだな(26)」

「誓ってもいいが、ちゃんと閉めたぜ」と、さきほど席を立った男が言いました。

そしてもう一度閉めに行きましたが、今度は枠にぴったり収まるよう、力いっぱいドアを押しました。

「ほらよ！　こうやってもまだ開くようなら、俺のせいじゃないってことがわかるだろ？」男はそうぶつぶつ言うと、炉辺に戻りました。

「お前が能無しか、それともこのドアに魔法がかかっているかのどっちかだな」と、もう一人、別の召使いが言いました。「見ろよ、さっきより開けっ放しなくらいだぞ」

「じゃあ、次はお前が閉めてこい。俺はもうごめん蒙《こうむ》る」

「いいとも！　悪魔がいたってかまうもんか、俺がちゃんと閉めてきてやらあ」

この召使いは、がっしりした体つきの頑丈な男で、レスラーのような腕をしていました。男はドアをつかむと蝶番《ちょうつがい》を軸にして勢いよく回転させ、両腕を突っ張らせて駄目押しをしました。

「賭けてもいいいぜ。これで、世界中の風が一度に押し寄せてきたって、もうドアは開かねえから！」

ところが、そう言い終わらないうちに、扉がもろに背中に当たり、ヨロヨロよろけて床に突っ伏してしまいました。

男は痛む体を起しながら、悪態をつき、呪いの言葉を吐きました。

「くそっ垂れめ、ふざけやがって！　なんで何もしていないのに、この扉は開きやがるんだ？」

そのとき、嘲るような笑い声が長いあいだ続き、こう言う声が聞こえました。

「悪魔がいたってかまわない、ちゃんと扉を閉めてやらあ、と豪語したんじゃなかったのか、お前は？」

男は心底ぞっとしましたが、それでもまだ空威張《からいば》りして、こう言いました。

「俺はな、なんでこのドアが開きやがったのか知りたいって、言ったんだわい」

「わしがやったからだ！」と、答えたその声は、情け容赦がなく、冷酷で怒った口調だったので、男はそれ以上言い返しませんでした。無理もありません。まるで火のように熱い息が、顔にかかったように感じたからです。扉の向こうには人っ子ひとりいないので、男はなおさら恐怖に震えました。

真っ青な顔で、呆然として付き添いの人たちのもとに戻ってきましたが、その人々も恐しさのあまり、背筋がぞくぞくしました。

やがて、家の柱時計がゆっくりと鳴り始め、真夜中が来たことを告げました。十二番目の音が鳴り終わると、死者のベッドのそばで燃えていたろうそくが、ひとりでにふっと消えました。消えたろうそくにあえて火を灯そうとする者は、誰一人おりません。遺体は、深い闇の中に横たわったままでした。すると、開いた扉から入ってくる風が、死者にかぶせてあるクロスをはためかせる音が聞こえました。まるで、草地の上に洗い立ての布を広げたときのような、パタパタという音が。

真夜中から明け方まで、付き添いの人々は互いに一言も発せず、一くさりのお祈りも唱えませんでした。人々は、ただ暖炉の熾き火と樹脂ろうそくの明かりのみに照らされて、肩を並べて縮こまっていたのです。みんな両手で耳を塞ぎ、まぶたをしっかと閉じて、早く夜が明けないかと、それればかりを待ち遠しく思っていたのでした。

（語り手、お針子ジャンヌ＝マリー・コール／パンヴェナンにて、一八八八年）

死者への賛辞(27)

フィニステール県のコルヌアイユ地方には、いまでもまだ故人を褒め称える風習が残っている地域がある。遺族の代理で、死者に賛辞を連ねるのは主に女たちで、年寄りの乞食女や糸紡ぎ女、それに巡礼の老婆などだ。

一堂に会して、いよいよ通夜が始まろうとするとき、そういう女がまず即興で死者を褒めちぎる。女はベッドの足元に陣取って、遺体をじっと見据えたまま、故人の生涯の主な出来事をたどる。その声は一本調子で、お経でも唱えているかのようだ。そして特に、「他の人のように過ちを犯さなかった」点を強調し、故人の慎ましやかな美徳を讃える。彼は常に良き夫、良き父、そして良き働き手であった、と。

故人が生前、どんなに素晴らしい仕事をしたか、微に入り細を穿《うが》ち、説明する。オーディエルヌのアンリエット・ダンゼばあさんがエルヴェ・マソンという名の若い男を褒めちぎったときも、そんな調子だった。この若者は、人の用事を請け負って生計を立てていたんだが、それもばあさんの手にかかると、こんな具合だ。

「人の頼みとあらば、いつ何どきでも、すぐに出かける用意ができていた。赤ちゃんが生まれたことを知らせに行くのでも、誰かが亡くなったことをふれてまわるのでも、あるいはその他の言伝てをしに行くのでも、頼まれたら最後、嫌な顔ひとつしなかった。

昼でも夜でも、どんな時間にでも出かけていった。誰のためでも、キャップ（キャップ・シザン地方）への道を歩いていった。誰も彼のようには歩けない。こんなに確実で、でしゃばらないメッセンジャーはいなかった。この人に頼めば、みんな安心できたのさ。頼まれたことはどんな細かい点も洩らさず、一つ一つの用事をきちんとこなしたからだ。

しかも、その類を見ない誠実さときたら！　この人になら、何の心配せずに、どんなものでも預けることができた。たとえそれがお金でも。

旅籠屋で寄り道して酒をくらう、酔っ払って道端の用水堀に駄賃を落す。ふつうの人ならよくある失敗だが、彼にかぎってはありえなかった。相場以上の手間賃をぼったくったことだって、一度もない。

そうとも、仕事では徹頭徹尾、誠実だった。こんなに素晴らしい人のために、みんなで神さまに祈ろうじゃないか、どうぞ天国にお迎えくださいますように」

こういう追悼演説をする者は、慨して「説教女《プレシューズ》」と呼ばれ、自分の言ったことが本当であることを示すために、その場のみんなに賛同を求める。あるいは、説教女の言葉を裏づけるように、会衆が進んでこう言うこともある。

「そうだ、そうだ。まったくだ……」

このような、いかにも鄙《ひな》びた追悼演説は、ともすると、すべての褒め言葉がそうであるように、白々しくなるものだ。

「いやなに、ちょいと死化粧してさしあげたまでさ」それがアンリエット・ダンゼばあさんの口癖だった。だが、ときにはあまり褒められない人間もいるものだ。そんなとき、いかにうまく取り繕うか、すべては説教女の才能にかかっている。

たとえば、こんな話がある。

一人の男が死んだ。生きているあいだ、こいつは四六時中酔っ払っていて、死んだのも、みんなが言うように「酒に殺された」ようなものだった。ところが通夜の追悼演説で、説教女は、こんなだらしない男でも、改心した酔っ払いの模範として祭り上げてみせたのだ。ともかくも、死ぬ前の一週間は、少しは素行が改まったのだから、という理由で。

いずれにせよ、死者を悪く言うのは良くないことだ。でないと、恨みを買ってしまう。(28)

その点については、プレイバンの靴直し屋の話が有名だ。

ある日、小教区一だらしのない酔っ払いが、肥溜めに落ちて死んでしまった。それを知った靴屋、お葬式の追悼演説を真似してこう叫んだのだ。

「奴さん、自分の腹の中身の中でおっ死にましたとさ!」

その夜、靴屋が革の上にかがみこんで仕事をしていると、誰かの息づかいが後ろで聞こえた。誰がいるんだろう、と思って振り向くと、そこに死者が立っていたので、度肝を抜かれてしまった。死者は真っ赤な目で奴さんを凝視し、冷たく笑ってこう呟いた。

「テ　グルーヴォ　イヴェ、ケレー!」(お前もいまにおっ死ぬぞ、靴屋!)

翌日も、翌々日も、同じことが繰り返された。そこで靴屋は、仕事場を別の部屋に移した。だが、無駄だった。幽霊はいつも後ろに立っていた。

とうとう靴屋は、この幻《まぼろし》から逃れようと、仕事を打っちゃらかして居酒屋に入り浸るようになった。そして数ヶ月後に亡くなったのだが、その死にざまは、自分が悪口を言った死者とそっくり同じだったということだ。(29)

（アンリ・クドレーから聞いた話／コレーにて、一八九四年）

サン・ポル・ドゥ・レオンでは、誰かが亡くなると、次のような手順で知らせる。

亡くなったのが女の人であれば、施療院の四人の未亡人が、死者が男であれば、四人のお年寄りが、二人の孤児に先導され、ベルを鳴らしながら素足で町の通りを巡回する。一行は広場に着くたびに立ち止まり、ベルを鳴らすのをやめ、子供の一人が声を張り上げて、こう告げ知らせる。

「今日亡くなり、明日埋葬される予定の、これこれの場所に住んでいた何某《なにがし》のために、どうかお祈りください。この人の霊のためにお祈りくださる、敬虔なみなさんにお知らせいたします。レクィエスカント　イン　パーチェ〔死者に安らかな憩いが与えられますように、という意味。死者のためのミサ（レクイエム）の最後に唱えられる文句〕」

第8章　埋葬

プレイバン、古い納骨堂

わしが子供のころ、プレスタン・レ・グレーヴでは、亡くなった人を荷車に乗せて、町まで運んだものだ。そのとき、主任司祭が馬に乗って、荷車の先導をする。

その荷車というのは、小麦を市場に運んだり、堆肥を畑に運んだりするときに使う、ごく普通の荷車だ。死者を乗せるときは、それを特別仕立てにする。まず柳の枝をアーチ型にしなわせて、棺の上に渡す。このアーチの上に白いシーツを掛けて幌のようにして、車を引く牛や馬にもシーツを掛けておく。それから、棺にもシーツを掛ける。わざわざそんなふうにするのは、当時、田舎の教会には、お葬式用の特別の飾りなどなかったからだ。

（わたしの父、N・M・ル゠ブラースから聞いた話／トレギエにて、一八九八年）

いまではバス・コルヌアイユのいくつかの村を除き、死者を荷車に乗せて墓地まで運ぶ慣わしはなくなった。霊柩車用の荷車がない村では、あらかじめ決められた人が棺を担ぐ。(1) 死ぬ前に、本人が担ぎ手を指名しておく場合もある。担ぎ手は、死者と同じ階級に属する者でなければならない。これは、紐やろうそくを持つ係にも言えることだ。つまり、死者が女房持ちであるなら女房持ちが、若者なら若者が、自作農なら自作農が、船乗りなら船乗りが、棺桶を担ぐ。この役目に就いた人たちは、埋葬が終わるとお金を出し合い、故人の「葬式代」を集める決まりになっている。

（わたしの父、N・M・ル゠ブラースから聞いた話、トレギエにて）

棺桶を馬車に乗せて墓地まで運ぶとき、御者は車に乗ってはならない。先頭の馬の手綱《たづな》を取って、歩かなくてはならない。

霊柩車を引く馬を、絶対に鞭で打ってはいけない。もし馬が立ち止まったら、ふたたび歩き出すまでじっと待つ。(2)

歩かせるときは、優しく話しかけるなどして、声だけで、いうことをきかせる。

棺桶を乗せて墓地へと向かう荷車が道の途中で止まったとしたら、その荷車は八日以内に、ふたたび同じ用途に使われるだろう。そのとき乗せられるのは、死者の家族か、同じ村の住人だ。

（ポール・クドレーから聞いた話／カンペールにて）

死者を運ぶ荷車の車輪の音で、その人が救われるか否かがわかる。もし車輪が楽々と回っていたら、その人はまっすぐ天国に昇るだろう。もし反対に車輪がきしんだら、その人は罪の償いをしなければならない。きしみ具合が激しければ激しいほど、その償いは、長く辛いものになる。

（ポール・クドレーから聞いた話／カンペールにて）

エリアンとトゥルクの近辺では、故人の一番の近親者が、祝別のろうそくが灯る大きな角灯を捧げ持ち、葬列の先頭を歩く習慣がある。

サン島では、夫が妻を喪うと、故人のいちばん近い親族――たいていは母方のいとこたち――を呼んで、墓穴を掘る。穴の大きさは、夫自身が決める。墓穴が完成すると、その大きさを確認したうえで、夫はこう言う。

「上出来ですよ。ご苦労さん」

それから、旅籠屋で飲み物をふるまう。墓穴を掘った連中には、死者を墓地まで運ぶ特権が与えられる。

喪中の家から棺を出す前に、スープの鍋を火にかけておく。そして埋葬がすんで家に戻って来たら、このスープを、コップになみなみとついだ蒸留酒とともに、親戚一同にふるまう。

（アンリ・ポルツモゲールから聞いた話／サン島にて）

死者の棺は、二回橋を渡ってはならない。さもないと、橋が落っこちる。

シャトーランでは、運河の右岸に教会が、左岸に墓地がある。誰かが左岸で亡くなると、右岸の教会でお葬式をせずに、左岸の土手の正面にある奉納礼拝堂で葬式をする。死者が二度、橋を渡らないようにするためだ。この礼拝堂は、「旧市街」と呼ばれている。

葬列が橋にさしかかったら、全員が渡り終えるまで、司祭は歌を歌うのを止めなければならない。

（アンリ・クドレーから聞いた話／コレーにて）

レオン地方では葬列が通るとき、棺桶の上の部分を、通り道に立つすべての十字架礫刑《カルヴェール》の台座に打ち付けなければならない。(3)

ベノデとその近隣の地域では、葬式のミサが終わり、出棺のときが来ると、担ぎ手たちが教会の壁に棺桶をぶつける習慣がある。(4) なぜそんなことをするのかというと、それには二つの説がある。ある者は、死者の名によって教会に別れを告げるのだ、と言うし、別の者は、死者の霊魂のために天国の扉を大きく開け放してくださいと、聖ペトロに頼むのだ、と言う。

パンポルの近くのロンギヴィの船乗りたちは、毎年夏になると、サン島にオマール漁に出かける。仲間の誰かが島で亡くなると、教会から棺桶が出される前に、棺のところに行ってキスをする。それから棺は墓地へと向かう。五年経って定められた時間が過ぎると、墓地を掘り返して遺骨を取り出し、ロンギヴィの地に返すために船に運ぶのだが、その際、仮埋葬の日と同じ儀式を行なう。

家の窓や敷居に立ったまま、葬列を眺めてはならない。(5)というのも、そんなことをしたら、死者を馬鹿にして、こう言っているかのように思われるからだ。「ほらね、わたしらはここにいるけど、あんたはあっちに行っちまうのさ」こう挑発されると、死者は必ず復讐する。死者に面目を施し、その怒りを招かないようにする方法は、ただ一つ。道に出てひざまずき、頭《こうべ》を垂れて、葬列を見送ることだ。

50話　空っぽの家

埋葬のあいだは、ぜったいに家を空にしてはならない。そうでないと、遺体は墓地に運ばれても、死者が家に残って留守番をするからだ。

それについては、こんな話がある。ゲスナックの肉屋は、子牛一頭分の代金をクロアールの農家に借りていた。ある土曜の朝、たまたまその家のそばを通りかかったので、こんなことを思いついた。

「そうだ、ちょっと寄って行って、ラリドンんちのばあさんに借りを払っちまおう」

ナイック・ラリドンというおばあさんが、息子二人と一緒に、その農家を切り盛りしていたのさ。

肉屋は、農家に続く道を歩き出した。ところが中庭に入ったとたん、奴さん、いぶかしく思った。というのも、あたりはがらんとして、人っ子一人いなかったからだ。「おやおや、みんな野良に行っちまったのかいな?」と、肉屋は思った。いつもは開いている家の扉までもが、きっちり閉まっている。思い切って掛け金をはずすと、両開きの扉は蝶番《ちょうつがい》を軸に回転し、台所が開けっ放しになった。家の中は外と同じように、ひっそり閑として人気《ひとけ》がない。

「おーい!」と、肉屋は大声をあげた。「誰もいないのかよう? みんな死んじまったのかあ?」

「当たらずとも遠からず、ってとこだね」と、ラリドンばあさんらしい、かすれ声が答えた。

家の中はたいそう暗かったので、肉屋はもう一度声をかけた。

「そう言うのはナイックさんかい?」

「ああ、あたしはここだよ。暖炉の隅さ、肉屋さん」

肉屋が声のするほうに歩いて行くと、おばあさんが小さな鉄のフォークで暖炉の灰を掻いているのが見えた。田舎では、ハリエニシダの小枝で火をおこすとき、こういうフォークを使うんだ。

「やあ、いたいた!」と、肉屋は声をあげた。「あんたに用があって来たんだ。子牛の代金を払おうと思ってさ。お金を数えてくれんかね? 確か、四エキュだったな」

「ああ、そうさ。テーブルの上に置いといておくれ」

「いいとも、そうしよう。じゃ、お達者でな、ナイックさん。家のみなさんにもよろしく。急ぐので、これで失礼するよ」

「神さまのお計らいで、また会えますように。さよなら、肉屋さん!」

これほど愛想のいいばあさんは見たことがないぞ、と肉屋は思った。お金がちゃんと四エキュあるかどうか、確かめもしなかった。いつもなら、決まった額より多い金額をふっかけるのに。こう考えながら、肉屋は街道の方へ引き返した。街道に出ると、クロアールの町の方から喪服姿の一団がやって来るのが見えた。その中には、ラリドンの二人の息子もいた。そこで肉屋は挨拶をしようと、立ち止まった。

「おや、お葬式ですかい？」と、肉屋が二人に言うと、兄のほうが悲しそうな声で「ええ」と答えた。

「亡くなったのは、ご親戚で？……ああ、きっとそれでだ。おっ母さんが忙しそうに暖炉の灰を搔きたてていなさったのは。おっ母さんは心ここにあらず、というふうで、あっしが渡した子牛の代金を数えようともなさらなかったよ」

ラリドンの息子は二人とも、ぎょっとして肉屋を見た。

「おふくろが？　おふくろと話をしたって？」

「ええ、そうですとも。それが、人の顔を穴のあくほど眺めるほどのことですかい？」

「だって、さっき俺たちが埋葬したのは、そのおふくろなんだぞ」

今度は、肉屋が目を丸くする番だった。

「でも、あっしは確かにおっ母さんを見ましたぜ。今、お二人さんを目の前に見るように」

すると、一緒にいた女中がこう言った。

「だから、あたしが言ったじゃありませんか、家を留守にしてはいけないって。こうなったからには、死者は、日暮れにならないと帰りませんよ[6]」

そこで、ラリドンの息子とその一行は、日暮れを待って家に戻った。みんなが台所に入ってみると、死者は、もうそこにはいなかったが、肉屋の置いていったお金はちゃんとテーブルの上にあった。それから、ハリエニシダの柴に使ったフォークが、灰の上に横倒しにしてあった。

（語り手、ジョゼフ・マエ／カンペールにて）

墓　地[7]

夜中、決して墓場に行ってはならない。そうでないと、災いが起きる。何かわけがあって、どうしても墓地を通らなければならない場合は、九時、一一時というように、奇数の時間であれば大丈夫だ。

ブルターニュでは、墓場にイチイの木を植える。だいたい一箇所の墓場に、イチイの木は一本しか植わっていない。その根っこの先は、一人一人の死者の口の中に伸びていく、といわれている。(8)

ラニオン地方では、よく冗談にこんなことがいわれる。「サン・ミシェル・アン・グレーヴでは、死者の爪は土の中に届かない」と。

なぜかと尋ねると、こういう答えが返ってくるだろう。

「なぜって、遺体は砂の中に埋葬されるからさ」

そのとおり、墓地は砂浜のすぐそばなので、壁で保護されてはいるものの、絶えず砂に埋まってしまう。

フィニステールの南岸には、こんな風習がある。船乗りが亡くなると、墓穴に置かれた棺桶に、近くの砂浜で採取された細かい白い砂をかぶせるのだ。

埋葬されたばかりの死者が、墓地で初めての夜を過ごすとき、前からそこにいる死者が近寄って来て、こう声をかける。

「起きろ。こんど墓守をするのはお前だ」

すると死者は体を起こし、墓場の扉のそばに立ち、つぎに新入りが来て自分と交代するまで、そこに眠る人々を見守る。というのも、この役目はいつも新参者が行なうことになっているからだ。(9)

（ロリック・ロー談／パンヴェナンにて、一八九六年）

「死者の墓守」は、たいてい二人だ。男の死者を見守るのは男の役で、女の死者を見守るのは女の役。夜になると、二人向かい合って、墓場の扉の両脇に立つ。

あるとき、カムレスのモン・オリヴィエは、ケラムで取り入れをしたあと、夜もかなり更けてから家路についた。墓地の前を通りかかったとき、一組の男女が、それぞれ入口の柱に背をつけて、人目を忍ぶように立っているのが見えた。

モンおばさんはてっきり、恋仲の二人が密会しているのだと思い込んだ。そこで、こう言って二人を冷やかした。

「ようよう、お二人さん。デートするのに、よりにもよってこんな場所を選ぶとはね！」

すると、声がこう答えたので、モンおばさんは命からがら逃げ出した。

「とっとと失せろ。どうせいつかお前も、ここの仲間になるのだ」

（カトリーヌ・カルヴェネック談／ポール・ブランにて、一九〇二年）

納骨所〔＊1〕

昔はブルターニュのどんな墓地にも、納骨所があった。そのうちいくつかはまだ残っているが、今ではほったらかしにされている。納骨所には、「死者の形見」が乱雑に積まれたままで、カビが生え放題。たった三〇年かそこいらで、そんなふうになってしまったのだから、嘆かわしいことだ。でも、昔は違った。当時は、屍を掘り起こしたら、骨を一つ一つ丁寧に重ね、頭蓋骨といっしょに、棺や礼拝堂の形をした箱の中に納めたものだ。納骨所の壁には、そういう小さな箱がぎっしり置かれていた。箱はいろいろな色に塗られていた。故人が中年なら黒に、子供なら白、若い女なら青に。そして、それぞれの箱には碑銘が書かれていた。「ここにどこの何某《なにがし》、眠る」というふうに。

万聖節の夜、「アナオンの晩課」がすむと、「納骨所の行列」が始まる。司祭を先頭に、墓のあいだの通り道を縫って、みんなで納骨所に向かう。そのとき司祭は、陰鬱な声でこういう歌を歌う。

「デオンプ　ダー　ガルネル、クリーステニエン！」（いざ納骨所へ、キリスト教徒よ！）

松明《たいまつ》のゆらめく炎が、納骨所の中を照らし出す。どの箱にもハート型の穴が空いていて、そこから死者が淋しそうに口をゆがめ、しかめ面をしているのが見える。

わしが子供のころ、よくこんなことが言われていた。万聖節の夜は、死者の唇のない口に言葉が蘇ってきて、頭骸骨どうしが親しそうに会話をするのが聞こえる、と。

「お前さんは誰だね？」と、一人の頭骸骨が、隣の頭蓋骨に訊く。そうやってぽつりぽつり始まった会話が、だんだん賑やかになっていく。

生きている人間でそこに居続ける勇気のある者は、ひと晩であの世のことを何もかも教わることができる、という話だ。

しかもその人は、それから年内に死ぬ人の名前を漏れなく聞けるそうだ。(10)

（語り手、わたしの父、N・M・ル＝ブラース／トレギエにて）

51話　知りたがり屋のイウエニック・ボローハ

イウエニック・ボローハという男は、神をも畏れぬ好奇心の持ち主だった。こいつはなかなか頭のまわる乞食でな、こんな不届きなことを思いついた。

「もし俺さまがみんなの死ぬ日付けをあらかじめ教えてやったら、誰も彼もありがたがって、心づけを山ほどくれるだろう」

そこで万聖節の夜、「カステル・ポル」（サン・ポル・ドゥ・レオン）に行くことにした。というのも、カステル・ポルの墓地には、納骨所が一つどころか、一〇や二〇もある、という話を聞いたからだ。そして、草の上に腹ばいになって身を隠し、その姿勢のままで、死者が会議を始めるときを待った。

お前さんもご存知だとは思うが、カステル・ポルじゃ、納骨所は墓場の壁に設けられている。そういう納骨所のひとつで、一人の死者が、向かいの納骨所の死者にこう尋ねた。

「なあ、俺の声、聞こえるか？」

イウエニック・ボローハは、この言葉が、北風の凍った息吹のように、自分の頭上すれすれのところを通りすぎたのを感じた。

「うん、聞こえるよ」と、もう一人の死者が答えた。「だがな、あんたと俺とのあいだに、生きている人間が一人いるぞ」

「ああ、先刻承知さ。近々死ぬ者たちの名簿を知りたがっているんだ」

「では、聞くがいい！」

「そうとも、知るがいい。名簿の先頭に名指しされている人間は、今から二分間とは生きておれないということを！」

「その名簿の第一番目にあるのは、イウエニック・ボローハという奴の名前だ！」

夜の闇をつんざく口笛のように、二人の声が鋭く飛び交った。死者の叫ぶ言葉の一つ一つが、気の毒な乞食の耳に、鉄の棒のように突き刺さった。自分の名前が発せられるや否や、イウエニックは息絶えた。

次の日、すっかり硬直した男の死体が発見された。人々は、夜の寒さに全身の血が凍ってしまったのだと思い、見つかった場所に遺体を埋めたのだった。(語り手、ジャン・クロアレック／フィニステール県ラ岬にて、一八九〇年)

52話　納骨所で一夜を明かした娘

ゲルノテで「大仕事」(11)があった晩のことでした。そこには近隣の三、四軒の農家で働く、主だった召使いたちが、一堂に会していました。こういうときの習いとして、夕飯は豪華で、お酒もたっぷりふるまわれました。みんな、心ゆくまで飲み食いして、満ち足りた気分になったころ、炉辺で車座になりました。男たちはパイプをふかし、女たちは糸車の前に陣取って、四方山《よもやま》話に花を咲かせておりました。

言うまでもないことですが、一同が最初に語り合ったのは、汗水流して働いた、その日いちにちの仕事についてでした。

ゲルノテのお館の人たち、そして仕事を手伝った近所の農家の連中は、朝の三時にサン・ミシェル・アン・グレーヴまで出かけて行ったのです。道のりは五リュー〔約二〇キロ〕もあり、長い移動でした。特に帰りは、湿った砂を、溢れるくらい荷車に積んだのですから、よけいに時間がかかったのです。

その話になると、一同、馬具について講釈を始め、ロック・ラの灰色の種馬を誉めそやしました。これは、砂を採りに行った馬の中で、ひときわ優れた馬でした。それから、道中通り過ぎた町のことに話が及びますと、行く先々の旅籠屋で飲んだシードルでいちばんおいしかったのは、プルミリオーのムーレック家のシードルだったと、みんなの意見が一致しました。

「まったくそのとおり」と、そこにいた若者の一人、モーデス・メリヤンが言いました。「もしシードルを一日一二ショピーヌ〔約六リットル〕頂戴できるんなら、一週間か二週間、『プルミリオーのアンクー』の代わりになってやってもいいくらいだ」

「まあ、モーデスったら、冗談にもそんなことを言っちゃいけないよ」と、ゲルノテのおかみさんが言いました。「思っているより早く、アンクーのお世話にならないともかぎらないからね」

マリー・ルアルンのこの一言で、会話は自然と怪談になりました。一人の女中が、エルヴォアニック・プルイオ〔プルミリオーのアンクーのこと。第3章原注3参照〕を馬鹿にした男が、その晩、溺れ死んだ話を語ったときです。

「そんなのみんな、女子供のつくり話さ」と、その場にいた一人の男が、鼻で笑いました。

「どうあがいたって、死人は死人だもの。生きている人間に手出しはできまい」と、別の男がつけ加えます。

すると一人の女中が、

「いまでこそ、そんな大口を叩いていられようが、仮に一晩、納骨所で過ごさなきゃならないとしたら、尻尾を巻いて逃げ出すにちがいないよ」と、言い返しました。

若者たちはみんな、声を合わせて反論しました。

目の前に酒があるとき、男というものは、たとえ相手が悪魔であっても、角まで食っちまう気でいるものです。そうですとも、口ではね！　でも実際にやる段になると、その威勢はとたんに尻つぼみになっちまうんです。まさにその晩、ゲルノテにいた男たちが、そのいい例でした。

主《あるじ》のイヴォン・ルアルンは、客たちをほろ酔い気分にするため、自分は酒を控えていました。そして炉の片隅に座ったまま、みんなの話に黙って耳を傾けておりました。

若者たちが女中に抗議するのを聞いて、イヴォンが割って入りました。

「いいかね」と、主人は大真面目なふうを装っていいました。「きみたちの肝っ玉の太さを試す、またとない機会を逃すなんて、もったいないぞ。納骨所で一晩過ごす勇気のある者に、明日の朝、六フランのエキュ銀貨を一枚、進呈いたすとしよう」

若者たちは互いに顔を見合わせると、わざとらしい笑い声を立て、この一件を単なる悪ふざけで終わらせようとしました。二、三人が、もう十分飲むべきものは飲んだ、というように扉の方へ歩きかけました。

「どうかね、試してみないかね？　たった一晩で、六リーヴル分のエキュ銀貨一枚が手に入るんだぞ！　そんな大金が懐に舞い込むチャンスなんぞ、滅多にあるまい。さあ、誰が行くかね？」

誰もその気になりません。みんな逃げ道を探しています。最初にそれを見つけたのは、モーデス・メリヤンでした。

「その申し出を喜んで受けて立つ、と言いたいところでさあ、こんなに辛く長い一日のあとでなければね。でもイヴォン・ルアルン、今夜にかぎっては、たとえ六リーヴルのエキュ銀貨を二〇枚積まれたって、俺にとっちゃ、メズー・ムールの馬小屋のカラス麦の寝床の方がありがたいんでさあ」

そう言うと、若者は立ち上がりました。

ほかのみんなもメリヤンの言葉に賛成し、その例に倣おうとしました。

おそらくゲルノテの主人は、男たちに皮肉めいた言葉を投げようとしたのでしょう。が、そのとき、女たちのあいだから、よく通る小さな声がこう言いました。

「ご主人さま、あの人たちが尻込みしたことをあたしがしたら、同じように六フラン下さいますか？」

こう質問したのは、十三、四の小娘でした。でも、見るからにひ弱で、か細いので、せいぜい十歳くらいにしか見えません。みんなはその子のことを、ただモニックとだけ呼んでいました。苗字はありませんでした。親が誰かも、わからなかったからです。それは、いわゆる「色恋沙汰の置きみやげ」でした。かわいそうだから農場で拾い、牛飼いとして雇っていたのです。この子の給金といえば、食べ物と服だけでした。夜の集いでは、他の女中が紡いだ糸を繰る作業を割り当てられ、自分から声を上げることなく、みんなから一人だけ離れて、黙々と仕事に精を出すのが常でした。せいぜい手を動かしながら、お祈りの文句を呟くのが聞こえるくらいです。というのも、モニックは信心深い娘で、いつも何かしら抹香臭い考えに気をとられていたからです。

ですから、こんな空恐ろしい言葉がモニックの口から飛び出したのを聞いて、おかみさんのマリーはぶったまげてしまいました。

「このお嬢さんの言い草を聞いたかい！」と、おかみさんは叫びました。「お金の欲が人の魂を破滅させるとは、よくも言ったものだ。なんて馬鹿な娘だろう、このまま放っておいたら、たかが六フランのために、地獄に堕ちてもかまわないと言い出しかねないよ！　恥ずかしくはないのかい、この乞食娘め！」

「でもおかみさん、あたしがこの六フランを戴いたら、悪いようには使いませんもの」と、小さな牛飼い娘はしとやかに答えました。

「好きなように使うがいいさ」と、農家の主人は言いました。「もしも金がもらえたらな。並み居る男どもが遠慮した賭けに、お前のような娘っ子が挑戦するとは、小気味いい。ならば、わしらはお前について、納骨堂まで行こう。そして、お前が中に入ったのを見届けてから、扉を閉める。夜が明けて、わしらが扉を開けるまで、お前はそこから出ちゃいかんのだぞ」

憤慨するマリー・ルアルンの反対を押し切って、事は決まりとなりました。

納骨所には、たくさんの遺骨が納められていました。けれどもモニックが入ったとたん、骨は互いに重なり合って壁に沿って並び、自分のベッドで寝るときのように、娘が床の上に横になれるよう、場所を空けてやりました。

モニックはまずひざまずき、死者の霊魂に向かって、どうかあたしをお守りください、とお祈りをしました。それから、死臭のする湿った床の上に、心置きなく横たわりました。

横になるや否や、体中が快く麻痺するのを覚え、遠くから聞こえる優しい音楽が、耳元で子守唄を囁き始めました。

モニックは、自分が納骨所にいることなど、すっかり忘れてしまいました。実際、娘は「別の場所」にいたのです。真っ青な国に。でも、それがどこなのかは、わかりませんでした。何も見えなかったからです。目を開けようとしましたが、まぶたはまるで鉛でできているかのように重いのでした。

こうして娘は、摩訶不思議な眠気に襲われ、ぐっすり眠ったのでした。明け方になって、モニックは、自分が納骨所にいるのでびっくりしました。やがて扉が開き、ゲルノテの主人が娘に言いました。

「ほら、六フラン分のエキュ銀貨。これは、お前のものだ。それにしても、うまいことやったな」

「ありがとうございます、ご主人さま」と、娘はお礼を言いました。

モニックは銀貨を握り締めながら、教会に向かいました。主任司祭は告解室におりました。娘は主任司祭を見つけると、前の晩、自分がしたことを打ち明け、銀貨を渡しました。そして、煉獄で苦しんでいて、誰よりもいちばんにミサを必要としている霊魂のためにミサを挙げてください、とお願いしました。

「ミサの恩恵に預かるのは、会ったこともない、あたしの両親のうちのどちらかかもしれませんから」と、モニックは言いました。「あたし、物心ついたころから、少しでもお金がもらえたらそうしようって、ずっと決めていたんです。亡くなった人の霊魂は、この気持ちをちゃんとわかってくれたわ。だって、昨晩あたしを守ってくれたんですもの」

「うむ、よろしい」主任司祭は、娘に罪の赦しを与えながら、言いました。「お前さんの願いは、すぐさま聞き届けられるだろう。わしがこれから挙げるミサは、お前さんのためのミサだ」

モニックは敬虔な気持ちでミサに出席し、聖体拝領をいたしました。

ミサが終わったので、モニックは心も軽く、ゲルノテに戻ろうとしました。そのとき教会の門の前で、白髪の男に出会いました。その人は、この世と同じくらい歳をとっているように見えましたが、そのくせ背をしゃっきり伸ばし、歩き方は矍鑠《かくしゃく》としています。男は娘に声をかけ、深々とお辞儀をしました。

「のう、お嬢さん、このメモをケルサリウーまで持って行ってはくれないだろうか？」

「ええ、結構ですとも、見知らぬお方」こう応じながら、モニックは男が差し出したメモを受け取りました。

老人はにっこりして、それは優しく感謝の意を表しましたので、モニックはケルサリウーへと歩き出しながらも、目の前にまだその微笑《ほほえみ》を見、耳にはまだその声がこだましているような気がしました。これほど穏やかな喜びに胸が満たされたのは、生まれて初めてのことでした。

「あの方、なんて気高いお顔だったことでしょう！」と、モニックは思いました。

ところで、ケルサリウーは貴族のお館で、革命前まで、ゲルノテはケルサリウー領の一部でした。大きな橅《ぶな》の並木道が、館へと続いています。小さな牛飼いがその通りにさしかかると、橅《ぶな》の木の葉がさやぎ始め、歌でも歌うかのようにざわめきました。まるで木の葉の一枚一枚が、小鳥にでもなったかのようです。

「なぜかはわからないけど、今日は何か素晴らしく良いことが起こりそうな気がするわ」と、モニックは思いました。

「あのおじいさんと会ったことが、幸せの前兆みたい」

ケルサリウーの前庭に入ると、館の当主にばったり出くわしました。

モニックは、こんにちは、と挨拶をしました。

「どこに行くんだね、娘さん？」と、当主が尋ねました。

「お屋敷にです、ケルサリウーのご領主さま」

「で、何の用があってわしのもとに？」

「このメモをお届けしに参りました」

モニックは教会のポーチで見知らぬ男に出会ったこと、その老人が、歳は取っていても、とても美しい人だったことを話しました。

「肖像画を見せたら、その人がわかるかね？」当主は、メモを読んだとたん、真っ青になって尋ねました。

「ええ、わかりますとも」

「では、ついておいで」

当主はモニックを館に招き入れ、部屋から部屋へと、くまなく案内しました。ケルサリウーはかつての華々しさを大分失ってはおりましたが、居室には、往時の豪華な面影がまだ色濃く残っておりました。壁には金塗りの立派な額が掛けられ、貴族の家系であるケルサリウー家の、主だった人々の肖像画が飾られていました。

当主はモニックと一緒に部屋をまわり、肖像画の前で立ちどまっては、こう尋ねるのでした。

「それはこの人ではなかったかね？」

「いいえ、この人じゃありませんでした」

二人はこんなふうに、すべての絵の前を通り過ぎました。モニックは注意して絵を眺めましたが、どれ一つとして、ポーチで出会ったお年寄りの、堂々として気高い姿を写しているものはありません。

当主はしばらく何も言わず、じっと考え込んだか思うと、がっかりした表情を浮かべました。

と、突然、彼は自分の額を叩きました。

「そうだ、屋根裏部屋だ！」

そして、自分について来るよう、娘に言いました。

屋根裏部屋は、昔のがらくたでいっぱいでした。ぼろぼろになった古い毛織物やら、手足の欠けた彫像やら、穴の開いた古い絵やら……。当主は、それらの古物を引っくり返し始めました。そうやって、がらくたの中を掻き分けて、絵を見つけると、モニックに差し出します。そのたびに、娘はエプロンの裏で、絵についた埃を拭うのでした。

「あった、これだわ！」不意に娘が叫びました。

色はかなり褪せていましたが、顔立ちから、あの老人だとわかったのです。

「ご苦労だった。では下に降りて、わしの書斎に参るとしよう」と、ケルサリウーの当主が言いました。

書斎に着くと当主は、一族全員の名前が載っている大きな本を開き、目を通してから言いました。

「モニックや、お前さんが教会の前で会ったのは、わしの祖父の高祖父じゃ。その人が亡くなってから、もう三百年が経つ。三百年前から、ミサが一つ足りなくて、煉獄の炎の中で苦しんでおったのじゃ。そのミサは、貧しい人が乏しい金で、自分から進んで購《あがな》わなくてはいけなかった。それをお前さんがしてくれた、というわけじゃ。さっき渡してくれたメモに、故人の手でそう書いてある。わしの六代前の祖先が救われたのは、お前さんのおかげじゃよ。しかるべき方法で報いるよう、祖先がわしに頼んでいる。これからは、わしの家で働きなさい。精一杯の敬意を払って、迎え入れたい。どうかな、この申し出を承知してもらえるだろうか」

貧しい牛飼い娘は、思ってもみなかった幸運に驚き、その場に立ち尽くしました。嬉しさのあまり、口もきけなくなって。

けれどもケルサリウーの当主は、娘が答えないのは喜びのせいだと、すぐに見抜きました。

その日からモニックはお館に住み込み、たいそう幸せに暮らしました。ゲルノテのイヴォン・ルアルンが言ったように、六リーヴルエキュ銀貨で、まさに「うまいことやった」のです。(12)

（語り手、お針子マリー＝ルイーズ・ベレック／ポール・ブランにて）

53話　屍衣を縫った娘

　このことが起こったのはモルレーのあたりですがね、あたしゃ、町の名前がどうしても思い出せないんで。とにかく、その町では、夫婦者が旅籠屋を営んでいました。使用人として雇っていたのは、若い女中たったひとり。これがなにしろ賑やかな子でしてね、冗談を言ったり、人をからかったりするのが大好きでした。

　ある晩、近隣の若者が二人やって来て、テーブルにつきました。二人は、宿屋の亭主、おかみさん、女中の三人に、一緒に飲まないかと誘いました。

　最初はもっぱら、知り合いどうしのくだけた話に花を咲かせていたんですが、そのうち誰かが、トランプをやろうと言い出しました。

　ゲームをしていると、時間は瞬く間に過ぎるものです。

　二人の若者は、一一時が鳴ったのを聞いて、すっかり慌てふためきました。なにせ家に帰るには、ゆうに一リュー〔約四キロ〕も悪路を歩かなくてはならなかったからです。

「こんちくしょう!」と、一人が言いました。「キリスト教徒にふさわしくねえ、こんな時間に外に出なくちゃならないとは……。どうする、ジャック?」

「まったく同感だな、ファンクよ」と、片割れも答えました。「深夜に田舎道をうろつくのはよくねえことだ。無事に帰れるって保証はないぜ」

「そうですとも!　うちに泊まっていきなされ」と、旅籠屋の亭主も口を添えました。

　すると女中が、すかさずそれに反対しました。自分が勝ちもしないうちに、ゲームをやめて他人のベッドをつくらなきゃならないなんて、およそ気が進まなかったんです。

「あーら、あたしは怖い目に遭ってみたいな！」娘っ子はからかうような口調であてこすりました。「まったくあきれるよ！　血気盛んな年頃の男が二人、体も頑丈だっていうのに、揃いも揃って夜道を歩けないだなんてさ！　あんたたち、このあたりで喧嘩がいちばん強いって話だけど、それって看板倒れねえ」

「喧嘩なら、生きている人間が相手だから、ちっとも怖かねえよ」と、ジャックが言い返しました。

「それなら、死人が怖いってわけ？　ご冗談を！　正気の沙汰とは思えないね！　死んだ人間は、お墓でちんまりおとなしくしているもの。あんたたちに喧嘩を売ったりしないわ」

「でも、実際に幽霊を見たって話は、一つや二つじゃないんだぜ」とジャック。

「そんなの、ただのホラ話よ！」

「なんてことを言うんだい、カティック」と、おかみさんが口をはさみました。あまりに不謹慎な女中の口のききように、堪忍袋の緒が切れたのです。「お前のせいで、いまにあたしたちみんな、ひどい目に遭うにちがいない」

「ところがどっこい、このあたしはね、」と、女中も負けていません。「神さまのご加護のおかげで、そんな世迷言《よまいごと》はこれっぽっちも信じちゃいないの。だから、お墓の中を歩くのだって、どうってことないわ。夜であろうと昼であろうと、大通りを歩くのと同じことよ」

二人の若者は同時に声をあげました。

「口で言うだけなら簡単さ、でも実際にやるとなったら、話は別だ！」

「あら、お望みなら、いますぐにでも実行してみせましょうか？」自尊心を傷つけられて、カティックはこう言い返しました。「お墓はすぐそこだもの。通りを渡ればいいだけよ。あたし、歌を歌いながら、教会のまわりをゆっくり三回まわってくるわ」

「馬鹿な子！」と、おかみさんが言いました。「お前、アンクーを挑発するつもりかい？」

「そんなんじゃないわ。ただ、あたしは女だけど、この二人の臆病坊やより、ずっと『肝っ玉が太い』ってことを証明したいだけよ」

「よし、それじゃ賭けようじゃないか！」臆病者扱いされて、頭にきたジャックとファンクが言いました。「何が起ころうとも、この賭けからは引かないぞ」

「じゃあ、みんなで一緒に来ればいいわ。お墓の石段のところで待っていて、そこから、あたしがずるしないかどうか、見ていなさいよ」

「あたしは行きませんよ」と、おかみさん。「神さまのお定めになった掟を破るようなこと、したくないからね」

でも、ご亭主のほうは、二人の若者と一緒に出かけました。三人は墓場に続く石段を上がり、外で待っていることにしました。そのあいだに女中のカティックは階段を越えて、墓石のあいだに続く砂利道を通って教会へと向かいました。

月の明るい晩でした。

教会のそばまで来ると、カティックは、聖体拝領の行列に加わるときのようにゆったりとした足取りで、建物の周囲をまわり始めました。水のように透き通るきれいな声で、美しい讃歌を歌うのが聞こえました。

「あなたを讃えます、天使たちの王妃よ……」

こうしてカティックは、教会のまわりを二周しました。

宿屋の亭主は、二人の若者にこう言いました。

「賭けはあの子の勝ちですな。あたしらは飲みに行きましょうや。あの子も、おっつけ戻って来ますよ」

そこで、三人は旅籠屋に戻ったんです。

けれどもカティックは、ちょうど三周目にさしかかったところでした。教会の玄関の前を通ったときです。正面の扉が大きく開きました。カティックはすばやく視線を走らせました。身廊の真ん中には、埋葬やお葬式のミサがある日のように棺台が置いてあり、その棺台の上に一枚の屍衣が広げてありました。銀の大燭台に灯った無数のろうそくが、あたりを煌々《こうこう》と照らしています。

娘はすぐさま、こう思いました。

「よっぽど悔しいんだわ、ジャックとファンクったら。あたしを怖がらせようと思って、ろうそくに火をつけて、棺台に白いシーツをかけたのね」

そこで、棺台に掛けてあった布を奪って三周目を終えると、旅籠屋に戻りました。

「さあ、シーツを持って帰って来てあげたわよ。こんなことで、あたしが雀《すずめ》みたいにびびると思ったら、大間違いですからね」

旅籠屋の亭主と二人の若者は、互いに顔を見合わせました。てっきりカティックの頭がいかれたと思ったのです。

「まあ白々しい！　わざと驚いたふりなんかして」と、カティック。「棺台の上にこのシーツを置いといたのは、お二人さんでしょ。ご丁寧に、ろうそくまでつけてあったわ。そんな脅しに引っかかるもんですか」

「カティックや」と、亭主が言いました。「わしらは教会に入るどころか、墓場に足を踏み入れてさえおらんのだぞ」

「ほーら、いまに面倒なことになるから、見ててごらん！　カティックはあたしの隣に寝るがいいよ。明日になったら、あたしの言うことをきいて、すぐさま告解しに行きなさい」

先に横になっていたおかみさんは、ベッドの中から声をかけました。

亭主は二人の若者を部屋に案内し、カティックはおかみさんのベッドにもぐりこみました。

二人とも、まんじりともできません。カティックがシーツを引き寄せようとするたびに、見えない手がそれをまくり上げるのです。あんな軽はずみなことをしなければよかった、と娘は後悔し始めていました。そして、早く夜が明けることばかりを祈りました。夜明けの光が射し染めると、真っ先に飛び起きて、走って教会に行きました。主任司祭は香部屋にいて、その日最初のお勤めをしようと、祭服に着替えているところでした。

「司祭さま、すぐ告解をしたいんです」カティックが言いました。

そこは香部屋でしたけれど、主任司祭はその場で娘をひざまずかせ、カティックは告解をいたしました。細かい点まで省かずに、前の晩の出来事を最初から最後まで、逐一、物語ったのです。

「玄関が開いていたのは何時ごろだったか、覚えているかね?」

「真夜中近くだったと思います」

「それでは今夜の真夜中、同じ場所に来なさい。そのとき、布を忘れずに持ってくるのじゃ。それから針を一本と、太目の糸と。そして布を棺台に広げておきなされ……」

「とてもできそうにありません、司祭さま」

「やるのじゃ、わが子よ。よいか、お前さんは死者が布の上に横たわるのを見るじゃろう……」

「ええっ!」

「そうしたら、すぐさま死者を布でくるんで、縫ってしまいなさい」

「ああ、そんなこと絶対できない。無理です、司祭さま。そんなことをするくらいなら、死んだほうがましだわ……」

「無茶を言ってならぬ、カティックよ。いま死んだら、地獄に堕ちてしまうぞ。この期に及んで怖気づくくらいなら、昨日そうすればよかったのだ。今日は怖じてはならん。勇気を出すのじゃ。それに、お前さんは一人ではない。わしがついていこう」

「ああ司祭さま、ありがとうございます！」

「よいか、素早く縫うのじゃぞ。あと三針か四針で縫いとじるというときになったら、大きな声で『終わりました！』と知らせなさい。くれぐれも、忘れてはいかんぞ。それがいちばん肝心な点じゃからな」

「絶対に忘れません」

もう少しで真夜中になるという時刻に、カティックは教会に行きました。身廊の真ん中には、昨日のように棺台が置いてあり、銀の大燭台にはろうそくが燃えていました。

「神さま、お助けください！」と、哀れな娘は呟きました。「あたしに力と勇気をお授けください」

それから、昨日取ってきた布を広げ、それを直接、棺台に載せました。

そのときになって初めて、その布がずいぶん古びていて、カビ臭いことに気がつきました。しかも横糸には、ウジ虫がうじゃうじゃ蠢《うごめ》いているではありませんか。

カティックが布を広げようとしたときです。半ば腐乱した死体が、こちらへやって来るのが見えました。死体はやっとのことで棺台によじのぼり、布の上に横になりました。

そこでカティックは布の四隅を持ち上げると、縫って縫って、縫いまくりました。

司祭さんもすぐそばの告解室で、じっと待機しています。

そして、ときどきこう尋ねました。

「そろそろおしまいかね、カティック？」

「まだです」

それから突然、「終わりました！」と叫びました。

「ああ、神さまがお赦しくださった！」

主任司祭はこう言うと、急いで教会から逃げ出ました。そして、玄関の敷居で後ろを振り向き、中にいるカティックに声をかけました。

「さあ、今度はお前さんが、死者と一対一で話し合って、よく説明する番じゃ」

どんな不幸のどん底にあるときでも、お日さまは必ず昇るものです。翌朝、アンジェラスの鐘を鳴らしに来た寺男は、身廊の真ん中に棺台が置いてあるのを見つけました。前の日、確かに左右の側廊のどちらかに片づけたはずです。そのまわりには、ずたずたにちぎれた娘の遺体が散乱していました。[13] 敷石は血だらけで、血しぶきは柱のてっぺんにまで達していました。

寺男は泡を食って司祭館に走り、今しがた目にしたものを司祭さんに報告しました。するとした主任司祭は、「神さま、感謝いたします！」と言いました。「よいか、旅籠屋の亭主のところに行って、カティックが死んだことを知らせておくれ。ただし、娘は救われた、と告げるんじゃぞ[14]」

（語り手、マリー＝ルイーズ・ベレック／ポール・ブランにて）

54話　死んだ娘のコワフ

いまからどのくらい昔のことか、もうよく思い出せん。わしの叔父には息子があって、ルイという名前だった。そのルイがあるとき、ポントリウーの旅籠屋に大量の藁《わら》を卸す仕事を請け負った。その藁《わら》をどこから手に入れたかというと、ルイが自分でセルヴェルのゲルン館まで出向いて、買って来たんだ。この件では、四台の荷車を連ねて藁《わら》を運ぶことで、館の若者たちと折り合いがついた。

セルヴェルからポントリウーまでは、かなりの道のりだ。でも、向こうには何軒も旅籠屋がある。ともかくも、行きはよいよいだった。藁《わら》運びの連中は、道中お酒をかっくらって、陽気に騒ぎながら進んだのさ。みんな若かったから、ちょっとやそっとのことで頭はふらつかず、喉にはいくらでもお酒が流しこめたんだ。

ポントリウーに着いて藁《わら》を渡してしまうと、浮かれ気分もどこへやら、帰り道、荷馬車は空っぽだったが、みんなの気持ちはすっかりしぼんでしまった。

日が出ているうちは馬鹿な冗談や歌を歌って騒いでいた連中も、夜になると黙りこくって、荷車を引く馬の横を静かに歩くだけだった。だがな、ご存知のとおり、酔いが内にこもるときほど、悪酔いしている証拠なんだよ。

連中がポムリの町を通り過ぎたのは、一一時が回ったころだった。そのとき、わしのいとこのルイがこう叫んだ。

「チェッ、がっかりだぜ！　ポムリの娘たちは、夜、みごとな踊りを披露する、という噂があっただろ？　それが今じゃ、鶏と一緒の時間にでも寝ているのかよ」

「こら、出鱈目《でたらめ》抜かすな」と、ゲルン館の長男が反論した。「ちゃんとあそこにいるじゃないか。一人、二人、三人、四人、五人、六人、七人、八人。ほら、上手に踊っているぞ、月の光に照らされて」

お館の長男は、向かい側の墓場の囲い地に見える、黒いものを指さした。確かにそれは、ブルターニュ娘がくねくねと優雅に踊っているような形をしていた。

「なーんだ！」と、お館の弟が言った。「踊り子だなんて言うけれど、ありゃ墓場の十字架じゃないか。それが動いているように見えたのは、兄貴が千鳥足だからだよ」

「あるいは貴族の墓の上に、糸杉が揺れていたのを見間違えた、ってところじゃないか」と、もう一人が言った。

「よし、確かめてくる！」お館の長男はこう言って息巻くと、墓地の階段をひとまたぎで飛び越えた。

しばらくして戻って来たときには、手に白いコワフを握っていた。

「ほーら、俺の言ったとおりだろ？」と、長男は勝ち誇って言った。「だがな、これしか残っていなかった。かわいい小鳥ちゃんは、どっかに飛んで行っちまったのさ」

こう言って、ポケットにコワフを突っ込んだ。

帰り道のあいだずっと、長男はひとりで鼻歌を歌い、こう繰り返していた。

「きれいなレースのちっちゃなコワフ、これをかぶる娘さん、あんたはきっと美人だろう！……そうとも、きっと美しい娘がかぶるんだ！　俺の望みはただ一つ。その娘《こ》が、あたしのコワフを返してくださいって言いに、ゲルンにやって来ればいいのになあ」

馬を車からはずし、荷馬車を館の前庭に止めたあとに、まず誰もが考えたことは、寝に行くことだった。みんな、お酒で頭がくらくらしていたし、へとへとに疲れていたからね。お館の長男などは、立ったまま眠っていたくらいだよ。けれどもベッドに入る前に、コワフを丁寧にたたんで、箪笥《たんす》の中にしまうのを忘れなかった。

目が覚めて、真っ先に頭に浮かんだのも、そのコワフのことだった。

箪笥《たんす》の鍵を回しながら、昨晩と同じ歌を繰り返しハミングした。

「きれいなレースのちっちゃなコワフ、これをかぶる娘さん、あんたはきっと美人だろう！……」

けれども、両開きの扉が開いたとたん、その口から洩れたのは、ものすごい叫び声だった。それがどんな声からというと、聞いた人の髪の毛がいっぺんで逆立つような、恐怖に満ちた悲鳴だったのさ！

その騒ぎに、家中の者がすっ飛んできた。

すると、どうだろう。きれいなレースでできたコワフの代わりに、そこにあったのはなんと、死者の頭蓋骨じゃないか。

その頭骸骨にはまだ髪の毛が――長くてしなやかな髪の毛が――残っていた。それは、若い娘の骨だったんだ。

「誰だ、俺を脅かすつもりでひどい悪ふざけをしやがったのは！　こんなもの、こうしてやる！」

こう言って外に投げ捨てるつもりで、頭骸骨をわし掴《づか》みにしたときだ。(15)

顎が無残にもぱっくり開いて、冷笑する声が聞こえた。

「お前が望んだとおりのことをしたまでだ。コワフを返してくれと言いに、ゲルンに来てやったじゃないか。それは昨日の話で、いまはそう思っちゃいない、とでも言うつもりか？　だが、そんなの、わたしの知ったこっちゃない」

それを聞いて、ゲルン館の長男はもう笑えなくなり、さっきの怒りも通り雨のようにサーッと引いてしまった。

そのとき、後ろに立っていたおふくろさんが、息子の上着の袖をつかんでこう言った。

「ジョゾンや、お前のしたことは、いたずら小僧といっしょですよ。お願いだから、すぐに主任司祭さんのところにお行き。事を丸く収めてくれるのは、あの年寄りの司祭さんのほかにいませんよ」

二度言われるまでもなく、長男はすぐさまそのとおりにした。一刻も早く、最悪の事態から脱したい、と考えていたからね。

そして半時間ほどで、主任司祭を連れて戻って来た。司祭さんは威厳ある態度で数回十字を切り、ラテン語で何事かを呟いたあと、死者の頭蓋骨をとると、それを長男の両手の上に置いた。

「そなたはこれを、ポムリの墓地の、元あった場所に戻してきなさい。真夜中の一二時が鳴ったときに、そこに置くのじゃ。ただそのとき、まだ洗礼を受けていない子供を一緒につれて行かなければならぬ。(16)隣村のゴード・ケロドレンが、ちょうど昨晩、出産したばかりじゃ。まずゴードの家を訪ね、わしからの頼みだと言って、その赤子を貸してもらいなさい。神さまのお力添えで、そなたの軽はずみな過ちが、無事に償われますように！」

その夜、ジョゾン・デュ・ゲルンはポムリ目指して出かけていった。片手に死者の頭を持ち、もう片方の腕に赤子を抱いてね。

間違っても、「きれいなレースでできたちっちゃなコワフ……」なんて歌を口ずさんだりはしなかったとも。

ジョゾンは内心びくびくしていたが、それでも早足で歩き、真夜中の鐘が鳴ると、死者の頭骸骨を元あった納骨所に置いた。

腕の中で、生まれたばかりの赤子が夜気に震えた。ジョゾンはなんとかして上着の裾で寒くないようにくるんでいたんだが。

するとそのとき、納骨所のすべての骨が声を合わせて言った。

「ああ！ その子をつれてくるなんて、賢い考えがよくも浮かんだものだ！ わしらは、その子が洗礼を授かる権利を奪えない。そうでなければ、ジョゾン・デュ・ゲルンよ、きさまとその子の骨を、わしらのようにばらばらにしてやったのに！」

翌日、ゲルン館の長男は、ゴード・ケロドレンの赤子の代父として、セルヴェルの町の教会で、洗礼盤の前に立った。けれども館に帰ったときから、体は衰弱する一方だった。死が身近に立っていて、彼をじっと見守っていたのだろう。それから一年もしないうちに亡くなった。(17)　（語り手、ピエール・シモン／パンヴェナンにて、一八八九年）

墓地の一角には、自殺者や新教徒、それに洗礼を受けずに死んだ子供たちを葬る場所がある。(18) そこは、「黒い墓地」とか、「洗礼なしの墓地」とか、呼ばれている。

55話　マリー＝ジャンヌの屍衣

マリー＝ジャンヌ・エラリーは、もうずいぶん前から、浜辺の小さな家で、たった一人で暮らしていた。そして暇さえあれば、戸口で糸を紡いでいた。彼女の唯一の楽しみは、町の職人に頼んで、自分の紡いだ糸を布に織ってもらい、できあがったきれいなリネンが箪笥《たんす》の棚に積み重なっているのを眺めることだった。

ある晩、マリー＝ジャンヌは病気になり、横になったまま、二度とふたたび起き上がらなかった。

隣近所でつきあいがあったのは、そこから四分の一リュー〔約一キロ〕陸地に入ったところに住む、農夫のゴネリ・ロジューばかり。

気の毒な老婆は、生きていたときと同じように、たった一人で死ななければならなかったのさ。

翌日、海藻《ゴエモン》を採りに砂浜にやって来たゴネリ・ロジューは、マリー＝ジャンヌの家の扉が閉まっているのを見て、おやっと思った。

だがそのときは、「巡礼にでも出かけたのかな」と、考えただけだった。

そして家に帰ってから、そのことをおかみさんに話した。

それから二日が経った。

三日目、ロジューのおかみさんが旦那にこう言った。

「マリー＝ジャンヌが戻っているかどうか、ちょっと見てくるよ」

ばあさんの家まで来たが、扉は依然として閉まったままだ。そこで、窓から中を覗いてみることにした。そのとき、おかみさんの目に入ったのは、まことに悲惨な光景だった。マリー＝ジャンヌ・エラリーの上半身がベッドからずり落ちて、頭はベンチに乗っかっているじゃないか。

ロジューのおかみさんは、慌てふためいて家に戻った。

「ペンチを持って、ちょっと一緒に来ておくれ」

おかみさんは、はあはあ息を切らしながら、旦那に言った。

ペンチで扉をこじ開けると、中には死者の放つ悪臭が充満していた。遺体はすでに腐っていたのさ。ロジューとおかみさんは、どうにかこうにか遺体をベッドから引きずり下ろし、テーブルの上に乗せた。

「体に何か掛けてやらなきゃ」と、旦那が言った。「箪笥《たんす》の中を調べて、きれいな布がないかどうか見てくれ。ベッドにかかっているシーツは、ぼろぼろで汚いからな」

ところが箪笥《たんす》を開けたとたん、おかみさんはぼうっとなって立ち尽くしてしまった。中にはラベンダーの香りがする、真新しいリネンがぎっしり詰まっている。どれも雪のように白く、触ると絹のようにしなやかだった。

「おやまあ！　なんて見事な『箪笥《たんす》の肥やし』だろう！　ほんと、すごいよ！」と、おかみさんは声をあげた。するとたちまち、悪い考えがむらむらと湧いてきた。

主婦ってものが、きれいなリネンにどんなに執着するか、お前さんもご存知だろ？　洗濯したてのリネンが草の上で、風にパタパタはためく音を聞くたびに、それはそれは誇らしげな気持ちになるし、それがきちんと畳まれて、オーク材の箪笥《たんす》に堆《うずたか》く積み上げられているのを眺めれば、心から満足を覚えるものさ。

ところで、ロジューのおかみさんの願いもマリー＝ジャンヌばあさんといっしょで、日がな一日糸を紡ぎ、紡いだ糸を薄手の布に織ってもらいたい、ということだった。けれどもやれやれ、気の毒なことにおかみさんは、旦那と四人の子供の世話やら、家事やら、家畜の世話やらで、てんてこ舞い。とってもそんな時間はない。結婚してから一二年間、台所の隅に置いてある糸車は一度も回ったことがなく、家にあるのは蜘蛛《くも》が紡いだ糸ばかり。

そこで、悪い心がこう囁いた。

「ロジューの女房よ、ここにはお前さんと旦那のほか、誰もいない。近所の人は一人として、ばあさんが死んだことを知らないんだよ。それに、この箪笥《たんす》の中に何が入っているかも。中身が空っぽだって、誰も驚きゃしないさ。遺族だと申し出る人もいないだろう。だって、マリー＝ジャンヌ・エラリーは一人暮らしだし、親類はみな死んでしまったと自分で言っていたじゃないか。ほっとけば、ばあさんが残したものはみんな『お上』に没収されちまう。ところが、その『お上』ときたら、誰よりも金持ちなくせに、マリー＝ジャンヌのためには何一つしてくれなかった。お前はその反対に、いつだってばあさんの力になってやった。現にいまだって、これからばあさんのために、最後の勤めを果たそうとしているじゃないか。この家に残っているものは、もう持ち主の役には立ちゃしない。宝の持ち腐れだよ。そこから分け前を頂戴したって、何の悪いことがある？」

隙あらば人間を誘惑しようとする悪魔が、耳元でこんな理窟をこねたのさ。

むろん、レナン・ロジューは正直者だよ。でもな、それだって母親から生まれたんだし、その母親は、もとを正せばイヴから生まれたんだ。悪魔の言い分を聞いたとしても、不思議はないじゃないか。

「ちょっと、ちょっと、ゴネリ！」と、おかみさんは言った。「お探しの布はここにあるよ。もし遺体が百体あったって、事欠かないくらいだ。早く来てごらん！」

するとゴネリ・ロジューも、女房同様、たちまちうっとりとなっちまった。

「ねえ、こうしたら、どう？　このリネンを全部、あたしたちのものにするっていうのは？　マリー＝ジャンヌばあさんにかける屍衣だけは別として、さ」

「うーむ、確かに」とロジュー。「みんなが持っているっていうのに、わしらにだけないというのも、何だな」

「ここにあるリネンで、六ダースの立派なシーツとパンを包むクロス、それに少なくとも二四枚のシャツがつくれるよ。[19]ねえゴネリ、そう思わないかい？」

「ああ、そうだな！　それじゃいいか、お前はここにいて、ばあさんを見ていてくれ。わしは布をそっくり家に運んじまうから。誰かに見られたり、聞かれたりしてはまずいぞ。だが、一枚だけは残しておこう。わしが家を往復するあいだ、遺体にかぶせる分をそこから切っておいてくれ」

そこで、ゴネリ・ロジューは出かけて行った。ロバのように、背中に荷物をかついでね。だが、かついだ荷物全部より、ずっと重い罪の重みは、まったく感じなかったのさ。

半時間ほどして、旦那は戻って来た。

だが、マリー＝ジャンヌの遺体には、まだ布がかぶさっていなかった。レナン・ロジューは、床に広げた一枚の布を前にひざまずき、右手にハサミを持ったまま、どうも心を決めかねているようだった。

「おやまあ《ダーメン》！」玄関口でゴネリが叫んだ。「お前、さっきから何をぐずぐずしているんだ？」

「だって、腐って汚らしい死体をこんな真っ白な布で包むなんて、どう考えても、もったいなくてさ」と、レナンは言った。「マリー＝ジャンヌばあさんは、もう死んでいるんだ。生きていたときに使っていたシーツにくるまれて眠ったって、じゅうぶんじゃないか」

「お前の言うとおりかもしれないな」

きつい畑仕事に日がな一日身をゆだねている男の多くがそうであるように、ロジューも自分の頭で考えずに、女房の言いなりになった。

そこで、新しい布を使うのはやめにして、古いシーツでばあさんを包むことに話が決まった。

そして、そのとおりになった。

その晩、町の教会で弔いの鐘が鳴らされた。大工が棺桶を運んできた。半裸体のマリー＝ジャンヌ・エラリーがその中に寝かされ、大急ぎで蓋《ふた》がされた。というのも、遺体は凄まじい悪臭を放っていたからだ。ゴネリ・ロジューが葬式と墓地の費用いっさいを負担した。その太っ腹ぶりは、あたり一帯の賞賛の的となった。その次の日曜日、主任司祭はロジュー夫妻を信者の鑑《かがみ》として、みんなの前で褒めちぎった。

ところが二人は、こんな賞賛の言葉にも、うぬぼれた様子はちっとも見せなかった。そこでみんなは、なおさら二人を立派なお人だと思ったのさ。

だが本当は、二人は内心穏やかではなかった。とはいえ、レナンの重苦しい気持ちは、箪笥《たんす》の中身を見ると、すぐに吹き飛んでしまうのだった。前には空っぽだった箪笥《たんす》に、今ではマリー＝ジャンヌ・エラリーのリネンが整然と収まっているのだから。しかし、ゴネリは違った。この男は哀れにも、仕事をする意欲をなくし、食事はちょっぴりしか喉を通らず、夜もおちおち眠れなくなった。

ある晩、うとうとしていたゴネリは、突然、上半身を起こした。誰かが扉をノックしている。

「誰だ、そこにいるのは？」

尋ねても返事がない。

そこでゴネリは、誰か酔っ払いが夜更けにふざけたんだろう、と思った。だが、敷地に人が侵入したような気配はない。そこでもう一度、訊いた。

「そこにいるのは、誰だ？」

三度誰何したが、あいかわらず返事がない。

「この野郎！」ゴネリの精神はいささか病んでいたから、それだけ怒りも凄まじかった。「天使か悪魔か知らねえが、名前を白状させずにはおくものか！」

こう言って体を起こそうとしたが、頭をベッドから出したとたん、ぞっとして髪の毛が逆立った。玄関の扉が大きく開いているではないか。寝る前、確かに錠をきっちり掛けたはずなのに。だが、そんなのはまだ序の口だった。

台所のテーブルの上にはパンがクロスで包んであったんだが、そのクロスがどんどん広がっていくんだよ。暑いとき、寝ている人がよく足でシーツを押しのけるだろう、ちょうどあんな具合にね。それからクロスの上に、ばあさんの硬直した死体が現われた。切られていない丸パンを枕に、その上に頭が載っかっていた。ゴネリ・ロジューは、その頭がゆっくりと持ち上がっていくのを見た。

ゴネリはもうそれ以上見たくなかったので、きつく目を閉じた。だが残念なことに、耳栓をしていなかった。家の中を小刻みに歩く足音がする。

それから、油の切れた箪笥《たんす》の扉がギィーッと開く音。

さらにかすれた震え声が、前にマリー＝ジャンヌのリネンを見たとき、レナンの口から洩れた言葉をそっくりのまま意地悪く真似して、こう言うのが聞こえた。

「おやまあ、何て見事な『箪笥《たんす》の肥やし』だろう！　ほんと、すごいよ！」

ゴネリはまぶたを開けた。それは、どうしても見なければ、という激しい欲求によるもので、その欲求のほうが自分の意志より強かったのだ。

開け放たれた扉から月の光が斜めに射しこみ、あたかも縦横に広げられた布のような白い光が、土間に四角く映っていた。その端っこに老婆がうずくまっている。右手にハサミを持って。それが誰だか、ゴネリにはすぐにわかった。死んだはずのマリー＝ジャンヌ・エラリーだ！

「でもさ、もったいないよ」ばあさんはレナンの口ぶりを真似して、続けた。「こんなもったいない話があるかい。腐った死体にきれいな白い布をかぶせるなんて。マリー＝ジャンヌばあさんには、生きていたとき使っていたシーツでじゅうぶんさ……」

ゴネリは冷汗が体中に流れるのを感じた。

ばあさんは一息ついてから、こう叫んだ。

「ところが、あたしはそれじゃ嫌なんだ！　嫌だ！　嫌だ！　嫌だ！　自分で紡いだ布に包まれたいんだよ！」

そして、執拗に三回、こう繰り返した。

「布がほしい！　布がほしい！　あたしだって身にまとう布がほしい！」

こう言うと、ばあさんの姿は消えた。

こんなことがあっても、女房への思いやりから、ゴネリはレナンを起こさなかった。明け方になってかみさんが目を覚ますと、ゴネリはこう言った。

「お前、起きたらすぐ、何をしなきゃならないか、わかっとるか？」

「あたりまえだよ、あんた。家畜に食べさせるハリエニシダを切りに行って、子供らの顔や手を洗ってやらなくちゃ」

「そんなことじゃない」と、ゴネリが言った。「よそゆきに着替えてな、告解の時間に間に合うように教会に行くんだ。そして司祭さんに、わしらの罪を洗いざらい打ち明けるんだ」

「ゴネリ、あんた正気？　なんで、そんなことをあたしに指図するんだよ？」

「それだけじゃないぞ」とゴネリ。「わしも一緒に行く。そこの箪笥《たんす》に入っとる、わしらが盗んだ布を肩に担いでな。これをどうしたらいいものか、司祭さんにお伺いを立てなきゃな」

「布をどうかしちゃうのかい？　この布を？」おかみさんは怒って喚《わめ》いた。「これをどう使うか決めるのはあたしで、坊主なんかじゃないよ！　リネンのことは口出ししないでおくれ」

「わしはそのことで心配する理由があるんだ」とゴネリ。「お前とわしの身の安全がかかっとるんだぞ、この世とあの世とのな」

そこで初めて、昨晩見たもののことを女房に話した。

するとレナンも、もう反対するどころではなかった。率先して重いリネンを旦那の肩に載せ、先に立って町に向かった。教会に着くと告解室に入り、主任司祭にすべてを打ち明けたが、そのあいだ旦那は、洗礼盤のそばで荷物を背負ったまま、話が終わるのをじっと待っていた。

「今夜、ご亭主と一緒にもう一度ここに来なされ。リネンは香部屋に置いておくがいい。そこで悪霊祓いをするから。

夜になる前に、リネンに宿っている悪霊は追い払われるじゃろう。だがよいか、その悪霊とは、そなたたち二人の犯した罪にほかならぬのじゃぞ」

そこで夫婦はいったん家に戻り、夜になってからふたたび教会に行き、主任司祭といっしょにお祈りをした。

真夜中の鐘が鳴ると、司祭はレナンに合図をした。

「時間じゃ。香部屋に行って、布をとってきなされ。手に取ると羽のように軽いじゃろうが、くれぐれも驚きなさんなよ。そしてそれを、まだ新しいマリー＝ジャンヌの墓の上で一枚一枚、広げるのじゃ。一枚が消えてしまってから、もう一枚を広げるように注意してな。そのあいだ、ご亭主とわしとはここで祈りを捧げていよう。全部広げ終わったら、ここに来てそう教えておくれ。それから、そなたの見たことを一部始終、報告するのじゃ」

真夜中、言いつけどおり布を返しに墓場に出かけたレナン・ロジューは、すっかり意気消沈していた。それはゴネリ・ロジューも同じこと。主任司祭と並んで教会の内陣でひざまずき、女房がどうか無事に戻りますようにと、ひたすら祈るばかりだった。

香部屋から女房が五体満足で現われたのを見て、ゴネリはようやくほっとした。

おかみさんは、全身を激しく震わせている。

「大丈夫かね？　レナンさんや」と、主任司祭が声をかけた。

「ああ！　あたし、この世ならぬものを見ました」と、おかみさん。

「何があったんだね？」

「司祭さま、まずお墓の上に一枚目の布を広げたときです。あっという間に風が吹いて、布はビューッと音をたてながら飛んでいってしまいました。そこで二枚目を広げました。すると、また風が吹いて、二枚目の布も飛んでいきましたが、今度は音はしませんでした。そこで三枚目を広げました。今度は、春のそよ風が新緑をゆさぶるときのような、かすかな音がしました。と思うと、それは帆のように膨らんで、聖ヨハネの巡礼道（天の川のこと）を通り越し、空のはるかかなたに飛んでいきました。そのとき、お墓の土がぱっくり割れて、真っ暗な穴の底に、マリー＝ジャンヌが真っ裸で横たわっているのが見えました。あたしは四枚目の布を広げました。それは飛んでいかずに穴の中に吸い込まれ、死者はその布にくるまりました。そして、寒くてたまらないかのように、歯をがちがち鳴らして、震えました。[20]まだ最後の五枚目の布が残っています。あたしはそれを広げようとしました。すると、四人の天使が空から舞い降りてきて、あたしの手からそれを取り上げました。そのとき、一つの声が歌うように、『お前は赦された！』と言うのが聞こえました。これで全部です」

「でかした！」と、主任司祭が言った。「レナン・ロジューよ、そなたもご亭主も、これで安心じゃ。だがな、くれぐれも肝に命じておきなされ。生者の物を盗むことが悪いことなら、死者から物を盗むのは憎むべき所業だ、ということをな！　だが、少なくともマリー＝ジャンヌ・エラリーに関して言えば、もうそなたたちを悩ますことはないだろう[21]」

（語り手、バティスト・ジュフロワ、通称ジャヴレ／パンヴェナンにて、一八九六年）

56話　船長の指輪

五〇年ほど前のことだ。一隻の外国船がパンヴェナンのビュギュエレス沿岸で難破し、遺体が一〇体ほどあがった。その人たちがキリスト教徒かどうかわからなかったので、人々は遺体を砂浜に埋めた。その中に一人、立派な体格で美しい顔だちの若者がいた。ほかの仲間より豪華な服を着ていたので、みんなは、これが難破船の船長にちがいないと思った。左手の薬指に大きな金の結婚指輪を嵌めていて、その表面には見知らぬ文字で、何かの文句が彫られていた。

ビュギュエレスの住人は、みんな正直者だ。人々は立派な指輪には手を触れずに、異国の若者の体をそのまま埋葬した。……というかまあ、砂に埋めたわけだ。

それから何年も経った。難破船のことは、人々の記憶から少しずつ忘れ去られていった。けれどもときどき、海に出かけていった亭主の帰りを待つ長い夜など、女たちが退屈しのぎに、「異国の船長」や、彼の嵌めていた美しい金の婚約指輪を種に、話に花を咲かせることがあった。

さて、このあたりにモナ・パラントエンという若いお針子が住んでいた。モナが最初にこの話を聞いたとき、目が眩むほど立派だという結婚指輪のことを考えて、一晩中眠れなかった。次の日も、また次の日も、モナはそのことを考え続けた。それからというもの、指輪のことが片時も頭から離れなくなってしまった。だいたい、お針子はみんな男の気を引きたがるもんで、モナもそこそこ洒落っ気があった。そこで、アクセサリーはお日さまの光に輝いてこそ意味があるのであって、いたずらにお墓の中で腐らせるものじゃないわ、と思った。だがなあ、それでもモナはだいぶ長いこと誘惑を撥ねつけていた。とはいっても、仕事をしていると、どうしても指輪のことを考えてしまうのだった。というのもな、モナはほとんど毎日、ビュギュエレスのどこかの家で縫い物をしていたし、窓際のテーブルに陣取って、仕事をしなきゃならなかったからなんだ。しかも、窓からは必ず砂浜が見えたんだから、たまらない。

とうとう哀れなモナは、それ以上、誘惑に抗しきれなくなった。

ある晩、その日いちにちの仕事が終わると、自分の家に帰るようなふりをして、あたりに誰もいなくなるのを見計らってから、こっそり海岸へ降りていった。

溺死体を埋めた場所には、目印に、タールを塗った大きな木の十字架が立っている。人々はその十字架を、ちょうど船長の遺体の上に立てたのさ。いちばん目上の人物に敬意を表した、ってわけだな。

夜も更けて、漁師はみんな家に帰ったあとだから、モナは誰にも邪魔される心配がなかった。砂浜にしゃがみこむと、夢中になって爪で砂を掻いた。やがて、砂に埋まっていた遺体から手が出てきた。そいつは左手で、ちゃんと指輪が嵌っていた。モナは指輪を指から抜こうとして引っ張ったが、皮膚が干からび、大きな節になっていてはずれない。そこで、ハサミでちょん切ろうとした。けれども、海水になめされた皮膚はおそろしく堅く、ちょっとやそっとでは鋏むことができない。とうとう頭にきたモナは、指を口に入れると、歯でガブッと噛み切った。それから指をぺっと穴の中に吐き出し、手を砂の中に埋めて、元のように地面をならした。そしてエプロンをぱっぱっと払って立ち上がると、指輪を持って、すたこらさっさと逃げ出した。

次の日、モナはいつものように仕事に出かけた。ただ普段と違うのは、コワフの上からウールのショールをかぶっていることだった。そして、その顔は真っ青だった。

「どうしたの、モナ?」雇い主のおかみさんが尋ねた。

「何でもないわ。ただ、ちょっと歯が痛むの。でも、じきに治るわ」

こう言うと、お針子は縫い物にとりかかった。

でも、治るどころか歯はますます痛くなり、ついに我慢できなくなったモナは、仕事を途中でやめて家に帰ることにした。苦しそうに呻きながら。

娘の姿が小道の角に消えたときだ。村のほうから大騒ぎする声が聞こえて来た。砂浜で遊んでいた子供らが、慌てこっちに駆けて来るところだった。大声で口々に喚《わめ》いている。

「ちょっと来てごらん!　来てごらんよ!」

「おやまあ、何の騒ぎ?」

「『溺死者の墓場』が、すごいことになってるよ!」

ビュギュエレス中の男女が、子供らのあとから海岸に駆けて行った。そこで何を見たかって?　タールを塗った十字架の根元で、上着の片袖が砂から露出していたのさ。袖からは手が出ていてな、その手の指はどれも皺々だった。とはいえ、たった一本、薬指だけは別だ。そいつは、人々を威嚇するかのように、ぴんと立っていた。それはまるで、陸にまばらに立っている漁師の家の誰かを、怒って告発しているかのようだった。指の根元には、深い傷があった。

その場にいた一人の女が、それを見てこう言った。

「この指には、指輪が嵌っていたはずだよ。誰かに指輪を盗まれて、犯人を指さしているんじゃないかねえ」

「とにかく、この手をもう一度、埋めなくちゃ」

一人の男がこう言って、手を砂の中に埋めた。

野次馬たちは、口々に感想を述べながら、やがて散り散りになった。その夜、海に出かけていた男たちが家に戻ると、女たちは、堰《せき》を切ったようにこの事件の話をした。それを聞いた男たちの意見は、みな同じだった。死者の指輪を盗むとは、神をも畏れぬ不届きな行為だというのだ。

その晩、人々は小屋の中でなかなか寝つけず、その眠りは浅かった。

翌朝早く、せっかちな連中は「溺死者の墓場」へと駆けて行った。するとまた、不吉な指が砂から出て、ぴんと立っていた。

「どうなるか、見届けよう」と、みんなは言った。

そして昨日と同じように、手をすっぽり砂に埋め戻した。それからあちこち走りまわって、大きな石やごつい岩を探してきて、上に乗せた。

だが二時間も経つと、指はまた外に出ていた。乗せてあった岩は、自分から礼儀正しくその場を離れたかのように、円形に並んでいた。

そこで、みんなは別の方法を試すことにした。つまりな、パンヴェナンの主任司祭を呼んできたのさ。司祭さんは聖歌隊員と侍者の子供を連れて来て、聖水をかけてお祓いをした。

しかし、美丈夫の船長はキリスト教徒ではなかったらしい。というのも、お祓いはちっとも効き目がなかったからだ。

侍者の子供が砂にひざまずいて、こう言った。

「結婚指輪を返せって言っているよ」

指輪がないことに最初に気づいた女が、また同じことを繰り返した。

いまではみんなにも、そうとしか思えなかった。だが返すにしても、肝心の指輪はどこに消えてしまったんだろう？

「ねえ、この指、いっぺん歯で噛みちぎられているよ。神さまの御技《みわざ》か悪魔の仕業《しわざ》かは知らないけど、何か不思議な力が働いて、切れた指がつなぎ合わさっているんだ。指を噛み切るなんて、ずいぶん鋭い歯にちがいないね」

その言葉が終わらないうちに、ビュギュエレスの村落から海岸へと続く、海藻《ゴエモン》だらけの道に、お針子のモナ・パラントエンの姿が現われた。といっても、着ている服と清潔でかわいいエプロンから、あれはモナだとわかったにすぎない。だって、モナの頭は包帯とショールでぐるぐる巻きにされていて、顔なんて、何も見えなかったからだよ。細い体にくっついた頭は馬鹿でかくて、まるで怪物みたいだった。

モナはゆっくりこちらにやって来た。一歩踏み出すごとに、ものすごく苦しそうな呻き声をあげながら。

群がっている人々の前まで来ると、モナは、自分を通してくれ、と身振りで訴えた。

親指とひとさし指でつまんでいるのは、何と、大きな金の指輪じゃないか！ そのあとのことは、言わずもがなじゃろう。

男たちはいっせいに怒号を浴びせようとした。だがな、そのとき、モナは顔を隠していた包帯を取って、口を開けてみせたんだ。口の中には歯が一本もなく、膿《うみ》だらけだった。そこでみんなは言おうとした悪口を引っ込めて、一目散に逃げ出した。まるでレプラ患者に出くわしたときみたいに。

わたしゃ、一度ならずモナを見かけたことがある。いつも頭をぼろきれで包んで、ふらふら道を歩いていた。しゃべることはもう出来ず、悲しそうに呻くばかりだった。

ところで、異国の船長だが、立派な結婚指輪が指に戻って来てからというもの、ずっと静かに眠っている。きっとその指輪をくれた「愛しい人」のことを思いながら、安らかな眠りについているんだろう。

（語り手、日雇い女フランソワーズ・トマ／パンヴェナンにて、一八八一年）

57話　血だらけの手

キャップ・シザンのグリヤンの漁師がある日、海の中で女の溺死体を見つけた。そいつを陸まで曳いていこうと、船の後ろに括《くく》りつけているうちに、遺体の指にきれいな金の指輪が嵌っていることに気がついた。すると悪魔が漁師の頭に、その指輪を失敬しちゃおうぜ、と、いけない考えを吹き込んだ。船に乗っているのは自分ひとり。誰からも見られる心配はない。漁師は、死者の腕をつかんだ。が、指は水にふやけて膨らんでいる。指輪は引っかかって、はずれない。

そこで、ポケットから鋭く頑丈な刃のついたナイフを取り出すと、死体の指を切り落とし、指輪をはずした。と、おかしなことに、傷口から血がどくどくと流れ出したのだ。まるで死体がまだ生きているかのように。あまりに大量の血が流れたので、船の通った跡に赤い水脈がついたほどだった。

陸地に着くと、漁師は急いで砂浜に遺体を埋めた。市役所にも、教会にも知らせずにな。それから、指輪を持って家に戻った。女房は夕飯の支度をして、夫の帰りを待っていた。二人はテーブルについたが、ふと窓の外に目をやったとたん、女房が金切り声をあげた。

「ああ、イエスさま、どうしよう！　ご覧よ、ジャン＝クレット、あれはどういうこと？」

漁師は顔を上げ、外を見た。窓ガラスの上のほうに、緑色に変色した手のひらがぺったり張りついているではないか。手の指は一本欠けており、切断されたところから一筋の血が流れ落ち、窓ガラスの上に長い糸を引いている。

漁師は、秘密の出来事を誰にも話してはいなかったが、この光景を見るなり、真っ青になった。

「待っててくれ。どういうことなのか、見て来るから」

そう言い置いて、漁師は外に出て行った。すると、手は消えてしまった。

「戻っておいでよ！　もうなくなったから」と、女房が叫んだ。

だが、漁師が家の中に入り、また元のようにテーブルについたとたん、ふたたび手が現れた。

「きっとあたしたちに、何か悪いことが起きるにちがいない！」と、女房が言った。

「ケッ、くだらねえ！」と、漁師は言った。「俺たち二人とも、幻覚を見ているんだ。もう考えないことにしよう。寝てしまおうぜ」

いったん箱ベッドの衝立の中に入り、毛布にくるまれてしまえば、もうあれを見なくてすむと思ったのだ。だが、それは大間違いだった。というのも、ろうそくの火を吹き消し、家の中が真っ暗になるや否や、黒い窓ガラスの上にくっきりと手が現れたからだ。まるで、暗闇の中で光っているかのように。そして、そこから流れ出る血は、一筋の炎のようだった。漁師はすっかり恐ろしくなってしまった。そこで、自分の犯した罪を女房に告白した。

「お前さんのすべきことは、一つしかないよ」と、女房は断言した。「一刻も早く、指輪を遺体と一緒に埋めるんだ。それから明日、主任司祭さんのところに駆けつけ、『見知らぬ女』のためにミサを一つ、挙げてもらうんだよ」

漁師は、言われたとおりにした。すると、血だらけの手は、もう出現しなくなった。

（語り手、ル＝ブール／オーディエルヌにて）

58話　墓堀り人の話㉒

そのころ、パンヴェナンの墓堀り人はポエズヴァラじいさんだった。じいさんはもっぱら「ポアーズ・コス」と呼ばれていてなあ、たいへんな年寄りで、墓地全体を六回掘っくり返した経験の持ち主だと言われていた。というのはつまり、ひとつ穴ん中に、続けて六体まで遺体を埋葬した、ということさ。そんなに大勢の死者を埋葬したにもかかわらず、じいさんは、どこの誰べえがいつから土に埋まっていて、その亡骸が今どんな「焼け具合」（どの程度腐敗しているか、という意味）か、正確に言い当てることができた。こんな物知りの墓堀り人は、そうそういない。じいさんの頭の中には、自分が埋めた墓穴の様子がすべて、白日のもとで見るように納まっていた。墓地と言う祝福された土地は、じいさんの目には水のように透き通って見えていたんだなあ、きっと。

ある朝、主任司祭がじいさんを呼んだ。

「なあ、ポアーズ・コスよ、マブ・アー＝グエンが亡くなったとさ。ロペルス親爺を五年前埋葬した穴があるじゃろ、あそこをもう一度掘っくり返して、そこに埋めるといいんじゃないかね。お前さんの意見はどうかな？」

「いいや、だめじゃ、司祭さん。あそこはいかん！　あの場所では、遺体がずいぶん長くもつんでさ。わしにはあのロペルスがどんな状態だか、わかっとります。今ようやくウジ虫が腹わたを食い始めたところでさ」

「でも、なんとかうまくやってくれんか？　マブ・アー＝グエンの遺族が、あの場所に埋めてほしいといってきかんのじゃ。ロペルス親爺はあそこにもう五年もおるんじゃもの、そろそろほかの者に場所を譲ってくれてもいいだろう。それが道理というものだ」

そこで、ポアーズ・コスは首を振りながら帰っていった。じいさんは主人ではない。言うことをきくしかないんだが、それでも内心不服だった。

言いつけどおり、つるはしを土におろし、四分の三くらい掘り進んだときだ。

「わしの記憶に間違いがなけりゃ、あとこいつを一振りすりゃ、棺桶にぶち当たるはずだ」

じいさんは一生懸命つるはしを振るったので、つるはしは棺桶に当たったばかりでなく、板まで切り裂いちまった。それといっしょに、臭くて汚いしぶきが顔にかかった。そこでじいさんは力を入れすぎたと言って、我と我が身に腹を立てた。

「だが、神さまがご存知だとも」と、じいさんは独り言を呟いた。「ロペルスよう、勘弁してけろ！　お前さんを怪我させたくて、したわけじゃねえんだ。マブ・アー＝グエンが隣になっても、あんまり邪魔にならないようにするからよ」

墓掘り人は二時間というもの、悪戦苦闘して墓穴を掘り返し、ロペルスに場所を空けさせて、なんとか棺桶が二台入るようにした。

それが終わると、じいさんは少しほっとしたが、一抹の不安は感じていた。というのも、「死者を乱暴に扱った」という考えが頭にこびりついて、しきりと気になったからだ。その晩、まったく食欲が起こらず、いつもより早めに床に就いた。

うとうとした矢先、扉が蝶番《ちょうつがい》できしむ音がして、目が覚めた。

「誰じゃね？」上半身を起こして、じいさんは呼ばわった。

「それじゃ、俺が来るのを待っていたわけじゃないんだな」そう答えた声は虚ろだったが、それが誰だか、じいさんにはすぐわかった。

「実を言うとな、フランソワ・ロペルスよ、お前さんが来るかもしれない、という予感はしていたんだよ」

「そうとも、俺はな、どんな仕打ちをされたか、見せに来たんだよ！」

月は空に高くかかっていた。墓掘り人の家の中は、その明るい光に隈なく照らされている。

「よく見ろ」と、幽霊が言った。「生きている人間をこんなふうに扱っちゃいけないだろ。なら、死んだ者はなおさらだ」

そして裾の長い上着のボタンをはずした。ポアーズ・コスは目を閉じた。そんなものを見るくらいなら、死んだ方がましだった。ロペルス親爺の胸には、見るもおぞましい穴がぽっかり口を開け、その中で、ばらばらになったあばら骨がどろどろの液にまみれ、まるで緑色のお粥《かゆ》のようになっていた。

「なあ、頼む！　頼むから勘弁してくれ！　お前さんはわしのせいだと思っとるようだが、そうじゃないんだ。わしは墓穴に手をつけようだなんて、これっぽっちも思わなかったんだよ。だって、まだあんたの番は終わっていないって、わかっていたんだから。だが、わしは雇い人にすぎん。司祭さんに言われたら、そうするしかないだろ？　さもなきゃ、おまんまも食えなくなる。だって、わしみたいな年寄りは、また別の仕事を探すなんて、できっこねえからな。それにこんなこと、今まで一度もなかったんだよ。これまで死んだ者から文句を言われたためしなんぞ、ついぞなかった。墓場にいる、他のみんなに訊いてくれ、本当だから」

「わかった。お前さんを恨むのは、お門違いのようだ、ポアーズ・コス。だがな、たとえわざとしたわけでなくても、お前さんのせいで、わしはひどい目に遭ったのだ。できるだけ埋め合わせをしてもらいたい」

墓掘り人は目を開いた。幽霊が上着のボタンをかけなおしたので、ポアーズ・コスはもう怖がらずに話を聞くことができた。

「あんたはあの世に行っちまっても、この世にいたときと同じように、本当にいい人だな」と、墓掘り人が叫ぶと、「いや、そんなことはない」と、ロペルス親爺は言った。「この世でどんなにいい人間であっても、あちらではたいしたことないのさ」

「それじゃ、あんたは幸せじゃないんですかい？」

「そうとも。ミサが一つ足りないんじゃ。なあ、こんなことがあったからには、お前さんが自腹を切って、ミサを挙げてくれてもいいんじゃないかな」

「ああ、もちろんでさ。ミサを頼んで進ぜましょう、フランソワ・ロペルス！」

「まだ続きがある。そのミサは、パンヴェナンの主任司祭に司式してもらいたいんだ」

「合点でさ」

「かたじけない、ポアーズ・コス！」と、幽霊が言った。それが最後の言葉だった。墓堀り人は幽霊が町の広場を横切り、墓場の階段を越えていくのを見た。

翌々日は日曜で、歌ミサの説教のとき、「ケルヴィニウーのフランソワ・ロペルスの魂の平安のために、墓堀り人ポエズヴァラが頼んだミサ」が、今度の火曜にあります、と主任司祭が知らせた。(23)

火曜になった。ミサが挙げられた。主任司祭が自ら司式をし、いちばん前の席にはポアーズ・コスがひざまずいていた。わしもそこにおったよ。わしの席は墓堀り人の隣じゃった。

式が終わると、主任司祭は香部屋に引っ込もうと歩いていった。するとポアーズ・コスがわしを肘でつついた。

「ほれ、見なされ！」そう言うじいさんの声は震えておった。

「何かね？」

「誰かが、司祭さんの後から香部屋に入っていったじゃろ？」

「うむ」

「あれが誰だか、わかったかね？」

わしには、すぐにわからなかった。すると、じいさんは耳元でこう囁いた。

「ありゃ、フランソワ・ロペルスだよ。あの気の毒なロペルス親爺でさ！」

まさに、そのとおりだった。そう言われてみると、わしにもすぐわかった。姿かたち、歩き方、服装といい、まさしくフランソワ・ロペルスにちがいない。わしは呆然としちまった。

「なあ、いいか。これだけで終わるはずがない。きっとまだ、あとに何か起きるぞ」と、ポアーズ・コスは言った。

そのとおりだった。

主任司祭さんがな、式服を脱いで、近道をしようと墓場を通って司祭館に戻る途中、へなへなと倒れたかと思うと、そのまま亡くなってしまったんじゃ。そこはまさに、フランソワ・ロペルスの棺のそばで、つい先ごろ掘っくり返してマブ・アー＝グエンを埋葬した場所の近くだった(24)。

（語り手、バティスト・ジョフロワ／パンヴェナンにて、一八八六年）

第9章　霊魂の運命（1）

ラニオン、市場の風景

話によると、埋葬を司式する司祭には、棺桶が墓穴の底に触れた瞬間、死者の魂が天国に行くか、地獄に行くかがわかるそうだ。

だから、司祭が墓地を出るとき、すぐさま祈祷書を閉じ、さっさと聖歌を切り上げたら、もう手の施しようがない、という意味だ。つまり死者は、地獄堕ちの運命と決まったのだ。

司祭が棺の上に最初の土をかけるとき、祈祷書を見れば、埋葬された人の運命を知ることができる。だが、それを他言してはいけない。さもないと、故人の代わりに、その運命を自分が引き受ける羽目になる。つまり最悪の場合、地獄に堕ちてしまうのだ。

霊魂が地獄行きになるか否か、誰にでもわかる方法がある。

埋葬がすんで墓地から出たら、すぐその足で、あたり一帯が見渡せるような小高い場所に登るがいい。そしてそこから、死んだ人の名前を三回、違う方角に向かってどなる。もしその声がこだまし、たった一回でも音が長く残ったら、死者の魂は地獄行きにならずにすむ、というしるしだ。

無理矢理に引っこ抜かれたか、あるいは自然に抜け落ちたかの別なく、とにかく歯が一本抜けたら、それをむやみに投げるような軽はずみな行ないは慎んだ方がいい。というのも、もし犬がその歯をくわえたら、歯の持ち主は地獄行きになるからだ。

抜けた歯を火にくべてもいけない。さもないと、その歯は真っ逆さまに地獄へ落ち、持ち主は死んでから、地獄まで歯を捜しに行く羽目になる。

だから歯が抜けたら、財布の中に入れるなどして自分で保管するか、あるいは教会に持って行き、聖水盤に置くといい。(2)

（プリジャンから聞いた話／プルエナンにて）

レオンの女たちにとって、髪の毛を売ることは魂を売ることと同じだ。そのわけは、洗礼式のとき、頭にかけられた水が髪の毛の下を流れたからだ。(3)

死者の枕元を花で飾るとき、すぐさま花がしおれたら、その人の魂は地獄行きになる。少し時が経ってから花がしおれたら、魂は煉獄にいる。もっと後でしおれたら、罪の償いはずっと短くてすむ。

話によると、喪中の家から上がる煙の色で、亡くなった人が天国に行くか、煉獄に行くか、はたまた地獄に堕ちるかが、わかる人がいるそうだ。(4)

だが、もっと確かなことを知りたいと思ったら、次のいずれかの方法に頼らなくてはいけない。

一、アグリッパ

二、三十番ミサ。別名オフェルン・ドランテル

アグリッパ(5)

アグリッパというのは、ものすごく大きな本で、立たせてみると人の背丈ほどもある。ページは赤で、文字は黒。この本が威力を発揮するには、悪魔のサインが必要だ。本を見ないときは、ごつい南京錠で閉じておかなくてはならない。

これは、危険な本だ。だから、人の手の届くところに置いておいてはいけない。アグリッパを保管するには、そのための特別な部屋が必要で、その部屋でいちばん頑丈な梁に鎖で吊り下げておく。そのとき、梁はまっすぐではいけない。曲がっていないとだめだ。

この本の呼び名は、地方によってことなる。

トレギエではアグリッパ、シャトーラン地方ではエグレモンとかエグロムスとか言われている(6)。カンペール周辺ではアー・ヴィフ、オー・レオンではアン・ネグロマンス、プルエスキャではイグロマンスリと呼ばれている。

この本は生きていて、人の手でページをめくられるのをひどく嫌がる(7)。アグリッパから秘密を引き出せるのは、この本より強い人間だけだ。

本を手馴づけないうちは、一面、赤いページしか見えない。本をぶん殴り、嫌がる相手に言うことをきかせて初めて、黒い文字が現われる。つまり荒れ馬の調教と同じで、本と凄まじい死闘を繰り広げなければならないのだ。ときには、戦いが何時間にも及ぶことがある。終わると、もう汗だくだ。

一度アグリッパを手に入れた者は、もはや決して逃れられない。ようやく死の間際、しかも司祭に助けてもらって初めて、この本から解放される。

もともとアグリッパを持てるのは、司祭だけだった。司祭はみんな、自分のアグリッパを持っている。叙階式の翌日、目が覚めたら、ベッド脇の小机に本が置いてある。だが、それがどこから来たのか、誰が持ってきたのか、まったくわからないのだ。

大革命のさなか、大勢の聖職者が外国に移住した。そういう人たちのアグリッパがたまたま、神学生たちの手に渡った。神学生は、アグリッパを用いる術を学校で習っているからだ。そして本は、神学生からそのまた子孫へと、受け継がれた。ときどき農家に「奇妙な本」があるのは、そういうわけだ。

どれだけのアグリッパが俗人に横流しされ、誰がそれを持っているのか、司祭はちゃんと承知している。

あるとき、パンヴェナンの年取った主任司祭がこう言ったことがある。

「わしの小教区で、本来あるべき場所でないところに置かれたアグリッパが、二冊あるわい」と。

所有者が生きているあいだは、司祭は素知らぬ顔をしている。だが、その人が死にそうになって、瀕死の病人の枕元に呼ばれると、告解を聞いたあとにこんな言葉を囁く。

「なあ、お前さんは重荷を負っておる。この世で厄介払いしないと、そいつを墓の先まで担っていく羽目になるぞ」

すると瀕死の病人は、びっくり仰天して、こう問いかける。

「重荷って、そりゃ何のことですかい?」

「お前さんの家にあるアグリッパのことじゃよ」と、司祭は答える。「あれをわしに渡すんじゃ。あんな重い物を引きずっていったら、絶対に天国には行き着けまいからの」

これを聞いて、慌ててアグリッパの鎖をはずすように命じない者は、まずいない(8)。それまでの持ち主から離れると、アグリッパはつい羽目をはずす。そして、家の中でどんちゃん騒ぎをやらかす。だが、司祭がお祓いをして、アグリッパの気を静める。それから、ハリエニシダの柴の束を探しに行くよう、家の人に言いつける。司祭は自らの手で、粗朶《そだ》に火をつける。するとアグリッパは、じきに灰になってしまう。司祭はその灰を掻き集めて、小さな袋に入れ、「さあ、これで軽くなりますように！」と言いながら、瀕死の病人の首にその袋を掛けてやる。

自分や助任司祭以外の人の手にあるアグリッパが小教区に一冊でも残っていると、主任司祭はおちおち枕を高くして眠れない。

とはいえ、本来聖職に就いていない人間がアグリッパを持っているとき、それがいったい誰なのかを知るには、司祭である必要などないのだ。

アグリッパを隠し持っている者は、特殊な匂いがする。それは硫黄《いおう》と煙の匂いだ。だって、その人は悪魔と通じているのだから。それでみんな、その人から遠ざかろうとする。

その人は、ふつうの人のような歩き方をしない。霊魂を踏んづけるのではないかとびくびくして、一歩踏み出すごとにおそろしく躊躇する。

59話　アグリッパは必ず家に戻ってくる

パンヴェナンのロワゾ・ゴスは例の本を一冊持っていたが、それを完全に持て余していた。誰かもらってくれる人さえいれば喜んで進呈したい、と常日頃から考えていた。そこで、プルギエルのお百姓に話を持ちかけたところ、先方はすんなりオーケーした。

ある晩、その地方一帯に、寒気がするほど恐ろしい音が鳴り響いた。それは、ロワゾ・ゴスがアグリッパについた鎖を引っ張って、プルギエルへと引きずっていく音だった。

帰り道、重荷を降ろしたロワゾ・ゴスは、すっかり気持ちが軽くなって、陽気に歌を歌った。だが、家に入ったとたん、楽しい気分は萎んでしまった。アグリッパがもう戻っていて、元の場所に鎮座ましましていたからだ。

それからしばらく経ったときのことだ。ロワゾ・ゴスはハリエニシダに火をつけて、焚き火をごうごうと燃やし、悪い本をその中に投げ込んだ。しかし、炎はアグリッパを包むどころか、それを避けるようにして燃えるじゃないか。

「よし、火が駄目なら、お次は水責めだ！」と、ロワゾ・ゴスは考えた。

そこでアグリッパをビュギュエレスの海岸に引きずっていき、船に乗って沖合いに出ると、海の中にどぼんと投げこんだ。本にはごつい石を数個結びつけておいた。そうすれば深い海の底に沈んで、二度と浮かび上がれまい、と思ったのさ。

「今度こそ、大丈夫。これで、あいつとは永久におさらばだ」

だが、それは糠喜《ぬか》びだった。

帰りに砂浜を歩いていると、背後で、砂利の上で鎖を引きずる音がした。それは、結んであった重石を厄介払いし、自由になったアグリッパだった。ロワゾ・ゴスは、アグリッパが矢のように素早く、自分の横を走り抜けるのを見た。家に戻ると、いつものようにアグリッパが天井の梁からぶら下がっていた。表紙も中のページも乾いたままだ。海水ですら、この本を避けたらしい。

とうとうロアゾ・ゴスも根負けして、アグリッパを持っているしかなくなったのさ。

（語り手、バティスト・ジュフロワ、通称ジャヴレ／パンヴェナンにて、一八八六年）

アグリッパには、ありとあらゆる悪魔の名前と、そいつを呼び出す方法とが記されている。それによって、地獄行きになるのはどこの誰か、ということがわかるのだ。埋葬を司式した司祭は、すぐさまアグリッパを調べる。名前を呼ぶと、たちまちすべての悪魔が姿を現す。そこで司祭は、一匹一匹にこうきく。

「お前は、誰それの魂を持っているか？」

もし全員が、持っていない、と答えれば、その魂は救われたということだ。悪魔を戻すときも、司祭は名前を呼ぶ。そのとき、いちばん最後に出てきた悪魔の名前を最初に呼ぶ。つまり、召喚したときとは逆の順序で、名前を呼ぶのだ。

60話　プルギュッファンの司祭の話

軽はずみにも、無知な人間がアグリッパを読もうとすると、ひどい目に遭う。

ある日、プルギュッファンの司祭が香部屋に入った。そこに寺男がいると思って、探しにきたんだ。だが、そこには誰もいなかった。

「それにしても、木靴がここに置いてあるところを見ると、遠くに行ったわけではなかろう」と、司祭は考えた。

そこで、寺男の名前を呼んだ。

「ジャン！　ジャン！」

返事はない。

急いで部屋から出ようとしたが、そのとき自分の「ヴィフ」〔アグリッパのこと〕がテーブルの上に乗っていて、悪魔の名前が書いてあるページが大きく開かれているのに気がついた。

「あっ、なるほど！」と、司祭は叫んだ。「ジャンは悪魔を召喚したが、帰す方法を知らなかった。そこで悪魔は奴を地獄に連れていったんだ。ううむ、手遅れでなければいいが！」

すぐに司祭は、いつ果てるとも知れない悪魔の名前を、終わりから唱え始めた。

やがて、寺男が姿を現した。全身真っ黒で、髪の毛はすっかり焦げてちりちりになっている。

この男は、筆舌に尽くせぬ恐ろしい体験をしたせいで、長いあいだ言葉が出なくなってしまった。[9]そして、地獄行きについては一生口をつぐんだままで、女房にさえも一言も語らなかったそうだ。

（語り手、ルネ・アラン／カンペールにて）

オフェルン・ドランテル（三十番ミサ）

昔は、人が亡くなるたび、故人のために三十番ミサを挙げたものだ。二十九番目までは、司祭が自分の小教区にある教会で行なう。だが、三十番目のお勤めは、メネス・ブレの頂上にある、聖エルヴェ礼拝堂で挙げる[10]慣わしだった。

ブルトン人が「アン・オフェルン・ドランテル」と呼ぶのは、この三十番目のミサのことだ。ミサが行われるのは、真夜中だ。そして普通のミサの順序と逆に、典礼はおしまいから始まる。祭壇には、ろうそくを一本だけ灯しておく。

このミサには、その年に亡くなったすべての死者が集まってくる。それだけではない。悪魔も全員出頭するのだ。

この三十番目のミサを執り行う司祭は、なみはずれて賢く、胆っ玉が太くなければならない。司祭は山のふもとで靴を脱ぎ、裸足で斜面をよじ登る。というのも、「地面まで司祭」でいなくてはならないからだ。そして、片手に銀の聖水盤、もう片手に聖水撒布器を持ち、左右に絶えず聖水を撒《ふりま》きながら山を登っていく。ときどき進むのが辛くなることがあるが、それは死者の霊がまとわりついてくるからだ。死者たちはかりそめの安らぎを得ようと、聖水のしずくをふりかけてもらいたくて堪らないのだ。

ミサが行なわれる前夜、麻の種が詰まった大きな袋を礼拝堂に運ばせておく。

ミサがすむと、次は悪魔を召喚する番だ。礼拝堂のポーチに呼び出された悪魔どもは、野蛮な唸り声を上げて駆けこんでくる。それは血も凍るような、恐ろしいひと時だ。だが、決して取り乱してはいけない！　司祭は悪魔どもに静かにするよう命じ、一匹一匹、自分の前に並ばせる。そして、オフェルン・ドランテルが捧げられた死者の魂が、悪魔の手に落ちているかどうか検査するため、鉤爪の生えた手を見せるように言いつける。それから、めいめいに麻の種を一粒渡して、帰してやる。というのも、悪魔は絶対に空手では帰らないからだ。もし一匹でも麻の種を渡すのを忘れると、司祭は自分自身を引き渡さなければならなくなる。それはつまり、地獄の劫火から永遠に逃れられなくなってしまうのだ。

61話　軽はずみな若い司祭の話

ある晩、まだ聖職に就いたばかりの新米司祭が、軽はずみにも、メネス・ブレでオフェルン・ドランテルを挙げようと企てた。

しかもまずいことに、恐怖のあまり、慌てふためいてしまった。

すると、悪魔たちはたちどころに、若い司祭に襲いかかった。

不幸中の幸いは、タディク・コスが、そこから二リュー〔約八キロ〕離れたベギャールの司祭館で、まだお祈りを上げていたことだった。山の方がなにやら騒がしいのを聞きつけ、タディク・コスは耳を澄ました。

「おやおや！　どうもあのあたりで、一悶着あるようだぞ」

そう考えたタディク・コスは、風のように速く走るコルヌアイユの子馬に鞍をつけた。

礼拝堂に着いたとき、悪魔たちはすでに若い司祭に鉤爪をかけ、切り妻に開いた裂け目から連れ去ろうとしているところだった。

だが、タディク・コスは間一髪で、哀れな司祭の脚をつかまえた。悪魔たちはタディク・コスの恐ろしさを十分知っていたので、歯向かうどころか、その姿を一目見ただけで、蜘蛛《くも》の子を散らしたように逃げ出した。怒り狂った叫び声とともに、悪魔はその場から消えてしまった。若い司祭は、九死に一生を得たのだ。タディク・コスは、よく通る穏やかな声で、こう意見するにとどめておいた。

「わが子よ、わしらのような年寄りと同じことをしようと思ったら、同じだけの経験を積まにゃあ無理じゃ。今回のことを良い教訓に、肝に銘じておくんじゃな！」

（語り手、ペデルネック在住レネアン・オフレ／メネス・ブレの山上にて、一八八九年）

62話　タディク・コスの話

このタディク・コスは、オフェルン・ドランテルの達人でした。この人が亡くなってからというもの、三十番ミサを挙げられる司祭はいなくなってしまったという話です。

一度など、神さまでしかお出来にならないような奇跡を起したこともありました。

トレグラミュス（メネス・ブレのふもとの寒村）に住んでいた死者のために、三十番ミサを挙げ終わったときのことです。呼び出した悪魔を点検しようと、その前を通ったとき、そのうちの一匹が故人の霊魂を鉤爪の間に引っ掛けているのを見つけました。もしこれが、タディク・コスじゃなかったら、きっとこう思ったことでしょう。

「この死者は、地獄行きと決まった。もはや何をしても無駄じゃわい」

けれども、タディク・コスは勇猛果敢な男で、そう簡単には諦めません。あたしが思うに、霊魂を救うためなら、裸足で地獄まで下るのも厭わなかったでしょうよ。

「おい、お前さんよ！」と、タディク・コスは悪魔に言いました。「ずいぶん自慢たらしげに、魂を握っているじゃないか！　だがな、そうまで鼻高々になる必要など、ないんじゃよ。わしは、故人がまだこの世にあったときのことを、よく知っている。哀れで貧しい、箸にも棒にもかからない男だよ！　生きているあいだ辛酸を舐め尽したから、お前の連れて行く地獄は、奴にとったらまるで天国みたいなものじゃろう。この男のように、地上でさんざん苦労した者にとっては、何も恐れるものなどありゃしない。たとえそれが地獄の劫罰であろうと、な」

「それはそうかもしれないな」と、悪魔が答えました。「そんな奴をいじめたって、つまらない。それなら、交換するに越したことはない」

「その交換、受けて立とう」

「こいつの代わりに、どの魂を引き渡してくれるんだ？」

「どんな？」

「わしの魂を差し上げよう。じゃが、それには一つ、条件がある！」

「お前たち悪魔は、ずる賢いことで有名だ。だが、わしだって、幸か不幸か、阿呆じゃない。だから、わしを騙さないと約束してくれ！」

「合点だ」

「よし、これで話がついた。もしわしが負けたら、わしの魂はお前たちのもの。もしわしが勝ったら、わしの魂はわしのもの。いずれにせよ、そこに持っている魂は、もうお前のものではない。だからまず、そいつを放してもらうか」

そこで悪魔は、鉤爪を緩めました。トレグラミュスの故人の霊魂は、タディク・コスに感謝しきれないほどの感謝をしながら、軽々と飛んで行きました。

「さあ、早く！ わしは待っているのだぞ！」と、タディク・コスが言いました。

悪魔はしきりに耳を掻いていましたが、ようやく次のように言いました。

「よし。それじゃあ、俺さまがこれまでに見たことのないような物を見せてくれ」

「なーんだ、そんなことか！ すぐに満足させてやろうぞ」

タディク・コスは、祭服のポケットからりんごを一つとナイフを取り出し、そのナイフでりんごを二つに切りました。それから、あっけにとられている悪魔の目の前に、りんごの切り口を差し出しました。

「そら、見るがいい！」

けれども、悪魔には何が何やら、さっぱりわけがわかりません。そこで、タディク・コスはこうつけ加えました。

「お前さんは多分、りんごの切り口を見たことはあるだろう。じゃが、このりんごの切り口はまだ見たことがないはずだ！」

悪魔はあいかわらず呆然としていましたが、ついに負けを認めました。そこで、タディク・コスは嬉しそうに両手を揉みながら、ベギャールの司祭館に帰りましたとさ。

（語り手、インゲール・ヴィアン在住ナイック・フュリュップ／ペデルネックにて、一八八九年）


タディク・コスがメネス・ブレで三十番ミサを挙げるとき、山全体がまるで昼間のように明るく輝く。

（クルアルン談／カラックにて）

63話　ひどい母親

ケラムの殿さまのお館に奉公に上がったとき、イヴォナ・コスケールは十八歳くらいでした。とてもきれいな娘でしたが、ああ、残念なことに、美貌という天からの贈り物は、時として不幸の元凶になることがあります。ある日、ケラムのお館さまは、イヴォナがたった一人で台所にいるところを見つけました。そして、娘に近づくと、こう言いました。

「わしの女房の伯爵夫人は、もうそろそろいい歳じゃ。どうだね、イヴォナイック。お前さえよければ、わしのかわいい恋人になってくれんかのう。そうすりゃ、わしが死んだら、財産の半分をお前に与えよう」

愚かな娘は、主人の言うなりになってしまいました。つまり、殿さまのお妾《めかけ》さんになったのです。そして私生児を五人、生みました。

領主の言いつけで、娘は赤ん坊を生むたびに、首を絞めて殺しました。そのあと、殿さま自ら、近くの林に行って、遺体を埋めるのでした。

ほどなくして、娘はまたもや妊娠していることに気づきました。六度目の今回は、たいそう辛い思いをいたしました。ある晩のことです。ベッドで寝ていても、なかなか寝つけません。突然、イヴォナは恐怖のあまり、がばっと体を起しました。

お腹の赤ん坊が、しゃべったのです(11)。

胎児はこう言いました。

「かわいそうなお母さん。五人の兄さんを殺したように、僕も殺すつもりだね。でも、兄さんたちみたいに、洗礼を受けないまま死ぬのは嫌だよ。それに、そんなことをしたら、お母さん自身が永遠に呪われて、地獄に堕ちてしまうよ」

この日から生まれるときまで、赤ん坊は毎晩、同じことを繰り返し、繰り返し、言うのでした。

月満ちて、イヴォナはいつものように、人知れずこっそり出産しましたが、最初にしたことは、かわいい子供に自分の手で洗礼を授けてやることでした。それから、ほかの子のようにすぐに喉を絞めたりはせず、まずお乳をやろうとしました。ところが子供は、嫌がって乳房に吸いつきません。

「ああ、あたしのお乳は呪われているんだわ」と、イヴォナは思いました。そして、声を上げて泣きました。

このとき、殿さまが姿を現しました。

「何をしている!」伯爵は怒りで顔を真っ赤にして、怒鳴りました。「このガキをまだ絞め殺しておらんのか!」

領主は母の腕から子供を奪い取って首を捻ると、林に運び、六本目の木の根元に埋めました。そのあいだじゅう、イヴォナ・コスケールは呻いていました。自分のしたことが空恐しくて、悶え苦しんでいたのです。そして、いっそのこと死んでしまいたい、と思いました。

起き上がれるようになると、すぐにケラムの奥方のもとに赴き、その前にひざまずいて赦しを請いました。聖女のように善良な奥方は、娘にこう言いました。

「謝るべきは、このわたくしではなく、神さまと、洗礼を受けさせなかった五人の子供たちに対してですよ。そなたに、よいことを教えてあげましょう。すぐさまトレギエの主任司祭さんのもとに行くのです。そして告解をしなさい。そうすれば、これからどうしたらいいか、教えて下さるでしょうから」

そこでイヴォナは、トレギエさして出かけました。

主任司祭は娘の告解を聞くと、悲しそうに首を振って、こう申しました。

「イヴォナさんよ、わしはそなたに罪の赦しを授けてやることができん。そなたは教区から教区へとまわり、告解室で告解せねばならぬ。そうやって、十四人目の司祭の手によって、初めて罪の赦しを授かるじゃろう」

イヴォナ・コスケールは言われたとおりにしました。町から町へ歩き回ったので、靴はすっかり擦り切れてしまいました。そして、ようやく十四番目の司祭のもとに辿りついたとき、その前にひざまずくというよりも、倒れこんでしまいました。

その司祭はまだうら若い青年で、神学校から出たばかりの、新米ほやほやでした。そして、まるで娘っ子のようにきれいで、慈愛に満ちた顔立ちをしていました。

イヴォナが告解をし終わると、司祭は娘を立たせてこう言いました。

「哀れな女よ、心安らかに行くがいい。そして、わたしがこれから言うことを、一つも違えずに行いなさい。

そなたの罪の代償は、高くつくだろう。だが、最後までやりおおせるだけの勇気があれば、救われるはずだ。よいか、まずケラムの領主が子供を埋めた林に行きなさい。真夜中になる前に着くようにして、そこでじっと待っているのだ。何が起ころうとも、神さまのお慈悲を信じなさい。それに、そなたには強い味方がつくだろう。その人が、この恐ろしい試練を乗り越える手助けをしてくれるはずだ」

その味方とは誰のことなのか、若い司祭は明らかにしませんでしたし、どんな試練が待ちうけているかについても、口を閉ざしたままでした。

けれどもイヴォナ・コスケールは、心が軽くなったような気がしました。脚がむくみ、足は傷だらけで血が流れていましたが、ケラムへと続く道を健気に歩いて、お館のそばの林に向かいました。目的地に着いたのは、日暮れどきでした。娘は大きな木の根元の、湿った草むらにしゃがみました。そこに六人の赤ん坊が埋まっていることを考えると、イヴォナの心は痛み、自らの犯した罪を思い出しては、滝のような涙を流しました。

やがて、お館の礼拝堂で、真夜中の鐘が一二回鳴りました。

イヴォナは顔を上げました。頭上の枝のあいだから、かすかな音がしたからです。何の音かしら、と不思議に思ったとき、リスの群れが幹をスルスルと降りて来るのが見えました。リスたちは、いっせいに飛びかかってきました。そして、イヴォナを地面に押し倒すと、こう叫びながら、鋭い歯と爪で胸を抉り始めました。

「ああ、とうとう捕まえたぞ！　意地悪母ちゃん、意地悪母ちゃんめ！」

そのときイヴォナには、このリスたちが、残酷にも自分が殺した子供たちであることがわかりました。

「神さまの御心《みこころ》のままになりますように！」

娘は弱々しく呟きました。そして、体が引き裂かれても微動だにせず、泣き声一つあげるでもなく、されるがままになりました。

しばらくして、リスが五匹しかいないことに気づき、イヴォナはこう尋ねました。

「ねえ子供たち、お前たちは六匹のはずじゃないの？　あとの一匹は、どこにいるのかい？」

リスたちはそれには答えず、猛り狂って娘の体を貪《むさぼ》り始めました。激痛のあまり、イヴォナは草や杜松《ねず》の茂みにしがみつきました。とうとうリスたちは肉を喰らい尽くして、心臓に到達しました。一匹が、それはそれは乱暴に心臓に噛みついたので、血が迸《ほとばし》り、赤い雨となって降り注ぎました。その瞬間、イヴォナ・コスケールは長い呻き声をあげました。

「マ　ドゥエ、マ　ドゥエ！」（神さま、神さま！）

いまにも気絶しようとしたときです。

娘の目はすでに閉じかかっていましたが、突然、大きな光が近づいて来るのが見えました。その光の中心には、お日さまのように美しい子供がいたのです。その子は優しく微笑《ほほえ》みました。この世のものではない、清らかな微笑です。「頑張って、僕の大好きなお母さん！」と、その子はいいました。「僕は、お母さんの赤ちゃんだよ。お母さんが自分の手で、僕に洗礼を授けてくれた。そのおかげで、僕は天国に行けたんだよ。

僕は、お母さんをお赦し下さるよう、神さまにお願いしたんだ。神さまは、お母さんを救うと約束してくださった。でもそのためには、洗礼を受けずに死んだ五人の兄さんが、洗礼に必要な水と同じ量の血を、あなたの心臓から流さなくてはならないの。兄さんたちが、お母さんの体をそんなにしちゃったのは、そういうわけなんだ。しっかりしてね、お母さん！　苦しみはじきに終わるから」

この言葉はイヴォナの鋭い痛みに、あたかも香油のようにしみとおったのです。

娘は体中の血が流れ出るまで、心を慰めてくれる光をじっと見つめておりました。やがて不思議な光は次第に大きくなり、イヴォナはその中に二人目の子供の姿が包まれているのを見ました。それから三人目、四人目と、六人目まで数えたところで、息絶えました。

翌日、お館の人々が林を通りかかり、ずたずたになったイヴォナ・コスケールの遺体を見つけました。奥方は、女中が祝別された地〔教会の墓地〕に葬られるよう、手配しました。けれども、あの世でのイヴォナの運命が気がかりだったものですから、娘が救われたかどうか知るために、三十番ミサを挙げてもらうことにしました。司式をしたのは、あの若い司祭でした。

司祭は、奥方にこう告げました。

「奉献のとき、何が起きるか、注意してご覧ください」

そして、奥方は見たのです。

翼に血の痕が点々とついた白い鳩が、司祭の頭上を飛んで行くのを。(12)

そこでケラムの奥方は、イヴォナ・コスケールの魂が救われたことをもはや疑いませんでした。

（語り手、ジャンヌ＝マリー・ベナール／ポール・ブランにて）


夜、星空を見上げると、この世がこの世になってから、いったいどれだけの人間が死んだかがわかる。明るくきらきら輝く星は、永遠の栄光に包まれ、喜び溢れる霊魂だ。か細い光しか出していない星は、まだ煉獄での試練を終えていない霊魂だ。そして、悲しげに燃え、くすんでいる星は、地獄に堕ちた魂だ。たくさんの星の集団は、同じ家族の死者たちが寄り集まっているのだ。

（フランソワーズ・ベルトゥ談／カンペルレ地方にて）

第10章　溺れ死んだ者たち

ロスコフ

赤ちゃんが夜、生まれたとしよう。それが月の明るい晩ならば、出産に立ち会った老婆のうちでいちばんの年長者が玄関先に駆けていき、子供がこの世に生を受けた瞬間の空模様をじっくりと検分する。もしこのとき、雲が月を締めつけるようにまとわりついていたり、雲が空一面に広がって、月がその中に埋もれているかのようであれば、かわいそうなことだが、生まれ落ちた子は、ゆくゆく溺れるか、首を吊るされるかして果てるだろう。

不慮の死を遂げた者は、本来生きるべき時間が尽きるまで、生と死のはざまに留まる。(1)

64話　身投げした娘の話

あたしの代父には娘がいて、マリー・ケルファンという名前でした。この娘は海に身を投げて、セルヴェルで溺れ死んだのです。遺体が見つかったとき、その両眼は蟹《かに》に食べられていました。両親は娘の死を、たいそう嘆き悲しみました。というのも、二人はたいそうマリーをかわいがっていましたし、ずいぶん有利な結婚を整えて、立派な男に嫁がせたからです。マリーの生前、両親は、娘に欠点があるとしたら、たった一つ、上昇志向が強すぎることだ、と考えていました。溺れ死にする少し前、マリーは父親のところに来てこう言いました。

「ねえ父さん、うちの人、いまの畑は狭すぎるって言うのよ。もっと大きな農場がほしいんですって。ちょうどベロレの農場が空いているでしょ？　千エキュ貸してくださらない？　そうすれば、そこが借りられるもの」

「だめだ」と、あたしの代父は答えました。「千エキュなど、よう貸さんぞ。お前の亭主はな、いまやっている農場を畳もうとは思っておらん。あの家は、二人には十分すぎるほどだ。分不相応な夢を見ておるのは、お前のほうだぞ。このままでは、乞食に身を落とすにちがいない。そんな無茶な生き方の片棒を担ぐつもりなど、わしにはないからな」

マリー・ケルファンはぐうの音も出ず、ただ顔を真っ青にして帰って行きました。父親に素っ気なく断わられたうえ、説教されたために、むかっ腹が立って仕方なかったんです。

一五日後、マリーが自殺した、という知らせが広まりました。

両親は、娘の霊のためにミサを挙げてもらう勇気がありませんでした。もしかすると地獄に堕ちたかもしれない、と畏れていたからです。

さてある晩、あたしの代父の奥さんのマハリットおばさんは、なかなか寝つけませんでした。すると、ベッドのそばのベンチから、こう問いかける声が聞こえました。

「母さん、寝てる？」

「いいや、目は覚めているよ」と、マハリットおばさんは答えました。「そう言うお前は、マリーかい？」

「そうよ、あたしよ」

「馬鹿な子、なぜあんなことをしでかしたの？」

「だって、あたしはベロレに移りたかったのに、父さんがお金を貸してくれなかったんだもの」

「あれから父さんと二人で、ずいぶんそのことを考えたよ。でもね、無茶なことを頼んだお前のほうが、間違っていたんだよ」

「もうその話はやめましょ」

「ここに戻って来れたということは、地獄に堕ちたわけじゃないんだね〔地獄に堕ちた死者は、二度とこの世に戻って来れない。第21章を参照のこと〕。ねえ、あの世でどうやって暮らしているのか、教えておくれ」

「本当いうとね、これまでは何ひとつ、不自由はなかったの。溺れて死んだあと、マリアさまがあたしに二回キスしてくださったから。でも、神さまのお裁きはまだ下っていないのよ」

この言葉の意味について、マリーは一言も説明しなかったし、母親もあえて訊こうとはしませんでした。そのあと、死んだ娘はこうつけ加えました。

「あたし、あの人にお願いがあるの。再婚するのなら、あたしが死んでから六年経ってからにしてほしいの。そのときが来るまでは、あの人、寡《やもめ》になったわけじゃないから。もしそれが待ちきれなくて、ほかの人と結婚したら、あたしはもっと長いあいだ、罪の償いをしなくちゃならないの」

「わかった、そう伝えるよ」と、マハリットおばさんは言いました。「お前のために、あたしで何かできることはないかい？」

「あるわ。ガンガンの『救いの聖母』にお参りして、引き続きあたしのためにおとりなしくださいって、マリアさまにお願いしてほしいの」

「必ずそうするよ。あと、うちにあるもので、何かほしいものはないかね？」

「何もいらないわ」

「でも、お前はあの世で暮らしているんだろ。生きていくのに必要なものは、どうしているんだい？」

「見てちょうだい、あたしの着ている服を。ぼろぼろでしょう？　これはね、母さんが貧しい人たちにあげている服なのよ。それから、母さんが貧しい人たちにあげているパンで、あたしは生きていられるの(2)」

こう言うと、マリーの姿は消え失せました。それ以来、娘の姿を見た者はおりません。たぶん、マリーの霊は救われたんでしょう。なぜって、母親はマリーの願いどおり「救いの聖母」にお参りしたし、ご亭主は七年経ってから後添いを娶《めと》ったからですよ。

（語り手、ファンティック・オムネス／ベギャールにて、一八八七年）

溺死者の遺体を見つけるには、こうするといい。まず、藁《わら》で編んだ長靴か、木の板を手に入れ、そこに麩《ふすま》（小麦を粉に挽いたときに出る皮屑）を入れた小さなどんぶりを乗せて、動かないように固定する。それからその麩《ふすま》に、祝別されたろうそくを立てて、火を灯す。次に、その長靴や板を水に浮かす。するとろうそくは、遺体が沈んでいるほうに進んでいく。あとは、それが止まった場所の付近を捜索すればいいだけだ[3]。

溺死者の遺体を水から引き揚げたとき、死者の近親者がその場にいると、遺体から鼻血が流れ出る[4]。

船が海で遭難すると、船主の遺体はいつもいちばん最後に見つかる[5]。

ドゥアルヌネ湾で船が難破すると、溺死者は海にさらわれて、モルガ近辺のロテル洞窟へと運ばれる。死者の霊は八日間そこに留まってから、最終的にあの世へと旅立つ。この八日のあいだ、大胆にも洞窟にやって来て、死者の悔悛の行の邪魔をした者にはひどい罰《ばち》があたる。その者は、非業の死を遂げるだろう[6]。

海が荒れ狂う夜、溺死者たちがお互いに呼び交わす声が、海岸に響き渡る[7]。

漁師が溺れると、カモメやダイシャクシギが鋭い声で鳴きながら家に来て、翼でしきりに窓を叩く。

ポール・ブランの近くにあるゲルトラス（サン・ジルダ島）では、ときどき、溺死者が飲み水を仕入れるため、陸《おか》に上がって来るのを見かける。死者たちは女を先頭に、長い行列をつくってひっそりと道を進む。けれども、小声で何かひそひそ囁き交わすのが聞こえることもある。とはいえ、会話の中で聞き取れるのは、「イア！……イア！

……」（そうだ！……そうだ！……）という言葉だけだ。

死者たちの乗る船の影が、霧にかすむかのように、遠くにうっすらと見える。

トレヴー・トレギニェックの漁師が夜中、漁に出かけると、死んだ人の手が船べりをつかむのを目撃することがあるそうだ。女は手でつかまったりせず、水の中でたゆたう長い髪の毛をオールに絡ませるという。

65話　死者の頭骸骨

わたしの父はイヴ・ル＝フレムという名前で、夜中に砂浜に出かけて漂流物を探す癖がありました。

その晩、父は肩に網を担いで行きました。それをブリュックのあたりに仕掛けようと思って、海岸をぶらぶら歩いていたんです。

突然、足で何かを蹴飛ばしました。それはうつろな音を立てて、砂利の上をころがっていきました。

「こりゃ一体なんだ？」と、父は思いました。

そして、ころころ転がるものを追いかけて走りました。というのも、そのあたりの斜面はかなり傾斜がきつかったからです。

やっと捕まえてカンテラの明かりで見てみると、それは人間の頭骸骨でした。そのときの、父の落胆ぶりといったら！

すぐさまこの漂流物を、なるべく遠くに投げたんです。

ところがそのとたん、海がひどくざわめき始めました。

父は、何千本もの腕が蠢《うごめ》きながら、海面から出てきたのを見たように思い、ぎょっとしました。(8)

それと同時に、その目に見えない手は、父の肩から網を奪い取ったんです。

そこでようやく父にも、死者を粗末に扱ったためにそんなことになったのだ、ということがわかりました。それに、溺死者にちょっかいを出すのは、よくないことですからね。そこですぐさま、さっきの頭蓋骨を捜したんです。ようやくそれが見つかると、父はこう思いました。

「あのとき、こいつを海に捨てなくてよかった。もしそうしていたら、あの腕が無茶苦茶に襲い掛かってきて、このわしが海の底に引き入れられるところだった」

幸い、頭蓋骨は岩の上に乗ったままでした。

父はそれを、自分が蹴飛ばす前の位置に、うやうやしい動作で戻しておきました。

そのおかげで、生きて無事に家に戻ることができたんですよ。


(語り手、マリー＝イヴォンヌ・ル＝フレム／ポール・ブランにて)

海を当てにする者は、死に頼るも同然だ。海で死んだ者は、ほかならぬ自分の過失で命を落としたようなものだ。(9) だから溺れ死んだ者は、自ら望んで死んだか、そうでないかにかかわらず、溺れた場所に留まって、罪の償いをしなくてはならない。そしてその同じ場所で、ほかの誰かが溺死して初めて、自由の身になれる。

一八五六年ごろのことだ。三十二人の団体が、船を一艘チャーターした。カンペール川の河口で催されるベノデのパルドン祭に、海路から向かおうという寸法だった。その日、天気は上々、船はつつがなく湾を横断した。しかし、ヴィル・クールの入口にさしかかったとき、突然転覆してしまったのだ。(10) おそらく、操作の過ちが原因だろう。

当時、この海難事故は、世間を大いに騒がせたものだった。数年経っても人々の記憶から忘れ去られることはなく、船が川を下るときは、細心の注意を払って、事故の起きた区域を避けるのだった。だが、うまく避けきれないこともたびたびあった。魔に魅入られたのだろうか、その後も、何隻かの船がそこで沈没した。こうして船が消えるたび、カンペールの船乗りたちはひそひそ声で、互いにこう囁きあうのだった。

「な、そら見たことか！　前の奴らと交代したんだ。今度は、新しく来た連中に用心しなきゃな」[11]

（語り手、ルネ・アラン／カンペールにて、一八八九年）

サン島の女たちに、この島の墓地はずいぶん狭いんだね、と言うと、こんな文句がかえってくるだろう。

「この島とラ岬とのあいだの海が、男たちの墓場なんだよ」　（ル＝ブールから聞いた話／オーディエルヌにて）

遺体が見つからず、聖なる場所に埋葬されない溺死者は、永遠に海辺をさまよう。

そういった溺死者が、夜、悲しそうな声で叫ぶのが聞こえることがある。

「イウー！　イウー！」

そんなとき、コルヌアイユ地方でははこんなふうに言う。

「ほら、イアニック・アン・オドが喚《わめ》いてるぞ！」

こうして叫ぶ溺死者は、誰彼かまわずイアニック・アン・オド（「砂浜のジャンどん」の意）と呼ばれる。[12]

イアニック・アン・オドは、悪い奴ではない。誰かがふざけて、その嘆き悲しむ声に答えたりしないかぎりは。だが、軽々しくそんないたずらをしてごらん、きっと恐ろしい目に遭うから！　もし誰かがふざけて、イアニック・アン・オドの呼び声に答えたら、相手は、自分とその人の間にある距離を半分飛び越えて、近くにやってくる。もし二回目に答えたら、この半分の半分を飛び越えてくる。三回目に答えようものなら、奴はいたずら者の首をへし折るだろう。

66話　イアニック・アン・オド

ある夏の夕方、農場の作男が家畜を草地に放牧しに行き、そこから帰るところだった。ちょうど、夜、家畜を放し飼いにする季節が始まったころのことだ。砂浜の小道を通っていると、砂利の上を歩く、イアニック・アン・オドの木靴の音が聞こえてきた。ところで、この作男はお調子者だった。冬、夜鍋仕事をしているとき、イアニック・アン・オドについて語られる、ありとあらゆる因縁話を聞いていたので、機会があったらその話が本当かどうか、ぜひ確かめてみたいと思っていたのだ。

「いよいよ来なすったな。よーし、ためしてみよう」

けれども、この若者はなかなか思慮深くもあったので、農場のそばに来るまで我慢した。そして、そのときになって初めて、砂浜をさまよう者が背後で放つ、鋭い「イウー」という声に、よく響く「イウー」という声で応じたのだ。おそらくイアニック・アン・オドは、こんな大胆な答えが返ってくるとは思ってもみなかったのだろう。びっくりして、突然、黙り込んでしまった。けれども作男には、相手がかなり近くまで迫っていることがわかった。そのとき、月の光に照らされ、真っ黒な人影が小道の端にくっきりと浮かびあがった。

そして、いっそう鋭い叫び声が、あたりに響き渡った。

このときはさしもの作男も、農園の中庭を半ば過ぎたところでようやく、鸚鵡《おうむ》返しに答えたのだった。

ところが、イアニック・アン・オドはもう柵まで来ていた。ますます怒り狂った声で喚《わめ》きながら。

「イウー！　イウー！　イウー！」

その悲痛な叫びには、相手を挑発するような調子が含まれていた。

作男は、まるで踵《かかと》に羽でもついているような速さで、駆けて、駆けて、駆け通した。

お館の戸口に辿りついたとき、若者は三回目に「イウー」と叫び、それと同時に重いオーク材の扉をバタンと閉めた。

外では誰かが、凄まじい勢いで扉を叩いている。そのせいで、扉が粉々に吹っ飛んでしまうのではないかと思われるほどだった。そして、大きな喚《わめ》き声がこう言って脅かすのが聞こえた。

「一度はうまく逃れたな。が、今度戻ってきたら、目にもの見せてやるからな！」

作男はその言いつけを守り、二度とイアニック・アン・オドをからかったりはしなかった。(13)

（語り手、ルネ・アラン／カンペールにて、一八八九年）

67話　ジャン・ディグーの運

ジャン・ディグーは、ランデヴネックで漁師をしていた。ある晩のこと、たった一人で船に乗り、陸地から数百鏈《れん》〔一鏈は約二〇〇メートル〕離れたブレスト港の沖で漁をしていた。すると突然、沿岸の森の中から、長い叫び声が聞こえた。ジャン・ディグーは、誰かがふざけて自分を怖がらせようとしているんだと思い、同じような喚《わめ》き声を出して、それに答えた。

するともう一度、悲しそうな叫び声があたりに響きわたった。ジャン・ディグーは今度も前と同じように、返事をした。

「さすがに俺もイライラしてきたぜ、馬鹿な物真似猿《ものまねざる》め！」と、ディグーは思った。「またもう一度、叫び声が聞こえたら、今度は港中に聞こえるような大声で、『阿呆！』と怒鳴ってやろう」

そう考えも終わらぬうちに、姿を見せない人物が、三回目にこう叫んだ。

「イウー……ウー……ウー！」

そこでジャン・ディグーは、肺の中に溜まった息をすっかり吐き出しちまうくらいの大声で叫んだ。

「てめえのほうが、あほ……ほ……ほ……」

しかし、最後の言葉はディグーの喉の奥に詰まって出てこなかった。というのも、いつの間にか誰かが自分の背後に立ち、喉に手をかけて、鉄のペンチのようにがっちりと絞めつけたからだ。そのあまりの痛みと苦しみに、漁師の顔は汗まみれになった。

「お前が誰かは知らないが、神さまの御名《みな》によって、俺を放してくれ！」と、ディグーは哀願した。

すると、相手はこう言った。

「よし、放してやろうとも。だが、それは、お前が神さまの名を引き合いに出したからじゃないぞ。もしこの船が楢《なら》の木でできていなかったら、お前の命運は尽きていたところだ」

こう言うとイアニック・アン・オドは手を放し、姿を消した。

ジャン・ディグーは運が良かったのだ。そして、年寄りから聞いた話は本当だった、と一人で納得した。それはな、楢《なら》の木は悪い霊から身を守ってくれる貴重なお守りだ、という言い伝えだよ。

（語り手、ピエール・ル＝ゴフ／アルゴルにて）

68話　入り江の五人の死者

カンペールの二人の船乗りの話です。

二人はシードルの樽を小船に積んで、ベノデ（カンペールを流れるオデ河の河口にある、海辺の集落）に運ぶよう、言いつかいました。

旅籠屋に積荷を下ろしたあと、多分そこでぐずぐずしていたんでしょう。二人は高潮の時刻を逃してしまいました。「入り江」と呼ばれる場所まで来ると、水がかなり浅く、悲惨にも船は泥地に乗り上げてしまったのです。次の高潮まであと六時間もあります。そうしたら、真夜中になってしまう！　しかし二人は、こんな不幸なめぐりあわせになっても機嫌を損ねず、うまくやりすごそうと、持ってきた帆にくるまって横になりました。そうやって、うとうとしかけたときです。誰かが大きな声で、二人の名前を呼ぶのが聞こえました。

「ほーい、ヤン！　ほーい、カウランタン！」

「ほーい！」と、カウランタンとヤンが答えました。

それは、船乗りが互いに呼び交わすときの合図でした。

「ここまで来てくれないか！」と、声が言いました。

あたりは真っ暗で、一メートル先も見えません。それに、力強い声ではありましたが、ずいぶん遠くから聞こえてくるようです。しかもその声には、どこかしら奇妙な響きがありました。ヤンとカウランタンは、お互いに肘で突っつきあいました。

「あの声は、厄介者のイアニック・アン・オドじゃないか」と、ヤンが言うと、カウランタンもこう答えました。

「ああ、きっとそうだ。知らんぷりしようぜ。顔を上げちゃだめだ、じっとしてなくちゃ」

二人は帆にくるまったまま、ぴったりと体を寄せ合いました。

とはいえ、どうやら好奇心が恐怖心に勝ったようです。ヤンが最初に起き上がって、船べりから外を見渡しました。

「おい、見ろよ!」ヤンはかたわらの仲間に声をかけました。

突如として、左手の入り江の奥が明るくなり、何かきらきら光るものが、海の中から浮き上がったのです。その光の中に、真っ白な船が姿を現しました。船には五人の男が立っていて、両腕を前に差し伸べています。五人とも、黒い涙模様があちこちについた白いレインコートを着ています。

「イアニック・アン・オドじゃねえや」と、ヤン。「こりゃ、浮かばれない霊魂だ。[14] よう、カウランタン、話しかけてみろや。お前は今年の復活祭で、聖体拝領しているんだから」

そこで、カウランタンは両手でメガホンをつくると、こう叫びました。

「俺たち、そっちには行けないんだ。浅瀬に乗り上げて、にっちもさっちもいかないんだから。あんたらがこっちに来るか、さもなけりゃ、何をしてほしいのか言ってくれ。俺たちでできることなら、してやるから」

すると五人の亡霊は、めいめいベンチに腰掛けて、一人が水先案内人となり、それ以外の連中はオールを漕ぎ始めました。けれども、全員が同じ側に座って漕ぐものだから、船は進むどころか、その場でくるくるまわるだけでした。

「あいつら、馬鹿じゃないか!」ヤンがぶつぶつ言いました。「どいつもこいつも、船乗りにしちゃ、新米ぞろいだぜ! ちょいとおいらが行って、手本を見せてやる。きっとそうしてほしいんだろうよ。どうだ、カウランタン。お前、ここで船の番をしててくれるか?」

「やだよ! お前が行くなら、俺もいっしょに行く」

「そうだな、どうせここに打っちゃっておいても、船は動きゃしないんだから、かまわないだろう。最初の波が来るまでには、まだだいぶ時間がある。じゃ、行こうぜ。神さまがお助けくださるさ！」

水はようやく膝下に届くくらいしか、ありませんでした。

二人は白い船の方へ向かって、泥の中をじゃぶじゃぶ歩いていきました。

近づくに連れて、不思議な船乗りたちは必死でオールを動かしたので、白い船はますます速く、くるくるまわりました。

二人が船のすぐそばまで来ると、船は突然、真っ暗になり、それとともに入り江の奥を照らしていた光も消え失せてしまいました。(15) 一瞬、あやめもわからぬ闇となりました。やがて四人の漕ぎ手の代わりに、ろうそくが四本、灯りました。その妖しげな光に照らされ、さっき水先案内人を務めていた五人目の亡霊が、まだその場に残っているのが見えました。肩と頭を水面から出して立っています。

二人はぞっとして、体中が総毛立ちました。正直言って、そこではない、どこか他の場所にいるのだったら、どんなにありがたいだろうと思ったんです。けれども、そこまで来てしまった以上、今さら引き返す気もしませんでした。それに五人目の男の顔は、とっても悲しそうだったので、それを見てまったく心を動かされない人がいるとしたら、そいつは道をはずしたキリスト教徒にちがいありません。

「お前は神から遣わされた者か、それとも悪魔に呼ばれた者か？」と、ヤンが尋ねました。

すると、二人が考えていることや、その胸が恐怖に慄《おのの》いていることがよくわかったのでしょう、男はこう声を返事をしました。

「心配ご無用。わしら五人は、この世の者にあらず。わが魂は、辛酸を舐めつくしておる。しかも、ここにいる四人は、わしなんかより、ずっとずっと苦しい目に遭っているのだ。わしの顔が悲しそうに見えるといっても、ここの四人の仲間の悲しみにくらべたら、たいしたことはない。わしらはこの場所で百年以上も、善意の人の訪れを待っていたのじゃ」

「そういうことでしたら、お助けしたい気持ちでいっぱいですよ」と、ヤンとカウランタンは答えました。

「では、頼みたいことがある。プロムランの主任司祭を探して、わしらのために、教会の主祭壇で五日間、一日五回、死者のためのミサを挙げてくれるよう、頼んではいただけまいか。そして、年寄りでも若者でも、男でも女でも子供でもかまわんが、毎回きっかり三十三人の出席者を揃えてくだされ」

「ドゥエ　ダ　バルドノ　アン　アナオン！」（神さまが亡き人の魂をお赦しくださいますように）と、二人は十字を切りながら呟きました。「できるだけのことをいたしましょう」

次の日、ヤンとカウランタンはプロムランの主任司祭に会いに行きました。二人は二十五回分のミサのお布施を前払いし、すべてのミサに出席しました。言われたとおり、三十三人の会衆を確保するため、毎日カンペールから、女房子供、親類や友だちを連れてきました。プロムランの読誦ミサにこんなに大勢の人が出席したのは、前代未聞のことでした。

六日目、ヤンはカウランタンにこう言いました。

「なあ、今夜もう一度、あの入り江に行ってみないか。頼まれたことがちゃんとできたかどうか、確かめたいんだ」

「ああ、いいとも」と、カウランタンも答えました。

そこで二人は夜になってから小船を出して、川を下っていきました。そして六日前、船が動かなくなった場所に、小船を停泊させました。やがて、あのときに見たのと同じ光が波間から上がってきて、白い船の姿がぼうっと現われました。船には五人の亡霊が乗っています。あいかわらず白いレインコートを着ていましたが、もう黒い涙模様はついていません。腕を前に差し伸べるかわりに、胸の上で十字を組んでいます。そして、五人の顔は光り輝いていました。

そのとき不意に、えもいわれぬ美しい音楽があたりに鳴り響きました。[16] その音色は心をとろかすように優しくて、カウランタンとヤンは、嬉し涙を抑えることができませんでした。

すると五人の亡霊は揃って頭を下げてお辞儀をし、優しい声でこう言うのが聞こえました。

「トルガレ！　トルガレ！　トルガレ！」（ありがとう！）

（語り手、お針子マリー・マンシェック／カンペールにて、一八九一年）

69話　ゲルトラス（サン・ジルダ島）の海難事故

トレゴール地方沿岸の集落、ポール・ブランの真向かいに、小さな島がある。ごつごつした岩場と、松林でできたこの小島は、土地の人からゲルトラスと呼ばれている。そこには、一人の農夫が家族と一緒に住んでおって、ジャガイモも栽培してはいたが、もっぱら海岸で海藻《ゴエモン》を採って暮らしていた。でも一番の収穫は、海がときどき投げて寄越す、漂流物だった。実際、あたりの海域では、あちこちに岩礁が突き出しているからな。

さて、嵐が吹き荒れた晩の翌朝のことだ。人々は、巨大な板が数枚、岩場に打ち上げられているのを見つけた。みんな、たいそう喜んで、それを家まで引きずって帰ろうとした。ところがどんなに力を合わせても、うんともすんとも動きゃしない。仕方がないので、その板を見張るだけにした。それというのも、高潮が来て、板がまた波にさらわれては困るからだ。

人々は午後のあいだ、ずっとそこにいた。日が暮れても、まだあいかわらず板を見張っていた。そして、体を温めようと思って、海岸で大きな篝火《かがりび》をたいた。

と、突然、体が凍えそうなくらい冷たい息が吹きかけられたかと思うと、篝火《かがりび》がふっと消えてしまった。

そのとき、闇の中から五人の船乗りが姿を現し、人々のいるほうへとやって来た。五人は、まるで海からあがってきたばかりのようだった。というのも、レインコートからは、滝のように水が流れ落ちていたからだ。船乗りたちは全員、板を背負って、体を丸めながら歩いていた。それは半分腐りかけた古い板で、そこからもやはり、ポタポタ水滴が垂れていた。五人は陰々滅々たる声を一つに合わせて、「まだ足りなーい！……まだ足りなーい！……」と言っていた。

農夫とその家族は、恐怖に慄《おのの》いた。だが、お国の船で航海したことのある長男は、蛮勇をふるってこう訊いた。

「なあ、何が足りないんだ？」

しかし、この言葉を言い切らないうちに、長男は地面に引っくり返ってしまった。触った者など、誰もいなかったのに。それと同時に、見えないこぶしが雨霰《あめあられ》と、一同の上に襲いかかってきた。みんな、地面にうつ伏せに倒れ、痛みと恐怖に呻いた。だいぶたってから、ようやくあたりが静かになったので、思い切って体を起こし、その場から逃げ出そうとした。そのとき、高波が襲いかかったかと思うと、例の大きな板が、岸からかなり遠い波間にぷかぷか浮いているのが見えた。

ところで五人の船乗りだが、その姿はもう影も形もなかった。

ただ五人の歌声が、遠くから聞こえてきただけだった。それがどんな歌で、何語で歌っていたのかはわからない。長男は、あれは絶対にスペイン語だ、と言って譲らなかったけどね。

（語り手、フランソワーズ・トマ、通称アン・ヒニ・ルース（赤毛っ子）／パンヴェナンにて）

バグ・ノス（幽霊船）

サン島付近の海域では、何か不吉なことが起こるたびに必ず、その前に幽霊船が出現する。船は帆桁の先を波につけて、暗い海に傾きながら浮かんでいることもあれば、嵐になりそうな荒れ模様の空に、ぼうっとした影となって見えることもある。

人々はこの船を「バグ・ノス」（夜の船）と呼ぶ。というのも、この船が突然姿を現すのは、とりわけ日暮れになってからだからだ。だが、船がどこに向かって、どういう進路をとって進んでいるのか、誰にもわからないのだった。見えたと思ったら、いきなり姿を消し、次の瞬間、前とはまったく別の場所に現われる。船はすべての帆を張ったまま、黒い旗を半旗にして波間を進む。

サン島の小船が、嵐の徴候をいち早く察知し、沖合いから島に戻るとき、よくこのバグ・ノスに遭遇することがある。なかには、それが難破船だと思いこみ、自分の小船を横づけしようとする者もいる。しかも、相手の船の乗組員が——かなり大勢だと思われるが——、まるで助けを求めるかのように、魂を抉られるほど悲しそうな声で哀願し、早く助けに来てくれと呼ぶものだから、つい勘違いするのも無理はない。だが、近づこうとしたとたん、船の姿はふっと消え、声はたちまち遠ざかる。そうなると、声が聞こえてくるのは海の底からなのか、ごうごうと唸る空の彼方からなのか、皆目見当がつかなくなる。

だが、話によると、ある晩、一人の島の船頭が、幽霊船のすぐそばまで接近したのだそうだ。見ると甲板には誰もおらず、船尾に舵手が一人だけいたという。船頭はこの男に向かって、大声でこう叫んだ。

「わしにできることはないかね？　船を牽引してやろうか？」

相手の男は答える代わりに、舵をとる動作をした。そのとたん、船は消えてしまった。そのとき、もし船頭がとっさに思いついて、「レクィエスカント　イン　パーチェ」〔ラテン語。死者に安らかな憩いが与えられますようにの意〕と唱えておれば、その船の乗組員全員の魂が救われたのだが……。

幽霊船の舵取りになるのは、その年の最後に溺れた男、と相場が決まっている(17)。

それについては、こんな話がある。ある晩、海藻《ゴエモン》採りの女たちが、サン島の東のキラウルー岬で、バグ・ノスの帆が岬すれすれに通ったのを目撃した。その女たちの中に、フォーケのかみさんもいた。かみさんの亭主は数週間前、高波にさらわれてしまい、遺体はまだ海からあがっていなかった。ところで、幽霊船を操っていた人々の中に、亡くなったものとばかり思っていた夫の姿があったんだ！　かみさんはそれはもう、たいへんな取り乱しようだった。思わず亭主のアナオン〔霊〕に向かって両腕をさしのべ、「ジョゾン！　ジョゾン、ケス！」（ジョゼフ！　ジョゼフ、ああ、あんた！）と叫んだ。

けれども当人は、振り返りもしなかった。そして、船は遠ざかっていった、ひっそりと。波をかき分けながら、後ろに水脈ひとつ残さずに、な(18)。

（灯台守マルザン談／サン島にて、一八九六年）

70話　「かわいいマチルド号」の話

その頃わしは、トレギエ港の「かわいいマチルド号」で水夫をしておった。ちょうどアイスランドで遠洋漁業をしておってな、わしの兄貴も、やっぱり同じ船に乗っていた。

ある晩、わしら二人は当直で、兄は船首に、わしは船尾におった。わしは兄貴がすっかり狼狽して、こっちの方に駆けて来るのを見た。

「ロー、急いで来てくれ！」兄貴は低い声で言った。「誰かが遣《や》り出し〔船首のへさきから斜めに出す帆柱〕の下で、へさきにつかまって呻いているんだ(19)」

わしは走って船首に行き、耳を傾けた。正直言って、いささか怖かったよ。寒気がして、体中鳥肌が立ったものな。だが、どんなに耳を澄ませても、何も聞こえなかった。

「もう少し先に進んでみろ」と、兄貴が囁いた。「鐘のところまで行って、縁から身を乗り出すんだ」

わしはその足で戻りたかったが、臆病者呼ばわりされるのは嫌だった。そこで、鐘のところまで行き、波の上に身を乗り出した。

そのときだ、聞こえてきたよ……。

ああ、まだその声が耳の奥にこだましているかのようだ。それは、苦しそうな長い呻き声だった。恐ろしさに気が動転して、わしは一目散に走って、船長を起こしに行った。

だが、最初の一言が口から出たとたん、船長から、もう何も言うな、と静止された。

「その話は、乗組員の誰にもするな。お前の報告したような出来事は、べつに目新しいことではない。それはな、海で遭難した昔の仲間の魂が、『かわいいマチルド号』のそばで贖罪《しょくざい》をしているんだ(20)。そいつに関わるんじゃない。邪魔をしてはいかん。それから特に、船べりから身を乗り出してはいかん。死者に憑《とりつ》かれるぞ」

そう言って、船長は口をつぐんだ。そこでわしは甲板に戻ろうとしたが、そのとき船長に呼び止められた。

「いいかロー、舵を取るときの心得を教えてやろう。海で死んだ者たちは、人から見られたり、声を聞かれたりするのを嫌うものなんだ」

そして船長は、前の遠征の体験談をしてくれた。

そのとき「かわいいマチルド号」は、漁場に停泊していた。あたりには霧が濃く垂れ込めていて、二歩先も見えないくらいだった。マストもすっぽり霧に隠され、船はまるで巨大な板が浮いているかのように見えた。突然、船長は、大勢の女が甲板を埋め尽くしていることに気づいた。みんな黒い服を着て、喪服のコートを身に付け、フードを目深《まぶか》に下ろしている。その人数は、多すぎて数えられないくらいだった。復活祭の日曜の歌ミサに詰めかける人の二十倍はいたという。女たちはあちこちを見回し、まるで誰かを探しているかのようだった。

ここまで話したとき、船長がわしに尋ねた。

「その女たち、いったい何者だと思うかね？」

「たぶん死んだ女の霊でしょう」

「そうだ。おっ母さん、女房、婚約者《いいなづけ》、そんな女たちの霊でな、アイスランドで溺れた家族の者や、恋人を探していたんだよ。(21) いとしい男たちの遺体を見つけ出して、岸辺に運び、祝福された陸地に埋葬してもらおうと思ってな。わしはとにかくじっとしていた。もし口を開いたり、身動きしようものなら、今ここにこうしていることはできなかっただろう。で、いいか、ロー。また似たようなことに出会ったら、そのときはわしを見習うのだ。何よりそれが肝心だぞ」

……翌朝、船長は乗組員を集めて、どうしても必要なとき以外、船首に近寄ってはならん、と言い渡した。みんなはこの命令にびっくりしたようだった。だが、わしと兄貴には、そのわけがちゃんとわかっていたのさ。

（語り手、ロー・メンギー／ポール・ブランにて）

漁師が海で溺死者の遺体を見つけると、船の後ろにつけた引き船にその遺体を結びつける。帰り道、遺体が渦に引っ張られて船の横に並んだら、それは近いうちに小船が沈むか、あるいは最善の場合で、乗組員のうち、一人がじきに溺れ死ぬ、というしるしだ。

遺体を引き船に結わえるのではなく、船の上に乗せるときは、魔よけの文句を唱えなくてはならない。それは例えば、こんな文句だ。

「わしらはお前さんを船に乗せてしんぜるが、それには、お前さんが不幸を呼ばないようにする、という条件つきだぞ！」

そして、錨や櫂、そのほか船の運転に必要な装置が死骸に触れないように、注意深く見張っていなくてはならない。(22)

（ドゥアリヌーから聞いた話／シャトーランにて）

プロエラ（溺死者の仮埋葬）

ウェッサン島の男たちは誰も彼もが船乗りで、毎年大勢の犠牲者が、貢物《みつぎもの》として海にさらわれる。運良く発見された遺体は、最後の安楽の地である墓所に埋葬される。だが、海が絶対に返そうとしない者の名簿は、おそろしく長い。お墓のない、こうした溺死者たちが、誤ってあの世で永遠の責め苦を受けないように、島の人々はアナオン〔死者の霊魂〕の平安を祈って仮の葬式を執り行う。この儀式はプロエラと呼ばれている。（葬式のラテン語の典礼歌が、プロイラ　アニマ……という文句で始まるから、おそらくそれがなまったのだと、わしは思う）。

式は、次のような段取りで行なわれる。

まず、島に駐在している海員登録官のところに、誰それが行方不明になった、と正式な通達が来たとしよう。海員登録官はすぐさま親族を呼ぶが、それは本人のおふくろやおかみさん、あるいは娘などではない。呼び寄せるのは、親戚の中でいちばん年嵩《としかさ》の男だ。海員登録官はその男に、行方不明者がおそらく死んでいるであろうことを打ち明ける。すると一族の長老は、その足で島のあちこちを回って、故人の近親者を訪ねる。訪問する家は、多いときには六十軒から八十軒にも及ぶ。そして、悲報を伝えるのだが、そのときこんなふうに言う。

「今夜、誰それのところでプロエラがありますんで、お知らせしますわ」

ようやく日が暮れてから、長老は故人の家に行く。忍び足で中庭に入り、そっと窓を覗いて、おかみさんが家にいるかどうか確かめる。おかみさんは、まだ自分が後家さんになったことを知らないわけだ。おかみさんが台所にいたら、窓ガラスを三回、軽く叩く。こうして前置きをして心の準備をさせておいてから、いざ扉から中に入り、ただこの厳《おごそ》かな文句だけを口にする。

「今夜、お宅でプロエラがありますわい。まことにご愁傷さまで……」

すると隣近所の女たちが、長老のあとから駆け込んで来て、家の中で泣いたり喚《わめ》いたりする。こうして家族の者たちと痛みをわかちあい、大声をあげて嘆き悲しむのだ。これを「死者の哀悼」という。嘆きようが胸を引き裂かんばかりに激しければ激しいほど、死者の霊は喜ぶ。このように感情をむき出しにしながらも、その一方で、葬式の準備は着々と進められる。テーブルに残った食器などを片づけて、白いテーブルクロスを広げる。次に、畳んだナプキンを二枚、十字に交差させ、その上に小さな十字架を載せる。その十字架は、「ろうそくの祝別の日《シャンドゥルール》」〔二月二日〕に、教会で祝福されたろうそくの蝋《ろう》で即席につくったものだ。それから、家に置いてある聖水盤の中の水をお皿に移し、その中に柘植《つげ》の枝を浸す。このお皿と、ベンチの両側に灯したろうそくとが、お葬式のしつらえになるわけだ。

さて、故人の親戚がプロエラに出席しようと、島のあちこちからやって来る。その到着を待って、お通夜が始まる。「拝み屋」の女がいつものお祈りを唱え、人々はそれに答える。二回にわたる「デ・プロフンディス」の合間に、拝み屋は死者へ賛辞を連ねることもある。昔は、こうした弔辞を上手に述べる専門の老婆、いわゆるプレゼックが島にいたものだ。

次の日、普通のお葬式と同じように、司祭が「遺体」のもとにやって来る。だがこの場合、遺体というのは、白いナプキンの上に載っている、黄色の蝋《ろう》でできた小さな十字架のことだ。それを本物の棺桶であるかのように腕に持つ。そして、そのあとを全員でついて行く。男は帽子を脱いで、女はコートのフードを目深《まぶか》にかぶって。教会に入ると、中央に棺台が置いてあるので、その上にプロエラの十字架を安置する。司祭がミサを挙げ、「棺側《かんそく》の赦祷《しゃとう》」〔カトリックの葬儀で、故人の罪が赦され、天国に入れるように願う儀式〕を行なう。それがすむと、側廊の壁に嵌めこまれている戸棚の前に立ち、その中に十字架を納める。この戸棚には、すでにたくさんの十字架が納められている。一一月一日の夜まで、このかりそめの墓に入れておくんだ。さて、一一月一日になって晩課が終わると、その年に納められたプロエラの十字架は、すべて慰霊碑に移される。この慰霊碑は、海で亡くなったウェッサン島の住民のために、墓地の中央に特別に立てられた、共同のお墓だ。[23] この慰霊碑は貯水槽のような形をしていて、格子戸が嵌まっている。そして、これ自体も、プロエラと呼ばれている。[24]

（ウェッサン島の調停裁判官、クラン氏から聞いた話）

第11章

海に呑み込まれた町

ドゥアルヌネからトリスタン島を望む

71話　イスの町〔*1〕

ある晩、ドゥアルヌネの船乗りたちが船の錨を下ろし、入り江で漁をしていた。

さて、漁が終わったので錨を上げようとしたが、全員が力を合わせて引っ張っても、びくともしない。これは何かに引っ掛かっているにちがいないと、みんなは考えた。そこで、錨をはずそうと、素潜りの得意な男が鎖を伝って海の中に降りていった。

男はじきに水から上がり、船に戻ると、仲間にこう言った。

「なあ、俺たちの船の錨、何に引っ掛かっていたと思う？」

「へっ！　どうせ岩か何かだろ」

「ところが、そうじゃないんだ。何とまあ、窓格子に引っ掛かっていたんだよ」

みんなは、この男が気でも違ったんじゃないかと思った。

「そうとも」と、男はかまわず話を続けた。「しかも、その窓というのが、教会の窓なんだよ。中には明かりが灯っていてな、その明かりは海のずっと深いところにまで届いていた。ステンドグラスから中を覗いてみると、お堂には人がびっしり詰めかけているじゃないか。豪華な衣装をまとった男女が大勢いてな、祭壇には司祭さんが立っていた。司祭さんは、ミサの答唱をしなさい、と侍者の子供に言いつけた。おいらにはちゃんと聞こえたぜ」

「そんな馬鹿な！」と、漁師たちは喚《わめ》いた。

「とんでもない、ほんとのことだ。おいら、自分の魂に賭けて誓ってもいい！」

そこで一同は、このことを町の主任司祭さんに報告することに決め、みんなでぞろぞろ教会に出かけていった。

すると主任司祭は、海に潜った男にこう言った。

「お前さんが見たのは、イスの大聖堂じゃよ。もしお前さんが、おいらがミサの答唱をいたしましょうと、その司祭に申し出ておれば、イスの町はそっくりそのまま波間から蘇り、フランスの首都は変わったはずなのじゃが」〔*2〕

（語り手、プロスペール・ピエール／ドゥアルヌネにて、一八八七年）

トロギュエの近く、プロゴフからラ岬に向かう街道沿いに、ケリヨレという集落がある。そこには、セメントでできたイスの町の城壁がまだ残っている。

イスの町は、ドゥアルヌネからポール・ブランのあいだに広がっていた。七つが島《セッティル》は、その廃墟だ。イスでいちばん美しい教会は、いまトリアゴスの岩礁があるあたりに立っていた。この岩礁をトレウ・ゲールというのは、その名残だ（トレウ・ゲールはトリアゴスのブルトン語名。下町という意味(1)）。

空が明るく穏やかな晩には、サン・ジルダの岩場から人魚の歌声が聞こえてくる。その人魚とは、グラロン王の娘、アエスにほかならない。

ときどき、入り江で鐘の音が鳴り響くことがある。これほど美しいメロディーのカリヨンは、どこに行っても聞けやしない。それは、イスの鐘楼のカリヨンだ。

イスの町には、レクゾビーと呼ばれる地区があった。町には聖堂が百も建っていて、それぞれの聖堂では司教がミサの司式をした。

イスの町が海に呑み込まれたとき、人々はいつもどおりの生活をしていた。住民はいまでも、そのときと同じことをやり続けている。糸を紡いでいたお婆《ばあ》さんは糸を紡ぎ続け、布売りの男は、同じ客に同じ布を売り続ける。それは、町がふたたび蘇り、住人が呪縛から解放されるまで続く。

ドゥアルヌネの住民たちがプルダヴィッドの入り江に橋を架けようとしたが、最初の橋は流されてしまった。なぜならそこは、聖グウェノレの命令で、グラロン王が娘のダユーを水の中に突き落とした場所だからだ。ちなみにダユーは、アエスという名前でも呼ばれている。

話によれば、アエスの住んでいる宮殿は、陸から百リュー〔約四〇キロ〕ほど沖合いに行った場所にあるそうだ。姫は歌を口ずさみながら、この宮殿から海を駆け巡る。お供をするのは巨大な鯨だ。この鯨は決して主人のそばを離れず、人魚姫が誘惑した船乗りたちを、一人残らず貪《むさぼ》り食らう。

（クルアルン談／カラックにて）

グラロン王の一人娘、ダユーまたの名アエスは、聖グウェノレの命令で、父王に海中に突き落とされた。その晩から、娘はずっと海をさまよい続けている。ただ、その名前が、アエスもしくはダユーから、マリー・モルガンに変わっただけだ。沖合いで月が美しく輝き、澄んだ大気が嵐の近いことを知らせる晩には、人魚の歌声が聞こえる。古いグウェルス〔語り歌〕にあるように。わしは、この二句しか覚えていないが。

アエス、ブレマン　マリー・モルガン
エ　スクドゥ　アー　ロアー、ダン　ノス、ア　ガン
（古にアエスと呼ばれしマリー・モルガン、月光のもと、夜歌う）

（語り手、ティン・フーケ／サン島にて）

72話　マリー・モルガン②

当時わしは十二歳で、島の水先案内船に見習い水夫として乗っておった。ある日のこと、ちょうど夜明け前にアー・メンの海域で、ブレスト港に帰還する海軍の船団とすれ違った。すると、それまで驚くほど穏やかで、なめらかだった海面が、かすかにさざ波立つのが左舷から見えた。あたりは凪《な》ぎ、そよとの風も吹いていなかったのに。

「おい、見ろ！　あそこにでっかい生き物がいるぞ！」と、船主のティムールが言った。

わしらは、何か大きな魚が姿を現したのだと思った。ところが水面から現れたのは、裸の女の、それはそれは美しい上半身だった。みんな、仰天したの何のって！　わしらはしばらく呆然として、その女を眺めておった。黒々とした髪は、長いお下げに編まれて背中に垂れ下がり、ぐるぐると体に巻きついているようだった。女はまっすぐに上体を起し、両手で胸を隠していた。そして、じっとわしらを見つめているのだが、その動作はしなやかで、まるでちっとも動いていないかのようだった。そのくせ、着実にこっちのほうに近づいて来る。

「全員オールを取れ！」と、船主が命じた。「力いっぱい櫂を漕げ！」

わしらは力のかぎり、島めざして櫂を漕いだ。もはや海軍の船団のことなど、誰の頭からもぶっ飛んでいた。

ようやく港に錨を下ろしたとき、一人の乗組員がこうこぼした。

「あーあ、一日が無駄になっちまったな」

すると、ティムールが怒りのこもった口調で言い返した。

「それよりも、命を落としたほうがよかった、とでも言うのか？」

それから、気を落ち着かせると、こうつけ加えた。

「文句を言う暇があるなら、感謝のしるしに、神さまと聖グウェノレに十字を切っておけ。なにしろマリー・モルガンに出くわしながら、生きて陸地に戻って来れたんだからな」

こうしてわしは、海の不思議な美女が何者なのか、知ったというわけだ。以来、幸いにも、この女に出会ったことはない。

（語り手、トントン・ローザン／サン島にて）

73話　ケー・イスの庭

あるとき、船主と見習水夫とが二人連れ立って、漁に出かけました。二人は沖合いに進み、七つが島《セッティル》に向かう途中で錨を下ろしました。たいそう暑い日だったので、ものの一時間もすると、船主はうとうとし始めました。

それは引き潮のときでした。

水はどんどん引いていき、とうとう船は陸地に乗り上げてしまいました。

ところが、まわりにあるのが海藻《ゴエモン》じゃなくてエンドウ豆畑だったので、見習水夫はそりゃもう、びっくり仰天いたしました。そこで奴さん、寝ている船主をそのままにして、地面にぴょんと降り立つと、緑の莢《さや》を夢中で摘み始めました。

船主が眼を覚ましたとき、水はもう戻っていました。ところが船の中がエンドウ豆だらけで、見習水夫がしきりにもぐもぐやっているのを見て、船主は唖然といたしました。

「こりゃいったい、どういうことだ？」船主は目をこすりながら、訊きました。てっきり夢でも見ているのかと思ったんでしょう。

そこで、見習い坊主がわけを話しました。

すると船主には、自分たちがケー・イス〔ケーはブルトン語で町の意〕の郊外に船を停泊させたこと、そこは昔、大都市イスのお百姓さんたちが野菜を育てていた場所だった、ということがわかりましたのさ。(3)

（語り手、ジャンヌ＝マリー・ベナール／ポール・ブランにて）

あたしの母さんは、イスの町が波間から姿を現したのを見たことがあるんだそうです。町にあるのは、お城と塔ばかりでね、壁には何千もの窓がついていたんですって。屋根はまるでクリスタルでできているみたいに、ぴかぴか光っていたそうです。母さんには、教会の鐘の音と、人々が道でがやがや話す声がはっきり聞こえたという話です。

（語り手、ジャンヌ＝マリー・ベナール／ポール・ブランにて）

ロミケル（サン・ミシェル・アン・グレーヴ）では大潮の日に、海水が遠くまで引くと、いまだに砂の上から「赤い十字架」が突き出しているのが見えるという。それは、イスの町のいちばん高い鐘楼のてっぺんについている十字架だそうだ。

（マルグリット・フィリップ談／プリュジュネにて）

ケー・イスが蘇る日、誰よりも早く教会の尖塔を見つけた者、あるいは、いちばん先に鐘の音を聞いた者がイスの町の王さまになり、全土を治めることになる。

74話　ケー・イスの商人《あきんど》

ある日、プルムール・ボドゥに住む一人の女が、ご飯の煮炊きに使おうと思って、潮汲みをしに砂浜に下りていきました。すると突然、目の前に巨大な門が出現しました。

女が門をくぐると、そこには、目も眩みそうなほど華やかな都がありました。道の両側には、イリュミネーションで飾られた店が立ち並んでいます。店先には、とびきり上等の布が広げてありました。女は、見るもの聞くもの、すべてが素晴らしいので、あっけにとられて口をぽかんと開けたまま、にぎやかな通りの真ん中を、ふらふら歩いて行きました。

店先には、商人たちがずらりと並んでいました。

そして女が近くを通るたびに、大きな声でこう呼ぶのでした。

「いらっしゃいませ、何かお買い求めください！　ぜひ何かお買い求めを！」

耳を聾《ろう》せんばかりの叫び声に、女はすっかり慌てふためきました。

とうとうやっとのことで、そのうちの一人にこう言ったんです。

「どうやって買えというのさ、一リアールだって持ってないのに」

「さようですか！　それは残念至極ですな」と、商人《あきんど》は言いました。「一スーのものでもいいから、とにかく何か買ってもらえれば、ここの全員が解放されたのに」

そう言ったとたん、町は消えうせてしまいました。

気がついてみると、女はたった一人で砂浜に立っているのでした。そして、この不思議な出来事に強いショックを受け、気絶してしまいました。税関吏が巡回中に女を見つけ、家に連れ帰ってくれました。このことがあってから一五日後に、女は亡くなったんです。

（語り手、リズ・ベレック／ポール・ブランにて）

75話　ケー・イスの老婆

ある晩、ビュギュエレスの若者が二人、海藻《ゴエモン》を採りにゲルトラスに出かけて行った。だが、誰でも知っているように、それはお上から厳重に禁止されていることだった。二人は仕事に夢中なあまり、たいそう年取った老婆がそばに来たのに、ちっとも気がつかなかった。老婆は薪を背負い、体を二つに折って歩いていた。

「お若い方、どうかお願いだから、この荷物を家まで運んでくださらんかのう？」と、老婆は哀願するような口調で言った。「家はすぐそこなんで。どうぞ哀れな年寄りを助けておくれ」

「申しわけないが、俺たち、いま忙しい最中でね」と、一人が答えた。

「それに、税関吏に告げ口されると厄介なんで」と、もう一人。

すると老婆は、「お前たち、呪われるがいい！」と、喚《わめ》いた。「もしお前たちが、はい、お手伝いいたします、と答えておれば、イスの町は蘇ったものを！」(4)

そして、この言葉とともに、老婆の姿はふっと消えた。

（語り手、フランソワーズ・トマ／パンヴェナンにて、一八八六年）

サン・ミシェル・アン・グレーヴとサン・テフラムのあいだにあるロック・カルレス山の下には、立派な町が埋まっている。いわば山は、その町の墓石なのだ。

七年ごとのクリスマスの晩、この山はぱっくり開く。そして、その割れ目から、死んだ町の街路が色とりどりの美しいイリュミネーションで飾られているのが、かいま見える。

真夜中の最初の鐘が鳴るとき、誰か勇敢な人間が山の底に降りていき、十二回目の鐘が鳴り終わる前にそこから出てこられれば、町は蘇る。(5)

第12章　人殺しと吊るし首

ガンガン、救いの聖母教会

道中不測の事態が起こって人が亡くなったら、亡くなった場所の道端に、必ず十字架を立てなくてはいけない。これを怠ると、その同じ場所で、次にまた似たような事故が起こるまで、死者の霊は鎮まらない。ブルターニュでは、街道沿いの土手に、よく石や木でできた十字架が立っているが、それにはこうした理由があるのだ。

オート・コルヌアイユでは、こういう「不幸の十字架」の前を通るときは、小石を蹴って、用水堀に落す慣わしがある。(1)

(ウールマンから聞いた話／コロレックにて)

カンペールからドゥアルヌネに続く街道に、タンギーという人のお墓がある。

タンギーは、その場所で死んだ。殺されたのだ。

タンギーが埋まっている塚の前を通るときは、近くの藪《やぶ》で小枝を切って、小さな十字架をつくり、塚に立ててやらなければならない。

そうでないと、道中、悪人と出会い、タンギーのように不幸な死に方をする。

殺人が起きて、まだ下手人が挙がっていないときのこと。遺体の安置されている部屋に真犯人が入って来ると、遺体の傷口がぱっくり開き、新たな血がどっと流れ出る。(2) あるいは、犯人が被害者の家の前の道を通っただけで、同じようになる。

下手人が誰かわからないとき、犯人を知る絶対確実な方法がある。ただ、効き目があるのは、被害者が亡くなってちょうど七年目の忌日だけで、死者が火葬にされて、その骨が納骨所に収められている場合のみに限られる。

そのやり方というのは、こうだ。死者の右手の小さな骨のかけら、できれば人差し指の骨を納骨所で探してきて、教会の聖水にそれを浸してから、ハンカチにくるんで身につけておく。(3) そして、殺人犯ではないかと思われる人物に一対一で会ったとき、さりげなくこう訊くがいい。

「ねえきみ、最近何か失くさなかった？」

相手はすぐにあちこち探したあと、たいていの場合、こう答えるだろう。

「いや、何も失くしていないけど……。きみ、何か見つけたのかい？」

そのとき、ハンカチを取り出して包みを開け、中の物をこぶしに握ってこう言う。

「手を開いてごらん」

相手が何の気なしに手を開いたら、そこに骨のかけらを置いてやる。

もし人殺しの犯人ならば、骨を受け取ったとたん、慌ててその骨を投げ捨て、嫌な顔をしてこう叫ぶだろう。

「ひどいことするなよ！　燃えた炭じゃないか、きみがくれたのは！」

相手の手のひらには、真っ赤な鉄が押しつけられたときのような大きな水ぶくれが、ぷっくりとついているのが見えるはずだ。

（フランソワーズ・トマから聞いた話／パンヴェナンにて）

不慮の死を遂げた者がいて、その原因が不明であるとき、死者のために弔鐘を鳴らす鐘つき男は、鐘の音を聞いて、事故がもとか、それとも殺されたのかがわかるそうだ。

いったん人殺しに使われた道具は、そのあと普通の用途に使おうとしても、まったく役に立たない。なぜなら、使用した人全員を傷つけるからだ。だから、お百姓さんが刈り入れに鎌を使うときは、必ずこう言う。

「この鎌は以前、きっと何か悪さをしでかしたにちがいない」

前に悪事に使われたかもしれないから、注意するに越したことはない、というわけだ。

76話　死者のペン・バス

トレデュデに、デジレ・マンガムという豚商人がおりましてね、あるとき、フォアルラックに行く途中で、愛用のペン・バス（先に鉄の丸い握りがついたステッキ）をなくしてしまいました。でもありがたいことにラニオンで、知り合いの商人から、別のステッキをプレゼントされたんです。さてその晩、食事をしようと旅籠屋に戻る道すがら、あいにくなことに、もらったステッキに足をとられてしまいましてね。派手にすっ転んで、敷き石に頭を嫌というほどぶつけ、死んだみたいに伸びてしまったんです。とはいえ、幸い四、五週間もすると、怪我は治りました。

ところが、マンガムがふたたび市場を駆けまわるようになると、またしてもペン・バスが悪さをやらかしたんですよ。とうとう本人も、これはどうもおかしいぞ、と思うようになりました。そして、災いを呼ぶこんなステッキは使わないことにしようと決めて、革紐を釘に引っ掛け、暖炉の横に吊るしておいたんです。

それから何ヶ月か、いや、もしかすると何年か経ったのかもしれません。凍てつくように寒い、ある冬の日のことでした。プレスタンの養豚業者が、仕事の用向きで訪ねて来ました。そこで、マンガムはシードルのボトルを開け、客がすっかり凍えていたので、炉辺に陣取って一緒にシードルを飲みましょうや、と誘いました。

ところが、養豚業者が暖炉の片隅にあるベンチに腰掛けたちょうどそのとき、吊り下げてあったペン・バスが、まるで自分の意志でそうしたかのように、するりとはずれ、足元に落下したんです。

「なんと、なんと」養豚業者はステッキを取り上げると、気になる様子でそれを調べました。「不躾《ぶしつけ》でなければお尋ねしたいんですが、こいつをどこで手に入れなすったんで？」

「ああ、このステッキですか。これは、かなり前に、知り合いの同業者からもらったんですよ。でも、いま思うと、あまりありがたい贈り物とは言えませんでなあ」と、マンガムが言いました。

「はあ、それはどうしてですか？」

「というのも、このいまいましいヒイラギ棒のせいで、わしは、ありとあらゆる災難に巻き込まれましたのさ」

そして、これまでいろいろな事故に遭ったことを話しました。話が終わると、養豚業者はこう訊きました。

「差し支えなければ、このペン・バスを持っていた豚商人の名前を教えてもらえませんかね」

「ああ、いいですとも。きっとご存知の男ですよ。お宅のそばに住んでいるはずですからな。ジャック・ブルドゥルースですよ、トゥル・アン・ネリの……。それにしても、なんでそんなことが気になるんです？」

「それにはわけがありまして。じきにおわかりになりますよ……。ところで、わしの親父が殺されたことはご存知でしたな？　サン・テフラムの砂浜で、頭を割られて死んでいたって話」

「ええ、もちろん。当時たいへんな噂でしたからな。まだ犯人はつかまっていないんで？」

「それどころか、いまだに凶器すら見つかっていない有様ですよ。ですが、検死官の話では、どうも砕石用の大きなハンマーか、ペン・バスでやられたのだろうということでして。親父は自分のペン・バスを肌身離さず持っていたんですが、遺体のそばにはそれがありませんでした。どうも犯人が父を殺したあと、持って行ってしまったようなんです。そのペン・バスには、握りの上に十字架のマークが二つ、ついていました。で、ほら、これをご覧下さい！」

養豚業者は拾い上げたステッキを、デジレ・マンガムに手渡しました。するとそこには、かなり擦り切れていたけれど、二つの十字架のマークがはっきりと見分けられたんです。

「じゃあ、これがそうなんだ」と、マンガムは呟きました。「ふーむ、そういうわけか。これではっきりしたわい。それにしても、こいつをどうすりゃいいでしょうかね？」

「わしに預からせてもらえんでしょうか？」
「ええ、どうかお願いしますよ！　こんな物騒なものをそばに置いておくのは、ご免ですからな」
お察しのとおり、もう仕事の話どころではありません。養豚業者はそそくさと退出し、憲兵隊のいるプレスタンに向かいました。その夜、出しぬけに凶器を突きつけられたブルドゥルースは、自分の犯した罪を白状いたしました。結局、ガレー船につながれ、そこで死んだそうですよ。神のご慈悲がありますように！[4]

（語り手、ファンション・アー＝フュリュップ／プルミリオーにて、一八九三年）

殺された人は、殺人犯が「年貢を納める」まで「戻ってくる」。戻って来ないようにする方法は、たった一つ。死者が殺された日に履いていた靴――あるいはスリッパや木靴でも何でもいい――を、遺体と一緒に葬る。[5]

（ファンション・アー＝フュリュップ談／プルミリオーにて）

話によると、吊るし首にされた者は呪われて、永久に天国と地獄のあいだで宙ぶらりんになっているそうだ。自ら首を括《くく》って死んだ場合でも、天国に行けたという例はこれまでないし、だからといって、地獄に堕ちたという話も聞いたためしがない。それはなぜかというと、こういうわけだからだ。

死者の魂をつかまえるとき、悪魔は遺体の口のそばで待ち構えている。というのも、ふつう魂は、口を通って体の外に出るからだ。だが、首吊り人の場合、首は紐できっちり締まっている。[6] 魂は、出口が塞がっているので、他の場所から出ようとする。だから、悪魔が上の方ばかりを見張っているあいだに、魂は下の口から出て行く。こうして悪魔は、まんまと出し抜かれてしまうのだ。

（ダル・アン＝ドリュスから聞いた話／クレデールにて）

77話　首を吊った男

二人の若者がおりまして、一人はカドー・ヴラース、もう一人はフリュピック・アン＝デュといいました。二人とも同じ小教区に住んでいて、教理問答《カテキスム》のときは一緒のベンチに腰掛けたし、復活祭で共に初聖体を授かった仲でした〔幼児洗礼を受けた少年少女は、教会でカトリックの教義を教わってから、初聖体を受ける〕。それ以来、二人はこの世でいちばんの親友になりましたのさ。パルドン祭のとき、一人の姿が見えたなら、娘っ子たちは互いに肘で突っつきあい、笑いながらこう囁いたものです。

「もう片っぽも、きっとこの近くにいるわよ！」とね。

本当に、この二人ほどの仲良しは、かなり遠方まで出向いたとしても、なかなか見つからないでしょうよ。

二人は、どちらかが先に結婚するときは、もう一人を「介添え人」にする、という約束をとり交わしていました。

そして日頃から、「もし約束を破ったら、地獄に堕ちたってかまやしない！」と、めいめい公言しておりました。

時が経ち、二人は恋に落ちました。ところが不幸なことに、同じ娘を好きになってしまったんです。それでも最初のうちは、友情に傷がつくことはありませんでした。二人とも、美しい跡取り娘、マルグリート・オムネスと礼儀正しく付き合い、相棒の悪口など決して口にしませんでした。そして、よく二人連れ立ってオムネス親父の家を訪れては、マルガイディック〔マルグリートの愛称〕がどんぶりになみなみと注いでくれるシードルを、互いの健康を祝して飲み干すのでした。

「俺かあいつか、きみの好きな方を選んでくれ」と、二人は娘に迫りました。「きみに選ばれた男は幸せ者だ。でも、僕が選ばれなかったとしても、やっかんだりしないよ」

二人がどんなに平気だからと請け合っても、マルグリートは途方に暮れるばかりで、どうしていいかわかりませんでした。

けれども、いずれはどちらかに決めなくてはなりません。

ある日のこと、カドー・ヴラースが一人で家に現われました。マルグリートはカドーを台所のテーブルの前に腰掛けさせ、自分は相手と向き合うように座って、こう言いました。

「ねえカドー、あたし、あなたのこと大好きだし、とてもいい友だちだと思っているの。家に来てくれたら、いつでも大歓迎よ。でもね、がっかりしないでほしいんだけど、夫婦になるのは無理だわ」

「ああ、そうか」と、カドーはやや面食らって答えました。「それじゃあ、きみはフリュピックを選んだというわけだな……。だからといって、きみやあいつを恨んだりはしないよ！」

カドーは内心の動揺を隠して、何とかその場を取り繕おうとしましたが、この予期せぬ出来事のせいで、心に楔《くさび》を打ちこまれたような痛みを覚えました。

ありきたりの言葉を交わしたあと、カドーは酔っ払いのようにふらふらと家を出ました。その実、マルグリートがついでくれたお酒には、ほとんど口をつけなかったんですがね。オムネス家の中庭を出たあと、ひとりぽっちで家に続く「トンネル道」を辿りながら、カドーは自らの不幸せを思って、いじめられた子供のようにおいおい泣き出しました。「こうなった以上、生きていたって何の楽しいことがある？」そして、いっそのこと死んでしまおう、と思いました。けれども、その前にフリュピックと握手をし、いの一番に相手の幸運を知らせてやろうと思ったんです。

そこで、ケルベレネスの自宅へ帰るのはやめて、左の小道に入り、親友の家があるケルヴァスへと向かいました。フリュピックのおっ母さんは、晩ご飯のためにジャガイモの皮を剥いているところでした。カドー・ヴラースの顔があまりにも青ざめ、痛ましかったので、おっ母さんはぎょっとしました。

「いったい何があったんだい？　あんたの顔、布みたいに真っ白だよ」

「それは、夜の霧がたちこめる中でおいらの顔を見ているからですよ、おばさん。ところで、明日の日曜、フリュピックはうちにいますか？」

「さあねえ、わからないよ。いまこのとき、フリュピックは洗礼盤の前で赤ん坊を抱いているだろうからねえ！」

「ええっ！」

「そうなんだよ。またあのナネスがさ、父なし子を産んでねえ。代父になってもらおうと、近所の家を三軒も回ったらしいんだが、立て続けに断られて、それで仕方なしに、うちに来たってわけさ。で、事もあろうに、あの子、引き受けちゃったんだよ。あたしは、当然、他の三人みたいに断ると思っていたんだけどねえ。でもあれは、人の言うことなんか聞こうとしない頑固者だろ。そんなことをしてごらん、子供の父親はお前だと思われるよ、と、いくら口を酸っぱくして言い聞かせてもだめなのさ。結局、服を着替えて、町へ出かけて行っちまった。出かけ間際《まぎわ》に、絶対に鐘を鳴らさせてやるから、なんて大口叩いてさ(7)」

年老いた母親がこう言うか言わぬかのうちに、遠くから楽しげな鐘の音が響いてきました。

「おやおや、噂をすれば何とやら、だねえ！」と、その音に耳を傾けながら、おっ母さんが言いました。

「あの子はほんと、おっちょこちょいだから、あんたにはいつも迷惑かけて、すまないねえ、カドー。あんたはあの子なんかより、ずっと真面目だもの。あの子ったら考えなしだから、いつかとんでもない目に遭うんじゃないかと、ときどき心配になるよ」

「大丈夫、ご安心ください、モンおばさん」と、カドーは答えました。「それどころか、請け合ってもいいけれど、あいつは幸運の星の下に生まれて来たんですよ」

そして、おやすみの挨拶をすると踵《きびす》を返しましたが、敷居のところでふと足を止めました。

「ねえおばさん、明日の朝、夜明けと共にランド・オートの十字路に来てほしい、とフリュピックに伝えてもらえませんか」

ランド・オートというのは、丘の山腹の、雑草とハリエニシダが生えた土地で、貧しい人たちが雌牛を放牧する場所でした。ちょうど二本の小道が交差する地点に十字架磔刑像《カルヴェール》が立っていましてね、カドー・ヴラースが待ち合わせに指定したのは、その十字架でした。まずカドーはいったん家に戻ってから、灰色の雌馬を草地に連れに行って来るよ、と言って、引き綱を携えて行きました。それから、その綱を十字架の片方の腕木に結びつけ、そこにぶら下がったんです。

翌日の夜明け、フリュピックが待ち合わせの場所にやって来ました。ところが真っ先に目に入ったのは、天と地とのあいだでぶらぶら揺れている、親友の姿ではありませんか！

その当時、自分から望んで死んだ者には、何があっても絶対に手を触れてはならないことになっていました。

フリュピックは悲しみで胸が張り裂けそうになりながら、この不幸な出来事を知らせに、村へ下りていきました。オムネス家でそのことを話すと、マルグリートはとたんに大声をあげて泣き出しました。

すると若者は、「ああ！　きみが好きなのは、あいつだったのか」と、叫びました。

「いや、そうじゃないんだ」炉辺でパイプをふかしていたオムネスの親父さんが、口をはさみました。「マルガイディックは昨日の午後、カドーにこう打ち明けたんだ。友だちとして大切に思っているけれど、結婚したいのはフリュピックのほうだ、とね」

この言葉は、フリュピックの心にとって、大きな慰めとなりました。

さっそく両家で話し合いがなされ、婚礼の日取りが決まりました。けれども、気の毒なカドー・ヴラースの手前、ダンスはせず、旅籠屋で食事をするだけになりました。

その翌週、花婿はもう一人の若者と一緒に、「ご招待の挨拶」をしに、家々をまわりました。[*1] 夕方、二人でランド・オートのふもとを通ったとき、フリュピックは、はたと額を叩きました。

「そうだ、俺はカドー・ヴラースにこう約束したんだっけ。俺が結婚するときは、あいつ以外の男に介添え役を頼まないって。あいつを招待しなくては。そうとも、こいつは単に儀礼上の問題だよ。でもそうすれば、少なくとも約束を守ったことにはなるから、あの世で地獄に堕ちることもないだろう」

そこでフリュピックは、丘の斜面を登り始めました。

遺体はもうかなり傷んでいましたが、まだ紐の端にぶら下がっていました。フリュピックが近づくと、そこに群がっていたカラスどもはバタバタ飛び去りました。

「なあカドー、俺、今度の水曜の朝、結婚するんだ。前に約束したろ、お前に介添えを頼むって。だから、お前を招待するぜ。これで約束を果たしたことになる。『日の出亭』に、お前の席も用意しておくよ」

こう言うとフリュピックは、少し離れたところで待っていた若者と合流しました。そこで、散り散りになっていたカラスどもはまた舞い戻り、カドー・ヴラースの残骸を悠々とついばんだわけです。フリュピックは、ぜひとも名づけ子も招待したいと思いましたが、かわいそうな赤ん坊は、その前に死んでしまっていましたのさ……

さて、婚礼の当日になりました。幸せいっぱいの花婿は、花嫁の姿しか眼中にありませんでした。その花嫁といえば、繊細なレースのコワフをかぶり、確かにこれまでお目にかかったうちで、いちばんの器量よしに違いありません。ええ、もうフリュピックはカドーのことなんか、きれいさっぱり忘れていました。それに、義理を果たした以上、良心に恥じることはないと思っていたのです。そんなわけで、披露宴は順調に運びました。食事はとってもおいしいし、グラスに注がれたシードルは美しい金色に光っていました。招待客たちはわいわい、がやがや、賑やかにおしゃべりを始めました。もう乾杯は終わって、フリュピックが一同の祝福の言葉に応えようとしたときです。突然、向かいの席で、骸骨と化した腕が上がり、陰気な声がこう言って嘲笑《あざわら》うのが聞こえました。

「俺のいちばんの親友に乾杯！」

ああ、くわばら、くわばら！　カドー・ヴラースのために空けておいた席に、幽霊が座っているではありませんか。花婿の顔から血の気がさっと引きました。グラスが手からすべり、テーブルクロスの上に落ちて、粉々に砕け散りました。

花嫁のマルガイディックの顔もまた、蝋《ろう》のように真っ白です。

広間は、重苦しい沈黙に包まれました。

旅籠屋の亭主は、お客が食べたり飲んだりしないのを見ると、あきれかえって、ぶつぶつ文句を言いました。

「好きになさるがええ！　だが、食事はちゃんと用意しましたからな。召し上がらなくとも、御代は頂戴しますよ」

でも、誰も一言も答えません。

ただカドー・ヴラースだけが体を起こし、フリュピック・アン・デュにこう声をかけたんです。

「どうやら、ここでは俺さまは余計者らしいな。でもお前が呼んでくれたんだろ。だって俺は、お前の介添え人じゃないか？」

けれどもフリュピックは、鼻を皿に突っ込んで、下を向いたまま黙っています。

「俺はな、ここにいるみなさんの邪魔をするつもりなんか、さらさらないんだ」と、死者は言葉を続けました。「むやみに長居をして、お楽しみを台無しにしちゃ、申し訳ないからな。もうお暇《いとま》するよ。だがな、フリュピック。お前には落とし前をつけてもらうぜ。いま一度、ランド・オートへ来い。今夜十二時。時間厳守だぜ。もし来なかったら、容赦しないからな！」

次の瞬間、骸骨の姿は消え去りました。

幽霊がどこかへ行ってしまうと、一同はほっとしました。それでもやはり、婚礼は盛り上がりを欠いたまま、終了したのです。お客たちはそそくさと立ち去り、あとにはフリュピックと新婦だけが残りました。新郎の気持ちはすっかり沈みこんでいました。俗に言うように、「腕の中に蚤《のみ》がいる」〔不安でたまらない〕状態だったのです。

「なあガイディック、きみにも聞こえただろ、カドー・ヴラースの言い草が。どうすればいいと思う?」

新婦は首をこっくりさせると、じっと考えこんでから、こう答えました。

「あのときはほんと、背筋がぞっとしたわ。でも、結末はしっかり見届けた方がいいと思うの。約束の場所に行っていらっしゃい、フリュピック。神さまがついていらっしゃるわ!」

新郎は新婦を長いあいだじっと抱きしめ、時間が迫っていましたので、晴れた夜空の下に出て行きました。月が銀色に輝いています。フリュピック・アン＝デュは意気消沈し、不吉な予感で胸をいっぱいにしながら歩きました。そして道々考えたのは、「この道を歩くのも、これが最後だろう。じきにマルグリート・オムネスは生娘のまんま後家さんになって、誰かほかの男と再婚するだろう」ということでした。こうした暗い考えにふけりながら、ランド・オートのふもとに着いたときです。フリュピックは、白い衣をまとって馬に乗った騎手と、あやうく正面衝突しそうになりました。

「こんばんは、フリュピック!」と、見知らぬ騎手が挨拶しました。

「こんばんは」と、若者も応じました。「俺をご存知なようですが、あいにく俺は、あなたさまを存知あげないもんで(8)」

「僕がきみの名前を知っていても、びっくりしなくていいんだ。僕はね、きみがこれからどこに行くのかも知っているんだよ」

「きっとそうでしょうとも。あなたさまのほうが俺なんかより、ずっと物知りでいらっしゃる。だって俺は自分でも、

「いずれにしても、きみはカドー・ヴラースが指定した場所へ行くところだろう？　後ろに乗りたまえ。僕の馬は力持ちだから、荷物が二倍になっても楽々運んでくれるよ。それに、約束の場所へは、一人より二人で行ったほうがいいから」

この出会いは、フリュピック・アン＝デュには不思議なことだらけでした。でも、すでに頭はすっかりこんがらがっていましたからねえ！　それに、騎手の声はとても優しかったんですもの！　フリュピックは相手の善意を疑わず、言われたとおり、馬にぴょんと飛び乗りました。そして、見知らぬ人の胴に腕を巻きつけて、しっかり体を支えました。二人はあっという間に、丘のてっぺんに到着しました。目の前には首吊り台が、銀色の空を背景に、くっきり黒い影となって立っています。その上では、もはや骨と化した遺体が、夜風にゆらゆら揺れていました。

「さあ、降りたまえ」と、白い衣の騎手がフリュピックに言いました。「怖がらずにカドー・ヴラースの骸骨のところに行って、右手で遺体の右足に触り、こう言うんだ。『カドー、お前に呼ばれたから俺は来たぞ。何か言ってくれ。俺にどうしてほしいんだ？』と」

フリュピックは教わったばかりの文句を、厳《おごそ》かな口調で声高に唱えました。

するとカドー・ヴラースの骸骨はぐらぐら激しく揺れだし、骨のぶつかりあう音がしたかと思うと、無気味な声がこう言って呻きました。

「お前をそそのかした野郎を呪ってやるぞ。もし道でそいつに出会わなかったら、俺は今ごろ天国への道を歩いていて、お前が俺のかわりに、この絞首台にぶら下がっているはずだったのだ！」

フリュピックは五体満足で騎手のもとに戻り、カドー・ヴラースの呪いの言葉を伝えました。

「これでよし」と、白い衣の青年は言いました。「馬に乗りなさい」

二人は駆け足で丘を降りました。

「きみに会ったのはここだったね。ここでさよならするよ」と、見知らぬ若者は言いました。「さあ、奥さんのところに帰るがいい。二人で仲良く暮らすんだ。そして、貧しい人が助けを求めたら、絶対に断ってはいけないよ。僕は、きみに洗礼に立ち会ってもらった名づけ子だ。ね、わかっただろう？　優しい神さまは、父なし子を天使にしてくださるんだよ。三人が断ったというのに、きみは僕の代父になってくれた。だから僕もその恩に報いたというわけさ。これで、貸し借りはなしだ。さようなら、天に栄光あれ！」

（語り手、リズ・ベレック／ポール・ブランにて）

第13章　死者の霊魂、アナオン

ガンガン、トリウー川の水車小屋

魂の平安を得られず、苦しんでいる霊は無数にいる。そういう霊をアナオンという。

ブルトン人は、アナオンのことを片時も忘れない。アナオンへの想いは、人々の日常生活と強く結びついている。婚礼の披露宴ですら、デ・プロフンディスを唱えてからお開きになるくらいだ。

サン島では大晦日の晩、子供たちが家の戸口から戸口へ回って、よい年をお迎えください、と新年の挨拶をする。そのとき訪問先の家では、子供たちにお菓子を一切れ、持たせてやる。そのお菓子は、前の日、わざわざそのために焼いておいたものだ。おみやげをもらった子供たちは、ありがとうの代わりにこう答える。

「ジョア　ダン　アナオン！」（死者の霊に喜びあれ！）

この文句は家を辞するとき、さようならの意味で使われることがある。あるいはまた、こんなふうに言う場合もある。

「この家を訪れたことのある者で、アナオンとなった者全員に、神さまの祝福がありますように」

鉄輪《かなわ》〔炉で鍋を煮炊きするための鉄の台。鉄の輪に三本の脚をつけたもの〕を使い終わったあと、火床に残しておいてはいけない。

鉄輪《かなわ》が火床に残っていると
かわいそうな霊が苦しむ

鉄輪《かなわ》が火床に残っていたら、その上に燃えさしの薪を置いておくといい。そうすれば、鉄輪《かなわ》に座ろうと思って死者がやって来ても、それがまだ熱いということがわかるからだ。死者は常に寒いので、ともすれば炉辺にまで入り込もうとする。そして、最初に見つけた物の上に座る。死者をおろそかにして、辛い思いをさせてはいけない[1]。

日が沈んでから、家を掃除をするのは、よくないことだ。というのも、この時間、死者は生前暮らしていた家に戻ることが許されるので、埃と一緒に、死者の霊まで掃き出してしまうからだ[2]。

もし風で埃が舞いこんできたら、それを外に掃き出すときは、よくよく注意しなければならない。こうした気配りを怠った者は、死者の霊に絶えず悩まされ、おちおち枕を高くして眠れないだろう。夜、家を掃除する者は、聖母マリアさまを追い払ってしまう。マリアさまは、お気に入りの霊を自宅に帰らせてやろうと思って、見まわっていなさるのだから。

(プルミリオーの主任司祭、ヴィリエ・ドゥ・リラダン伯爵談/コート・デュ・ノール県)

熾き火に灰をかぶせて、火を消さないようにするのは、よいことだ。なぜなら死者は、かつて自分が住んでいた家に舞い戻って、炉辺で体を温めたいと思うからだ。

お日さまが出ているうちこそ、この世は生者のものだが、ひとたび夜になれば、死者のものになる[3]。だから賢い人は、霊が出歩く時間には、家の扉を全部閉めてから眠りにつく。日暮れ過ぎ、用もないのに外出するのは、絶対に控えなくてはならない。なかでも夜の十時から朝の二時のあいだは、いちばん不吉な時間だ[4]。

この不吉な時間には、決して一人で外をうろついてはならない。たとえそれが、司祭や医者や産婆を呼びに行く場合であろうとも。

とはいえ、二人以上で夜道を歩くのは、もっといけないことだ。(5)

夜、外で口笛を吹いてはいけない。そんなことをしたら、アナオンの怒りを買ってしまう。(6)

ハリエニシダの生えた土手の斜面を越えるときは、事前にわざと、何か音をたてるようにしなければならない。例えば、咳《せき》払いをするなどして。それは、そこで霊が悔悛の行をしているかもしれないから、その霊にどいてもらうためだ。また、麦畑の刈り入れを始める前には、「もしアナオンがそこにおいでならば、その魂に平安あれ！」と言わなくてはならない。

あるときドロ神父（サン・ミシェル・アン・グレーヴの主任司祭。本書第6章を参照）が、町の紳士と連れ立って、田舎道を歩いていた。その道には、ハリエニシダの生垣が二重にめぐらせてあった。(7) 町の紳士は歩きながら、上にはみ出している枝をステッキで叩いていた。すると情け深いドロさんは、紳士の腕をいきなりつかんで、こう言った。

「いたずらをお止めくだされ。このハリエニシダの中で、幾千もの霊が罪の償いをしておるのですぞ。あんたは、霊たちの悔悛の行を妨げているのじゃ」

雨の日、濡れた道に乾いた所があったら、そこはアナオンが悔悛の行をしている場所だ。

この世で煉獄の行をおこなっている霊は、畑に生える雑草や、驟雨《しゅうう》の雨だれの数ほど多い。(8)

亡くなった人の名前を口にするとき、死者の怒りを招きたくなかったら、必ずその名前を言った後に、この厳《おごそ》かな文句を付け加えなくてはならない。

「ドゥエ　デ　バルドノ！」（神さまのお赦しがありますように！）

生前、朝晩のお祈りをはしょって、最後の「アーメン」を唱えずに仕事に出かけたり、寝床に入ったりした者は、死後、「主の祈り」を唱えながら、人気のない淋しい道をさまよう。そういう霊魂は、ようやく最後の文句に行き着いても、突然言葉が出なくなってしまうから、決してお祈りを終わらせることができない。

そのお祈りがたまたま人間の耳に入ることがあるが、絶望的に何度もこう繰り返しているだけだ。

「セド　リベラ　ノス　ア　マロ！……セド　リベラ　ノス　ア　マロ！……」（わたしたちを悪からお救い下さい！）

そうした霊は、勇気があって機転の利く生者が「アーメン！」と唱えて初めて、解放される。

あるいは通りすがりの人間が、道を歩きながらお祈りを暗唱し、苦しんでいる霊魂が探している文句を口にすれば、その霊は救われる。

霊魂の中には、その当人が死んだ日に蒔かれたドングリが立派な楢《なら》の木になって、その木が何かのために使われるまで、悔悛の行を続けなければならない者もいる。

ジュアン・カイネックも、そんな一人だった。生きていたとき、なかなか抜け目ない男で、死んでからも、その賢さはいくぶんか残っていたようだ。というのも、自分が死んだ日に蒔かれたドングリが地面から顔を出すか出さないかのうちに、若い茎を切って、早々と荷車のボルトをつくってしまったのだ。この作戦のおかげで、ジュアンは長いあいだ煉獄の炎に焼かれずにすんだのだった。

ブルターニュでは、多くの畑が区画で区切られていて、各区画はブルトン語でタシェンヌと呼ばれている。その区切りの角には、たいてい花崗岩が置かれていて、それが境界線の働きをしている。ところで、このタシェンヌを買ったり借りたりした人のうち、隣の地所から少しでも余計に土地をせしめようと、夜のうちにこの境界石を移動させる、ずる賢い輩《やから》が後を絶たない。そうなると、もめごとが持ち上がる。そうしたごたごたを解決するのは時間がかかるし、裁判所も裁定を下すのは至難の業だ。というのも、前もって土地を測量するわけではないので、境界石だけが物を言うからだ。

結局、大方の場合、損害を受けた隣人は、神の裁きに頼るしかなくなる。そこで神の御前に犯人を召喚し、こう言う。

「お前が動かした石が、あの世の入口で罪を計るはかりに載せられますように！」

夜、田舎道や街道を歩いていると、大きな石を背負い、体を二つに折って歩いている人を見かけることがある。そういう人は、背中に石を乗せたまま、いつ果てるともない苦しみに身をゆだねなければならない。しんどそうに体を引きずりながら、いつも同じ泣き言を永遠に繰りかえす。

「ペレーハ　ア　ラキン　メ　ヘマン？」（こいつをどこに置けばいいんだ？）

それは境界石を動かした人のアナオンで、神さまがその過ちを罰し、元の境界線を探して地上をさまようようにされたのだ。だが、その場所は、自分一人では決して見つからない。

こうしたアナオンを苦しみから解放してやるには、生きている人間が機転を利かせ、こう答えなくてはならない。

「ラケット　アネザン　エ　レーハ　マ　オア」〔元の場所にその石を置きな〕(9)

（ピエール・ル＝ゴフ談／アルゴルにて）

78話　二人の友

ピエール・ル＝カムとフランソワ・クルテスの二人は、ボソレルの農家で作男として働いていた。互いに深い友情で結ばれ、愛し合っている二人は、隠し事などいっさいせずに、すべてを分かち合い、文字どおり苦楽を共にしていた。十年来、水も洩らさぬ仲の良さで、どんな些細ないさかいも持ち上がったためしはなかった。

「俺たちを引き裂けるものがあるとすれば、それはたった一つ、死だけだ」と、二人はよく口にしていた。そして、最初に死んだ者が神さまの許しを受けてこの世に舞い戻り、生き残ったもう一人に、あの世でどんな運命が待ち受けているのか教えようと、約束し合っていた。

さて、最初にアンクーの犠牲となったのは、ピエール・ル＝カムのほうだった。二十五になるかならぬかのうちに、悪い熱にやられてしまったんだ。クルテスはル＝カムが病気のあいだ、その枕元から離れようとせず、墓堀り人が祝福された土〔教会の墓地〕を地ならししたあとでも、墓前を去ろうとはしなかった。

埋葬がすんだ晩、クルテスはいつもの時間に横になったが、とても眠るどころではなかった。頭の中ではいろんな考えが、ぐるぐる渦を巻いていたのさ。それは、親友はどこに行ったんだろう、いま何をしているんだろう、生きている人の世を一人あとにするのは淋しくはなかっただろうか、というようなことだった。眠れないもう一つの理由は、かわいそうなピエール・ル＝カムが訪ねてきやしないか、そして、もしここに来たとき、自分が眠りこけていてはさぞやがっかりするだろう、ということだった。

こうしたことを、悲しい気持ちで、あれこれ考えていたときだ。中庭で、足音がした。クルテスにはその音を聞いただけで、それが親友のもので、こっちに来るところだ、ということがわかった。すると不意に、クルテスが寝ている馬小屋の扉が開いた。

「やっぱりそうだ」と、若者は考えた。

愛する人に会いたいと、あんなにも思い焦がれてはいたものの、暗闇から親友の声が聞こえてきたとき、やっぱり背筋がぞっとせずにはおられなかった。

「フランソワ、きみ、寝ているのかい？」

クルテスは優しく答えた。

「いいや、ピエリック。寝てなんかいないよ。きみが来るのを待っていたんだ」

「そうかい！　なら起きて、おいらについて来てくれ」

どこに連れて行かれるんだろう、などと不安に思うことさえなく、クルテスはすぐさま起き上がった。服を着て戸口に駆け寄ると、屍衣に包まれたル＝カムが敷居の上に立っていた。こんな哀れな姿を親友に見られたル＝カムは、打ちひしがれた様子で言った。

「ああ、そうとも！　いまではこの経帷子《きょうかたびら》が、おいらの唯一の財産なんだ」

「で、あっちではどんなふうかい？」

「きみの所に来たのは、それを実際に見てもらいたいからなんだ。というのも、きみさえ承知なら、自分の目であの世のことを確かめられるからだよ。でも、それについて話すことは、おいらには禁じられているんだ」

「じゃあ行こう。用意はいいよ」

するとル＝カムは、農場から一五分ほど離れた、ゴアツヴァドの水車小屋の池にクルテスを案内した。池のほとりに着くと、亡霊はこう言った。

「服を脱いで、裸になってくれ。木靴も脱いで」

「えっ、どうしてだい？」クルテスは少し驚いた。

「おいらと一緒に、池の中に入ってほしいからさ」

「それ、真面目で言ってるのかい？　夜だからもうかなり寒いし、水はあんなにいっぱいだし、俺は泳げないんだよ」

「心配しなくて大丈夫。泳ぐ必要なんてないから」

「そんなら、なるようになれだ。俺はどこまでもきみについて行くと、覚悟を決めたんだ。どこへでも行くよ」

次の瞬間、死者は池に飛び込み、生者はすぐさまその後を追った。二人とも、深く深く沈んでいった。それから、ようやく足が砂についた。ル＝カムはクルテスの手を握っていた。クルテスはというと、水の中でも外にいるのと同じくらい楽に息ができるので、たいそう驚いた。けれども、全身ががたがた震え、歯は、小石がぶつかりあうかのようにがちがち鳴った。この凍った池の中は、すさまじく寒かったからだ。

一時間もすると、骨の髄《ずい》まで凍りついたクルテスは、こう訊いた。

「まだずっと、ここにいなくちゃならないのかい？」

すると相手は、「そうか、きみはそんなに早くおいらと別れたいのか」と答えた。

「いいや、まさか。だって、きみもよく知っているように、俺はきみと二人一緒のときが、いちばん幸せなんだから……。でも、ここはものすごく冷たくて、口では言えないほど辛いんだ」

「そうかい！　そんなら、その苦しみを三倍にしてごらん。そうすれば、おいらの辛さがどんなものか、少しは想像がつくだろう」

「ああ、かわいそうなピエリック！」

「きみがいてくれて、おいらの苦しみは少し楽になるんだ。そして、この辛さをきみが分かち合ってくれるおかげで、おいらの試練は短くなるんだよ」

「それじゃあ、きみがいいと言うまで、一緒にいるよ」

「朝のアンジェラスの鐘が鳴ったら、もう終わりだ」

とうとうボソレルの教会で、アンジェラスの鐘が鳴った。クルテスは五体満足で、自分のぼろ着を脱ぎ捨てた場所に戻った。

「さよなら！」水から頭だけを出して、相棒が言った。「今夜もまた、同じことをする勇気があるんなら、迎えに行くよ」

「待っているとも、昨晩みたいに」と、クルテスは答えた。

それから、夜ぐっすり眠れたときのように畑に出かけ、農場の男たちに混じって働いた。夜が来て横になったが、親友の呼び声にすぐさま応じられるように、服を着たままだった。相棒は昨晩と同じ時刻にやって来て、昨晩と同じように、二人で池に出かけた。そこでまったく同じことが繰り返されたが、ただ生者の辛さは昨日の二倍だった。

「なあ、もう一度だけ我慢してくれないか？　あと一回だけでいいんだ」と死者が言うと、クルテスは、「それで俺がおっ死のうとも、最後まできみのためにがんばるよ」と答えた。

農家の主人は、仕事に出て来た奴さんの、青ざめてげっそりやつれた顔を見て、腰を抜かした。

「こいつ、墓場でひと晩すごしたに違いねえ。親友の墓につきっきりだったんだろう。あれが死んでからというもの、一向に心が慰められないとみえる」

その晩、主人は様子を窺ってやろうと心に決めた。月が明るい晩だった。真夜中まで見張っていると、幽霊が中庭を突っ切って、こちらへやって来るのが見えた。幽霊は馬小屋の扉を押し開け、中に入り、フランソワ・クルテスと一緒に出て来た。生者と死者の二人の若者は、水車小屋に向かって歩いていった。主人は、土手が投げかける影に姿を隠しながら、二人のあとをつけていった。そして池まで来ると、水面に張り出している柳の木の背後に佇んだ。主人は、二人が水の中にもぐるのを目撃し、水中で交わされたこんな会話を耳にした。

「ああ俺、もう駄目だ！　もう駄目だ！」と、クルテスが呻く。

すると、もう一人は、親友に絶えずこう声をかける。

「がんばるんだ！　がんばるんだ！」

「できないよ！　気絶しそうだ。アンジェラスの鐘までもちそうにない！」

「大丈夫だ、大丈夫だよ！　気を確かに！　あともう二時間……あともう一時間半……きみのおかげで、おいらは苦しみから解放されるんだから！　そのことを考えてくれ。辛いことも、あと少しで終わる。そうしたら、きみはおいらに天国への至福の扉を開いてくれることになるんだ。そして遠からずきみも、そこでおいらと一緒になれるんだ」

柳の木の後ろに隠れていた農家の主人は、冷汗がだらだら流れるのを感じた。どんなにその場から逃げ出したく思っただろう。しかし実際は、それだけの勇気がなくて、足に根っこが生えたように、その場から動けなかった。やがて、ついに空が白み始めた。ボソレルではアンジェラスの鐘が鳴った。するとそのとき、池の底から二つの大きな叫び声があがった。

「フランソワ！」

「ピエリック！」

農家の主人は、水面から煙のようなものが立ち上り、雲の中に消えて行くのを見た。同時に、憔悴しきったクルテスが土手の上にはい上がり、主人の足元にばったりと倒れた。主人は、若者を助け起こそうと慌てて駆け寄り、服を渡してやった。そして、クルテスがおよそ歩けるような状態ではなかったので、その体を肩に担ぎ、農場まで連れ帰った。気の毒な若者は、ようやく終油の秘跡を受けることができたが、その後すぐに息をひきとったんだよ。

（語り手、ジャン・デネス／ゲルレスカンにて）

洗礼を受けずに亡くなった子供は、小鳥の姿になって空中をさまよう。そして、赤ん坊がひいひい泣くときのように、か細い声で悲しそうに鳴く。よく本物の鳥と間違われることがあるが、老婆たちは絶対に惑わされない。こうした子供たちはあちこちを転々としながら、この世の終わりが来るのを、ひとすら待ち続ける。そのときが来たら、洗礼者聖ヨハネが洗礼を授けてくださる。洗礼を受けたあと、子供たちはまっすぐ天に昇って行く。天国に入る前、聖人たちは孩所《がいしょ》〔洗礼を受けずに亡くなった幼児が住んでいるとされる場所〕に立ち寄ることが許されている。洗礼を受けずに死んだ子供たちに会うためだ。特に、見捨てられた子供の霊魂のためにお祈りを捧げた聖人は、必ずといっていいほど孩所《がいしょ》に立ち寄る(10)。

生前、船員に辛く当たった船長の霊魂は、海鳥の姿になる。残念ながら、そういう無体《むたい》な輩《やから》は、ざらにいるものだ。その海鳥は真っ黒で、短い脚には水かきがあり、嵐の日、強風にあおられながら羽ばたいている。そういう鳥は「悪魔鳥」と呼ばれ、海燕《うみつばめ》と同じく、不吉な出来事を知らせる鳥とされている。船乗りが沖合いでこの鳥を見かけると、こんなふうに言う。

「あれを見ろ、呪われた船長の霊が俺たちに喧嘩を吹っかけようとして、こっちにやって来るぞ」

（フィリップ談／パンポルにて）

霊魂の中には、牛の姿になって悔悛の行をする者もいる。そのとき、牡牛になるか雌牛になるかは、生きていたときの性別によって決まる。金持ちの霊は、小石やまばらな雑草しかない、痩せた土地に放牧される。逆に貧乏人の霊は、牧草が豊かに生えている土地に放される。そこには、いくら食べても食べきれないほど、クローバーやウマゴヤシがいっぱいだ。この両者を隔てているのは、低い石囲いだけだ。金持ちは、貧乏人がいい思いをしているのをじっと眺めなくてはならないから、辛さがいっそう身にしみる。逆に貧乏人は、金持ちが惨めな有様でいるのを横目で見ながら、自分の境遇をいっそうありがたく思うのだ。ああ、そうとも。この世とさかさまのことが起こらないのなら、何のためにあの世があるのか、わからないではないか?(アンリ・バレから聞いた話/ポン・ラベにて、一八八七年)

79話　コアトニザンの野うさぎ

廃墟と化したお城には、必ず不思議な野うさぎがいるものです。ラニオン地方だけでも、トンケデック城に一羽、コアトフレック城に一羽、コアトニザン城に一羽、ケラム城に一羽いますからね。あとは、ええと、忘れてしまいました。

こういう野うさぎは、その昔、お城に住んでいたお殿さまの霊で、うさぎの姿になって悔悛の行をしているんです。というのも、なにせ生きていたときは威張りくさって、四方八方を震え上がらせた人たちですからね。死んでからは、いちばん臆病な獣にさせられてしまったんですよ。そして、この野うさぎどもは、その正体に気づかない猟師に鉄砲で撃たれないかぎり、解放されないんです。しかも、撃たれる回数も決まっていましてね。生きていたとき、殿さまは、みずから鉄砲を取って領民を撃ったこともあれば、人に命じて撃たせたこともあったでしょう。ですから、野うさぎになったいま、領民に向けて引かれた掛け金の回数と同じ回数だけ、撃たれなければならないんです。

そうでないかぎり、鉛の弾は体を貫くだけで、一滴の血も流れません。とはいえ、撃たれるたびごとに、死ぬほどの苦しみを味わうんですがね。

あるとき、プリュジュネの猟師、ジェローム・ロスティスがコアトニザンの領地で、素晴らしく大きな野うさぎに出くわしました。野うさぎはふいに足元に現われたかと思うと、鳩舎の中に逃げこみました。「こりゃ、飛んで火に入る夏の虫、ってところだな」

「しめしめ」と、猟師はすっかり嬉しくなって言いました。

けれども不思議なことに、ジェロームの猟犬は、主人と同じように獲物の姿を見ているはずなのに、まったく後を追おうとしません。そこで猟師は、一人で鳩舎の中に踏み込みました。野うさぎはというと、壁にぴったり身を寄せて、ちぢこまっています。そこでジェローム・ロスティスは、鉄砲を肩に担ぎ上げ、引き金を引きました。「パーン！」と音がして、煙が上りました。猟師は獲物を捕まえようと、歩み寄りました。こんな至近距離から撃ったんですから、てっきり死んでいるものと思ったんです。ところが、どうしたことでしょう！　獣はまるで弾がかすりもしなかったみたいに生きていて、ただ、じいっと人間のような目で自分を見ているではありませんか。

「この、下手くそめが！」

ジェロームはてっきり的をはずしたにちがいないと思い、自分で自分に怒鳴《どな》りました。里中で、銃の腕なら誰にもひけを取らないと評判だっただけに、なおさら腹が立ったのです。

そしてもう一度、鉄砲を肩に載せました。

するとそのとき、野うさぎがこう言ったんです。

「むかっ腹を立てるには及ばないぞ。お前は的をはずしたわけじゃないんだから」

この言葉に度肝を抜かれたジェロームは、思わず銃を落としてしまいました。それにかまわず野うさぎは、悲しそうな口調でこう続けました。

「いいから、撃ちなさい。そうすればお前のおかげで、わしの煉獄の行が短くなるのだから。自由の身になるには、まだ八四七回、銃弾を受けなくてはならないのだ」

ジェローム・ロスティスは銃を拾いましたが、それは、この場からできるだけ早く立ち去るためでした。このときにかぎって、狩人の方が、野うさぎの前から逃げ出したんです。(11)

（語り手、マルグリート・フィリップ／プリュジュネにて）

80話　母さん豚と七匹の黒子豚の話

これは、トレグロムで起きた出来事です。昔、その小教区にふしだらな娘がおりました。娘は七人の子供をもうけましたが、誰も気づかないうちにこっそりと、その子供を始末したのです。けれども、いちばん下の子供を孕《はら》んだとき、娘自身も死んでしまいました。そんなわけで、娘が亡くなって初めて、人々は彼女のおぞましい所業を知ったのです。

娘が死んでから、まもなくのことです。日暮れどき、生前、彼女が住んでいた家の近くを、村の男たちが通りかかりました。そのとき、年を取って肉のこそげ落ちた母さん豚が、七匹の真っ黒な子豚を連れて道に出ているのを見つけました。

「おや、こりゃ迷い豚にちがいない」と、一人の男が言いました。

この家の脇に空っぽの豚小屋があったので、男は、この豚を子豚と一緒に、小屋のほうに追いやろうとしました。ところが、豚はとたんに唸り始め、イノシシのように鋭い歯を剥き出しにしました。すると、そこに居合わせた者たちの中で、いちばん年嵩《としかさ》の男がこう言いました。

「いいから、あいつをそっとしておきなされ。あれは、豚小屋で飼い馴らせるような代物じゃないから」

また別の日の夕方、近所に住む作男が鋤《すき》の刃を肩に担いで家に帰る途中（というのも当時、鋤《すき》は畑に置きっぱなしにして、刃だけ家に持って帰る慣わしでしたから）、たまたまこの年寄り豚に出会いました。こいつが細道に陣取って、行く手を塞ぐような仕草をしましたので、作男は鋤《すき》の刃を豚の足めがけて投げつけました。ところが、こんな軽はずみなことをして、見事に罰《ばち》が当たったんです。というのも、豚が突進してきて男を押し倒し、ひどく乱暴に体を踏みにじったので、作男はほうほうの体《てい》で主人の家まで戻ると、玄関に入ったとたんに息絶えてしまったからです。

この事件があってからというもの、トレグロムの男どもは、道端でこの豚に出っくわすと、大慌てで反対側へ逃げるのでした。けれども、それよりもっと不思議なのは、黒い子豚たちが年を取るにつれて、その毛に白いものが多く混じるようになったのに、体の大きさはちっとも変わらないことでした。(12)

とうとう人々は主任司祭に相談しに行き、この薄気味悪い動物をどうにかしてください、とお願いしました。みんなはお祓いをして豚を退治してほしいと思ったのですが、司祭さんは、自分にはどうにもできない、と答えました。

「七年待ちなされ。七年経ったら、豚はいなくなるから」

その通り、七年経つと、豚どもの姿を見かけることはなくなりました。

（語り手、アンヌ＝マリー・プリジャン／ベギャールにて）

ある人が死んで、神さまがその人を救うべきか、地獄に落とすべきか迷ったとき、その人の魂は、最後の審判のときまでカラスの姿となって、この地上に留まらなければならない。(13)

それ以外の霊魂は、三年間、煉獄を熱するのに必要な泥炭を採らなければならない。また他の霊魂は、煉獄の火を絶やさぬように、決められた年数のあいだ、ハリエニシダを集め続ける。

81話　二本の老木

これはプルガズヌーで起きた出来事で、それほど昔の話ではありません。

この村に貧乏な農家が一軒ありまして、そこに農夫とおかみさんが住んでいました。麦打ちをするときは、それ用の機械がないので、二人は殻竿で麦を打ちました。旦那さんが竿で打ち、おかみさんはそのあとをついて麦を拾うという具合に、二人は朝から晩まで額に汗して働きました。

一日の仕事が終わったら、二人ともやれやれと喜んでベッドに入ったと思うでしょう？　もっとも敷布団にはライ麦の藁《わら》が入っていて、シーツはごわごわした麻布でしたがね。そのとおり、サツマイモの粗末な夕飯が済んで、お祈りを唱えたかと思うと、二人はもう並んで横になり、高いびきを掻き始める始末でした。

さて、麦打ちの最後の日、ご亭主はおかみさんにこんなことを言いました。

「なあ、ラドゴンダ。金持ちの家じゃ、八月も終わりになると、打ち子にご馳走をふるまうそうだよ。わしにも、そうしてもらいたいもんだ。それでな、もしご馳走になれるんなら、わしはクレープが食べたいわい。お前、ひとつクレープをつくってはくれんかね。お得意の黒麦のクレープをさ。どうだね、ラドゴンダ？」

おかみさんはくたくただったので、大声で抗議しました。

「クレープだって？　冗談じゃないよ！　考えてもおくれ。あたしゃ、腕がちぎれそうだ。あたしだって、あんたと同じくらい働いたんだよ。しかも、あんたみたいに丈夫じゃないから、もうへとへとだ。それなのに、これからフライパンをあっためて、粉を溶いて、生地をつくれっていうのかい？　それに、たとえあたしに、まだそうするだけの気力があって、あんたの言うとおりにしてあげたいと思ったって、どだい無理な話さ。だって櫃《ひつ》の中には、一つまみの小麦粉さえ残っちゃいないんだから。ここ一週間というもの、取り入れにかかりっきりで、あんた、ちっとも粉屋に行ってないじゃないか」

「なあんだ、小麦粉のことなら、わしが何とかするさ！」

「えっ？　これから粉屋へ行くっていうのかい？　あれほど汗水流して、骨の髄《ずい》までくたびれたっていう、そのあとに？　あんたのお腹は、ずいぶん無茶なことを命令するんだねえ、エルヴェ・マンガム」

するとエルヴェ・マンガムは、こう言って哀願しました。

「なあ、ラドゴンダ、後生だから！」

この言葉にほだされて、おかみさんは答えました。

「あんたの一生のお願いは、これで二十四回目だよ。あーあ、まったくあたしもお人よしさ。まあ、いいとしようか！　それじゃ、早く行って帰って来ておくれ。じゃないとあたしは、服を着たまま眠りこけちまいそうだよ」

その言葉も終わらないうちに、ご亭主は大股で、飛ぶように水車小屋に向かって駆け出しました。道がはっきり見えるうちは早足で進みましたが、高い土手が両側に壁のようにそびえ、まるでトンネルの中に道が続いているような場所まで来ると、自然とのろのろ歩きになりました。やがて、足で道を探りながら進まざるをえなくなりましたが、それは、左右の斜面が影になっているうえに、土手に生えているたいそう古い二本の木が、地面に黒い影を投げかけていたからです。そこでご亭主は、用心しながら一歩一歩、進みました。あたりは森閑として、暑い八月の夜にはよくあることですが、風もすっかり凪《な》いでいました。それなのに突然、葉っぱが奇妙にざわめく音が頭上から聞こえてきたんです。

「おや！　何だか、いつもと様子がちがうぞ」と、ご亭主は思いました。

見上げると、暗がりの中に銀色がかった白い木肌が見え、がさがさ鳴る枝の様子からすると、その二本の木は、どうやら立派な橅《ぶな》の老木のようでした。木は、道をはさんだ両側の土手に向かい合わせで生えていて、まるで抱き合うかのように、互いに枝を差し伸べていました。けれども、もっとおかしなことは、かすかな枝のざわめきが、まるで人間の呟きのように聞こえてきたことです。エルヴェ・マンガムは足を止めて、耳を澄ませました。もう間違いありません。二本の橅《ぶな》の木は、互いにしゃべっていたんです。ご亭主は水車小屋のことも、粉のことも、クレープのことも忘れて、じっと会話に聞き入りました。

右側の木が、まず始めにこう言いました。

「お前、寒いんじゃないかね、マハリット？　ほら、体中ががたがた震えているじゃないか」

すると、左側の木が震えながら答えました。

「そうともさ、ジェルヴェストル。あたしゃほんとに寒くて寒くて、骨の髄《ずい》まで凍えそうだよ。(14)日が暮れると、いつもこうなるのさ。夜気が体の奥を貫いて、もういっぺん死にそうな気分だよ……でもありがたいことに、今晩、あの子の家でクレープを焼くそうだよ。そのとき、ぼんぼん火を燃やすだろうから、嫁御とあの子が寝ちまったら、あたしたちも熾き火にあたらせてもらおうよ」

すると、最初の木が言いました。

「そんなら、わしも一緒に行くとするよ、マハリット。お前をひとりで行かせたくはないんでな。それにしても、生きていたときにわしの言うことをきいておれば、わざわざあの子の家でクレープをつくるのを待たなくても、少しはあったかい思いができたのに。あんなに口を酸っぱくして言ったじゃないか、貧しい人にはもっと親切にしてやるもんだって！　うちにはあげる物なんかないよ、と言って、お前はまったく施しをしなかった。今その罰《ばち》が当たっているのさ。生きていたとき、お前の心が冷たかったから、今になって寒さに凍える罰を受けているんだ。かくいうわしも、お前に甘すぎたせいで、こうして一緒に罰を受けている。とはいえ、お前のように、寒さに苦しめられているわけではないがな。それというのもお前が門前払いをくらわした貧しい人々に、わしは陰でこっそり、できるだけよくしてあげたからだよ。四旬節〔灰の日曜日から、復活祭までの四十六日間。信徒にとっては、キリストの死を想う、改悛の期間で、肉食を断つ〕には、バターを一切れ、キャベツの葉に包んであげたし、肉食日〔特に、肉食が許される四旬節の前の三日間をさす〕には、紙に包んだ脂身を渡したこともある。おかげで、そのときのキャベツの葉と紙とが着物になって、わしはあたたかくしていられるのさ[15]」

「ああ、ほんとうにねえ！」

こう言って二番目の木があまりにも悲しそうなため息をついたので、そのまま息絶えるのではないかと思われたほどでした。

エルヴェ・マンガムは、とてももうそれ以上聞いていられませんでした。「トンネル道」に足をとられ、何度となくすっ転んで、頭をぶち割られそうになりながらも、トロイールの水車小屋がある浅瀬まで、坂道をひた走りに駆けました。帰りはあの古い木のところを通りたくなくて、二倍も遠まわりをして家に着きました。

「いったいどうしたんだよ」と、おかみさんが言いました。「もう帰って来ないんじゃないかと思ったじゃないか」

それから、旦那の取り乱しように気がついて、

「何があったんだい？　顔が真っ青だよ」と、訊きました。

「もうへとへとで、手足がちぎれそうだ。一日中働いて、しかも水車小屋まで往復するなんて、しょせん無茶な話だったな」

「だから、あたしがそう言ったじゃないか！　でもまあ、我慢おし。粉を持って来てくれたんだから、クレープをつくってあげるよ。そうすれば、気がおさまるだろう」

「ああ、そうだな」と、ご亭主は呟きました。「こうなった以上、是非そうしてもらわなくては」

おかみさんのラドゴンダは、長いこと待った分だけ余計にお腹が空いてこんなことを言うんだろうと思い、てきぱきと働きました。ところがご亭主は、いつもなら十二枚くらいぺろりと平らげるのに、今日は三枚で、もうお腹がいっぱいだと言うのです。

「ああ、もう充分だ。いま、わしに必要なのは、食べ物よりも睡眠だよ」と、ご亭主が言うと、おかみさんは、「なあんだ！　そんなことなら、こんなに盛大に火を燃やさなかったのに」と言いました。

そして、フランパンをどかしてから、燃え残った薪を集めようとしたのですが、ご亭主がそれをやめさせました。

「そのまま燃やしておけばいい。さ、そろそろ寝るとしようや」

ご亭主はおかみさんが服を脱ぐのを待っていましたが、おかみさんがベッドにあがろうと背を見せた隙に、両腕に抱えられるくらいの木屑を炎の中に投げ込みました。ラドゴンダは横になったとたん、ぐうぐう眠り始めました。でもご亭主は目をあけたまま、聞き耳を立てていました。箱ベッドのよろい戸には覗き穴があいていて、そこから向かいの窓を透かして遠くの野原が見渡せました。というのも、その夜は月が明るかったからです。そよとの風もなく、ひっそりと静かな夏の宵でした。やがて十時の鐘が、そして十一時の鐘が鳴りました。誰もやって来ません。ご亭主は、やっぱりそんな馬鹿なことがあろうはずはない、と思い始めました。けれども、十一時半になろうというとき、かすかなざわめきが聞こえてきました。まるで誰かが枝を引きずって、そこについた葉っぱが揺れるような音です。それは少しずつ大きくなり、やがて森が風でざわざわいうときの音になりました。すると、二本の橅《ぶな》の木の大きな影が、はっきり見えてきました。二本は家に向かっています。できるだけ互いにくっつきあいながら、歩調を合わせて進んでくるその様子は、まるで地面が動いて二本の木を運んでくるかのようでした。月の光に照らされて、大きな繁みの下の幹は、銀色に輝いています。二本はとうとう中庭に入ってきました。

ガサ、ガサ、ガサ！　ガサ、ガサ、ガサ！

巨大な枝がものすごい音をたてます。

ご亭主は、掛け布団の下で歯をがちがち鳴らして震えました。たった二本の木が、森に生えている木々をすべて合わせたような、凄まじい音を出すんですもの！　ところがいまや、そのおそろしい音は、家のまわりのあらゆるところから響いてくるではありませんか。

「こりゃ、家が潰されてしまうぞ」と、ご亭主は思いました。

太い枝が壁にぶつかり、藁葺《わらぶ》き屋根を薙《な》ぎ払う音がします。二本の橅《ぶな》の木は、家のまわりを三回まわりました。たぶん、入口を探していたんでしょう。けれども、三、四分しても何の騒ぎも起きなかったので、ご亭主はこれから起こることを見たくなかったので、顔を両手で隠しました。と、いきなり扉が開きました。ご亭主は箱ベッドの覗き穴からそうっと外を窺いました。すると、こんな光景が見えたんです。炉の内壁につくりつけてある木のベンチに、お父さんとお母さんが、向かい合わせで腰掛けていたのです。二人の姿はもう木ではなく、生きていたときのままでした。そして、小声でおしゃべりをしていました。おばあさんは脚をあたためようと、赤茶色の織物でできたスカートの前をたくしあげ、おじいさんはそんなおばあさんに、こう尋ねました。

「少しはあったまったかい？」

「ええ。あの子はわざわざ新しい木屑を入れといてくれたんですねえ」

そこでご亭主は、おかみさんをそうっと揺り動かしました。

「ごらん」

「え、何？　どうしたの？」

「炉辺にお年寄りが二人、いるだろう？　誰だか見覚えがないかい？」

「あんた、寝ぼけているんだよ。あるいは悪い熱にかかったんだ、かわいそうに。炉には火が燃えているだけだよ」

「まあ、いいからさ、ラドゴンダ。お前の足をわしの足にくっつけてごらん。そうすりゃ、お前にも見えるだろう」

おかみさんが自分の足をご亭主の足の上に乗せますと、二人のお年寄りの姿が見えるようになりました。

「亡き人に神さまのお赦しがありますように……！　あれは、義父《とう》さんと義母《かあ》さんじゃないかね！」びっくりしたのと恐ろしいのとで言葉もたどたどしく、手を合わせながらおかみさんが言いました。

するとご亭主は、

「頼むから、騒がないでくれ。二人の邪魔をしてはならんぞ」と、言いました。

「それにしても、いったい何しに来たんだろう？」

「わけはあとで話す、二人が行ってしまってからな」

炉辺では、おじいさんがおばあさんに声をかけました。

「もう充分あったまったかね？　そろそろ行く時間だよ」

すると、おばあさんがこう答えました。

「ああ、もう寒くないよ、ジェルヴェストル。でも、その分だけ、苦行の期間が延びてしまったねえ」

この言葉とともに、真夜中を告げる最初の鐘が鳴りました。二人のお年寄りは、腰を上げると姿を消しました。(16)するとまた、大きな葉のざわめきが家の外から聞こえてきました。

ガサ、ガサ、ガサ！　ガサ、ガサ、ガサ！

月に照らされた二本の木の影が遠ざかるにつれ、その音もだんだん小さくなっていきました。ラドゴンダはこの不思議な出来事のわけがわからず、ベッドの中でぶるぶる震えていました。誰もいなくなって、あたりがすっかり静かになると、ご亭主は水車小屋への道すがら見聞きしたこと、二人の死者の秘密を知ってびっくりしたことを話しました。

するとラドゴンダは、「よし、わかった」と言いました。「明日、このあたりの貧しい人たちにラードのパイをあげるとしよう。その人たちはあたしたちより、もっと物に事欠いているだろうからね。それから教会に頼んで、ミサを二回、挙げてもらいましょう」

そのとおりにしますと、もう二本の橅《ぶな》の木がしゃべることはありませんでした。

（語り手、ジャケット・クラス／ランムールにて）

82話　石塚の下の霊魂

お前さん、メネス・オムに行ったことがあるなら、「石塚」に気づきなすったじゃろ？(17)　でも多分、それにまつわる因縁話をご存知ないじゃろうから、これから話してしんぜよう。

昔々、ブルターニュにたいそう権勢を誇った王さまがいてな、マルク王と呼ばれておった。というのも、その王さまは、馬みたいに力が強かったからだ。(18)　もし力比べをしたならば、サムソン〔イスラエルの士師。怪力によってペリシテ人と戦ったが、美女デリラに篭絡されて身を滅ぼす〕その人ですら、かなわなかっただろう。マルク王は自分の力を鼻にかけ、しじゅうわがまま放題にふるまっていた。何しろ喧嘩が強いから、敵に回したら、えらいことだ。ちょっとでも逆らおうものなら、もう大変！　王さまは、欲しいものはどうしても手に入れなければ気がすまない性分でな、それが美しい娘なら、なおさらだった。とはいえ、そんなマルク王にも、いいところはあったのさ。王さまはよく、自分から進んで施しをした。そのうえ、信心深いとはお世辞にも言えなかったけれど、メネス・オムの聖マリアだけは崇拝していた。この山の斜面にきれいな礼拝堂を建て、それを聖マリアに献堂したのはマルク王だ、と言う人もいるくらいだ。

王さまが死んだとき（しかも、どんちゃん騒ぎの最中に亡くなったんだがね）、善良なる神さまは地獄に堕とすとおっしゃった。でも聖マリアがそれに抗議の声をあげ、自分の忠実な崇拝者をそれは巧みに弁護なさったので、とうとう神さまも折れなすった。

「まあ、いいとしよう。そなたの庇護するマルク王は、地獄に堕とさぬことにする。だが、霊魂はずっと墓のなかに留まらなくてはならん。その墓が十分に高くなり、そなたの礼拝堂の鐘楼を眺められるようになるときまで、な」

マルク王は、友だちである聖女のそばにいたかったので、自分が死んだらメネス・オムに葬るように、と遺言をしていた。そして、そのとおりメネス・オムに埋葬された。けれども人々は、平民たちが眠る礼拝堂の墓地ではなく、山の反対側の斜面に、王さまのために特別の墓所を設けたのだった。だから、墓と礼拝堂は、広々とした荒れ地の山腹にさえぎられるかたちとなった。

善良なる神さまは、マルク王の魂の救済に、さっきあたしが言ったような条件をつけることで、聖マリアの希望を取り入れながらも、ご自分の満足がいくような裁定をなさったのだった。それによってマルク王は、地獄には堕ちないことになったけれど、かといって救われたわけでもなかったからね。

しかし、ときとして聖人たちのほうが、神さまご自身よりも賢いことがあるんだよ。

それからしばらくして、一人の乞食が、マルク王が埋められた場所の近くを通りかかった。そのとき、美しい貴婦人に出会ったのだが、その人は、ドレスのスカートの襞《ひだ》の中に、たいそう重い物を持っているように見えた。

乞食は貴婦人に、施しをしてくれるよう頼んだ。

「ええ、喜んで」と、美しい貴婦人は答えた。「でも、まずわたしの言うとおりにしてくださいな。荒れ地に転がっている大きな石をひとつ取って、お墓の上に置いて欲しいのです。一緒にいらっしゃい。いまからわたしも、このスカートの中の石を置きに行きますから」

乞食は、言われたとおりにした。すると貴婦人は感謝の印に、真新しいルイ金貨を乞食の手に握らせた。

乞食の喜んだの、何のって。

「約束してくださいますね。これからこの場所を通るたびに、今日と同じことをしてくれると」と、貴婦人が言いました。

「へえ、約束いたします」

「それから、そなたの知り合いで、山に来る人みんなに、同じことを頼んでください」

「おっしゃるとおりにいたします」

「実はね、ここに閉じこめられているのは、マルク王の霊魂なのです。今日そなたが積んでくれたケルンがもっと増えて、山の反対側にある礼拝堂の鐘楼が望めるくらいの高さになったら、王さまの霊は救われるのです。マルク王は生前、そなたのような貧しい人に親切だった。王さまから戴いたパンと小銭の恩返しをすると思って、石を積んであげてください。そうしてくれれば、聖マリアが感謝しますよ」

もうわかっただろう。美しい貴婦人というのは、ほかならぬ、聖マリアご自身だったんだ。

乞食は、聖女から言い付かった役目を忘れずに、その場を離れた。

それから百年以上の歳月が過ぎた。

石のケルンは年々大きくなった。通りがかりの人がみんな、石を積んだからだ。あたしもそこを通るたび、山のふもとからエプロン一杯、小石を集めるようにしている。多くの女は、同じようにしているよ。そうすりゃ、聖マリアさまがお喜びになるからね。ケルンが十分な高さになるには、きっとまだ何年もかかるだろう。でも、それでマルク王が永遠に救われて、聖マリアが神さまに一泡ふかせても、神さまはきっと腹を立てたりはなさらないよ。

ほらね、これで石塚の話はおしまいさ。

（語り手、カティック・コスというあだ名で知られる乞食女／ポール・ローネーにて）

第14章　霊魂の祭り

ブルターニュの農家

その地方の死者が一堂に会する厳《おごそ》かなお祭りの日が、一年に三回ある。それは、

一、クリスマス・イヴ(1)
二、聖ヨハネ祭の夜(2)
三、万聖節の夜(3)

クリスマスの晩、死者たちが長い行列をつくって進んで行くのを、見かけることがある。彼らは優しく軽やかな声で、キリスト生誕の讃歌を口ずさむ。その声を聞いただけでは、ポプラの木の葉がさやさや鳴っているのかと思うだろう。もっとも、その時期にまだ葉をつけているポプラがあればの話だが。

行列の先頭を行くのは、年老いた司祭の亡霊だ。雪のように白い巻き毛を垂らし、やや背をかがめて歩いている。肉のこそげおちた手には、聖体器を携えている。

司祭のあとからは、侍者の子供が小さな鐘を鳴らしながらやって来る。

人々は二列になって、それに続く。死者はめいめい、火の灯ったろうそくを手に持っている。たとえ風が吹いても、その炎は揺らめかない(4)。

こんなふうに行列をつくりながら、死者たちは、打ち捨てられた廃寺に向かって進む。そこで行なわれるミサといえば、死者の魂に捧げられるミサだけだ。

83話　死者たちのミサ

あっしのじいさんはシャットン爺《じい》といってな、ある晩、パンポルで年金を受け取ったあと、家に帰るところだった。それはクリスマスイヴの晩で、一日中、雪が降っていたせいで、道路は真っ白だった。白かったのは、畑も土手もおんなじさ。この雪の中で道に迷ったら、えらいこっちゃと思って、じいさんは一歩一歩、用心しながら馬を進ませた。トリウー川の岸辺に、廃墟と化した礼拝堂がある。その近くにさしかかったときだ。ちょうど真夜中の鐘が鳴るのが聞こえた。するとたんに、ミサの始まりを知らせる、か細い鐘の音が鳴りだした。

そこでじいさん、こう考えた。

「ふーん、ならば聖クリストフ礼拝堂は修理されたんじゃな。けさ、行きがけには気づかなんだが。ほんに、こっち側は注意して見なかったものな」

鐘はまだ鳴っている。

じいさんは、礼拝堂がどうなったのか、中を覗いてみたくなった。

月明かりの中で見る礼拝堂は、まるで真新しく建て変えられたみたいにきれいだった。中にはろうそくが灯り、その赤々とした光がステンドグラスに反射していた。

シャットン爺は地面に降りて、馬をそこにあった杭につなぎ、「聖なる家」にそうっと入っていった。中にはそりゃもう、大勢の人が詰めかけていた。そしてどの人も、一心にお祈りを捧げておったのさ！　教会ではいつも誰かがせきをしたりして、静かであるためしはないんだが、このときは物音ひとつしなかった。

じいさんは、入口付近の敷き石の上にひざまずいた。

司祭は祭壇におって、侍者が内陣を行ったり来たりしていた。

そのとき、じいさんは、「とにかくこれで、クリスマスの深夜ミサに間に合ったわい」と考えた。

そして慣わしどおり、亡くなった両親のために祈りを捧げた。

司祭は祝福を与えるかのように、会衆の方に向きなおった。〔＊1〕と、じいさんは、その目が異様に輝いているのに気がついた。さらに奇妙なことは、その目が、こんなに大勢の人がいるのに、シャットン爺《じい》にだけじっと注がれていたことだ。

あんまり長いあいだ見つめられたもんだから、じいさんは居心地が悪くなった。

司祭は聖体器から聖体をとりだすと、両手の指でつまみながら、くぐもった声でこうたずねた。

「誰か、これを『受ける』ことのできる人はおりますかな？」

誰も答えない。

司祭は同じ質問を三回、繰り返した。けれども信者たちは、あいかわらず黙りこくっている。そこで、シャットン爺《じい》が立ち上がった。こんなに大勢の人がいながら、誰もが司祭の言うことを無視するじゃろ、それに我慢できなくなったんだ。

「司祭さん」と、じいさんは大きな声で言った。「わしはけさ、行きがけに告解を済ませてきました。明日のクリスマスの日に聖体拝領しようと思ったもんで。〔＊2〕じゃが、もしよろしければ、わしらが救い主、イエス・キリストの御血《おんち》と御体《おんからだ》を、いまここで戴くとしましょう」

司祭はすぐに祭壇の段々を降りて来た。じいさんは群集のあいだを掻き分けて、内陣の欄干に向かって進み、司祭の前にひざまずいた。

じいさんがご聖体を飲み込んでしまうと、「そなたに祝福を与えよう、シャットンよ」と司祭が言った。「今夜のように、雪の降るクリスマスの晩のことだった。わしは危篤の病人に、臨終の聖体拝領を授けに行くのを断った。それから三百年が経った。生きている人間がこの手から聖体拝領を受けなければ、わしは救われぬ定めじゃった。まことにかたじけない！　そなたは、わしばかりでなく、ここにいる死者全員の魂を救ってくれたのじゃ。さらば、シャットンよ、さらば。じきに天国で、ふたたび相目見《あいまみ》えるとしよう！」

この言葉が終わるか終わらないかのうちに、ろうそくの光がいっせいに消えた。

じいさんが我に返ると、屋根といっては頭上に星空しかない、廃墟となった建物の中にたった一人、ひざまずいているのだった。そうとも、身廊を占領する丈の高い茨《いばら》とイラクサの繁みの中に、一人でぽつんとしゃがみこんでおったんだよ。そこから抜け出すのは一苦労だった。じいさんは馬に跨《また》がり、またもとの道を続けた。

そして家に帰ると、ばあさんにこう言った。

「お前も覚悟しておいてくれ。そう遠くないうち、わしはあの世に旅立つことになるじゃろう。もう臨終の聖体拝領を済ませてきた。だが、悲しむことはないぞ。この聖体拝領のおかげで、わしはまっすぐ天国に行けるはずじゃから」

それから十五日経って、じいさんは亡くなった。(5)

(語り手、シャルル・コール、俗称シャルル・ピピ／パンヴェナンにて、一八八五年)

84話　真夜中の洗礼式

パンヴェナンの聖ゴンヴァルといえば、いまでこそ格が下がって、しがない礼拝堂になっちまったけれど、その昔はれっきとした小教区教会だった。わしの母方のばあさんには兄弟がいてな、そのうち一人が近くで農家を営んでおった。オリヴィエ・ジェゼケルというのが、その名前さ。なかなか慎重で賢い男でな、当時は畑仕事をする者にはずいぶん辛い時代だったけれど、オリヴィエはなんとか財をなす才覚を持っていた。世間では、貧乏人の子沢山というが、子供のせいで身上を食い潰すような目には絶対に遭うはずがなかった。というのも、子供は娘一人しかいなかったからで、このあたりでいう、そのペンヘレス（跡取り娘）は、そろそろ二十歳になろうというお年頃だった。

ちょうどオリヴィエは、娘をパトリス・パンケールという名前の近在の若者と婚約させたばかりで、二人は家柄の釣り合いも申し分のない、似合いのカップルだった。

婚約の公示が出ると、慣わしどおり、若者は未来の花嫁のところに毎晩通った。互いに惚れあった若い二人には、話の種など尽きないものさ。年寄り二人が気をきかして寝てしまったあとも、ペンヘレスと彼氏とは、炉辺に向かい合わせに座って、まだ楽しそうに語らった。そして、ついにさよならをする段になると、家の玄関の階段の下か、中庭の入口以外のところで別れたためしはなかった。

ある晩、パトリス・パンケールは、真夜中近くまで「愛しい人」との恋の語らいに夢中になっておった。娘のほうも、別れる間際《まぎわ》まで一緒にいようと、麦打ち場の積み肥の先まで恋人を見送っていった。すると思いがけず、びっくりするような光景にでっくわした。というのもな、聖ゴンヴァル教会の扉が大きく開け放しにされていて、中にはまるで復活祭の歌ミサのときのように、煌々《こうこう》と明かりがついていたからだ。

「いったいどうしたんだろう?」と、二人は不思議に思った。

そして、家に戻ると年老いた両親を起こし、自分たちが目にしたものについて語った。

「ちょっと一緒に来てちょうだい！　その価値はあるわ」

だが、それが何の話だかわかると、オリヴィエ・ジェゼケルは首を横に振った。

「そんなことなら、これまでに一度ならずあったとも。お前たちがわしくらいの年になって、世の中の仕組みがもっとよくわかるようになったら、見ないふり、聞かないふりをしたほうがいい場合もあるってことに合点いくだろうよ……。お前さんは何も気にせず家に帰るがいい、パトリス・パンケール。それから娘よ、お前はベッドに入る前に十字を切るのだぞ」

「おっ父さんの言うとおりかもしれない」と、ペンヘレスが言い返した。それはな、世の女の習いとして、好奇心に身を焦がしておったからだよ。「でもね、教会があんなに立派に照らされているのは、お偉い方の終油の秘跡があるからじゃなくて？」

というのもな、その当時は、「善良なる神さま」がお貴族さまのもとにお越しになるっていうと、百姓ふぜいのように、ただのランタン一個を灯して先導するわけにはいかず、まばゆい光の行列をつくってお迎えしたからさ。

「わしの言うことが信じられんのなら、好きにすりゃあいい」と、わしの大叔父は言った。決して言い争いをしない人だったからね。

そこで、若い二人はおっ父さんの言いつけにそむいて、また教会に戻って行った。

身廊と側廊はがら空きだった。だが内陣には、何本ものろうそくが灯されて、生まれたての月みたいに、目も眩むような白い光が放たれていた。そこに、三人の人物がいた。一人は司祭で、祭壇のいちばん上の段に立って、入口に背中を向けている。それから、その足元にひざまずく一人の年取った女。黒いコートを着て、グロアーハ・アン・ホレン（直訳すると「塩の仙女」。洗礼式で教会に新生児を連れていく役目の年配女性）のようだ。それに実際、そのとおりだったのさ。というのも女は腕に赤ん坊を抱いて、司祭の方に差し出していたからね。

パトリス・パンケールとその婚約者は、内陣へと進んで行った。すると司祭は二人に気づいて、手を合わせてこう言った。

「この世の人で、この子の代父と代母になってくださる方はおられませんかの？」

このように言いながら、司祭はジェゼケル家のペンヘレスと、恋人のパトリス・パンケールとをじっと見つめた。二人はどうすればいいのかわからず、すっかりまごついた。そして、この期に及んで、やっぱり教会に入らなければよかったと思い始めていた。二人がもじもじしながらそこに突っ立っているばかりだったので、司祭はもう一度、同じ質問をした。すると二人は意を決し、パトリス・パンケールがこう答えた。

「僕ら二人、その子の代父と代母になりましょう。だって僕らは、まだ夫婦になっていませんから」

「神の祝福がありますように！」と、司祭は呟き、祭壇から降りてきた。それから二人の若者に「クレド」〔使徒信条〕[*3]を唱えさせてから、洗礼式にとりかかった。

そして式が終わると、「これまでのいきさつを、残らずご説明いたしましょう」と言った。「よろしいですかね、ご両人。わしは聖ゴンヴァル教会の元主任司祭ですじゃ。といっても、わしの顔に見覚えはないじゃろう。わしがこの世を去ったのはずいぶん昔のことで、そのとき、お二人はまだ生まれていなさらんかったからのう……。ある日のこと、この子に洗礼を授けてもらおうと、使いの者が急いでわしのところにやって来た。ところがわしは、カムレズの同僚のもとに夕食に招かれておった。ようやくここに戻って来たのは、すっかり夜が更けてからのことじゃった。だが、そのあいだ、子供は洗礼を授けてもらわずに死んでしまったのじゃ。わしがあの世に行くと、神さまはわしに、毎晩ここに戻ってくるよう、罰をお与えになった。誰か代父と代母になってくれる人が見つかって、罪の償いができるまで。そんなこんなで、もう三〇年になる。お前さんがたのおかげで、この子の霊は天国に行けるし、わしの償いの時も終わった。神さまはお前さんがたの善き行ないに報いてくださるじゃろう。じゃが、神さまがお与えくださるのは、お二人の希望することとはまた別の、喜ばしい運命じゃろうがな」

司祭の言葉が終わるか終わらないかのうちにろうそくが消え、二人の若者は闇の中に取り残された。あんまり暗いので、手探りで扉まで行きつかなければならなかったほどだ。翌日、二人ともそれぞれ病気になり、いかに手厚い看護を施しても、効き目がなかった。二人の三回目の婚姻公示は、ついに張り出されなかった。でもな、この世で結婚できなかったとしても、きっと今ごろは天国で夫婦《めおと》になっているとも。アーメン！

（語り手、ジャン＝マリー・トゥルーザン／ポール・ブランにて）

聖ヨハネの日の夜、バス・ブルターニュのありとあらゆる町や集落では、タンタッド（焚き火）が燃やされる。(6) 薪が燃え尽きて炎が消えたら、一同、熾きになった燃えかすのまわりに、輪になってひざまずく。そして、「感謝の祈り」を唱える。この式を司るのは、常に「長老」と決まっている。お祈りが済むと、長老は立ち上がり、みながそれに続く。そして一列になって、沈黙のうちに、タンタッドのまわりをまわる。三回まわったところで足を止め、石ころを拾って火の中に投げる。この石はそのときから、アナオンと呼ばれる。

式が終わると、群集は散り散りになる。(7)

生者が去ったあとに、死者たちがやって来る。火に惹かれて来るのだ。というのも、死者はいつも寒がっているから。たとえ、六月の生暖かい夜でも。タンタッドの残り火で体が温まって、死者は喜ぶ。(8) 人々が死者のために投げたアナオンの上に座り、朝が来るまでそうやって暖をとるのだ。

次の日になると、今度は生者が、前の晩に燃やした篝火《かがりび》のあとを見にやって来る。アナオンが引っくり返してあったら、それを投げた人は、年内に死ぬだろう。

聖ヨハネの篝火《かがりび》を祝うときは、「聖ヨハネの草」と呼ばれる花を手に持つ慣わしがある。そして、その花の茎を九回、炎に通す。家に戻ったら、箪笥《たんす》や食器棚などの後ろに、その花を立てておく。植物は、カラカラに乾いてまっすぐピンとなるか、あるいはしんなりして頭を垂れるかの、どちらかだろう。前者の場合、この花を摘んだ人は年内に死ぬ。

コルヌアイユでは、聖ヨハネの日の篝火《かがりび》の灰を競売にかける風習がある。(9) その灰を買った人は、その年のうちには絶対に死なないと言われている。

万聖節の夜、つまり死者の祀り(ゴエル・アン・アナオン)の前夜には、すべての死者が生者のもとにやって来る。(10) 晩課のあと、生者は「納骨所の行列」をする。司祭と聖歌隊員は、納骨所の前で「納骨場の哀歌」(グウェルス・アー・ガルネル)を歌う。
それは、こんな歌だ。

納骨所に来たれ、キリスト教徒たち。そして見るのだ、骸骨を。
兄弟、姉妹、父と母、
隣人、友人、大切な友。
哀れな姿に成り果てた、その人たちの骸骨を。

欠けてこぼれて、粉になり、
そのうち多くは埃となって、どこへ落ちたか行方も知れぬ。
ここでは貴族も金持ちも、美男も美女も、区別なし。
死と土が、いっしょくたにした、何もかも。

貧乏人も金持ちも、主人も下男も、区別なし。
みんな、似たりよったりだ。
残っているのは骸骨と、埃と腐った肉ばかり。
憐れみを覚えぬ者が見るならば、吐き気がしても当然だ。

けれども、いいかね、こんな惨めな有様で、
死者はしゃべっているんだよ。その言葉には声がない。そのくせ、やけに雄弁だ。
死者はわしらに教えを垂れる。それを生かすも殺すもわしら次第、
神さまのお慈悲によって、この世に生かされているうちに。

だから死者の教えを聞こう、じっくり耳を傾けよう。
そこから教訓を得たいなら、ぜひ謙《へりくだ》った気持ちになって。
死者たちは言う、かつて自分たちもまた、この世に生きていたのだと。
そしてお前たちもまた、まったく思いがけないときに、死ぬ運命にあるのだと。

「わしらもこの世に生きていた、いまのお前たちのように。
しゃべって歩き、飲み食いし、
なのに今じゃ、この体《てい》たらく。
地上での日々が過ぎてみりゃ、蛆虫の餌に早変わり」

「わしの体は逞しく、たいそう女にもてたのだ！」「わたしはお貴族さまだった！」
「俺は大金持ちだった！」「抜け目ない奴とは僕のこと！」
「高貴な生まれだったのに！」「全財産を失った！」
「強くてハンサムだったのに！」「あれほど苦労して手に入れた、知識はみんな、どこへ行った！」

「もはやわしらの財産は、その人柄と善行だけだ、
わが父、わが主、最後の審判の裁判官の御前にまかり出たときに。
だからよく聞け、お前たち。この世の富を捨てるがいい。悪を憎んで、
あるゆる美徳で魂を装いたまえ、と忠告しよう。

わしらの霊がどこに行ったか、お前たちには不思議だろう。
煉獄にいるのさ、天国からはまだ遥か遠い場所にいる。
炎の中でじりじり焼かれ、つけを払っているんだよ、
この世で犯した罪悪を、まことの神に償うために。

炎に責められ、魂は、声をかぎりと叫んでいる。
生者に祈りを請い願う。一刻も早く逃れたい、
容赦なく投げ込まれた、この暗闇の牢屋から。

早く、早く助けておくれ、ぐずぐずせずに、いますぐに！

お頼み申す、わしらの親戚、友人よ！
わしらを思い出してくれ！　墓場を通りかかったら、
忘れず唱えて欲しいのだ。
『煉獄にいるアナオンを、神さま、どうかお赦し下さい』（そこがわしらの国だから）

施しや、真心からのお祈りや、
断食やミサ、聖体拝領、
これらはわしらの苦しみを癒し、短くしてくれる。
そして恐ろしい炎から、わしらを救ってくれるのだ。

心優しき司祭さま、わしらが生きていたときに、
救いの道を示してくれた。
どうか今後もいままでどおり、わしらを哀れと思し召し、
そのあたたかいお心で、わしらのためにお祈りください。

祭壇に上がって、ミサを挙げるとき、
神さまがあなたのほうに降りるとき、わしらの叫びをお聞きください。

炎の中からお願いします、司祭さま、
聖なるミサで神さまに、平安をおとりなしくださいと。

わしらの罪の償いが、ようやく終わる日が来たら、
今度はわしらが神さまに、あなたのためを願いましょう。
お祈りください。わしらのほうも祈ります。互いに助け合いましょう。
そうすれば、うまい具合に誰一人、地獄に堕ちずにすむのです。

どんな大きな火事でも水が、最後は必ず消し止める。
それと同じく煉獄の、火もまた消してくれるのだ、
ありがたいご聖体の効力が。
救い主キリストの御名《みな》により、お祈りください、わしらが解放されますように。

太陽が雲間から姿を見せるとき、
素晴らしい光が満ちる、この全世界のすみずみに。
そしてわしらも昇っていくのだ、星のように輝きながら、
ミサ聖祭の霊験により、わしらの罪障が終わるとき。

さらば、父母、兄弟、姉妹！

さらば、親戚、友人たちよ！　さらば、この世に住む生者！

最後の別れを告げるとしよう。

さようなら！　ジョザファの谷でまた会う日まで！」

わが主イエスよ、与えたまえ、永遠の休らぎを
炎の中の善きアナオンに！
かれを天国に送りたまえ、終わりなくあなたの御名《みな》を褒め称《たた》えるため、
すべての天使と聖人とともに(11)！

グウェルスを歌い終わると、人々は三々五々、自宅に戻る。それから炉辺に陣取り、死んだ人たちの思い出話に花を咲かせる。

主婦は台所のテーブルに白いクロスを掛け、その上に、シードルと凝乳と、あつあつのクレープを置く(12)。用意ができたら、家の者はみんな寝に行く。

炉の中に大きな薪が入れてあるので、火は燃え続ける。この薪は、「死者の薪」と呼ばれる。

九時か九時半くらいになると、悲しそうな声が夜を衝《つ》いて聞こえてくる。それは、道から道へ巡回する「御霊歌の歌い手」たちの声だ。歌い手たちは、眠りに就こうとしている生者の家の玄関に来て、死者の名により呼びかける。それが「霊魂の哀歌」だ(13)。

I

お休みのところ、ごめんなさいよ。どうかびっくりしないで下さいまし、
みなさんの家の玄関に、わしらが突然、姿を見せても。
イエスさまから遣わされました、
もしみなさんが寝ていたら、お起ししてもかまわないから、と。

II

イエスさまから遣わされました、
もしみなさんが寝ていたら、お起ししてもかまわないから、と。
寝入り鼻でいるところ、お起ししてもかまわない、
霊魂のために神さまに、お祈りくださいますように、と。

III

みなさんは、ベッドの中でぬくぬくとしておいでてしょうが、
気の毒な霊は苦しんでいるのです。
みなさんは、ベッドのなかで楽々と体を伸ばしておいでてしょうが、
気の毒な霊は悲しんでいるのです。

Ⅳ

白いシーツに五枚板〔棺桶のこと〕、
頭の下の藁《わら》枕、
頭の上の土、五ピエ〔約一五〇メートル〕分、
これがわしらの全財産。

Ⅴ

聖母マリア、イエスの母よ、
ここに哀歌を歌います、
ここに哀歌を歌います。
天国のイエスさまから教わった歌を。

Ⅵ

みなさんのお父さん、お母さんは、
いまごろ火の中、煉獄の炎の中にいるでしょう！
みなさんの兄弟姉妹、
いまごろは、煉獄の炎の中にいるでしょう！

Ⅶ

人々はそこにいて、
上からも火、下からも火、
上からも火、下からも火に責められて、
みなさんの祈りを求め、口々に声をかぎりと叫びます。

Ⅷ

苦労して育てたはずの子供から、
長の年月忘れられ、頼りにするのはあなたがた。
お祈り下さい。親族の方、ご友人。
子供たちがしない分まで！

Ⅸ

お祈り下さい、親族の方、ご友人。
子供たちがしない分まで。
お祈り下さい、親族の方、ご友人。
子供たちは恩知らずだから。

X

さあ、ベッドから飛び起きて、
はだしのまま床に降りなさい、
みなさんが病気でないかぎり、
あるいはすでに死に襲われている場合は別として！

このように歌い手たちは、万聖節の夜を徹して戸口から戸口へとまわりながら、「霊魂の哀歌」を歌う。そして時折、群をなして背後を通り過ぎるアナオンの冷たい息吹きが首にかかるのを感じる。

その晩、誰もいないのに、枯葉を踏みしだくガサガサという音が小道で聞こえることもある。

祭りの日の前夜、死者たちはこぞって移動し、かつて自分たちが暮らしていた家へと向かう。そこで体を温め、ご馳走に預かるためだ。

家の人が、腰掛けが動く音を耳にすることも珍しくはない。翌日になって、食器棚の皿の位置がいつもと違うことに気づく場合もある。夜の訪問者が、こっそり皿を入れ替えたのだ。

夜が明けると、死者は生者とともに、小教区教会で挙げられる、死者のためのミサに出席する。

「ある年、あたしの父は、一人で死者のためのミサに行ったことがありました。と、突然、後ろから呼び止める声がします。『おーい、ユエン！　待っておくれ！』一緒に行こうと、誘うかのような口調でした。

父は振り返りましたが、誰もいませんでした。でも、その声は、前の年に亡くなった母親の声にそっくりだったということです」

（語り手、マリー・オスティウー／カンペールにて、一八八七年）

フィニステールで一番大きな小教区の一つに、プルガステル・ダウラス小教区がある。この小教区は、さらに小さな地区（ブルリエーズ）に分かれている。万聖節の夜には、死者のための晩課が終わってから、それぞれの地区の参加者が一人の家に寄り集まって、次のような儀式を行なう。

台所のテーブルにクロスを掛け、その上に大きな丸パンを置く。パンはその家の主人が提供する。このパンの真ん中に、赤いりんごの実がついた枝を刺す。そして、その上から、また白いナプキンをかぶせる。

地区の人々がテーブルのまわりに集まると、その家の主人は司式者として、死者のための祈りを唱える。参加者はそれに答唱する。お祈りがすむと、主人はナプキンを取り去り、そこにいる人の人数分だけ、パンを切り分ける。そしてこのパンを、一切れ二スー、四スー、あるいは一〇スーというように、競《せ》りにかける。

「霊魂のパン」を買わない者は、亡くなった両親の恨みを買う。そうなるともう、一家繁栄の望みは絶たれてしまう。競《せ》りで集まったお金は、死者のためのミサを挙げる資金に回される。赤いりんごの枝は、ブルリエーズの象徴として、その地区の名前が与えられる。翌年、パンを提供する係になった人が、儀式の夜が近づくと、盛装をして枝を探しに行き、用が済むと、枝についている果実をもらう。その翌年、枝にはまた新しいりんごがつけられる。

（アメデ・クレアーハから聞いた話／ローベルラックにて、一八区四年）

サン島では一一月一日、主任司祭が歌ミサの説教の中で、その晩、アナオンの儀式を務める八人の若者を、小教区の名士の中から選び、名指しする。

晩のお祈りは十時まで続くが、それがすむと、名指しされた若者のうち四人は、信者がみんな出て行ったあとも教会に留まり、決められた時間ごとに弔鐘を鳴らす。残りの四人は小さなベルを携え、村中をまわる。その年に死者の出た、すべての家の前で立ち止まり、声を合わせて次のように朗唱する。

「キリスト教徒よ、いざ起きて、亡き人の魂のため、『デ・プロフンディス』を唱えなさい」

そして、四人は率先して「デ・プロフンディス」を唱える。すると、家の中から、それに応える声がする。最後の「レクィエスカント・イン・パーチェ」までくると、外の四人は肺の中の空気全部を使い切るかのように、大きな声で朗々と祈りの文句を唱える。こうして死者の家で朗唱するたびに、家の人たちは四人に小銭を渡すが、その金額が二〇スー以下ということは、絶対にない。こうして集まった二〇〇から二五〇フランくらいのお金を、翌日、司祭館に持って行く。

ある年、市長が、こうした慣わしは公共の秩序に反するものだと主張して、廃止しようとした。だが、教会が閉まってから、誰もいないはずなのに、いつものように、決まった時間ごとに弔鐘が鳴り響いた。鐘はひとりでに鳴っていたのだ。

（ジェフ・フーケ談／サン島にて）

「死者の日」には、どの農家でも、晩ご飯のあと、炉でさかんに火を燃やす。だが、この火は煮炊きにも、体を温めるのにも使ってはならない。生者は誰も火のまわりに座ってはならず、火の上に鍋をかけてもいけない。この火は、アナオンのためだけに燃やされる。亡き人の魂が炎によって浄化され、煉獄の炎から永遠に解き放たれるために、燃やされるのだ。

その晩は、夕飯が終わったら、何も口にしてはならない。生者が食べた食べ物は、死者にとってはよくないと言われている。

（フランソワ・ル＝ルー談／ロスポルデンにて、一八九四年）

通常、女は漁船に乗ってはならないことになっているが、ドゥアルヌネでは、万聖節の翌日の死者の祭りの日、女たちは全員、夫と一緒に海に出る。沖合いまで行かなくてもいいが、沿岸からいくぶん離れた場所に来たら、女たちは、家族の中で海難に遭い、まだ遺体の上がっていない船乗りのために、「デ・プロフンディス」を唱える。

（プロスペール・ピエールから聞いた話／ドゥアルヌネにて）

夜、「感謝の祈り」の最後に、ブルトン語で次の文句を唱えない者は、家族に不幸が訪れる。

家の中にいるすべての者を、神さまがお守りくださいますように！
家の外にいるすべての者を、神さまがお導きくださいますように！
神さまはあらゆる霊魂を解放してくださいます、
わたしたちはその人たちのためにお祈りします！

わたしたちみんなに、平安と健康をお与えください！
気の毒なアナオンに救いをお与えください！
生者に神の平安を、
死者に天国の喜びをお与えください！

（マルグリット・フィリップ談／プリュジュネにて）

バス・ヴァネルと呼ばれる結婚の使者が、地区の若者の代理で娘に結婚を願い出るとき、韻を踏んだ口上を述べる。そのとき、口上の最後を次の言葉で締めくくらなければならない。

今は亡きご両親に、この結婚を祝福してくださいと、お願いすることはできません。

というのも、ご両親のことを思うと、悲しい気持ちで心がいっぱいになるからです。
死者のために祈るほうが、
死者に祝福してくださいと、お願いするよりずっといい、
なぜなら死者は、もはやこの世の人ではないから。
ですからみなさん、わたしと一緒に唱えてください、
魂の平安を願う教会の詩篇を。

この文句を言い終わると、使者は「デ・プロフンディス」を唱え始め、居並ぶ人々はそれに唱和する。この儀式を省いてしまうと、死んだ両親の恨みは新婚夫婦につきまとい、家庭が台無しになってしまう。

（語り手、ローリック・ロー／ポール・ブランにて、一八九六年）

大晦日の日、乞食たちは二人一組となって、家の戸口から戸口へとまわり、「新年の歌」を歌う。そのとき、最後に帽子を脱いで、こう唱える。

地上に良い年が来ますように！
みなさんのご両親の霊魂が、喜びと栄光に満たされますように！
与えたまえ、与えたまえ！
レクィエスカント・イン・パーチェ！
もし煉獄で苦しんでいるなら、

主なる神が解放してくださいますように！
ここにいるわしらは二人とも、礼儀をわきまえた者でして、
「デ・プロフンディス」を唱えます！
（乞食イアニック・アー＝ヴェロエン談／プルダニエルにて）

第15章　霊魂の巡礼

プルマナック、聖キレック礼拝堂

生涯に、少なくとも一度は果たさなければならないお参りが、二つある。

その一つが、トロメニーの日に行なうロク・ロナン詣でだ。〔＊1〕それには、聖ロナンの隠棲所があった地域を三回、まわらなければならない。

まわっている間に一回でも後ろを振り返ったら、お参りはおじゃんになってしまう。

特に聖ロナンが辿った道を一歩一歩、正確になぞることが肝心だ。まわり道を省略したり、行く手に溝や藪《やぶ》、水溜りなどがあっても、尻込みしてはいけない。


自分自身のために、一人でトロメニーのお参りをするとき、誰もいないのに垣根がガサガサ鳴ったり、小道で人の足音が聞こえたりすることがある。それは、死んだ人の霊が、生前果たせなかった参詣をしているのだ。

ときどき、天気が悪くなって、大《グランド》トロメニーの行列が出るに出られないことがある。そんなときは、空から不思議な鐘の音が響いてきて、人々の影が長い行列となって雲間を行進するのが見える。亡くなった人の霊が、悪天候もなんのその、神聖な儀式をやり遂げようとしているのだ。聖ロナン自身が先頭に立って、鉄の鐘を振りながら、霊を引率する。(1)


生涯に果たさなければならないもう一つのお参りは、サン・セルヴェ詣でだ。

もし生きているうちに参詣しておかないと、死んでからやる羽目になる。そうなったら、自分の棺を肩にかつぎ、毎日、その棺の長さ分だけしか前に進めない。

聖セルヴェ教会の壁には、深い穴があいている。参詣が終わると、霊たちはその穴を通って地下に帰っていく。穴の中に頭を突っ込んでみれば、棺が壁にこすれる音や、霊が井戸の底に落ちていくときの音が聞こえるはずだ。

この二つの参詣は義務とされているが、そのほかにもコート・デュ・ノール県のコルヌアイユ地方では、ビュラのノートル・ダム詣でが有名だ。モルレー地方ではルレックのノートル・ダム、トレゴール地方では、ラニオン川の河口にあるヨーデのノートル・ダム詣でがよく知られている。生前、ヨーデのノートル・ダムに参詣しなかった者は、死んでから三回お参りをしなければならないといわれている。(2)

聖地詣での誓いを立てながら、生前、それを実行できずに死んだ者は、死んでから誓いを果たすことになる。だが、死者は一人ではお参りできないから、生きている人間について行ってもらわなければならない。

そこで、霊はまず「死者の時間」、つまり真夜中、近親者の家に行き、その人を起こすか、あるいは「夢を通じて」わけを話す。(3)

死者のために参詣に出ることになったら、最初にその人のお墓の前でひざまずかなくてはならない。もしそれを忘れたら、道中ずっと、死者の霊が肩にとりついて離れないだろう。

その死者が海で行方不明になってお墓がない場合は、十字架磔刑像《カルヴェール》の石段の前にひざまずいてから出かけなければならない。

ランムールのジャケット・クラスは、人から頼まれて代理でお参りをする巡礼女で、死者のためにもう六十回以上もお参りに出かけたという。

参詣に出かける前には必ず死者の墓前でひざまずき、白い小さな竿で墓石を三回叩く。これが代理巡礼という職業を表すしるしで、死者にこう呼びかけているのだ。

「お前さんは生きている間、どこそこにお参りに行くと誓いを立てたけど、実際にはそこに行かなかった。だから、お前さんの魂が安らかでいられるように、代わりにあたしが行ってあげる。お前さんも一緒に来るがいい。でも、あたしの先に立っても、後から来るのでもいけないよ。あたしの横について、歩いておくれ」

あるとき、あたしは亡くなった子のためにルレックにお参りに行った。これは、その帰り道での話だ。出発したのは夜明け前で、あたりはまだ暗かった。でも、空はよく晴れていて、満天の星空だった。モルレーの近くまで来たとき、白い服を着た人が、前の道を三回、横切るのが見えた。その人が身にまとっていたのは、まるで教会の天使さまが着るような服だった。

やがて、紙漉き用の水車小屋に着いて、ふと頭を上げて空を見ると、三つの星がぱっと離れて、あとには何もない空間だけが残った。まるで何か目に見えないものに、場所を譲ったかのようにね。

それであたしには、お参りがつつがなく終了した、ということがわかったんだよ。

（巡礼女ジャケット・クラス談／ランムールにて）

85話　マリー・シゴレルの参詣

ある朝、起きてみると、マリー・シゴレルが家に入って来たところでした。マリー・シゴレルというのは、うちの近所に住んでいる巡礼女で、人からお参りを頼まれて生計を立てていました。

「ごめんなさいましよ」と、巡礼女は言いました。「あんた、前に聖サムソン礼拝堂にお参りに行くと、願掛けをしたんじゃなかったかね？」

「ええ、しましたけど」

「よかったら今日、一緒に行かないかい？　ちょうど、そこに行く用があるんでね。というのも、そこに子供を連れてお参りすると誓いを立てた人がいたんだが、その子が死んでしまったから、代わりにあたしが参詣を頼まれたんだよ」

「それなら、願ったり叶ったりだわ」と、あたしは答えました。

簡単に準備をしてから、あたしたちは出かけました。

始めのうちは、すべて順調でした。でも、あたしたちの住んでいる小教区を過ぎたあたりから、どうもシゴレルおばさんが足を引きずっているようです。

「具合が悪いの？」と、あたしは訊きました。「まだ一リュー〔約四キロ〕も歩いていないのに、もうくたびれちゃったの？」

「ああ、そうなんだよ。おかしいねえ。どうしてだか、わからないよ。まるで肩に何かが乗っかっていて、歩くにつれて、それがどんどん重くなるみたいなんだよ」

兎にも角にも、あたしたちは道を続けました。でも、ちょっと進んだかと思うと立ち止まって、シゴレルおばさんが追いつくのを待たなければなりませんでした。おばさんは始終不安そうに、後ろを振り返っていました。

「何かいるの？」と、あたしは尋ねました。こちらまで何だか心配になってきたんです。だって、背後からパタパタという小さな足音が聞こえるような気がしたので。それは、子供の足音のようでした。(4)ところが道にいるのは、あたしたち二人きりだったんです。

「あんたにも聞こえたかい?」と、マリー・シゴレルが訊き返しました。

「ええ、聞こえましたとも。あの音、何なのかしら?」

「さあ、わからないね。ちょいとこのあたりで休もうじゃないか。あたしゃ、もう先には進めないよ。胴着の紐をゆるめなきゃ。肩に鉛でも乗っかっているみたいだ」

そこであたしたちは、石塚の上に座りこみました。あたしは悲しくなって、ぼんやりしていましたが、突如として、ある考えが閃《ひらめ》きました。

「ねえ、シゴレルおばさん、出かける前、お墓にお祈りに行った?」

「実は、行ってないんだ。すっかり忘れていたよ」

「ああ、それで辻褄《つじつま》が合うわ。死んだ子のお墓に行って、先に歩いて行ってね、と頼んでおけば、踵《かかと》にすがられることもないし、果たせなかった誓いの重みを肩に感じることもなかったはずよ」

「そうだね、あたしが悪かったよ。でもさ、今更どうすりゃいいんだろう?」

シゴレルおばさんもあたしも、途方に暮れてしまいました。ところがそのとき、運良く一人のおばあさんが、こちらにやって来るのが見えました。あたしはそのおばあさんのところに走って行って、わけを話しました。それから、「おばあさんは年の功を積んでいらっしゃるから、いろいろな経験がおありでしょ? どうすればいいのか、教えてくださいな」と尋ねました。

おばあさんはすぐにマリー・シゴレルの方を向いて、

「あんたはポケットの中に、聖人さまに差し上げるお供え物を入れてなさるじゃろ?」と、訊きました。

「ええ、入れてますとも」と、シゴレルおばさんが答えました。「賽銭箱に入れるつもりで、五スー預かっているよ」

「それなら、その小銭を靴の中に入れなされ。足の下にね。それからお祈りを唱えて、かわいそうな子にもっとたくさんお恵みを下さるよう、神さまにお願いするといい。そうすれば、何事もなく道を続けることができるはずだよ」

あたしたちは、おばあさんに厚くお礼を言いました。

このときからマリー・シゴレルは楽に歩けるようになり、あたしたちのお参りは、つつがなく終わったのです。(5)

(語り手、お針子リズ・ベレック／ポール・ブランにて)

奉納礼拝堂で、亡くなった人のために祈っているとき、あるいはその人のためのミサに出席しているとき、その本人が内陣にひざまずいているのを見かけることがある。最初、その姿は真っ黒だが、そのうち灰色になり、お祈りやミサが終わるころには、白く光り輝いて見える。

第16章　アナオンのために泣きすぎてはいけない

プレイバンの教会と十字架磔刑像（カルヴェール）

86話　コレーの娘の話

そのころ、コレーに若い娘がおりましてね、お母さんを亡くしたばかりで、その悲しみからなかなか立ち直れずにおりました。

娘は昼も夜も、泣いてばかりいました。かわいそうに思った近所の人たちは、あれこれ慰めようとしましたが、娘の嘆きようはかえって激しくなるばかりでした。

ときどき、まるで気が狂ったかのように取り乱し、「お母さんにもう一度会いたい！　もう一度会いたいの！」と泣き叫びます。

こうした有様を見るに見かねて、みんなは主任司祭のところに相談に行きました。この司祭は、たいへん徳の高い人でした。娘の家に行き、そんなに嘆き悲しんでばかりいてはならぬ、と叱ったりはせず、優しい言葉で諭《さと》しました。それから、相手の気持ちがやや落ち着いたのを見計らって、こう尋ねました。

「わが子よ、お母さんに会えさえすれば、気がすむのかね？」

「ええ、もちろんです！　だって司祭さま、あたし片時も忘れず、神さまにそのことばかり、お願いしているんですもの」

「よろしい！　きっとお前さんの願いどおりになるだろう。今夜、告解室においで。そこで待っているから」

娘は言われたとおり、告解室に行きました。主任司祭は娘の告解に耳を傾け、罪の赦しを与えました。

「さあ、それではここにひざまずいて、お祈りをしていなさい。真夜中の鐘が鳴ったら、そっとカーテンを引いてごらん。お母さんに会えるから」

こう言うと、司祭は立ち去りました。娘は、予告された時刻まで、ずっとお祈りをしていました。やがて、真夜中の鐘が鳴りました。娘は、そっとカーテンの裾を引きました。すると、次のような光景が目に入ったのです。亡くなった人の霊が行列をつくって、身廊の真ん中を内陣に向かって進んでいました。その歩みはしずしずとして、穏やかな夏の日に空を横切る雲ほども音を立てません。

しかし、列のいちばん後ろからついてくる女は、足を引きずり、体を折って、とても辛そうに見えました。それもそのはず、黒い水がなみなみと入った手桶を一つ、下げていたんです。

娘には、その女が自分の母親であることがわかりました。そして、その顔に怒りの表情が刻まれていることに気づき、たいそう驚きました。

家に戻ると、娘は大声をあげて泣きました。あの世でお母さんが幸せじゃないことがわかったからです。それから、あのときに見た手桶や黒い水には、どんな意味があるのかしら、といぶかしく思いました。

夜が明けるや否や、娘は年寄りの主任司祭のもとに駆けて行き、前の晩見たことを一部始終、語りました。

「今夜また、昨日と同じ場所で待っているがいい」と、主任司祭は言いました。「もしかすると、知りたいことの答えが見つかるかもしれんからの」

真夜中になると、昨晩と同じように、亡くなった人々の霊が静かに行列をつくって進んできました。娘は告解室のカーテンの隙間から、その様子をじっと窺っていました。母親は、またもや列のしんがりです。けれども今度は、背中を二つに折り曲げていました。というのも、手桶が一つではなく、二つになっていたからです。母親は重い手桶を両手に下げて、腰をかがめて歩き、その顔は憤りで真っ黒でした。

これを見て、娘は声をかけずにはいられませんでした。

「お母さん《マンム》、お母さん《マンム》！　どうしてそんなに悲しそうにしているの？」

この言葉が終わらないうちに、怒り狂った母親は娘のもとにすっ飛んでくると、そのエプロンを揺さぶりながら喚《わめ》き、ついにはそれを引きちぎってしまいました。

「あたしがなぜ悲しそうかって？　よくもまあ、そんなことが言えたもんだ！　いったいお前は、いつまでメソメソしているつもりだい？　そのせいで、あたしはこの歳で水運びをさせられているんだよ。この二つの手桶にいっぱい入っているのは、お前の流した涙なんだ。お前が泣きやんでくれなきゃ、あたしはこれを最後の審判の日まで下げていなくちゃならないんだよ。アナオンのために泣いてはいけない、と言うことを、よもや忘れたわけじゃあるまいね。[1] たとえ霊魂が天国で幸福に暮らしていようとも、生者が泣けば、その幸せはかき乱されてしまうんだ。煉獄で救いを待っている霊ならば、救われるのが遅くなる。地獄に堕ちた霊ならば、その霊のために流された涙は、火のように熱いしずくとなって降り注ぐ。そうやって地獄の責めはいや増し、二度も辛い思いをしなくちゃならないんだよ」

これが、死者の言い分でした。

次の日、娘が主任司祭にこの言葉を伝えると、相手はこう尋ねました。

「そのあと、お前さんは泣いたかね？」

「いいえ、まさか。あたし、これからはもう絶対に泣きません」

「ふむ。それでは今夜、もう一度教会に来なさい。お前さんの喜ぶようなことが起きるじゃろう」

そのとおり、娘はたいそう喜びました。だって、お母さんは列の先頭を歩いていたんですもの。その顔は晴れ晴れとして、天の至福の輝きに照り映えていました。[2]（語り手、マリー・オスティウー／カンペールにて、一八八九年）

87話　溺死者の叱責

いまから六十年ほど前のこと、十四人の男たちが、トレヴー・トレギニェックの沖合いで溺れ死んでしまいました。その中には、シトワイヤン（市民）とあだ名されていた、わたしの叔父のエウァン・ロリヴィエもおりました。みんなはボートを川に曳いて、海藻《ゴエモン》を採りに行ったのですが、そのボートがしっかり繋《つな》がれていなかったのです。折り重なるようになって死んでいたところを発見され、遺体は荷車に乗せられて、聖グウェノレ教会の小さな墓地に埋葬されました。大きな穴を掘り、その中に十四人を一緒くたに埋めたのです。

わたしの叔母、つまりエウァン・ロリヴィエの奥さんは、この突然の不幸に動転したあまり、とうとう気が狂ってしまいました。食事も喉を通らなくなり、一睡もしなくなったのです。彼女を家に引きとめておくのは、無理でした。夜となく昼となく、雨の日も晴れの日も、叔母は砂浜を走り、ビュギュエレスの岩場からトレズステルの砂丘まで駆けめぐり、ありとあらゆる方向に向かってこう叫ぶのでした。

「エウァン！　ペ・レーハ　ウト？　エウァン！　ペ・レーハ　ウト？」（イヴよお、あんたどこにいるの？）

家に引き戻すには、彼女のあとから走って行き、力ずくで言うことをきかせるしかありませんでした。ある朝、ようやく夜が明け染めたころ、叔母はまた家を抜け出して、麦打ち場を越えてもいないのに、もういつもと同じ文句を大声で叫びだしました。

「エウァン！　ペ・レーハ　ウト？」

すると突然、忘れようとしても忘れられない、死んだ夫の声が、厳しい口調でこういうのが聞こえました。

「アマン！」（ここだ）

そのとき、叔母の頭に理性が戻ってきました。そして声のした方に振り向くと、溺死したはずの夫が目の前に立っていました。事故当日、身につけていた服を着て、水から引き上げられたときのままの姿で。ただ一つだけ違っていたのは、髪からも服からも水が滴っていないことでした。叔母は夫の方へ駆けて行こうとしましたが、相手はそれを制止するしぐさをしました。

「見ろ、俺の服は時間が経って、すっかり乾いたぞ。それなのにお前は、いつ涙を乾かすつもりだ？」

叔母はあっけにとられ、返す言葉が見つかりませんでした。

すると、夫はふたたび口を開きました。

「マリー、家の中のことだけを心配しろ。もう外のことにはかまうな」

叔母はその言葉どおりにしました。悲しみを過度に表現するのを慎み、平安に暮らすよう、努力したのです。

（語り手、主婦クロード・ロリヴィエ／ポール・ブランにて）

88話　息子を想って泣きすぎた母親

グリダ・レンは、一人息子を溺愛していた。グリダの夢は、息子を司祭にすることだった。そこで、勉強のために、この子をポン・クロワの小神学校に入学させた。ディネオーからポン・クロワまでは、ゆうに一〇リュー〔約四〇キロ〕はあるが、長い道のりも何のその、グリダは日曜ごとに息子に会いに出かけて行った。ある日、学校の門の前で荷車から降りると、ノエリック（それが息子の名前だった）が、医者も匙を投げるような重病に罹《かか》った、と知らされた。それを聞いて、グリダの顔は紙みたいに真っ白になった。三日三晩、飲まず食わずで枕元につきっきりで看病したが、その甲斐もなく、息子はとうとう死んでしまった。グリダは亡骸《なきがら》を引き取り、荷車に乗せてディネオーに連れ帰った。

そして、息子のために立派な墓を建ててやった。それはつるつるに磨きあげた石で出来ていて、表面にはたくさん字が刻んであった。それからというもの、グリダはほとんどの時間をこのお墓の前で過ごすようになった。墓石の前にひざまずき、しくしくすすり泣いたり、わーっと号泣したりしては、かわいい息子をどうか返して下さい、と神さまにお願いするのだった。

小教区の司祭たちはグリダを慰めようと、あの手この手を尽くしたが、まったく効を奏さなかった。亡くなった人をいつまでもくよくよ思うのは、死者に対する冒瀆《ぼうとく》だと、いくら口を酸っぱくして言い聞かせても、だめだった。

そのうち、あたり一帯で、グリダは「頭がいかれちまった」と噂されるようになった。

実際、ときどき大声を上げて泣き叫んでいたかと思うと、突然、ねんねんようと、赤ん坊のノエリックを寝かしつけたときに歌っていた子守唄を歌いだしたりするので、そう思われるのも無理はなかったのだ。

とうとう主任司祭が腹を括《くく》って、こう言った。

「なあ、グリダさんや。いつまでもそんなふうじゃあ、いけないいよ。大声でやかましく、息子を返せと喚《わめ》くなんて。いいかい、わしの質問に答えておくれ。もしノエリックと一対一になったら、その姿を見るだけの勇気がお前さんにはおありかね？」

「あるかなんて、司祭さん！」グリダは叫んだが、その目はきらきら輝いていた。「もし一目でもあの子に会わせていただけるんなら、それ以上の望みはございませんよ！」

「それでは、会えるように取り計らってしんぜよう。だが、お前さんの方も、わしに約束して下され。そのあとは、キリスト教徒らしくふるまうと。いいですかな、神さまのご意志に素直に従うキリスト教徒として、ですぞ」

「ええ、司祭さんのおっしゃるとおりにいたします」

お察しのとおり、ディネオーの主任司祭にはちゃんと考えがあったんだ。

そして、真夜中の鐘が鳴り始める時刻に、若い神学生のお墓の前で、グリダと会う約束をした。

「最後に一言だけ言っておくが、お前さんは息子の姿を見るだけじゃなく、声をかけることもできる。そうすりゃ、向こうからも返事をするだろう。いま、この場でわしに誓っておくれ。それがどんなことであろうと、相手が要求したことは、寸分たがわず叶えてやると」

「ええ、聖母マリアさまの七つの苦しみにかけて、誓いますとも！」

真夜中の最初の鐘が鳴る前、グリダは約束の場所にやって来た。するとそこには、月の光で黒い本を読んでいる主任司祭がいた。やがて鐘が鳴った。司祭は読んでいた本を閉じて十字を切ると、ノエリック・レンの名前を三度呼んだ。三回目に名前を呼んだとき、墓が開いた。ノエリックが姿を現し、その場に立った。姿かたちは生きていたときと同じだったが、ただ一つ違っていたのは、その顔がとても悲しげで、肌が土気色をしていたことだ。

「さあ、息子さんだよ、グリダさんや」と、主任司祭が言った。

グリダは地面にひれ伏し、息子の墓の傍らに植えた杜松《ねず》の木の陰で、これから起きることを見守っていた。司祭の声に体を起こすと、腕を差し伸べながら息子のそばに駆け寄った。ところが息子は、さっと身を引いた。

「母さん」と、ノエリックは声に出していった。「僕たちはもう最後の審判の日まで、抱き合ってはいけないんだ(3)」

そして腰をかがめると、杜松《ねず》の茂みから一本の枝を折り取った。

「僕がどんなことを頼んでも、母さんはそのとおりにしてくれると誓ったよね」

「ああ、そうとも、誓ったよ」と、グリダが答えた。

「じゃあ、この杜松《ねず》の枝で、僕を力いっぱいぶっておくれ」

哀れな女は仰天と憤慨のあまり、後ずさりした。

「お前をぶつだって、このあたしが！　自分の息子を、こんなに愛しいノエリックをぶてと言うのかい！　ああ、できない、そんなこと絶対に無理だ！」

すると、死者はふたたび口を開いた。

「それはね、母さんがこれまで僕を愛しすぎたからなんだ。母さんは僕を一度もぶたなかったから、いまぶたなきゃならないんだよ。そうでないと、僕は救われないんだ」

「お前がそれで救われるというんなら、しかたがない！」と、グリダ・レンは言った。

そして、杜松《ねず》の枝で息子を鞭打ったのだが、その打ち方はとても優しくて、亡骸《なきがら》にそっと触れる程度だった。

「もっと強く、もっと強く！」と、死者は叫ぶ。

グリダは、もっと乱暴にぶった。

「もっと強く、まだまだもっと強く！　さもないと、僕はおしまいだ。一巻の終わりなんだ」と、ノエリックは繰り返し叫んだ。

グリダはもう夢中になって、無茶苦茶にぶった。体から血が迸《ほとばし》ったが、それでもまだノエリックは叫んだ。

「おじけづかないで、母さん！　もっと、もっとだよ！」

そうこうするうち、時計が真夜中の十二回の鐘を鳴らし終えた。

「今夜はこれでいい」と、死者はグリダに言った。「でも、もし僕のことが大切なら、明日、また同じ時刻に来てほしいんだ」

それから、死者の姿はふたたび穴の中に消えてゆき、墓が閉まった。

グリダは主任司祭に付き添われて、家に戻った。道すがら、司祭が尋ねた。

「何か変わったことに気づいたかね？」

「ええ、気づきました。ぶてばぶつほど、ノエリックの体が前より白くなりました」

「その通りじゃよ」と司祭は返事をしてから、こう続けた。

「これで、もうお前さんは息子と会えたから、わしの手助けは必要ないじゃろう。ただ、最後まで頑張ってやり遂げるんじゃぞ」

そこで翌日、グリダ・レンは今度は一人で、息子の墓に行った。そのときも、前の日の晩とまったく同じことが起こった。母親はもう息子を鞭打つ前に、取り乱したりはしなかった。ただもう、ぶってぶって、腕の力がなくなるまでぶった。

「これでもまだ十分じゃない」十二時の鐘が鳴り終わったとき、ノエリックが言った。「三回目に、またここへ来ておくれ」

そこでグリダはもう一度、墓場にでかけて行った。

「母さん、お願いだから、今度は心身の力が尽き果てるまで、僕をぶってほしいんだ」と、若者は懇願した。

グリダはそれはもう激しくぶったものだから、流れる汗は滝のよう、ノエリックの体から噴き出す血は、まるでジョウロの口から流れ落ちる水のようだった。

とうとう腕が強張《こわば》り、息が切れてきたので、グリダは叫んだ。

「ああノエリック、これ以上は母さん無理だ、もうできない！」

「大丈夫、大丈夫、もっともっと！　母さん、お願いだから」そう言った息子の声があまりにも悲痛だったので、グリダは勇気を奮い起こした。

こめかみのあたりがずきずきし、足がよろけそうだったが、グリダは最後の力を振り絞った。

が、そのとたん、もんどりうって倒れてしまった。

幸いなことに、その最後の力で十分だった。

墓地の草むらに仰向けになったまま、グリダは、いまや雪のように白くなった自分の息子が、まるで舞い上がる鳩のように、ゆっくりと天に向かって上がっていくのを眺めていた。

ある程度の高さまで昇ったとき、ノエリックがこう言った。

「母さん、母さんは僕が生きていたとき僕を愛しすぎ、死んでからは僕のために泣きすぎた。そのせいで、僕は永遠の至福に預かりそこねてしまったんだ。だから、救われるために、僕は、母さんが僕のために流した涙と同じ量の血を流さなくちゃならなかったんだよ。でも、これですべて片がついた。ありがとう!」

この言葉とともに、ノエリックの姿は空に消えた。

この夜を境に、グリダ・レンはもう泣かなかった。それはね、息子が、生きていたとき以上に、あの世で幸福だということがわかったからだよ。

（語り手、ビニウー〔ブルターニュ地方のバグパイプの一種〕吹きの老人アー・ゾネー・コス／ディネオーにて、一八八七年）

第17章　幽霊

カンペール市内の風景

どの死者も、三度はこの世に戻って来なければならない(1)。

89話　死んだ母親の話

プルギュレスカンに、カム・アー＝グリュックという靴屋がいました。こう呼ばれていたのは、片足が悪くて、ちょいとばかりびっこを引いていたからです（カムはブルトン語でびっこの意）。最初の結婚で、ルイーズ＝イヴォンヌ・マルケを娶《めと》ったんですが、これがまた、おとなしい女でねえ。いつもどこかしら寂しげで、滅多に、にこりともしない。おそらく、そう長いこと生きられない定めだったんでしょう。自分と瓜二つの女の子を産み落とすと、はかなくなってしまいました。そんなわけで、カム・アー＝グリュックは寡《やもめ》になって、子供と二人、この世に取り残されたんです。でも、ずっと独り身でいるような男ではありませんでした。足が悪くてもかなりの美男子だし、稼ぎもいいしで、女には人気があって、すぐに新しい相手が見つかったんです。

ルイーズ＝イヴォンヌが亡くなって三ヶ月とたたないうちに、サン・ゴネリーの若い娘と再婚しましたが、今度の女房ときたら、最初の嫁御とは正反対。ルイーズ＝イヴォンヌが内気で、まちがっても人前にしゃしゃり出て行くタイプではなく、ただ心の中だけで喜んだり笑ったりしていたのに対して、新しいお嫁さんは、走ったり踊ったり、はしゃぐのが大好きだったんです。

「今度こそ、『楽しんでこそ人生よ』って娘《こ》を手に入れたぞ、俺は」

婚礼の夜、靴屋はそう口にしていました。

結婚は復活祭の週に執り行なわれました。ちょうどパルドン祭が始まる季節です。ご存知でしょうが、その時期には、日曜になると、どこかしらで祭りがあるもんです。ところで、カム・アー＝グリュックの新しい嫁御のジャンヌ・

リュジュロンときたら、どの祭りにも欠かさず顔を出すつもりでいました。

最初のうちこそ、旦那も多少の文句は言いましたよ。子供のことを考えてね。というのも、根は、なかなかいい父親だったからです。

けれども、ジャンヌ・リュジュロンはこう答えました。

「ふん、それがなにさ！　子供なんて、いつだってひとりでに大きくなるもんよ。それに、あたしが結婚したのはあんたとで、この泣き虫っ子のためじゃないんですからね」

確かに、子供は泣き虫でした。多分、自分がほったらかしにされているということを、肌で感じていたからでしょう。父親と継母が外をほっつき歩き、あちこちで馬鹿騒ぎをして深夜にならないと帰って来ないようなときでも、揺り籠の中に置き去りにされた哀れなチビッ子は、ひとりぼっちで留守番をしていました。誰からも世話をされず、食べ物すら与えられず、家の扉は鍵で閉められていました。とはいえ、万一のときのため、カム・アー＝グリュックは自宅の鍵を隣のペベルばあさんに預け、ときどき子供の様子を見てくれるよう、頼んではいたんです。でもねえ、ペベルばあさんはかなり体が不自由だったし、漁師たちに売る毛糸の上着を編むのに一生懸命で、カム・アー＝グリュックの赤ん坊がいい子でいるかどうかなんて、二の次だったんですよ。そこで、せいぜい哀れな子供が泣いていないかどうか、ときどき耳を澄ませるのが関の山でした。しかも、このおばあさんときたら、ほとんどつんぼと言ってもいいくらい耳が遠かったので、赤ん坊が相当の大声で泣かなければ、聞こえっこなかったんです。嫁さんに引っ張られて外出した次の日、靴屋は決まって、ペベルばあさんにこう尋ねました。

「やあ、おばさん。うちの子は昨日、いい子にしていたかい？」

すると、ペベルばあさんの答えはいつも同じでした。

「ええ、ええ。天使のようにいい子だったよ」

しかも、この言葉が本当だったから、おかしいじゃありませんか。小さなロジックは、継母が近寄ろうとすると、必ずしかめっ面をするのに、いないとかえって嬉しそうでした。むしろ一人にされていたほうが、幸せだったと言ってもいいくらい。そのうえ、痩せ細るどころか、丸々としています。そこでカム・アー＝グリュックは、良心の呵責にさいなまれるどころか、ますます頻繁にジャンヌ・リュジュロンと遊び歩きました。

けれども町では、あんなにほったらかしにされている子供がすくすく育っているので、みんな不思議がっていました。おかみさんたちは自宅の玄関先で立ち話をしては、そのわけをあれこれ詮索しました。みんなの意見では、これには何か不自然な点があるというのです。そのうちの一人、ペドロンという梨売りの女が、秘密を探ってやろうと考えました。ある晩、靴屋とおかみさんが二人して出かけてしまうと、ペドロンは何気ないふうを装いながら、家の窓から中の様子を窺いました。

そのとたん、梨売りは腰を抜かしてしまいました。というのも、自分の目で見たものが、まるで信じられなかったからですよ。

小さなロジックは揺り籠の中にはおらず、一人の女の膝に抱かれていました。女は赤ちゃんの世話をし、しきりにあやして、かわいがっています。この女を一目見たとたん、ペドロンにはそれが誰だかわかりました。亡くなったはずのルイーズ＝イヴォンヌ・マルケだったんです。生きていたときとそっくり同じ姿でしたが、ただ一つ違っていたのは、女の子を笑わせようとして、優しく微笑《ほほえ》んでいたことでした(2)。

最初は恐怖に慄《おのの》いたペドロンでしたが、そのうち次第に好奇心が頭をもたげてきました。そこで、もう一度、窓を覗きました。すると今度は、死んだ女がゆっくりと胴着のホックをはずし、乳でぱんぱんに膨れた丸い乳房を取り出し、子供に含ませている光景が目に入りました。ペドロンはそっと体を離すと、ペベルばあさんを呼びに行きました。ついには近所の者たちもぞろぞろやって来て、家の中の出来事をしかとその目で確かめました。

翌日、町中が蜂の巣をつついたような騒ぎになったことは、言うまでもありません。人づてに話を聞いたカム・アー＝グリュックは、もう家を留守にしないと誓いを立て、新しい嫁さんも渋々ながら、あちこちの会合に顔を出すことをやめました。すると赤ん坊は、たちまち衰弱し始めたんです。それから一ヶ月後、母親の亡霊が現れなくなると、今度は子供の方が、母親に会いにあの世に出かけて行ったのでした。

（語り手、リズ・ベレック／ポール・ブランにて）

90話　農夫とおかみさん

ケルマリア・シュラールのファンシじいさんには跡継ぎがいなかったので、じいさんが亡くなると、農場は遠い親戚の手に渡ってしまいました。その人たちは、とにかく一刻でも早く地所を売っ払っちまうことしか頭になくて、話を持ちかけてきたサリウーの後家さんに、さっさと農場を譲ってしまいました。後家さんは自分で耕すことができないもんだから、召使の中から若者と女中の二人を選んで、農場に住まわせました。

若者はジョビックという名前でね、それがある朝、女中のモナにこう言ったんです。

「おいら、ちょっくら畑に行って、何をどこに蒔いたらいいか、見てくらあ。だから夕飯は、いつもより遅く用意してくれよ」

「ああ、いいとも」と、女中は答えました。「そんならあたしは、何がどこに収納されているか、家の中を見てまわるとしよう」

そこでジョビックは、畑に向かいました。庭を横切って果樹園を調べ、それから畑に歩いて行きました。

ファンシじいさんが死んでから、ぼちぼち二ヶ月が経っていました。そのあいだ畑は荒れ放題で、雑草が我が物顔に生い茂っていました。

「これじゃ、主《あるじ》が不在だってことは、一目瞭然だな」と、ジョビックは思いました。

というのも、ファンシは、この地域一帯でいちばんの働き者だと評判が高かったからです。ルアネックからミニーまでの四リュー〔約一六キロ〕のあいだで、どこよりもきちんと耕されていたのが、じいさんの地所でした。

「もしじいさんがこの有様を見たら、よもやこれが自分の畑だとは思うまい」ジョビックは自分に向かって独り言を言いました。「おいら一人で昔みたいな状態に戻すのは、絶対に無理だ。ああ、何てもったいない話だろう！」

こう言いおわったとき、ジョビックはぎょっとしてその場に立ち竦《すく》みました。

若者は地所のうち、いちばん肥沃な畑を眺めていたのですが、緩やかな坂になったその場所に、一人の男の姿があったんです。男は犂《すき》の柄に自分の全体重をかけて、驚くばかりの正確さで畝《うね》をつくっていました。つば広のフェルト帽の影になって、顔はよくわかりません。帽子のビロードのリボンは、灰色の長い髪の毛と一緒に、背中に垂れ下がっていました。

男はもくもくと野良仕事を続け、畑を行っては返し、行っては返し、しています。それとともに、畝《うね》はまるでひとりでにできあがるかのようでした。

ジョビックは、「おーい」と声をかけましたが、男にはまったく聞こえていないようです。

そこでジョビックは、この男をとっくりと眺めました。背格好、歩き方、着ている服。もう間違いありません。死んだはずのファンシじいさんです。

それがわかったとたん、ジョビックはそれ以上畑を見まわる気が失せたので、家に戻りました。モナは、ジョビックの言いつけに、大して注意を払わなかったものとみえます。というのも、予定よりずいぶん早く帰宅したのに、もう晩ご飯の支度が出来ていたからです。どんぶりが二つ、テーブルの上に向かい合わせに置かれ、そこからスープの湯気が立ち上っていました。

玄関の敷居をまたいだとたん、ジョビックはこう言いました。

「なあ、おいらがじきに戻って来るって、何でわかったんだ？」

「そんなの、わかりゃしないよ。でも夕飯がもう出来ているからって、文句を言われる筋合いはないからね」

モナは、炉辺に置かれたベッドのベンチに腰掛けていました。そちらの方に歩み寄りながら、ジョビックは、女中の首が死の色に染まっているのに気づきました。

「じゃあ、お前さんにも何かあったんだな？」

「どういうことだい？　お前さんにもって」

「うん、それは……」と、若者は言い淀みました。「それはよ、おいら、さっきファンシじいさんに会ったんだ。畑を鋤《す》いて嫌がった」

「へーえ、そりゃまた！　あたしはね、けさからずっと、亡くなったはずのおかみさんと一緒だったよ。ここがまるで自分の家ででもあるかのように、音を立てずに入ってきてさ。あたしゃ最初、近所の人かと思ったんだんよ。おかみさん、手に乾いたハリエニシダを握っていて、それをぱっと炉の中に投げ込んだ。それから鍋を引っ掛けてあった穴をずらして、自在鉤のもっと上の方に架け替えた。きっと鍋の位置が低すぎると思ったんだろう。あたしは話しかけようとしたんだけど、こっちの声なんかまるで聞こえていないふうだった。そこでもっと近くに寄って、古くて黄色くなったコワフの下の顔をよくよく眺めたのさ。そうしたら何と、ファンシのおかみさんじゃないか。体中の血が凍っちまうくらい、ぞっとしたよ。あたしはこのベンチにへなへなと座りこみ、もうそこから動けなくなった。お前さんが来るのがあと一時間遅かったら、あたしは恐怖のあまり、気が変になっちまったにちがいない」

ジョビックとモナは二人で相談したうえで、町の主任司祭のもとに出かけて行き、それぞれ見聞きしたことを話しました。

「あんたがた、スープ鉢に手をつけたかね？」

いいえ、二人は互いに用心して、手をつけませんでした。

「それは賢く立ち回ったものよ」と、主任司祭は言いました。「そのスープ鉢に唇をつけただけで、いまごろ二人とも死んでいるところだ。(3) これからも同じように慎重に行動しなされ。ファンシとかみさんは、この先まだ長いこと、家庭を営むじゃろうからな。だが、心配は無用じゃ。二人がいることに気がつかないふりさえしていれば、いいのだよ。神さまがお定めになった日が来たら、二人は救われ、あんたがたをそっとしておいてくれるだろう。霊魂が償いを終えぬうちは、死んでからも、生前していたことと同じことをせねばならんのじゃ。だからの、ジョビックや。ファンシがお前さんと一緒に畑仕事をしても、驚いてはいかんぞ。それからモナ、かみさんのグリッテンがあんたに張り合って家事をやろうとしても、気にせんことじゃ。この世であろうと、あの世であろうと、誰にでも定められた運命がある。平穏に暮らしたいなら、神さまの秘密を無闇矢鱈《むやみやたら》と探るもんじゃないのさ」

この日から、ジョビックもモナも、もう怯えることはありませんでした。そこでファンシのかみさんは、家の中を取り仕切っているのは自分だと思い込み、ファンシじいさんは、畑にきれいな緑の小麦が育っているのは自分のおかげだと信じることができたんです。そしてそれは、神さまが望むまで続きました。

（語り手、マリー＝アンヌ・オフレ／イヴィアスにて、一八八六年）

91話　鍬《くわ》を担いだ男

あるとき、プルギエルのルイ・アモンは、近所に住む友人のイヴ・レスケランから金を借り、トレギエの市で新しい鍬《くわ》を買いました。ところが、それからまもなく、借りた金を返さぬうちに、ぽっくり死んでしまったのです。イヴ・レスケランは金持ちではなかったので、金を貸したことを悔やんで、こんなことを口にしました。

「金を返さないなんて、許せねえ。とにかく、俺に借金していることを、かみさんに内緒にしていたとは、ひどいじゃないか」

ある日、レスケランは、故人の話が出たとき、そう言いました。しかし、憤慨したのはそのときだけで、八日も経つと、自分が何を言ったのか、すっかり忘れてしまいました。

さて、ある朝、砂糖大根を植えようと畑で土を掘っくり返していますと、誰かが新しい鍬《くわ》を担いで、畝《うね》をまたいでこちらへやってくるのが見えました。その人が自分の隣で仕事を始めましたので、レスケランはびっくりしました。

「お前は誰だ？　誰の言いつけで、俺の手伝いをしてくれるんだ？」

思いがけない助っ人に、彼はこう声をかけました。

「なら、お前には、もうルイ・アモンがわからねえんだな？」と、相手は答えました。

「えっ、だってお前、死んでるじゃないか。なのに、何でここにいるんだ？」

「馬鹿やろう！　お前がそう望んだからだぞ」

「俺が？」

「そうだよ。借りた金を返さずに、俺が死んでしまったって、怒っていたのはどこのどいつだい？　お前が借金を帳消しにしてくれないから、俺は鍬《くわ》の代金を、この両腕で働いて返さなくちゃならないんだ」

この言葉を聞いたイヴ・レスケランは、強く心を打たれて、涙ぐみました。

「なあんだ、そんなことか！」と、彼は叫びました。「いいよ、そんなもの、帳消しにしてやらあ！　気の毒な霊魂のためだもんな」

レスケランがこういい終わらぬうちに、鍬《くわ》を担いだ男の姿は消えました。見えたのは、畑からお日さまに向かって立ち昇る、白い煙だけでした。そのとき、こう言う優しい声が、遠くから聞こえてきました。

「お前に神さまの祝福がありますように！　おかげで俺は救われた」

（語り手、マリー＝イヴォンヌ・ル＝フレム／ポール・ブランにて）

92話　マリー＝ジョブ・ケルゲヌーの話

マリー＝ジョブ・ケルゲヌーは、トレゴール地方にあるグランド島、つまりブルトン語で言うエネス・ヴールで仲買人をしておった。毎週木曜日になると、いまにもバラバラになりそうな荷車を哀れな痩せ馬につないで、ラニオンの市場に出かけて行った。その馬具がまた、引き馬以上にみすぼらしい代物でな、まるでぼろ紐のようだった。ばあさんの乗った荷車が砂浜の道に足をとられて、二十回立ち往生しないことでもありゃ、それだけで奇跡だと言ってもいいくらいだ。ぬかるんだ水溜りや岩で塞がれたその道は、引き潮になると出現し、島と陸地を結ぶのだった。マリー＝ジョブがこの道を通るときは、いつも夜と決まっていた。なにしろ夜明け前に家を出て、月が掛かる時分にならないと戻って来ないのだから。ばあさんが一度も悪い人に出くわさなかったというのも、同じくらい奇跡だったと言っていい。というのも、このプルムールやトレブルデン一帯には、しじゅう怪しげな連中がうろついているし、仲買人がぼろ車に乗せて運ぶ商品は、海からの漂流物以上の掘り出し物を鵜の目鷹の目で探している、真っ正直でない者どもの出来心を誘うからな。〔＊1〕

ときどき、こう訊かれることがあった。

「あんた、怖くはないのかい、マリー＝ジョブ？　そんなふうに夜、たった一人で行き来してさ」

するとばあさんはこう答えるのだった。

「それは逆だよ。相手のほうがあたしを怖がるのさ。あたしの荷車の音がすると、それっ、アンクーが来たぞって具合にね」

それは本当だった。車軸はギイギイ鳴るわ、鉄具はガチャガチャやかましいわ、馬は痩せさらばえて、あの世の生き物みたいだわ、暗がりの中で、ばあさんの荷車がアンクーの乗り物に間違えられるのも、無理はなかった。その上、ぶっちゃけた話、マリー＝ジョブばあさんが口にしたがらない理由もあったんだよ。実はな、ばあさんはこの辺じゃ、魔女の端くれだと噂されていたのさ。いろんな「秘法」を知っているという話が伝わっていたから、かなり肝っ玉の太いゴロツキですら、ばあさんに呪いをかけられるよりは、丁重に避けて通る有様だった。

けれどもある晩、そんなマリー＝ジョブに、こんな不思議な出来事が起きたんだ。


それは冬のさなか、一二月の終わりのことだった。週明けから、墓石さえも壊れそうな凄まじい寒さが続いた。悪天候には慣れっこのマリー＝ジョブだったが、もしこの寒さが緩まないようなら、今週はラニオンの市場には行かないよ、と宣言した。そう言ったのは、自分の体を気遣うためというより、モジの身を心配してのことだった。モジというのはばあさんの馬でな、本人の言うように、たった一人の身内だった。しかし水曜の夜、アンジェラスの鐘が鳴るころ、いちばんのお得意さんである、たばこ売りのグローダ・ゴッフがばあさんの家にやって来た。

「ねえ、マリー＝ジョブや、噂は本当かい？　あんたが明日、市場に行かないっていうのは」

「何てこと言うんだよ、グローダ・ゴッフ！　カモメですら嘴《くちばし》を羽に突っ込んで縮こまっているこんな寒い日に、モジを外に出せって言うのかい？　そんなことをしたら、あたしはまともなキリスト教徒だなんて胸を張れないよ」

「このあたしが頼んでも、駄目かい？　これまであんたには、いつも何やかんや、おまんまの種をあげていたじゃないか、マリー＝ジョブ。ね、この通りだからさ、首を縦に振っておくれよ。うちの噛みたばこがそろそろ底を切らしちゃうんだ。日曜までに用意できなきゃ、石工たちに何て言えばいいんだよ。連中、ミサが終わるとぞろぞろ出て来て、噛み噛みするものを一週間分、うちに買いに来るんだからさ」

言い忘れていたけど、エネス・ヴールは石工の島なんだ。少なく見積もっても三、四百人の石工が住んでいて、岩を切り出しては四角い石に削っている。で、お察しのとおり、このマッチョな男どもは、なかなか気性の荒い連中でね。しかも、ブルトン人とノルマンディー人が半々ときては、なおさらだ。だからグローダ・ゴッフは、闇雲に気を揉んでいたわけじゃなかったのさ。島でただ一軒しかない店に、自分たちの欲しいものがないとわかるや否や、連中、怒り狂って店をめちゃくちゃにしかねなかった。マリー＝ジョブ・ケルゲヌーはそうした事情をよくわきまえていた。毎週木曜、公社の事務所にたばこを買いに行くのは、ばあさんの役目だったからな。だから今度の日曜、店の女主人が石工たちから悪口雑言を浴びせかけられ、ひどい扱いを受けるかもしれないと考えると、しかも、それが自分のせいなのだと思うと、たいそう気が引けた。だがもう一方では、モジのことも気がかりだった。かわいそうな、いい子のモジや！　それに、ばあさん自身、市場に出かけて行くと、何だか悪いことが起こりそうな予感がしてならなかったのだ。心の中で、こう忠告する声が聞こえた。『一度決めたことは必ず守れ。お前は家にいると決めたんだろ、それなら家にいるがいい！』

だが、相手は相変わらず拝みこんでいる。マリー＝ジョブは、見かけはぶっきらぼうだが、心は情にもろかったので、とうとうしまいにこう答えた。

「ああ、いいともさ。たばこのことは安心してな」

そして、すぐさま馬小屋に行き、いつも必ず旅に出る前日にはそうするように、モジの手入れをした。

翌日、引き潮の時刻に、マリー＝ジョブは普段どおりの格好で、荷車を率いて島を出発した。手には赤茶色の手袋をはめ、肩には粗布のケープを羽織り、「はいしっ！」とモジに声を掛けながら。寒風はまるで何本もの針を持っているかのように、馬の耳をちくちく刺した。老婆も老馬も、いっこうに前に進まないような気がしたが、それでも何とか無事にラニオンに到着した。マリー＝ジョブはいつも波止場の「銀の錨亭」で休息をとることにしていた。その日、用事がすんで旅籠屋に入ると、おかみさんがやって来てこう言った。

「ジェジュ、マリア〔イエス、マリア。驚きを表す「おやまあ！」の意〕！　まさか今日のうちに帰る気じゃないだろうね！グランド島に着く前に、かちんかちんに凍ってしまうよ」

おかみさんは、泊って行けとしつこく勧めた。が、ばあさんは頑固だった。

「来たからには帰らなきゃ。ただね、あつあつのコーヒーとブランデーをお猪口《ちょこ》に一杯、頂戴したいものだ」

マリー＝ジョブの顔つきが機嫌のいい日のようでなかったことは、一目瞭然だった。旅籠屋のおかみさんに別れを告げる段になって、マリー＝ジョブは悲しそうに言った。

「帰りはきっと苦労が多かろう。左の耳の中で、何か嫌な音がするからねえ……」

不吉な予感がするにもかかわらず、ばあさんはモジに鞭をくれて帰り道を辿った。一二月の日暮れはあっという間で、空は早くも真っ暗だ。マリー＝ジョブは、敬虔なキリスト教徒の習いとして、十字を切ってから出発した。神さまは、いつもこっちの味方につけておかなくちゃならないからね。プルムールを過ぎるころまでは、何事も起こらなかった。だが、寒さは厳しくなる一方で、マリー＝ジョブは荷車いっぱいに積んだ荷物のあいだの自分の席に座ったまま、体も頭もぼうっとするのを覚えた。しゃっきり目覚めていなければと、数珠を取り出し、片手で荷車を操りながら、もう片手で、一つ一つ数珠球を繰った。さらに眠気に打ち克つため、ロザリオの祈りを高らかに唱えた。しかし自分が出す声ですら、まるで子守唄のようにいい心持ちにさせてくれる。必死で眠気と戦ったものの、とうとう、ふっと意識を失ってしまった。と、突然、うつらうつらしながらも、何か異常なことが起こったような感じがして目が覚めた。まぶたをこすって、それまで考えていたことを思い返しているうちに、荷車が止まっていることに気がついた。

「一体どうしたんだよ、モジ?」と、ばあさんは文句を言った。

モジは毛がふさふさ生えた両の耳を揺するばかりで、いっこうに動こうとしない。

マリー＝ジョブは鞭で馬に触れた。が、モジは進まない。今度は鞭の柄で叩いてみた。馬は背中を反らせただけで、びくともしない。その脇腹はまるで鍛冶屋のふいごのように、激しい息遣いに、膨らんだり縮んだりしている。凍てつくような夜の寒さの中で、モジの鼻からは白い煙が二筋、噴き出していた。というのも、あたりはすでにとっぷりと暮れ、天空のドームには真っ青な星がちかちか光っていたからだよ。

「変だねえ。こんなこと、いままでなかったよ」と、マリー＝ジョブ・ケルゲヌーは考えた。

モジがばあさんの家で暮らすようになって、そろそろ十七年になろうとしていたが、マリー＝ジョブがことあるごとに言っていたように、この馬は常日頃から模範的な動物で、女主人の望まないことは自分もしたがらなかった。それがこの晩にかぎって、どうした気紛れだろう。マリー＝ジョブが一刻も早く暖かい寝床にもぐりこみたいと思っているように、馬だって、暖かい小屋に帰りたくて気もそぞろだろうに。マリー＝ジョブはぶつくさ言いながら、御者台から降りて、何が起きたのか確かめることにした。何かが行く手を阻んでいる、と思ったのだ。たぶん、酔っ払いが道に寝転んで邪魔をしているんだろう、とね。だが、いくら目を皿のようにして眺めても、道の前に落ちている黒い影をいくら手探りしても、何も変わったものは見つけられなかった。その道はトロヴェルン方面への下り坂で、そのあとは砂浜に続いていた。あたりには人っ子一人いない。道の両側は土手になっていて、そこから枝を垂らした楢《なら》の木が、道のあちこちに長い影を投げかけていた。

「さあ行くよ、モジ!」マリー＝ジョブばあさんは馬を元気づけようとして声をかけ、馬勒《ばろく》をつかんだ。するとモジは大きな音をたてて鼻を鳴らし、頭を揺すって前足を突っ張らせた。そうやって、一歩でも先へ進むことを拒否したのだ。

そのとき、マリー＝ジョブは、何か自然ではない力が働いていることに気がついた。さっきも言ったように、ばあさんは魔女の端くれだったからな。これが普通のご婦人であれば、恐ろしさに震え上がっているところだ。しかしマリー＝ジョブは、状況に応じて、どういう行動をとり、どういう言葉をかければいいか、心得ていた。そこで鞭で道の上に十字の印を描き、こう言った。

「商売道具のこの鞭でしるした十字にかけて、姿は見えぬが、そこにいる物、もしくは人に命令する。神の遣いか、悪魔の遣いか、明らかにせよ、と」

こう言い終わらないうちに、用水堀の底から声がした。

「わしが担いでおるもののせいで、あんたの馬は前に進めんのじゃ」

マリー＝ジョブは豪胆にも、鞭を自分の首に掛け、声のする方に歩いていった。すると、たいそう歳を取った小柄な男が、疲れ果てて草の中にうずくまっているのが見えた。老人の様子があまりにくたびれ、悲しげで惨めだったので、ばあさんは憐れを催した。

「こんな晩に、そんなところでじっとしているなんて、何を考えてるんだよ、おじいさん。行き倒れになってしまうよ」

「わしは待っていたのさ。思いやりのある人間がここに来て、わしを助け起こしてくれるのを」

「お前さんが生身の人間なのか幽霊なのか、あるいはキリスト教徒か異教徒かは知らないが、マリー＝ジョブ・ケルゲヌーが来合わせながら、人助けをしなかったなんて、誰にも言わせやしないよ」

気の毒な老人に向かって身をかがめながら、きっぷのいいマリー＝ジョブは言った。

ばあさんに助け起こされ、ようやく老人は両足で立つことができたが、背中に見えない重荷を背負っているかのように、体を二つに折り曲げたままだった。マリー＝ジョブはこう尋ねた。

「お前さん、いったいどこに行きなさる？　それに、あたしの馬を怖がらせたものは何なんだい？」

すると、小柄な老人は哀れっぽい声で答えた。

「あんたの目じゃ、見分けられない。けど、あんたの馬は、鼻でそいつを嗅ぎわけよった。ときとして動物のほうが、人間より物知りなことがあるもんだ。あんたの馬は、自分の前と後ろの道でわしの臭いを嗅ぐかぎり、もはやここから先へは一歩も進めんのじゃ」

「でもあたしは、『永遠の命《ヴィタム・エテルナム》』を授かるまで、ここにいるわけにはいかないんだよ。グランド島に帰らなきゃならないんだから。あたしはお前さんを助けてあげた。だから、今度はそっちがあたしを助けてくれる番だ。どうすりゃいいのか、教えておくれ」

「わしは人に頼むことはできんのじゃ。あんたから言い出してくれるのでなきゃ」

多分このとき、生まれて初めて、仲買人のマリー＝ジョブはひどくまごついた。

「『馬の前と後ろの道で』、だって……。いったいどうすればいいんだ？」

それから、突如としてこう叫んだ。

「そうだ、あたしの荷車に乗っちまえば、もう道にいることにはならない。乗りなよ、おじいさん！」

「神さまの祝福がありますように！　よくぞ見抜いた」と、小柄な老人は言った。

そして背中を丸めたまま荷車に歩み寄り、マリー＝ジョブが両の腕《かいな》で老人を押し上げたにもかかわらず、四苦八苦して荷台に攀じ上った。老人がたった一つしかない座席の上に転がり落ちたとき、車軸は撓《たわ》み、板をぶつけたときのような鈍い衝撃が走った。人の善いマリー＝ジョブばあさんは、この風変わりな道連れの隣にどうにかこうにか腰を下ろし、モジはいつにない熱心さで、速足で駆け出した。厩《うまや》の臭いがし始めるときだって、これほど急いだことはな

いくらいだ。(4)

「じゃあ、お前さんもグランド島に行きなさるんで？」しばらく経ってから、マリー＝ジョブは沈黙を破って尋ねた。

「そうじゃ」と、老人はぶっきら棒に答えた。明らかに話好きとは見えず、相変わらず体を二つに折ったままだ。おそらく、目に見えない不思議な荷物の重みに、必死で耐えていたからだろう。

「へえ、そうかい。でも、これまでお前さんに会ったことはないと思うが」

「ああ、そうじゃろうとも！　わしが出て行ったとき、あんたはまだちっちゃかったもの」

「お前さんはきっと遠くから来なさったんだろうね」

「ああ、とても遠くからな」

マリー＝ジョブはそれ以上、質問する気になれなかった。それに砂浜にさしかかっていて、注意しなけりゃならなかったからだ。道は悪路で、泥の中に水溜りが出来ていて、あちこちに黒い石がごろごろしていたのさ。そのとき仲買人は、車輪がいつもよりずっと深く砂の中にめりこむことに気がついた。

「チェッ、はた迷惑な」と、マリー＝ジョブは口の中でぶつくさ言った。「ものすごく荷物が重いにちがいない」

町で調達した商品はごくわずかで、小柄な老人はしなびきって子供の体重ほどもないようだし、となると、そんなに重い物は、老人が背負っているという荷物しかありえない。そのせいでマリー＝ジョブは、あれこれ考えこまずにはいられなかった。多分、モジも同様だったんだろう。あんなに元気だった馬はだんだんと弱りだし、一歩踏み出すごとによろめいた。ようやくエネス・ヴール〔グランド島〕の土を踏んだとき、汗で濡れていない毛は一本もないほどだった。

ご存知のように、道はそこで二手に分かれておる。一本は聖ソヴール小教区教会へ向かう左曲がりの道で、もう一本はマリー＝ジョブ・ケルゲヌーの「あばら家」がある町へと、まっすぐ続いている。モジはきっとひと息つきたかったんだろう、自分の意志で立ち止まった。そのあいだにマリー＝ジョブは、物言わぬ道連れに声をかけた。一刻も早くこの男とおさらばしたかったんだ。

「ほら、おじいさん、島に着いたよ。神さまのお導きで、無事に目的地に着けますように！」

「どうも」と、小柄な老人は呻き声で応じた。

そして体を起こそうとしたのだが、すぐにまたベンチにへたり込んだ。自分の体重のせいではなく、目に見えない荷物の重みのせいでな。するとふたたび車軸がしなり、板のぶつかる音がした。

「だめじゃ、できん」と、老人があまりにも痛ましい口調で嘆息したので、マリー＝ジョブの五臓六腑は激しく揺さぶられた。

「わかったよ」と、ばあさんは言った。「お前さんの態度は何から何まで謎だらけだし、こっちは早く家に帰りたくて堪らないんだけど、このあたしで何かお役に立てることがあるんなら、言っておくれ」

「ああ、そんならわしを聖ソヴール教会の墓地まで連れて行ってくれ」

墓地だって、しかもこんな時間に！　マリー＝ジョブにどれほど善意があったとしても、この老人のためにそこまではできないと答えようとしたのだが、もうその前にモジが行動していた。馬はあたかも老人の言葉を理解したかのように、聖ソヴール教会に続く左の道を歩みだしていた。マリー＝ジョブは何が何だか、さっぱりわからなかった。荷車が死者の眠る囲い地に着いたとき、いつもきっちり閉まっているはずの鉄格子の門が開いていた。すると得体の知れない巡礼者は、勝ち誇ったような叫び声を上げた。

「ほらね、わしが来るのを待っていてくれたんじゃ」と老人は言った。「まさにグッド・タイミングじゃわい」

そして、思いもよらぬ敏捷さで、身軽に地面に飛び降りた。

「よかったねえ、おじいさん」マリー＝ジョブは別れを告げる心づもりで、そう言った。

だが、この事件はまだ終わっていなかった。マリー＝ジョブが礼儀どおり、「さようなら、また会う日まで」とつけ加えようとしたとき、小柄な老人はふたたび口を開いた。

「ああ、まだだよ、お願いだ！　ここまで一緒に来てくれたからには、あんたにはもう自由はないんじゃ。わしが仕事を片づけないうちに、行かれちまっては困る。そうじゃないと、わしが背負っているこの重荷、これからはあんたがその肩に担う羽目になるぞよ。わしはあんたのためを思って、忠告しておるのじゃ。あんたはわしに親切にしてくれたからの。さあ車から降りて、ついて来なされ」

前にも言ったように、マリー＝ジョブ・ケルゲヌーはちょっとやそっとのことで肝を冷やすような女じゃなかった。でもな、老人の口調には、ここは素直に言うことを聞いたほうがいい、と思わせる何かがあった。そこで、手綱《たづな》をモジのくるぶしに投げて、地面に降り立った。

「それでよし、と。わしは、パスキウー家で最後に亡くなった者が埋められている場所を知りたいのじゃ」と、老人が言った。

「なんだ、そんなことかい」と、ばあさんは答えた。「あたしは葬列に参加していたから、知っているよ。こっちのほうさ」

マリー＝ジョブは、両側に灰色の墓石が並んでいる通路を進んで行った。星が明るい晩だったから、あたりの様子ははっきり見分けがついたんだ。やがて、老人の探している墓石の前に着いた。

「ここさ。十字架がまだ真新しいだろ。この下に、スケランの連れ合い、ジャンヌ＝イヴォンヌ・パスキウーがいるはずだ。あたしゃ、両親が教えてくれなかったせいで、字が読めないんでね」

「このわしは、習った字を忘れちまってから、もうずいぶんになる」小柄な老人は言い返した。「じゃが、あんたが間違っていないかどうか、ひとつ確かめるとしよう」

こう言うと、老人は墓の前に額《ぬか》づいた。すると、恐ろしいことが起こった、信じられないようなことが……。まるで長持ちの蓋が開くみたいに、墓石の片方の縁が持ち上がったんだ。そしてマリー＝ジョブ・ケルゲヌーの顔に、死者の冷たい息吹がかかった。そのとき、地下からこもった音が響いてきた。まるで墓穴の底に棺がぶつかるような音だ。マリー＝ジョブは恐怖で真っ青になって、呟いた。

「ドゥエ　ダ　バルドン　アン　アナオン」（神さまが亡き人をお赦しくださいますように）

「あんたはいちどきに、二つの魂を解放してくれた」と、そばで道連れの声がした。

今や老人はすっくと立ち、その姿もさきほどとは打って変わっていた。しゃっきり背を伸ばし、小柄な身体は突然大きくなったかのようだ。仲買人は、ようやく相手の顔をまともに眺めることができた。鼻は欠け、目のあるべきところには、ぽっかり穴が開いている。

「怖がらんでもええ、マリー＝ジョブ・ケルゲヌーや」と、老人は言った。「わしはマティアス・カルヴェネックというもんじゃ。あんたも昔、おっ父さんからこの名前を聞いたことがあるじゃろう。おっ父さんとわしは、若いころからの仲間だったからな。あるとき、わしとパトリス・パスキウーは籤《くじ》引きで戦さに行くことになってな、おっ父さんは島の若いもんたちと一緒に、沿岸の北の方までわしらを見送ってくれたもんだ。そう、わしがあんたと出会った場所だよ。それはナポレオンおん大将の時代でな、わしとパトリスは同じ連隊に送られた。だが、あいつはわしの傍らで銃弾に撃たれちまったんだ。その夜、野戦病院でパトリスはわしにこう言った。『おいら、もう駄目だ。ここに全財産がある。誰にでもわかる場所に、おいらの体を埋めてもらいたい。もしお前が生き残ったら、おいらの骨を故郷のグランド島に持ち帰り、父さんの遺骨の傍らに埋葬してくれ』あいつは大金をわしに残した。少なくとも二百エキュはあったね。わしはその金で、あいつだけ、みんなとは別の墓穴に埋めてもらった。だが数ヶ月経って戦争が終わり、暇をもらえると知ったとき、あんまり嬉しかったもんだから、パトリス・パスキウーの遺言をなおざりにしてしまった。言うとおりにすると誓ったにもかかわらず、わしはあいつを連れずに、一人でふるさとに帰ってしまったんだ。この間、親父とおふくろはグランド島を離れ、ロケモーで農場を経営していたので、わしは引越し先の両親の家に戻った。その後、結婚したのも、子供らをもうけたのも、その家でだった。それからとうとう十五年前、わしはそこで死んだのさ。じゃが、墓穴に横たえられるや否や、わしはすぐに体を起こさなくてはならなかった。友人への借りを返さないうちは、休息する権利がなかったからじゃ。そこでわしは、パスキウーを探しに出かけた。いいか、わしは十五年このかた歩き詰めだった。旅をしていいのは、日が暮れてから一番鶏が鳴くまでのあいだだけ。しかも偶数日の夜は、奇数日に歩いた道のりの半分に、半分の半分を足した距離を後ずさりせねばならん。(5) 肩に担いだパトリス・パスキウーの棺桶は、板の原料になった木一本分の重さがある。さっきあんたに聞こえたのは、棺の板がぶつかる音じゃよ。あんたと馬が親切にしてくれなかったら、償いが済むまで、まだあと一年以上かかっていたところだ。しかし、これでわしの時は終わった。マリー＝ジョブ・ケルゲヌーよ、あんたには、神さまがねんごろに報いてくださることとじゃろう。心安らかに家に帰るがええ。そして明日、残っている用事をきちんと片づけることじゃ。というのもな、今回の旅が、あんたとモジがする最後の旅になるからじゃ。では、さらば、喜びのうちに！」

この言葉が終わるか終わらないかのうちに、死者の姿は消え、仲買人はたった一人、墓地に取り残された。そのとき、教会の時計が真夜中の鐘を打った。気の毒なばあさんは、体がぞくっとするのを覚えた。そこで、急いで荷台に飛び乗り、ついになつかしのわが家へ辿り着いたのだった。

翌日、グローダ・ゴッフがたばこを受け取りにやって来て、ベッドに臥《ふせ》っているマリー＝ジョブを見つけた。

「おや、どうしたんだい。具合でも悪いのかい？」グローダ・ゴッフが心配そうに尋ねた。

「命の焔《ほむら》が尽きたと言っておくれ」と、マリー＝ジョブ・ケルゲヌーは答えた。「しかもその原因は、ほかならぬあんたなんだよ。でも、あたしはもう十分生きた。悔いはない。ただ、お願いだから、「司祭さんを呼んできておくれ」
マリー＝ジョブはその日のうちに亡くなった。神さまのお赦しがありますように！　みんなはばあさんを埋葬したあと、今度はモジを埋めなきゃならなかった。厩《うまや》に様子を見に行くと、馬は完全に冷たくなっていたからだ。(6)

（語り手、乞食女アネット／ラ・クラルテにて）

93話　救いの石

その日、ランゴアト小教区のケルベレネスにあるお金持ちの家で、大宴会が催されました。いちばん下の子はまだ幼児だったので、泣いたり喚《わめ》いたりしてお客さまの邪魔になるのではないかと、家の人たちは心配しました。そこで、一人の女中に、宴会が終わるまでその子を外に連れ出して、遊ばせるように言いつけました。ところで、その家の庭の一角に、底の深い大きな溜池がありました。子守を仰せつかった娘は、小さな子を喜ばすには、その池に石を投げて遊ぶのがいちばんだ、と考えました。

次々に小石を投げると、ぽちゃん、ぽちゃんと音をたてて、水の中に落ちていきます。この遊びに、子供は夢中になりました。ケルベレネスの客たちが席を立つまで、女中はずっと石を投げ続けました。

客たちが帰ってしまうと、皿洗いを手伝ってほしいと呼ばれたので、女中は家の中に入りました。

そして、新たに言いつかった仕事に精を出していたとき、突然、小石が雨霰《あめあられ》と降りそそぎ、家の外壁に当たりました。小石は開いた窓や戸口から、台所の中にまで飛び込んで来ます。

女中は仰天して、口をあんぐりさせました。

小石は家具に当たって、勢いよく跳ね返ります。娘の周囲では、かなりの数の皿が粉々になって、飛び散りました。

女中は腕で顔を保護しながら、この石がどこから降っているのか、見定めようとしました。そして、それが貯水池から飛んでくるのだということがわかりました。もう間違いありません。それは、さっき自分が投げ入れたはずの石でした。

娘はご主人たちには何も言わず、口を噤《つぐ》んでおりました。ただ、被害の原因となった小石が、床に散らばっているのをさし示しただけでした。そこで、ケルベレネスの当主は、食事会に招かれなかったことを逆恨みした近所の人の仕業だろう、と考えました。奥さまはというと、お察しのとおり、艶々《つやつや》光っていた家具が傷だらけになり、いちばん上等のお皿が割れてしまったので、それはそれはおかんむりでした。

その夜、ケルベレネスの家の人たちは、たいそう機嫌を損ねて眠りについたのです。

若い女中は最後まで起きていました。まるで、それが自分の務めでもあるかのように。ついに炉の残り火に灰をかぶせ、寝に行こうとしたときです。ぼろぼろの服から水を滴らせ、体を二つに折った、みすぼらしい老婆が台所に入ってきました。(7)

キリスト教徒の家を訪れるのにふさわしい時間とはいえませんでしたが、哀れな老婆が激しく体を震わせているのを見て、女中はたいそう気の毒になりました。

「とても寒そうね、おばあさん」と、娘が声をかけると、そのグロアーハ（老婆）(8)はこう答えました。

「ああ、おそろしく寒いよ、ほんとに！」

「服がびしょ濡れになるくらい、激しい雨が降っているのね」

外は雲ひとつない星空でしたが、娘は昼間の出来事でひどく気が動転していたので、空がどんな色をしているのかさえ、わからないのでした。

「炉辺にいらっしゃいな、おばあさん。もう一度、火を掻きたててあげるから」と、女中は言いました。

貧しい老婆は、暖炉の隅の腰掛けに座りました。女中が乾いたハリエニシダを投げ入れたので、炎はふたたび活気づきました。それなのに、老婆はまだがたがた震えています。そして震えながら、呻いて呻いて、呻き続けるのでした。

「イアウー、マ　ドゥエ！……イアウー、イアウー、マ　ドゥエ、クスクデ！」（ああ、神さま！　ああ、ああ！神さま、それにしても！）

「救い主の御名《みな》にかけて、もうそんなふうに嘆き悲しまないでよ！」と、女中は頼みました。「旦那さまはすぐそこで眠っておられるんだし、ご機嫌斜めで床に入られたんだからさ。もしおばあさんの声で目が覚めたら、手ひどく扱われるわよ」

女中が声を落としてそう言ったとたんに、ご主人が目を覚ましました。

「何でまだ火がついておるんだ？」そう怒鳴《どな》ったのです。

けれどもご主人には、乞食女の姿は見えませんでした。というのも、老婆は、ちょうどベッドの頭上の、炉の片隅に腰掛けていたからです。その姿を確めるには、ベッドの外の方に体を乗り出さなくてはならなかったのですが、昼間の大宴会のあとだけに、そうするのが面倒臭かったのでした。

ご主人はうとうとしかけながらも、また同じ質問を繰り返しました。

「何でまだ火がついておるんだ？」

女中は答えようとしましたが、そのときベンチの上で三回、物を激しく叩く音が響きました。

すると、ご主人は動かなくなりました。

誰が叩いたのでしょう？　女中にはわかりませんでした。グロアーハは、身動き一つ、しません。膝の上で両手を組んだその姿は、口の中でぶつぶつと終わりのない繰《く》り言《ごと》を呟かず、年老いた体を震わせていなければ、まるで死んでいるかのようです。

女中は、その日の午後に感じた恐怖心が蘇えり、どんどん膨らんでいくのを覚えました。

「そうやって体をあっためていてね。おばあさん。あとは炎が消えないように、気をつけていればいいだけだから」

そう言い置くと、娘は大急ぎで台所の反対側にある、自分の寝床へと向かいました。

いったん横になってしまうと、眠ったふりをしましたが、実は片方の目だけ開けて、あたりの様子を窺っていたのです。本当は、たいそうくたびれていたんですがね。一番鶏の鳴き声とともに、乞食女は立ち上がり、姿を消しました。

「あれは間違いなく、死人だわ」と、女中は考えました。「『死者の時間』が過ぎたから、帰って行ったんだわ」

空が夜明けの色に染まるや否や、娘は休む間もなく服を着て、早足で町へ出かけました。教会に行くと、主任司祭はその日最初の読誦ミサを挙げるため、祭服《スルプリ》〔長衣（スータン）の下に着る、膝丈の祭服〕をまとっている最中でした。

「神さまの御名《みな》により、司祭さま、お願いです、いますぐ告解をさせてください！」

そして娘は、池での出来事から乞食女の出現まで、すべてを打ち明けました。

すると、主任司祭はこう言いました。

「安心するがええ。じきに何もかも明らかになる。なぜなら、すべては神さまの御心《みこころ》のままに行われたのだから。老婆はもう一度、姿を見せるじゃろう。待っていなさい。そして昨日のように、できるだけ親切にしてあげるのじゃ」

哀れな娘は主任司祭の言葉に勇気づけられて、家に戻りました。

早くもその日の晩、司祭の予言が的中しました。あのグロアーハが、またもや姿を現したのです。女中は、炉全体が赤々と照らされるくらい、ぼんぼん火を燃やしました。老婆は腰掛けたとたんに、呻き始めました。けれども、その身体はもう震えてはいませんでした。ぼろ着はほとんど乾いていて、その呻き声自体も、さほど痛ましくはありませんでした。

娘は前よりも気が楽になりましたが、それでも昨晩と同じく一睡も出来ず、明け方、ふたたび主任司祭のもとに出かけて行きました。

「今夜、死者はまたやって来るじゃろう。それで三回目じゃ。そのとき初めて、問いかけてもいいことになっている。こう尋ねなさい、おとといの晩、あんなに服が濡れていたのはどうしてですか、と。そうしたら老婆は、すべてを明かすじゃろう」

この主任司祭は正しい忠告をする人で、神父の仕事をわきまえていることでは、右に出る者がいませんでした。

今度は女中は、まるで聖ヨハネ祭の焚き火かと見紛《みまご》うばかり、盛大な火を燃やしました。いつもの時間になると老婆が入ってきて、炉辺の隅の腰掛けに座りました。もはや身体を震わせても、呻いてもいませんでした。

女中は会話を試みました。

「神さまの御名《みな》が称《たた》えられますように！　おばあさん、今日はお具合よさそうね。それにしても、最初にここに来たとき、なぜ着物があんなにずぶ濡れだったの？」

「今なら、なぜだか答えられるよ、娘さんや」と、貧しい老婆は言いました。「あたしは五十年前から、この家の庭にある池で罪の償いをしているのさ」

「あら、それならおととい、怪我させせちゃったわね。子供を喜ばそうとして、石を投げたんですもの」

「いいや、その反対に、お前さんはあたしを助けてくれたんだよ。生者が投げてくれる救いの石を一つ、手に入れなければ、あたしはあの穴ぐらから出ることができなかったんだから」

こういいながら、老婆はスカートのポケットを探りました。

「ほら、これがその石だ。お前さんに返しておこう。これが幸運を呼ぶお守りになりますように」

すると、娘は言い返しました。

「それなら、あたしが池に投げた石を全部、この家に向けて投げ返したのは、おばあさんじゃなかったの?」

「ちがうとも! そんなことをしたのは、あたしの悪天使だよ。幸いなことに、全部を投げ返すことはできなかった。というのも、あたしはもうすでに、救いの石を一個、握っていたからね。それが、いまお前さんに渡した石だよ。大事にとっておおき。お前さんの親切に、それくらいのお礼しかできないけれど。もしそれを手放したら、石と一緒に、幸運もこの家から逃げて行ってしまうよ」

「どうもありがとう」と、女中は言った。「この石を、自分の目の中の瞳みたいに、なくさないようにするわ。おばあさん、これから天国に行くのなら、あたしの母さんに、あたしに会ったって伝えてね」

「いいとも、」と、乞食女は答えました。「でもその前に、最後の頼みがあるんだが」

「なあに? 言うとおりにするわ」

「あたしのために、ミサを二回、聖カレ礼拝堂で挙げてほしいんだよ。そのときの司式は、あんたがあたしのことを相談した、あの主任司祭に頼んでおくれ」

「いいわ」

女中が返事をしたとたん、老婆の姿は小さな白い煙となって消えました。

次の日曜日、ランゴアトの主任司祭は聖カレ礼拝堂に出かけて行き、乞食女が頼んだとおり、ミサを二回挙げました。若い女中は、その二つともに出席しました。帰り道、素足で道を歩いていると、目の前の道に、埃のような軽い雲が立ち昇りました。雲は次第に乞食女のかたちになりました。ただ、顔だけはたいそう若々しく、不思議な光に照り輝いていました。

死者の願いは叶えられたのです。


(語り手、マリー・コール/パンヴェナンにて、一八八六年)

94話　トゥルクの「おじいちゃん」の話

これはトゥルクのケラニウー村で起きた出来事です。その家の主人、つまり「ペン・ティ」はかなり晩婚で、うら若い嫁さんをもらって七人の子供をもうけたあと、突然ぽっくり逝っちまいました。

墓石の碑文によれば、亡くなったのは七十歳のときでした。ですから、ときどき家で当主の思い出話が出ると、誰もがおじいちゃん、つまり「アー・ポートル・コス」としか呼ばなかったんです。

生前のおじいちゃんは、とても陽気な質《たち》でした。ま、コルヌアイユでは誰でもそうですがね。だから、死がさし迫ったときも、とりたてて悲しむふうではなかったそうです。きっと甘言を弄して神さまを言いくるめ、かつて住んでいたケラニウーの館で煉獄の試練を受けられるよう、取り計らってもらったにちがいありません。

実際、おじいちゃんの姿は見えなくても、いつもどこかでその笑い声が聞こえていました。

しかも、ありとあらゆる種類の悪さをするんです。とはいえ、どれも無邪気ないたずらで、決して大事には至りませんでした。

おじいちゃんはとりわけ、テレーズをおちょくるのが好きでした。テレーズというのはこの家の若い女中でして、お館で働き始めたのは、おじいちゃんが亡くなってからでした。おじいちゃんはこの娘が大のお気に入りでしたが、それというのも、自分と性格がよく似ていて、朝から晩まで大口開けて笑い転げていたからですよ。それに多分、テレーズがお人好しで、子供たちに辛抱強く接したせいもあったでしょう。なにせ、おじいちゃんが残した七人の子供のうち、下の二人はまだ幼児だったんですから。

おじいちゃんは生前、シードルが大好きでした。ケラニウーの館には、編んだ藁《わら》でつくった柵があって、その後ろにりんごが山と積まれていました。おじいちゃん、そのりんごの山のまわりで見張りをしながら、罪の償いをしていたんですよ。

おそらくお前さんは、こういう諺をご存知でしょう。「マブ　エ　タッド　エ　カディウ」(カディウは父の子。つまり、この親にして、この子ありの意)。おじいちゃんはシードルが大好物だったから、その子供たちも当然、りんごには目がなかったんです。

子供たちはテレーズのスカートにしがみついて、絶えずこう喚《わめ》いていました。

「ねえテレーズ、りんごちょうだいよ！」

テレーズは子供らをあっちへ押しやるふりをしながら、りんごの山の方に歩いて行きます。

「ねえ、おじいちゃん」と、女中は笑いながら言います。「この子たちに一つずつ、りんごをあげてもいいでしょ[9]」

すると、おじいちゃんも笑いながら、りんごを取らせてやるのでした。こんなふうに数えながらね。

「いーっこ！　にーっこ！　さーんこ！　よーんこ！　ごーこ！　ろーっこ！　なーなこ！」

七個のあとは、「これこれ」と、注意を促します。りんごは瞬く間に食べられて、子供たちはすぐに新しいのを欲しがるからです。

そこで、テレーズは一計を案じます。端に鉤爪のついた竿を探してくると、それでりんごの山を引っかき回して、一個、二個、はては二十個というふうに手繰《たぐ》り寄せるんです。するとおじいちゃんは、これ見よがしに騒ぎ、かんかんに怒ってみせるのですが、それでも笑わずにはいられないのでした。

「おいテレーズ、この落とし前はつけてもらうからな！」と、おじいちゃんは怒鳴《どな》ります。

ときどきおじいちゃんが、棒の端をしっかと握ってしまうこともありました。

「さあさあ、おじいちゃん、放してちょうだいよ。子供たちのためじゃないの！」

テレーズはそう訴えて、もう片方の端を持って引っ張ります。

「へーえ、取れるものなら取ってみな！」と、おじいちゃんはからかいます。

そして、年老いて皺々の黄色い頬が、膨らんで真っ赤になるくらい、力をこめて体を突っ張らせます。

それから突然、棒を放すからたまりません。テレーズはこの不意打ちに、みごと地面に引っくり返ります。すると
おじいちゃんは、笛のように小さなか細い声で笑うのでした。

「ヒ、ヒ、ヒ！　ファッ、ファッ、ファッ！」

本当に、ふざけん坊のおじいちゃんでした。

ときには、こんなこともありました。朝、野原に連れて行ったはずの牛が、見つからないのです。野道に放したは
ずの豚もいません。

「おやまあ、こりゃまた、おじいちゃんの仕業だね」と、小娘は考えます。

そして、しばらくのあいだ、探しているふりをします。土手に上がって遠くを眺めたり、ぴょんと下に飛び降りて、
畑や道を歩きながら、不機嫌そうなむくれ顔で、大声を張り上げて呼んでみたり。

「ほんとにしょうがない子！　いったいどこに行っちまったんだろう？」

この小細工は、いつでも成功しました。突然、杜松《ねず》の茂みや荒地の藪《やぶ》から、震えた笑い声が聞こえてきます。やが
て、気違いのような笑いの発作にとりつかれ、嬉しそうに顔を歪めたおじいちゃんの頭がニュッと現れます。

するとテレーズは、すかさずこう言うのでした。

「ねえ、おじいちゃん、あの子たちを探すの、手伝ってよ」

するとおじいちゃんはテレーズを、おっちょこちょいだの、能無しだのとさんざんからかったあげく、最後には牛
や豚のいるところに案内するのでした。おじいちゃんは、わけなく動物を見つけ出します。というのも、動物たちを

わざと道に迷わせたのは、ほかでもない、おじいちゃんだったからですよ。

木曜の夜になると、ブルターニュの農家では、たいていクレープを焼きます。それは金曜と土曜の二日間、小斎〔肉なしの食事〕をするからで、ケラニウー館でもほかの家と同じように、クレープを焼きました。

そのときは、家中の炉という炉にクレープ鍋を掛けるのですが、台所の鍋奉行をおおせつかるのは、いつも女中頭でした。テレーズは、「下部屋」と呼ばれる部屋の炉を預かっていましたが、これは、普段は納屋に使われている場所でした。

女中頭はテレーズより年上で、経験のほうもずっと勝っていました。木べらでクレープ生地を伸ばすのが驚くほど上手で、黄金色に焼けると、へらを使って皿の上に器用に引っくり返します。ですから、生前クレープが大好物だったおじいちゃんが、女中頭のそばにへばりついていないのが不思議なくらいでした。でも、この点についてもおじいちゃんは、頑固なまでにテレーズを贔屓にしていたんです。実は、小娘の拙《つたな》さをからかうのが、何よりの楽しみなのでした。

「ほら、また一枚、失敗したぞよ！　見てみい、乞食のズボンの尻より、穴だらけじゃないか……そう、そこでけらを寄せ集めるんじゃ……あーあ、お前さん、継ぎはぎ細工もできなきゃ、新しいのもつくれないとは、情けない奴じゃなあ……。そうそう、やり方を変えればいいんじゃ。おやおや、今度は牛のクソみたいに分厚くなっちまったぞ……」

そしておじいちゃんは笑って、笑って、体がよじれるほど笑い転げます。

「ファッ、ファッ、ファッ！　ヒ、ヒ、ヒ！」

すると、テレーズも一緒になって、いつもの陽気な笑い声をたてるのでした。こうして、下部屋では冗談と笑い声が満ち溢れていましたが、その代わり、クレープが犠牲になったのは、仕方のないことでした。この間、クレープの焼き具合は、ひとえに神さまのお慈悲に任されていたのですから。

「ところで、」と、冗談に冗談で応酬していたテレーズは、おじいちゃんに言いました。「あとどれくらいで、あの世に戻らなきゃならないの？」

「お前さん、そろそろわしを厄介払いしたくなったんじゃな」

「あら、当然じゃない！　おじいちゃんったら、死んでいるくせに、ふざけてばっかりなんですもの。ほんと言うと、ここに来れるくらいだから、ずっとあっちにいたって、いいんでしょ」

「ふん。知りもしないことを得意げに話すとは。だから、お前さんは馬鹿だというんじゃ」

「失礼ね、好奇心が強いだけよ。ねえ、おじいちゃん、お願いだから教えてよ。なぜ、あんなに遠いところから戻って来れたの？　いつまでここに居続けなきゃならないの？」

テレーズが半分おどけた口ぶりで、半分甘えるように尋ねると、おじいちゃんはもったいぶって、こう答えるのでした。

「成るべきことが、成るまでじゃ。いいか、生きておろうが死んでおろうが、人間は自分の務めを果たさなくてはならんのじゃ」

そして話題を変えようと、いつもの上機嫌に戻って、こう言いました。

「クレープをつくるのがいまのお前さんの務めなんだから、生きているうちにせいぜい気を入れてやるこった。さもないと、死んでから後悔するぞ」

おじいちゃんには、ほかの気晴らしもありました。

例えば、球投げをして午後を過ごすことも、その一つでした。ある晩、ラ・フイエの町のピラウェー（くず屋[10]）がこの地方にやって来て、ケラニウーに一夜の宿を借りました。

このくず屋は、ポートル・コスの噂を聞いたことがありました。

行商のくず屋というのは抜け目ない連中ですが、自分たちの頭の良さを過信しているのが玉に瑕《きず》です。ラ・フイエから来た男は、小さな黒い陶器のパイプにたばこを詰め、炉から火をつけると、テレーズを相手に、噂に名高いおじいちゃんと、ぜひお知り合いになりたいものだ、と言いました。

「いま、上の屋根裏部屋で球投げをしているわよ。行ってみるといいわ。ただし、くれぐれも注意してね。おじいちゃん、邪魔されるのが嫌いなのよ」

「好きにするがいいさ」と、くず屋はからかうような口調で言い返しました。「でもな、俺さまのほうが、はるかに上手に球を転がしてみせるぞ。試合をしないかと、誘ってみよう」

「やめときなさいよ！　あたしなら、放っておくけどな」

けれども、くず屋はすでに階段を上がっていました。

やがて階段を下りてきたとき、その姿は打ち傷だらけの肉の塊と化していました。家の人たちが行商人を手当てしましたが、完治するまで一ヶ月もかかりました。

容態がようやく快方に向かうと、テレーズはさっそく、男を冷やかしました。

「お馬鹿さんねえ、だからあたしが言ったじゃない！　忠告を聞かないから、そんな目に遭わされるのよ。袋は空っぽ、体はずたずた。そんな哀れな格好で、家に帰らなきゃならないなんて。ラ・フイエの人たちに、この話はしないほうがいいわよ。きっと、とんでもない間抜けだと思われるから。それにしても、実際には何があったの？　教えてちょうだいよ」

くず屋は愚痴っぽい口調で、次のような話をしました。ええ、そうですとも。この人はこれから先、痛い教えをことあるごとに思い出すでしょうよ！　くず屋はおじいちゃんに、二人でゲームをしようと持ちかけたのでした。

「そりゃあ結構」と、おじいちゃんは答えました。「プレイヤーはわしで、お前は球だ」

そう言うが早いがくず屋を捕まえると、両手を数回くるくると回して、球を丸めるかのようにもみくちゃにし、部屋の隅からもう反対の隅めがけて転がしたのです。

「転がれ、くず屋！」

幸いなことに、屋根裏部屋のドアは開けっぱなしでしたので、くず屋はそこから転げ落ちるようにして逃げ出しました。そして階段の下で助け起こされたときは、さっき言ったような、ぼろぼろの姿になっていたのです。

翌年、このくず屋はふたたびケラニウーに姿を現しました。この農場は、外から来たお客さんを親切にもてなす家でしたからね。当然のことながら、男はポートル・コスのポの字も口にしませんでした。今回は、炉辺のベンチに腰掛けて、黒い陶器のパイプをおとなしくふかすだけのつもりでした。ところが、ベンチに腰を下ろしたとたん、火がぱっと燃え上がったんです。もう少しで焼き肉になるところでした。そこで慌てて体を起こし、テーブルのそばに座ろうとしました。すると、目に見えない手が、男の太腿を血が出るくらい強く抓《つね》り、頬には平手打ちが嵐のように飛んできて、とうとう頬っぺたに赤いまだら模様がつきました。くず屋は、ほうほうの体《てい》で逃げ出しました。それからというもの、農場の土地には一歩も足を踏み入れようとしませんでした。

この出来事はずいぶん長いこと、おじいちゃんを大喜びさせたものです。

まったく、いたずら好きなおじいちゃんでしたよ。

夜が来て、みんなでお祈りを唱えてしまうと、ケラニウー館では、誰もが我先にと寝床に飛び込みます。というのも、いちばん出遅れた人はお尻に猛烈な平手打ちを食らうからで、その晩は痛さのあまり、腹ばいにならないと眠れないほどです。五本の指と手のひらの跡がお尻にくっきりとつくのですが、その犯人は、あの手に負えないおじいちゃんでした。いったんそうなると、犠牲者は少なくとも丸々一週間、痛みに悶え苦しむ羽目になるのでした。(11)

そうこうするうち、テレーズは美しく逞《たくま》しい娘になって、結婚して家を出て行きました。子供たちも大きくなり、もう世話係がいらなくなったので、ケラニウーの未亡人は、代わりの女中は雇わなくてもいいだろうと考えました。そこで、女中頭の給金をもう少し増やし、家事を一切合財《いっさいがっさい》取り仕切ってもらうことにしました。ポートル・コスは、この女はが好きではありませんでした。たいへんな気難し屋で、いつもブツブツ、メソメソ、プンプンしていたからですよ。そんな泣き言、聞いていて楽しいはずがありません。ええ、そうですとも。テレーズがいなくなってから、家の中では、笑い声がまったく聞かれなくなったんです。さらば、古き良き時代よ！　おじいちゃんもそのせいで、すっかり不機嫌になってしまいました。隙あらば女中頭に悪さをしようと、つけ狙ってばかり。女中といえば、もうこの女たった一人になってしまいましたからねえ。そして、あるとき女中頭は、自分から進んで、その隙をつくってしまったんです。

前にも言ったように、おじいちゃんは、人がクレープをつくるのを眺めるのが大好きでした。

このころには、もうクレープづくりは台所の炉でしかやらなくなっていたので、モンという名前のこの女中がクレープを焼き始めると、おじいちゃんはそばに来て、じっと座って見ているのでした。ところがモンは、のっけから無愛想に応対しました。二回目は、そばにいられては迷惑だということを、あからさまに態度で示しました。しかし、それであっさり引っ込むようなおじいちゃんではありません。三回目の木曜日、おじいちゃんはまたいつもの場所に陣取っていました。すると、とうとうモンがむかっ腹を立てました。

「嫌になるよ、あのじいさんったら。いつもこっそりあたしを見張っているんだもの。でも今度という今度は、たっぷりクレープをご馳走してやるよ」

そう言って、できあがったクレープを一枚、お皿の上に引っくり返すと、まだあつあつのそれを、勢いよくおじいちゃんの顔に押し当てたのです。

かわいそうに、おじいちゃんは痛さのあまり悲鳴をあげました。

そしてぴょんぴょん飛びながら、まるで熱湯をかけられた猫のように家中を駆けまわりました。それからドアに突進すると、畑に姿を消しました。

女中は、このいけ好かない居候を永遠に厄介払いできたと思い、たいそうご満悦でした。

実際、その晩、みんなは安らかに眠ることができたのです。モンはほくほくしてシーツのあいだで体を伸ばし、上機嫌で眠りにつきました。うとうとしながら、二枚のシーツが板切れのように硬くなったような気がしました。まるで石臼の中の麦粒のように、上の板と下の板にぎゅうぎゅう挟まれて、押し潰されそうです。モンは両目を開きました。すると、どうでしょう。立ったまま、ベッドと隣の箪笥《たんす》とのあいだに挟まれ、潰されかかっているではありませんか。そのときの驚きようといったら！　モンは、「助けてぇ！」と、大声で叫びました。

家の人たちはびっくり仰天して飛び起きると、部屋に駆けつけて、モンを救出しました。

女中は体中、傷だらけです。腰の痛みは、生涯癒えることはありませんでした。

おじいちゃんの奥さんで、ケラニウーの未亡人は、女中の恐怖心がようやく納まると、こう言いました。

「よく覚えておきよ、モンや。死者をないがしろにしてはいけない、ということを」

この奥方はカトリーヌという名前で、たいそう優しくて小柄な女性でした。性格はかなり内気で、立て続けに大勢の子供を生んだため、それ以来、虚弱になってしまったのです。奥方がいっこうに再婚しないので、近所の人たちは内心不思議に思っておりました。というのも、奥方のか弱い体で、ケラニウーのように大きな農場を一人で切り盛りするのは、さぞ大変だろう、と思われたからです。

善良なる神さまが奥方を哀れに思し召し、死んだ夫を農場に帰したのだ。そんなことを言う者もいました。

確かにその推測は、多少なりとも当たっていたと思います。でもそれは、おじいちゃんがこの世に戻って来たことの、理由のすべてではありませんでした。

もっと後で、人々は本当のわけを知ることになるのです。

ある朝、カトリーヌはトゥルクの司祭館に出かけて行きました。主任司祭の世話をしている家政婦は、奥方の顔が青ざめ、いつもよりずっと痛ましい表情をしていることに気がつきました。

「デネス神父さまとお話したいんですけど」椅子に腰掛けながら、気の毒な奥方は言いました。

デネスというのは主任司祭で、たいそう立派な神父さまでした。司祭はケラニウーの未亡人を食堂に案内し、扉を念入りに閉めました。奥方が何か重大な相談をしに来たのだと、察したからです。

二人きりになるや否や、奥方はよよと泣き崩れました。司祭は好きなだけ泣かせておいてから、優しく声をかけました。

「どうぞ悩みを話して下され、カティックさんや。そうすれば、きっと心が軽くなるじゃろう」

「そんなことできません、デネス神父さま。到底ありえないことなんですもの。いくらなんでも、不自然すぎますわ！」

けれども、とうとう最後に、思いきって打ち明けました。恥ずかしさに顔を赤らめながら。それはね、こういうわけですよ。奥方は妊娠していたのです。とはいえ、おじいちゃんが死んでからというもの、生きている男は誰一人として、自分の寝床に迎え入れなかった、と誓うことができました。でも、おじいちゃんその人が、自分の隣に横になっていたことが何回かあったというのです。奥方は、どんなに拒否したかったかわかりませんでしたが、恐怖心から夫の言うなりになりました。おじいちゃんの話では、そうすることが神さまの命令なのだというのです。自分がこの世に戻ってきたのは、ひとえにそのためだ、なぜなら子供についての責任を果たさなかったからだ、と……。

「成すべきことは、成されねばならん」奥方の話が終わると、主任司祭はこう言いました。「わが子よ、心安らかに行くがいい。そなたは、自分の務めを果たしただけじゃ」

「まあ、どうしたらいいんでしょう！　司祭さま、心安らかになんて、絶対に無理ですわ。悪口や陰口が、水車の輪のようにあたりを駆け巡るでしょう。わたしはもう、ふしだらな女の烙印を押されたも同然です。こんなありえない話、誰が信じてくれるっていうの……」

実際、膨らんだお腹が人目につくようになると、誰もが奥方を嘲《あざけ》りました。荷車引きの男に身を任せたといって、罵《のの》る者もおりました。誹謗中傷の嵐が、襲いかかりました。

戦いに疲れ果て、奥方はふたたび司祭館を訪れました。

「司祭さま、お願いですから、これ今生《こんじょう》の罪の赦しをお与え下さいませ！　もう耐えられません。ひと思いに死んでしまいとうございます」

「待つのじゃ、カティック。次の日曜日まで。そのとき、歌ミサに来るがいい」

奥方は勇気を奮い起こして、日曜の歌ミサに出席しました。彼女がそばを通ると、低い声で悪口が囁かれます。冷たい視線が向けられる中、針の筵《むしろ》に座るような気持ちで、いつもの自分の席に座りました。

聖書の朗読が終わると、主任司祭が壇に上がり、説教を始めました。

「小教区のみなさん、この世で人のことを悪く言う者は、あの世で自分が悪く言われるのです。ここに一人のご婦人がおり、みなさんの心ない言葉が、生きながら煉獄にいるかのように、このご婦人を苦しめておるのです。けれども、このわしが忠告しますぞ。いいですか、みなの衆、くれぐれも用心めされい。このご婦人にまつわる口さがない噂のせいで、みなさんは、自分から進んで地獄に堕ちているのですぞ。あなたがたは、正直な女のスカートに噛みつこうとする犬のように、このご婦人を攻撃している。カティック・ドゥ・ケラニウー、面《おも》を上げなさい。頭《こうべ》を垂れるべきは、この人を悪く言う、あなたがたのほうですぞ」

この日から、人々は未亡人をそっとしておきました。月満ちて、奥方は見るからにひ弱そうな子供を産みました。

その子は、ほかの子と同じでしたが、ただ一つ違っていたのは、眼窩に目玉がなかったことです。

その代わり、この子の頭には、おそるべき知性が宿っていました。人々は子供を教会に連れて行き、洗礼を授けてもらいました。館に帰ると、子供は一人前の大人のようにしゃべりだし、洗礼に出席した人が、町の旅籠屋でどんなリキュールを何杯飲んだか、母親に報告したのです。

その場の人々は、みんなあっけにとられました。そして、主任司祭の話が正しかったことを悟りました。やがて、この地方一帯が、ケラニウーの赤ん坊の噂でもちきりとなったのです。

この子が生まれた日、例のクレープ事件以来、家の中でとんと見かけなかったおじいちゃんが、久しぶりに姿を現しました。とはいえ、実はそのあいだも、どこか遠くへ行ってしまったわけではなく、打ち捨てられた森など、近所をうろついているところを何回となく、目撃されていたのです。ときどき、窓ガラスの向こうに、ひょっこり顔を覗《のぞ》かせることもありました。けれども、敷居をまたいで家の中に入ろうとは、しなかったのです。

ところが、その日の晩、おじいちゃんはいつものように炉辺に佇み、奥方のベッドの前に置いてある揺り籠のそばに座りました。そして、昼となく夜となく、何日もそこにじっとしていました。赤ちゃんが泣き出すと、急いで揺り籠を揺するのです。それは生前おじいちゃんが、一度もしなかったことでした。ですから、動作が少し乱暴だったのも、無理はありません。ときどきおじいちゃんは、荷車の柄のように、揺り籠の縁に全体重を掛けて、激しく揺することがありました。

すると子供は、おじいちゃんにこう頼むのでした。

「ドゥスタディク、ポートル・コス、ドゥスタディク！」（もっと優しくしてよ、おじいちゃん、もっと優しくだよ）

子供は七ヶ月まで生きました。驚くほどよくしゃべり、目玉のない目で、すべてを見通すかのようでした。

ある朝、小さなベッドの中で、赤ん坊は冷たくなっていました。おじいちゃんは、お墓まで付き添いました。そしてそれ以来、おじいちゃんの消息は聞かれなくなりました。きっと、自分の手で子供を天国に連れて行くのを待っていたんだと、みんなは噂しあいました。

（語り手、マリー・オスティウー／カンペールにて）

95話　糸紡ぎのおじいさん

パンヴェナンのケリボ村での話だ。わしはその頃、二階建ての家の一階に、かみさんや子供らと一緒に住んでいた。二階には一人のお年寄りが住んでいて、麻を紡いで生計を立てていた。

あるとき、そのおじいさんが亡くなった。

当時わしは、いまと同じ仕事をしておった。つまりな、田舎の貧しい仕立て屋だったんだ。とはいえ、その時分、わしはまだ若くて、よく働いたし、仕事が途切れることはなかった。ほとんどの時間、どこから手をつけようかと迷う暇さえなかったほどだ。夜が更けるまで縫い物をしなけりゃならなかったからな。かみさんは編み物が得意で、わしにつきあってよく夜鍋仕事をした。子供らを早々と寝かしつけてしまってから、二人並んで、それぞれの仕事に精を出したものだ。

ある晩、例によって夜遅く、二人で黙々と仕事をしていると、かみさんのソエスが突然、こう言い出した。

「あんた、あの音、聞こえるかい？」

かみさんは天井を指差した。

わしは耳を澄ました。

どうも糸紡ぎのおじいさんが生き返って、上の部屋で糸車を回しているとしか思えなかった。ときどき音が止むのだが、それは糸巻きに糸が一杯になったので、おじいさんが仕事の手を休め、新しい糸巻きと取り替えるための間合いだった。それからふたたび、かたかたという、糸車のまわる音がいっそう激しくなった。「ねえシャルロ」と、かみさんは真っ青になって言った。「もう寝ましょうよ。土曜の晩、真夜中過ぎになっても起きているのは、よくないって言うよ(12)」

そこでわしらは床に入ったが、恐ろしさのあまり一睡もできなかった。糸車の音は、夜明け前になって、ようやく止んだ。

翌日、つまり日曜日の夜に仕事をするなんて論外だったので、わしらは子供たちと同じ時間に寝床に入った。そしてその晩、眠りを妨げられるような出来事は、何も起こらなかった。

だが、月曜、火曜、そして週日の夜はずっと、そのうえ土曜日の夜まで、あの絶え間ないヒュンヒュンという音がわしらの耳に聞こえるのだった。もう我慢の限界だ。土曜の晩、わしは寝る前、かみさんにこう言った。

「是が非でも、あれを止めさせてやるぞ。明日こそ二階に行って、白黒つけてやるからな」

日曜の午後、わしは宿屋という宿屋を回って、酒をあおった。それはひとえに、勇気を奮い起こすためだった。夕飯を食べに家に帰ったとき、わしはすっかり「できあがって」いた。

家に帰ると、わしの分のスープは、炉に掛けられた鍋の中で暖まっていた。そいつをそそくさと食ってしまうと、わしは大きな声で喚《わめ》いた。

「おい、ソエス・シャットン。ろうそくに火をつけてくれ。じいさんが何をしているのか、見てくらあ」

「絶対によしておくれよ、シャルロ！　そんなことをしてごらん、あたしたちに不幸が来るよ」

だが、体に流し込んだ酒の量がいったん鼻の高さを越えちまうと、わしはおそろしく頑固になるんだ。

わしは自分でろうそくを灯すと、階段を上がって行った。ところが、六段も上がらないうち、その場に釘付けになった。上から一陣の恐ろしい風が、氷のように冷たい風が吹いてきて、下に転がり落ちそうになったからだ。

その瞬間、体中のアルコールがいっぺんに蒸発し、それと一緒に勇気のほうも消し飛んだ。わしはすごすごと階段を降りていった。

かみさんは、「どう？　これでもう懲りたでしょ」と言った。

信じられんかもしれないが、一年間というもの、わしらは二階から聞こえてくる糸車の音にじっと耐えた。だが、死者のほうも、この我慢比べを放り出そうとはしなかった。それに、こっちも段々慣れてきたんだ。いつの間にか例のかたかたという音が、さほど気にならなくなった。それどころか、いつもより鳴るのが遅いと、かえって不安になったくらいだ。何か足らないものがあるような気がしてな。

わしはよくソエスにこう言ったものだ。

「あの糸紡ぎのじいさんが、子供らの目を覚まさせさえしなけりゃ、もうどうだっていいや」

だが、一年たてば子供は大きくなるものだ。ある晩など、一人が突然、ベッドから飛び起きて、こう言った。

「母ちゃん、誰が糸を紡いでいるの？」

すると、かみさんはこの子の寝床に駆けつけ、もう一度寝かしつけようとした。

「誰も糸なんか紡いでやしないよ。さ、もうお休み」

わしはテーブルで仕事をしながら、こう返事をする。

「あれはな、家畜小屋で羊どもが騒いでいるんだよ」

すると、子供はいつしか眠ってしまうのだった。

だが、こんなことがいつまでも続いていいわけはない。あるときわしは、おじいさんの一人息子に会いに行った。その男は、隣のプルギュエル小教区で農家を営んでいた。

「なあ、わが家でおかしなことが起こっているんだよ」と、わしは息子に言った。「どうも親父さんが戻ってきているらしい。親父さんは生きていたときとおんなじように、あの部屋で、片時も休まず糸を紡いでいる。俺が思うに、親父さんにはミサが一つ、足りないんじゃないか。お前さんが頼んでくれなきゃ、俺が自分で頼んでミサを挙げてもらうが」

「じゃあ、ちょっくら見に行こう」と、息子が答えた。

男はわしと一緒に家に来て、わしらが聞いた音を聞いた。

この人は正直なキリスト教徒だった。夜が明けるとパンヴェナンの司祭館に行き、親父さんのために六フランでミサを頼んだ。このときからというもの、わしらの生活はずっと穏やかになった。例えば土曜の夜、真夜中をすぎてまで、夜鍋仕事をすることはなくなったのさ。(13)

（語り手、パンヴェナンの仕立て屋、シャルル・コール、通称シャルロ・ビピ／一八八五年）

96話　波が運んできた鏡

この話をわしは、父方のじいちゃんから聞いた。じいちゃんは、島で水先案内人をしておった。ピトン家の一族は、みんな代々、この務めを受け継ぐんじゃよ。

あるときスペインの船が、……それともブラジルだったかな、もうはっきりとは思い出せん。とにかく外国船が、サン島の暗礁で沈没した。船員、乗客の区別なく、乗っていた全員が海中に沈み、救助の手を尽くしたにもかかわらず、誰一人として助からなかった。その後、何日間も、海は遺体と漂流物で埋め尽くされた。人々は遺体をキリスト教式に葬り、漂流物の方は集めて、みんなで分け合った。所有権を主張する者が誰もいなかったからだ。わしのじいちゃんも、他の人と同じように籤《くじ》を引いて、当たった物をもらった。数多くの品物の中に、とてもぶ厚いガラスの嵌った、一枚の鏡があった。まわりの額は美しいオーク材でできていて、全面に彫刻が施されている。水に浸かっていたために、鏡はところどころ曇ってはいたけれど、それ以外は傷んでいなかった。だから、じいちゃんがその鏡をきれいに磨き上げて、うちの大広間に掛けたとき、家に来た人は誰もがその見事さに感心した。その時分、この地方では、鏡はまだとても珍しかったんだ。

しかも、鏡の掛けられた大広間自体が、豪華なつくりだった。この部屋は、外からのお客さんや海鮮問屋、あるいはオマール海老の商人など、お得意さんを泊める客間だった。こうした人たちは、じいちゃんと取り引きがあったので、たいてい年に一、二度、家にやって来たのだ。

普段はこの部屋は閉まっていて、誰も中には入らなかった。ただし、ばあちゃんだけは別で、ときどき家具の埃を払ったり、床を磨いたりした。そういうときは当然のことながら、人の好いばあちゃんは、きれいな鏡に映った自分の姿に見とれたりはせず、布巾でさっと拭きながら、せいぜい一瞥をくれるくらいが関の山だった。

ところで、例の船が沈没してから五、六ヶ月ほど経ったある日、オーディエルヌに住むじいちゃんの名づけ子が、サン島で行なわれる聖グウェノレのパルドン祭に来たいと、手紙で知らせてきた。この名づけ子は、町の若い娘の常として、いわゆるお嬢さま育ちだった。そこで、娘を大広間に泊めて、もてなすことになった。名づけ子が家に到着すると、ばあちゃんが先に立って階段を上がり、用意された部屋に案内したが、中に入る前に、こう言って自慢せずにはおれなかった。

「ねえ、マリー・ダゴルン。見てちょうだい。とってもすてきな鏡があるんだから！」

しかし、そう言った直後、まったく違った声音でばあちゃんは叫んだ。

「まあ、嫌だ！　どうしたのかしら？」

前の晩、あんなに丁寧に磨いたはずの鏡は霧がかかったかのように曇り、水の雫がまるで涙のように、上から下へと流れ落ちていたのだ。

「あら、湿気のせいよ、きっと。どうってこと、ないわ」と、娘は言った。

ばあちゃんはそれ以上言い返さなかったが、お腹の中では、これは一体どうしたことかと大いに危ぶんだ。その晩、ベッドにもぐりこんで、横に寝ているじいちゃんと二人きりになったとき、ばあちゃんはこう言った。

「ねえ、ピトン、気がついた？　あの鏡、どうも普通じゃないよ。さっき、泣いていたんだもの」

しかし、じいちゃんは、女房の言い分を一笑に付した。

「へえ、そうかい！　お前、そんな歳にもなって、鏡がときどき汗をかくっていうこと、知らないわけはないだろう？」

「汗、……汗ねえ。でも、夏に水滴がつくはずはないし、家の中でもいちばん湿気の少ない部屋なんだよ」

「チェッ、馬鹿馬鹿しい！　いい加減、わしを寝かせてくれよ」

やがて夜が明けて、朝になった。ばあちゃんがコーヒーを淹《い》れようとして、起きたときだ。上の部屋から、娘が行き来する足音が聞こえてきた。おそらくパルドン祭の鐘の音で、いつもより早い時刻に目が覚めたのだろう。島の娘たちよりも垢抜けて見えるように、もう念入りに身支度を始めているらしい。それから不意に足音が止んだかと思うと、凄まじい金切り声が響きわたった。

「イエスさま、神さま！　何事だろう？」階段を駆け上がりながら、ばあちゃんは怪しんだ。

部屋のドアを開けると、床の上で気絶しかかっているマリー・ダゴルンが目に入った。娘は鏡を指差している。と、今度はばあちゃんが恐ろしさに総毛立ち、思わず後ずさりした。というのも、鏡の中に女の顔が浮かんでいたからだ。それは、自分でもマリー・ダゴルンでもなく、見たこともない女だった。顔色は青ざめ、瞳のない目は白目を剥き、長い髪の毛からは水滴がしたたっている。

ばあちゃんは、やっとのことで夫を呼んだ。着がえをしていたじいちゃんは、そのままの姿で飛んで来た。だが、そのときにはもう、幻《まぼろし》は消えていた。

「この鏡をいますぐ家の外に持って行ってちょうだい」と、ばあちゃんは有無を言わさぬ勢いで叫んだ。

そこでじいちゃんは仕方なく、すぐさま鏡を海に戻すと、鏡はたちまち波間にさらわれて、海中に姿を消したのだった。(14)


(語り手、水先案内人ピトン／サン島にて、一八九四年)

97話　止まった時計

キニウじいさんは、フエスナンのル・コスケに住んでいた。じいさんがあの世へ旅立つと、直系の跡継ぎがいなかったので、甥っ子たちが財産を相続して、じいさんの家に住むようになった。

じいさんが亡くなった直後こそ、甥っ子たちは毎晩「感謝の祈り」を唱えるとき、故人の魂の安息のために「デ・プロフンディス」を唱和することを怠らなかったが、時が経つにつれて、じいさんから受けた恩を次第に忘れていった。やがて、じいさんの残した家に住みながら、故人のことなど口の端にものぼらなくなった。まるでキニウじいさんなんか、最初からこの世に存在しなかったかのように。墓参りですら足が遠のき、手入れがされなくなったため、墓石は欠け、雑草が我が物顔に生い茂った。知らない人が見れば、誰もが貧乏人の墓にちがいないと思っただろう。九百エキュもの収入があった金持ちの墓だとは、よもや想像つくまい。だが、それよりもっとひどいのは、一周忌が済んだら、もうじいさんのためにミサ一つ挙げてもらおうとしなかったことだ。そうとも、あの世でのじいさんの運命が良かろうと悪かろうと、そんなことはどうでもいい、と無関心を決め込んだのさ。

翌年の万聖節の日、甥っ子たちは、出身地であるブーゼック・コンクの小教区教会に出かけ、亡くなった両親の冥福をお祈りした。だからキニウじいさんは、お祈りもされず聖水もかけてもらわず、まるで誰からも見捨てられたみなし子のように、フェスナンのさびしい墓地に、ひとりぼっちでほったらかしにされたんだ。

夜になって甥っ子たちがル・コスケに戻って来ると、留守番をしていた女中がこう言った。

「柱時計がおかしいんですよ。みなさんがお出かけになってから、動かなくなってしまって(15)」

この時計は、生前、キニウじいさんの自慢の種だった。それもそのはず、この地方一帯でまたとなく見事な時計だったからな。外見は立派で、中の歯車はおそろしく複雑だし、そりゃもう、素晴らしい音色だった。この時計が時を告げるのを聞くと、まるでカリヨンがいっせいに鳴っているかのようだった。ケースは木でできていて、教会の祭壇のように、全面に花や木、小鳥などの模様が彫刻されていた。

「なあんだ、そんなこと！」と、甥っ子の中でいちばん年長の男が言った。「ねじを巻いてやりゃぁ、いいだけの話じゃないか」

そして、ぜんまいを巻こうとしたが、いくら巻いても、中の機械は沈黙したままで、うんともすんとも言わない。

「こりゃ、おかしな魔法がかかっているにちがいねえ！」と、男は叫んで、匙を投げた。「クレテ・ハンテーに頼まなきゃ、埒《らち》があかねえや」

クレテ・ハンテーとは、十二時半という意味で、コンカルノーに住む時計屋のあだ名だった。この男は、別名「時間のお医者さん」とも呼ばれていた。病気になった柱時計の治療を頼もうと、甥っ子は荷車で時計屋を迎えに行った。

時計屋は触診したり、聴診したり、中と外を仔細に調べたりしたが、首を振ってこう言うばかり。

「おかしなこともあるもんだ！　どこも悪くないのに、動きたがらないとは。まるで、怒ってむくれているみたいだ。こうした機械ってもんは、ときとして人間と同じで、機嫌のいいときと悪いときがあるんだよ。この時計についても、不機嫌が直るまで待つしかないだろう」

そう言うと、時計屋は帰ってしまった。

それから何日も、何週間もが過ぎた。時計は相変わらず動かず、彫刻された木のケースの中でだんまりを決め込んでいる。実際、こいつは本気で膨れているのだった。家の者たちはみんな、それぞれ時計の指示でやるべきことを決めていたので、柱時計が鳴らなくなってからというもの、家の中は何もかもがちぐはぐになってしまった。野良仕事をするにも食事をするにも、決まった時間というものがなくなったのだ。主人たちは困り果て、使用人たちも同じように途方に暮れた。

ところがある晩、女中の頭に一つの考えが閃《ひらめ》いた。この家には女の人が他にいなかったので、寝る前に「感謝の祈り」を唱えるのは、この女中の役目だった。その晩、最後に十字を切ってお祈りを締めくくる前に、女中は突然、こう言い出した。

「この家の屋根の下で、キニウおじいさんの名前を聞かなくなってから、ずいぶん久しいような気がするわ。おじいさんのためにお祈りを捧げたら、どうかしら」

「うむ、実に」と、甥っ子たちも賛成した。「おじいさんのことを、ここのところ、少し忘れていたようだ。おじいさんのために、みんなで『デ・プロフンディス』を唱えるとしよう」

甥っ子たちも使用人も、その場の一同がもう一度、ひざまずいた。すると、不思議なことが起こった。女中がお祈りの文句を唱え始めるや否や、不意に目が覚めたかのように、柱時計が鐘を鳴らしたんだよ。その美しい音色は、しーんとしずまりかえった中に響きわたった。鐘の鳴る回数を数えると、八回だった。前に止まった時間と、ふたたび動き出した時間は一緒だった。ただし、止まったのは朝の八時で、そのときは夜の八時だったけれどな。(16)

(語り手、ジョゼフ・キリエック/カンペールにて)

第18章　冒険物語に登場する幽霊

レンヌ、シャン・ドラン通り

98話　ジャン・カレの冒険

ジャン・カレは、かわいそうなみなしごでした。三、四歳のときに父さんと母さんをなくし、この世にひとりぼっちになってしまったのです。けれども幸いなことに、独身の代母のおばさんに引き取られ、実の子のように育てられました。大きくなって勉強を始める歳になると、おばさんはこの子を寄宿学校《コレージュ》に入れました。そのまま何事もなければ、他の子のように神父さんや公証人にだってなれたはずなんです。でも、この子は、生まれつきの冒険家でした。十九のころ、休暇で家に帰省すると、ジャン・カレはおばさんに向かってこう言いました。

「ねえ、おばさん。おいらのことが本当に好きなら、休みが終わっても、おいらを学校に戻さないでほしいんだ」

「へえ。本と顔を突き合せているのが、嫌になったのかい?」

「いいや、本と顔を突き合せているのが、嫌になったわけじゃないよ。ただ、一部屋に閉じ込められて、じっと座っているのが退屈なだけだ」

「ふーん。それなら、これからどうするつもりだい?」

「おいら、船乗りになりたいんだ」

「それは結構」と、おばさんは言いました。「ねえ、ジャン・カレや。あたしはね、お前がずっとこの家に住んで、一人前になってくれたら、こんなにありがたいことはない、と思っていた。でも、内心こうも決めていたのさ。お前がどんな仕事を選ぼうとも、決して反対するまいって。だから、船乗りになりたいのなら、なればいい。あたしはいまからこの足で、丈夫な船をつくってもらいに行ってくる。だって、自分の名づけ子が、一介の水夫として雇われるなんて、断じてごめんだからね。お前がすぐに船長になるんじゃなきゃ、あたしゃ我慢できないよ。乗組員は、自分でお選び」

ジャン・カレは、学校ではたいして勉強熱心な生徒ではありませんでしたが、船長になるための知識なら十分に持っていました。そこで、すぐに免許をとり、船ができあがるのを待ちました。

いよいよ進水の日が来ると、ジャン・カレは親切なおばさんにこう言いました。

「おばさんは、おいらの名づけ親だ。だから、この船の名づけ親にもなっておくれよ」

そこで、船の後ろに「バルバイカ号」という名前が記されました。それが、この優しいおばさんの名前だったんです。

この船が二本マストのスクーナーか、三本マストの帆船か、わたしにはわかりません。確かなのは、造船所から出てきたとき、みんながため息をつくくらい立派な船だった、ということです。しかも、船長がジャン・カレだというのも、喜ぶべきことでした。だってジャン・カレは、稀に見る優れたキャプテンだったんですもの。

こうして「バルバイカ号」は、帆に風をいっぱい受けて、海の真っ只中へと出帆しました。神さまが行く手をお守りくださいますように！

ジャン・カレは、地中海で二年間、遠征をすることにしました。

最初の十六ヶ月は、すべてがうまく行きました。天気は良し、海は穏やかで、良い風に恵まれて。

「でも、そんなの、たいしたことじゃない」と、ある日、若いキャプテンは水夫たちに言いました。「みんな、もう一度国に帰りたくて、うずうずしているだろう。よし、バス・ブルターニュに向けて、舵をとれ」

そして、そのとおりになりました。

すでに水平線の彼方《かなた》に、ブルターニュの陸地が見えてきたときのことです。

「おい、みんな、ひざまずけ」と、ジャン・カレが号令をかけました。「旅の安全を守ってくださった神さまに、お礼を言うんだ」

けれどもそのとき、大マストの上から、一人の水夫が言いました。

「船長、いちばんの試練はまだこれからですぜ。怪しい船がこっちに向かってやって来ます」

ジャン・カレは、指さされた方向に望遠鏡を向けました。

「本当だ。どうもこれから『海の荒らくれ者』ども と、一悶着ありそうだな。よーし、みんな配置につけ！」

「バルバイカ号」はマストに旗を掲げましたが、海賊船はこの礼儀正しい挨拶に応えようとせず、ぐんぐんこちらに近づいてきます。

「そうなりゃ、こっちにだって考えがあるぞ！」と、ジャン・カレは怒って言いました。「どうやら、礼儀を教えてやらなきゃならないようだ。ふん、このお礼はたっぷりさせてもらうぜ」

この船には、大型の大砲が十二台ついていました。そう、代母のおばさんは、何事にも抜かりはなかったんです。十二台の大砲が、いっせいに火を吹きました。海賊船は相手をただの商船だと見くびっていたので、この荒っぽい挨拶にびっくりしました。そして、三回くるくる回転したかと思うと、海に沈んでしまいました。

ジャン・カレは情け知らずではありませんでした。ボートを下ろすように命じ、生き残った乗組員を全員救出しました。

さて海賊たちは、六十人の、目を瞠《みは》るばかりに美しい娘を連れていました。

「この娘たちはどうしたんだ？」と、ジャン・カレが海賊の頭《かしら》に尋ねました。

「さらって来たんでさあ」

「で、どこに連れて行くつもりだ？」

「売っ払うつもりだったんでさあ」

美女の中に、せいぜい十七、八にしか見えないお姫さまが一人、まざっていました。金髪で、薔薇色の肌はみずみずしく、目は空のように透き通ったブルーです。一人の侍女が片時も離れず、お姫さまに付き添っていました。

「この若いお姫さまは、いくらで売るつもりだったんだ？」と、ジャン・カレが訊きました。

「おぬしはわしらの命を助けてくれたから、特別に千エキュでお譲りいたしやしょう」

「で、この侍女は？」

「おまけに差し上げますわい。ただし、わしらをいちばん近い港に無事に降ろしてくだされ」

「話はついたな！」ジャン・カレはそう言って、その場で千エキュ支払いました。

そして約束どおり、いちばん近くの港で海賊たちを無事に降ろしました。

それから、船の帆を上げて、最初に停泊するはずだった港に向かいました。その町で、いちばん上等の旅籠屋にお姫さまと侍女を泊まらせ、宿のおかみさんに二人のことをくれぐれもよろしく頼んでから、自分は馬に鞍をつけ、代母のおばさんの住んでいる館にまっすぐ急ぎました。おばさんはもう大喜び！　両腕を広げて出迎えました。

「さあさあ、これまで何があったのか、話しておくれよ」名づけ子をしっかと胸に抱きしめてから、おばさんが尋ねました。

「そんな大した事件はないよ。ただ、買い物をした以外は」

「へえ。どんな物を買ったのかい？」

「おばさんの趣味に合わないかもしれないよ」

「だから、どんな買い物なんだい？」

「おいらと一緒に来ておくれ。そうすりゃ、わかるから」

頼まれるまでもありません。宿に着いたおばさんは、お姫さまをひと目見るなり、気に入ってしまいました。

「で、結婚式はいつだい？」おばさんはジャン・カレの方を振り返って、訊きました。

「いつでも、おばさんのいいときに」

「じゃあ、できるだけ早い方がいいね」

それから一五日後、結婚式が行なわれました。それはそれは、立派なお式でしたとも。一三ヵ月後に、男の子が生まれました。この子はジャン＝バルバイクと名づけられました。

いまや父親になったジャン・カレは、おばさん、お姫さま、息子と一緒に、二年間、仲睦まじく暮らしました。けれども三年目になると、退屈そうな様子を隠すことができませんでした。

「お前には、何かが足りないみたいだね」と、ある日、おばさんが言いました。

「うん。海が足りないんだ」

「おやまあ、真面目に言っているのかい？　奥さんと子供を放り出して、出て行くつもり？　あたしはただの代母だから、いいとしても」

「なら、どうすりゃいいんだよ。おいらは、炉辺で足を温めて、満足していられるような性分じゃないんだから。あと一回だけ、海に出しておくれよ。次に戻ってきたら、そのときこそ、もうどこにも行かないから」

「今度が最後の船出だって、誓えるかい？」

「ああ、誓うとも」

「それじゃあ、お行き」

その晩、おばさんはお姫さまに、ジャン・カレが最後の船出をするつもりだ、ということを知らせました。

「そういうことなら、仕方ありませんわ」と、お姫さまは言いました。「どうしても行くというのなら、船尾にあたしと息子、そして侍女の肖像画を描いてもらってくださいまし。そして、行きと帰りのどちらでもいいから、どうかロンドンに寄港してください。ね、あたくしのためと思って。そのとき、いつものように舳先ではなく、船尾を桟橋に係留していただきたいの。そうすれば、陸の人に、三人の肖像画がよく見えますから。お願いすることは、それだけです。あたくしをこんなに悲しい気持ちにさせるんですもの。これくらいの望みはきいてくれますね」

「言うとおりにするとも」と、ジャン・カレは答えました。

それから、往路にロンドンに寄港するぞ、と乗組員に告げました。そして、お姫さまの希望どおり、船尾を桟橋に係留しました。

ところで、イギリスの王さまは広い庭を持っていました。その庭のテラスは埠頭に面していて、そこからすべての船の出入りを眺めることができたのです。

ある朝、王さまがお妃さまに言いました。

「ふーむ！　いま入って来た船を見たかね？」

「ええ、見ましたわ。でも、なぜそんなことを？」

「舳先ではなく、船尾が繋《つな》がれておる」

「あら、本当ですわ」

「あの船の船長は、たいした阿呆にちがいない。ひとつテラスから降りて、見てくるとしよう。ロンドンのわしの埠頭で、船が正しく繋《つな》がれていないなんて、誰にも言わせたくはないからな」

王さまは、たいそうご立腹です。

「この船の馬鹿船長は、どこのどいつだ？」

王さまは、「バルバイカ号」のそばまで来ると、怒鳴《どな》りました。

「ジャン・カレという男でさあ」と、見習い水夫が答えました。「でも、もし御用があるなら、もっと礼儀正しくふるまっていただかないと。うちの船長は、なにせプライドが高いお方なもんで」

こうしたやりとりのあいだ、お妃さまは最初は好奇心から、次は驚きから、船尾の絵をじっと眺めていました。

「お怒りになるよりも、この三人の肖像画をご覧くださいまし」と、お妃さまは、王さまの腕を引っ張って言いました。「これはわたくしたちの娘、そしてこちらは、あの子の侍女ではありませんか。でも、なぜ二人のあいだに、見たこともない、この子供がいるのかしら。まったくもって、謎ですわ。船長に丁重に伺ってみるのが、いちばんです。そんな威張った態度では、何も教えてはもらえませんよ。この際ですから、ひとこと言わせていただきます。いいですか、肝に銘じておいてくださいまし。あなたは頭に血が上ると、ヘマしかなさらない、ということを」

ちょうどそのとき、ジャン・カレがデッキに姿を見せました。

「すみませんが船長殿」と、王さまは帽子を取って、声をかけました。「なぜこの肖像画がここにあるのか、よろしかったら教えてはいただけませんかね?」

「なーんだ、その絵のことかい。それは、おいらが描かせたんだよ」

「で、モデルはどなたで?」

「こっちはおいらの正式な女房で、これがその小間使い。で、真ん中の子供だが、こう見えても、父親はこのおいらでさあ」

「何ですって! あなたの正式な奥さんですって!」お妃さまが叫びました。「腕に抱かせてちょうだいな。だってあなたは、あたしたちの娘婿なんですもの」

「わしもじゃ、抱かせておくれ!」と、王さまも大声を上げました。

「こんちきしょう!」と、ジャン・カレが言いました。「ロンドンに親戚がいるなんて、思いもよらなかったぜ!」

そして、三人はしっかと抱き合いました。

それから、ジャン・カレは二人に、海賊から娘を買い、結婚したいきさつを語りました。

「それは何よりじゃ」と、王さまは言いました。「娘が生きていてくれれば、言うことはない。二年このかた、もう死んだものとばかり思って、泣き暮らしておったのじゃから。さて、婿殿、しばらくわしらと一緒に過ごしてくれんかのう。そうすれば、互いにもっとよく知り合うことができるというものじゃ。どうか宮殿に寝泊りしてくだされ。船の指揮は、副船長に任せておけばいい。乗組員のことは、わしが面倒をみましょう」

「そいつは合点！」と、ジャン・カレは答えました。そして、義理の両親のあとから宮殿に向かいました。二ヶ月間、彼は王侯貴族のようなもてなしを受けました。王さまは婿に敬意を表し、王国をくまなく案内しました。もちろん、徒歩でなんかじゃありませんとも。


ある日、二人は大きな町にやって来ました。通りという通りは、人でごったがえしています。

「なぜこんなに大勢の人が集まっているんだろう？」と、ジャン・カレは不思議に思いました。

二人が人だかりをかき分けていくと、身の気のよだつような光景が目に入りました。二人の屈強な男が、死んだ男の脚を一本ずつ持って、引きずっていたのです。気の毒な男の頭は敷石にぶつかり、ごつんごつんと音をたてています。群集は、遺体めがけて泥を投げつけていました。

「こんなひどい国は見たことがないぞ！」ジャン・カレは割れ鐘のような声で怒鳴《どな》りました。「敬意を払うべき死者に、こんな扱いをするとは！」

遺体を引きずっている男のうちの一人が、こう答えました。

「こいつは、死ぬ前に借金を返さなかったんだ。だから、こんなふうに引きずられているんだよ。今までずっと、この町ではそうしてきた。これからも、この風習は変わらない。借りた金を返さない奴は、雑草とおんなじで、死んただけでは飽き足らない。後世の人が真似しないよう、悪い種は実を結ぶ前に根こそぎにしなくてはならんのだ。それに、こんなの序の口だ。これからこの男を石切り場に連れて行って、手足を切り刻み、肉を細かいミンチにして、あたりにばら撒くんだ。野生の獣や猛禽どもの餌になるように」

「ここがバス・ブルターニュだったら、ミンチになるのはお前らのほうだぞ」と、ジャン・カレは唸った。「この気の毒な男が残した借金は、どれだけだ？」

「百フランだよ」

「ほら、ここに百フランある。受け取れ！　この遺体はおいらが引き取るが、かまわないな？」

「ああ、いいとも。お前さんの好きにするがいい」

「すぐに葬ることにしよう。お前たちイギリス人に、ブルトン人が死者をどのように扱うか、見せてやる」

王さまはその場で、一部始終を見聞きしていました。でも、自分の国民に悪く思われたくなかったし、それ以上に婿の気を害したくなかったので、あえて口出ししませんでした。

ジャン・カレは当地の風習にのっとって、自分の費用で死者を手厚く葬りました。それから、このあたりでいちばん上手だと評判の石屋に頼んで、立派なお墓をこしらえ、そこに死者の名前と、自分の名前とを刻ませました。

けれども、王さまはいささか心配になって、こう言いました。

「そろそろロンドンに戻ってはいかがかな？」

「まったくだ！」と、ジャン・カレは答えました。「この町で見聞きしたことのせいで、もうこれ以上旅を続ける気が失せた」

そこで二人は、引き返しました。

ロンドンに戻ると、ジャン・カレは、滞在がずいぶん長くなったから、そろそろ国に帰って女房に会いたい、と義父母に告げました。一刻も早く、「バルバイカ号」のデッキに戻りたかったのです。すると、王さまは言いました。

「帰国するのはかまわんが、来たときに乗ってきたあの船にまた乗船するのは、どうか思いとどまっていただきたい。いいですかな、ジャン・カレ殿。あなたは仮にもわしらの婿。イギリス国王の婿殿が、沿岸商船の船長のように、たかだか三百トンの船で旅をするなんて、あってはならんことだ。艦隊を用意させるから、好きなように使って下され。提督さえも、一介の水夫が船長に従うように、あなたの命令に服するでしょう」

ジャン・カレにとっては、提督つきであろうとなかろうと、イギリス国王の全艦隊を合わせたって「バルバイカ号」の右に出る船はなかったのです。けれども、イギリスを去るに当たって、義父母を悲しませたくはありませんでした。

そこで言われたとおり、艦隊の旗艦に乗り込みました。

けれども、そうしたために、あとで苦い思いを味わわなければならなかったのです。

この旗艦の操縦士は、ユダヤ人の大男でした。たいそうな美丈夫でしたが、あたしなら、たとえ二束三文で売りに出されていたとしても、買い取るのはごめん蒙《こうむ》りたい人物です。

航海初日の夜、ジャン・カレは、自分の乗った船が艦隊のほかの船にどんどん追い越されるのを見て、たいそう驚きました。だってこの旗艦は、立派な装備を施された、素晴らしい船だったからです。

「おい、この船はなぜこんなにのろいんだ?」と、ジャン・カレは、怒ってユダヤ人に言いました。「先頭に立ってもおかしくない装備が揃っているのに。お前は操縦士として失格だぞ」

「失格じゃありませんとも。舵がないのに、どうやって舵取りをすりゃいいんです?」

「こんな調子で一五日間、この船に閉じ込められていろというのか。装備を確認したときには、舵はちゃんとついていたぞ」

「では、もう一度、ご自分でご覧ください」

「いいとも」

ジャン・カレが舵を確かめようとして、身をかがめたときです。ユダヤ人にいきなり足をつかまれ、デッキから外に放り出されてしまいました。

「助けてくれ！　助けてくれ！」哀れな船長は叫びました。

ああ、どうしたらいいんでしょう。悲惨な運命が、ジャン・カレの目前に迫っています。海は荒れていました。体はなかば水に沈み、大波に翻弄されるばかり。ユダヤ人は、至極あっさりジャン・カレを片づけたので、誰も王さまの婿がいなくなったことに気がつきません。それに、もし提督が気づいたとしても、ジャン・カレを助けようとはしなかったでしょう。ただのブルトン人の船長のいうことをきくなんて冗談じゃない、と腹を立てていたからです。

ですから、船は何事もなかったかのように、そのまま走り続けました。

「おいらも、いよいよお陀仏か！」と、ジャンは思いました。そこで、海に呑み込まれてしまう前に、短いお祈りを唱え始めました。

そのときです。高波が押し寄せ、ジャンの体を持ち上げました。

ジャン・カレは、これから海に沈む人特有の、さも無念そうなまなざしで、あたりの海原を見渡しました。

すると、誰かが波の上を歩いて、こちらへやって来るではありませんか。その人は、優しい声でこう語りかけました。

「気の毒なジャン、もう嘆き悲しむことはない。裏切り者がいるとしても、恩を忘れぬ者もいる」

「どうしてこれが、嘆き悲しまずにいられるかっていうんだ。おいらはもう、代母のおばさんも女房も子供も、この腕に抱くことができないんだぞ！　家を出るとき約束したんだ、今度の旅が最後だって。それが、こんな形で現実になるとは！」

「勇気を出すんだ！　わしが助けに来たじゃないか」

不思議な人物は、ジャン・カレに手を差しのべました。

「わしの背中にお乗り」

ジャン・カレは言われたとおりにしました。

男はふたたび、海の上を歩き出しました。まるで畑の畝《うね》のあいだを歩く農夫のように、ためらうことなく波間に足を進めます。

見知らぬ男はジャン・カレを、岩だらけの小島に連れて行きました。その島には植物が生えていました。こんな島があるなんて、誰も知りません。男はジャンを椰子《やし》の木の木陰に降ろしました。

「さあ、着いた」と、男は言いました。「とりあえず、ここで服を乾かしたらいい。ほら、お日さまが暖かいもの。一、二時間もしたら服はすっかり乾くから、そのあいだしばらく休むといい。それから、また道を続けるとしよう」

「うむ、合点だ」

すると、「海の歩き人」の姿は消えました。椰子《やし》の木の下に一人取り残されたジャン・カレは、そよ風が木の葉を揺するのを聞きながら、いつの間にかうとうとしました。

ですからわたしたちも、その眠りを邪魔しないことにいたしましょう！

この間、イギリス国王の艦隊は順風満帆、バス・ブルターニュめざして進みました。

陸に近づくにつれて、提督は、心配で心配でたまらなくなりました。お姫さまに何と言えばいいのでしょう？　あの悲運な出来事を、何と説明すればいいのでしょう？　たとえ提督といえど、これはなかなか難しい仕事でした。けれども実は、ジャンがいなくなったことなど屁とも思っておらず、それを告げる自分の役まわりを悔やんだだけの話でした。一方、ユダヤ人は、いかにも悲しそうな顔をしていましたが、お腹の中では笑いが止まらなかったのです。港の近くで、船は黒旗を掲げました。子供を抱いて庭を散歩していたお姫さまは、おびただしい数のマストが近づいてくるのを遠くから目にしました。動索の上でハタハタと翻《ひるがえ》っているのは、なんと、弔旗ではありませんか。お姫さまは不吉な予感に胸を打たれ、その場にへなへなと座り込みました。そのとき、提督が帽子を手に、こちらへやって来るのが目に入りました。

「お姫さまにはご機嫌うるわしう……」

「長々しい挨拶など、いりません。ジャン・カレは亡くなったのですね、違いますか?」

「ええ、仰せのとおりです」

「では、そなたは自分の国に戻りなさい」

「けれども、そう言うあなたさまは?」

「あたくしは参りません。海を前に、あたくしは誓ったのです。父上にこう伝えなさい。死があたくしとジャン・カレを共にするまで、イギリスには帰らないと」

その日の夕方、提督の船は早々と出航しました。

けれどもユダヤ人は、船から逃げ出しました。

その晩、艦隊が水平線の彼方に消えてしまうと、ユダヤ人はケルデヴァル館に姿を見せました。そこが、代母とジャン・カレと、お姫さまの住まいだったのです。

「ごめんなさいまし」と、玄関の敷居で男は声をかけました。「みなさんが死を悼《いた》んでいるお方が、どのような最期を遂げられたか、わしだけが知っております。実は提督が、あの方をデッキから海に放り投げたんでさあ」

そう言って、ユダヤ人はめそめそ泣き始めました。その嘘泣きがあまりにも真に迫っていたので、二人の女はこの男が気の毒になりました。

「さあ、火のそばにおいでなさいな！」と、二人は声をかけました。

ユダヤ人は、こんな人非人の提督の下などで働くのはごめんだから、あっしは脱走したんでやんす、と打ち明けました。そしていとも巧みに、代母のおばさんとお姫さまの歓心を買ったため、二人の方から、どうぞ家に泊まってください、とこの男に頼みこむ始末でした。ユダヤ人は、たいそううまく立ちまわりました。ジャン・カレの話になると、必ず痛ましい口調になるので、とうとう哀れなお姫さまは、この男に心を許すようになりました。そして口車に乗せられて、男の奥さんになることを承知してしまったのです。とはいえ、ジャン・カレのことを忘れたわけではありません。それどころか反対に、暇さえあれば亡夫のことを褒め称える、この男を後釜に据え、その思い出を守り抜こうと決心したからでした。代母のおばさん自身も、この悪いユダヤ人に垂らしこまれ、ぜひ結婚するようにと、真っ先に勧めたほどです。結婚が取り決められ、あとは最後の準備をするだけとなりました。

「……で、どうだい、ジャン。服は乾いたかね？」

その日の朝、不思議な男はジャン・カレに尋ねました。

ジャンは苦労して片目を開け、それからもう片方のまぶたを開けました。

「こんちくしょう！　ぐっすり寝ちまったじゃないかよ」

起き上がろうとしましたが、駄目でした。頭は後ろに倒れたままです。

「こりゃ、いったいどうしたこった？」

「お前さんが横になってから、髪の毛と髭《ひげ》が伸び放題になって、地面に根っこが生えちまったんだ」

「何だって！　そんな馬鹿な」

「お前さんが寝てから、もう二年が経っているんだよ」と、見知らぬ男は静かに答えました。

「二年も！」

「うむ、きっかり二年だ。一日多くも、欠けてもいない。さすがに、もうじゅうぶん休んだだろう」

「どうやら、そのようだ」

「そうでないと、困るわい。というのも、お前さんの苦難はまだ終わっていないからだ。わしの肩に乗りなさい、道を続けるのだ」

一人はもう一人を背負い、そうやって二人は、靄《もや》のかかった海を渡りました。不思議な男は三日三晩、海上を歩きました。日中は、白く泡立つ柱が男の先に立って、道を示してくれます。夜は、星の光が頼りでした。

三日目の晩、男はジャン・カレに言いました。

「あの陸地に見覚えがあるかい？」

「ああ。あれは、おいらが生まれた土地だ」

「それなら、もうわしは必要ないな。この先は砂浜になっている。だが、ぐずぐずしてはいかんぞ。まっすぐケルデヴァルに行きなされ。お前さんの女房は、いつかお前さんを海に投げ込んだ張本人のユダヤ人と結婚しようとしている。その髪の毛と髭《ひげ》を切ってはならぬ。どんな仕事でもいいから、使用人として雇ってもらうのだ。わしの知るかぎり、お屋敷では薪割《まきわ》りの男を一人、探しているはず。だから、自分がその仕事をいたします、と名乗り出るがよろしい。ところで、わしはここでお前さんと別れ、あとは運命のままに任せるとしよう。が、その前に、一つだけ聞かせてくれ。なあジャン・カレ、もし誰かから、わしのしたことがお前さんのためになったかどうか、と質問されたら、わしは、そうだ、とはっきり返事をしてもいいかね？」

「ああ、堂々と胸を張って言ってくれ。おいらからも口添えするぜ」

「ありがたや、よくぞ言ってくれた！　いまの言葉のおかげで、わしは天国に行ける。わしは、いつかお前さんに借金を肩代わりしてもらった死者だ。お前さんは親切に、お墓までつくってくれた[1]。だから、いま借りを返したのだ。さっきのお前さんの言葉が、わしにとっての領収書なんだよ。これで助かった。ジャン・カレよ、つつがなく行かれよ。まことにかたじけない！」

「とんでもねえや！　お礼を言うのは、おいらの方だ」と、ジャン・カレは叫びました。けれども砂浜には、もはやジャンと、月光が切り取ったジャンの影しか見えませんでした。

ジャンは近道を通って、ケルデヴァルに着きました。館の扉はまだ閉まっています。玄関の階段の上に座って、ひたすら夜明けが来るのを待ちました。夜明けとともに、女中たちが姿を見せるものと思ったのです。

「ちょいとお尋ねしますが」と、ジャン・カレは言いました。「おいらは心がけのいい男でしてね、ちょっぴりパンがいただければ、お礼に、うんと仕事をいたしますぜ」

このとき対応したのは、代母のおばさんでした。ジャンにはすぐにおばさんだとわかりましたが、おばさんのほうは、背中まで伸びている髪の毛と胸まで垂れている髭《ひげ》のせいで、相手が誰かわかりません。それに、寄る年波のせいと、ジャン・カレが死んだと聞かされてから苦い涙をたんと流したせいで、目が弱くなっていたんです。

「お入り」と、おばさんは言いました。「薪割《まきわ》りはできるかい？」

「もちろんでさ。使ってみてくだせえ」

「それなら、お椀に一杯スープを飲んでから、あそこに見える、山の斜面の森に行っておくれ。そこに切った木の幹があるから、それで薪をつくってほしいんだよ。今夜、わたしの養女の結婚証書に署名がされる予定でね。このおめでたい式が始まる前に、庭でお祝いの焚き火を燃やしたいから、薪をたっぷり割ってもらいたいのさ」

「おまかせください。きっと、ご満足ゆくようにいたしやす」

ジャン・カレはスープを飲み、森に出かけて行きました。

その姿が遠ざかってしまうと、代母のおばさんはこう思いました。

「長い髭《ひげ》から察するに、あれは禁欲の修行をしている隠者に相違ない。仕事を求めて、家から家へ訪ね歩いているんだ」

ほかの人たちも、この意見に賛成でした。


さて、お姫さまの侍女は、正午から四時まで、幼いイアニックを散歩させるのが日課でした。野良仕事をしている男たちを見ると子供が喜ぶので、いつもは畑に連れて行くのでした。でもその日、侍女は子供に言いました。

「今日は神さまがお喜びになるように、立派な隠者さんが薪割《まきわ》りをするところを見物することにしましょう」

そこで、二人は森へ向かいました。ジャン・カレはせっせと働いていました。遠くから、斧で薪を割る音が聞こえてきます。

隠者の姿が木の間から現れるや否や、子供はじっとその顔を眺めました。それから、あたかも検査が終わったかのように、真面目な口調で、穏やかにこう言いました。

「そこであくせく働いているのは、僕のお父さんだね。大変だね、三人がかりの仕事をたった一人でするなんて」

「おや、この子は何を言い出すのやら。おいらはお前の父親じゃないよ」

「そんな言い方、やめておくれ。ほかの人にはわからなくても、僕にはちゃんとわかるんだから」

すると、ジャン・カレは笑い出しました。

「ほら、頬っぺたに僕とそっくりのえくぼがある。髭《ひげ》があっても、ごまかせないよ」

侍女はこの間、口を挟みませんでしたが、子供がこう指摘したとき、驚きに打たれて、はっとしました。

「ママ！　僕、お父さんに会ったよ」お館に帰ると、小さなイアニックは叫びました。

「まあ、坊や。お父さんはね、もう二年以上も前に亡くなったのですよ」

「お父さんは死んじゃいないよ。信じてよ、お父さんは生きてるんだよ」

「わたしからも同じことを申し上げますわ」と、侍女が言いました。そして、森での出来事を話しました。すると、お姫さまの心はいたく掻き乱されました。ジャンをずっと愛してはいましたが、いまの話には、何か悪いたくらみが潜んでいるのではないかと思い、恐れ慄《おのの》いたのです。そこで代母のおばさんのところに行き、相談しました。

「隠者をここに呼んでみよう」と、おばさんは言いました。

ジャンがお城に呼ばれました。その目は涙で潤《うる》んでいました。

なぜ泣いているのかと訊かれ、ニセ隠者はこう答えました。

「泣いているのは、嬉しいからだ。神さまは子供の唇にいちばんの知恵を授けて下さったとは、よく言ったものだ」

そして、これまでの冒険の数々を一部始終、物語りました。裏切り者のユダヤ人のこと、助けてくれた死者のこと。ええ、何一つとして省きませんでしたとも。

侍女は近くの村に駆けていき、床屋を連れて来ました。長く伸びた髭《ひげ》と髪の毛を切ってもらうと、二年前、家を出て行ったときとまったく同じ姿かたちのジャン・カレが現れました。それから風呂に入り、お姫さまが亡夫の思い出にと、大切に箪笥《たんす》にしまっておいた婚礼衣装を身につけました。

一方、ユダヤ人は事の次第をまったく知らぬまま、庭でお祝いの焚き火の準備をしている最中でした。もうこの家の主人になったつもりで、鼻高々です。成り上がり者につきものの、威張りくさった態度で、人々に命令していました。遠い親戚、近い親戚をいっぱい詰め込んだ馬車が、ひっきりなしに到着します。ユダヤ人はそのたびに、いそいそと愛想よく出迎えます。お役所のある町から憲兵たちもやって来て、その場に控えておりました。それは治安のためというより、翌日の披露宴を格式高く演出するためでした。

突然、お姫さまが庭に降りてきました。憲兵隊長を脇に呼び、何やらひそひそ耳打ちしました。

「了解いたしました!」と、隊長は答え、薪に火をつけるように命じました。

火の粉を散らしながら炎が上がり、あたりを赤々と照らしたときです。息子と手をつないだジャン・カレが姿を現しました。あとから、代母のおばさんが続きます。それはまさに、不意打ちでした。ユダヤ人の顔色は、キャベツのような緑色になりました。すると二人の憲兵が、ユダヤ人の上着をつかんで、焚き火の方へと追いやりました。すると男は、まるでマッチのように、めらめら燃えてしまいました。

でも、お客にとっては何事も変わりません。結婚式が復縁式になっただけの話です。食事は一回ではなく、二十回ふるまわれました。八日間というもの、焼肉の串はまわり続け、お酒は樽から流れ続け、人々は飲んでは食べ、食べた物を出しては、また食べました。館の主人が女房と財産を取り戻したことを、やっかむ者など一人もいませんでした。ただし、ユダヤ人だけは別でした。とはいえ、もう文句をつけに来ることはできません。ケルデヴァル館の焚き火に焼かれたあと、すぐまた地獄の炎に焼かれ、いまでもまだ焼かれているはずですからね。たぶん永遠に。

覚えておいでですか。お姫さまは、死がジャン・カレと自分を一緒にしてくれるまで、ぜったいにイギリスに帰らない、と誓いをたてていました。ジャン・カレは、その条件はもう満たされているはずだと思いました。だって、死者のおかげで、二人は再会できたのですもの。代母のおばさんも、同じ意見でした。そこで一同は、ロンドンに向けて出発しました。王さまとお妃さまは再会を祝したあと、じきに亡くなりました。ジャン・カレは女房と代母のおばさんと一緒に、ふたたびバス・ブルターニュのお館に帰り、ずっと幸せに暮らしました。お前さんも、ジャン・カレと同じくらい幸せでありますように! ただし、同じくらい高い代償を払わずに、ですが。(2)

(語り手、お針子リズ・ベレック/ポール・ブランにて)

第19章　悪意ある死者

サン・テゴネックの十字架磔刑像（カルヴェール）

どんなに深い恨みを抱いている幽霊といえども、「三つの洗礼」の集まりには手出しができない。それはつまり、洗礼を受けた三人が、寄り集って道を歩いているときだ。[1]

亡霊の呪いから身を守るには、こう叫ぶしか術《すべ》はない。

「もしお前が神さまから遣わされたのならば、お前の望みを言うがいい。そうではなく、悪魔から遣わされたのならば、お前の道を行くがいい。わたしは、わたしの道を行く！[2]」

このとき、亡霊を「お前」呼ばわりすることが肝心だ。もしそれを忘れて、「お前さん」などと丁寧な口を聞いたら、一巻の終わりだ。[3]

幽霊に悪さをされたくなければ、夜道を歩くとき、必ず仕事道具を一つ、携えて行くといい。それというのも、仕事道具は神聖なものだからだ。[4]いかなる類の呪いも、仕事道具が相手では、効き目がない。ある仕立て屋が、死者がやって来るのを見て、いつも使っている針で十字を切った。すると、相手はこう叫んだかと思うと、たちまち消え失せた。

「もしお前がその針を持っていなければ、バラバラにしてやるところだったのに！」

レオン地方には、こんな言い伝えがある。突風が吹くのは、地獄に堕ちた霊魂が寄り集まって怒りの渦を巻き起こし、人間に害をなそうとしているからだ、と。[5]

そんなときは、すぐさま地面にうずくまり、面《おも》を伏せなければならない。さもないと悪霊たちに包み込まれ、くらくらと眩暈《めまい》が起こる。そして、そのまま地獄に連れて行かれる。（Y・プリジャンから聞いた話／プルエナンにて）

99話　死者の婚約者《いいなづけ》(6)

ベギャールの農家でいちばんの美男は誰かと問えば、誰もが間違いなく、エルヴォワンの息子、ルネ・ペネックだと答えたでしょう。そして、いちばんの美人はというと、ルネの「愛しい人」、ダンヴェル・カリスと相場が決まっていました。若い二人は、教理問答の教室のベンチで隣り合わせに座ったときから、互いに好き合っていました。二人とも良家の子女でしたが、ペネック家の財産はカリス家の二倍もありました。そのため、エルヴォワン・ペネックは、息子がダンヴェルに惚れ込んでいるのを、困ったことだと思わずにはいられませんでした。一方、ダンヴェルの父親、ジュリュエン・カリスはプライドが高い男でした。エルヴォワン・ペネックとは対等に付き合っていましたので、自分のほうから頭を下げて結婚話を持ちかけるなぞ、絶対にごめんでした。いいえ、それどころか、むしろペネックに対しては、やや居丈高に出ていたくらいです。財産の点ではカリス家のほうに遜色があるということを自覚していたので、なおさら頑《かたく》なな態度をとったのかもしれません。

けれども、親たちのそんな思惑はどこへやら、若い二人は寄り合いがあると、必ず一緒に出席しました。パルドン祭、麦打ち場づくり、フリカデック・ボルーホ（亜麻の莢《さや》潰し）(7)……。人々はそうした会合の場で、二人が肩を並べているのを、ほほえましく眺めたものです。なにしろ、本当にお似合いのカップルでしたから。

みんなはよく冗談めかして、こう声を掛けました。

「で、結婚式はいつだね？」

すると、ダンヴェルはコワフの陰で顔を赤らめ、悲しそうにこう答えるのでした。

「神さまがお赦しくださったときにね」

けれども、ルネのほうはキッと顔を上げて、きっぱりとこう言うのです。

「僕たちは、いつかは絶対に結婚する。何があろうと、誰が反対しようとも」

こうした状態が続いていたときのことです。ある朝、エルヴォワン・ペネックが息子のルネに言いました。

「わしは男たちを集めて、メズー・ムールの橅林《ぶな》を切らせるつもりだ。連中がてきぱき仕事をするように、お前、現場で監督してくれないか」

ルネ・ペネックは父親の頼みを即座に承知しました。そして馬小屋に行き、このあたり一帯でいちばん速く走る種つけ馬に鞍を置くと、森に出かけました。

メズー・ムールはルアルガにあり、メネス・ブレの反対側の斜面に広がっています(8)。地所はエルヴォワン・ペネックのものでしたが、もともとは、その土地出身の奥さんの所有地でした。メズー・ムールに行くには、丸々四リュー〔約一六キロ〕も馬を走らせなければなりません。しかも、この話のころは、今とは比べものにならないほど道が悪かったのです。メネスまでの道は、泥沼そのものでした。次に山を登り、急流の川床のように細い谷間の道を辿り、さらに反対側の斜面を下るのですが、この下りが、登りよりずっと危険なのでした。

「これじゃあ、外で一日が暮れちまうな」と、馬に跨《またが》りながら、ルネ・ペネックは考えました。

つまり一日中、「愛しい人」に会えずじまいになってしまう、という意味です。

そこで、気分を落ち着かせようと方向転換をして、カリス家の庭を横切りました。ダンヴェルは、囲い地で洗濯物を干しているところでした。ルネ・ペネックは娘を腕にぎゅっと抱きしめてから、ふたたび道を続けました。今度は陽気な口笛を吹きながら。ところが、ダンヴェルのほうは、一日中、悲しいもの思いに胸が塞がれてしまったのです。けれども、そのわけは自分でもわかりませんでした。

お日さまがちょうど真上に掛かるころ、ルネはメズー・ムールの地所に入りました。それまでは道中つつがなく、馬はたいそう素直に乗り手の言うことを聞きました。ところが残念なことに、そこから先は、無事というわけにはいかなかったのです。伐採現場に近づくにつれて、若者は馬のわき腹をきつく締め付け、手綱《たづな》を高く引き締めなければなりませんでした。木を切りつける斧の音があたりに響き、馬は耳をそばだてました。と、突然、橅《ぶな》の木が道の行く手に倒れかかってきました。馬はびっくりして後足立ちになり、ルネ・ペネックは馬から転がり落ちました。当たり所が悪く、若者は即死しました。土手に埋めこまれていた岩に、もろに頭をぶつけたのです。

男たちが慌てて駆け寄りました。人々は小枝で即席の担架をこしらえると、哀れな若者をその上に乗せて運び、木靴屋の小屋に寝かせました。〔*1〕エルヴォワン・ペネックはその木靴屋に、伐採した木を売っていたのです。

人々は近くの農家に荷車を借りに行き、籤《くじ》を引いて、誰が若者の遺体を年老いた両親のもとに届けるかを決めました。というのも、こんな悲しい知らせを伝えに行くのは、誰にとっても気が進まないことだったからです。

ルネ・ペネックは、ようやく日がとっぷり暮れてから、変わり果てた姿となって自宅に帰りました。

そのころ、カリス家ではいつものように、みんな、もう床に就いていました。ペネック家に届いた不幸の知らせなどまったく知らず、誰もが枕を高くして眠っていたのです。ただ一人、ダンヴェルだけが眠れずにいました。まるで蚤《のみ》に体中食われるかのように、ベッドの上でひっきりなしに寝返りを打っては、同じ一つの考えに頭を悩ましていました。けさ、家に立ち寄ったとき、夕方戻ったら必ず挨拶をするね、と約束したのに、なぜルネは来なかったのかしら。もうとっくにメズー・ムールから帰っていておかしくない時間なのに。ダンヴェルはこう考えて、悶々としていたのです。

約束を破るなんてひどいわ、と娘は心の中で恨めしさを募らせておりましたが、突然、嬉しさに心を躍らせました。

中庭の敷石を打ちつける、蹄鉄の音が聞こえたのです。すぐさま、ドンドンドンとノックの音が三回響き、木の扉が激しく揺れました。

間違いありません。そう、ルネです！

そのとき、柱時計が真夜中の一二時を告げました。

ダンヴェルは時計の鐘の音が終わるのを待ってから、恋人の呼びかけに応えました。

「そこにいるの、あなたでしょ、ルネ？」

「そうとも、僕だよ」

「おやすみの挨拶をしに来てくれたのね。あたし、あなたが嘘をついたんじゃないかと思い始めていたところよ。そう考えて、とても腹立たしかったの。でも、もうあなたの声を聞いたから、これで安心してぐっすり眠れるわ」

「そう、眠るがいい。でもその前に、これからきみを僕の家に連れて行って、きみを僕の奥さんにするつもりだ」

「冗談でしょ。いま何時だと思っているの？」

「時間なんか、関係ない！　どんな時間であろうと、僕は好きなようにする。起きてくれ、ダンヴェル。そして一緒に来るんだ！」

「じゃあ、ご両親は結婚を承知してくださったのね」

「今となっては、父も母も拒否できない。急ぐんだ、待ちぼうけを食わせないでくれ」

ダンヴェルは起き上がりましたが、キリスト教徒にふさわしくない、こんな時間に結婚だなんて、おかしなこともあるもんだわ、といぶかしく思わずにはいられませんでした。そこで、扉を開ける前に、裸足のまま、母親の寝ているベッドに駆けて行き、優しく揺り起こして相談しました。

母親にとっては、娘がうまく片づいてくれれば、それ以上に嬉しいことはありません。ダンヴェルの母親は常日頃、ペネック家が財産持ちであるということ以上に、夫のプライドの高さが娘の結婚の障害となっていることを嘆かわしく思っていました。そこで、娘にこう言い聞かせました。

「ルネ・ペネックが夜中に来たのは、きっと年老いたご両親から、とうとう承諾の返事をもらったからよ。鉄は熱いうちに打て、という言葉があるでしょ。ルネはそのとおりにしたんだわ。あの人について行きなさい。幸運の星が瞬《また》いているとき、それに背を向けるお馬鹿さんはいませんよ」

「でも、結婚式にはお母さんがいないと駄目でしょう？　それにお父さんだって」

「心配しないの。お父さんはね、意地を張っているけど、わたし以上にあなたの結婚を待ち望んでいるのよ。わたしがあらかじめ、お父さんに話をしておくから、あなたは新郎と先に行ってなさい」

二度言われるまでもありません。ダンヴェルは母親の言葉に胸を撫で下ろし、さっきの不吉な予感はあたしの取り越し苦労だったんだわ、と思いました。そこで急いでスカートをはき、胴着を着け、コワフをピンで留めると、片手で木靴をつかみ、もう一方の手でドアを開けました。

「ようやく決心がついたんだね」と、敷居の上でルネ・ペネックの声がしました。

ダンヴェルの母親は、馬が駆け足で娘と婚約者を遠くに連れ去るまで、待ちました。それから、傍らで眠りこけているジュリュエン・カリスを肘で突っつきました。ジュリュエンは、一日じゅう野良仕事をこなした者につきものの、鉛のような眠りに身を委ねていたのです。

女房に再三促されるまでもなく、ジュリュエンもすぐに納得しました。エルヴォワン・ペネックの息子と娘のダンヴェルとの結婚が整ったという話に、ジュリュエンも大喜びでした。文句一つ言わずに飛び起きると、いちばん上等の衣装に身を包み、同じく復活祭の日曜の晴れ着をまとった古女房と連れ立って、カンキーズへと向かいました。ペネック家の人たちは、そこに住んでいたからです。牛飼いの少年がランタンを持って、二人を先導しました。というのも、まだあたりは死の淵のように真っ暗だったからです。

カンキーズの領内に着いたとき、二人は、館の一階がまばゆく照らされているのを見ました。豪華なお披露目が用意されているに違いありません。家の人たちは、新婦の両親が到着し次第、結婚証書にサインをし、宴会を始めるつもりなのでしょう。

ところが、ドアを開けて一歩中に踏み込んだとたん、二人はあっけにとられてしまいました。何と、人々が唱えているのは、「死の連祷《れんとう》」ではありませんか。

台所のテーブルには床まで届く白いクロスが掛けられて、その上にルネ・ペネックの遺体が横たわっていました。額が割れ、そこから脳味噌がはみ出しています。足元には、死者に振り掛けた聖水の入ったお皿が置いてあり、その中に柘植《つげ》の枝が浸されています。暖炉の両側には、故人の父親と母親が立ち、声を出さずに泣いていました。

ジュリュエン・カリスと女房は、これはいったいどうしたことかと、尋ねる勇気がありませんでした。

二人の脳裏には、同じ考えがよぎったのです。ルネ・ペネックは、自分たちの館からカンキーズに戻るまでのあいだに、何らかの理由で死んでしまったにちがいない、というのがその考えでした。

それにしても、ダンヴェルはどうなったのでしょう?

二人は視線をさまよわせ、ひざまずいて葬いの祈りを唱えている女たちの中に娘の姿がないかと探しましたが、無駄でした。

実は、こういうことだったんです。

ルネ・ペネック、正確にはその幽霊は、自分の後ろに娘を乗せて、全速力で馬を走らせました。(9) 馬のたてがみがたいそう長いうえ、猛烈な勢いで走っていたので、その先がダンヴェルの頬にぶつかって血が出ました。ですから、娘はひっきりなしにこう叫んでおりました。

「ねえ、ルネ! スピード出しすぎじゃない?」

けれども娘の泣き言に、ルネ・ペネックはこう答えただけでした。

「それ行け！　やれ行け！」

「ルネ！　道、違ってやしない？」

「すべての道は、僕たちの行くべきところに通じている！」

「ルネ、この道、カンキーズに行くの？」

「僕の家に行くんだよ！　僕はきみに来て欲しい。きみだって、そうしたいと思っているだろう？」

こんな会話が、その晩、二人の間で交わされたのです。

突然、ダンヴェルは、目の前に真っ黒なものがそびえ立っているのに気がつきました。それは町の教会でした。墓地の柵は、大きく開け放たれています。馬は中央通路を進み、墓石を四、五列飛び越えたかと思うと、掘られたばかりの墓穴の縁で身をかがめました。

自分の身に何が起きたかもわからぬうちに、ダンヴェル・カリスは墓穴の底に横たわっておりました。

「ここが僕たちの新床だ」

ルネ・ペネックはそう言って、ダンヴェルの上に覆いかぶさって来たのです……。

翌日、墓堀り人たちは、カンキーズのお館の一人息子を埋めようと墓地にやって来て、おそろしさのあまり、思わず後ずさりしました。それもそのはず、凄まじい形相の、ぺしゃんこになったダンヴェル・カリスの亡骸《なきがら》が、墓穴の中に横たわっていたからです。

（語り手、フランソワーズ・オムネス／ベギャールにて、一八九〇年九月）

100話　最初の夫の恨み⑽

あたしの兄は有名な石工で、ブルターニュで大規模な工事が行なわれるときは、いつも現場で引っ張りだこでした。

ですから、兄は留守がちで、ときにはそれが何ヶ月にも及ぶことがありました。とはいえ、一年間、父に会いに来ないなんてことは、決してありませんでした。あたしたちの父さん！　ああ、お前さんも、父さんに会っていればよかったのに！　父さんなら、いくらでも物語を話してくれたでしょうからねえ。面白い話、怖い話、恋物語、冒険譚……。そりゃもう、いろんな話を知っていました。ですから子供たちは、いつでも父さんにまとわりついて、お話をせがんでいたのです。ところで、兄が帰宅するのは、たいてい晴れた日の朝でした。扉をノックする音がして、兄のイヴォンが戸口に立っています。両手には一本ずつ、蒸留酒の瓶をさげています。

「やあ、父さん！」と、兄は敷居をまたぐなり、嬉しそうな声で叫ぶのでした。「またぶつくさ文句を言う気だろ。こんなに長いあいだ顔を見せなかったから。でも、小言より先に乾杯しようや。それから、習いたてのきれいな歌を歌ってやるよ。国中歩き回ったら、誰だって何かを習い覚えるものさ」

二度請われるまでもありません。父は、寛容そのものでした。

さて、その日、兄は何の前ぶれもなしに帰宅したのでした。わざと大声で笑っていましたが、内心の動揺を隠しきれません。

「なあ父さん、俺、女房をもらうことにしたんだ」

「へえ！」と、老人は驚きの声を洩らしました。「で、相手はどこの誰だね」

「ナイックさ。すぐそこの」

「後家のナイックか。あの呑んだくれの！　おめでとうは言わんぞ。だが、祝福は与えよう。誰にでも、持って生まれた運がある」

「そう言ってもらえて、よかったよ！　何だかんだ言っても、父さんは結局、いつも物分りがいいもんな」

「風車は風の吹くほうにしか、回らんものだな」

「ナイックが人から悪く言われているってことは、俺も承知だ。でもな、俺はあいつが気に入ったんだし、そのことをちゃんと態度で示した。つまり、『情火を包みこんで』やったのさ。お腹の子供は、そろそろ六ヶ月になる」

「できちまったものは、仕方がない。で、結婚式はいつだ？」

「一五日の月曜だよ」

結局、兄の予告した日に、結婚証書のサインがなされましたが、教会での式は行われませんでした。それがどんな理由によるものだったか、あたしはもう忘れてしまいましたけれど。

旅籠屋で食事が用意され、神父さまから祝福はいただきませんでしたが、みんなでご飯を食べました。あたしは、そのご馳走が素晴らしくおいしいと思いました。招待客たちもみんな、同じ意見でしたとも！　そんなわけで、町から戻ってきたとき、一同の顔はいささか火照っていました。

兄は最初、その晩は新妻と一緒に過ごすつもりではなかったんですが、奥さんを家に送っていくと、まるでそうするのが義務ででもあるかのように、そのままずるずると夜を過ごしてしまいました。本当は、教会で結婚式を執り行うまでは、そうしてはいけなかったんです。でも、どうしようもないじゃないですか！　どんな男も考えることは一緒だし、それにこのナイックは、水もしたたるいい女だったんですから。

たぶん、二人は互いに祝杯を上げてから、一つ床で寝たのでしょう。

シーツの中にもぐりこみ、ナイックの隣に横になるや否や、奇妙な考えが頭に浮かびました。

「おい！」と、兄は新妻に言いました。「いま、こんな俺たちをジャン＝マリー・コールが見たら、なんて思うかな」

ジャン＝マリー・コールというのは、ナイックの亡くなった旦那の名前です。

この言葉を言い終わらないうちに、兄はがばっと跳ね起きました。目の前のテーブルに、さっき空けたばかりのグラスが載っています。そして、そのテーブルの前に、何と、ジャン＝マリー・コールその人が座っているではありませんか。

「ナイック、あれを見ろよ!」と、兄は囁きました。

「なあに?」

「お前、あそこにいる男がわからねえのか?」

「何の話? あたしには何も見えないけど」

「ジャン゠マリーが見えねえのかい?」

「もうやめてよ、ジャン゠マリーの話なんか。もっとましな話ができないんなら、さっさと寝てちょうだい」

そう言うとナイックは寝返りを打って、壁の方に顔を向けました。昼間、かなり飲んだのです。そして、すぐにいびきをかき始めました。

そこで兄も、もう彼女を起こそうとはしませんでした。兄の眼は、ベッドの上に座ったまま、微動だにしないジャン゠マリー・コールの幽霊に釘付けになっていたのです。髪の毛が強張《こわば》り、亜麻を梳く櫛の歯のように逆立つのがわかりました。

死者は身動きせず、言葉ひとつ発しません。

とうとう兄は、そんな膠着状態に我慢できなくなり、こう言いました。

「おい、ジャン゠マリー・コール、お前、俺にどうしろって言うんだ? それだけでも教えてくれ」

いいですか、くれぐれも死者に声をかけてはなりません。本当ですよ。兄が声をかけたとたん、ジャン゠マリー・コールの幽霊は、それまで座っていたベンチからひとっ跳びで、兄のいるベッドの上に上がりました。

哀れなイヴォンは、とっさに頭からシーツを引っかぶりました。

そうすると、もう何も見えなくなります。けれども死者は、兄の胸の上に馬乗りになりました。そして、尖った膝でわき腹を締めつけたので、兄は苦しくて、息もたえだえになりました。叫ぼうとするのですが、呼吸ができません。穴の開いたふいごのように、喉はぜいぜい鳴るばかり。

翌朝、お日さまが上がったとき、誰よりも喜んだのは、兄のイヴォン・ル＝フレムに違いありません。明け方、兄は家に戻って来ました。げっそり面やつれして、首は死の色に染まっています。しゃべろうと口を開いたとたん、しゃっくりが出て、声が詰まってしまいました。

とうとう、兄は苦労しながらこう言いました。

「俺はもう、ナイックの家には金輪際、泊まらないからな」

「そら見たことか！」と、父はからかうような口調で言いました。「だがな、始めた以上は、添いとげなきゃいかんぞ」

そこでイヴォンは、昨夜の出来事を話しました。すると父は、とたんに真顔になりました。

「それはな、神さまが、まだお前の結婚証書にサインしておられないからだ」

何もかも整ってからようやく、兄はふたたびナイックの家で寝泊りするようになりました。けれども実のところ、二度とその家に足を踏み入れないほうがよかったんですがね。

（語り手、マリー＝イヴォンヌ・ル＝フレム／ポール・ブランにて）

101話　夜叫ぶ者

ノエル・ギャルレスは、ベギャールの日雇い農夫でした。家は町中にありましたが、毎朝、早起きして、遠くの農家に働きに出かけ、かなり遅くならないと帰って来ませんでした。

ですからノエルは、ホッペー・ノス（夜叫ぶ者）の「おーい」という声を、一度ならず聞いたことがありました。けれども、声はいつもかなり遠くからするだけで、その姿を実際に見たことはありませんでした。いったいどんな奴が叫んでいるのか、ぜひとも一度拝見したいものだ、と、ノエルはことあるごとに口にしていました。

さて、ある晩、野良仕事からの帰り、藪《やぶ》に覆われた丘を通っておりますと、耳元で「おーい、おーい！」と喚《わめ》く声がしました。「夜叫ぶ者」の声です。

ノエル・ギャルレスは周囲をきょろきょろ見回しました。でも、何も、誰も見えません。

そこで、黙って藪《やぶ》の中を歩き続けました。ホッペー・ノスの呼び声に応じてはいけないと、知っていたからです。いったん呼びかけてしまうと、相手は口を閉ざしました。たぶん、ノエルの答えを待っているのでしょう。

一方、ノエルの方は足を早めました。荒地から出ようとしたときです。背後の丘で、ホッペー・ノスの悲しそうな叫び声がしました。

「マ・マンム！　マ・マンム！」（お母ちゃん！　お母ちゃん！）

捨てられた子供が泣き叫ぶような、悲痛な声です。それを聞いたとたん、ノエル・ギャルレスの五臓六腑が揺さぶられ、こう答えずにはおれませんでした。

「おやまあ、ビュゲル・ノス（夜の子供）(11)！　それならお前にも、母ちゃんがいるんだね？」

ノエル・ギャルレスは悪いこととは思わずに、こう言いました。お母さんを慕って泣き叫ぶ、この哀れな生き物がかわいそうになったからです。

しかし、こう言ったとたん、自分のそばに、雲突くほどの大男がぬっと立ち上がったので、ノエルは肝を潰してしまいました。巨人の頭は、空の遥か彼方にあります。大男は、ノエルの方に身をかがめました。そのとき日雇い農夫は、男の口が泣きべそをかいている子供のように、への字に曲がっているのを見ました。その口の中に、それはそれは小さくて、雪のような白い歯が生えています。

ノエル・ギャルレスは恐怖に凍りつきました。そして破れかぶれに、十字を切りました。

するとたんに、巨人の姿はふっと消えてしまいました。けれども藪《やぶ》の中で、さっきの声が、つまり捨てられた子供の声が、たどたどしい口調でこう言うのが聞こえました。


そうとも、そうとも、おいらにも母ちゃんがいるんだ。

お前みたいに、母ちゃんが！


（語り手、フランソワーズ・オムネス／ベギャールにて、一八九〇年八月）

102話　灯台の幽霊

当時、テヴェネック灯台の灯台守といえば、わし一人しかいなかった。ご存知だろうが、あの岩場は狭くてな、灯台を建てるのに、ぎりぎりのスペースしかない。そこでのわしの暮らしは、お世辞にも陽気とはいえなかった。訪れる人といえば、八日ごとに来る補給係ばかり。それも、海がひどく荒れていなければの話でな。補給係はこの岩場に船を横づけにして、灯火を燃やすための油と、わしが口に入れる食料を狭いプラットフォームに置くと、そそくさとサン島かウェッサン島に帰っちまう。会話はごくごく短かった。

「おーい、ポルツモゲール！」

「おーい、旦那！」

「異状ないか？」

「異状ありません」

「じゃあ、またな！」

「じゃあ、また！」

船が島を離れると、わしはすごすご牢獄に引き返す。聞こえるものといえば、波の音に、風の吹きすさぶ音、そして、ときどき頭上を飛んでゆく海鳥の、様々な鳴き声だけだ。夜、灯火がつくと鳥たちは、ガラスのフードに自分の方からぶつかってくるんだよ……。それなのに、だ！　ときどき灯台の中で、おかしな音がすることがあった。それを聞いていると、この灯台に住んでいるのはわし一人だというのは嘘で、本当はそうではないんじゃないか、と思えてくるほどだ。昼間わしが過ごす部屋の天井で、人の足音がする。あるいは、火を灯しに上に上がろうとすると、真っ暗な階段で、見えない誰かが床を摺る音が聞こえる。そうかと思うと、突然呼び声がして、度肝を抜かれることもあった。乱暴な口調で、わしの洗礼名を呼ぶんだ。

「アンリ！　おい、アンリったら！」

最初は、そんなふうに呼ばれるたびに、わしは律儀に答えていた。

「なんだ、どうしたんだ？」

それから、両手両足を使って階段を降り、塔の玄関まで見に行く。知り合いの漁師たちが、たまたま近くを通りかかって、わしに一言二言、挨拶をしに来たんじゃないかと思ってね。だが、いくら左右を見回しても、岩場には誰もいやしない。そんなことが続いたもんだから、とうとうわしは、この手の呼び声や、不思議な物音には、知らん顔を決め込むことにした。最初のうちこそ、いちいち肝を冷やしていたが、やがてその音は、孤独な生活の唯一の友になっちまったのさ。わしはサン島で生まれ育ったので、テヴェネック灯台に関する不気味な噂は、日頃からいろいろ耳にしていた。はるか昔から、この岩場は海難事故のメッカでな、海で死んだ者たちがうろつく場所だとされていた。ここに灯台が建つ前は、お気に入りの岩場に止る海鳥と同じくらい、大勢の死者が岩にしがみついていた、という話も伝わっている。それに、近隣に住む人々が見聞きしたという点で、作り話じゃないと断言できる言い伝えもある。それは、こんな事件だ。あるとき、春分の嵐が吹き荒れ、国籍不明の船舶がテヴェネック付近の海域で沈没した。乗組員の中でたった一人生き残った水夫は、辛うじて岩場に避難した。そして四日四晩、「助けてくれ！」と叫び続けたのだが、不幸なことに、島からも陸地からも、助けに行けるような状態ではなかった。水夫は寒さと空腹に苦しみながら、死んでしまった。海が穏やかになり、ようやく岩場に船を横づけできるようになったとき、すでに水夫の死体はなくなっていた。が、岩穴に血の色をした大きなシミがついていて、以来、そのシミは決して消えないのだ。水夫のアナオン〔霊魂〕は、最期を遂げた場所でさまよい続けている。灯台が建てられたせいで、そこに水夫の幽霊が閉じ込められてしまったと、多くの人は考えていた。

わしは、例の物音の原因はその幽霊にちがいない、と思うようにした。ほかにはとりたてて害を及ぼすこともなかったので、わしはもうしつこく詮索しないことにした。それどころか、厳重に秘密を守り、休暇で陸に上がっても、家族にはいっさいこの話をしなかったくらいだ。

こうして、奴さんとわしとは、たいそううまくやっていた。そんなある日、陸から戻るとき、女房のいとこが、八日間ほど灯台に泊まってみたい、と言い出した。そのころは今ほど規則がやかましくなかったんでな、わしはいとこを灯台に連れて行った。そいつはプロゴフの出身で、クレデン・ギルシェという名前じゃった。わしはこの男を暇つぶしの格好の相手にして、自分の部屋に寝泊りさせた。二人で、できるだけ楽しく過ごすつもりでおったんだ。三日間は何事もなく過ぎた。だが三日目の晩、夕食のあと、二人でおいしいコーヒーを飲んでいると、突然、上の階で例の幽霊がガタガタやり始めた。しかも今回は、長靴でどたどた歩きまわるだけでは飽き足らず、何の道具を使ってかは知らないが、大工仕事を始めやがった。のこぎりを引き、鉋《かんな》をかける音が、代わる代わる聞こえて来る。クレデン・

ギルシェはそれを聞いて、あっけに取られた。

「ありゃ、いったい何だ？」しばらくして我に返ると、奴さんが尋ねた。

「あーあ、あれか！　びっくりしなくていいよ。悪い奴じゃないのさ。実際、これまでよく辛抱して、静かにしていてくれたもんだ」

「悪い奴じゃないって、誰のことだい？」

「うん、向こうは俺のことを知っているみたいだな。よく名前を呼ばれるから。でも、自分のことになると、全然話してくれないんだよ」

「で、いつもこんな風にうるさくするのかい？」

「ああ。ほぼ毎晩ね」

「変わった男だな」

「男というより、おそらく幽霊だと思うよ」

「ひえっ！　おどかすなよ。背筋がぞっとするじゃないか」

「なら、これであったためればいい」

わしは、奴さんのグラスに蒸留酒をなみなみとついでやった。そいつをぐいっとやったら、ふたたび勇気が湧いてきたらしい。ギルシェは、この話を冗談にしてしまおうとした。上の音がますますやかましくなったので、少しばかり嘲るように笑いながら、こう言った。

「なあ、どうだい。俺なら、降りてきて一緒に一杯やらないかって、誘ってやるけどな。そうすりゃ、少しは静かになるだろ。それに、酒で舌が滑らかになれば、身の上話を聞かせてくれるかもしれないぜ」

いとこがこう言ったとたん、幽霊は静かになった。

「そら見ろ。音が止んだじゃないか。上に行って、誘って来いよ。きっと、すぐにオーケーしてもらえるぞ」

もし一人だったなら、そんな大それたこと、思いつきもしなかっただろう。それに、たとえそんな酔狂な考えが浮かんだとしても、畏れ多くて、到底実行できなかったにちがいない。だが、そこにはわしだけじゃなくて、いとこがいた。臆病者と思われるのは嫌だったので、深く考える暇もなく、わしは階段へと急いだ。

ふだん幽霊が大騒ぎする部屋は、土木技師が灯台の検査に来るとき、寝泊りする場所だった。わしの持っている鍵束の中には、その部屋の鍵があった。そこで鍵穴に鍵をさしこんでドアを開け、墓の中のように真っ暗な部屋の中に、一、二歩踏み出した。中は静かで、動いているものは何もない。だが、敷居をまたいだとたん、死臭を含んだ、どんより湿った息吹きが顔にかかり、わしは骨の髄《ずい》まで凍りついた。だが、強い声で一言一言、こうはっきりと発音した。

「お前さんが誰かは知らないが、二人のキリスト教徒の招待に応じ、姿を見せてはくれんかね。下に降りて、俺たちと一緒に一杯やろうぜ」

「おー、すげえ。やったね！」と、下でクレデン・ギルシェが叫んだ。

幽霊が何と答えたか、わしに訊かんでくれ。返事をしたかどうかも、わからんのでね。というのも、この最後の言葉を口にするかしないかのうちに、胸にものすごい一撃をくらって、まるで雷に打たれたかのように、瞬時に床の上にのびてしまったからだよ。そのあと何が起こったのか、わしにはまったく記憶がない。ただ思い出せるのは、真夜中過ぎに意識を取り戻したとき、何時間も滅多打ちにされたみたいに、体中が痛くて痛くてたまらなかった、ということだけだ。我に返ると、どうにかこうにか起き上がったが、両脚でしっかり立っていられず、すぐにへなへなとその場にへたりこんでしまった。わしは四つん這いになって後ずさりしながら、自分の部屋に降りていった。テーブルの上で瞬いているランプの火は、いまにも消えそうだった。わしは目でいとこを探した。が、奴さんの痕跡といえば、テーブルに置かれた呑み残しのグラスがあるばかり。グラスを空にしないなんて、普段ならありえないことだ。わしは不安にかられて、五、六回、たて続けに奴さんの名前を呼んだ。

「おーい、クレデン！　クレデン・ギルシェ！　神さまの御名《みな》にかけて、いったいどこにいるんだよお……！」

するとしばらくして、ようやくベッドの下から、いとこの頭がニュッと出てきた。髪の毛は逆立ち、額は恐怖の冷汗でべったり濡れている。やがて、全身が目の前に現れた。

「ああ、よかった。あいつにボコボコにされたわけじゃなかったんだ」

大きく呼吸しながら、ギルシェが言った。

「まあ、完全にはね。でも、ポコポコくらいにはされたぜ。俺があいつに殴られる音を聞いたのかい？」

「あんなすごい音、聞くなって言うほうが無理だ。どんなに耳が遠い人でも、聞こえたにちがいない。二十本の竿で休まず麦を打ち続けたら、あんな音がするだろう。この塔が、土台から揺すぶられたほどだ。当然、次は俺の番だと思ってさ、死がこっちに来るのを見たくなかったから、ベッドの下にもぐって隠れていたんだ」

「ふーん、そうか！　なら、今度はベッドの中にもぐろうぜ。俺はもう限界だ」

翌朝、起きてみると髪が真っ白になっていなかったので、かえってびっくりしたほどだ。一五日後、辞表を提出した。テヴェネックの幽霊のせいで、灯台守の仕事なんか、もうこりごりだったのさ。


（語り手、アンリ・ポルツモゲール、通称トントン・リ／サン島にて）

103話　死者の悪口を言ってはいけない

コンカルノーの近郊に住む粉屋が、一人の死者を罵《ののし》った。ある日、粉屋が石臼を直していると、不意に、その死者が、目の前に姿を現した。

「おい粉屋、お前はわしの悪口を言ったな。粉の盗人め、この償いはしてもらうぞ」〔＊2〕

粉屋は死者の怒りを鎮めようと、彼を夕食に誘った。

「承知した」と、相手は言った。「だが、わしの腹がくちくなるくらい、たくさんパンを用意できるのか？」

「大丈夫、小麦粉をうんと使いますから」と、粉屋は答えた。

そして、とてつもなくでかいパンを十二個焼かせた。約束の時間になると、死者がやって来て、粉屋とその女房と一緒の食卓についた。テーブルには食べ物がいっぱい並んでいたが、死者はそのどれにも手をつけようとはしなかった。

「わしのような体では、食べられるのはパンだけだ」と、死者は言った。

そして、手渡された一つめの丸パンを、あっという間に飲み込んだ。二つめ、三つめの丸パンも、瞬く間に消えてしまった。食事が始まって五分と経たないうちに、残っているパンはもう二つだけになった。

「ああ、イエスさま！」と、女房は叫んだ。「この二つがなくなったら、あたしたちはどうなっちまうんだろう？」

このとき、給仕をしていた女中がいいことを思いついた。一一個めのパンを切るとき、ナイフで三つ、十字架の切り込みをつけたのだ。(12) すると死者は、席から飛び退き、大慌てでドアの方に駆けて行った。そして、玄関口で振り返ると、粉屋に向かってこう叫んだ。

「お前は運がいい！　この三つの十字架のしるしがなかったら、死者を敬わない者がどんな目に遭うか、たっぷり教えてやろうと思っていたのに」

それからというもの、死者は二度とふたたび現れなかった。

（語り手、クードレー／カンペールにて）

104話　夜の洗濯女

サン・トレムールのファンタ・ルズアルーハは、近隣の農家で雇われ仕事を引き受けては、小銭を稼いでいた。だから自分の家の用事は、夜にしか片付けられない。ある晩、帰り道を急ぎながら、ファンタはこう思った。「今日が土曜日だから、明日は日曜日だ。これから、亭主と子供二人のシャツを洗いに行かなくちゃ。そうすれば、明日の歌ミサまでには乾くだろう。今夜は晴れていそうだから」

実際、空には月が皓々《こうこう》と照り輝いていた。

そこでファンタは洗い物の包みを持って、川に降りて行った。

石鹸をつけ、こすり、力いっぱい叩く作業が始まった。棒で洗濯物を叩く音は、夜のしじまの中で遠くまで響き、幾重ものこだまとなって返ってきた。

パン、ポン、トン！

ファンタは夢中で仕事をした。どんな作業でも、ファンタはいつも自分の二本の腕で、そりゃもう一生懸命するのだった。そんな調子で仕事に没頭していたからだろう、自分のほかにもう一人、洗濯女がやって来たことに、まったく気がつかなかった。

それは雌鹿みたいにすらりと痩せた女で、洗濯物の詰まった、どでかい包みを、まるで中に羽でも詰まっているかのように軽々と頭の上に乗せていた。

「ねえ、ファンタ・ルズアルーハ」と、女が言った。「あんたには昼間があるじゃないか。夜、あたしの場所をとらないでおくれよ」

それまで自分しかいないと思い込んでいたファンタは、びっくりして飛び上がり、最初は何と返事をすればいいのかわからなかった。しばらくして、ようやく口ごもりながらこう言った。

「別にこの場所じゃなきゃ駄目だ、っていうわけじゃないし。お前さんがここがよけりゃ、お譲りいたしますよ」

「いや、いいよ」と、あとから来た女は言った。「いまのは冗談さ。あんたに悪さをするつもりはない。それどころか、仕事を手伝ってあげようと言うんだよ」

ファンタはこの言葉にほっとして、「夜の女《マウエス・ノス》」にこう答えた。

「そのありがたい申し出、断るわけじゃないけどね、でもそれじゃあ、お前さんに申し訳ないよ。だって、そっちの包みのほうが、あたしのよりずっと大きいもの」

「ああ、そんなことかい！　いいんだよ、これは。急ぎじゃないから」

そう言うと「夜の女」は、頭に乗せていた洗い物の包みを下に投げ降ろした。それから、ファンタの隣にしゃがむと、今度は二人で石鹸をつけ、こすり、力いっぱい叩く作業が始まった。

そうやって手を動かしながら、二人はおしゃべりをした。

「生活はきついだろ、ファンタ・ルズアルーハ？」

「お察しのとおりだよ。とくにこの季節はね。アンジェラスの鐘が鳴ってから、あたりが暗くなるまで、野良仕事。それが八月の終わりまで続くんだから。さてと、もう行くよ。そろそろ十時だし、あたしはまだ何も口にしていないんでね」

「そうかい。そんなら家に帰って、ゆっくり食事をしたらいい。三口も食べないうちに、真っ白になった洗濯物を届けてあげるよ」と、見知らぬ女は言った。

「お前さんは、本当に親切なお人だねえ」と、ファンタは答えた。そして、家まで一気に走って帰った。

「もう終わったのかい！」家に戻ったファンタに、亭主が言った。「ずいぶん早かったな」

「そうなんだよ。偶然、親切な人に出会ってさ……」

ファンタはそれまでの出来事を話した。

亭主はベッドに寝転び、パイプをふかし終わって女房の話に耳を傾けたが、のっけから心配そうな顔になった。

「なるほど、なるほど！」話が終わると、亭主は言った。「親切な人に出会ったというのは、そのことか。そういう出会いが度々起こらないよう、神さまがお守りくださいますように！　お前、その女が誰か、疑ってみなかったのか？」

「最初はちょっぴり怖かったけど、じきに大丈夫って思えたのさ」

「馬鹿だなあ！　お前はこともあろうに、マウエス・ノスの手助けを受け入れたんだぞ！」

「ああ、神さま！　どうすればいいの？　あの人、うちに洗濯物を届けに来るはずなんだよ」

「まずはスープを飲んじまえ」と、亭主は言った。「それから、炉の上にある道具を全部、きちんとしまうんだ。特に、三本脚の鉄輪《かなわ》を元の位置に戻しておくのを忘れるな。次に家の中を掃き清め、床をきれいにする。使った箒《ほうき》は部屋の隅に、頭を下にして立てておけ。それが終わったら足を洗い、使った水を入口の階段にまいて、ベッドに横になる。さあ、今すぐ仕事にとりかかれ」

ファンタ・ルズアルーハは、急いで言われたとおりにした。亭主の言いつけを一つ一つ、守ってな。鉄輪《かなわ》を釘に固定し、家具の下の埃まで掃いて家を掃除し、箒《ほうき》を逆さに立て、足を洗ってから、その水を玄関口にまいた。

「できた！」ファンタはそう叫ぶと、ベンチにぴょんと飛び降り、服を脱ぐ間もなく、大急ぎでシーツの中にくるまった。

ちょうどそのとき、「夜の女」が扉を叩く音がした。

「ファンタ・ルズアルーハ、開けておくれ！　あたしだよ、洗い物を持ってきてあげたよ」

ファンタと亭主は、身動き一つしない。

女は二回、三回と繰り返し、ドアを開けるように頼んだ。

だが、家の中はしーんとしずまりかえったままだ。

そのとき、どっと凄まじい大風が起こった。それは、怒り狂ったマウエス・ノスだった。

「キリスト教徒がドアを開けないならば、こっちにも考えがある」と、荒々しい声がした。「鉄輪《かなわ》よ、ドアをお開け！」

すると鉄輪《かなわ》がこう答えた。

「無理です、釘に吊るされているんだもの」

「ならばお前だ、箒《ほうき》！」

「無理です、頭が下になっているんだもの」

「こっちに来な、足の水！」

「ああ、駄目です！　見て、もうしずくになって、玄関の階段に落ちてしまったの[13]」

すると、突風が収まった。そして、怒りのこもった声が、遠ざかりながら、悔しそうにこう唸るのが聞こえた。

「ちくしょう、なんてずる賢い女なんだ！　自分より頭のいい男を亭主に持ったおかげで、物事をてきぱき指示してもらえることを、せいぜい幸せに思うがいい！[14]」

（語り手、クレアーハ／プルガステル・ダウラスにて、一八九〇年一〇月）

105話　三人の女

あたしはこの話を、アルゴアトの炭焼き職人から聞きました。どの炭焼きもそうですが、この人も、美しい季節（晩春から夏にかけての時期〕には、町から町へと旅をして、買う人があれば誰にでも炭を売っていたのです。

あたしの家にもよく姿を見せました。うちではそのたびに、夕飯をふるまい、寝床を提供しました。すると炭焼きのほうはお礼に、行く先々で見聞きした面白い話をしてくれるのでした。

旅をしていると、人里離れた野山のど真ん中で、思いがけず、とっぷり日が暮れてしまうことがあります。そんなときは、不思議な事件に遭遇しないほうが稀なくらいでした。

これからお話しする出来事があった夜、炭焼きは、ポンメルヴェズのだだっ広い荒れ地にいました。そこは本当に、何もない荒野でした。二リュー〔約八キロ〕にわたって広がる台地には、一本の木も生えていません。風よけになる土手一つ、ありません。しかもその晩は、ちょうどものすごい風が吹き荒れていました。それは冷たい山おろしで、肌に深く突き刺さり、血が出るかと思われるほどでした。空は竈《かまど》のように真っ暗で、星一つ、出ていません。そのうえ悪いことに、持っていたランタンが突風にあおられ、吹き消されてしまいました。仕方なく、あやめもわからぬ闇の中で、めくら滅法《めっぽう》に馬を進めました。これが普通の道だったら、溝や用水堀があるので、なんとか辿れます。けれども、そこは何もない荒野でしたから、神さまのお導きのままに進むしかなかったのです。

炭焼きは、ポンメルヴェズの町でもたもたしていたことを、たいそう悔やみました。教会の新築工事をしていた石工たちと酒を酌み交わし、時間を無駄にしなければよかったなあ、と思ったのです。そのうえ食事がまだだったので、お腹はぐうぐう情けない悲鳴を上げていました。

「どんな屋根の下でもいいから、一束分の藁《わら》を敷いた寝床と、パンを一切れ、頂戴できるんなら、二、三袋分の炭を喜んで進呈するんだがなあ」

こうぼやいていたときです。突然、神さまがその願いを叶えてくださったかのようでした。

少し先に明かりがまたたき、人家があることを知らせていたのです。「黒小麦売り」〔炭焼きをからかうときの呼び名〕

はまっすぐそちらのほうに進んで行きました。やがて、みすぼらしい小屋が見えてきました。杜松《ねず》の枝で葺いた屋根は、地面に届きそうなほど傾いています。

「ごめんくださいまし！」と、炭焼きは大声で呼ばわりました。「ドアを開けてはもらえませんかね。ここなキリスト教徒が、イエスさまと、聖母マリアさまとブルターニュのすべての聖人の御名《みな》にかけて、お願いしているんですよ」炭焼きはこの文句を三度、繰り返しました。でも三回とも、返事はありません。

「とはいえ、明かりがついている以上、生者か死者はわからんが、少なくとも中に誰かがいるってことだ」炭焼きはそう考えました。

そこで馬と荷車をその場に残し、小屋のまわりを一周して扉を探しました。

じきに、その扉が見つかりました。

が、扉といっても、それはまるで木靴屋の小屋にあるような、藁《わら》で編んだ簀《すのこ》が掛かっているに過ぎません。

ともかく、炭焼きは簀《すのこ》を持ち上げて、中に入りました。

小屋の中には、何の家具もありません。長持ち一つ、ベッド一台見えません。けれども炉があり、その中で弱々しい火がちょろちょろ燃え、その生気のない炎の上にはフライパンがかかり、そのフライパンで青白い顔の女の人が一人、クレープを焼いているのでした。

「ずいぶん、か細い火だね」と、炭焼きは挨拶代わりに言いました。「夜が明けるまで、おいらをここの客にしてくれたら、お礼に炭を一袋さしあげたいと思うが、いかがかな。おいらの炭はとっても軽いから、麻屑みたいによく燃えるよ」

「この火で結構」女は振り返ろうともせずに、答えました。

「ずいぶん無愛想な挨拶だぜ」と、炭焼きは思いました。「だが、追い出されないかぎり、ここにいさせてもらうとしよう」

そこで、炉辺の床の上に座りました。

女は炭焼きの存在に気がつかないかのように、平然とクレープを焼いています。一枚焼き終わると木べらを使って、そばにあるお皿の上に移します。

ところが、あら不思議！　お皿はいつも空っぽなのです。まるでクレープは、お皿に乗せたとたん、蒸発してしまうかのようでした。

「おやおや！」炭焼きはこれを見て、独り言を呟きました。「おかしなこともあるもんだ。こりゃ、用心するに越したことはないぞ！」

パイプにたばこを詰め始めましたが、すぐさま山羊革《やぎ》の上着のポケットにそれをしまいました。そして、あたりを見まわすと、小屋の中にもう二人、女がいることに気がつきました。一人は襟首から取り出した骨を齧《かじ》り、もう一人は一心にお金を数えています。けれども、しょっちゅう計算を間違えるので、また最初からやり直さなければならないのでした。

こうなってくると炭焼きは、外でひどい風が吹き荒れていようと、荒地にいたほうがずっとましだった、と後悔せずにはいられませんでした。しかし、少しでも身動きしたら、恐ろしいことになるのではないかと思うと、立ち上がることすらできません。仕方なくその場に釘づけになったまま、夜明けが来るのを、いまや遅しと、待ち焦がれていました。一番鶏が高らかに時を告げ、一刻でも早くここから逃げ出したいと、痺《しび》れを切らしていたのです。

炭焼きが、この魔女のあばら家に間違って入り込んだ自分の愚かさを、百回目に呪っていたときのことです。クレープを焼いていた女が不意に近づいてきて、こう言いました。

「欲しけりゃ、どうぞ！」

「そりゃ、どうも！」と、炭焼きは答えました。「でも、いま腹は空いていないんで」

すると今度は、骨を齧《かじ》っていた女がそばにやって来て、言いました。

「肉がよければ、ほら、お食べ！」

「こりゃ、かたじけない！」ともう一度、炭焼きは答えました。「あいにく、腹がいっぱいでして！」

次に金勘定をしていた女が来て、言いました。

「これから何かと物入りだろう。この金をどうか受け取っておくれ！」

「とんでもない」と、炭焼き。「おいらの飲み食いするものは、この炭を売れば買えるもんで」

こう答えたと同時に、三人の女も小屋も、何もかも、ぱっと消えてしまいました。

炭焼きはたった一人で、だだっ広い荒れ野に取り残されました。そばにいるのは、エニシダの若芽をもくもくと食べる痩せ馬だけです。やがて、アレ山系の向こうから、白々と夜が明けました。炭焼きは、自分が街道を大きくはずれていることに気がつきました。そこで、右手の野原を斜めに突っ切って、街道に戻ろうとしました。そのとき、長い顎鬚《あごひげ》を垂らした老人が真正面に現れました。その顔には、厳《おごそ》かで親切そうな表情が浮かんでいます。

「炭焼きよ。そなたは賢明に行動したな」と、老人が言いました。

「それじゃあ、あなたさまは、何が起きたかご存知で？」

「わしには、これまでに起きたこと、これから起きることがわかるのじゃ」

「すべてお見通しなら、教えてください。あの三人の女は何者なんだね？」

「あれは、だらしない生活をしていた女たちじゃ。

一人目は、日曜日にしかクレープを焼かなかった。

二人目は、食事のとき、みんなに食べ物を配りながら、肉は全部自分の分に取っておき、ほかの人には骨しか与えなかった。

三人目は、金を誤魔化しては、へそくっていた。

そなたは、三人が永遠に続けなければならない贖罪《しょくざい》の場に立ち会ったのだ。そなたはクレープも、肉も、金も受け取らなかった。それでよかったのだ。もし受け取っていたら、今度はそなた自身が呪われて、この世が終わるときまで、一人がつくったクレープを食べ、もう一人が差し出す骨を齧《かじ》り、三人目の金勘定を手伝わなければならないところだったのじゃ」

（語り手、フランソワーズ・オムネス／ベギャールにて、一八八九年八月）

106話　炎の鞭

これは正真正銘、本当の話だ。なにしろ、じいちゃんから直接、聞いたんだから。

そのころ、じいちゃんはカヴァン小教区に住んでいた。元町長の未亡人から土地を借りて、農場を営んでいたんだ。ペリーヌ・ジェグーというのが、その後家さんの名前だった。ああ、そんな賃借契約、結ばなきゃよかったんだよ！　そうすりゃ、じいちゃんはあれほど苦労をしなくてもすんだだろうし、孫のあたしたちだって、いまほど無一文にはなっていなかったはずだ。

ペリーヌ・ジェグーは、ケラメネの土地持ちだった。人類の歴史始まって以来、この女ほど、血も涙もないけちん坊はいないだろう。金のためなら、たとえ雌牛の毛であろうと刈り取って、買い手を見つけるような女だった。そんなふうだから、自分の畑の土手に生えている木々の葉っぱの数ですら、一枚残らず数えていたって不思議はない。ところでその木の中に、半分腐った古い楢《なら》の木があって、あるとき風でなぎ倒された。そこで、あたしのじいちゃんは、その木を薪にしようと考えた。だってそんな腐れ木、ほかに使い道がないじゃないか。そんなの、大した罪にはあたらない。そうだろ？　ところが、どうだい！　地主はじいちゃん相手に訴訟を起した。そして弁護士の巧みな弁舌のおかげで、じいちゃんが何の権利もないのにこの木を自分のものにしたうえ、わざと風を起こして、木を倒すように仕向けたんだと、裁判官たちに信じこませた。

お前さんもご存知だろ、裁判は金持ちが勝つようにできているってことを。じいちゃんは、多額の賠償金を払うよう、言いつけられた。そのうえ、ご親切な裁判官殿は、牢屋に入れられないだけでもましだと思え、とおっしゃったのさ。こんな扱いをラニオンで受けたあと、悲しみに打ちひしがれて、じいちゃんは家に戻って来た。ばあちゃんは上手に家計をやりくりし、これまでに数エキュのへそくりを貯めて、箪笥《たんす》の中のリネンの下に隠していた。ああ、だが悔しいじゃないか！　そんなはした金じゃ、賠償金の五分の一にもなりゃしない。じいちゃんはがっかりして、炉辺の隅に座りこんじまった。するとばあちゃんは、少しでも連れ合いを元気づけようとして、こう言った。

「ねえヤン、そんなふうに絶望しないでおくれよ！　あたしゃ、今から地主さんの家に行って来るよ。あの人が岩のように頑《かたく》なで、情け容赦のない女だとしても、一生懸命頼んでみる。そうすりゃ、しまいにはあの人の気持ちもやわらいで、少なくとも賠償金の支払い期限くらいは延ばしてくれるだろうよ」

「好きにするがいいさ」と、気の毒なじいちゃんは言った。「だが、あの女の心をやわらげるなんて、土台無理な話だ。お前は、ただいたずらに涙を流すのが関の山だぞ」

半時間後、ばあちゃんは帰って来た。そして、じいちゃんの正面にぺたりと腰を下ろすと、両手に顔を埋めて、泣き崩れた。

ひとしきり泣きじゃくったあと、ようやくばあちゃんは呻くような声で言った。

「知ってるかい、ヤン？　あの女、差し押さえをするつもりだって」

それに対してじいちゃんは、「どうせ、そんなこったろうと思ったよ」と、ぽつりと答えただけだった。

その晩は二人とも、まんじりともできなかった。二人は、自分たちの馬や雌牛や豚のこと、ささやかな家具のことを考えていた。それら全部が、やがて競《せ》りにかけられてしまうのだ。翌日になって二人がまず耳にしたのは、執達吏のカブリオレ馬車がやって来て、前庭に停車する音だった。そして次の日曜、晩課のあとに、裁判所の権限で競売が行われた。ねえ、お前さん、よくもまあそんな場所に、どの面下《つら》げて来れるものかと思うだろ？　ところがあの女ったら、平気でおめおめやって来た。しかも、いちばん前の席に陣取って、ほかの人が欲しがらないものを一切合財《いっさいがっさい》、二束三文で買いまくったのだから、あきれるじゃないか。

とうとう競売にかけるものは、何もなくなった。塩壷一つ、残っていない。そこで、競売人は競《せ》りをお開きにしようとしたが、そのとき、あの守銭奴めが、壁に掛けられている荷車用の鞭に気がついた。

「待っておくれ。まだこの鞭があるよ！」

「そのとおりだが」と、それまでただの一度も口を開かなかったじいちゃんが言った。「そんなもの、あんた以外の誰も欲しがらんじゃろう、ジェグーさん。持って行きなされ。それがあんたにとって、この世とあの世での、罰ほろぼしの道具となりますように！」

するとジェグー未亡人は、臆面もなくその鞭を手に取り、こう呟いた。

「こんなものでも、無いよりはましだからね」

その夜、法律によって残された唯一の財産であるベッドの中で、じいちゃんは、ばあちゃんにこう言った。

「とうとう破産しちまったが、あの鞭がわしらの復讐をしてくれるだろうよ」

実際、その日からというもの、ペリーナ・ジェグーには片時も心の休まることがなくなった。夜になると、鋭い痛みに跳ね起きる。それはまるで、燃え上がる革の紐で、全身を滅多《めった》打ちにされるかのような痛みだった。痛くて辛くて、もう気が狂いそうだった。呪われた鞭を火にくべて、灰にしてしまえば平安が得られるかと思い、そうしてみた。だが、前よりもっとひどく苦しめられただけだった。とうとう、ひと月と経たないうちに、ジェグー未亡人は死んでしまった。だが、遺体が墓穴に埋葬されたその日の晩、凄まじい叫び声を上げながら、半狂乱で駆けまわる女のせいで、人々は穏やかな眠りを破られた。みんなベッドから起き上がり、いったい何事かと見に行った。走っていたのは、死者だった。母屋と家畜小屋の周囲を駆けまわり、ぞっとするような喚《わめ》き声を上げている。火のついた鞭がその首に絡まり、女はそれから逃れようと、虚しく走っているのだった。そして、聞いている者の胸が引き裂かれるような悲痛な声で、こう叫んでいた。

「ディラメット　アー　フエット・マン　ディガネン！　ディラメット　アー　フエット・マン　ディガネン！」（この鞭をとっておくれ、この鞭をとっておくれ！）

死者の体は、焼け焦げていた。ああ、おそろしい！　当然のことながら、誰もこの女に近づこうとはしなかった。翌日の晩も、その翌日の晩も、そのまた翌日の晩も……それからずっと夜になるたび、女は家に戻って来た。それは新月になるまで続いた。その新月の晩のこと、人々は女が井戸の中に飛び込むのを見た。その後もずっと、井戸の水は硫黄《いおう》の味がしたということだ。(15)

（語り手、アンナ・ケレック／トレブルデンにて）

第20章　悪霊祓い

モルレー市内の風景

お祓いをされる悪霊とは、たいてい悪辣《あくらつ》な手段で財を成した金持ちか、孤児の持っている、なけなしの財産を横取りした後見人の霊魂だ。つまり、人の金を盗んで返さなかった連中である。

自堕落な生活を送っていた人の霊は、取り抑えられて、ユーディック（第20章原注7を参照のこと）に送られる。だから、そこにいるのは、貴族やブルジョワ、高等遊民、金持ちばかり。農民はというと、生きるためにさんざん苦労させられたうえ、死後も安穏《あんのん》とは暮らせない。

（イヴ・チュルニエじいさん談／サン・リヴァルにて）

そういう人たちの霊は、何らかの方法で罪が償われるまで、あてどなくさまよい続けなければならない。彼らは何かというとすぐ人に食ってかかり、意地悪をする。かつて住んでいた家のあたりを絶えずうろつき、揉め事の種を蒔いては、生きている人の邪魔をし、そうすることで憂さを晴らしているのだ。そこで、生者はお祓いをし、そういう霊魂が悪さをしないようにする。

お祓いができるのは、司祭だけだ。とはいえ、司祭であればみんながみんな、その力を持っているかというと、そうではない。抜け目がなく、肝っ玉が据わっていて、おのれの学識に自信のある人でなければ駄目なのだ。そういう司祭は、せいぜい各地方に一人、いればいいほうだ。悪霊祓いに精通しているだけではなく、腕っ節が強くないと、この仕事は出来ない。

悪霊祓いに呼ばれた司祭は、祭服《スルプリ》をまとい、手にストラ（司祭がミサのとき、肩から垂らす長い帯）を持ってやって来る。悪霊が出没する家に着いたら、靴を脱がなければならない。それは、「地面まで司祭」でいなければならないからだ。

司祭が死者の痕跡を辿れるように、家の人は前日から、床に目の細かい砂か灰をまいておく(1)。玄関から屋根裏部屋まで、階段という階段にも、同じように砂か灰をまく。司祭は死者の足跡を追いかけ、部屋の入口で足跡が途絶えているのを見つけたら、その部屋の中に入り、扉を閉める。悪霊は、そこで寝起きしているはずだからだ。部屋の中では、司祭と悪霊の凄まじい死闘が繰り広げられる。ふたたび部屋から出てきた司祭はへとへとに疲れ果て、その顔はげっそりと青ざめ、汗びっしょりだ。一対一の戦いが続いているあいだ、家の者は恐怖のあまり息をひそめ、炉辺の片隅にうずくまる。上から響いてくる身の毛のよだつような騒ぎを聞くまいと、耳に手を当てて栓をする。めいめい不安に押し潰されそうになりながら、悪霊と司祭のどちらが勝つか、固唾《かたず》を呑んで見守るのだ。司祭は、ときには特別の祈祷を連発し、ときには幽霊と取っ組み合いをする。あるいはまた、ずる賢い策略を用いることもある。思いもかけない謎々をかけて意表を突き、答えを探そうとして、相手が気をとられた一瞬の隙をとらえて、幽霊の首にストラを掛けるのだ。すると、悪霊はついに降参する。すっかり縮こまって、おとなしくなる。次に、司祭は悪霊祓いの呪文を唱え、悪霊を動物の体の中に封じ込めてしまう。ほとんどの場合、黒い犬の中に封印する。それから、犬を家の外に連れて行き、信頼できる人の手に委ねる。それはたいてい、寺男や香部屋係だ。悪霊祓いの依頼があると、司祭と一緒に問題の家にやって来て、現場で待機しているのだ。それから司祭は、犬を連れた寺男をあとに従えて、人里離れた場所まで歩いて行く。それは、荒れ野や、使われなくなった石切り場、野原にある沼などだ。「これからは、ここがお前の住処《すみか》だぞ」司祭はそう死者に申し渡し、居場所を定める。そのとき通常、酒樽の輪で円を描く。その円の外に出てはならないのだ。あまり人が行き来しない場所が選ばれるのは、万が一、人が通りかかって、悪霊にいたずらをされては困るからだ。悪霊がいると知らずに、描かれた円の中を通ろうとすると、その人はたちまち足をつかまれ、地面に引っくり返されてしまうだろう。

プレスタンのドゥーロン川の河口近くに、ムアルヒック（小さなクロウタドリの場所）と呼ばれる沼地がある。そこにお祓いされた霊魂がいて、悲しそうな声で一晩中、こう叫んでいた。

「復活祭にクリスマス、聖ミカエルの日に三位一体、四季の斎日（ブルトン語では「一二日」という）はどれ一つ、わしは守らなかった！」

するとある日、近くを通りかかった人がこう答えた。

「俺はその四つとも守った。だから、そのうち一つをお前さんに進呈しよう」

「あんたに祝福がありますように！」と、霊魂は言った。「その一言で、わしは救われた」

（N・M・ル゠ブラースから聞いた話）


カンペールの司教で、一七五七年前後に亡くなったリュイエ猊下は、生前、特権を振りかざし、威張りちらしていたという話だ。亡くなってから何年も経つのに、ラニオンの司教館に頻繁に出没し、心配事に気をとられているかのような深刻な顔で、庭園の道を馬車で行き来するのだった。

あるとき、若い司祭が勇気を出して、猊下の幽霊をお祓いをしようとした。

「おーい、猊下！」と、司祭は叫んだ。「馬車のドアから顔を出してくださいませんか。一言、申し上げたいことがあるので」

すると死者ははっと我に返り、馬車から身を乗り出した。司祭はすかさず、その首にストラをかけた。

この日から、リュイエ司教猊下はもう「戻って」来なかった。　（ルネ・アランから聞いた話／カンペールにて）

107話　トロガデックの悪霊祓い

グウェルス〔語り歌〕[*1]

I

トロガデックが死んでから、その近所では何ひとつ、うまく行かなくなったのさ。

ただ一人、レオンの若い司祭だけは、肝っ玉が太かったので、トロガデックの霊を祓いに、ストラを持ってやって来た。

若い司祭はお祓いしながら、トロガデックにこう言った。

「なあトロガデックよ、教えておくれ。お前さんが亡くなってから、どれだけ日数が経つんだね？」

「地獄に下って炎に焼かれ、もう七年が過ぎました」

「嘘をつくな、トロガデック。お前のかみさんが喪に服し、日に夜に涙を流してから、七日が経っただけじゃないか。

ところでもう一つだけ、教えておくれ、トロガデック。どういうわけでお前さん、地獄に堕ちてしまったのか」

「俺は生前、小間物屋だったが、やめときゃよかったと悔やんでる。お得意さんが三オーヌ〔一オーヌは約一・二メートル〕、布を切って、と言ったとしよう。ところが俺は、一オーヌ半しか切らないで、御代はちゃっかり三オーヌ分、頂戴してたというわけだ。

なあ司祭さん、女房に伝えてほしいんだ。汚い手段で稼いだ金を、貧しい人に分けてくれって。もし女房がそうしてくれないと、地獄にあいつの席ができちまう」

Ⅱ

若い司祭は男爵夫人（トロガデックの未亡人のあだ名）に、挨拶してから、こう言った。

「ご亭主からの言伝《ことづ》てです。汚い手段で得た金を、貧しい人に分けてくれって。さもなきゃ、地獄にあなたの席が出来ますよ」

「ブレストからレヌヴァンまでにあるものは、皆《みな》これ、布を売った代金で、あたしが買ったものなんだ。でも、そんなことはどうでもいい。何よりあたしが大切なのは、ブルターニュでいちばん美しい、この新築の家なのさ。この家さえ残してくれるなら、あとは天国行きの代金として、神さまにお渡ししてもかまわない」

Ⅲ

ところで、じきに男爵夫人は、病の床に臥したまま、九日目には亡くなった。

地獄の井戸に落ちる間際《まぎわ》、みんなに向かってこう言った。

「ああ、親切な忠告を、きいときゃよかった、悔しいわ。そうすりゃ、いまごろ、こんな目に遭わずにすんだにちがいない。新築の家の棟木も梁もみな、焼かれてなくなりゃよかったのに。もしも代わりに、あたしの霊が赦されるなら。新築の家など、めちゃくちゃになっちまえ。もしも代わりに、あたしの魂が無事ならば。そうすりゃ、あたしのアナオンは、救われていたはずなんだ。それなのに、あたしも亭主も二人とも、地獄に堕ちてしまうとは(2)」


（アンナ・ドリュトが歌った歌／ペデルネックにて、一八八七年）

108話　赤姫さま

ポール・ブランの入口にある、シャトー島をご存知かい？　この島にいる死者の数ときたら、ブリュックからビュギュエレスまでに転がっている小石の数より、はるかに多いそうだ。これからあたしが話すのは、昔々、このシャトー島でお祓いをされた死者の物語さ。生きていたとき、この女はお姫さまだった。その名前を誰かに訊いてごらん。みんなはこう教えてくれるだろう。アエスという名前で、グラロン王の娘だって。そう、あのイスの町を治めていた王さまの娘だよ。本当だろうか、嘘だろうか。

ともかく、お祓いされたにもかかわらず、お姫さまは七年ごとに、七リュー〔約二八キロ〕四方の海や陸地で、魔力を揮《ふる》った。

どういういきさつで、その魔力が奪われたのか、これからお前さんに話すとしよう。

その前に言っておくが、このお姫さまの力は、人々にたいへんな不幸をもたらすものだった。赤い大きな靄《もや》が海から立ち昇ると、それが恐ろしい災厄の前兆だ。きっとそのせいで、このあたりに住む漁師たちは、お姫さまのことを「赤姫さま」と呼んでいたのだろう。そのあと突如として、凄まじい大風が巻き起こり、赤い靄《もや》を一掃する。大風は船を引っくり返し、水底深く沈める。そういう日には、いつもは大胆極まりない小船ですら、わざわざ危険を侵して沖に出るような真似はしない。人々は家の中に閉じ籠《こも》り、恐ろしさにぶるぶる震えるばかり。髪の毛を無理矢理引っこ抜かれるかのように、屋根の藁《わら》が根こそぎ吹き飛ばされる始末でね。それはそれは恐ろしい暴風だったよ！　風は煙突から炉に吹き込み、猛り狂った巨人のように吠える。何を言っているのかはわからないが、不機嫌な男のように、乱暴な言葉を吐いていたことだけは確かだよ。こうした騒ぎの原因は、ひとえにお姫さまの悪霊だったから、これをお祓いするため、人々は、いちばん上手だと評判の司祭さんに頼んで、ポール・ブランのノートル・ダム教会で再三、黒ミサを挙げてもらった。けれども、効き目はまったくなし。あいかわらず七年ごとに、荒々しい物音と激しい怒りが、あたり一帯を襲うのだった。人々はついに絶望し、どんなに人間が頑張っても、悪さをしないようにお姫さまを鎮めることは無理なんだ、だって神さまの手にすら、あまるくらいなんだから、と諦めたのさ。

ある晩のこと、海岸に住む一人の貧しい女がシャトー島に出かけていった。夜の引き潮のあいだ、鮑《あわび》を採ろうと思ってね。

でも、十分に潮が引いて岩場が現れるまで、少し待たなければならなかった。

ほかにすることがなかったので、数珠をつまぐり、お祈りの文句を唱えた。というのも、この女はたいそう信心深く、故郷《くに》ではファンテス・アー＝ペドゥヌー（お祈り好きのフランソワーズ）というあだ名で通っていたくらいだったから。

十個玉の数珠を三回目に手繰《たぐ》っていたときのことだ。ふと振りかえると、小島にそびえる大岩の代わりに、町の教会のように丈高く、大きな礼拝堂が立っているのが見えた。礼拝堂のステンドグラスは、まばゆく照らされている。ファンテスはその場に漁具を置いて立ち上がり、奇跡的に出現した、この立派な礼拝堂の扉めがけて、一心に駆けて行った。

扉の上には、燃え立つように鮮やかな金色の文字で、ブルトン語で何やら碑銘が刻まれていた。ところで、ファンテスにはブルトン語が読めたのさ。それには、こう書いあった。

「内側から見られず、鍵穴から中を覗き見ることができた者には、その者自身と家族とに、たいへんな財宝が与えられるであろう」

ファンテスはしばし躊躇《ちゅうちょ》したものの、すぐにこう考え直した。

「そうだよ、試して悪いってことはない!」

そこで、片目を鍵穴に当てがった。

すると、こちらに背中を向けているお姫さまの姿が見えた。お姫さまは、祭壇の方に向かって歩いて行くところだった。祭壇が設けられている内陣は、黄金色の光に満たされている。

ファンテスは扉の掛け金をはずそうとしたが、掛け金はしっかり固定されていて動かない。そこで、礼拝堂の周囲をぐるりとまわることにした。やがて、第二の扉が見つかった。その上には、こう記されていた。

「中に入りたければ、ここから三歩行った場所に藪《やぶ》があり、そこに白い草が生えている。茎を二本摘み、それを右の手のひらに、十字に置くがいい」

ファンテスがそのとおりにして礼拝堂に戻ると、今度は第三の扉が見つかった。扉の上には、またもこう記されている。

「それでは、いよいよ中に入るがいい。ここにあるすべての宝はそなたのもの。そのうえ、姫をお祓いし、もう悪さをしないようにできるのは、そなたしかいない」

ファンテスは中に入った。

お姫さまは祭壇の段の上に立っていたが、貧しい女の木靴が床に響く音が聞こえたので、後ろを振り返った。

「何しに来た?」お姫さまは怒った口調で言った。

「あなたさまに、もう悪さをさせないために来ました。もっとも、あたしにその力があるのなら、ですが」と、ファンテスは落ち着き払って答えた。

「お前がここにいるということは、お前の意志のほうが、わらわの意志より強いということだ。よろしい、言うとおりにしよう。好きなだけ遠いところに追い払うがいい。お前の望むところに、わらわは行こう。これは、わらわが石でこしらえさせた池の鍵だ。わらわの犠牲となった者は、すべてそこにいる。好きにするがいい。わらわはお前に、財宝も残そう。賢く使うことだ」

お姫さまはこう言うと、ファンテス・アー＝ペドゥヌーにきらきら輝く鍵束を渡した。

ファンテスはエプロンで数回手を拭いてから、おずおずとその素晴らしい鍵束を受け取り、十字を切った。

「わらわはどこに行けばいいのじゃ？」と、お姫さまが尋ねた。

「陸よりも遠く、海よりも遠い場所へ！」

すると、お姫さまの姿はたちまち空中に消え失せた。それ以来、お姫さまの噂は聞かれなくなったということだ。

それと同時に、不思議な礼拝堂の壁が、物音一つたてず、跡形もなく崩れ去った。

気がつくと、ファンテス・アー＝ペドゥヌーは、池の前に立っているのだった。池の底には石が敷き詰められていて、水は澄んで光っている。そこかしこに、顔を仰向けにした遺体が浮いていた[3]。ファンテスは、水際《みぎわ》にぷかぷか浮いている二人の男に見覚えがあった。それは前の年、嵐の晩に溺れ死んだ同郷の男たちで、どの海域で遭難したのか、わからないままになっていたのだ。

池は、大きな鋼鉄の水門で塞がれていた。ファンテスはもらった鍵束の一つをさしこんで、この水門を開けた。水は勢いよく泡立ちながら、海に注ぎ、溺死者はあたかも生き返ったかのように体を起こした。そしてファンテスの見守る中、賛歌を歌いながら、昔イエスさまがなさったように、海の上を静かに歩いて遠ざかっていった。

やがて水はすべて流れ出てしまい、池の底が現れた。金貨でびっしり覆われている。ファンテスは持てるだけの金貨を掻き集め、家に帰った。

翌朝早く、ファンテスは走って告解をしに行った。

「この金貨、どうしたらいいでしょう？」昨夜の出来事を洗いざらい話したあと、司祭さんに尋ねると、相手はこう返事をした。

「ミサが必要な霊魂のために、ミサを挙げてもらいなさい。そして、生者には施しをするといい[4]」

（語り手、マリー＝イヤサント・トゥルーザン／ポール・ブランにて）

109話　ポン・レズ侯爵の話

ケメネヴァンのポン・レズ侯爵は生前、たいそう残忍で気まぐれな男だった。侯爵にまつわる逸話は、聞いていて胸糞が悪くなるようなものばかりだ。例えば、こんな話がある。お抱えの仕立て屋が、あるとき、おかゆの中のバターが少ないと愚痴をこぼした。そのことを伝え聞いた侯爵は、仕立て屋を坊主頭にしてから真っ裸にして立たせ、とてもお前さんの前では口にできないような場所の中にバターを塗り、溶かすように命じたのだ。そんな悪人にも、死は訪れる。侯爵が亡くなったとき、そのあたり一帯の住民は、誰もがみんな、ほっと胸を撫で下ろしたものだった。だが、人々はまもなく、死ですらも、その悪辣な所業に終止符を打てないことに気がついた。というのも、侯爵は夜な夜な戻って来ては、家の者や農民たちを困らせたからだ。そこで、魔力で侯爵を封じ込めてもらおうと、人々はケメネヴァンの主任司祭を探しにやった。当時の主任司祭は、魔術に長けていると評判のコアトマンさんだった。

「よろしい」と、コアトマンさんは答えた。「一筋縄ではいかんだろうが、わしが悪霊を調伏しよう」

噂によると、主任司祭は七夜ぶっ続けで死者と死闘を繰り広げ、日曜の朝、ミサを挙げに教会に現れたとき、その祭服はぼろぼろで、でっぷり太っていた体は天秤竿《てんびんざお》のように痩せ細っていたということだ。説教の中で、司祭は人々に向かってこう宣言した。

「なかなか厄介な仕事であった。だが悪霊は今後、未来永劫プルアレックの池におとなしく閉じ込められているだろう」

このプルアレックの池は、ポン・レズの領地内にあって、並木道に面していた。ドン・コアトマン〔「ドン」は聖職者の敬称〕がそこを通るたびに、侯爵は主任司祭の顔を見ようと、まるで蛙のように水面から顔を出すのだった。

「あいかわらず、そこにおいでなんですな、侯爵さま」と、司祭が尋ねた。

「見てのとおりだ」

「そこで何をしておられるんですかね?」

「おぬしのほうが、よく知っておるじゃろ。わしをここに押し込めたのは、おぬしじゃないか」

「それならすみませんが、ちょいとパイプに火をいただけませんかね」

「よかろう」

ドン・コアトマンは、ステッキ代わりに使っている、細くて白い魔法の棒の先っぽを水に浸した。すると、竿の先にたちまち火がついた。司祭は燃えさしを灯すのと同じ要領で、その火をパイプに移したのだった。

そうとも! ポン・レズ侯爵は、生きているときは確かに侯爵だったけれど、死んでからはケメネヴァンの主任司祭の家来になっちまったのさ。


(語り手、旅籠屋の主人、ル＝ブラース／ケメネヴァンにて)


わしの竹馬の友から聞いた話だ。ある冬のこと、奴さん、激しい雨が降るなか、プレイバンの学校に行くところだった。雨でぬかるんだ道を歩いていたとき、一人の男が汗をびっしょりかきながら、ごつい大きな黒犬に引っ張られるようにしてやって来た。

犬は泥道を速足で進んでいたが、見るからに太って重そうなのに、足跡がまったく残らない。

それは、悪い霊魂がメネス・アレに連れて行かれるところだった。(5)

（香部屋係のジョゼフ・モルヴァン談／コロレックにて）

110話　タディク・コスのお祓い

これから話すのは、タディク・コスがベギャールの主任司祭だったころの話だ。タディク・コスの本名は、ギレルミックさんといった。この人は昔気質《かたぎ》の司祭でね、お年寄りとはいっても、そりゃもうエネルギッシュだった。司祭館で椅子を暖めているよりも、外出していることのほうが多かったから、人々はよく道や畑でこの人にばったり出会ったものだ。アレ山系から「大海」に至るまで、タディク・コスを知らない者はいなかった。とても思いやりの深い、素晴らしい神父さんだったよ。そしてイエス・キリストが貧しい人から慕われていたように、この人も、貧乏な農夫、日雇いの作男、羊飼いなどから、たいそう好かれていた。

いま、話をしているこのわしも、タディク・コスと面識があった。ずいぶん前から知っていたが、そのころ、もうすでにかなりのお年寄りだった。タディク・コスは大地よりも年老いていて、十回死んだことがあり、十回とも生き返ったという噂を聞いたことがある。

姿かたちは、こんなふうだ。

背中は曲がり、髪は長くて白い。

顔は、そうだな、年寄りにも見え、子供にも見えた。いつも笑っていて、冗談が大好きだった。

祭服はつぎはぎだらけだったが、つぎあての数より、そこに開いた穴の数のほうが多かった。

早朝のミサが終わると、すぐさま巡回に出かける。道でタディク・コスを見かけると、人々は、「おはようございます」の挨拶をする。すると彼は立ち止まり、最初にいつも同じ文句を言ってから、会話を始める。

「わが子よ、お前さんがどんな具合か、話してくれんかね？　わしはお前さんの父じゃ、いつもそばにおる老神父《タディク・コス》じゃぞ）

そのせいで、いつしかみんなからタディク・コス（小さな老神父）と呼ばれるようになったんだよ。人々はタディク・コスを愛し、敬った。それに、畏れてもいた。というのも、この人はお人好しの神父さんというだけじゃなくて、たいそう学識のある司祭だったし、噂によると、神さまご自身がこの人に、教皇さまと同じくらいの権限をお与えになった、という話だったからな。

物事をいくらか知っている人々は、それだけでもう、自分は偉大な魔法使いだと思いこんでしまうものだ。ところがタディク・コスときたら、生と死のあらゆる秘密に通じておった。ときどき地獄の天窓に頭を突っ込み、奈落に体を乗り出すようにして、悪魔たちと言葉を交わすんだ、と言う人もいた。ことの真偽はともかくとして、オフェルン・ドランテルにかけては、タディク・コスの右に出る者はいなかった（第9章62話参照）。ブルトン語圏はもちろん、ガロ語圏〔オート・ブルターニュ〕からも、相談しに来る人が引きも切らなかった。たとえ霊魂を救えないときでも、少なくとも安息を得られるよう、手を尽くす。そうとも、タディク・コスほど巧みに悪霊を調伏できる司祭は、誰一人していなかったのさ。(6)

その一つの実例を紹介しよう。これは、散々な目に遭った当人から、わしが直接聞いた話だ。

その男は、ルイ＝フィリップ王〔一七七三—一八五〇年。フランス国王。七月革命後に即位〕の兵隊で、リヨン・シュル・ローヌの駐屯部隊に勤務していた。そうとも、ここからはずいぶん遠いところさ！

一ヶ月の休暇を許されたので、故郷の人に制服姿を見せびらかしてやろうと思い、乗合馬車でブルターニュに向かった（当時はまだ鉄道がなかったんでな）。ベル・イル・アン・テールで馬車を降り、そこから故郷のトレゼラン村まで丸々三リュー〔約一二キロ〕歩かなければならなかった。だが、故郷《くに》に帰る兵士にとって、三リューの道のりなんぞ、屁の河童だ！

そこで足取り軽く、道を続けた。

メネス・ブレにさしかかったときだ。息を切らしながら歩く、年寄りの司祭に出会った。背中を二つに折り曲げて、見るからに獰猛そうな真っ黒いバルベ犬を連れている。

「おーい！」その老人との間にはまだかなりの距離があったのだが、相手の姿が目にとまるや否や、兵士は大声で呼ばわった。「そこを行くのは、タディク・コスじゃありませんかね！　やっぱりそうだ。こんにちは、タディク・コス！」

「こんにちは、わが子よ」

「じゃあ、俺が誰だかおわかりにならないんですかい？」

「すまんのう。昔よりずっと目が悪くなってしまってな」

「ジョビックですよ。ジョビック・アン＝ドレスでさあ。トレゼラン村のコアトフォ農場の。俺に洗礼を施し、初聖体を授けて下さったのは、あなたですよ」

「うむ、うむ。お前さんのおっ母さんは、ゴード・アー＝ヴランじゃな。お前さんに会ったら、さぞ喜ぶじゃろうて……」それから老人は、ややためらったあと、こうつけ加えた。「お前さんはきっと、コアトフォへの道を急いでなさることじゃろうなあ」

「ええ、もちろんですよ、タディク・コス。でも、なぜそんなことを？」

「それはな……もし時間があればの話だが……、わしはこの悪いバルベ犬を、ルアルガの主任司祭のところに連れて行かねばならんのだ。だが、わしの両脚は相当老いぼれていて、もうすでによろよろしておる。実を言うと、目的地まで行き着けるかどうか、覚束なくてなあ……」

わしの友人、ジョビックは、ふいに胸が締めつけられるのを感じた。実際、気の毒なタディク・コスは、疲労で押し潰されそうに見えたのだ。

「よろしいですとも！　ほかならぬあなたの頼みだ、タディク・コス。その犬の綱を俺に下さい。ルアルガの主任司祭のもとに届けてあげましょう。トレゼランには背を向けることになるが、かまうもんか！　タディク・コスからの頼まれごとを、断るわけにはいきませんよ。安心して司祭館にお戻りください。もし帰り道、うちの農場の者に会ったら、俺は日暮れまでには帰れないって、伝えておいてください」

「おお、助かった。わが子よ、そなたに祝福がありますように！」

そう言ってタディク・コスは、ジョビック・アン＝ドレスの手に黒い犬の綱を渡した。

猛々しい犬はいまにも唸ろうとしたのだが、タディク・コスが黙るよう命じ、ラテン語で何かの文句を唱えると、たちまちおとなしくなった。そして、新しい主人のあとを、素直にとことこついていった。

それから半時間後、ジョビックはルアルガの司祭館の扉をノックした。

「すみませんが、ちょいとお邪魔しますよ、主任司祭さん。この犬をお渡しするようにって、タディク・コスから預かって来ました」

主任司祭は、笑いを含んだ目でジョビックを眺めた。

「で、きみはこの役目を、喜んで引き受けたのかね？」

「ええ、まあそうです。タディク・コスのお役に立ちたかったんで」

「ふーん、そうか。だがね、きみ。終点はここじゃないんだよ」

「えっ、どういう意味ですか？」

「今にわかる。待っているあいだ、このグラスのワインをぐいっとやりなさい。その足で、ベル・イルまで行ってもらわなきゃならんのでな」

「ベル・イルまでだって！　ご冗談を！」と、ジョビック・アン＝ドレスは叫んだ。「俺をからかってるんですかい？　このバルベ犬は、ちゃんとお渡しいたしましたよ。この犬を煮て食おうが、焼いて食おうが、好きなようになさるがいい。俺はトレゼランに帰ります。だいたいタディク・コスに出会わなけりゃ、とっくに家に着いているはずなんだから。では失礼しますよ、司祭さん」

「おいおい、ちょっと待ちなさい！　この手のバルベ犬の面倒をいったん引き受けたら、道程の最初の地点で、こんなふうにほったらかしにしてはいかんのだ。万が一、この犬を放り出したら、きみに不幸が起きるぞ。この犬の中の悪い霊魂の代わりに、今度はきみの魂が呪われてしまうんだ。そうなってもいいのかね？」

「それじゃあ、こいつはただの犬じゃないんですかい？」ジョビックは急に弱腰になって、やや顔色を変えながら尋ねた。

「そうとも！　これは、タディク・コスによって調伏された、誰かの悪霊じゃ。この目の異様な輝きを見るがいい」

ジョビックはそのとき初めて、連れていた犬をしげしげと眺めた。確かにそう言われてみると、普通の犬にはない、悪魔のような目をしている。

「それにしても、タディク・コスはひどいや。まんまと俺を嵌めるなんて」

「とにかく、これからどうするかは、きみが自分で決めることじゃ」と、ルアルガの主任司祭は言った。

「仕方ないや。ベル・イルに行けばいいんですね」

「そうだ。そこの主任司祭に、わしから遣わされたと言いなさい」

「じゃあ、行ってきます」と、ジョビックはため息をついた。「行かなきゃならないんなら、行くしかないもんな……」

そこで彼は、ベル・イルさして出かけて行った。数時間前、陽気に歌いながら歩いた道を、今度はプルムール教会のキリストさまのお像よりずっと悲しそうな顔で、反対方向にとぼとぼと辿ったのだ（プルムール・ゴーチエには、たいそう悲しそうな表情のキリスト像がある）。

ベル・イルの主任司祭は、諸手《もろて》を上げてジョビックを歓迎した。

「そろそろ夜じゃ。今夜はここで泊まりなさい。明日の朝、また旅を続けねばならんから」

「何ですって！」と、ジョビックは抗議した。「では、この犬はあなたのじゃないんですか」

「うむ、さよう」

ジョビックは怒りがこみあげてきて真っ赤になったが、そのとき、呪われた犬と目が合った。彼はとたんによろよろと椅子に倒れこみ、大声で泣き出した。

「今ごろ、家族みんなで台所のテーブルを囲み、飯を食っているはずなのに！」

「よしよし、そう悲しみなさんな。おぬしを飢えで死なせようとは思っておらんよ。その犬の綱をわしに渡しなさい。地下の酒蔵に閉じ込めるから。で、おぬしは夕飯をたらふく食べて、ぐっすり眠ったらええ」

朝から何も口にしていなかったので、ジョビックは出されたものをぱくぱく食べ、とても悲しくはあったが、ベッドに横になったとたんに鉛のような眠気に襲われた。翌朝、主任司祭みずから足を運んで、若者を起こした。

「そら、ベッドから出るんだ！　お日さまはもうとっくに上がっている。犬は元気に吠えておるぞ。さあ、出発するがいい！　昼飯どきまでに、ギュルンニュエルの司祭館に着かねばならんからの。主任司祭には、わしから遣わされたと言いなさい」

そこでジョビック・アン＝ドレスは、ベル・イルの司祭館をあとにした。だって、それ以外にどうしろっていうんだ？　言いつけに従うよりほかにないじゃないか。

そのあとのことは、省くとしよう。

ギュルンニュエルの主任司祭は、ジョビックをギャラックの主任司祭に派遣した。ギャラックからマエル・カレーの主任司祭へ、マエル・カレーからトレブリヴァンの主任司祭へ……。とまあ、こういう調子で、えんえんと盥回《たらい》しにされた。

二日間で、一二軒以上の「神父の家」を訪ね、行く先々で大歓迎された。どこに行ってもおいしいワイン、おいしい食事に、心地よい寝床が提供された。

それでもジョビックは、ちっとも嬉しくなかった。一つには、このへんてこな旅に終点があるのかどうか、だんだん疑わしく思われてきたからだ。もう一つには、黒い犬を連れて道を歩いていると、人々が野次馬根性を丸出しにして、わざわざ戸口まで出て来て見物するからだ。どうも、兵士がこんな犬を連れているというちぐはぐさが、みんなの好奇心を刺激するらしかった。

三日目の昼ごろ、ジョビックは、ここよりずうっと高い、アレ山系の裾野にある、コンマナの司祭館に到着した。

「ごめんください、司祭さん。この犬をお届けにあがりました……」

この文句を言うのは、もう十四、五回目になるだろう。ジョビックは、乞食がお布施を請うときの、哀願するような口調でこのせりふを唱えた。

だが、コンマナの主任司祭は最後まで言わせなかった。

「うむ、わかっておる。台所に行って、シードルを一杯飲んでおいで。これから手を貸してもらわねばならんので、少し力をつけておいたほうがいい。この犬は、どうも気難しそうだからな」

「こいつを厄介払いできるなら、大丈夫でさ、俺だって男だい！」と、ジョビックは叫んだ。

「わしが合図したら、すぐに出かけられるよう、支度しておいてくれ。じゃが、それには日暮れを待たねばならん」

「ああ、ようやくこれで片がつきそうだ。これはわけのわかったお人だぞ」と、ジョビック・アン＝ドレスは考えた。とはいえ、実をいうと、いったい何が何だか、さっぱりわからなかったのだ。ただ理解できたのは、まだいちばん大変な仕事が残っていて、それが終われば自由になれる、ということだけだった。

日暮れどき、主任司祭が呼びに来た。祭服《スルプリ》をまとい、首にストラを掛けている。

「さあ、出かけるぞ！」と、司祭は言った。「犬が逃げないよう、特に注意しておくれ。そうなったら、わしら二人ともおしまいじゃからな！」

「合点です、大船に乗ったような気でいてください！」犬の綱をしっかり握りながら、ジョビックは答えた。

そこで、二人と一匹は出かけた。司祭が前を歩き、次にジョビック、その後から犬がついて行った。

一行は、メネス・ブレよりずっと高く、はるかに荒涼とした、大きくて暗い山の中に分け入った。(7) 周囲の土地は、真っ黒だ。草一本、ヒース一株、生えていない。

山のふもとに着くと、司祭はしばし立ち止まり、ジョビックに声をかけた。

「これからユーン・エレーズ（葦の沼）に入る。どんな物音がしようと、振り返ってはならぬ。お前さんのこの世での命と、あの世での救いとがかかっているのじゃ。犬の綱は、しっかり握っているな？」

「はい、司祭さん」

一行が歩いている場所は渺々《びょうびょう》として、たいそう淋しいところだった。あたりの景色は、陰気な上にもさらに陰気で、黒いどろどろした地面が黒い水にぬかるんでいる。

「ここは地獄の玄関にちがいない」と、ジョビックは思った。

沼地にさしかかったとたん、犬は哀れな声で唸り始め、逃れようと必死で暴れだした。

だが、ジョビックは綱を堅く握っていた。

進むにつれて、呪われた犬はますます激しく飛び跳ね、「ワウ、ワウ！」と吠える。そしてものすごい力で綱を引っ張るので、ジョビックの手のひらは血だらけになった。

それでも若者は、あいかわらず綱を握って放さない。

そうこうするうち、一行はユーン・エレーズの中心に到着した(8)。

「気をつけて！」と、主任司祭がジョビックの耳に囁いた。

司祭が犬の方に向かっていくと、犬は相手を噛もうとして後足立ちになった。そのとき司祭は、驚くべき敏捷さで、ストラをぱっと犬の首に掛けた。すると犬は、背筋が凍らんばかりの悲痛な叫び声を上げた。

「伏せるんだ！　さあ早く！」と、司祭がジョビックに命じ、いち早く範を垂れた。

ジョビック・アン＝ドレスが地面に伏せた瞬間、何かが沼の中に落ちる、ボチャンという水音がした。その直後、シュウシュウという音や爆発音が起き、まるで、沼に火がついたかのような騒ぎになった。

それが半時間くらい続いただろうか。それから、すべてが収まった。

すると、コンマナの主任司祭はジョビックに言った。

「さあ、すぐ家に戻るがいい。だが、来たときに立ち寄った司祭館すべてに足を止め、それぞれの主任司祭に『お役目は果たされました』と伝えるのだぞ」

今度という今度は、ジョビックも喜んで出かけた。

道中ずっと、楽しい歌を口ずさんだ。もう犬を引っ張る必要もないし、いよいよトレゼランに帰れると思うと、嬉しくてたまらなかったのだ。

町から町へ、司祭館から司祭館へとまわり、とうとうルアルガの主任司祭のもとに辿りついた。

「ああ、無事戻ってきたな！　お帰り、わが子よ」と、司祭は言った。「では今度は、タディク・コスのところに行くがいい。お前さんのことが心配で、きっとうずうずしながら待っているぞ」

タディク・コスだって！　この名前を聞いたとき、ジョビックはふたたび、むらむらと怒りがこみ上げてくるのを覚えた。もちろん、タディク・コスのところに行ってやるとも。そして、目にもの見せてくれる！

だが、そんな目論見《もくろみ》は見事に肩透かしをくってしまった。それどころかジョビックは、タディク・コスから思いがけないことを聞かされたのだった。

ジョビックがユーン・エレーズに連れて行った悪霊は、いったい誰だと思うかね？

なんと、ジョビックの実の祖父だったんだよ！

おじいさんは数ヶ月前に亡くなったのだが、死んでからもコアトフォの近辺に出没しては、いたずらばかりしていた。

この悪霊を調伏するには、賢者タディク・コスの技に頼るしかなかったんだ。

こうしてジョビック・アン＝ドレスは、まんまと一杯食わされたものの、すぐにまたタディク・コスを心から敬愛するようになったのさ。(9)

（語り手、バティスト・ジュフロワ／パンヴェナンにて、一八八六年）

キャップ・シザンでは、昔はこんな風習があった。その地方で調伏された霊魂を、すべてテヴェネックの暗礁に連れて行ったのだ。霊魂を運ぶための、特別な船も用意されていた。嵐の晩、はるか彼方の沖で「イウー！」という悲しげな声がするのは、その霊魂が泣き叫んでいるからだ。

いまでは、テヴェネックには灯台が立っている。ある晩、一人の灯台守が釣りをしようと思って、岩場に下りて行った。すると突然、目に見えない手で、乱暴に押されるのを感じた。と同時に、誰かが怒りのこもった声でこう言った。

「ケース　ドゥース　ヴァ　フラッス！」（ここはわしの場所だ。すぐにどけ！）

そう叫んだのは、灯台守のせいで邪魔された霊魂だった。

（語り手、ガイド・アラン／プロゴフにて）

111話　赤い服の娘

コルヌアイユ地方のプロゴネックの町に、お金持ちのペンヘレス〔跡取り娘〕が住んでいました。マリー＝ジャンヌ・ペレヌーというのがその名前で、お婿さんのなり手が引きも切らないほどでした。結局、お相手はケルレストル村のジョゼフ・リュムールに落ち着き、結婚式の日取りが取り決められました。

当時、この地方では、若い娘っ子が結婚するとき、赤いドレスを着る風習がありました。マリー＝ジャンヌ・ペレヌーも、金糸で花が刺繍され、銀の飾り紐のついた、それは見事な緋色のドレスをつくらせました。ええ、そうなんです。洒落《しゃれ》っ気《け》が彼女の罪でした。聴罪司祭は一度ならず、そのことでお小言を言ったものです。いよいよ式の当日になると、小教区中の人々が結婚式の行列を一目見ようと沿道に並び、これまでお目にかかったこともないような豪華な衣装を身にまとったペンヘレスの艶姿《あですがた》に見とれました。あちこちで、「おお！」とか、「ああ！」とかいう声が上がります。けれども年寄りたちは首を振りながら、こう言いました。

「あんなきれいな格好で家庭に入ると、幸せはたいてい長続きしないものだ」

この言葉は、マリー＝ジャンヌ・ペレヌーに関するかぎり、本当のこととなりました。というのも、最初の子供を産んでから悪い熱にかかり、まだ花の若さで死んでしまったからです。ご亭主のジョゼフ・リュムールは妻を溺愛していたので、悲しみから立ち直れませんでした。昼間は農場の仕事に精を出し、夜は、母親（マリー＝ジャンヌが亡くなってからというもの、手伝いに来ていたのです）と使用人たちが寝に行ってから、一人じっと炉辺に座り、時間が経つのも忘れて物思いにふけりました。亡き人の面影を偲《しの》び、妻を失くした自分の寂しい運命を嘆き悲しんでいたのです。ときどき泣き疲れて、灰に足を突っ込み、椅子に腰掛けたままの格好で、眠ってしまうこともありました。

そうやって、居眠りしていたある晩のこと、ジョゼフはこんな夢を見ました。台所のドアが開き、泥まみれの屍衣に包まれ、真っ青な顔の妻が入ってきたのです。ジョゼフは目をこすりました。そして突然、夢だとばかり思っていた光景が、現実であることに気づきました。死んだはずの妻が、自分の目の前に立っているのです。マリー＝ジャンヌはゆっくりと箪笥《たんす》の方に歩み寄り、鍵穴にささっている鍵を回しました。生前、彼女はその箪笥《たんす》に、服や下着を入れていたのです。それから両開きの扉を開け、丁寧に畳んであった、真っ赤な婚礼衣装と、こまごましたアクセサリーを引き出しから取り出しました。そして、それぞれの品を箪笥《たんす》の足元の小さなベンチの上に置くと、その一つ一つを身につけ始めました。

ジョゼフは何も言わずに、妻のしぐさをじっと眺めながら、身じろぎ一つしませんでした。支度がすむと、マリー＝ジャンヌは窓辺にある鏡の前に歩み寄り、レースのコワフをかぶりました。そして、鏡の中の自分ににっこり笑いかけましたが、実を言うと、それはお世辞にも魅力的とは言えない姿でした。なにしろ、土に埋められた死者の顔だったのですから。それが終わると、マリー＝ジャンヌは家の中を歩きまわりました。

「こっちにやって来るぞ。僕に話しかけるつもりだ」と、ジョゼフは思い、戦々恐々としました。胸の中では、心臓が、今にも飛び出しそうなほど激しく動悸を打っています。

死者は炉のすぐそばまで来ましたが、そこに誰かが座っていることなど、ちっとも気にとめていない様子です。踵《きびす》を返すと、元の道を逆方向に歩いて行きました。優雅に腰を揺らしながら歩くことばかりに、気を取られていたのです。後ろを振り返っては、肩越しに、ドレスが乱れていないかどうか確かめます。マリー＝ジャンヌは、まだ自分がきれいだと思い込んでいるようでした。というのも、このように部屋を行き来しながら、絶えずこう呟いていたからです。

「ジェズース、メ　ゾ　フィシェット！　ジェズース、メ　ゾ　ブラウ！」（イエスさま、あたしって、なんて素敵、なんてきれいなのかしら！）

死者に許された時間が過ぎると、彼女は服を脱ぎ、姿を消しました。揺り籠の中の赤ちゃんには、一瞥もくれずに。そのことが、ジョゼフ・リュムールをいたく悲しませました。マリー＝ジャンヌが自分に気がつかなかったこと以上に、子供に無関心だったことが情けなかったのです。翌日、ジョゼフはこう考えました。

「今夜も彼女は戻ってくるだろうか？」

そして、自分が夢を見ていたのではなくて、両眼を開けていたことを確かめたかったのと、炉辺に一人きりでいるのが嫌だったので、一人の下男に、一緒に徹夜してほしいと頼みました。が、そのわけについては、打ち明けませんでした。そこでその夜、二人は向かい合わせに座り、茶碗に注がれたシードルを飲みながら、ぽつりぽつりと言葉を交わしました。やがて、ジョゼフはまたいつものように死んだ妻の思い出にふけり、二人のあいだの会話は、いつしか途切れました。

「ここでこんなふうに、何もせずにじっとしているなんて、辛いなあ。同じことをシーツの中でやりたいよ」次第に眠気に襲われた下男は、そう思いました。

主人のほうは、時が来るのを今か今かと待ちながら、こう考えました。

「彼女、ここに別の人間がいるから、現れないのかなあ」

けれども、それは思い違いでした。真夜中の鐘が鳴ると扉が開き、亡くなったはずのマリー＝ジャンヌが入って来ました。そして、前の晩とまったく同じ動作を繰り返しました。しかも、最初のときと同じく、そこにいる二人にはまったく関心を示さず、美しいドレスをまとった自分の姿にばかり気をとられていたのです。

「ジェズース、メ　ゾ　フィシェット！　ジェズース、メ　ゾ　ブラウ！」

幽霊が消えてしまうと、ジョゼフは下男に声をかけました。

「なあ、お前も見ただろう、聴いただろう？」

「えっ、何をです？」下男はびっくりして、椅子の上で飛び上がりました。

気の毒に、一日中畑仕事に汗水流したせいで、主人の気づかぬうちにぐっすり眠りこんでいたのです。自分でも目を開けていようと、一生懸命努力はしたのですが、死者が部屋を行き来する音も、簞笥《たんす》の扉がきしむ音も、若者の目を覚ますことはできませんでした。

「何がどうしたんです？」下男は、口をぽかんと開けて尋ねました。

「いや、いい。何でもないんだ」と、ジョゼフは言いました。「まだ少し時間があるから、床に入って休むがいい」

そして、下男を部屋に返しました。けれども、自分は夜が明けるのを待ち、空が明け方の光に白み始めると同時に墓地に駆けつけ、プロゴネックの主任司祭がミサを挙げにやって来るのを待ちました。この司祭は物知りで、この世のことと同じくらい、あの世のことを知っているという噂でした。司祭は一言も口をはさまず、ジョゼフ・リュムールの話に、熱心に耳を傾けました。

「よろしい」ジョゼフが話し終えると、主任司祭は言いました。「今夜はわしが徹夜のお供をしてしんぜよう。だが、その前に訊いておきたいことがある。奥さんが生前、いちばん好きだった飲み物は何かな？」

「ああ、司祭さん。それはですね、日曜、みんなが家に一杯やりに来ると、女房はお相伴に、小さなグラスで蒸留酒をやりました。まるで腹の中にビロードが降りてくるみたいによく通る、って言って」

「それは結構。それじゃあ、蒸留酒の瓶を一本と、テーブルの上にグラスを三つ、用意しなさい。くれぐれも他言は無用じゃぞ。そして、わしが何を言おうと、なにをやらかそうと、決して驚いてはいけない。この条件が守れるなら、死者を調伏できるじゃろう」

ジョゼフ・リュムールは心を落ち着けて、家に戻りました。その日は一日、作男たちと野良仕事に精を出し、夕食がすんだとたん、人々を部屋の外に出しました。蒸留酒の瓶は、食器棚の奥の方にありました。それを取り出してテーブルの上に置き、司祭に言われたように、その傍らに清潔なグラスを三つ、用意しました。主任司祭は定刻どおりにやって来ました。祭服《スルプリ》をまとい、首には黒いストラを掛けています。二人はじっと待ちながら、絶えず扉のほうをちらちら見やりました。とうとう真夜中になる少し前、扉が開いて、マリー＝ジャンヌが姿を現しました。まっすぐ箪笥《たんす》に歩み寄り、赤いドレスを出して身につけました。それからコワフをかぶり、しゃなりしゃなりと歩き出しました。そう、前の晩とまったく同じことが起きたのです。司祭がいることにも気がつかず、その人影が目に入っている様子もありませんでした。

しばらくして、司祭が体を起しました。そして、死者の正面に突っ立ちました。

「こんばんは、マリー＝ジャンヌ」

「あら、こんばんは、主任司祭さん。でも、なぜここに？」

「わしの持てる手立てで、お前さんのお役に立つためじゃ。あちらの世界は、どんなふうかね？」

「そうねえ……まあまあですわ、司祭さん」と、ややためらいがちにマリー＝ジャンヌは答えました。

「お前さんは、この世の楽しみに心残りがあるようじゃ。それとも、わしの見当ちがいかな？　それはさておき、わしらと一緒に蒸留酒でもいかがかな？」

「あら、喜んでいただきますわ」

主任司祭はすぐさま、三つのグラスに酒をつぎました。一つを亭主に、一つを自分のためにとっておき、もう一つのグラスをテーブルの端へと押しやりました。

「さあ、マリー＝ジャンヌ。乾杯するとしよう」

亡霊はきらきら光る眼で自分のグラスを眺めてはいるものの、いっこうに手に取ろうとはいたしません。

「グラスを渡してください、司祭さん」と、マリー＝ジャンヌが頼みました。

「だめじゃ。自分で取りなさい」

しかし、あいかわらず相手が動こうとしないので、主任司祭はこう言いました。

「まだ遠くて取れんのじゃな」

そして、テーブルからグラスを取り上げると、死者の足元に置きました。

「さあ、ここなら近い」

「あたしの手に渡してください」と、死者は執拗に繰り返しました。

「いやいや。どうやら、お前さんは頑固者らしい。ならばわしも、負けないように頑固になるとしよう」

そうこうするうち時間はどんどん過ぎてゆき、死者が帰らなければならない、真夜中の零時が近づいて来ました。

マリー＝ジャンヌは、いらいらし始めました。司祭が自分に対して何か企んでいる、ということは察知したものの、生前あんなに好きだった蒸留酒の香りがしきりに鼻を刺激します。彼女はもう一度、お酒を飲みたいという欲望に身を焦がしました。結局、警戒心は誘惑に打ち勝てず、マリー＝ジャンヌはグラスをとろうと腰をかがめました。司祭はその瞬間を待っていたのです。マリー＝ジャンヌが頭を下げたとたん、ストラの中に死者を封じ込めました。

「つかまえたぞ、マリー＝ジャンヌ・ペレヌー」と、司祭は叫びました。

それから、ストラで次第に強く首を絞めながら、早口でラテン語の呪文を唱えました。死者は喚《わめ》き、飛んだり跳ねたりして暴れましたが、司祭がますますスピードを上げて祈祷を唱えると、徐々に元の形を失って、何だかわからない怪物のようなものになり、最後には犬の姿になりました。それは、司祭のストラのように真っ黒で、大きな犬でした。

一方、ジョゼフの顔は、祭服のように真っ白です。

「丈夫な綱を持ってきてくれ」と、司祭がジョゼフに言いました。

やがて犬の首には、ストラの代わりに綱が巻きつけられました。

「さあ、今度はこの犬を外に連れて行き、家の外壁についている輪に繋《つな》ぐのじゃ。今晩は、そこに繋《つな》いだままにしておく。そして明日になったら、使用人の中でいちばん頑丈な男に頼んで、メネス・アレのはずれにある、人里からいちばん離れた農家に連れて行く。次に何をすべきかは、そのとき知らされるじゃろう。わしの仕事はこれで終わりじゃ。ではお休み、ジョゼフ・リュムール。いま言ったことを、一つもたがえずに行ないなさい。そうすれば、もう亡くなった奥方に煩《わずら》わされることはないだろう。おっと、そうじゃ。くれぐれも、犬を叩かないようにな！」

こう言い残し、司祭は帰っていきました。

翌日、下男頭が、今日はどんな仕事をやればいいのか、と訊きに来ました。すると、主人はこう答えました。

「今日のお前の仕事は、プロゴネックの主任司祭からだといって、扉のそばにつながれている犬をメネス・アレまで連れて行くことだ。山に入る前の、里からいちばん離れた農家に行くんだぞ。そのあとのことは、その家の人が教えてくれる」

「承知いたしました」と、下男頭は言いました。

そして、いちばん上等の靴を履くと、犬を連れて出かけました。ジョゼフは麦打ち場まで見送りました。

「犬をぶたないようにしておくれ」別れるとき、彼は下男頭にこう注意しました。

最初のうちは、何の苦労もありませんでした。けれども、平地を離れ、山地に入ると、犬はとたんに舌を出し、歩くのを嫌がるようになりました。そこで、引きずって行かなければなりませんでしたが、下男頭の忍耐はだんだん切れ始め、ぶつぶつ言わずにはいられませんでした。

「とっとと歩きやがれ、このへっぴり腰め！」

そして主人の忠告も忘れ、犬を叩いたのです。すると、事態はますます悪くなりました。というのも、犬はぺたりと地面に腹ばいになり、人間の声でこう言って泣きついたからです。

「ああ、ヤニックったら、ひどいじゃないの。なぜあたしをぶつの？　あたしが誰だか、わからないの？　お前の主人、マリー＝ジャンヌ・ペレヌーよ。忘れてしまったの？　生きていたとき、あんなによくしてあげたじゃない」

下男頭のヤニックは、びっくり仰天したあまり、地面に引っくり返りそうになりました。犬はその隙に乗じて逃げ出そうとしましたが、幸いヤニックは、あらかじめ綱を手首に巻いて結んでありました。

「お前は運がいいねえ」と、マリー＝ジャンヌは怒りを露わにしました。「あたしがまんまと逃げおおせていたら、ひどい目に遭わせてやったのに」

ヤニックは言いつけを守り、そのあとはずっと犬に手出しをしませんでした。夕方、太陽が山の向こうに沈むころ、みすぼらしい農家に着きました。それが、荒涼たる山に差しかかるまえの、最後の人家でした。ヤニックはそこで休息を取り、ラードを塗ったパンを食べて、腹ごしらえをすることができました。プロゴネックからこのかた、何も口にしていなかったのです。

「さて、この犬をどうすればいいんでしょう」腹がくちくなると、ヤニックは農家の主人に尋ねました。

「ああ、もうお手を煩《わずら》わすことはありませんよ。サン・リヴォアルの司祭さんが、犬を引き取りに、すでにこちらに向かわれていますから」と、主人は答えました。

「じゃあ、その方に知らせがいったんですか？」

「知らせるまでもないんですよ。けさ、あなたがプロゴネックを発ったときにもう、今夜ここで自分が必要とされるだろうということを、あの方は本で読んで知っておいでなんです」

実際、農家の主人がこの言葉を言い終わらないうちに、サン・リヴォアルの司祭が戸口に姿を見せました。

「この犬は誰から遣わされたのじゃな?」と、司祭は尋ねました。

「コルヌアイユのプロゴネックの主任司祭からです」と、ヤニックは答えました。

「わかり申した。帰って、その方に言いなさい。あとのことはわしが引き受け、お望みどおりにいたしましょう、と。だが、向こうの司祭さんに会うまでは、誰ともしゃべってはいかんぞ。道で何を聞かれようと、口を噤《つぐ》んでいなされ」

下男頭はその足で引き返し、夜を撤して歩きました。

「お前さんは大変顔色が悪いぞ」ヤニックがサン・リヴォアルの司祭のことづてを伝え終わったとたんに、プロゴネックの主任司祭は言いました。

「不思議はありませんや! 俺、この脚で三〇リュー〔約一二〇キロ〕以上もの道のりを歩いたんですから」

だが司祭には、顔色が優れないのは疲労のせいばかりではなく、ヤニックが口にしようとしないことが原因だということがわかりました。

「お前さん、犬を叩いたじゃろう」

「ええ、お察しのとおりです」下男頭は、うなだれて答えました。

「ふーん、そうか」と、主任司祭は呟きました。「それくらいで済んで、ありがたく思わなくてはな。最悪の事態になっても、おかしくはなかったのだから」

ヤニックは年内ずっと、具合が良くありませんでした。パンを食べても味がせず、仕事をしようにも力が出ない。一一月になると、ほかのところで働きたい、と主人に申し出ました。そして別の場所で働いて初めて、心と体の健康を取り戻すことができたのです。

（語り手、ルイーズ・コスケ／ケルフンテンにて）

112話　マリオン・デュ・ファウーエトの話

これまで誰も調伏できたためしのない、有名な幽霊がいる。マリオン・デュ・ファウーエトも、その一人だ。これは、勇名を馳せた盗賊団の女賊長で、広くはマリオニック・フィヌフォンという名前で知れ渡っている。

真っ暗な晩など、人々はよくその姿を目撃する。町から三キロほどのところにある、ヴェユのお館付近の畑に、髪を振り乱し、青白い顔に目をギラギラ光らせた大柄な女が出没することがある。幽霊は、足で大きな樽を転がしながら、畑の端から端まで行ったり来たりする。その大樽の中には、何千枚ものエキュ金貨が詰まっていて、転がりながら、がちゃがちゃ音をたてる。それはおそらく、マリオニックが生前、数え切れないほどの犠牲者から奪い取った金貨だろう。

ときどき、女がこう呟くのが聞こえる。

「ピウ　エン　ウース　ホアント？　ピウ　エン　ウース　ホアント？」（誰か、これを欲しい者はいないか？）

この宝を手に入れ、同時にマリオニック・フィヌフォンをお祓いするには、小教区の司祭に祝別してもらった数珠を、勢いよく大樽に投げつけるだけでいい。だが、これまであえてそれを試してやろうという勇気のある者はいなかったし、やってみたところで、うまくいったためしはない。　（ル＝ルクゼ嬢から聞いた話／ル・ファウーエトにて）

第21章　地獄

カンペルレ、イゾル川のほとり

地獄へ続く道は広々とした街道で、よく手入れされている。そのため旅行者は、ついついこの道を歩きたくなってしまう。道の先々には全部で九九軒の旅籠屋が並んでおり、それぞれの店に百年ずつ滞在しなければならない。そこで働く女中さんの、きれいで愛想がいいことといったら！　そんな感じのいい女中を雇えるのは、悪魔くらいなものだ。女中さんは様々なリキュールをグラスに注いでくれるのだが、地獄に近づけば近づくほど、出されるリキュールはますます香り高く、おいしくなる。もし旅人がリキュールをぐいぐい飲みたいという誘惑に打ち勝って、酔っ払わずに最後の旅籠屋に辿り着いたなら、その足で、もと来た道を戻ることができる。地獄は、この旅人に対する権利を失うからだ。だが逆の場合は、最後の旅籠屋に連れこまれ、待っているあいだの口直しにと、蛇と蛙の血を混ぜた胸糞悪い飲み物を飲まされる。そうなったらもう、この人は悪魔のものとなり、一巻の終わりだ。

（ヴィクトール・ゲランから聞いた話／カンペールにて、一八九五年）

自分の魂を売り渡そうとする者は、夜、悪魔と密会する。待ち合わせ場所には、次のいずれかが選ばれる。

新しい墓穴が掘られたばかりの墓場（墓穴は、だいたい葬式の前日に掘られる）(1)。

三叉《みつまた》の交差点。

三角形の畑。

ミサが行なわれなくなって久しく、もはや祭壇に聖別された石がない、礼拝堂の廃墟。

トレゴール地方の諺。

悪魔は正直な男だ。何も頼まなければ、何も要求しない。

悪魔の異名。

ポル。ポリック（ポルの愛称）。ポル・ゴス（ポル爺さん）。トントン・ジャン・ポル（キャップ・シザン地方）。アー・ポートル・ブラウ（美少年）。アー・マルハドゥー・グラウ（炭売り）。サタン・ゴス（サタン爺さん）。ポートル・ヘ・ドルード・マルハ（馬の足をした男）。アー・ポートル・ルース（赤毛男）。アー・プリンス・リュ（赤王子）。リュカタン。リュカス・コス（リュカス爺さん）。アン・エルウェント（蛇王さま）。コルニック（悪魔の蔑称）。ポール・ヘ・イヴィノ・ファーン（鉄の爪を持った男）。

レオン地方の人々は、嵐が来ると、ほら、悪魔が獲物をさらっていくぞ、と言う。悪魔は決して眠らない。だから日数をかぞえるとき、夜と昼を同じように勘定する。そのため悪魔と契約を結ぶと、契約の半分の日にちしか経っていないのに、約束を果たせと迫られる。

昼六ヶ月分、夜六ヶ月分、
それが悪魔の一年だ。

（マドゥルノー談／トレフレズにて）

113話　トレギエの教会と悪魔

その昔、トレギエでは、日曜日、ミサと晩課のあいだに亡くなった人は、悪魔が連れて行ってもよいことになっていたので、全員が地獄に堕ちた。
それには、こんないきさつがある。

トレギエの教会はいまでも未完成のままだが、それが建設の真っ最中だったころのことだ。身廊はできあがっていたものの、塔をつくる資金が不足していた。そこで司祭たちは、悪魔に金を出してもらうことにした。するとすかさず、ポリックが援助を申し出た。だがそれには、さっき言ったような条件がついていた。

司祭たちがその条件を了承したので、その地方一帯で並ぶものがないくらい、立派な塔が完成した。

だが、いくら美しい塔ができても、その代わり死者の霊魂を引き渡さなければならないのだ。人々は割高な買い物をしたことに気がついた。とはいえ、悪魔と結んだ契約は破ることができない。そこで、うまい抜け道はないかと考えた。そして、しごく単純な方法を思いついた。それは、司祭が「イテ　ミサ　エスト」(これでミサは終わりです)と言った瞬間に、聖歌隊が晩課の最初の典礼歌を歌うのだ。しかし幸いなことに、悪魔には、この計略がちんぷんかんぷんだった。(2)

(ジャン＝マリー・トゥルーザンから聞いた話/ポール・ブランにて)

地獄には、ありとあらゆる人間がいる。中でもいちばん多いのが、公証人だ。逆に、農夫は一人しかいない。この男は何もせず、ただ鍬《くわ》の取っ手によりかかって、ぼーっとしている、という話だ。

(ピエール・ル＝ゴフから聞いた話/アルゴルにて)

地獄に堕ちたら、一巻の終わりだ。その人たちの噂は、いっさい聞かれなくなる。

いったん地獄に堕ちた死者は、二度とこの世に戻れない。だが、生者であれば、地獄に行き、生きたまま戻って来ることができる。(3)

地獄についてわかっているのは、そういう人たちがこの世に帰ってから、話してくれたことだけだ。

114話　グラウド・アー＝スカンヴの話

わしはデュオーで、みんなからグラウド・アー＝スカンヴ（お調子者のクロード）と呼ばれる愉快な男を知っていた。こいつは、みんなから半分異端者だと思われていた。教会のミサに出るよりか、宿屋にしけこんでいる方が好きだというような奴で、朝も夕も、お祈りなどついぞしたことがない。

あたり一帯では、こんな冗談がまかり通っていた。

お調子者クロードが床につくとき、

最後に脱ぐのがお帽子だ。〔ふつうは帽子を脱いで、まずお祈りをしてから寝る〕

ある晩、グラウドは、ぐでんぐでんに酔っ払い、酔った勢いで、空の丸天井が崩れるほどの悪口雑口を喚《わめ》きちらし、悪魔に喧嘩をふっかけた。

するとポリックがやって来て、グラウドを馬の尻に乗せ、地獄に連れて行った。

年老いた母親は、たいそう悲しんだ。なにしろ、グラウドがたった一人の支えだったし、自分には優しい息子だったからだ。そこで、野を越え山を越え、グラウドを探しに出かけた。旅籠屋を見つけるたびに戸を叩いて、息子の行方を尋ねたが、無駄だった。六リュー〔約二四キロ〕四方に住む人で、グラウドを見かけた者はいなかったのだ。気の毒な母親は絶望し、ロカルンにあるノートル・ダム・ドゥ・ロケトゥー礼拝堂に詣でることにした。この地方でいちばん力のある聖母さまが祀《まつ》られている、と評判だったからだ。この聖母と同じくらいの影響力を神さまに発揮できるのは、聖セルヴァさまくらいなものだろう。

「でも、お願いをきいていただくには、何かお供え物をしなくちゃならないね」と、グラウドの老母、マハリットは考えた。

そして、家の中をぐるぐる歩きまわって、ロカルンの聖母さまの気に入りそうな物はないかと探した。ああ、残念！マハリットはとても貧しかったので、家の中にはみすぼらしいベッドと長持ち、それにベンチが二脚とがたがたのテーブルしかなかった。ロカルンの聖母さまは、そんなものよりずっと上等な家具をお持ちなはずだ。

マハリットはがっかりしたが、突然、額をぴしゃりと叩いてこう叫んだ。

「あっ、そうだ！　あたしには仔牛がいるじゃないか」

そこで、家畜小屋に走って行った。

そこには、赤毛に白の斑が入ったきれいな仔牛が一頭いた。爪に火を灯すようにして金を貯め、ブレの市で買ってきたばかりの牛だ。マハリットは優しく話しかけた。

「おいで、コアンティック！　かわいい子、さあおいで」

若い雌牛はいつものように飼い葉をもらえるものと思い、主人の方へ歩み寄った。

マハリットは首に綱をつけ、ロカルンへ続く街道に牛を引いていった。コアンティックと別れると思うと、胸が張り裂けそうに辛かった。だが、ろくでなしの息子はそれ以上にかわいかったし、どうしてももう一度会いたかったのだ。

マハリットは牛を連れて礼拝堂に入った。それから内陣の柵に牛をつなぐと、聖母さまにお願いをした。

「ロカルンの聖母さま、ここにおりますはあたしの仔牛、コアンティックにございます。神さまが生かしておいてくださいますなら、稀に見る良い雌牛になるでしょう。あたしにとっては大切な財産ですが、これを差し上げます。

代わりにどうか、あなたさまのおとりなしによって、八日以内にあたしの息子グラウドを、ケルベレネス農場のご主人のもとに送り返してくださいませ」

マハリットは「主の祈り」を五回、「アヴェ・マリア」を五回唱えると、悲しそうにモウモウ鳴くコアンティックを聖母に託し、デュオーへと帰って行った。

それから八日たって、ケルベレネス農場の人々が庭で夕飯のお粥《かゆ》を食べていると、肌が真っ黒に焼け、ひどく焦げ臭い匂いの男が現れた。

最初みんなには、それが誰だかわからなかった。

だが、男のほうは農場主を名前で呼んで、挨拶をした。

すると、人々はげらげら笑い出した。

「こりゃ、おったまげた！　グラウド・アー＝スカンヴじゃないか！」

笑わなかったのは、グラウド一人だ。

「さあ、お前のスプーンを取って来い（農場では各自、名前入りのスプーンを持っている）」と、農場主が言った。「食事の時間に間に合ってよかったな。食べながらでいいから、いったいどこから来たのか、話しておくれ」

「おいらがどこから来たかって？」と、グラウドが言った。「みんなには絶対に行ってほしくない場所からだよ……。地獄からね！　勇敢なおっ母さんがいなかったら、いまごろ、まだそこにいるはずだ」

こう言われたとたん、みんなはお粥《かゆ》を放り出し、グラウドを取り囲むと、服や手や顔に触ってみた。だって、なにしろ目の前にいるのは、地獄から戻って来た男なんだから！

老母のマハリットは知らせを聞くや否や、七十歳の健脚で歩けるだけ速く歩き、息子に会いにやって来た。グラウドは感極まって母親を抱きしめ、これからはまっとうなキリスト教徒らしく生きること、そして神さまと聖人さま、特にロカルンの聖母マリアを敬うことを誓った。それはまことに感動的な光景で、居並ぶ人々はみんな、もらい泣きをした。

その日の晩、ケルベレネス農場では、大々的なお祝いの会が催された。

グラウドはさっそく、体験談を披露した。地獄には同じ小教区の人々がいて、グラウドはその人たちの責め苦を目の当たりにしたという。いちばん恐ろしかったのは、人々が真っ赤に焼けた鉄の鋭い歯の櫛で、亜麻を梳くみたいに体を梳かれているのを見たときだった。グラウドの話は、数晩にわたった。土地の詩人が、それをもとに歌をつくった。わしはさんざん探してみたが、残念ながらその歌を手に入れることはできなかった。

（語り手、わたしの父、N・M・ル＝ブラース／トレギエにて、一八九一年）

115話　悪魔の馬

ある晩のこと、ジャン＝ルネ・キュゾンはランデルノーの市から帰るところでした。ランデルノーからル・ファウーまでは、かなりの道のりがあります。ジャン＝ルネは寂しさを紛らわせ、元気を出そうと、口笛を吹きながら歩いていました。

すると突然、後ろで誰かがこう言うのが聞こえました。

「口笛がうまいねえ！」

ジャン＝ルネが振り返ると、そこには馬に乗った男がおりました。馬の足音があまりにも静かだったので、それまでまったく気がつかなかったのです。

「ところで、どこに行くんだね？」

男はジャン＝ルネに追いつくと、そう尋ねました。

「ル・ファウーでさあ」

「俺もそっち方面に行くところだ。しばらくのあいだ、道連れになろうじゃないか」

そこで二人は、並んで道を続けました。

「あんたの馬は、やけに静かに歩くんだねえ。蹄鉄をつけていないみたいだ」と、ジャン＝ルネが言いました。

「まだ若い馬なんでね。蹄《ひづめ》が柔らかいんだよ」と、見知らぬ男は答えました。

そんな調子で、和気藹々《わきあいあい》と話がはずみました。

そのうち、ル・ファウーの噂話になりました。男は、町とその周辺の住民を、金持ちから貧乏人にいたるまで、それこそ一人残らず知っているようでした。そして、愉快なエピソードを交えながら、一人一人の暮らしぶりをすっぱ抜くのでした。「何某《なにがし》は呑んだくれ、誰それはけちん坊、あいつは女房をぶったたいている、こいつは寝取られ男、そいつはやきもち焼き……」誰かの話が出るたびに、その人にまつわる珍事を披露しては、自分の話が本当であることを主張するのでした。こんなに面白い旅の道連れは滅多にいないでしょう。ジャン＝ルネはこの男に巡り会ったことを、たいへん嬉しく思いました。

おしゃべりに夢中になっているうち、道の左手に、並木道の入口が見えてきました。

「俺はここでちょっと中座させてもらうよ。あの木陰の屋敷に用事があるんだ。用が済むまで、この馬の手綱《たづな》を持っていてくれないか？　数分で戻るから」

「ああ、いいとも。だが、行っても無駄じゃないかい？　こんな夜更けに、起きている人がいるとは思えないもの」

「大丈夫さ。お屋敷の人は、俺が来るのを待っているから」

「ふーん。なら、行ってきたらいい」

「馬が逃げないように注意してくれたまえ」

「心配ご無用。おいら、これよりずっと暴れん坊の馬の手綱《たづな》だって、しっかり握っていたことがあるんだからな」

男はぴょんと地面に飛び降り、鞍《くら》に積んであった袋をつかむと、並木道へと歩いていきました。

一方、ジャン゠ルネは手綱《たづな》を手に持ち、さらに用心のために馬のたてがみをぎゅっと握りました。

「ねえ、そこなキリスト教徒！ そんなふうにしたら、痛いじゃないか」と、馬がため息をつきました。「お願いだから、あたしのたてがみを引っ張らないでおくれよ」

「えっ、何だって！ これからは、馬もしゃべるご時世なのかい！」

「そうとも、いまは馬さ。けど、生きているときは人間の女だったんだよ。その証拠に、あたしの足を見てごらん」

ジャン゠ルネは下を見ました。確かに、人間の足がついています。しかも、細くて美しい女の足です。

「おお、神さま！」と、ジャン゠ルネは叫びました。「それじゃ、お前さんに跨《またが》っていたのは、ありゃ誰だ？」

「あれは人間じゃなくて、悪魔だよ」

「ひええっ！」

「あいつ、お屋敷でついさっき亡くなった、若い娘の魂を取りに来たんだよ。今ごろは、お前さんも見た、あの袋にその魂を詰め込んでいるところさ。そのあとは、地獄に連れて行くんだ。あいつが戻って来る前に逃げ出さないと、お前さんもおんなじ運命を辿ることになるよ」

ジャン゠ルネはそれ以上、聞いていませんでした。一目散にル・ファウーに向かって駆け出し、町に着いたときは息もたえだえでした。その後三日間、口をきくことができず、四日目になってようやく家族に話ができるようになったのです。


（語り手、ナンナ・ゴスタラン／ル・ファウーにて、一八八六年）

116話　悪魔の馬（別バージョン）

エリアンのアラン・アー＝ギユーは若いころ、たいそう信心深い男でした。教会には足繁く通い、主任司祭を心から敬愛していました。なにしろ自腹を切って、自分の農場からほど近い四辻《よつつじ》に、御影石の十字架磔刑像《カルヴェール》を建立させたほどです。その十字架は高さが一五、六ピエ〔約四、五メートル〕もあり、台座にはアランと女房の名前が刻まれていました。「神なる主」の像を彫刻したのは、コルヌアイユでいちばん腕ききの石工です。日曜のミサからの帰り道、アラン・アー＝ギユーは必ず自分の十字架の前でひざまずき、お祈りの文句を唱えるのでした。

ところで、人間は年を取ると丸くなる、とはよく言われることですが、アラン・アー＝ギユーにかぎって言えば、それとは正反対でした。つまり、年を取るにしたがい、がぜん下品になったのです。髪に白いものが混じるにつれて、鼻のほうはますます赤くなりました。その姿はもはや教会ではなく、居酒屋のテーブルで見かけることのほうが多くなりました。十字架に立ち寄るのは、もっぱら罵《ののし》りの言葉を浴びせるため。あの「いやらしい神なる主」に六一〇エキュ三リーヴルも払ったことを思い出すと、はらわたが煮えくり返りそうになるのでした。それだけの金があれば、蒸留酒がどれだけ飲めたかと思ってね！

それでも最初のうち、飲むのは日曜だけでした。ところがそのうち、ありがたいお日さまが上がるたびになりました。そうなると、もう怖いものなしで、神さまも憲兵隊も知ったことか、というふてぶてしさ。真夜中過ぎても、評判の悪い居酒屋に腰を据え、平気で飲み続ける。土手を千鳥足でジグザグに歩きながら、夜明けを迎えることもしょっちゅうでした。

ある晩、いつものように酔っ払って家路を辿っておりますと、自分が建立した十字架磔刑像《カルヴェール》の石段に蹴つまづいてしまいました。あんまり勢いよくぶつかったものだから、鼻血を出し、地面にうつ伏せに倒れたまま、しばらく何が起きたかもわからず、呆然としていたのです。

我に返り、起き上がろうとしましたが、できません。蒸留酒が足にまで回っていたのです。

アランは悪態をつき、最高に汚い言葉で十字架を罵《ののし》り、キリストさえも猛烈にこきおろしました。激昂《げっこう》のあまり、十字架がわざと俺の行く手を塞いだんだ、とさえ言い出す始末です。

起き上がりたいのに起き上がれず、そのままぶざまに転がっていなければならないことに、アランは困り果てました。しかも、床はカラス麦の寝床ではなく、堅い地面だったから、なおさらです。

「こんちくしょうめ！……」（言葉が汚すぎるので、以下略）と、アランは絶望して怒鳴《どな》りました。「神が俺を見放すなら、見放せばいいさ。かまうもんか、悪魔に助けてもらうからな！」

そう言ったとたん、背後から馬の蹄鉄の音が聞こえて来ました。馬は、寝そべっているアランの手前で立ち止まり、長い間ふんふん匂いを嗅いでいます。アランは馬の息が首にかかるのを感じました。ものすごく熱い息です。なんとか片腕を支えにして上体を起こして馬を見ると、たてがみは真っ赤で、地面に届くくらい長く垂れ下がっています。アランはもう片腕で、そのたてがみをつかみました。足はよろよろしていましたが、手の力は強かったのです。そしてどうにかこうにか、馬の背中に這い上がることができました。

「はいしっ！」

稲妻のような速さとは、まさにこのこと！　エリアンでも駿馬には事欠きませんが、これほどの馬は、最後の審判のときまで世界中を探したって、決して見つかりっこないでしょう。

脚で駆けるのではなく、羽が生えているとしか思えませんでした！

顔にあたる風のおかげで、アランの頭はやや醒めました。

「この馬、俺をどこに連れて行くつもりだろう?」と、彼は考えました。道は下る一方で、あたりの溝にも木にも、まったく見覚えがありません。

「ドゥーシック、ドゥーシック! ロエン ブラウ!」(もっとゆっくり、いい子だから)

ところが、どっこい! この「いい子」のスピードを落とそうと思ったら、お尻に、乾いたエニシダの束でも括《くく》りつけておかなくてはならないほどでした。

やがて星が一つ一つ消えてゆき、空が白み始めました。遠くのお屋敷で、一番鶏がときを告げました。すると、ふいに馬が立ち止まったのです。アランは、この突拍子のない動きを予期していなかったので、振り落とされそうになりました。

「なんだ、どうしたんだ?」

そう独り言を言いましたが、まさかそれに馬が答えるとは思ってもいませんでした。ところが、馬はこう言ったのです。

「カナラ マブ アー イア」(雌鶏《めんどり》の息子が、いま鳴いた)

そう言いながら、馬は全身でぶるぶる震えました。

「なるほど、なるほど。こいつは鶏の鳴き声が怖いんだな。それなら、こんな奴、もう恐れる必要はない」と、アランは考えました。

そして、元気よくこう切り返しました。

マブ アー イア
ア ガン パ ガー

（雌鶏《めんどり》の息子は、鳴きたいときに鳴くものさ）

アランはすかさず、鋲《びょう》の打ってある木靴で、馬の脇腹をしきりに蹴りました。すると馬は、もと来た道を引き返し始めました。さっきとは逆の順序で、土手や木々が、目の前を過ぎてゆきますが、アランには、どれもまったく見覚えがありません。が、そのうち、よく知った景色が現れました。そしてとうとう、例の十字架磔刑像《カルヴェール》が見えてきました。

そこまで辿りつくと、不思議な馬は地面にもぐり込んで姿を消しました。アラン・アー＝ギユーは、自分が両足を広げて、大地にしっかと立っているのに気づきました。そこで、難なく家に戻りました。

とはいえ、こんな体験をしたあとでも、彼の悪癖は直りませんでした。

それどころか、逆にこの夜の冒険が自慢の種となり、エリアンの札付き男が悪魔に思い知らせてやったんだ、と嘯《うそぶ》く始末。アランが死んだあと、悪魔が復讐をしないよう、神さまがお守りくださるといいのですが！(4)

（語り手、マリー・オスティウー／カンペールにて）

117話　「金好きジャン」の話

昔々、お金のことにしか情熱を燃やさない男がいた。そこで人々はこの男を、「金好きジャン」と呼んだ。職業は日雇いの作男で、いつか箪笥《たんす》の中を六フラン・エキュ金貨で一杯にすることを目標に、昼夜の別なく働いた。だが、いくら汗水流して働いても、目標にはなかなか届かない。なぜって、お前さんもよくご存知だろうが、バス・ブルターニュでは家族を食わすことはできても、金持ちにはなれやしないのさ。そこで金好きジャンは、こんな貧しい土地にいるのはもうたくさん、と考えた。爪で地面を引っ掻くだけで、本物の金塊が出てくるという、夢みたいな土地があることを聞いたからだ。ただ、その土地は神さまの国とは反対側に位置していて、悪魔の国にあるのだった。金好きジャンは、お前さんやわしのように、洗礼を受けていた。だが、サタンの毒牙にかかることなど、たいして気にしていなかった。それ以上に、金に対する執着のほうが強かったので、兎にも角にも、出発したのだった。

「それに、その金塊が本当に悪魔のものかどうか、怪しいぞ。そんなことを言う奴らはきっと、のこのこ探しに出かける間抜け野郎の気を挫《くじ》いておいて、自分が宝を独り占めする算段にちがいない。それに、善良なる神さまがこの世界を悪魔と折半したとき、そんなおいしい分け前を、敵にむざむざ渡すはずがないもんな」

こんなふうに金好きジャンは、神さまのなさることにも、手前勝手な理屈をつけたのだった。

そんなこんなで意を決し、「よし、悪魔の国をちょっとひと巡りしてくるか」と考えた。「そうすれば少なくとも、どんな様子かくらいは、わかるだろう。ヤバくなったら、いつだって引き返せばいいんだから」

そしてどんどん歩いて行き、ついに神さまの領土と悪魔の領土を隔てる境界線までやって来た。

ジャンは境界線の手前でひざまずき、地面を引っ掻き始めた。

だが、固い岩に当たって、爪から血が出ただけだった。それはバス・ブルターニュの畑にあるのと大差ない、何の価値もないただの岩だった。

「ちぇっ、こんなに苦労してここまで来たのに、何の甲斐もないとは」と、ジャンはぶつぶつ言った。「これではいよいよ本当に、悪魔が神さまより金持ちかどうか、確かめなければ気がすまないぞ。でも、確かめるだけで、何にも触らないでおこう」

そこで、境界線をまたいでもう一度ひざまずき、地面を引っ掻いた。すると今度は、土が砂のように柔らかかった。手をもぐらせるや否や、ジャンは地中から卵くらいの大きさの石を引っ張り出した。すると、どうだろう。それは純金の塊で、美しい黄金色にぴかぴか輝いているではないか。

次に、靴屋が革をたたくのに使う、平たい石ほどの大きさの、二つ目の石を取り出した。

それから、碾《ひ》き臼《うす》くらいの大きさの三つ目の石。

そんな大きな石なのに、よいしょ、と持ち上げなくても、簡単に引き出せた。それからあとも同じだった。こうして次々に掘りだした石を地面に並べてみると、まるで金のタイルを敷き詰めたようだった。

「ああ、きれいだなあ！」ジャンは金を掘り出すだびに、そう叫んだ。「ここにある石の十分の一だけで、おいらはもう立派な大金持ちだ！」

そのとき、何にも触らないでおこう、と誓ったことを思い出した。

「へっ、それがなんだい！」と、すっかり金に目が眩んだジャンは考えた。「この石をポケットに入れ、もう一つの石は脇の下に挟んでやろう。そうすりゃ、いくら悪魔だって気がつくまい」

そこで卵ほどの大きさの石をポケットに入れ、靴屋の石くらいの大きさのやつを脇の下に挟んだ。

だが、すたこらさっさと逃げ出そうとしたそのとき、目の前にポリックがぬっと立ち塞がった。

その日、ちょうどサタンは自分の領土を見まわりに来ていて、金好きジャンの姿をめざとく見つけたので、茂みの陰に隠れて、じっと様子を窺っていたのだった。

「おいこら、ちょいと待ちやがれ！　人の物を盗んでおきながら、持ち主に挨拶もせずに立ち退こうだなんて、ふてえ野郎だ」

悪魔はそう言って、冷笑した。

金好きジャンは度肝を抜かれ、その場から消えてしまいたいと切に願った。だが、もはや逃げ出すことなど論外だった。なにしろサタンの手で、肩をがっしりつかまれていたのだから。その手はやけどしそうなほど熱く、しかもたいそう重かった。まるで真っ赤に焼けた鉄のように。ジャンは大声で叫び、暴れ、許してくださいと一生懸命お詫びをした。が、悪魔の手は頑丈で、その心は鋼《はがね》のようだった。

「がたがた抜かすな！　俺さまについて来い」

サタンは口笛を吹くと、やや離れた場所にいた馬を呼び、その背中に跨《またが》った。そして金好きジャンを、まるでただの炭袋のように乱暴に馬の尻に放り投げ、「はいし、どうっ！」と、掛け声をかけた。

ジャンは哀れっぽい声で尋ねた。

「ねえ悪魔の旦那、おいらをどうなさるおつもりで？」

するとサタンは、こう答えた。

「きさまの肉はじっくり焼いて、家来どもの夕食にする。骨は真っ黒焦げになるまで焼いて、馬の餌にする」

かわいそうに、それを聞いた金好きジャンは、生きた心地がしなかった。

やがて、地獄に到着した。

地獄の玄関口で、一匹の悪魔がサタンのもとに駆けてきた。

「大変です、ご主人さま。厩舎係の下男が、馬に食われちまいました」

「ちくしょうめ！」と、サタンが怒鳴《どな》ったが、その声があまりにも恐ろしかったので、煮えたタールの沼に浸かっていた霊魂たちは、池の鯉のように飛び跳ね、苦しそうな悲鳴をあげた。

だが、金好きジャンの存在が目に留まると、サタンの怒りはたちまち収まった。

ジャンは地面に滑り降りるとその場にしゃがみこみ、両手で頭を抱えて、呻いていたのだ。

「おい、起きろ、このド阿呆！　早くこっちに来やがれ！」と、サタンは怒鳴《どな》った。

金好きジャンは、渋々ながら言われたとおりにした。

「いいか、よく聞け。きさまにとっちゃ、好都合なことが起きたんだ。新たな沙汰があるまで、きさまの肉も骨も焼かずにおくことにする。だが、ここで何もせずに、安穏《あんのん》に暮らせると思ったら大間違いだぜ。これから、きさまに仕事を言いつける。俺さまは、さっきまで乗っていた馬を含めて、全部で三頭の馬を飼っておる。その世話をせい。毎朝、櫛とブラシをかけ、体を洗い、飼い葉の代わりに黒焦げに焼いた骨を食わせろ。仕事をきちんとするように、心がけるんだぞ。ちょっとでも手を抜いてみろ、どうなるかはわかっているだろうな」

金好きジャンは悪魔の馬丁にされても、たいして嬉しくはなかった。だが、ほかに選択肢はなかったし、馬の餌になるよりは、馬の世話をしたほうがいいに決まっている。

一五日間は何事もなく、すべてうまくいった。金好きジャンは労苦を厭わず、恐ろしいご主人さまを満足させようと、一心不乱に働いた。

しかし夜になると、馬小屋の片隅のベッドで横になり、眠りに就くまでのあいだ、ふるさとのバス・ブルターニュを恋しく思い、自分の運命を嘆き悲しまずにはいられなかった。今となっては、あんなに金に執着しなければよかったと、悔やまれてならなかった。

そんなある晩のこと、いつものように藁布団《わらぶとん》の上で寝返りを繰り返していると、顔に熱い息がかかった。一頭の馬がそばに来て、鼻面を寄せているのだった。

「この不幸の元凶め、いったい俺に何の用だ？」と、ジャンは思った。というのも、この馬の背中に乗せられて、この忌まわしい場所に連れて来られたからだ。

いまにも鞭をくれてやろうとしたとき、馬が口をきいた。

「音をたてないでおくれ。ほかの馬が起きてしまうから。僕はきみのためを思って、そばに来たんだよ。きみはこの国にいて、楽しいかい？」

「馬鹿言うな、楽しいわけがないだろう！」

「それなら僕たち二人とも、同じ意見だってことだ。だって僕も、祝別された地に帰りたいんだもの。かくいう僕も、きみ同様、立派なキリスト教徒なんだから」

「でも、どうやってここから逃げ出せるんだい？」

「それは僕が考える。そのときが来たら、前もってきみに教えるよ。それまでのあいだ、僕にいつもの二倍の餌をおくれ。焼いた骨じゃなくて、干し草とカラス麦をね。力をつけなきゃならないんだ、長い旅になるだろうから」

その夜から金好きジャンは、特別の注意を払ってこの馬の世話をした。

とりたてて言うほどの事件もなく、それから何週間かが過ぎた。

ある朝、例の馬が金好きジャンにこう言った。

「チャンスが来たよ。さっきサタンが、徒歩で散歩に出かけた。僕の背中にしっかり鞍《くら》をつけたら、上に跨《また》り、さあ出かけよう。旅の荷物として、水を入れた手桶と、櫛とブラシを持って行くんだ」

ジャンと馬とは、祝別された地を目ざして出かけた。

馬は速足で駆けに駆け、一日中駆け続けた。夜が来ると、馬はくるりと後ろを振り向き、ジャンにこう言った。

「そろそろ悪魔が家に戻るころだ。僕たちが逃げ出したことが、ばれるだろう。後ろを見てくれ。異状はないかい？」

「うん、何も」とジャンが答えた。

そこで、馬と人は道を続けた。

夜が明け、あたりは明るくなった。すると馬が言った。

「後ろを見てくれ。異状はないかい？」

「いいや、あるとも。悪魔がこっちにやって来る。かなりのスピードで歩いているよ」

「じゃあ、手桶を投げて」

手桶が地面に落ちるや否や、水が急流となって迸《ほとばし》った。急流は川となり、川は巨大な池となった。

悪魔というのは、水を怖がるものだ。そこで、池を泳いで渡る代わりに、向こう岸へ大まわりを始めた。おかげで二人は、時間を稼ぐことができた。

それから一、二時間経ったころ、馬がふたたび尋ねた。

「金好きジャン、異状はないかい？」

「いいや、ある。悪魔が池をまわり終わった」

「じゃあ、ブラシを投げて」

ブラシが地面に落ちるや否や、一本一本の毛が、それぞれ天を衝《つ》くような大きな木になったので、悪魔は迷路のような森の中で途方に暮れた。そこから苦労して脱出するまでのあいだに、馬と人とは、かなり距離を引き離すことができた。

それから一、二時間経ったころ、馬がふたたび尋ねた。

「異状はないかい？」

「いいや、ある。悪魔が森から抜け出した。ものすごいスピードで、こっちに走って来る」

「じゃあ、櫛を投げて[5]」

櫛が地面に落ちるや否や、その場にメネス・ミケルの二〇倍も大きな山が、にょきにょき出現した。しかも、山の高さより裾野のほうが、ずっと広い。そこで悪魔は大まわりするよりも、山を攀《よ》じ登って越えることにした。

その間、馬は風と同じくらい速く駆けた。遠目にはすでに、祝別された緑の地が見えてきた。畑に野原、荒地とが。

「金好きジャン！　金好きジャン！」と、馬がはあはあ息を切らしながら尋ねた。「まだ悪魔は追っかけてくるかい？」

「山の斜面を降りているところだ」

「じゃあ、僕たちを助けてくださるよう、神さまにお願いしよう。もう、それしか助かる道はない」

実際、サタンは二人に追いつき、すぐ後ろまで迫っていた。馬が絶望に駆られて最後の跳躍をこころみたとき、サタンは二人に飛びかかるところだった。ちょうど尻尾をつかまれた瞬間、馬の二本の前足が、祝別された地を踏んだ。だからサタンが地獄に持って帰ったものは、一つかみのしっぽの毛だけだったのさ。馬はもとの人間の姿に戻って、金好きジャンにこう言った。

「ここで別れるとしよう。僕はこの足で煉獄に行く。ふるさとに帰ったら、もう罪を犯してはいけないよ」

金好きジャンは、一人の男の魂を地獄から連れ戻したことを嬉しく思い、またそれ以上に、自分が無事脱出できたことに満足しながら、バス・ブルターニュに帰った。そして、生きているあいだも、死んでからも、もう二度と地獄には戻らないように、できるだけのことをしたとさ。

（語り手、クレアーハ／プルガステル・ダウラスにて）

118話　領収書を取りに行った男

ジャン・ゴンペールは、ディネオーの小作農だった。この人はたいそう物分りのいい男でね、小作料の支払いを怠ったことは一度もなかった。ところで、最後に支払いをしに行ったとき（確かシャトーランだったと思う）、地主が家にいなかった。だが、息子がいたので、ジャン・ゴンペールは金を渡してこう言った。「今度の市で、お父さんに会えると思いますんで、そのときに領収書を持ってきてくれるよう、頼んでおいてもらえますかい？」

「ああ、承知した」と、息子は答えた。

そこでジャン・ゴンペールは、安心して家に帰った。自分自身が真っ正直な男だったので、他人もそうにちがいないと思い込んでいたのだ。だが、少なくとも今回にかぎって言えば、それは大間違いだった。というのも二日後、彼は地主が亡くなったことを知らされたのだが、それから一週間と経たないうちに、一人の男が、息子からだと言って家に現れ、小作料を催促したからだ。

「でも、あっしはちゃんと払いましたぜ！」と、ジャン・ゴンペールは叫んだ。「息子さんはわかっておられますとも。なにしろ、その息子さんご本人に金を渡したんですから」

「それなら、領収書を見せてくれ」と、相手は言った。「わたしは遺産の整理を頼まれたのでね。こっちも、仕事をきちんとやらなきゃならんのだ」

ジャン・ゴンペールはそれまでのいきさつを説明しようとしたのだが、男は杓子定規《しゃくしじょうぎ》にこう言った。

「そんなことは、どうでも結構。ただ領収書を見せてくれればいい。言葉など、一文の足しにもならんのでね」

当然のことながら、ジャン・ゴンペールは領収書など持っていない。すると男は帰り際に、こう返答した。

「来週中にわたしの事務所に三百エキュを持って来てくれなければ、すぐにお前さんの動産、不動産を差し押さえるからな」

そんなことになったら、みごと破産だ。ジャン・ゴンペールと家族は、貧乏のどん底に落ちるだろう。

「そんな悲惨な目に遭わないようにするには、どうすりゃいいんだ？」ジャンは呻いた。

そして絶望のあまり、髪の毛を拳でつかんで引っこ抜いた。

「神さまは不公平だ！　そうとも、神さまは不公平だよ！」

「そんなら、まず神さまに訴えてみたらどうさ？」と、おかみさんが言った。「あたしなら、すぐに主任司祭さんのところに行くがね。きっと、いいアドバイスをくれるよ」

「いいアドバイスで三百エキュが見つかるんなら、苦労はないわ」と、ジャン・ゴンペールはぶつくさ言った。

それでも女房のいうことをきいて、ディネオーの司祭館に出かけて行った。主任司祭は夕食の最中だったが、親切な人で、訪問者を待たすのが嫌いだった。そこで、ジャン・ゴンペールはすぐさま食堂に案内され、できるだけわかりやすく事の次第を語ったが、それでも胸の中の鬱憤《うっぷん》を吐き出さずにはおられなかった。だが、司祭は肝心な点のみに神経を集中させて耳を傾け、話が終わるとこう尋ねた。

「今の話、嘘じゃなかろうな、ジャン・ゴンペール？　お前さんは、本当に小作料を払ったのじゃな？」

「ええ、もちろん。あっしがバルバ・ゴフの正式な亭主で、四人の子供の正式な父親だ、ということと同じくらい確かですとも！」

「それなら、お前さんのすべきことはただ一つ。亡くなった地主さんを今いるところに探しに行き、生きているときに渡してもらえなかった領収書を請求するんじゃ」

「ひえっ！　どうやったら地主さんのところに行けるんです？　そこへ行く道さえ、わからないというのに」

「わしが教えてしんぜよう」

「それなら、行ってみてもいいですぜ」とジャンは答えたが、それは、主任司祭が悪ふざけをしているものとばかり思ったからだった。「とはいえ、行くのは簡単でも、そこから帰るのは至難の業でしょうな」

「帰りについても、行き同様、わしが面倒を見てしんぜる」

「おやおや、ご冗談でしょう」

「よいか、ジャン・ゴンペール。司祭はな、人の生き死にのことでは、決して冗談など言わぬものじゃ」

そう言った司祭の口調がたいそう厳《おごそ》かだったので、農夫は両手の中で帽子をこねくり回し、すっかり狼狽してこう呟いた。

「あなたのおっしゃるところには、どことなりとも参りますよ、司祭さん」

主任司祭は暗い部屋の扉を開けると、ジャンに言った。

「行き先についてはいま調べるから、待っていなさい」

「目的地が天国ならいいんだが」と、ジャン・ゴンペールは思った。「しかし、その可能性は低そうだなあ。あの地主さんのことだ、そんな結構な場所には到底入れてもらえそうにないもの」

主任司祭は二重の塔に閉じこもった。中からは、たいそう早口で、何かの文句をブツブツ唱える声がする。それを聞いてジャンは、「きっとご自分のエグルモン〔アグリッパの別名。この本を読むと、死者の運命がわかる〕をご覧になっているんだ」と思った。

やがてお祈りの声が止んだかと思うと、司祭がふたたび姿を現し、こう告げた。

「行き先は、地獄じゃ」

ジャン・ゴンペールは恐怖のあまり、身震いした。

「どうじゃ、行くかね?」と、司祭が畳み掛けた。

「何のそれしき、神さまにかけて、参りますとも!」ややためらったのち、われらが勇敢なる主人公は答えた。

司祭はジャンに按手《あんしゅ》をさせ、親指で胸に十字を描くと、額にふっと息を吹きかけた。

するともう、ジャン・ゴンペールは悪魔の国にいた。道のまわりに広がるのが、エニシダの荒れ野かライ麦畑か、確かめる暇もなく、あっという間に到着したのだ。

だが、そんなふうに地獄に送り込まれる前に、主任司祭からいくつか注意を受けていた。

「よいか、地主はお前さんに領収書を二枚よこすだろう。だが、どちらも受け取ってはいかんぞ。受け取ってよいのは、三枚目の領収書だけじゃ。しかも、それを直接手に取ってはならぬ。手にしたら最後、骨の髄《ずい》まで焼け焦げて、悪魔の餌食になってしまうからな。まず領収書を地面に置いてもらってから、それを拾いなさい。そうすれば、助かる。くれぐれも、領収書を受け取る前にまず、お前さんと地主のあいだの地面に触れさせるのだ」

前に言ったように、ジャン・ゴンペールは物分りのいい男だ。どんなことがあっても、必ず言いつけを守ろうと決意した。

さて、地獄に着いた当初は、心細くてたまらなかった。どちらを向いても、巨大な火の車がぐるぐる、ぐるぐる、ぐるぐる回っているばかり。それを見ていると、眩暈《めまい》がしてきた。それから、物の焼け焦げる匂いにも、むせ返った。それでも何とか歩き出し、一時間もすると、長い大通りにぶち当たった。道の両側には、真っ赤に焼けた鉄のソファーが並んでいる。[6] そのソファーには、地獄に堕ちた霊魂たちが座っていた。体は微動だにしないが、その顔は絶えず激しい苦痛に歪められている。その霊魂たちのあいだに、ジャン・ゴンペールはとうとう地主の姿を見つけた。

「お久しぶりです、地主さん。お元気ですか？」そう言うと、農夫は礼儀正しく帽子を持ち上げた。

「おう、お前か！　くそっ垂れ！」と、地主の霊魂は喚《わめ》いた。「わしがここにいるのは、お前のせいなんだぞ。わかっておるわ、領収書を渡せと言いに来たんだろう？　馬鹿者め、もう一度出直して、金を払ってくれりゃいいものを。そうすれば、わしも息子も、欲に目が眩んだりはしなかったのに！」

そう叫びながら、地主はポケットから紙切れを取り出した。

「ほら、これが領収書だ。受け取れ！」

「すみませんな、地主さん。でも、それじゃありませんや」

「そうしたら、ほら、これをやる」と言って霊魂は、もう一枚の紙切れを差し出した。

「それも違います」

「ああ、なんて厄介な奴だ！」

「三枚目のを下さい」

「こんちくしょう、そら、持って行け！」

「ええ、いただきますとも。でも、地面に置いてもらえますか」

呪われた霊魂は、言われたとおりにした。

「ありがとうございます。では、頑張ってくださいまし」と、ジャン・ゴンペールは答え、紙切れを拾うと丁寧に折りたたんだ。

「わしには、お前の望みを叶えてやるしかないのだ。だが、わしの頼みも聞いてもらえんかね？」

「ええ、何なりと。ただし、あなたの代わりになってくれ、ということ以外ならば」

「わしの左隣のソファが空いているだろう？　息子に伝えてくれ、もしこのままわしの真似をしていたら、ここがあいつの席になるって」

「わかりました、伝えますよ」

ジャン・ゴンペールはそのまま帰ることにした。煮えたぎるような熱い汗が、滝のように手足を流れている。と、突然、冷たい息が額にかかったかと思うと、ジャンはディネオーの司祭館の食堂にいるのだった。

「では、家に帰りなさい」と、司祭は言った。「もう神さまが不公平だ、なんて悪態をつかぬようにな。そしてこれからも、行ない正しい人間として生きるのじゃぞ」

翌日、ジャン・ゴンペールは地主の息子を訪ね、死者の言葉を伝えてから、財産管理人のもとに出かけた。財産管理人は、出された領収書が本物であることを認めざるをえなかった。(7)

（語り手、ディネオーのエルヴェ・ブレリヴェ／カンペールにて、一八八八年）

119話　悪魔の花嫁

トレゼニーのマルト・リシャールは、二十歳のお年頃。みずみずしい薔薇色の肌をした、とても美しい娘だった。けれども、かわいそうなことに足が悪く、歩くときはびっこを引くのだった。そのせいで二人の姉たちは、マルトをのけ者扱いにした。毎週日曜になると、マルト一人を読誦ミサに行かせておいて、自分たちはおめかしをして歌ミサと晩課に出かけて行った。夜、家に戻るときは、必ず伊達男が一緒だった。

マルトも次第にそれは不公平だと気づくようになり、ついに反抗ののろしを上げた。あるとき、二人の姉は派手派手しく着飾って、ロスペズのサン・フィアクルのパルドン祭に出かけた。一方、マルトはいつもと変わらぬ様子で服を着てから、道端のエニシダの茂みに隠れて、姉たちがやって来るのを待ち伏せした。

「きゃあっ！」突然、妹が茂みから飛び出して来たので、二人はびっくり仰天して叫んだ。「ちょっとあんた、気でも違ったの？　なによ、その刺繍入りコワフに金の十字架は。それにショールなんか掛けちゃって。そんな格好で、いったいどこに行くつもり？」

「お二人の行くところに、あたしも行くの。姉さんたちが集会で色目を使っているときに、あたしだけ家で留守番だなんて、もう飽き飽きだわ」

「何ですって！　あんた、あたしたちと一緒にパルドン祭に行くつもり？　そこにいる全員の笑いものになって、あたしたちに恥をかかせる気？　そんなこと、絶対にごめんですからね！」

「へえ、あたしが一緒じゃ困るのね。いいわよ、一人で行くから。一人なら、行っちゃいけないって法はないわ。道はみんなのものなんだから」

「どうぞご勝手に。せいぜい、すてきな王子さまを見つけるといいわ」と、意地悪な姉たちは答えた。

すると、マルトは負けずに、こう言い返した。

「あたしだって、姉さんたちに負けないように、かっこいい彼氏を見つけますからね。たとえ、それが悪魔であろうと！」

姉たちは行ってしまい、マルトはひとりぼっちで歩き続けた。

ところで、トレギエに続く道とロスペズに続く道が合流する十字路で、マルトは一人の若い男に出会った。その若者は、まるでお殿さまのように優雅な身なりをして、豪華な馬具のついた馬に乗っていた。

「おやおや！」見知らぬ男はマルトにお辞儀をしながら、言った。「この里には、由緒正しい家の息子は一人もいないと見える。こんなにかわいいお嬢さんがたった一人、徒歩でパルドン祭に行かねばならないとは」

マルトはこのお世辞に有頂天になった。これまで人から「お嬢さん」と呼ばれたことなど、一度もなかったからだ。

そこで、こう答えた。

「気高い騎士さま、あたしはあなたの卑しい僕《しもべ》でございます」

「とんでもない。あなたさえよければ、僕《しもべ》になりたいのはわたしの方です。ご同道いただければ、これほど嬉しいことはありません」

その当時ブルターニュでは、男女が馬で旅をするのは、ごく当たり前のことだった。そこでマルトは、請われるまでもなく承知した。姉たちは、妹がこんなに立派な装備の馬に乗ってサン・フィアクルに現れたのを見ると、歯噛みをして悔しがり、怒り狂ってマルトを睨みつけた。けれども妹のほうは、天にも昇る心地だった。なにしろ、生まれて初めて、パルドン祭で年相応の楽しい思いをしたんだからね。見知らぬ若者は、たいそう礼儀正しくふるまった。礼拝堂の木陰で一緒にダンスをし、慣わしどおり、マルトのポケットに胡桃《くるみ》やアーモンドを一杯に詰め込んでくれた。

そして日が暮れると、家まで送ってさしあげます、と申し出た。帰り道、若者は結婚を口にした。

「あなたは女のうちで、いちばん恵まれた者になるでしょう」と、男は言いました。「わたしの家には財産が有り余るほどあり、わたしはそれを自分の好きなように使えるのです。あなたは命令を下すだけ。あとは家でゆっくりくつろいでいればいい。指で合図するだけで、何百人もの召使いが、あなたの命令を聞こうと駆けつけて来るのですから。その代わり、わたしがお願いするのはたった一つのことだけです」

「それはなあに?」マルトは、思いがけない幸運に有頂天になって、そのためならどんなことでもする心積もりだった。

「それは、わたしたちが結婚した暁には、もうミサに行かないでいただきたい、ということです」

「あら、そんな簡単なことでいいの」と、マルトは言った。「あたしはこちこちの信者じゃないし、ミサに行かなくたってちっともかまわないわ。それに、日曜はいつも読誦ミサに行かされているんですもの。楽しいどころか、苦痛以外の何物でもないわ」

「では、話はつきましたね?」

「ええ。話はついたわ」

「それでは今夜すぐにでも、ご両親に結婚の申し込みをいたします」

そしてその言葉どおり、トレゼニーに着くと、若者はさっそくマルトの両親に結婚を申し込んだ。両親はびっこの娘をうまい具合に縁付けることができて、肩の荷を降ろす気持ちだったから、断るなんて、とんでもない。二人は婿の名前を尋ねることさえ、思いつかなかった。そこで若者は自分の方から名乗り出たのだが、実は最初に頭に浮かんだ名前を口にしただけだった。一五日後、結婚式が執り行われた。新郎はその日の朝、親族を連れず、たった一人で現れた。けれども、目の眩むような素晴らしい衣装を着ていたので、人々はもっぱらその身なりに気をとられ、あとのことなど、すっかり忘れてしまった。指には宝石が光り、靴についたバックルは、お日さまのよう。マルト・リシャールは、こんなに立派な殿さまに連れられて教会に行くのだと思うと、虚栄心で胸がはちきれそうだった。教会の入口で、マルトは新郎に聖水を振りかけようとしたが、相手はその動作を見なかったふりをし、十字を切らずに中に入った。それから二人は内陣の柵の前でひざまずき、式が始まった。いよいよ奉挙《エレヴァツィオ》の段になると、司祭は会衆のほうに向き直ったが、そのとき、さっきまで若々しく薔薇色だった新郎の顔が、炭のように真っ黒に変わっているのに気がついた。その手は、竈《かまど》の中の熾き火のように真っ赤だった。

「えらいこっちゃ！」と、司祭は思った。「この男、カトリックじゃないぞ」

司祭はそそくさとミサを済ませた。そして、新郎新婦がいましも教会を出ようとしたとき、寺男を遣わして、新婦に話があるからちょっと残ってほしい、と引き止めた。そこでマルトは、香部屋で司祭と向き合った。

「マルトや。お前さん、自分が誰と結婚したのか、まるでわかっておらんようだな。話しておくれ。婿殿は、何か真正直でない約束をしてくれろ、とは言わなかったかね？」

「あら、あの人はただ、もうミサに行くな、と言っただけですわ」

「ふーん。それならお前さんは、今日のこのミサに出席できたことを感謝せねばならんな」

「なぜですの、司祭さん？」

「よいか、お前さんが結婚したのが誰か、わしが教えてしんぜよう」

「あの人が誰かですって……」

「うむ。お前さんの婿殿は、正真正銘の悪魔だ」

これを聞くと、マルトは気絶しそうになった。

「ああ神さま！　司祭さま、どうすればいいんでしょう！」

娘が両手を合わせて助けを請うと、司祭はしばらく考えこんでから、こう言った。

「あいつの餌食にならないためには、一つしか方法はない。よいか、あの男が行くところには、どこまでもついていくのじゃ。なぜなら、いまではあの男が、お前さんの正式な夫なのだから。だが、いったんあいつの家に入ったら、どんなに脅されようとも、宥めすかされようとも、決していうことをきいてはならぬ。例えば、食卓についたら、あいつはこう言うじゃろう。『マルトや、あれをお食べ、これをお飲み』と。そのとおりにしてはならぬぞ。その代わり、ただこう答えるのじゃ。『イエスさま、マリアさま、あたしをお助けください！』と。よいか、絶対に譲歩してはいかん。わかったな」

「はい、わかりました。司祭さま」

新郎は墓地に佇み、マルトが教会から出てくるのを待っていた。マルトは愛想よくにっこり微笑《ほほえ》むと、婚礼に出席していた人々に別れを告げ、夫とともに馬の背に乗った。まるで幸せいっぱいの花嫁のように。馬は四つの蹄《ひづめ》から火花が迸り出るほどの恐ろしい速さで駆け抜けたので、ほどなく二人は旅の終点に着いた。つまり、地獄にね。まわりにいるのは、悪魔ばかり。ありとあらゆる年齢、姿かたち、大きさの悪魔がうようよしている。そのいずれもが、花嫁に最大限の敬意を表した。マルトは責め苦にあうどころか、良いことづくめだった。家は美しい野原に面していて、花が咲き乱れ、小川が見える。けれども、川の水はどこにも流れず、花はまったく香りがしない。まるで造花のようだった。数ヵ月後、マルトは自分が妊娠していることに気づいた。子供を産み落とすと、夫はこう言った。

「この子を、自分の目の中の瞳のように大事にするのだぞ。というのも、この子は王子さまなんだからな。いずれはわたしの跡継ぎとして、地獄を治める運命だ」

マルトは答えなかった。そして、赤ん坊には目もくれなかった。悪魔はやがて、マルトが子供をほったらかしにしていることに気がついた。

「この子の下着を替えてやれ。これでは揺り籠ではなく、まるで肥溜めだ」

するとマルトは呟いた。

「神さま、マリアさま、お助けください！」

夫は、それ以外の言葉を妻の口から引き出すことができなかった。とうとう、彼は怒り出した。

「行ないを改めないなら、お前が誰のもので、ここがどこなのか、思い知らせてやるぞ！」

「イエスさま、マリアさま、お助け下さい！」

怒鳴《どな》れば怒鳴《どな》るほど、マルトは頑固に同じ文句を繰り返す。ついに悪魔の堪忍袋の緒が切れた。

「三分だけやるから、そのあいだによく考えろ。三分経っても、いうことをきかないようなら、わたしの手下の一二匹の悪魔に言いつけて、毎日かわりばんこに馬のしっぽに括《くく》りつけ、真っ裸のまま、エニシダの茂った荒れ野で引きずらせるぞ」

そのエニシダの荒れ野は、野原の端にある山のふもとに、七リュー〔約二八キロ〕にもわたって広がっていた。三分が経ち、悪魔の頭《かしら》が部屋に戻ってきた。

「で、どうだ。考えなおしたか？」

「イエスさま、マリアさま、お助けください！」と、マルトは言った。

すぐさま、一二匹の大きな悪魔が入ってきた。みんなはマルトをつかまえると、服を脱がせて丸裸にし、馬の尻尾に括《くく》りつけ、鞭を振り下ろした。馬はたちまち走り出し、マルトは叫び声を上げた。エニシダの棘《とげ》が肉に突き刺さり、肌はぼろぼろに引き裂かれた。十二回目にもなると、もう虫の息だった。そこで、地獄の領主であり主人である悪魔は、妻が従順になったかどうか、確かめに来た。けれども、答えは同じだった。

「イエスさま、マリアさま、お助けください！」

「ふん、そうか。わかった」と、悪魔は言った。「よし、野郎ども！　この女の体中に樹脂を塗り、火にかけて焼いてしまえ！　もう口がきけないようにな」

この拷問を聞いて震え上がり、ついにマルトが折れると思ったのだ。けれども彼女は、聖母マリアと息子のイエスに助けを求めて止まなかった。

すると悪魔は、逆上して叫んだ。

「ああ、頑固な女め！　お前に助言した奴に礼を言うがいい！」

悪魔は、マルトを支配する力を失ったのだ。

次の日曜日、トレゼニーの司祭が読誦ミサの前に告解室に入ったとき、最初にひざまずいたのは、マルト・リシャールだった。

「司祭さま、お礼を申し上げに来ました。あなたのおかげで、あたしは救われたのです。どうか、あたしの両親にそのことを伝えてください。あたしはもう、家まで行けません。この世に生きて帰れたのは、司祭さんにお礼を言うためだけですから」

こう言うと、彼女の姿は消え失せた。そして、まっすぐ天国に昇っていった。それからというもの、マルトの噂はぷっつり聞かれなくなったということだ。

（語り手、マリー＝サント・トゥルーザン／ポール・ブランにて）

120話　地獄の舞踏(8)

(民謡)

もしお望みならば歌いましょう、誰にもわかる、やさしい歌を。トレギエの、若い農夫のつくった歌を。

この歌は、王さまたちの祭りの晩〔一月六日の公現祭のこと。三人の王が幼子イエスを礼拝した日〕、夜が明けるのを待ちながら、この青年がベッドの中で退屈しのぎにつくったものさ。

青年はつらつら考えた。もうじき謝肉祭が来る。若者たちは誰もかも、川のほとりでダンスする。

そのときは、みんな立派に着飾って、おめかし三昧《ざんまい》、余念がない。ところが、父さん、母さんは、貧しい暮らしに青息吐息。

レースのコワフに、ビロードの袖。ところが、父さん、母さんは、食べる物にも事欠いて。

司祭さんが説教台で、浮かれてダンスに行くまいと、いくら説いても無駄なこと。

踊るがいいさ、若者たちよ、せいぜい楽しく踊るがいい！　あの世でも、きみらはやっぱり踊るだろう。でも、いま踊っているようにではなく。

地獄の広間はもうすでに、きちんと準備されている。きれいな広間さ、踊り手が、それはそれは喜びそうな。床には尖った鉄の針、上に向かって伸びている。

まるで櫛の歯のように、あいだを詰めてびっしりと。その鋭いことといったなら、まさしく錐《きり》を立てたよう。それに、長さはほぼ一ピエ〔約三〇センチ〕。

その針は、神の怒りの火に焼かれ、真っ赤に熱く燃えている。靴も靴下もはかぬまま、きみらはそこで踊るのだ。

そんな自分の有様を、苦痛なしに見られる鏡は、パリに行っても、ルーアンに行っても絶対見つかりっこない。

きみたちは、納骨堂より先には進めない。そこにいる死者たちのように、僕らもいずれは死ぬ定め。

ほら、ここにあるのは、皮膚の剥けちまった頭蓋骨。若者の頭に、年寄りの頭。ごちゃまぜに置かれた骸骨は、昼夜を問わずそこにいて、何にも言わず、何にも聞かない。

美しい装いも、薔薇色の顔、白い手も、何もかも失った。死者たちの霊魂がどうなったのか、僕は知らない！　それについてのいっさいは、口を噤《つぐ》むほかはない。

（ベリュシェンばあさんの歌った歌／パンポルにて）

第22章　天国

ル・ファウーエト、聖フィアクル礼拝堂

この世から天国に続く道には、九九軒の旅籠屋が並んでおり、旅人は、その一軒一軒に立ち寄らなければならない。払う金がなくなると、道を逆戻りして地獄へ向かう(1)。

道のりの半分の地点にある宿屋は、ビテクレと呼ばれる(2)。

善良なる神さまは週に一度、土曜の晩に、この旅籠屋に見まわりに来る。

そして、それほど酔っていない「お客」を見つけて、一緒に天国に連れて帰る。

121話　二人の酔っ払い

ビテクレには、救いようのない酔っ払いが、後を絶たない。

その中にパンヴェナン出身の二人の男がいて、その名をロー・ケリシャールとジョブ・アン＝トエール（屋根屋のジョゼフ）といった。

五年前に「旅立った」というのに、この二人、ビテクレから先へはいっこうに進めないでいた。生前から互いに腹を割った親友どうしで、両人とも世界一の善人だ。だが難点は、もし海が塩水ではなくシードルでできているとしたら、その海さえ飲み干しかねない大虎だったことだ。善良なる神さまはこの二人に、細めではあるにしても、喜んで天国の門を開けておいてくれただろう。だが残念なことに、神さまがビテクレで泊まり客の名前を読み上げ、ローとジョブを呼ぶたびに、同じことが繰り返されるのだった。つまり、ぐでんぐでんに酔っ払った二人のお調子者は、ろれつが廻らず、「はい、おります！」と返事をすることができないのだ。

翌日になって二人は、またとない機会を逃したことを悔やしがる。そして、しおれた心を元気づけようと、またぞろ飲み始める。そうして、これまで五年が過ぎたのだった。どうやらこの二人、最後の審判の日が来るまで、ビテクレでとぐろを巻いているしかなさそうだ。

（語り手、ピエール・シモン／パンヴェナンにて）

天国に着くまでには、三つの雲の列を越えなくてはならない。最初の雲の列は黒く、二番目のは灰色で、三番目の列は雪のように白い。

悔い改めを終えた霊魂を天国へ案内する聖人について、ある人は聖ドゥニだといい、ある人は聖マチュランだという。

天国の門の少し手前に、聖ミシェル〔大天使ミカエル〕が立っている。(3) 霊魂の重さを測り、受け入れていいものかどうか判断するためだ。だから教会では、聖ミシェルはいつも天秤を持った姿で描かれる。

（バティスト・ジュフロワ談／パンヴェナンにて）

122話　イアニックの旅

ケルブルヴァンのお館をご存知ですかね？　パンヴェナン小教区でいちばん古くて、いちばん美しいお屋敷だよ。その昔、トレギエの司教さまが田舎家として使っていた建物さ。そう、まだトレギエに司教さまがいらした時代の話だがね。司教館になる前、このお屋敷は一人の司祭さんのものだった。その方は、あたり一帯の人々の尊敬を集めていて、ドン・イアン〔ドンは聖職者の尊称〕と呼ばれていた。由緒ある貴族の最後の末裔でね、この方が亡くなると、その家系も途絶えてしまったのさ。ドン・イアンは田舎貴族だったが、その暮らしぶりはまことの聖人さまのようだった。貧しい人が飢え死にしないように、ご領地の畑を耕させ、収穫物のほとんどを与えていた。そしてご自分は、一日の大半をお館の礼拝堂でお祈りをして過ごしていたのさ。いまではその礼拝堂も、物置きになってしまったがね。

ある日、一人の貧しい男がドン・イアンを訪ねて来た。息子の代父になってほしいというのだ。

「ええ、喜んで！」と、聖なる人は言った。そして洗礼盤の上で、子供にイアン、つまりジャンという名前を与えた。それから、酒蔵に保管されているワインの中で最高の一本を、産婦のもとに届けさせた。洗礼を祝う食事の席で、ドン・イアンは食前の祈りを唱えると、こう言いおいて立ち去った。

「いま、この世に生を受けたことをわしらが寿《ことほ》いだこの子は、これまでキリスト教徒が誰も見たことのないようなものを見るじゃろう」

子供はすくすく大きくなった。

初聖体の時期が近づくと、ドン・イアンはこの子を、ケルブルヴァンの館に連れて行った。教理問答の答えやミサの手順を教え、もうこの子以外の侍者を使おうとはしなかった。少年も、名づけ親に心からの愛情を感じていた。朝な夕な、少年はお屋敷に出かけて行き、ドン・イアンの行うあらゆるお勤めとお祈りの手伝いをした。

よく、聖人は決して老いるまでは生きない、といわれている。聖人たちは主のみもとに早く戻りたいと思い、主のほうでも、早く彼らをそばに呼び寄せたいと思うからさ。五十歳を迎える年、ドン・イアンは病に倒れ、床に就くようになった。ちょうど美しい季節だったので、それからもしばらくのあいだは午後になると起き上がり、礼拝堂へお祈りをしに行った。歩くときは、名づけ子の肩に寄りかかる。そしてお祈りがすむと、外の並木道に連れて行ってもらうのだった。そこには樹齢百年を越える木々が立っていて、その中に、高さ八〇ピエ〔約二四〇メートル〕以上もある、一本の栗の巨木がそびえていた。ドン・イアンはその根元の木陰に座り、遠くビュギュエレスからポール・ブランまで続く青い海原を眺めるのが好きだった。夕方の風が冷たくなり始めるころまで、そうやってじっと佇んで、神さまと語りあい、まるで本をめくるかのように、頭の中の意識を探っては、すべてが正しく筋が通っているかどうか、確かめるのだった。

そのあいだ、名づけ子のイアニックは、ドン・イアンの足元にしゃがみ、二つの相反する思いに心を悩ませていた。それは、名づけ親をこの世に生きながらえさせてほしいという願いと、選ばれた者だけに許される、天上の至福を与えて欲しいという願いだった。

ある昼下がりのこと、いつものように二人で栗の木の下に座っていると、ドン・イアンがイアニックにこう言った。

「わが子よ、わたしのことをどう思うかね?」

「使徒たちの時代からこのかた、キリスト教徒のうちでいちばん清らかな方だと思います」

「だが実は、わたしは人間が犯す罪の中でも、もっとも重大な罪を犯しているのだ」

「まさか、そんな」

「だが、事実なのだ。司祭に叙階された日、わたしはローマに巡礼に行くと誓った。しかし、いま人生の終わりが近づいているというのに、わたしはその誓いを果たせないでいる。生きているうちにできなかったことは、死んでから行わなければならない定めだ。そうすれば、永遠の救いはその分だけ遅れてしまう。それがわたしの唯一の心残りなのだよ」

「僕がその心残りをなくすことはできませんか?」

「できるとも、もしお前の信仰心が固ければ」

「僕の信仰心は、あなたが育てて下さったのです。道端に立つ、石の十字架礫刑像《カルヴェール》くらい頑丈ですよ。その十字架を壊せるのは、神さまが振り下ろす雷くらいなものでしょう」

「では、わたしの代わりにローマに行ってくれるかい?」

「ええ、行きます。あなたが道を教えてくださるのなら、地獄にだって行きますとも」

ドン・イアンは名づけ子の頭の上に手を置いた。

「イアニックや、お前は正真正銘のブルトン魂を持っているね。それでは、お前の申し出をありがたく受けるとしよう。だがその前に、お前が口で言うように本当にわたしを愛しているかどうか、確かめなければならない。このことについては、もう話すまい。他の人にも、何も言わないでおくれ。でも、いまの話を忘れてはいけないよ」

それからしばらくして、聖なる人は亡くなった。その死に先立って、どんな前触れがあったかについては、ここでは言わずにおくとしよう。人々は、故人がいつもお勤めをしていた礼拝堂に、その亡骸《なきがら》を埋葬した。そして、生前の善行と名前を石に刻み、その石でお墓を塞いだ。ドン・イアンに仕えていた家政婦と召使いたちは、もらった年金を元手に、他の働き口を探しに行った。館は住む人もなく、地所は荒れ放題になった。ところで、イアニックがどうなったかというと、代父はわざと遺言書に彼のことを記さずにおいたようだ。そのせいで、少年の両親はたいそう悔やしがった。けれども、イアニック自身がドン・イアンに対して抱いていた愛情と感謝は、以前とまったく変わらなかった。生きているときと同じように、死後も代父を大切に思い続けたのだ。そして、毎日お墓に詣でては、その前で敬虔にひざまずくのだった。

ところで、毎回、墓前でひざまずくたびに、墓石の真ん中に亀裂が入っているのが目についた。まるでキリストがラザロを蘇らせたときのように。

「もしかすると、あの方がお墓から出て来るのかもしれない」と、少年は思った。

そして、恐怖と期待が入り混じった気持ちで、そのときを待った。

ある朝、割れ目はいつもよりずっと大きく、ずっと深くなっていた。そして、その下の土にも裂け目ができていた。

「もしかして、今日なのかしら」と、イアニックは考えた。

少年が両親の家に帰ろうとして、街道の方に歩き出したときだ。大好きな栗の木の下に、代父が座っているのが見えた。棺に入れられる前に着せてもらった、美しい祭服をまとっている。組んだ両手は膝の上に置かれ、その目は大きく見開かれ、光をいっぱいに湛えていた。

イアニックは爪先立ちで、代父のいる方に歩いて行った。ドン・イアンは、少年が自分の方に来るのをじっと見守っている。その目は、次第に強い光芒を放ち始めた。イアニックがすぐそばに立つと、ドン・イアンは優しくこう言った。

「わたしの名づけ子、イアニック。わたしはもう、お前の愛情を疑いはしない。お前の信仰心は、本当に固い。わたしの代わりにローマ巡礼をしてくれる、という気持ちに変わりはないね？」

「ええ、ありませんとも！」

「それならば、今夜、告解をしに行き、神さまの恩寵をいただきなさい。そして明日の朝、出かけるがいい」

「でも、そこへ行く道は？」

「この白い杖の指し示すところについていけばいいのだよ。その昔、救い主イエス・キリストの十字架をつくるとき、人々はエルサレムの森に生えている木を使った。この杖は、そのとき切り落とされた枝なのだ。これを右手に持ちなさい。くれぐれも、なくしてはいけないよ。道に迷ってしまうから。ちゃんと手に持っているかぎり、お前にとってこの杖は、道しるべとも、お守りともなるだろう。何に出くわそうとも、こわがるんじゃないぞ。この杖が、あらゆる悪からお前を守ってくれる。旅で起きたことは、一つ残らず忘れないようにしておくれ。帰ってから、こと細かく話してほしいのだ。自分で巡礼をしたのと同じように、一部始終を知っておかなければならないのでね」

「わかりました」と、イアニックは答えた。「いま言われたことは、何一つおろそかにしないよう、こころがけます」

ドン・イアンは旅の無事を祈りながら、少年に別れを告げた。

その夜、イアニックは告解をしに行き、翌朝、両親には何も言わずに出発した。右手に、白い杖を握って。家から外に出てみると、お日さまが空を照らし始めたところだった。けれども、歩きだしたとたん、まだ夜が明けていないことに気がついた。自分が暗闇の中にいるので、イアニックはびっくりした。しかもその夜空は、あたしたちが知っている普通の夜とは違っていたのさ。雲に覆われた暗い夜空でもなければ、星の輝く明るい夜空でもない。それはどちらかというと、光がまったくない、本当の闇夜だった。そのくせ、あらゆるものが見えるので、何だか不思議な夢の中にいるような感じがした。

最初に見えたのは、木苺《きいちご》やハリエニシダ、そのほか、ちくちくした棘《とげ》のある、様々な低木がびっしり生えている狭い谷間だった。イアニックはひるむことなく、まっすぐ進んで行った。やがて一本の道が、入り組んだ茂みの中に開けた。イアニックは元気よく、その道を歩き出した。前に進むにつれて、後ろの道はふたたび茂みに閉ざされる。だからイアニックは、まるでナイフのように切れ味の鋭い葉や尖った棘《とげ》の海原に、埋もれてしまう格好になった。けれども、かすり傷ひとつ負わず、そこから抜け出すことができた。

着いたところは、広々とした台地のような場所だった。突然、その台地から、ものすごく大きな二つの山が、にょきにょきと現れた。その頂は気が遠くなるほど高く、雲の中に隠れて、まるで見えない。二つの山は、地平線の左右の端にそれぞれ、そびえ立っている。左の山は黒い色で、右の山は白い色。二つの山は、互いに互いを崩そうと、それは激しくぶつかり合ったので、見ていると眩暈《めまい》がしそうだった。とうとう両者はものすごい勢いで衝突し、轟音《ごうおん》を立てて崩れ去った。それとともに白と黒の粉塵や小石が飛び散り、しばらくのあいだ大気は真っ黒になった。この二つの山の戦いは、背筋が凍るほど恐ろしい光景だった。最後にぶつかりあったときの衝撃があまりに激しかったので、二つとも粉々になってしまったにちがいない。イアニックはてっきりそう思ったのだが、二つの山は、すぐまた元どおり地平線の端に姿を現し、互いに勢いよくぶつかり始めた。

「早く通ってしまわなきゃ」と、イアニックは思った。

そして、二つの化け物山のあいだがあいたのを見計らって、急いで、そこを通り抜けた。

その先は、きつい下り坂が、砂浜へと続いていた。漏斗《ろうと》のようなこの砂浜の底から、血のように真っ赤な水蒸気が立ち昇っている。

それは怒り狂った海が、自らをむさぼり食っているのだった。波は巨大な水の壁となって盛り上がり、互いに互いを呑みこもうと、争っている。その様子はまるで、絶望的な吠え声をあげながら、相手を組み敷こうと飛び上がる獣のようだった。

「もし杖があっちの方へ行けというなら、僕は生きて戻れないだろう」と、イアニックは思った。

けれども、杖が指し示していたのは、まさにその恐ろしい海の方だった。そのとき、真っ赤な靄《もや》が杖の先で二つに分かれたので、イアニックは難局へと足を踏み出した。幸い、周囲でさかまく波の、猛り狂った犬の吠え声のような音が耳に入ってきただけで、無事に海を渡ることができた。

向こう岸に広がっていたのは、ひどく痩せて貧相な土地だった。それは岩だらけの荒地で、あちこちに細い谷間が見え、植物といえば、沼に生える藺草《いぐさ》だけ。陰鬱でおぞましい場所だった。これ以上淋しい場所を、思い描くことなど、できっこない。

「どうやら『パンの実る土地』の反対側に来てしまったようだ。でも、かまうもんか。さあ、行くぞ!」

そのとき、この不毛な地帯の真ん中を、三〇頭ほどの雌牛が通るのが目に入った。あたりにはほとんど草が生えていないというのに、牛たちは肥え太り、その腹はまん丸で、毛並みは艶々《つやつや》している。乳房はぱんぱんに膨らみ、地面に届きそうなほど重く垂れ下がっている。牛たちは、自分たちの境遇に満足しているようだった。

けれどもイアニックは、どんなものを見ようとも、驚くまいと心に決めていた。

乾いた石で出来た石垣をまたぐと、目の前に、それまでとは正反対の風景が広がっていた。そこは見渡すかぎりの野原で、一面に丈高い草が生え、青々とした美しい場所だ。五〇頭ほどの雌牛がいたが、その草を食べようとはせず、半ば飢え死にしかかっているようだった。その腹の皮は骨にぺったりはりついて皺だらけ、脚は体を支えきれずによろよろしている。雌牛たちは草を食むことなく、鼻を石垣の上に乗せ、痩せた土地にいる仲間の方をうらやましそうにじっと眺めているばかり。自分たちは、肥沃な土地にいるというのに、空腹にモウモウ鳴いているのだった。

イアニックはそこを通り過ぎ、やがて大きな森にさしかかった。そこには、ありとあらゆる種類、ありとあらゆる大きさの木が生えている。それぞれの木のまわりを、小鳥の一群が飛んでいた。小鳥はどの枝にも止まらずに、いつまでも木のまわりをぐるぐる、ぐるぐる飛び続けている。夜の鳥のように、ひっそりと音も立てずに飛ぶさまは、とても神秘的な感じだった。小鳥の羽の色は、灰色もしくは黒だった。

イアニックは森を通り抜けた。

すると今度は、白い小鳥の一群が飛んで来るのが見えた。白い鳥たちは木々の梢にとまり、美しい節回しで歌い始めた。イアニックはその歌を聞きながら、よく晴れた春の日の朝、ケルブルヴァンの森にいるかのような錯覚を起した。

「ああ、よかった。これで気持ちが晴れ晴れしたぞ!」イアニックはそう呟くと、元気を取り戻して、ふたたび道を続けた。そうやって、何リューも歩き続けたときだ。

不意に行く手に、天を衝くような大きなメネス〔山〕が出現した。まるで、巨大な黒い壁が立ちふさがっているかのよう。山のふもとはビロードよりも柔らかい苔に覆われている。どこからか、うっとりするような香りがそよ風に乗って運ばれてきた。イアニックは苔の上に横になって、この香りをずっと嗅いでいたいと思った。そのうえ、いとも麗しい歌声が聞こえ、この場所にさらなる魅力をつけ加えている。何千もの声が重なって、美しい歌を歌っているのだが、その調子はやや悲しみを帯びていた。少年は、何年でもそこに留まって、その歌を聞いていたいと切に願った。とはいえ、通りすがりに心を楽しませてもらうだけで我慢した。手の中の杖が引っ張ったからだ。そこで、後ろ髪を引かれながらも、杖の後を追った。

メネスの登攀には、てこずらされたよ。草にしがみつき、岩を攀《よ》じ登らなければならなかったからね。ようやく頂上に着くと、イアニックは頭をめぐらした。背後の斜面には、自分と同じくらいの年の子供たちが、地面の突起にしがみつきながら、山を攀《よ》じ登ろうと必死になっている。けれども少し登ったかと思うと、たちまち転がり落ちてしまうのだった。しがみついていた草や杜松《ねず》の枝を手に握り締めたまま、踏みしめていた石とともに下に落ちていく。

「なんてかわいそうな子たちだろう！」と、イアニックは思った。「助けてあげたいけれど、人数が多すぎる」

それに、杖がその暇を与えてくれなかったのさ。山の頂には、礼拝堂があった。ちょうど、メネス・ブレの尾根に立つ、聖エルヴェ礼拝堂のように。イアニックが礼拝堂の前まで来ると、正面の扉がひとりでに開いた。中には、死者のためのミサが執り行われるときのように、大きな銀の十字架のついた黒いカズラ〔上祭服。司祭が白衣の上に着る、袖のない祭服〕をまとった司祭が一人、祭壇に立っていた。

イアニックが礼拝堂に入るや否や、司祭は少年の方に向き直った。

「わが子よ、ミサの答唱をしてもらえるかね？」

イアニックは、その声を前に聞いたことがあるような気がした。

「ええ、もちろんです。司祭さん」

ところが、イアニックが「ええ」と言ったとたん、礼拝堂も司祭の姿もぱっと消え失せてしまった。白い杖が、少年を先へと促した。

やがて、三本の道が合流する交差点にやって来た。三本の道は、互いに接近しているため、まるで一本の道のよう。合流地点には、二人の男が立っていた。二人とも長柄の鎌を組みあわせ、身構えている。

「いよいよ一刀両断に切り捨てられちゃうにちがいない」と、イアニックは思った。

鎌でできた恐ろしいアーチをくぐろうと、イアニックは頭を下げて一気に駆け抜けた。まるで、「渡れ、渡れ、グウェンニル！」〔「かごめかごめ」に似た遊戯〕をする子供たちのように。

心臓がどきどきするほど怖かったが、白い杖のおかげで無事に通り抜けることができた。

しばらくして、左手にお城が見えてきた。正面には数え切れないくらい多くの窓が開き、そこから赤々とした光が洩れている。お城の中では、鍛冶場のように盛大な火が燃えているにちがいない。煙突から黒い煙がもくもくと上がっているが、空に向かう代わり、煙突を出たとたん、下に向かって落ちていき、灰となって地面に降り注ぐのだった。窓に映る光の中では、不思議な形をしたものが動いている。甲高い、恐怖に満ちた叫び声が、耳をつんざく。硫黄《いおう》の嫌な匂いに、少年はむせかえった。そして、全速力で、この恐ろしい場所から逃げ出した。

そこからまた何リューも何リューも歩き続け、二番目のお城に着いた。その外見は、最初のお城とは似ても似つかない。小さな塔が林のように立ち並び、どの塔もケレスケールやビュラの塔のように、すらりとして優美だった。こんなに美しいお城には、これまでお目にかかったことがない。塔のてっぺんでは風見鶏がまわりながら、ぎしぎし軋むかわりに、妙なる調べを奏でていた。杖はこのお城の入口でぱたりと止まり、扉を三回叩いた。すると扉はひとりでに開き、イアニックは中に入って行った。立派な階段を上がると、廊下が奥へと続いている。廊下は先に行けば行くほど広くなり、天井から吊り下げられた星で照らされていた。一つ一つの星は、不思議な火のように輝いている。廊下の先には広々とした柱廊が続き、その入口には、太陽のように光り輝くランタンが揺れている。そこをくぐると、壮麗な部屋が並んでいた。イアニックは豪華な内装に目を丸くしながら、すべての部屋を通り抜けた。けれどもその際も、左右に見えるものを一つ残らず頭の中に記憶しようと、注意深く観察するのを忘れなかった。

最初の部屋では、小鳥が歌っていた。

二番目の部屋には四つのソファがあり、その上に四個の王冠と四本のベルトが置いてあった。

三番目の部屋では、ソファは二つだけだった。片方のソファには王冠が一つとベルトが一本、もう片方のソファには司祭が座っていたが、その顔はよく見えなかった。

この部屋を通り過ぎると、白い杖はイアニックをその先に連れて行こうとはしなかった。後には、まだいくつもの部屋が続いていたんだがね。たぶん巡礼はこれで果たされたのだろう。白い杖は道を引き返し、イアニックをケルブルヴァンへと導いた。

帰りは、真っ暗な夜の中を進まなければならなかった。もしイアニックがそのとき杖を放り出していたなら、目の見えない人が見知らぬ土地で一人ぼっちにされたときのように、悲しみのうちに死ななければならなかっただろう。だから少年は、よけいにしっかり杖を握った。

こうしてどれくらいの時間、暗闇の中を歩いただろうか。

やがて、あたりが明るくなった。とはいえ、お日さまが出たわけではなく、明け方の光に照らされていたのではなかった。いつまでたっても、灰色のどんよりとしたほの暗さに包まれているのだが、次第に目が慣れてきて、あたりの景色が判別できるようになった。道の脇にある溝の様子から、イアニックには、いま歩いているのはケルブルヴァンへと続く街道で、自分がお館の近くまで来ていることがわかった。やがて、お館の前の道に出た。栗の木の下に白い光が輝き、その光の中に代父の姿が現れた。

「さて、わが子よ。無事に帰ってきたようだね」と、ドン・イアンが言った。

「ええ、おっしゃるとおりです」

「旅の途中で見聞きしたことを忘れてはいないだろうね。詳しく話してくれるかい？」

「ええ、ひとつ残らず」

「では始めておくれ。一つ一つのことを、説明してあげよう」

「まず、棘《とげ》と木苺《きいちご》だらけの狭い谷間を突っ切らなければなりませんでした」

「それは、天国へいたる最初のステップなのだよ」

「次に、二つの山が互いにしのぎを削り、戦っていました」

「それは、自分の運命に満足せず、他人をうらやましがっている連中だ。人を貶《おとし》めようとして、自滅しているのだよ。それから？」

「それから、真っ赤な靄《もや》がかかった海に出ました。まるで、波が猛り狂って、血の息を吐いているようでした」

「その波は、結婚に失敗した人たちや、意にそぐわない結婚をした人たちだ。絶えずお互いに噛みつき合い、ついには二人とも死んでしまう。それから？」

「何も食べる物がない場所で、楽しそうに肥え太っている雌牛を見ました」

「わが子よ、それはな、貧しい境遇にありながら、神さまのご配慮を呪って冒瀆《ぼうとく》の言葉をわめき散らすことなく、自分の運命を甘んじて受け入れる人々じゃ(4)」

「そのあと、緑の野原に出ました。でも、そこにいた雌牛たちは、丈高い草がお腹に届きそうなほど伸びているのに、痩せこけて、今にも飢え死にしそうでした」

「その雌牛たちは、欲張りどもだ。世界を卵の殻の中に詰め込んでしまいたいと思っているような連中だよ。自分の手に入らない物が一つでもあるかぎり、決して満足できないのだ」

「それから、大きな森にやって来ました。黒や灰色の小鳥たちが、木の枝に止まれず、いつまでも梢のまわりを飛び回っていました」

「それはな、ミサに出席しながら、心は上の空の人々だ。口ではお祈りを唱えていても、まったく別のことを考えている。そういう連中は、『ホン　タッド、ペヒニ　ゾ　エン　エンヴ』（ブルトン語の「主の祈り」の文句）と呟きながら、『豚に餌をやるのを忘れなかっただろうか？』と思っている。頭の中ではいろいろな考えがぐるぐる回っているのに、いちばん肝心なこと、つまり自分たちの救済に集中できないでいるのだ」

「森の奥で、白い小鳥の一群に出会いました。その小鳥たちは梢の枝に止まり、うっとりするような声で歌を歌っていましたよ」

「それは、天国に入るには値しないものの、かといって、あまりにも清らかなので、煉獄に行かずにすんでいる人々だ。天と地のあいだで安らかに罪の償いをしているのだよ」

「それから、ビロードのように手ざわりのいい苔が生えている、山のふもとに来ました。そよ風が吹くと、かぐわしい匂いがあたりに漂います。それから、美しさの中に悲しさの入り混じった歌が聞こえてきました。あんなにきれいで物悲しい歌は、これまで聞いたことがありません」

「わが子よ、その柔らかい苔は、洗礼を受けずに死んだ子供たちの体だ。いい香りは、最後の審判の日に子供たちが受ける洗礼だよ。子供たちの歌声が美しいのは、遠くで天使が歌を教えるからだし、その声が物悲しいのは、この世に心残りがあるからだ。なぜって、洗礼を受けて神さまと出会う前に、お母さんと別れなければならなかったのだから」

「それから山の頂上に着きましたが、そのとき後ろを振り返ると、僕くらいの年の子供たちが山を攀《よ》じ登ろうとして、転がり落ちていくのが見えました。そんな光景を見なきゃならないなんて、とても辛かったです」

「それは、初聖体を受けずに死んだ男の子たちだよ。イエス・キリストが子供の手を三回叩いて、ご自分のもとに呼ばれたときに、ようやく子供たちは山を登ることができるのだ」

「メネスの尾根に礼拝堂があり、祭壇に司祭さんがいました。その人は僕に、ミサの答唱をするように頼みました。でも僕が、ええ、と返事をしたとたんに、その人はいなくなってしまったんです」

「その司祭はわたしだよ。生前、何がしか過ちを犯した聖職者は、この祭壇に立ち、ミサの侍者を務めていた者が死んでからここに来て、答唱を承知してくれるのを待つのだ」

「次に、三本道が合流している場所に来ました。その道はどれも同じ方向に続いているようでした。二人の男が長柄の鎌を交差させ、行き先を塞いでいたので、とても怖かった」

「その三本の道は、一本は天国、もう一本は煉獄、そしてもう一本は地獄に続いているのだよ。行く手を守っていたのは、二匹の悪魔だ。通行人を嚇かしては、自分たちの餌食にしているのだ」

「それから、中が大火事になっているお城が見えました」

「それは地獄だよ」

「でも二番目のお城は、前のお城とは全然ちがって、とても立派な建物でした。そのあまりの美しさに、まだ目がちかちかしています。言葉では言い尽くせないほどの素晴らしさでした」

「お前の言うとおりだろうね。というのも、それは天国だからだよ。とはいえ、お前は玄関をまたいだだけだ。そこで何を見たかね？」

「部屋の中で小鳥たちがさえずっていました(5)」

「その小鳥は天使たちで、選ばれた人々を歓迎しているのだ。それから？」

「それから、二番目の部屋に四つのソファがあって、その上に四本のベルトと四つの王冠が乗っていました」

「そのソファには、恩寵を受けたまま亡くなった、最初の四人が座るのだ。あとは？」

「三番目の部屋には、ソファが二つ置いてありました。一つのソファには何もなく、二つ目には司祭さんが座っていました」

「その司祭の顔は影になっていて、見えなかっただろう？　それはお前が礼拝堂で会ったのと同じ人物だ。わたしだよ、お前の代父だ。お前に感謝し、その骨折りに報いるため、いま言っておきたいことがある。六ヵ月後、わたしの隣にある、その空いたソファには、お前が座るんだよ。さあ、イアニックや、それでは杖を返しておくれ。その代わり、この本をあげよう。中のページはどれも真っ白だ。これから毎日一ページずつ、お前の字でこの本を埋めていくのだ。最後のページを書き終えたとき、お前の時が来るだろう」

「教えてください、父と母には何と言えばいいでしょう？　この旅が何日かかったかはわからないけれど、黙ってぷいっと出て行ったことを心配しているにちがいないもの」

「旅は二〇年かかったのだ、わが子よ。会ってみればわかるだろうが、お前のお父さんとお母さんは、あれからたいそう歳を取った。でも心配しなくていい。お前に会っても、二人は何も聞かないだろう。実は、お前が旅立った日に、お前の守護天使が身代わりになって、家に住んでいるのだ。[6] だからお父さんもお母さんも、何も気づいてはいない」

代父と名づけ子は、六ヵ月後に天国で再会することを約束し、互いに別れの挨拶をした。

一人になったイアニックは、お日さまが天高くのぼっていることに気がついた。少年は、もうイアンと短く呼ぶのが自然なくらい、十分大きくなっていたんだよ。そして、家路を辿っていったとさ。だから、あたしもそろそろお暇《いとま》して、自分の家へ帰るとしよう。


（語り手、マリー＝サント・トゥルーザン／ポール・ブランにて）

123話　びっこの少年と天使の義兄《あに》

昔々、一人の男がいました。子供は二人、男の子と女の子です。男の子はルイジックという名前で、片足が不自由でした。その代わり、たいそう抜け目のない子供で、体は不自由でも、頭はそうではなかったのです。女の子はマリーといい、十八歳になったばかり。ルイジックより三歳年上です。まあ、その美しいことといったら！　まるで聖女のようでした。目は泉の水のように澄み、薔薇色の頬はりんごの花のよう、そして体つきは草の茎のようにほっそりしていました。

こんな器量よしですから、求婚者に不自由するはずがありません。

他の娘たちのようにパルドン祭をはしごして、婿探しに奔走する必要などありませんでした。なにせ、家に押しかける若者の数は、日曜日、歌ミサが引けてから、旅籠屋にしけこむ飲兵衛《のんべえ》の数に負けないくらいでしたからね。

父親はいつも、求婚者たちに礼儀正しく接しました。けれども歳のいかない弟は、生まれつき少しひねくれ者でしたので、家に来る若者たちを馬鹿にしていました。一方、姉のマリーは親切に、食べ物や飲み物を出してもてなしましたが、結婚の申し込みについては、いっさい応じませんでした。

エフラムじいさん（これが父親の名前でした）はそうした娘の態度を見て、ときどき小言を言いました。

「マリーや」と、じいさんは娘に言いました。「わしはな、先に逝っちまった母さんとあの世で再会する前に、お前がきちんとした家庭を築くのを見届けたいと思っているのだ。このところ、どうも気になるのだが、お前はちょいとばかり高飛車ではないかね。あとで後悔する羽目にならなければいいのだが。つい昨日も、金持ちカミュの長男に断りを言ったそうじゃないか。あの家には五〇ジュルナル〔一ジュルナルはブルターニュでは約半ヘクタールを指す〕近くの畑があるし、ジャンヌ叔母さんが亡くなれば、財産は今の二倍にもなるのだぞ……」

「わかってらあ。でもあいつ、鼻が曲がっているじゃんか！」と、弟が茶々を入れ、大声で笑いました。けれども、マリーは笑いませんでした。というのも、この娘は顔がきれいなだけではなく、たいそう真面目な性格だったからです。マリーは、優しくこう答えただけでした。

「もしあたしが本の挿絵に描かれた美しい天使さまを見なかったなら、カミュさんのご長男と結婚したでしょう。でも、いまとなっては、もう無理なの」

そうそう、マリーはとても信心深い娘だということを言い忘れていましたよ。家事の合間の数少ない息抜きは、町の主任司祭から借りてきた、挿絵入りの祈祷書を読むことでした。夜、糸車を回しながら、ふつうの娘たちのようにマリーも歌を歌いましたが、その歌というのは、浮わついた流行歌なんかではなく、聖母マリアや聖人、あるいは古い本の挿絵のように美しい、天国の天使たちが出てくる賛歌でした。

エフラムは、心の正しい男でした。娘が何事につけ自分より優れていることを知っていましたので、その娘の言うことに反対しようとは、これっぽっちも思いませんでした。ですから、結婚のことで娘を監督するのは父親の務めだとわかっていても、決してくどくど訓戒を垂れたりはしませんでした。

父親も口をはさまなかったくらいですもの、年頃の娘たちのなかでも花形のマリーが、求婚者に次々と断りの返事をしても、誰も文句を言えませんでした。しかも、突っぱねれば突っぱねるほど、若者たちは性懲りもなく、足繁く通って来るのです。びっこの弟はそのことを、とても面白がりました。

あるとき、一人の若者が家を訪れました。見るからに遠くからやって来た様子です。というのも、このあたりではとんと見かけない服装をしていましたからね。その装いは、頭からつま先まで真っ白でした。それは、まっさらな雪もかなわないような、目も眩むような白だったのです。そのうえ、歩くにしてもお辞儀をするにしても、動作すべてがきびきびしていて、立ち姿はまるで偉い殿さまのようでした。

マリーは糸巻きで糸を紡いでいるところでしたが、その人は玄関を入ると、まっすぐに娘のもとにやって来て、うっとりするような声でこう言いました。

「わたしが来たのは、あなたに妻になっていただきたいからです。三日経ったら戻って参りますので、そのとき返事を聞かせてください」

それだけを言うと、踵《きびす》を返し、扉を開けて出て行きました。

「とうとうこれまでの連中とは、まったく毛色の変わった男が現れたぞ！」と、ルイジックは叫びました。

一方、マリーはというと、じっと物思いに耽っていました。

それから三日後、見知らぬ男は約束どおり、ふたたび姿を現しました。

「決心がつきましたか？」家に入るなり、男は尋ねました。

若い娘はその手を取ると、年老いたエフラムのところに連れてゆきました。父親は炉辺で、ゆっくりパイプをふかしているところでした。

「父さん、わたし、自分の心にかなう人を見つけたわ。どうぞ、わたしたちの結婚を許してください」

翌週、結婚式が執り行われました。エフラムは親戚、友人、近所の人々を、残らず式に呼びました。花婿は、自分の本当の親戚は遠くにいるからと言って、その代わりに小教区の貧しい人をみんな招待しました。

婚礼が済むと、新郎は新婦の家に入りました。初夜の翌日、新郎は暁とともに起きました。エフラムは昨日、嬉しさのあまり飲みすぎて、まだ箱ベッドでぐっすり眠っています。けれどもルイジックは半分まぶたを開け、義兄が出て行くのを目撃しました。その後も、同じことが続きました。そんな婿の行動に、年老いたエフラムが不審を抱いたとしても不思議はありません。しかし、婿殿が来てからというもの、家の中は何もかもうまくいっていましたし、婿の様子が普通の人とはずいぶん違うので、老人は口を閉ざしておりました。それに、肝心のマリーはとても幸せそうだったのです。そうである以上、余計な詮索をして何になりましょう？　ルイジックもたいして心配していませんでした。不安よりも、好奇心のほうが強かったのです。

「ねえ、マリー姉さん。姉さんの私生活に首を突っ込む資格なんか、僕にはこれっぽっちもないさ。義兄《にい》さんは姉さんにとっても優しいし、その意味では、うまい人を選んだと思うよ。だから、これは純粋な好奇心から訊くんだけどさ、あの人、昼間いったい何をしているんだろう？　教えておくれよ」

するとマリーは答えました。

「そのことだけど、あたしも、あんた以上に知っているわけじゃないの」

「じゃあ、なんで旦那さんに問いたださないのさ」

「一度ならず、そうしようと思ったわ。でも、勇気がなかったの」

「じゃあ、姉さんも知りたいんだね。よし、わかった！　それなら明日、おいら、義兄《にい》さんの行くところにくっついて行くよ。そうすりゃ姉さんが、夜、あの人が何をするか知っているように、おいらにも、昼間、あの人が何をするかがわかるってものだ」

そう、このびっこの少年はなかなかずる賢かったんです。

その晩ずっと、ルイジックは万一の場合に備えて、まんじりともしませんでした。暁の最初の光が射すころ、義兄《あに》と同じ時刻に飛び起きました。そして、義兄《あに》がそそくさと家を出ると、足が不自由ではありましたが、ルイジックもそのあとを見失わないようについて行きました。

「おやおや、この道はおかしいぞ。昨晩のうちに新しく出来たにちがいない。だって、こんな道がうちの麦打ち場に通じているなんて、ちっとも知らなかったもの」

そんな考えが頭に浮かんだとたん、ルイジックが義兄《あに》と呼んでいる人物は、くるりと振り向き、こう言いました。

「きみはわたしのあとをつけようと思ったんだね。それならば、これから目的地まで、わたしと一緒に行かなければならないよ。わたしのすることを、そのまま行ないなさい。でも、話しかけても無駄だ。わたしは答えられないのだから」

「合点だい！」ルイジックはそう答えましたが、その実、いきなり尾行の現場を取り押さえられて、すっかり度肝を抜かれてしまったのです。

二人は黙ったまま、並んで歩き出しました。

しばらくすると、だだっ広い平地に出ました。道の左手に広がる野原には草が豊かに生えていますが、そこにいる雌牛たちは、哀れを催すくらい痩せこけています。右手の土地はその逆で、草一本生えていないのに、太って毛並みのいい雌牛でいっぱいです。

さらに歩き続けると、鉄の鎖につながれた犬たちがいて、誰でもかまわず、道行く人に噛みつこうとします。その前を通り過ぎるとき、ルイジックはとても怖くなりました。

つぎに、水のいっぱい貯まった池のほとりに来ました。義兄《あに》は頭から髪の毛を一本抜き、水の上に浮かべました。すると、髪の毛はたちまち橋になりました。義兄《あに》はその上を渡って、池の向こう岸に歩いて行きます。ルイジックも慌ててあとを追いました。

やがて、燃えさかる海に着きました。波は大きな炎でできていて、風に逆巻いています。義兄《あに》がかまわずその中に入って行くので、ルイジックもあとに続きました。

対岸には、素晴らしいお城が立っていました。これまで見たことがないような、立派なお城です。義兄《あに》は階段を登って扉の前まで行くと、鍵穴から城の中に滑り込みました。ルイジックはそれを真似しようとしましたが、このときばかりは駄目でした。そこで、敷居の上に座って、じっと待つより仕方がありませんでした。でも、中から美しい音楽が聞こえてきて耳を楽しませ、小鳥たちが羽の色を変えながら塔のまわりを飛び回って、目を楽しませてくれたので、待っているあいだもまったく長いと思いませんでした。

「わたしを待っているあいだ、退屈しなかったかい？」やがて義兄《あに》がふたたび姿を現し、尋ねました。

「ううん、ちっとも」と、少年は答えました。「こんなに早く義兄《にい》さんが戻って来るなんて、思いもしなかったくらいさ」

「こんなに早くだって！　いつからそこにいると思っているの？」

「ちょっと前からだよ」

「ふーん。でもね、実はちょうど百年経っているんだ」

「えっ、百年も！」

「そうとも。もう旅の疲れは十分とれただろう。ところで、これまで道中きみが見たものについて、説明してあげよう。

草が生えていない原っぱに、太った雌牛たちがいただろう？　あれはね、地上で生きていたとき、わずかなものでやりくりしながら愚痴をこぼさなかった貧しい人々だよ。草が豊かに生えた野原にいた、痩せこけた牛たちは、あり余る財産を持ちながら、なお飽き足らなかった金持ちだ。

鎖につながれた犬たちは、近くの人に吠え、噛みつくことしか頭にない、意地悪な連中だ。

わたしたちが通った溜池は地獄の井戸で、炎に包まれた海は煉獄だ。きれいなお城は天国で、わたしはその天使の一人なんだよ。神さまが、わたしをきみの姉さんと結婚させたんだ。それはね、姉さんが穢《けが》れのない乙女として生きていたからさ」

天使がお城の扉を押すと、扉は大きく開け放たれました。

「おいで、ルイジック。これからきみは、わたしたちと一緒に暮らすんだよ」

「へーえ、そうなの。でも……」と、少年は口ごもりました。「父さんは？　それに姉さんは？」

「さあ、お入り。二人はきみを待っているよ。わたしがきみを入口に置き去りにしたのは、きみに罪の償いをさせるためだ。もうそれは済んだのだから、二人のところに行っていいんだよ」

こう言うと、天使はびっこの少年を天国に連れて行きました。

神さまのお慈悲により、あたしたちもどうか自分の番が来たとき、天国に入れますように！(7)

（語り手、ルイーズ・ル＝ベック／スキャエにて）

訳注

序文

〔＊1〕「ドゥルイデスがまず第一に、人を説得したいと思っていることは、魂はけっして滅びず、死後一つの肉体から他の肉体へと移るという教えである」カエサル著『ガリア戦記』第六巻一四節、國原吉之助訳、講談社学術文庫。

〔＊2〕フランス、ブルターニュ半島はパンポルからヴァンヌを南北に結ぶ線を境に、東部オート・ブルターニュと西部バス・ブルターニュの二つの地域に分かれる。オート・ブルターニュの地域言語は、ロマン語属のガロ語であり、中世にフランス北部で用いられていたオイル語の流れを汲む。それに対し、バス・ブルターニュの地域言語ブルトン語（ブルトン語ではブレイス語）は、ウェールズ語、コーンウォール語とともに、ケルト系ブリタニック語派に属する。さらにブルトン語は地域によって、二つの方言に大別される。一つはフィニステール県、コート・デュ・ノール県西部で話されるKLTグループ方言。もう一つは、モルビアン県西部で話されるヴァンヌ方言である。

〔＊3〕聖堂囲い地は、ブルターニュ地方独特の建築様式で、石づくりの塀で囲まれた敷地の中に、凱旋門、教会、納骨堂、十字架磔刑像《カルヴェール》、墓地が配されている。凱旋門は墓地の入り口に設けられ、正義の者が入る永遠の命を象徴し、しばしば装飾が施されている。カルヴェールとは十字架像のことで、キリストがエルサレム郊外のカルヴァリーの丘で磔刑に処せられたことに因み、こう呼ばれている。十字架上のキリストの周囲に大勢の人物が彫刻され、受難の物語がドラマチックに表現されていることもあり、大掛かりなものになると、その数は二百人にものぼる。特にギミリオー、プルガステル・ダウラス、サン・テゴネックのカルヴェールが有名。

〔＊4〕パルドン祭の「パルドン」という言葉はフランス語からの転用で、それに参加すれば巡礼をしなくてもいい、という意味があったが、そののち、自らの罪を悔い、神に赦し《パルドン》を請うための宗教行事と解されるようになった。祭りの前夜、人々は教会の内部を掃き清め、焚き火をたき、そのまわりで夜明かしをする。当日の朝は晴れ着をまとい、旗を携えた人々が、近隣から教会めざしてやってくる。ミサのあとは、いよいよ行進《プロセッシオン》が始まる。先頭を歩くのは、十字架を掲げた男性。十字架は金色で、天使や聖女、ベルなどがついている。次は、小教区の旗を携えた屈強な男。かなり重いこの旗を、歩きながらまっすぐに掲げるには、相当の体力を要する。次に、聖人たちのもっと小さい旗が来るが、これを持つのは若く美しい娘の役目である。人々は、ビニウー〔バクパイプの一種〕やボンバルド〔オーボエに似た木管楽器〕の伴奏に合わせて歌を歌いながら、決められた巡礼路を行進する。終点はたいてい聖なる泉で、そこで司祭が祝福を行なう。パルドン祭は一転して世俗の祭りとなり、人々はダンス、闘技、遊戯などに興じる。パルドン祭は、若い男女の出会いの場でもあった。

パルドン祭について詳しくは、次の書籍を参照のこと。新谷尚紀、関沢まゆみ『ブルターニュのパルドン祭り——日本民俗学のフランス調査』悠書館、二〇〇八年。

〔＊5〕バス・ブルターニュでは、夜のあいだ寒くないように、まわりを板で囲った箱状のベッドが普及していた。材質はオークで、立派なものになると、囲い板に手の込んだ彫刻が施されていた。ベッドの前にはたいていベンチが置かれていて、人々はそれを踏み台にしてベッドに上がった。ベンチ自体も箱型で、長持ちのように蓋を開けて、中に物を収納できるようになっていた。パン種を発酵させる櫃《ひつ》として使われることが多かった。

〔＊6〕ブルターニュでは、畑を土手で囲う習慣があった。土手は高いもので一・八〇メートルから二メートル。土手の両側、もしくは外側には用水堀が設けられていた。土手には、家畜や荷車の出入口が開けられていた。その横にははしごのついた通路があり、人間はそれを使って出入りした。このように畑が高い土手で囲まれていたため、畑のあいだの道はきわめて特殊な様相を呈していた。道の両側に壁（土手）がそびえ、その上に植えられた樹木が影を落とす。まるでトンネルのようなこの道は、chemins creux と呼ばれた。本書では、「トンネル道」という訳語を当てた。

〔＊7〕口承文学で常に問題になるのは、どのような資料を用いて物語が収集されたのか、語り手の言葉はどれくらい忠実に再現されているのか、という点である。日本では柳田國男の『遠野物語』に、同様の疑義がさし挟まれた。フランスでは、一八三九年に出版されたドゥ・ラ＝ヴィルマルケの『バルザス・ブレイス』*Barzaz-Breiz* をめぐって、大きな論争が巻き起こった。

この民謡集は当時のパリの文化人に大きな影響を与え、ジョルジュ・サンドらの絶賛を浴びたが、一八六八年、フランソワ＝マリー・リュゼルはその信憑性に疑問を投げかけ、同書はドゥ・ラ＝ヴィルマルケの創作であると主張した。当時、ドゥ・ラ＝ヴィルマルケ自身が民謡を収集した際に用いた手帳の公開を拒否したこともあいまって、リュゼルの主張はブルターニュの学者たちのあいだで少なからぬ支持を得た。だが、その後一九七四年になって、ドナシアン・ロラン（ブレスト大学教授、民俗学者）が学位論文の中で、ドゥ・ラ＝ヴィルマルケの子孫が問題の手帳を保管していたこと、その内容が良質なものであったことを明らかにしたため、著者の汚名は部分的に晴らされた結果となった。

リュゼルと親しい関係にあったル＝ブラースがこの論争を知らなかったはずはなく、本書の序文の中で、伝承の収集方法とテキストの信頼性について強調しておく必要があると感じたのだろう。実際、彼も苦い経験をしている。一八九三年から九七年にかけて、ル＝ブラースが『ブルターニュ年報』に発表した聖人伝に関する論文は、採集された伝承に独自の解釈を加えたのではないかと、民俗学者から槍玉にあげられたのである。これについても、長いあいだ行方不明になっていた調査ノートが一九八五年、ドナシアン・ロランによって発見されたことがきっかけとなり、ル＝ブラースの業績の再評価が進められている。

第1章

〔＊1〕カトリック教会の七つの秘跡のうちの一つ。かつては「終油の秘跡」と呼ばれ、危篤の人が受けるものだった。つまり、この秘跡を受けるということは、死が目前にさし迫っている、ということを意味したのである。だが、第二バチカン公会議（一九六二―六五年）でその意味が再び問い直され、死の危険のある信者に、身体と心の癒しを願うという本来の目的に立ち返るべきだという見解が出された。いまは「病者の塗油の秘跡」と呼び名がかわり、老齢・病気などで死の危険にある信者に施すものとされている。これに、告解（赦しの秘跡）と、聖体拝領がともなう場合が多い。

〔＊2〕新約聖書によると、「主の祈り」は、キリスト自身が定めたとされ〔『マタイによる福音書』第6章9節〕、カトリックでは次のような文言が用いられている。

天におられるわたしたちの父よ、み名が聖とされますように。み国が来ますように。みこころが天に行なわれるとおり地にも行なわれますように。わたしたちの日ごとの糧を今日もお与えください。わたしたちの罪をおゆるしください。わたしたちも人をゆるします。わたしたちを誘惑におちいらせず、悪からお救いください。

〔＊3〕詩篇一二九番。ちなみに、詩篇の番号は訳本によって異なるため、いま出版されている聖書では、一三〇番と記されていることが多い。ラテン語の冒頭の言葉により、「デ・プロフンディス」〔深き淵より〕と呼ばれている。もともとは、神の憐れみと、罪人が主にゆるされることを称える賛歌だが、キリスト教の伝統の中で悔悛詩篇として親しまれ、葬儀のさい死者の鎮魂のために唱えられる。詩篇の文言は次のとおり。

主よ、わたしは深い淵からあなたに呼ばわる、主よ、どうか、わが声を聞き、あなたの耳をわが願いの声に傾けてください。

主よ、あなたがもし、もろもろの不義に目をとめられるならば、主よ、だれが立つことができましょうか。しかしあなたには、ゆるしがあるので、人に恐れかしこまれるでしょう。

わたしは主を待ち望みます、わたしは望みをいだきます。わが魂は夜回りが暁を待つにまさり、夜回りが暁を待つにまさって主を待ち望みます。イスラエルよ、主によって望みを抱け。主には、いつくしみがあり、また豊かなあがないがあるからです。

主はイスラエルをそのもろもろの不義からあがなわれます。

（『旧約聖書』日本聖書教会　一九九一年）

〔＊4〕十字架の道行きとは、カトリックの代表的な信心業のひとつで、イエス・キリストの受難を黙想するために行なわれる。特に復活祭前の四旬節には、多くの教会で、「道行きの祈り」がなされる。受難の過程は、十字架を背負わされて刑場まで歩かされたキリストを偲び、一四の「留《スタシオン》」と呼ばれる図像で表わされる。日本では、聖堂内部の壁面にレリーフが取り付けられていることが多いが、フランスでは、ロカマドゥールのように、教会の裏山や庭に大掛かりな彫像が設置されていることもある。信徒たちはそれぞれの留の前に立ち止まり、祈りを捧げる。

第3章

〔＊1〕農村では、仕立て屋は特別な存在で、男からは同じ男とみなされず、軽蔑されていた。農夫たちが畑で汗水ながして犂を押しているとき、仕立て屋は手を汚さずに一日中ひとつところに閉じこもり、ちくちく縫い物をしている。女のおしゃれ心を刺激し、伊達男に奉仕する職業がら、男らしさの対極にあると考えられていたのだ。仕立て屋とつきあうことは恥とされ、道で出会っても言葉もかけない。仕立て屋は、男社会のはみ出し者だった。かれらが農家に出向いて仕事をするとき、部屋としてあてがわれたのは納屋だった。

　その一方で仕立て屋は、女たちからはちやほやされた。仕立て屋が来ると、一家の主婦は細かい心配りを見せて歓待する。女中たちはしばし仕事の手をとめて、おしゃべりに興じる。仕事のために絶えずあちこちを巡回する仕立て屋は、話上手で、面白い噂話を山ほど知っているからだ。

　そんなこんなで、仕立て屋が長いあいだ納屋に居座っていると、一家の主人は次第にいらいらしてくる。仕事はまだすまないのかと、妻や娘にあたり散らすこともしばしばだった（Yann Brekilien, *La Vie quotidienne des paysans bretons au XIXe siècle*, Hachette, 1966, p. 136-139)。

〔＊2〕聖体奉挙《エレヴァツィオ》とは、カトリックのミサ典礼でもっとも重要な儀式。聖変化してキリストの血と肉になったぶどう酒とホスチアを、司祭が両手に持って高く掲げ、信徒に示す所作をいう。

〔＊3〕アンヌ・ドゥ・ブルターニュ（一四七七―一五一四年）はブルターニュ公フランソワ二世の長女で、ブルターニュ独立の象徴として、いまでも人々の崇敬を集めている。一四八八年、父の死とともに、わずか十二歳のアンヌが公爵位を継ぎ、ブルターニュ公国の君主となった。結婚相手として数人の候補者が名乗りをあげたが、最終的に、神聖ローマ帝国皇帝の座が確実視されていたマクシミリアンが選ばれ、一四九〇年、両者の代理結婚が執り行われた。だが、ハプスブルク家の脅威を怖れたフランス国王シャルル八世はこの婚姻に激しく反発し、翌年レンヌに侵攻した。アンヌは静観を決め込むマクシミリアンを見限り、公国の独立を維持するという条件で、シャルルと結婚し、フランス王妃となった。まったく性格の異なる両者だったが、夫婦仲は悪くなかったようだ。シャルル八世の死後、王位はいとこのルイ十二世に移り、これがアンヌの新しい夫となった。三十八歳の若さでアンヌが没すると、ルイ十二世との間にできた長女クロードがブルターニュ公国を継いだ。クロードはフランソワ・ダングレームと結婚し、夫がフランソワ一世として王位についたため、フランス王妃となった。一五二四年、クロードの死後、公国は王太子アンリが相続した。結局、ブルターニュ公国のフランス王国への永続的な併合が宣言されたのは、一五三二年のことだった。アンヌ女公は巧みな政治家であり、賢明に領土を統治した。また、ラテン語やギリシャ語を解し、深い教養を持った彼女は、宮廷での文芸の保護にも努めた。

〔＊4〕クリスマスから灰の水曜日までの期間、農家では豚を殺して保存食をつくり、「ブダンの宴」を催す習慣があった。当日は肝臓など、日持ちのしない臓物を食べる。日曜には親戚や友人を招待して、ブダンやパテ、そのほか燻製や塩漬けにできない部分をふるまう。翌日は、雇い人や貧しい人が招待にあずかる。いちばん上等の肉やブダンは、お世話になっている司祭たちの贈り物にされた。

第5章

〔＊1〕ブルターニュには、よく星の数くらい多くの聖人がいる、といわれる。しかし、そうした無数の聖人のほとんどは、バチカンから公式の認可を受けていない。そのなかで聖イヴは、ローマ教皇によって正式に列聖された、数少ない聖人の一人である。

イヴ・エロリ・ドゥ・ケルマルタンは、一二五三年、トレギエ近郊のミニーで生まれた。パリで法学を修めたのち、ブルターニュに戻って司祭となるかたわら、弁護士としても活躍し、最後はトレギエの司教に叙任された。正義感が強く、貧しい人々の味方として、生前から聖人の誉れが高かった。没年一三〇三年。一三四七年、教皇クレメンス六世により列聖された。聖イヴは弁護士や司法官の守護聖人として、人々の崇敬を集めている。特にブルターニュでは熱烈な聖イヴ信仰が広まっており、五月の第三日曜日の「貧しい人々のパルドン祭」では、トレギエの大聖堂からミニーまで行列が行なわれる。

アナトール・ル＝ブラースの父、ニコラは、一八九二年五月三一日付の息子宛の手紙で、次のように述べている。「トール（アナトールの愛称）、お前はたぶん知っているだろう。トレギエ一帯では、五月は聖母マリアの月というだけではなく、聖イヴの月でもあるということを。貧しい人の味方となったこの弁護士の聖地やお墓の周辺には、毎日、大勢の参詣客が詰めかける。だが、夜、ここを訪れる人の敬虔さときたら、昼間の参詣者とはくらべようがないほどだ。五月一八日の夜一〇時から翌朝にかけて、かれらは無言の行をおこなう。(…)トレゴール地方の人々がこの第二の聖人に寄せる信仰の篤さは、この徹夜の行にもっとも顕著に現われていると、わたしは思う。というのも、第一の聖人は何といっても、聖チュグデュアル〔ブルターニュ七聖人の一人。トレギエ大聖堂は聖チュグデュアルに奉献されている〕だからね」(Yann-Ber Piriou, *Au-delà de la légende ...Anatole Le Braz*, p. 93, 1999, Rennes)

第8章

〔＊1〕墓地の面積は限られていたので、古い遺体は掘り起こされ、新たな死者に場所を明け渡す慣わしだった。死者が埋葬されて五年が経つと、墓掘り人は墓を掘り返し、遺骨を小さな箱に入れて納骨所《アー・ガルネル》に納める。納骨所は聖堂囲い地の中にあり、外壁にはしばしば美しい装飾が施されている。その納骨所も満杯になると、遺骨は共同墓所に移される。つまり、大きな穴の中に、他人の骨といっしょに埋められるのだ。

第11章

〔＊1〕イスの町の伝説にはさまざまなバージョンがあるが、だいたい次のような話に要約できるだろう。

五世紀ごろ、グラドロン(グラロンとも)という名前の王がコルヌアイユの地を治めていた。グラドロン王はキリスト教に帰依しており、聖コランタンを師と仰いでいた。そこで聖コランタンは、愛弟子の聖グウェノレを遣わし、グラドロン王の霊的指導者とした。グラドロン王は海辺にイスの都を建て、そこを国の首都にした。町には何百もの聖堂が立ち並び、その立派なことは、パリにも負けないほどだった。町のまわりには高い堤防がめぐらされ、住人を海水から守っていた。堤防には水門が設けられていて、干潮時にはこの水門を開けて水を取り入れ、満潮時にはしっかり閉じて、水を締め出す仕組みになっていた。この水門を開け閉めする黄金の鍵を持っているのは、グラドロン王ただ一人だった。

さて、グラドロン王にはアエス(またの名ダユー)という美しい娘があった。王その人は聖グウェノレの教えを守り、行ない正しく暮らしていたが、娘の王女ダユーは乱脈な生活を送っていた。イスの町の住民たちも姫のまねをして、色と欲に溺れ、町は悪徳にまみれていた。人々の行ないを改めさせようと、聖グウェノレがいくら教え諭しても無駄だった。そこで、神はついに天罰を下すことに決め、イスの町を悪魔に引き渡した。

あるとき、一人の見知らぬ貴公子がどこからともなく現れ、姫の心を奪った。実は、この男は悪魔だった。男は姫に、愛の証として水門の鍵を渡してくれ、と迫った。姫は初めのうちこそ拒んでいたが、とうとう男の言うがまま、寝ているグラドロン王からそっと鍵を盗んで渡してしまう。悪魔が、アエスから渡された鍵で水門を開けると、どっと海水が町になだれこんだ。人々は逃げる暇さえなく、壮麗な建物も美しい庭園も何もかも、あっという間に水に呑みこまれてしまった。

グラドロン王は危ういところを聖グウェノレに起こされ、駿馬に乗って、命からがら逃げ出した。そのとき王は、アエスをつかんで自分の後ろに乗せたのだが、そのとたん、馬の歩みが鈍くなった。波はすぐ後ろに迫っている。聖グウェノレは叫んだ。

「その娘を乗せているかぎり、陛下は助かりませんぞ。娘を落としなされ！」

二度、三度と促され、とうとうグラドロン王は断腸の思いで、愛娘を海の中に突き落とした。哀れなアエスは悲鳴を上げながら、水の中に沈んで行ったのである。

辛うじて落ち延びたグラドロン王はカンペールに新しい都を建て、聖グウェノレはランデヴェネック僧院に隠棲する。一方、水底に沈んだアエスは人魚になって、マリー・モルガンと名を変えた。そしていまでも月の明るい晩、美しい声で歌を歌い、漁師たちを惑わしては水の中に引き入れるということだ。

この伝説の起源は、はっきりしていない。古くは十五世紀、アルベール・ル＝グランの著した『聖グウェノレ伝』に記され、その後もたびたび歴史家たちによって取り上げられたものの、一般によく知られるようになったのは十九世紀になってからである。

一八三九年、ドゥ・ラ＝ヴィルマルケは『バルザス・ブレイス』*Barzaz-Breiz*（一八三九年）の中でイスの町にまつわる民謡を紹介し、スーヴェストルは『ブルターニュの炉辺』*Le Foyer breton*（一八四四年）で、この伝承に一章を割いている。ちなみに、スーヴェストルの『ケリス』では、急を告げるのは聖グウェノレではなく聖コランタンであり、水門の鍵は王女アエスが所持していることになっている。さらに、エルネスト・ルナンは『思い出』（一八八三年）の序文を、次のような文章で始めている。「ブルターニュにもっとも広く伝わる伝説の一つに、いつの世とも知れぬ遠い昔、海に呑み込まれたというイスの町の物語がある。海岸のそこここで、この素晴らしい町があったという場所を示してもらえるし、漁師たちは不思議な話を聞かせてくれるだろう。人々は、こう言って譲らない。嵐の日には波間にイスの町の教会の尖塔が見え、凪ぎの日には、茫漠とした空に鐘の音が響き、その日教会で歌われる讃歌のメロディーを奏でるのだ、と」(Renan, op. cité, p.1)

当時の芸術家たちは、すっかりこの伝説に魅了されてしまった。そして、ラロは『イスの王さま』(一八八八年初演)というオペラを書き、グラドロン王の物語にインスピレーションを得た、さまざまな作品が生み出された。ドビュッシーは『前奏曲集』(一九一〇—一一年)の一つとして『沈める寺』を作曲。さらに、シャルル・ギヨはこれを小説化し(一九二六年)、リュミネは油彩画『グラドロン王の逃走』(一八八四年)を描いている。こうした動きは、現在にまで続いている。新たな研究書が出版され、民謡風の楽曲を集めたCDが出るなど、イスの町の伝説は、いまだ人々の想像力を掻きたてる力を失っていないようだ。

イスの町の伝説に関し、日本語の著作では、新倉俊一氏の優れたエッセイがある(『フランス中世の断章』岩波書店、一九九三年)。

〔＊2〕ブルトン人によれば、パリ Paris は、Par-Is, すなわち「イスに匹敵する」という意味だという。「パリが水に沈むとき、イスの町は再び蘇る」という言い伝えがある。

第12章

〔＊1〕若い二人が結婚するとき、ブルターニュには独特のしきたりがあった。本書は死の儀式については詳しいが、結婚についてはあまり触れられていないので、『十九世紀ブルターニュの農民の日常生活』(Yann Brekilien, op. cité, p. 155-170)を引用しながら、その段取りをかいつまんで記しておこう。

結婚は、両家の地位や財産を考えて、親が決めるのが慣わしだった。娘の家に結婚を申し込みに行くのは当の若者ではなく、一種の仲人があいだに立つ。その役目を頼まれるのは仕立て屋や大工、居酒屋の亭主などで、両家を行き来して交渉を進める。うまく話がまとまりそうだと思ったら、夕方、娘の家を訪れる。そのさい、用向きをはっきりさせるため、片足に赤、片足に白と、色の違う靴下を履き、手には杜松《ねず》(バラン)のステッキ(バス)を携える。

そこで、この役目を果たす使者はバスヴァランと呼ばれる（本書ではバス・ヴァネル）。バスヴァランが姿を現すと、そのいでたちから、娘の両親は一目で訪問の目的を悟る。結婚が意にそぐわないときは、仲人が言葉を発する前に、それをわからせるように仕向ける。炉の中に粗朶が立ててあったり、台所に掛けてあるフライパンが底を向いていたり、その家の主婦が炉にかかりきりでバスヴァランを無視したり、クレープを指でつまみあげて見せたりしたら、彼は何も言わずに踵を返し、退去する。逆に、娘の家族が若者を婿として認めるときは、仲人の口上に耳を傾けたうえ、すぐさまテーブルによそゆきのテーブル・クロスをかけ、クレープをふるまって、その後の段取りについて細かい打ち合わせをする。ついにすべてがオーケーとなると、未来の花婿は娘の家に迎え入れられ、二人は婚約が整ったことを表す儀礼的なしぐさをする。例えば、互いに手を打ち合わせるなど、その動作は地方によって異なる。

やがて、日曜の歌ミサのあとに、結婚の公示が張り出される。するとバスヴァランは未来の花婿の近親者とともに、あちこちを回って、近在の人々を結婚式に招待する。二人は行く先々で歓迎され、クレープやオムレツ、アンドゥイエット（臓物入りソーセージ）、コーヒーなど、ご馳走責めにされる。そのあと、娘の家からの贈り物として、新しい箪笥が新居に運びこまれる。編んだたてがみにリボンをつけた馬が、箪笥の積まれた荷車を引くのを見て、近所の人がわれがちにと走り寄り、作業を手伝う。

その翌日、いよいよ結婚式となるが、まず行なわれるのは、民法上の手続きだ。若い二人は市長の前に出て、ブルトン語で読み上げられる民法の条文を聞く。その後、二人は家に帰り、ブルトン人にとっての本当の結婚式、つまり教会での式の準備をする。教会での式は、たいてい火曜、もしくは水曜に行なわれ、農家にとって比較的暇な時期である、謝肉祭の前が選ばれる。ともかく、絶対に避けなければならないのが五月だ。五月に挙式すると新婚家庭に不幸が訪れる、といわれているからだ。一組ずつの結婚式ももちろんあるが、ときとして、三〇組、四〇組の結婚式が同時に執り行われることもある。

式の当日、バスヴァランが新婦を迎えに行く。これについても細かい儀式が決められているので、お定まりのとおりに事を運ばなければならない。まずバスヴァランは馬から下りて、玄関のドアをたたく。それに答えるのは娘の「弁護人」で、二人のあいだで、お定まりの韻文のやりとりが行なわれる。そのあとで仲人はようやく中に招じ入れられ、いったんテーブルについてから、ふたたび席を立って新郎を連れて来る。新郎新婦が揃ったところで軽食が供され、いよいよみんなで教会に出かける段となる。家を離れる前に、新婦は必ず泣かなければならない。それに合わせてビニウーとボンバルドが、聴いている人々の心をえぐるような悲痛な音楽を奏でる。それがすむと人々は馬に乗り、駆け足で教会に向かう。祭壇の前に立ち、司祭の質問に「はい」と答えて、指輪を交わすとき、新郎が何の苦もなく新婦の指に指輪を嵌めたら、一家の立派な主人になれるというしるしだ。だが、指輪が関節に引っかかって、なかなか素直に通らないと、新婚家庭はかかあ天下になる。

ミサが終わると、人々はカルヴェールの石段の前に集う。主任司祭は段の上に上がり、ダンス開始の合図をする。するとビニウー、ボンバルド、太鼓の演奏が始まり、人々はダンスに打ち興じる。ダンスは町の通りの真ん中でも行なわれる。それから祝宴となるのだが、人数が多くて旅籠屋に入りきらないときは、野外に長いテーブルをしつらえる。音楽が鳴り、おしゃべりに興じ、喜びのひとときを過ごしながらも、人々は死者のことを忘れない。食事の最後に、両家の祖先のために「デ・プロフンディス」が唱和される。

多くの地域で、新婚の二人は、初夜に続く二晩か三晩のあいだ、同じベッドで寝ながらも、互いに身体を合わせない風習がある。あるいは、新婦は実家で夜を過ごす場合もいる。それは、一晩めは神に、二晩めは聖母マリアに、三晩めは聖ヨゼフに捧げられるからだ。

結婚式の翌日、新郎新婦と両家の家族は喪服をまとい、祖先のためのミサに出席する。それからふたたび、ダンスが始まる。その日は、近隣の貧しい人がすべて呼ばれ、新郎は、いちばん貧しい女と踊り、新婦は極貧の乞食と踊る。

第14章

〔＊1〕かつては司祭が会衆に背を向け、祭壇を正面に見る背面式ミサが行なわれていた。一九六二年から六五年にかけて開催された第二バチカン公会議で典礼の改革が実施され、いまのように信徒の方を向く対面式のミサが導入された。

〔＊2〕かつて教会は信徒に対し、告解をして赦しを授かったうえで、聖体拝領をするようにと、強く勧めていた。そのため、ミサが始まる前、告解室の前で信徒が列をなす光景がよく見られたという。一方で、告解をしなかった人々は、ミサには出席するものの、自発的に聖体拝領を控えた。第二次バチカン公会議以降、告解の意味そのものが変わり、告白、告解という言葉は公式に用いられなくなり、神の恵みとしての「赦しの秘跡」と位置づけられるようになった。

〔＊3〕キリスト教の教会の教えを要約した文言で、ラテン語の「クレド　イン　デウム」で始まるので、「クレド」と呼ばれる。カトリックのミサでは、信者は以下の文句を唱える。

天地の創造主、全能の父である神を信じます。父のひとり子、わたしたちの主、イエス・キリストを信じます。主は聖霊によってやどり、おとめマリアから生まれ、ポンティオ・ピラトのもとで苦しみを受け、十字架につけられて死に、葬られ、陰府《よみ》に下り、三日目に死者のうちから復活し、天に昇って、全能の父である神の右の座に着き、生者と死者を裁くために来られます。聖霊を信じ、聖なる普遍の教会、聖徒の交わり、罪のゆるし、からだの復活、永遠のいのちを信じます。アーメン。

第15章

〔＊1〕ロクロナンでは、パルドン祭りの日を「トロメニー」と呼ぶ。小《プティ》トロメニーは毎年七月の第二日曜日に行なわれ、大《グランド》トロメニーは六年ごとの七月の第二・第三日曜に実施される。

第17章

〔＊1〕これについては、アナトール・ル＝ブラースの母、ジャンヌ＝マリー・ル＝ギヤデールの若いころの興味深い逸話が伝わっている。

ジャンヌ＝マリーの父、つまりアナトールの母方の祖父は、ガンガンで皮なめし工場を経営し、一時はたいそう羽振りが良かったが、賭け事に入れ込んだせいで破産してしまい、プレスタンで商店を営んだ。商品を仕入れるのは、当時十八歳のジャンヌ＝マリーの役目で、ちょうどこの話のマリー＝ジョブ・ケルゲヌーのように、毎月、荷車を御してラニオンまで出かけて行った。当時、サン・テフレムからサン・ミシェル・アン・グレーヴにかけての「砂場」と呼ばれる一帯には、盗賊が出没し、たった一人で道を行く者がしじゅう襲われていた。そこでジャンヌ＝マリーは、ラニオンへの行き帰りに危険な場所を避けるため、ぐるりと遠回りをしなければならなかった。

ある日、父の店に三十歳くらいの男がやって来て、買い物をした。そのとき、男のズボンの裾がほどけているのを見たジャンヌ＝マリーは、それを繕ってあげた。すると、男はこう言った。

「お嬢さん、聞いた話ではあんた、ラニオンに行くとき、『砂場』を迂回して、一〇キロも遠回りしているそうですな。しかし、これからは追いはぎの心配なしに、安心してそこを通れますぜ。なぜって、わしはロパルスといって、盗賊団の頭《かしら》ですからな。わしのナイフを差し上げましょう。もしもの場合は、これを見せなさい」

それからというもの、ジャンヌ＝マリーは心置きなく「砂場」を通れるようになった。ときにはボディガードよろしく、盗賊団の手下に付き添われたこともあったという（Yann-Ber Pieiou, op. cité, p.9)。

第19章

〔＊1〕木靴屋は夏のあいだ、森の中に建てられた粗末な小屋で、家族とともに暮らす習慣があった。伐採された木をその場で買い、自ら引き割りして、木靴をつくるためだ。

〔＊2〕粉屋は、風車や水車の力を借りて、客が持って来た小麦を臼で挽いて粉にする。そして出来た小麦粉を客に渡して、代わりに手間賃をもらって稼ぎにしていたが、一般的に周囲の住民からあまりよく思われていなかった。それは一つには、仕事が楽だというので人々の妬みを買っていたためで、もう一つには、できた粉をくすねているのではないかと常に疑いの目で見られていたためである。

第20章

〔＊1〕ブルターニュの民衆のあいだに伝わる歌について。グウェルスは語りの歌であり、その中には神話的な物語や歴史的な事件を題材にしたものが含まれる。複数形はグウェルジウ。ソーンは仕事歌、子守唄、恋愛歌など生活の歌で、ソニウはその複数形。カンティークは教会の歌に基づく歌謡（原聖『周縁的文化の変貌』三元社、一九九〇年、p.61)。

原注

序文

（1）この点に関しては、初等教育に携わっている人々に大いに助けられた。なかでもベノデの小学校教諭ラブー、トレフレズの小学校教諭マドゥルノー、クレデールの小学校教諭シャルル・ル＝ブラース、シャトーヌフ次いでポン・ラベで小学校教諭を務めておられるジョゼフ・ル＝ブラースの各氏には、たいへんお世話になった。それから、わたしがカンペールの高校で教鞭を取っていたときの生徒たちにも、感謝の意を表したい。ル＝コール、バレ、クレアーハ、ゲラン、プリジャンの各氏、そしてそのほかの方々。さらに、カンペールのコラン博士、そしてロスポルデンのわたしの義弟、エルラン博士にもいろいろと便宜を図っていただいた。この場を借りて、御礼申し上げたい。わたしの調査に力を貸してくれた僧籍の方々の名前も列挙したいところだが、ご本人たちの意向によって差し控えさせていただく。その方々の名前をここに記さなくとも、少なくともわたしの感謝の気持ちを表明することはお許し願うとしよう。

（2）この新版が出るまでのあいだに、かつての「会合の常連客」は、みんな散り散りになってしまった。ジャンヌ＝マリー・ベナールはポール・ブランを離れ、この世を去った人も多い。最初に亡くなったのはジャン＝マリー・トゥルーザンで、やがてロー・メンギーがあとを追い、その次はマリー＝サントの番だった。リズ・ベレックは一九一一年の四月まで存命だった。亡くなる六、七ヶ月前、わたしは彼女に会いたがっていたアメリカ人の友人を伴って、リズ・ベレックを訪ね、少額の心づけを渡した。リズは一年ほど前から病気で、持ち物といえば、もはや必要最低限のものしか残っていなかった。その肉体は奇妙なまでにちぢみ、まるで透明になったかのようだったが、中に納まっている魂は気高く慈愛に満ち、昔とまったく変わっていなかった。その声は墓の中から聞こえてくるかと思われるほどか細かったが、あいかわらず楽しそうに冗談を言っていた。友人に感謝の言葉を述べながら、リズは美しい微笑を湛えてこう言った。

「これで心安らかに逝けますよ。三途の川の橋を渡るための通行料をいただきましたのでね」リズは一八二七年二月一四日に生まれ、八十四歳で亡くなった。

それから一年後〔一九一二年四月五日〕、わたしは頼まれて、シンシナティで彼女についての講演を行なった。そのときの聴衆がお金を出し合って、ある計画を実行することに決めた。生涯を通じ、一日五スーの出費で理想主義を実践していた、この類稀なるリズ・ベレックが、人々の記憶から褪せることがないようにと、彼女の眠るパンヴェナンの墓地に記念の墓石を立てることにしたのだ。墓石の除幕式は、一九一二年夏に行なわれた。ブルターニュの主だった作家と詩人がこぞって参列し、アメリカ代表としてミス・マリオン・ドゥヴェルーとヘンリエッタ・スペンサー・ポーターが出席した。

それからしばらくたったある晩、ポール・ブランのわたしのもとに、リズの姉が訪ねて来た。この老女は、九十八歳になったというのに、いまだに矍鑠としていた。

「お願いがあって参りましたんですよ」と、彼女は切り出した。

「どんなことですか、サントさん」

「それはこういうことですよ。あたしは生きるだけ生きましたからね、そろそろ神さまがお迎えを出してくださり、至福に満ちた天国に行かせてくださるのを待っているんですが……」と、ここで彼女は声を詰まらせた。「あなたさえご承知なら、あたし、妹のそばに埋めてもらいたいんですよ。妹のために建てられた、きれいなお墓の中にね。この願いが叶えられたら、あたしにとって、それ以上嬉しいことはないし、妹だってきっと喜ぶと思うんですよ」

「もちろんですよ、サントさん。お約束します」

「あなたに神さまのありとあらゆるご加護がありますように!」

いちばんの望みが叶えられると知ったとき、年老いた皺だらけの顔は、若い娘のように喜びで輝いた。

第1章

（1）ブルトン語には、地方ごとに「前ぶれ」を意味するさまざまな言葉がある。いちばん多いのが、見かけ《ソンブラン》という意味の seblanchou という言葉だ。予兆を意味する sinaliou, 恐ろしい物という意味の traou spont などの言葉も用いられる（L. F. Sauvé, *Revue celtique*, t. VI, p.495-499）。L. Dufilhol〔L.Kérardven〕, *Guionvac'h*, p.184-185 には、いくつかの前ぶれが挙げられている。ヴァンデ地方の前ぶれについては、*Ysten sioned* p.62 以下を参照のこと。

（2）Cf. Sauvé, *Mélusine*, t. I, col. 374 ; Le Carguet, p.465. アイルランドでは、夜に生まれた人は亡霊に対して力を発揮でき、死者の霊を見ることができる、とされている（lady Wilde, p.204）。

（3）アイルランドでは、四つ葉のクローバーを持つと知恵が授けられる、と言われている。民話には、一人の農夫が、抱えていた草の中から四つ葉のクローバーを見つけたとたん、互いに吼えあっているとしか聞こえなかった二匹の犬の会話が理解できるようになった、という話がある。だが、農夫が草を下に降ろすと、それまで聞こえていた会話はただの音になった（G. Dottin, *Contes et légendes d'Irlande*, p.143-145 ; cf. Kennedy, *Legendary fictions*, p.102-103）。

（4）昼間、死者に会いたいと思うときは、誰かの足の上に上がり、そのまま立っているといい。これは、フリース〔一八四〇—一九一五年。ウェールズ南部生まれのケルト学者。オックスフォード大学で教鞭をとる〕によって報告されたマン島の言い伝えである（Rhys, p.330）。ウェールズには次のような言い伝えがある。ある晩、一人の農夫が見知らぬ人から、自分の足の上に足を乗せるように言われた。そのとおりにすると、自分の家のちょうど真上に、魔法の家が建っているのが見えた（*ibid.*, p.230）。アイルランドでは、死者に会いたいときは、肉片の残っていない羊の肩の骨をとり、夜、骨を透かして上の方を眺める。三回目に、知り合いの死者全員を見ることができる（Curtin, p.84）。スコットランド高地では、その道の達人は骨の特徴から、人の運命を言い当てることができる（J. G. Campbell, p.263）。

（5）一枚の絵、もしくは鏡が壁から落ちたら、人が死ぬ前兆だ（W. Gregor, p.203）。

（6）キャップ・シザンの言い伝え。ここに場所を明記するのは、これと同じ言い伝えがバス・ブルターニュの他の地域では見つからないからである。イイズナは、アイルランドの古い魔法民話で重要な役割を果たす。それについては、D. Hyde, p.73, 75,77 ; G. Dottin, *Contes irlandais*, p.42, 43, 225-227 を参照。

（7）モルビアンでは、三羽のカササギがいちどに道に飛び降りたら、葬式の前兆だと言われている（Fr. Marquer, p.41)。アイルランドでは、一羽のカササギが窓を叩いたら、やがてその家から死人が出る、とされる（G. H. Kinahan, p.99)。カササギが戸口でうるさく鳴いたときも、同じ（lady Wild, p.180)。オジロワシが道もしくは村を横切ったのを見たら、その人は死ぬ（Le Rouzic, p.137)。ブルターニュでは、カラスも死を告げ知らせる鳥だとされている。「二羽のカラスがそれぞれ別の家の屋根に止っていたら、人の生死を告げ知らせていると信じられている」（カンペール地方）（Cambry, t. III p.48)。家の上をカラスが飛ぶのは、人が死ぬ前兆（Verusmor, p.341 ; Cf. Sauvé, p.497)。ウェールズでは、家の上でカラスがカアカア鳴くのは、死を告げるためだとされる（E. Owen, p.304)。ヘブリディーズ諸島では、子供が死ぬ前の一五日間、毎日雀《すずめ》がやって来て家の戸を叩くという言い伝えがある（Goodrich-Freer, p.51)。アイルランドでは、集会に赴く途中、左手でカラスがカアカア鳴くのが聞こえたら、その集会に出席している誰かが殺されるしるしだ（*The Folklore Journal*, t. II, p.66-67)。家の上や人の頭上でカラスが飛ぶのは、死の前兆だ（lady Wild, p.181)。

（8）アイルランドでは、真夜中、もしくは尋常ではない時刻に雄鶏《おんどり》が三回鳴くのは、死の前兆だとされている（Deeney, p.55, 60,78)。どんな時刻であろうと、雌鳥が雄鶏《おんどり》のように鳴くのは、死の前ぶれだ（*ibid.*, p.78)。同様の言い伝えは、スコットランド北東部（*The Folklore Journal*, t. VII, p.43)、ブルターニュ（Le Rouzic, p.138)、ウェールズ（*Cymru fu*, p.299 ; E. Owen, p.297）にも存在する。雄鶏《おんどり》が夜鳴きながら墓場の方を向いたら、前ぶれはより確実だとする言い伝えも報告されている（H. C. Thierney, *Hermine*, t. XXXIII, p.235)。リートリムでは、雄鶏《おんどり》のように鳴く雌鳥は殺すほうがいいとされている（*Folklore*, t. VII. p.181)。ヘブリディーズ諸島では、暗闇の中で雄鶏《おんどり》が鳴く夢を見ると、それだけですでに死の前ぶれだとされている（Goodrich-Freer, p.36)。

（9）Cf. E. Orwen, p.297. 該当する鳥はモリフクロウ。ニューファンドランドに出かける遠洋漁業の船の周囲で黒い鳥が飛び回ったら、その船の水夫が死ぬ前ぶれだ（P.Sébillot, *Revue des traditions populaires*, t. XII, p.394)。人が死ぬ間際、家のなかに鳥が入って来て、その人の魂を運ぶためにじっと待っている（M. A. Courtney, p.217)。キルカリーでは、人が死ぬとき、一羽の鳩が家に入って来て窓を叩き、パタパタという羽音が聞こえる、と信じられている（*Folklore*, t. X, p.122)。ウェールズでは、小鳥が家に入りこみ、部屋の周囲を飛びまわるのは人が死ぬ前ぶれだ、と言われている（H. C. Tierney, *Hermine*, t. XXXIII, p.235)。

（10）「犬の吠え声は死を予告する」（Cambry, t. I, p.71 ; cf. Marquer, p.41 ; Mahé, p.211）ウェールズにも同じ言い伝えがある（*Cymru fu*, p.299 ; H. C. Thierney, *Hermine*, t. XXXIII, p.235 ; E. Owen, p.304）。アイルランドでは、犬が北を向いて吠えたら、家族のうち、成人男女が死ぬ前兆だとされる。犬が鼻面を空に向けていたら、その家の主人が亡くなる（十八世紀のアイルランドのテキスト。*Melusine*, t. V, col.86）。同様の言い伝えは、ディーニーによっても報告されているが、あまり詳らかな前ぶれではない。「犬が家の周囲でクンクン鳴いたら、死の前兆である」（Deeney, p.78）。ヘブリディーズ諸島では、たいした理由もないのに、昼間、犬が吠えるのは、亡霊の埋葬を察知したからだとされている（Goodrich-Freer, p.34）。

（11）樹脂ろうそくが何度も消えるのは、死の前兆だ（Le Calvez, p.45）。樹脂ろうそくの脇にロウが垂れて柱のような形になり、燃えずに残っていたら、それは死の前兆だ（W. Gregor, p.204）。

（12）アイルランドでは、棺のまわりに五本のろうそくを立てるが、そのうち一本には火を灯してはならない（Haddon, p.351）。

（13）スコットランドでは、屍衣に包まれた人の幻影を見るのは、死の前兆だと言われている（*The Gentleman's Magazine Library popular*, p.203）。死者の夢を見たら、その人がこの世に戻って来るしるしだ（G. Henderson, p.40）。

（14）Cf. A. Le Braz, *Pâques d'Islande*, p.55-56.「ドッペルゲンガー」の前兆は、アイルランドでも収集されている。船ででかけたはずの二人の若者が、海岸から遠く離れた場所にある畑で遊んでいるところを、近所の男に目撃された。翌日、二人は溺死体で見つかった（Deeney, p.43）。一人の男が路上にいるのを、仲間が見つけた。だが実際には、その日、男は家から一歩も出ていなかったのだ。やがて、この男は死んだ（*ibid.*, p.50-53）。一人の医者がベッドで寝ていたところ、ほかならぬ自分がテーブルのそばに立っているところを見た。彼の妻も、この光景を目撃した。翌日の晩、この男は死んだ（Kennedy, *Legendary fictions*, p.169-170）。遠くに鹿がいるのが見え、近づくと見えなくなる。ルイス島では、それは死の前兆だとされている（M. Mac Phail, p.383）。

（15）Cf. Le Rouzic, p.136. スコットランドでは、耳のそばでブンブンいう音が聞こえたら、友人が死ぬ前兆で、じきにその知らせが届くとされている（J. G. Campbell, p.258 ; cf. Goodrich-Freer, p.33）。もし足に異常な疲労感を覚えたら、じきに埋葬に出席しなければならない羽目になる（*ibid.*, p.61）。いずれかの場所で突然、恐怖感に捉われたら、そこで誰かが溺死したしるしだ（G. Henderson, p.226）。

（16）ブルターニュの前兆はあまりにも数が多く、種類が豊富なので、そのすべてを列挙するのはおよそ不可能だ。そこで、ブルターニュ以外のケルトの国々で知られている前兆を、少しばかり紹介することとしよう。スコットランドでは、夜、金色のチドリが鳴いたり、カッコウが家の屋根もしくは煙突に止まって鳴いたら、死の前兆だとされている（J. G. Campbell, p.25）。アイルランドには、カッコウは死を告げる鳥だと考える一族がいる（lady Wilde, p.138）。ウェールズでは、ガチョウが家の上を飛んだり、小さな卵を産んだりしたら、死が訪れると言われている。雌鶏が小さな卵を産んだり、同じ日に二回卵を産んだときも、同様（E. Owen, p.304-305）。コーンウォールでは、キジバトは不吉な鳥だとされている（*The Folklore Journal*, t. V, p.32）。ネズミやハツカネズミがふいに現われたら、それは死の前ぶれである（*The Folklore Journal*, t. V, p.217 ; *Folklore*, t. IX, p.257 ; cf. t. IX, p.345）。ある一族のあいだでは、楢《なら》の木にへんな葉がついていたら、死の前兆だとされている（*The Folklore Journal*, t. V, p.32）。ウェールズでは、家の中にヒースの木を持ってくる者がいたら、その人のせいで家族の誰かが死ぬことになると信じられている（E. Owen, p.305）。アイルランドでは、ベッドの足元でキクイタダキが鳴いたら、死を告げているとされる（*The Folklore Journal*, t. II, p.66-67）。虹が現われ、その二本の橋桁が同じ村の中に立っているのが見えたら、その村で死人が出る前兆だ（*Folklore*, t. X, p.364）。アイルランドのキルカリーでは、子羊が生まれる季節、最初に見る子羊が黒であれば、その村で誰かが死ぬと言われている（*Folklore*, t. X, p.121 ; lady Wilde, p.180）。スコットランドでは、芋虫が木を噛む音がしたら、死を知らせる前兆だ（W. Gregor, p.203）。ウェールズでは、昆虫が時計が動くときのような音をたてたら、死を予告しているとされる（E. Owen, p.305）。素晴らしく喜ばしい出来事や、収穫が滅多にないくらい良かったときも同様（W. Gregor, p.204）。同じくウェールズでは、農夫が種蒔きや苗付けをするとき、畝《うね》を一列抜かしたら、それもまた死の前兆である(E.Owen, p.304)。スコットランドでは、幽霊の出現はしばしば死の予兆だとされる。ある晩、幽霊が現われ、自分の弟の寝ているベッドに近づいて接吻をした。すると相手はたちどころに死んでしまった（Mac Phail, p.88）。一人の男が、背中に死体の重みがのしかかるのを感じた。それからしばらくして、船が遭難したことを知らされた（W. A. Craigie, *Some Heghland folklore*, *Folklore*, t. IX, p.376）。ウェールズの話。仲間が自分たちの方に近づいてくるのを目撃した人々が、握手をしようとして歩み寄ると、相手の姿はあっという間にかき消えてしまった。この出来事は、目撃された人々の死の前兆だとみなされる（E. Owen, p.303）。アイルランドの古い一族は、自分たちの「ベン・シー」bean-sidhe〔bean は女の意〕を持っている。これは女の姿をした幽霊で、一族の誰かが死ぬとき、前もってその死を知らせる。成り上がり者はベン・シーを持つことはできない（G. H. Kinahan, p.121-122）。オーブリアン家のベン・シーは魅力的な女性の幽霊で、その昔、一族の者によって殺されたのだった。この女が月の明るい晩に姿を現すと、オーブリアン家の誰かが死ぬ。ベン・シーは白いドレスを着て、真っ黒な長い髪をなびかせ、その顔は青ざめている。風変わりな声で、その口からは長いため息が洩れる（Kennedy, *The fireside stories*, p.143-144）。ベン・シーは、生前、自分と親しかった一族に、死を予告する。そのとき、優しい声で歌を歌う。その歌で臨終の人を力づけ、生き残る人々を慰めるのだ（MacAnally, p.110）。ベン・シーが歌を歌うのはもっぱら夜間で、死の一日か二日前だ。おうおうにして、その歌は死ぬ本人にしか聞こえない（*ibid.*, p.112 ; cf. lady Wilde, p.135-137）。

（17）アイルランドのある一族の間では、突風が起きたのに何の被害もないとき、その風は、死者の霊魂が通ったために起きたのだ、と考えられている（lady Wild, p.139）。

（18）スコットランドでは、戸口で人の囁くような声がしたのに、誰もいないときは、死の前兆だとされる。声がするのは、魂が身体から離れるのを待っているあいだ、人々が小声で話をするからだ（W. Gregor, p.203）。

（19）アイルランドのある一族の間では、板のがたつく音は死の前兆だとされる（lady Wild, p.138）。ウェールズでは、棺桶をつくるときのような音や葬式のビールを運ぶときの音がしたら、それが家の外で聞こえようと、中で聞こえようと、いずれも死の前兆であるとされる（H. C. Tierney, *Hermine*, t. XXXIII, p.235 ; E. Owen, p.303-304）。

（20）ウェールズでは、耳の中で鐘の音がしたら、近所で誰かが亡くなる確かな前兆だとされている（*Cymru fu*, p.297）。

（21）ウェールズでは、fetch candle「死者のろうそく」、あるいは co pse candle（canwyll gorff）「遺体のろうそく」は、死の前ぶれだ。それは青い炎を上げて燃える見事なたいまつで、しずしずと厳かに進む。ときとして、やがて死ぬ運命にある人がこのたいまつを手に持ち、幻となって現われることがある（*The Cambro-Briton*, t. I, p.350 ; *Cymru fu*, p.295 ; E. Owen, p.298-301 ; H. C. Tierney, *Hermine*, t. XXXIV, p.53-55 ; Rhys, p.275）。このたいまつが病人のベッドから出現し、葬式の行列が辿るはずの道を通って墓地をめざして進んで行くこともある（*Folklore*, t. V, p.293 ; cf. *Revue des traditions populaires*, t. XXVI, p.345）。一〇月三一日の真夜中、女たちが小教区教会に集う。女たちは、めいめいが手に持つろうそくの炎の状態によって未来を占う。彼女たちは年内に亡くなる人々の名前を聞いたり、棺を見たりする（Rhys, p.321）。スコットランドやマン島では、光は往々にして死の前ぶれであるとされている。五月一日の前夜、家から光が出て、墓地へ向かうことがある（*Folklore*, t. VIII, p.208）。光は埋葬の前や死の瞬間に現われることもあれば（p.209-210）、墓地に向かう道に現われることもある（W. Gregor, p.203）。ときとしてその光は、人だまのように後ろに尾を引くことがある（p.247）。ある人の肩の間に光が見えたら、その人はじきに死ぬ（p.220）。父親が亡くなる瞬間、うら若いその娘の全身は光り輝いた（p.255-256）。また、海難事故のあと、砂浜にたくさんの光が現われた（p.212）。

（22）扉を三回ノックする音は、死を予告する（Le Calvez, p.45 ; cf. Le Rouzic, p.143）。アイルランドでは、真夜中、家の扉を叩く音が三晩続けて聞こえたら、それは死の前ぶれだ（Deeny, p.55-60）。スコットランドで死の前ぶれとされるのは、一、二分の間を置いて規則正しく三回ノックの音がしたときだ（W. Gregor, p.203）。ウェールズでは、死ぬ定めにある人のいちばんの近親者は、馬が驚いて後ろ脚で立ち上がったり、恐ろしさに血も凍るような物音を聞く、とされている（*The Cambro-Briton*, t. I, p.350）。その音は、危篤の人の家から発され、墓地で途絶える。これを聞いた犬は慌てて逃げ出し、隅っこに隠れる（E. Owen, p.302-303）。この物音は一種のベン・シーとして、擬人化されることがある（Rhys, p.452）。

（23）平原《ラ・プレーン》、つまりアー・ブレネンは、ブリエクとプレイバンの間に広がる、湿地帯の台地のことだ。わたしはこの淋しい土地を横切ったことがある。陰鬱で荒涼として、心に重くのしかかるような場所だった。その有様は、日光の射さないカマルグ〔南仏の有名な湿地帯〕、とでも言えばおわかりいただけるだろうか。エニシダの生えている原っぱのあちこちに、陰気な沼が眠っている。それ以外は何も目に入らないようなところだ。

（24）これは黒いビロードでできた小さな鞄のようなもので、その中にはロシェ〔司祭の着る短い白衣〕、ストラ、聖油が入っている。司祭は瀕死の病者に終油の秘跡を授けるとき、この鞄を携えて行く。

（25）一人の農夫が、牛たちが何を話しているのか知ろうとして、家畜小屋の屋根裏に潜んでいた。すると、次のような会話が聞こえた。「わしらの明日の予定は？」「ご主人を埋葬するため、墓地まで運ぶんだ」それが実際、牛どもの初仕事だった。これを聞いた農夫は仰天のあまり、その晩亡くなったからだ（Cf. Mahé, p.231; Perrin, t. III, p.152 ;

Luzel, *Revue de Bretagne et de Vendée*, t. X, 1861, p.432 ; Le Calvez, p.51 ; A. Le Braz, *Vieilles histoires du pays breton*, p.143).

（26）コーンウォールの未成年の子供たちは、死者の手が明かりを携えているのを見ることがある。それは不幸の前兆だ（*Revue des traditions populaires*, t. II, p.474）。

（27）水夫が海で死ぬと、ベッドで寝ている妻は、枕元で水が一滴一滴したたる音を聞く（Sauvé, *Mélusine*, t. II, col.254 ; cf. Mahé, p.115）。水が部屋の壁を伝わって流れる夢は、死の前ぶれだ（Goodrich-Freer, p.37）。

（28）ギヨーム・フルーリは、ピエール・ロティ〔一八五〇―一九二三年。フランスの海軍士官、作家。日本に題材を得た『お菊さん』が有名〕作の小説『氷島の漁夫』〔一八八六年。吉永清訳　岩波文庫、一九七八年〕に出てくるヤンのように遠洋漁業の漁師をしていて、あるときM・D・ダヨに次のような話を語った。ある月の明るい晩のこと、泉の水を飲もうと体をかがめたところ、誰かに後ろから肩を叩かれ、悪夢にうなされるかのような呻き声を聞いた。そして、水の中に死者の顔が沈んでいるのを見た。それは、アイスランドに出かけたきり、帰って来ない友人の顔だった（*Le Fureteur breton*, t. VIII, p.210）。

（29）スコットランドでは、鼻血が三滴落ちると、親戚の誰かが死ぬしるしだ（W. Gregor, p.205）。

（30）ポール・ブランから眺める夕方の海は、わたしが知るかぎり、もっとも幻想的な風景の一つだ。右手には、ごつごつした岩の礼拝堂をいただき、松林の生えたサン・ジルダ島が、長い岩を裳裾のように後に従えている。左手は、グロアゲ（女護が島）が、そしてさらに北の方には、「新城」「古城」と名づけられた巨大な岩が見える。背後には、トメの小高い丘が、曲がりくねりながら続いている。この丘は、時間や天候の日のあたり加減によって、美しい色にも、陰気で不吉な色にも染まる。最後に、水平線のかなたに、海の境界線に建てられたかのような七つが島が、ルージック島を先頭にして浮かんでいる。晴れた日にはまさに亡霊のように、こちらに向かって進んでくるように見える。ついに岸まで迫るかと思われたとき、突然その姿は、深い茫漠とした灰色の霧の中に消えうせてしまう。まるで、ブルトン人の言い伝えにある、絶え間なく動く波のあいだから、定められた時期だけ姿を現す、魔法の城のように。

（31）この屋敷は、パンヴェナンの町から一キロほどの距離にある。館の並木道は、ポール・ブランへと向かう道と合流する。パンヴェナンから海に続くこの道沿いには、不吉な言い伝えのある家が点々と連なっている。

（32）交差点は、特に危険な場所だとされている。コーンウォールの住人は、日が暮れてから交差点を歩かないようにしている(M. A. Courtney, p.218)。十八世紀のウェールズでは、教会に死者を運ぶとき、交差点にさしかかるたびに、人々は「主の祈り」を唱えた、とある(*Archaeologia Combrensis*, 1872, p.332)。

(33)あるアイルランド人の男が夜、棺桶を運ぶ三人の男に出会った。三人から手伝ってほしいと言われ、男は承知する。この三人は、大分前に死んだはずのいとこたちだった。数日後、男は、兄がカリフォルニアで亡くなったことを知らされる。その時刻は、男が三人と出会ったときと一致していた(Deeney, p.9-10)。

(34)スコットランドでは、夜、街道を旅する者は、亡霊の葬式行列に出くわすかもしれないので、道の真ん中ではなく、脇を歩くのがよいとされている。そうでないと、亡霊たちに乱暴されたり、墓場までビールを持って行かされたりする(J. G. Campbell, p.248)。

(35)ウェールズで、夜、人々が葬式行列に出くわし、参会者の中にだいぶ以前に死んだはずの近所の人を見つけた。ときどき、参列者どうしが交わす会話が耳に入ってきたが、その言葉はまるでわからなかった(Rhys, p.272, 274)。幽霊の葬列は、亡くなった人の家から教会まで続く(E. Owen, p.301-302)。ブルターニュでは、「見る力」を授かっている人は、近親者や自分自身の葬式を前もって見ることができる(Le Rouzic, p.47-48)。

(36)スコットランドでは、戸口に棺桶を置く音は死の前ぶれだとされている(W. Gregor, p.203)。

(37)ウェールズ南部では、幻の葬列が目撃されたあと、ほどなくして本物の葬列が通った、という話が伝わっている(L. Chaworth-Musters, p.484 ; H. C. Tierney, *Hermine*, t. XXXIV, p.54-55)。

第2章

(1)ときとして、また泉によっては、十字架が沈むのが早ければ早いほど、死は近いと言われている。キメルシュのサン・レジェの泉がそうで、儀式はパルドン祭の日に通常の方法で行なわれる。「ある種の泉で、子供の肌着が水の中に沈んだら、その子は年内に亡くなる」(Cambry, t. I, p.175)。ジョリヴェによると、同様の慣わしはロンギヴィにもある(Jollivet, *Les Côtes du Nord*, t. IV, p.46)。ドゥ・ケルブゼックは、同様の風習がイヴィアスにもあると記している(H. de Kerbeuzec, *Revue des traditions populaires*, t. XXXI, p.293)。〔エルネスト・ルナンの『思い出』に、次のような記載がある。「わたしは月足らずで生まれ、たいそう虚弱だったので、二ヶ月と生きられないだろうと思われた。あるとき、〔女魔術師の〕

ゴードが母のもとにやって来て、子供の運命を知る方法があると言った。ゴードはわたしの肌着を借りて、ある朝、聖なる池に出かけて行った。帰ってきたとき、その顔は喜びに輝いていた。『この子は生きたがっている、生きたがっているんだよ!』と、老婆は叫んだ。『水の中に投げ入れたとたん、この小さな肌着が水面に浮きあがったんだから』Renan, *Souvenirs d'enfance et de jeunesse*, Gallimard, Collection Folio, p.53. 杉捷夫訳『思い出』岩波文庫、一九五三年〕ウェールズでは、ある人の病が癒えるかどうか知りたいときは、その人の服をグウィネッドの井戸に投げ、どちら側が先に沈むかによって、治るか死ぬかを判断する(Rhys, p.365)。

(2)「人々は同じ日に、家族の人数と同じ数のパンの破片をちぎり、家族の名前を唱えながらこれらの泉に投げて奉納し、その浮かび方からその人が年内に死ぬかどうかを判断する」(*Vie de Monsieur le Nobletz, chez* H. Gaidoz, *Revue celtique*, t. II, p.485)。もしバターの塗ってある側が下になったら、その人は死ぬ。二つの破片が互いにくっついたら、病気になるしるしだ。パンが泉の槽と槽のあいだに浮かんでいたら、命が危うい。破片が浮いていたら、その人が年内に死ぬことはない(Verusmor, p.261)。パン占いについては、A. Le Braz, *Annales de Bretagne*, t. XIII, p.84-85)を参照のこと。ヘブリディーズ諸島では万聖節の前夜、地面に茶碗の受け皿くらいの大きさの穴を掘ってからふたたび土を戻し、翌朝もう一度土をどける。もし穴の中に死んだ芋虫が見つかったら、つぎの万聖節まで無事に生きられる、というしるしだ(Goodrich-Free, p.54)。コーンウォールでは、年内に人が死ぬかどうか知りたいときは、容器の中に泉の水を満たし、占いたい人の人数と同数のキヅタの葉を入れる。そしてその容器を家の敷石の上に一晩中置いておく。翌朝、中に入れていた葉が黒くなっていたら、その人はほどなくして(一二日目の晩以前に)死ぬ。葉に赤いシミがついていたら、変死を遂げるしるしだ(W. Bottrelle, p.284)。これと似たような慣わしは、マン島にもある。一一月一二日の夜、指ぬきに塩を詰め、それを皿の上に引っくり返し、小さな塩の山をつくる。この作業を家族の人数と同じ回数繰り返し、それぞれの塩の小山を家族一人一人になぞらえる。皿をこのまま一晩中放置し、翌朝、崩れている山がないか確認する。原型を留めていない山になぞらえられた者は、その年のうちに死ぬ。ちなみに、今の暦で言う一一月一二日は、旧暦の一一月一日に相当する(Rhys, p.318)。

(3)アイルランドでは、五月一日の晩(ベルテネ)、多くの霊魂が野原でさまようと言われている。これについては、本書14章を参照のこと。

（4）ブルターニュでもアイルランド同様、宝物や護符が隠されている場所を教えるのは、おうおうにして幽霊である（D. Hyde, p.159 ; G. Dottin, *Contes irlandais*, p.64 ; Curtin, p.131）。

（5）一人の男が、墓場の地面に五フラン貨が落ちているのを見つけた。だが、拾おうとするたびに、硬貨は地面の中にもぐって逃げてしまう。ついに男は一計を案じ、硬貨のある場所に自分の帽子を被せると、硬貨のあったところを掘った。すると、財宝が見つかった。それからほどなくして男は死んだ（P.Y. Sébillot, *Revue de Bretagne, de Vendée et d'Anjou*, t. XVIII, p.67）。

（6）ウェールズの言い伝えでは、どこに財宝が隠されているのか、それを誰に返せばいいのかを教える幽霊たちがいるという（E. Owen, p.202）。

（7）アイルランドの民間信仰では、ある種の行為が禁忌とされていて、これを犯すと死者の仲間入りをする場合がある、と言われている。例えば、病人は金曜日には見舞い客と会ってはならない。また、通夜から帰った人とは、どんな曜日であろうと、面会してはいけない。病人の髪や爪を切るのは、治癒してからにする（lady Wilde, p.214）。一部のアイルランドの地域では、畑や道で突然死した人の遺体を家に入れるのを嫌がる。もし遺体を受け入れたら、今度はその家の誰かが年内に亡くなるからだ（R. Clark, p.82）。ヘブリディーズ諸島では、家を芦で覆うと死が訪れると言われている（Goodrich-Freer, p.32）。子供が歩きながら後ずさりすると、母親の命が短くなる（*ibid.*, p.31）。

（8）ウェールズの沿岸地域では、潮の満ち干が人間の生命に影響を及ぼし、子供は上げ潮のときに生まれ、人は引き潮のときに死ぬ、と信じられている（*Folklore*, t. IX, p.189）。十世紀、アイルランドでつくられたもっとも美しい詩のひとつである『ベアの老女の嘆き』にも、この言い伝えが暗示されていると考えられる（*Selections from ancient Irish poetry*, p.89）〔ベアの老女とは、カレフ・ヴェーリまたはシェンディネ・ヴェーリと呼ばれるアイルランドの伝承中の人物。この詩では、修道院に隠棲した老女が、王たちに愛された若き日々を哀愁をこめて回想する〕。また、コーンウォールでも、人間の命は引き潮とともにこの世を去ると言われている（M. A. Courtney, p.217）。

（9）ウェールズの言い伝えでは、不思議な声に名前を呼ばれ、病人のもとに行くように促されるのは、医者である（E. Owen, p.294-297）。

（10）アイルランドのアンチ・キリストについては、G. Dottin, *Revue celtique*, t. XXI, p.349-358を参照のこと。

（11）祝別されたろうそくが死を安楽にするという話は、L. Dufilhol, *Guionvac'h*, 2e éd., p.178 にも言及されている。

（12）スコットランドにもこれと同じ風習がある。だが、そうする理由は異なっていて、枕の中や布団の中に野生の鳥の羽毛が入っていると瀕死の人がなかなか死ねないので、安らかに逝かせるために素足を床につけてやるのだという（W. Gregor, p.206）。同じ理由により、アイルランドのリートリム州では、危篤の人を藁《わら》布団の上に寝かせる。その人が亡くなったら丘の上で藁《わら》を燃やし、死がそこを通って行ったということを近所に知らせる（L. Duncan, p.181）。コーンウォールでは、野生の鳥の羽毛が入っている枕では、人は安らかに死ねない、とされている（M. A. Courtney, p.217）。ゲルンのケルヴァン（モルビアン）には、mel beniguet というものがある。これは一種の丸い御影石で、病人の頭の上に置くと、断末魔の苦しみが短くなると信じられている（L. Bonnemère, *Revue des traditions populaires*, t. XII, p.100 ; J. Loth, *Annales de Bretagne*, t. XIX, p.246 ; Le Rouzic, p.29-33）。スコットランドでは、危篤の人の頭上で糸巻き棒を折ると、断末魔の苦悶が軽くなるといわれる（W. Gregor, p.206）。

（13）病気が原因で死ぬかどうかを知りたいときは、病人を二つの穴の間に置く。一つは命の穴、もう一つは死の穴だ。病人がどちらに顔を向けるかによって、その定めが決まる（W. Gregor, p.205）。もし病人がくしゃみをしなければ、その病は死で終わる（*ibid.*, p.204）。目をつぶって家の端まで歩き、そこで初めて目を開けて周囲を眺める。そのとき、もし雌鶏《めんどり》もしくは鴨が羽の中に頭を突っ込んでいるのが見えたら、病人は三日以内に死ぬ（J. G. Campbell, p.261）。アイルランドでは、病人が回復するかどうか知りたいときは、川の中にある、すべすべした石を拾い、右の肩越しに投げてから泥炭の火にくべ、一晩放置する。もし病人の命が絶望的なら、朝になってから小石は互いにぶつかりあい、鐘のような音をたてる（lady Wilde, p.261）。ミッドファイのリワロンとその息子たちが書いたとされるウェールズの医学書には、病人の死の予兆がいくつか記されている。病人の眉、人さし指、または脚に、潰したスミレを当てる。それでも病人が眠っていれば、彼は生きる。だが、それで目が覚めたら、病人は死ぬ。病人の家の鶏が木曜日に産んだ卵の殻の上に、FGOGYLQYS と書き、家の外の安全な場所に置いておく。翌朝、卵を割って中から血が出てきたら、病人は死ぬ。そうでなければ、生き延びる（*The physicians of Myddfai*, p.11, 26, 52,75 ; 257, 436, 456）。乳母の乳を指で病人の尿の上に垂らし、もし乳の雫が表面に残っていたら、病人は生きる（p.132, 336）。ヒナギク、ワレモコウ、トウダイグサなどの花を潰してワインに混ぜたもの、あるいはクローバーの花を潰して水に入れたもの、または白ワインに草の汁を混ぜたものを病人に飲ませる。それを病人が吐くか、飲み込むかによって、死ぬか生きるかを占う（p.133, 336；228, 411；256, 436）。病人の踵にラードを塗り、残りのラードを犬に与える。もし犬がそれを食べたら、病人は回復する（p.156, 353）。

(14) Cf. Luzel, *Légendes chrétiennes*, t. I, p.173. 墓場の壁の上で、カラスと鳩が争う。

(15) アイルランドの民話にこんな話がある。ある日、老女ベアの前を白鳥のように色白の一人の女が走って通りすぎた。その後から風が巻き起こったが、それは、二メートルも長い舌を首のまわりに巻きつけ、口から火の玉を吐き出す、二匹の大型犬が全速力でやって来るからだった。犬の後からは二棟の馬に引かれた、真っ黒な馬車が駆けてきた。馬車の両輪からは、炎が長い尾を引いて地面を走っていた。馬車から声がして、老女ベアに、誰か来なかったか、と尋ねた。そこで老女は自分の見たものについて話し、あの女と犬は何者なのか、質問した。すると、声はこう答えた。「わしは悪魔だ。あの犬は、魂をつかまえるためにわしが放ったのだ。あの女は司祭を侮辱したため、死罪となった。もし犬たちが、天上に行き着くまでに女を捕まえなければ、聖母マリアのとりなしによって救われる。そうなったらもう、わしの手の届かないところに行ってしまうのだ。だが、もし天上に着く前に犬が食らいつけたら、女はわしのものだ」（D. Hyde, p.188; G. Dottin, *Contes irlandais traduits du gaélique*, p.137）死後三時間たたないうちに、故人の死を悼んで泣いてはならない。少なくとも二時間は待つこと。というのも、故人の霊が主の王座にたどり着く前に、魂を食ってしまおうと狙っている犬たちがいて、人々の嘆きが犬たちの注意を呼び覚ますからだ（lady Wilde, p.118, 214）。

第3章

(1) アンクーは、死の擬人化された姿である。グラスゴー大学ケルト語学教授ジョージ・ヘンダーソンによれば、スコットランドでもアンクーのように、An t-Aog、つまり「死」が擬人化されることがあるという。

(2) ゲメネ・シュル・スコルフとベルネでは、その年の最初の死者がアンクーになるとされている。ゲメネでは、その年のアンクーが自分の後に死ぬ者を絞め殺すと言われている（J. Loth, *Annale de Bretagne*, t. IX, p.462）。アンクーは死の先ぶれとなる亡霊だ。ある屋根職人が屋根を修繕している最中に、下に転落した。なぜそんな事故を起こしたのかと人から尋ねられ、職人はこう答えた。「おいらの落度じゃありませんや。おいらのアンクーが、おいらを引っくり返しやがったんでさ」(J. Mahé, p.114)。『モルビアン通信』によると、アンクーは非常に漠然とした考えをあらわす。「夜、ごく小さな流星が目撃されるとしよう。流れ星は、その家で最後に死んだ者、もしくは村落で一番最後に死んだ者の魂が彷徨っている証拠にほかならない。このように、ひとたび霊魂がさまよっていることが確認されると、次の晩、霊魂はムナジロテンや猫の姿となってふたたび出現し、屋根裏にすばやく滑り込む。あるいは、ミミズクとなって、屋根の頂きにじっと止まる。または迷い馬となって、駆け足で家の周囲をいななきながら走りまわり、住人を恐怖に陥れる」(*Lettres Morbihannaises*, Lycée armoricain, t. XIII, 1829, p.48 ; cf. Y. Le Diberder, *Annales de Bretagne*, t. XXVII, p.418-419)

(3) プルミリオーの教会には、この記述どおりの奇妙な彫像が保管されている。それは木製の像で、かつては彩色されていたものの、長い時を経たせいで、いまは分厚い埃の層に覆われている。その姿は、よく理科室に置かれている人体標本を思わせるが、腹のあるべきところは大きくえぐれて空洞になっている。わたしが子供だったころ、このアンクーは恐怖の的だった。近くにこの像がいると思うだけで、お祈りをしていても、なぜかそわそわした。この像の足元に、よく老婆がひざまずいていたのを覚えている。近所では、この像のことを「エルヴォアニック・プルイヨ」(プルミリオーのイヴどん)と呼んでいた。プルミリオーを訪れる人は誰でも、必ずこの彫像に挨拶をする。このアンクーには、真実の聖イヴと同じようなご利益があるとされていた(第5章を参照のこと)。それがどんなことか、以下に挙げておこう。これは、死にまつわる民間信仰が、いかにバス・ブルターニュの人々の心にしっかと根を下しているかを示す、良い例である。プルミリオーに、一人の役人が住んでいた。たいそうな善人だったが、住人の多くが尊重している信仰——つまりは迷信——に、軽蔑の念をあからさまにするのが玉に瑕だった。そうした迷信を大切にしている人々は当然のことながら、このお役人にいい顔はしなかった。特にそのうち一人の女は、憎しみさえ抱いていた。この女を、仮にヤニックと呼ぶことにしよう。お役人の方は、同じくK氏とする。この二人を本名で呼ばない理由については、容易にお察しいただけることと思う。とにかく、K氏が決して態度を改めないことに絶望したヤニックは、とうとうK氏が死ねばいいと思うようになった。バス・ブルターニュの農婦は、自分と同じ信仰を持たない人に対しては、とても厳しいのだ。この望みを叶えるため、ヤニックはアンクーに助けを求めた。九日間祈祷をし、念祷を唱えて、小教区の恥知らず男を殺してください、と祈願した。それからようやく安心して、願いが成就するのを待った。一ヶ月、二ヶ月、三ヶ月が過ぎた。だが、K氏は依然としてぴんぴんしている。ヤニックは痺れを切らし、それからたいそう不安にかられた。アンクーが自分の願いを聞かなかったはずはない。願いを実行できないのは、歳を取りすぎているからだ。そうだ、アンクーを若返らせてやらなくちゃ。長い間不気味な像の前でひざまずいているうちに、ヤニックはアンクーが惨めな様子であることに気がついた。長いあいだの埃が積もりに積もって、真っ黒だ。もとの色を取り戻してやろう。そこでヤニックは荷車に馬をつなぐと、ラニオンに出かけて行き、帰りには画家を連れてきた。週日の午後、ブルターニュの町の教会には訪れる人も少なく、だいたい中はひっそり閑としている。そうでなくても、せいぜい暇を持て余している信心深い老女が、隅っこで数珠をまさぐっているくらい。しかもお祈りに没頭しているので、まわりで何が起ころうと、見ざる聞かざるだ。教会に到着した画家は、アーチにはしごを立てかけ、さまざまな色の塗料でエルヴォアニックに化粧を施した。だが、その作業は誰にも見咎められなかった。ヤニックは像の表面を手で撫でた。像が昔の姿を取り戻した以上、もはや復讐は成就したも同然だ。アンクーは見間違えるほど若々しくなったのだから！　日曜日になった。歌ミサに出ようと、大勢の人が教会に詰めかけた。説教を始めてまもなく、主任司祭は信者たちの様子がいつもと違うことに気がついた。みんな、いったい何に気を取られているのだろう？　たえず後ろを振り返り、ひそひそ話をしている。どうもお堂の外で、尋常らしからぬことが起こっているらしい。そう思った主任司祭は、確かめに行った。そして、真新しくなったアンクーを見たときの彼の驚きようは、小教区の信者の誰にもひけをとらなかった。この話の顛末は、こうだ。主任司祭は、自分の同意なしに教会の彫像が誰かにいじられるのを快く思わなかった。それがたとえ修理のためであったとしても、だ。それと同時に、事の真相についても、だいたい推測がついた。そうである以上、聖書の教えから程遠い行為を奨励するのは好ましくない。だが、ヤニックを詰問するわけにはいかないので、彼女の無責任な共犯者であるエルヴォアニックの方を罰することにした。これまで不気味な姿で教会の入口に君臨していた彫像を追放処分にし、塔の二階に格下げしたのだ。そこは、壊れたり使われなくなったりした聖像をしまっておく場所で、プルミリオーでは「亜麻部屋」と呼ばれていた。というのも、かつてそこは、善男善女が日曜の歌ミサで寄進した亜麻の糸を、売りに出されるまで保管していた部屋だったからだ。だが、その後、部屋の用途が変わり、わたしが子供だったころはすでに、古く流行遅れとなった彫像を押し込んでおく場所になっていた。わたしはよく、鐘突き男の後について、その部屋に忍び込んだものだ。じっと動かず黙ったまま、じっと一点を凝視する、恐ろしい目をしたアンクー。この木像を見たときに感じた奇妙な恐怖心は、いまだ鮮やかに記憶に残っている。プルイヨのエルヴァアニックを一目見たいという方は、この追放の地まで探しに行かれるがいい。だが、ああ、何と残念なことだろう！　いま現在（一九二一年）、もうこの像が見つからない、ということを断っておかなければならないとは。わたしは最近、このアンクーの像をもう一度見たいと思ったのだが、すでに数年前「処分された」という話を聞いた。まるでいらなくなった古い家具を処分するかのように、なけなしの金で、わたしの同窓生に払い下げられたのだ。この男は大の「骨董品」好きで、プルミリオーから六、七キロ離れたサン・テフラム村にこの彫像をかくまってやるつもりでいた。さて、その後のエルヴァアニックの運命や、いかに？　購入者が死亡し、もっと遠い場所に島流しされたのだろうか？　それとも、盥回しにされた挙句、常命の人間と同じく、敢えない最期を遂げたのか？　わたしには知る由もない〔現在、この像はプルミリオーの教会に安置されている。口絵参照〕。

（4）カルナックでは、アンクーの荷車を引くのは二頭の雄牛、もしくは一頭の悪い馬だとされている（Le Rouzic, p.136）。アイルランドの人々にとって、死の四輪馬車はよく知られた存在だ。キルカリーでは死の馬車は、dead coach もしくは deaf coach と呼ばれている。車体は真っ黒。馬車を引くのは首のない四頭の馬で、御者にも首がない。走るときは、まったく音がしない。どんな道を行くかはあらかじめ決まっているのだが、その道は地図には載っていない。馬車は教会から出発し、一巡りして、また教会に戻ってくる。この馬車は死の前ぶれだが、これを目撃した人が死ぬわけではない（W. B. Yeats, p.119, 122 ; Cf. Cr. Croker, p.250）。コーンウォールではそれとは反対に、この馬車に出会った当人がじきに死ぬとされている。ペンザンスの死の車は古い型式の馬車で、首のない馬に引かれる。住民たちは真夜中、馬車の走る音を耳にする（M. A. Coutney, p.107）。言い伝えによると、馬にも御者にも人間の首がついているのだが、実際には見えないのだそうだ。もしその首が見えたなら、知っている人の顔がついているはずだ。その人たちは、亡くなってから罪の償いをしているのだ（W. Bottrell, p.66）。アイルランドでは、夜、引く馬もなしに走る馬車を見た者には、不幸が訪れる（*Folklore*, t. IV, p.352）。

（5）「人々はカリゲル・アンクー（死のおんぼろ荷車）の噂をする。これは白いシーツで覆われた荷車で、御者は骸骨だ。誰かが息をひきとる間際になると、この荷車が道をやってくる音がする」(Cambry, t. I, p.72) カルナックでは嵐の前になると、死の荷車の音がする。それは、ふくろう党の人々が共和党兵士の遺体を運ぶのに使った荷車の音だ、といわれている(Le Rouzic, p.89)。

(6) ボノの漁師が港に帰還したとき、大きなフェルト帽をかぶった男の頭部が水の中から出てきたのを目撃した(Le Rouzic, p.54)。

(7) 夜、道で口笛を吹いてはいけない。そうする癖のある一人の男が、誰かが自分の背後で、ずっと上手な口笛を吹くのを聞いた。それは悪魔だった。夜、口笛を吹くのは悪魔だけだ(P.Y. Sébillot, *Revue de Bretagne, de Vendée et d'Anjou*, t. XVIII, p.66)。

(8) トレギエ周辺の箱ベッドには、扉の代わりにカーテンがついている。

(9) バス・ブルターニュでは、どの古い領主屋敷もみんな、アンヌ女公の城だと言われている。

(10) バス・ブルターニュでは墓地は通常、教会を取り巻くように配置されている。そしてこの墓地に、木製もしくは花崗岩でできた十字架磔刑像《カルヴェール》が町の広場の方を向いて立っている。所によっては、十字架磔刑像《カルヴェール》の台座は説教壇の形をしており、たいていそこが人々の井戸端会議の場となっている。演説をする人は、この台座の上から人々に語りかける。そのため、「十字架にのぼる」という言葉は、「演説をする」と同じ意味に理解されている。

(11) アイルランドでは、既婚女性が墓の上を歩くと、生まれてくる子供は足が湾曲になるといわれている(lady Wild, p.205)。墓の側に土寄せをし、地面に転倒したら、その人は年内に死ぬ(*ibid.*, p.83)。

(12) アイルランド民話には、幽霊が飲み食いを拒絶する話がある(Curtin, p.128 ; G. Dottin, *Contes et légendes d'Irlande*, p.26)。

(13) バス・ブルターニュでは至る所に、こうした通行権が存在する。「死の道」が不動産登記簿に記載されている場合さえあるくらいだ。コート・デュ・ノール県プルアレ郡トレグロムには、パルク・エント・アン・ハオンという名前の野原がある。これは「葬列の道」という意味で、その名の通り、一本の道が野原を横切って続いている。

(14) アイルランドでは、葬列は無暗矢鱈《むやみやたら》な道を通ってはいけないことになっている。コンノートでは、葬列はまっすぐ埋葬地に向かってはいけない(Deeney, p.77 ; cf. Haddon, p.357)。キャッスルマカダムのウィークローでは、葬列は川を渡らなければならない(G. H. Kinahan, p.119)。その理由はおそらく、悪霊は水を越えられないと信じられているためだ（Cf. Curtin, p.194）。棺を墓地に運ぶとき、いちばんの近道を通っては、死者への礼を欠く（lady Wilde, p.118, 213）。

スコットランドでは、太陽と向かい合う方向に棺を運んではいけない。その場合、ぐるっと迂回して墓場に赴く（J. Frazer, p.281）。コーンウォールでは、遺体を墓地へ運ぶとき、新しい道を通ってはいけない（M. A. Courtney, p.218）。

（15）スコットランドでは、家を新築したら、じきにその家の主人が亡くなる、と信じられている（W. Gregor, *Revue des traditions populaires*, t. VI, p.173 ; cf. Goodrich-Freer, p.52）。モルビアンでは、年内に死ぬおそれがあるのは、新築の家に住む人々だとされている。悪運をそらすためには、まず最初に、誰かがたった一人でその家に住まなければならない。できれば、独身男性が望ましい（F. Marquer, p.660）。

人が焼け死んだ家を、建て直してはいけない（Curtin, p.113）。

（16）ブルターニュの家屋はたいてい平屋づくりで、人々は一階を二つに仕切って使っている。うち一間は居住部分にあてられ、もう一間は物置、もしくは家畜小屋に使われる。

（17）この「アンクーのバラード」を、ブルターニュの聖史劇「天地創造」の中の、死の創造の場面と比べてみるとおもしろい。

父なる神「わしは『死』をつくるとしよう。絶対的な権力者、冷酷で無慈悲な死を。死はアダムと妻のイヴ、そしてこの二人から生を受け、その性質を受け継いだ、すべての者を殺すだろう。

残酷な死よ、すぐ立ち上がれ。世界中、隅なく歩き回れ。憐れみをかけることなく、すべての人間を殺すのだ。宮殿に忍び込み、王たちを探し出せ。

お前は第一の掟に従うのだ。老いも若きも、その手から逃すでないぞ。昼夜の別なく旅をせよ。人々が泣こうがわめこうが、手加減してはならぬぞよ。

身体は軽くて敏捷で、あっという間に世界の端までひとっ飛び、陸も海も楽々渡る。お前ほど冷酷非情な者はない。激しい一撃で人を倒す矢。それがお前の持ち物だ。行く手あまねく、恐怖を巻き起こすがいい」

死「わが神、わがつくり主。生んでいただき、感謝します。また『死』という名前を賜ったことも。言いつけどおり、海も陸も渡りましょう。誰にも決して、情けをかけたりいたしません。

各人の命を支配する力を授かった以上、その時が来たら、どうして遠慮などいたしましょう！……」（リュゼル氏

所蔵の手稿より抜粋)
この場面以外でも、死は聖史劇の随所に登場する。つくられて間もなく、死はアダムの前に現われて彼を脅し、イヴが子供を産むと、その枕辺に立つ。死はカインの憤りをあおり、すべてのドラマに立ち会う。忌まわしい脅迫の文句を陰気な調子で繰り返しながら。「イア　メ　エ　アー　マロ!」(そうとも、死とはわしのこと)ケルトの演劇に登場するアンクーについては、A. Le Braz, *Histoire du théâtre celtique*, p.105-107, 229, 416-417 を参照のこと。

第4章

(1)こうした言い伝えは、アイルランドでは一般的ではないようだ。ある老婆は小銭を稼ぐために死んだふりをしたが、何の被害も蒙らなかった(*Contes et Légendes d'Islande*, p.170-173)。

(2)エルネスト・ルナンは、トレギエにある、この小さな神学校の生徒だった。一八三〇年頃の信仰に明け暮れた日々の思い出や当時の同級生の姿を、次のように描いている(*Souvenirs d'enfance et de jeunesse*, p.136)。
「わたしの同級生は大部分がトレギエ近辺の農家の子弟で、丈夫で健康で勇敢だった。そして文化的レベルが低い人々の例に洩れず、男らしさに一種のこだわりを持ち、力の強い者を過剰なまでに崇拝し、女性や、女っぽいと見なされる立ち居振る舞いに対して、ある種の軽蔑の念を抱いていた。ほぼ全員が、司祭になるつもりで勉強していた。(……)こうした無骨な性質の者たちに、ラテン語は奇妙な効果を及ぼした。それは、まるでマストドン〔象に似た化石哺乳類〕が古典を勉強するようなありさまだった」

(3)ブルトン語で語られる一つ一つの言葉から湧き上がる、身の毛のよだつような恐怖をフランス語で伝えるのは、なんと難しいことだろう。それをいちばん切実に感じたのは、たぶんこの伝承を翻訳していたときだと思う。カトリーヌ・カルヴェネックはいつも、抑揚のついた、ゆっくりした声で語る。このときも、まるでありふれた出来事を報告するかのように、落ち着いた気楽な調子で語っていた。その言葉を書き写しながらわたしは、その場に座って自分の番が来るのを待っていた他の語り手たちを横目で眺めた。すると、どの顔も恐怖で真っ青になっているではないか。人の顔にこれほど激しい苦痛の表情が刻まれているのは、滅多に見たことがない。ご承知いただきたいが、わたしはただ、カトリーヌ・カルヴェネックの語ったことを一語一句、忠実に翻訳しただけだ。それなのに、肝心な部分はどこに消え失せてしまったのだろう？　たぶん、わたしの力が至らなかったせいだと思う。ここで潔く自らの非を認めることで、良心の義務を果たすとしよう。この物語についても、また他のすべての話についても、悪いのはひとえに、このわたしなのだ。

（4）歌ミサの始まりを告げる鐘は、半時間ごとに、合計三回鳴らされる。

（5）「この事件が起きたとき、わしは、ル・ファウーエトの教会で働いておった」と、ジャン＝マリー・トゥルーザンはつけ加えた。「話に出てくる人たちと直接の面識はなかったが、同郷の工夫たちが同じ現場で働いていてな、その連中は、気の狂った哀れな女によく出会ったそうだ。女は人さまの家々を回って、パンをめぐんでもらっていた。ときどき、はじかれたように馬鹿笑いしたかと思うと、次の瞬間、魂も溶けそうなくらいに泣きじゃくる、という風だったそうだよ」

第5章

（1）ウェールズやスコットランドでは、葬式に塩が使われることがある。

ウェールズ南部では貧しい人が死ぬと皿いっぱいに塩を盛り、その中に火の灯ったろうそくを挿す。次に、その皿を遺体の上に載せる。そうすることで、遺体は悪霊から守られる。別の地域では、塩の上に十字のしるしをつけ、十字の端にそれぞれ、りんごかオレンジを四分の一切ったものを添える（L. Chaworth-Musters, p.485）。

スコットランドでは死者の胸の上に、塩を少しだけ入れた皿を置く。そして腹の上には、土を少しと芝草を山積みにした皿を置く（W. Gregor, p.207 ; J. G. Campbell, p.241 ; Goodrich-Freer, p.60）。アイルランドにも同様の風習がある（*The Gentleman's Magazine library, popular superstitions*, p.199）。ときとして、塩を盛った皿を棺の中に入れることもある（F. G. Frazer, p.281）。

ウェールズ南部では人が亡くなると、その小教区の「罪喰い人」を呼ぶ。罪喰い人は、塩のいっぱい入った皿を故人の胸の上に置き、塩の上に一切れのパンを載せる。それからパンに向かって何事かを囁き、それを食べると、早々に家を立ち去る。故人のすべての罪をその人が食べたのだ、と信じられている。罪喰い人はそうやって飲み込んだすべての罪を自分が引き受けるので、罪人とみなされ、一般的に人々から蔑まされている（*Archaeologia Cambrensis*, t.

III, 1852, p.330-331 ; cf. *Revue des traditions populaires*, t. VI, p.484)。

その昔、ブルターニュでは、遺体を保存するのに塩が用いられた（*Le Fureteur breton*, t. VII, p.239 ; t. VIII, p.22)。

（2）スコットランドでは、墓場の土は魔術に用いられる。墓場の土を水車の回っている流れの中に投げ入れると、水車が止まってしまう（W. Gregor, p.216)。

埋葬のときに採取された土が民間療法にも使われる、という報告がなされている。アイルランドでは、葬列が通過するときに、自分の右足の下の土を取って葬列の向かう方向に投げれば、いぼが取れるとされている（Haddon, p.356)。

（3）これは多分、人を呪うときに使った蝋人形の名残りだろう。スコットランドでは、粘土でつくった粗末な人形を用いる（G. Henderson, p.15-16)。

（4）「真実の聖イヴ」の礼拝堂。トレギエの河岸の正面、つまりジョーディ川の向こう岸の、エニシダとヒースの生い茂るなだらかな丘の上に、かつて聖シュルに奉献された小さな礼拝堂が建っていた。この礼拝堂はヴェルジェの領主、クリッソン家の所有にあり、十八世紀末、礼拝堂に付随して納骨堂が建設された。その後、礼拝堂は廃墟となったが、納骨堂は残された。人々はそこに、行き場のない聖人の彫像を山積みにした。その中に、聖イヴの像が二体あった。そのうち一つは非常に古いもので、人々はこれをとりわけ「真実の聖イヴの像」だと考えた。真実の聖イヴはその他の聖人を押しのけて、次第にこの納骨堂の主となり、ついには納骨堂自体が祈祷所のようになった。それ以来、人々はこの場所に来て、正義の裁定を訴えるようになった。

納骨堂はもはや現存せず、すでに一八八二年の時点で姿を消していたことが判明している。それは、次のような経緯による。当時、エンゴアト在住の農夫が何者かに殺されているのが見つかった。遺体が荷車の柄に十字型に括りつけられていたため、それ以来この男は、「十字架はりつけ」という名前で有名になった。人々の信じるところでは、犯人は被害者の義理の兄弟で、始めは自らの手を汚さず、真実の聖イヴに農夫の死を願掛けしたのだった。だが、この役目を言いつかった一人の老婆が、礼拝堂はもう壊されて、聖イヴはそこにはいない、と反論したのである。

実は、祈祷所のある小教区を管理しているトレダルゼックの主任司祭が聖像を引っぱり出し、司祭館の中庭に置いたのだった。その理由は、「教会の香部屋も願掛けされたため、その後しばらくしてから、摩訶不思議な偶然の一致によって、香部屋が崩れてしまった」からだという。おそらく主任司祭は、聖像をしまってしまえば人々の迷信も止むはずだ、と考えたのだろう。だが、それはとんでもない間違いだった。人々はあいかわらず納骨堂のあった場所に行って、ひざまずいた。大胆な者はずうずうしくも司祭館の扉を叩き、聖像を拝見したいのですが、と堂々と頼みこむありさまだった。始めのうちこそ人々を宥めすかして追い返していた主任司祭も、ついに堪忍袋の緒を切らした。そして、どうやら乱暴な手段に訴えたらしい。家の人に放り出された参詣者は、聖イヴの裁定を仰いだのだ。言い伝えを信じるならば、その日は日曜だったのだが、歌ミサから出てきたとたん、主任司祭は亡くなった。

一方、迷信については、これまでに輪をかけた頑迷さで信じられている。一八九一年八月、ある人がわたしに衰弱病の女を指さして、こう言った。「ほら、あの人をごらん！　あれは、誰それから『願掛けされた』女だよ。あとはもう時間の問題だ」

言い争いが少しでもとげとげしくなると、人々はいまだに聖イヴに願掛けしに行くからな、と言って相手を嚇かす。そういう脅しは、必ず効果を発揮する。

わたしは、この人殺し崇拝についての情報を様々な人から得た。だが、その中でも特に、パンヴェナンのピエール・シモンとペリーヌ・ル＝モアルに多くを負っている。

一方、真実の聖イヴの祭壇はアンブロワーズ・トマ夫人が購入し、パンヴェナンのジリエック島の、自宅脇の礼拝堂に安置された。聖像そのものも同じ場所に置かれたという噂が流れたため、しばらくのあいだジリエック島には、怪しげな参拝客が引きも切らなかった。しかし、最近流布している話では、この聖像は多くの苦難に見舞われた末に、コート・デュ・ノール県議員ケルゲゼック氏に購入され、いまはガンガンにあるらしい。

聖イヴの礼拝堂と伝説については、以下を参照のこと。P.Hémon, *Annales de Bretagne*, t. XXV, p.20-46 ; cf. *Le Fureteur breton*, t. IV, p.128 ; t. V, p.53 ; L. Jobbé-Duval, *L'abjuration à saint Yves-de-la-Vérité, Nouvelle revue historique de droit français et étranger*, t. XXXIII, p.550, 722. この最後の論文では、法律的観点から聖イヴ伝説が研究されている。

（5）コーンウォールでは、誰かに死んでもらいたいと思ったら、咎のある人が呪いを受けるように、一〇九詩篇を唱える（W. Bottrell, p.229）。自分に害をなした人に対して、残酷な死に方をするように望む者は、すでに魔術師とみなされる（H. De Kerbeuzec, *Reveu des traditions populaires*, t. XXXVII, p.139）。

（6）妬み深い人は悪い風を吹かし、憔悴して死んでしまう（Habasque, *Notions historiques sur le littoral de département des Côtes-du-Nord*, t. I, p.285）。

（7）ウェールズではごく最近まで、高価なものを盗まれた農夫は魔術師に相談し、犯人だと目される人物の死を「願掛け」した。すると盗品は必ず、定められた期限内に所有者のもとに戻ってくるのだった（E. Owen, p.217）。

（8）アイルランドでは墓地を歩くときは、右手を円の中心に向けながら、できるだけ日のまわる方向に進む（Haddon, p.358）。

（9）トリウー川はトレゴール地方とゴエロ地方を分かち、沿岸の住民にとっては、風俗の違いを分ける境界線とみなされている。

（10）トレザレック在住のマルグリット・ケレックは一九二〇年、また別のバージョンの話を語った。それによると、ある日、ケルロー神父が一人で教会にいると、貧しい女から声を掛けられた。女は小教区の信者ではなかったが、ときどきあたりに出没して、よちよちと歩いている姿を住民から目撃されていた。小刻みに歩くのは足が不自由だからで、人々はこの女を「マリー・ゴス」（マリーばあさん）と呼んでいた。女は、司祭館の納屋に置かれている、真実の聖イヴを拝ませてくれ、と頼んだのだった。が、司祭は荒々しくこう返事をした。

「またか！　お前さんも、魔術の真似がしたいのか、この足萎婆《ばばあ》め！」

「まあ、なんてひどいことを」と、女は傷ついて言い返した。「そんなことを言うと、あんたも今に足萎えになるよ、司祭さん」

そして実際、このときからケルロー神父は二本の杖にすがって、ひどく苦しそうに歩くようになってしまった。

第6章

（1）この裁きは、死後三日目に実施される（I. Paquet, *Revue des traditions populaires*, t. XV, p.617）。

（2）ウェールズでは、夢を見ているあいだ、霊魂は身体から離脱していると信じられている。ある日、刈入をしていたお百姓が畑で居眠りをした。すると、口からまっ黒な小人が出てくるのが目撃された。小人は畑を一回りしたあと小川のほとりまで行き、ふたたび口の中に戻った。じきに目が覚めたお百姓は、畑を回り、小川まで歩いて行く夢を見た、と話した。したがって、夢を見ている人（つまり、霊魂が外を歩き回っている状態にある人）を途中で起こすのは危険である。その人は気が狂うか、下手をすると死んでしまう。ときどき、霊魂は黒い蜥蜴《とかげ》の姿をしていることがある（Rhys, p.602-603, 606）。アイルランドの叙事詩には、夢を見ている人を揺り動かしてはいけない、という禁忌事項が見られる（H. d'Arbois de Jubainville, *L'épopée celtique en Irlande*, p.179, 1.12）。スコットランドでは、眠って夢を見ている人の霊魂は蜜蜂《みつばち》の姿になって体外に出る、とされる（G. Henderson, p.83-85）。

（3）ウェールズでは人が亡くなると、部屋の窓を開ける（Rhys, p.601）。スコットランドでは、窓とドアを開ける（W. Gregor, p.206 ; J. -G. Frazer, p.282）。リュゼルの収集した民話によると、悪魔に呼ばれた魂は窓から外に出て行く（*Légende chrétienne de la Basse-Bretagne*, t. II, p.140）。

（4）「プルエデルンでは、死者の左目が閉じないときは、いちばん近い親戚の誰かがじきに亡くなると言われている」（Cambry, t. II. p.169 ; Verusmor, p.341）スコットランドでは、まぶたが閉じないとき、その上にペニー貨を置く（W. Gregor, p.207）。

アイルランドやスコットランドでは、遺体が硬直しないときは死の前ぶれだ、とされる。もし死後硬直が起こらなければ、その家に、すぐまた別の死者が出る（G. -H. Kinahan, p.106 ; W. Gregor, p.210）。

（5）語り手はわたしにこう断った。白い鶏と灰色の鶏は軽率で、思慮の足りない鳥だとされている。夜明けがいつかも分からずに、闇雲に鳴く。だから、白や灰色の鶏が鳴いたからといって、信用してはいけない、と。

（6）アイルランドの民話では、親切な幽霊が、夜、外にいてはいけないと忠告し、いたずらな小鬼から身を守る方法を伝授してくれる（G. Dottin, *Contes et légendes d'Irlande*, p.24-27）。

（7）コーンウォールでは、息が絶えたときにその人の身体を揺すれば、生き返らせることができる（M. A. Courtney, p.218）。

（8）この話に登場するカンキーズの領主は明らかに、かつてバス・ブルターニュに数多く住んでいた農民貴族の一人である。彼らは剣を小脇にさし、畑に出かけて行く。そして、武器を樫の木の幹に立てかけ、自らの手で犂の取っ手をつかむ。こうした領主の中には、一介の日雇い農夫に劣らぬ熱心さで仕事に精を出し、たくさんの畑を耕す者もいた。〔エルネスト・ルナンは、母親から聞いた話として、次のように記している。「こうした田舎の貴族たちは、ほかの人たちと何ら変わらないお百姓さんだったが、お百姓たちの首領といっていい存在だった。昔はそういう人は、各小教区に一人しかいなかった。民衆という柱のてっぺんに立つ人々で、誰もその権利を疑わず、みんなからたいそう尊敬されていた。でもすでに大革命のころから、その数はとても少なくなっていたんだよ。農夫たちは、司祭を宗教上のかしらとして仰ぎ見るように、この人たちを小教区の俗人のかしらとして敬っていたのさ」Renan, op.cité, p.26 この言葉のあと、困窮した田舎貴族の老人とその娘の悲劇が語られる〕

（9）アイルランドの民話では、一人の農夫が夜、旅をしていて、首のない男が幽霊に追いかけられているところに出会った（Curtin, p.141）。ブルターニュでは、カルナックからオーレーに続く街道沿いにあるニョルの十字架で、ある若い石工が、別々な機会に合計二回、頭と両腕と胸のついた人間の上半身がぴょんぴょん跳ねて行くのに遭遇した（Le Rouzic, p.69）。

（10）ケルトの国々では、様々な昆虫が超自然の出来事に関係すると考えられている。コーンウォールでは、piskey という言葉には妖精という意味と、茨の中にいる緑のカメムシという意味がある（W. Bottrell, p.292）。また、蛾という意味もある（Rhys, p.612）。なお、アルベール・ル＝グラン〔一五九九—一六四一年。モルレー生まれのドミニコ会士。フランス語で『ブルターニュの聖人伝』を執筆〕が著した、『聖ヴァンサン・フェリエ伝』には、次のような一節がある。「その日の朝、うっとりするほど美しいあまたの白い蝶が窓から入って来て、彼の部屋の中を飛び回った。蝶たちは、彼が息をひきとるまで、部屋から出て行かなかった」（éd. Thomas et Abgrall, p.128）スコットランドでは、蛾は死の予兆であるか、もしくは幽霊の化身だとされている（G. Henderson, p.79）。

（11）ひとたび魂が身体から離脱したら、生きている間に過ごした場所すべてを辿らなければならない。そのさい、霊魂は人間の目に見える（Bryan J. Jones, *Folklore*, t. X, p.121）。『アダムナーンの第二の幻想』（十一世紀）では、霊魂は身体を離れたあと、四つの場所に行くとされている。それは、まず第一に生誕の地、次に死んだ場所、それから洗礼を受けた場所、そして埋葬地の四つである（*Revue celtique*, t. XII, p.425）〔アダムナーンは六二四年頃に生まれ、七〇四年に没した。アイルランドの三大聖人の一人、コルム・キレの後継者で、アイオナの修道院長を務めた。十世紀末から十一紀にかけて書かれた『アダムナーンの幻想』は、アダムナーンを主人公とするが、彼が執筆したものではない〕。

（12）わたしが子供だったころ、これと同じ話を聞いた覚えがある。話し手は、プルミリオー周辺で「物語の王様」の異名を取るミリオ・アルズュールで、話の状況はもっとずっと詳しかった。このとき聞いた、より完全な形の物語を見つけようと、わたしはあれこれ手を尽くしたのだが、駄目だった。アルズュールから聞いた話ではとりわけ、死者の霊魂と仕事道具、それから家畜との感動的な会話があった。それぞれの家畜や仕事道具に証言を求めるかのように、霊魂がこう問いかける。「ペ　ドゥルック　ペ　ヴァド　アム　エウス　グレット　ガニッド?.」(わたしはお前に良いことをしたか、悪いことをしたか?.) この文句が記憶に残っているのは、多分話の中で何回も繰り返し出てきたからだろう。この対話は、中世に非常に有名となり、アイルランドに普及した、『体と魂の議論』を想起させる。(H. Gaidoz, *Revue celtique*, t. X, p.463-470 ; G. Dottin, *Revue celtique*, t. XXIII, p.1) J・ロート氏〔一八四七―一九三四年。ブルターニュ生まれのケルト言語学者。レンヌ大学、コレージュ・ドゥ・フランスで教鞭をとる。『ブルターニュ年鑑』*Annales de Bretagne* を創刊〕の指摘によれば、この「議論」のウェールズ語版は、十二世紀末の手稿、『カーマーゼンの黒本』に見られるとのことだ。

(13) 魂と身体のこの「議論」をわたしに語ってくれたのは、ヴュー・マルシェ・コミューンのカトリーヌ・マオという女性で、七聖人《セット・サン》礼拝堂から程近いところに住んでいる。カトリーヌ・マオは職業的な「拝み屋」で、自分で言うように、「死者の周辺に」行くのだそうだ。通夜に唱える、様々な祈祷の長々とした文句を知っていて、断末魔の苦しみが特に凄まじく、長く続く場合には、ここに掲げた「議論」を唱える。それを聞くと、魂は未練を断ち切り、身体から出て行く決心をする。この作品は、以前は行商用の小型本として売られていた。わたしもこの手の本を一部持っているが、版元の名前がなく、「議論」の前に、四八行の韻文で書かれた序文がついている。そして、魂と身体のそれぞれのせりふは明確に分かれておらず、対話の最後には「ベイの主任司祭、アリン氏作」と記載されている。この本の題は、「魂と身体の別離についての霊的賛歌」。ちなみに、「最後の審判」の聖劇には、魂と身体の別離をテーマとしたシーンが含まれている(A. Le Braz, *Histoire du théâtre celtique*, p.297-799)。

第7章

(1) Cf. A. Le Braz, *Pâques d'Islande*, p.101 ; Le Rouzic, p.175. ヘブリディーズ諸島のサウス・ウイスト島でも、遺体を台所のテーブルに載せる風習がある(Goodrich-Freer, p.60)。

(2) スコットランドでは、遺体を清めてシャツと靴下をはかせたら、strykin beuird に載せ、上からシーツをかぶせる(W.

Gregor, p.207)。

アイルランドでは、死者の部屋の壁には必ずシーツを張り、ドアを開けたままにしておかなければならない。というのも、霊魂が部屋の中を飛びまわるからだ。棺が家から出て初めて、シーツを壁から取り去る（Haddon, p.351)。コークでは、泣き女たちが埋葬から戻る前に、遺体を安置していた部屋のしつらえを変えてはいけない（*Folklore*, t. VIII, p.76)。

（3）わたしは、この種のクロスを預かったことがある。それはたぶん、現存する最後のものの一つであろう。そのいきさつはなかなか興味深いので、ここに記しておくこととする。

一九〇九年の夏の晩のことだ。リズ・ベレックがわたしの家にやって来た。当時、家の近所に半ば廃墟となったケルヴィニウーの屋敷があり、彼女はそこに住んでいたのだ。リズはエプロンの中に、丸めた小さな包みを持っていて、いつものように礼儀正しく、少し時間があるか、と断ってから、低く謎めいた声で次のような話をした。

「ご存知でしょうが、最近、大勢のお金持ちが田舎を歩き回って、古いものを片っ端から掻き集めているんでございますよ。あたしの家にも、今から百年以上も昔のものがあるんですがね、見知らぬ人の手になんか、絶対に渡したくないんです。それは何の変哲もないただの布ですが、あたしにとってはかけがえのないものなんですよ。というのも、なにせそれはうちの父さんやじいさん、もしかするとひいじいさんたちが食べたパンを包んだクロスだからですよ。しかもパンのみならず、父さんたちが息をひきとってから棺桶に入れられるまで、遺体はこのクロスにくるまれていたんですからねえ（神さまが父さんたちの魂をお許しくださいますように！）。ところが、この布を骨董品として欲しいという人が来ましてね、百フランでどうか、というんですよ。そこで、金を積まれたって銀を積まれたって、これは手放さないって言ってやりました。でも、このよそ者たちは、あたしの留守中、妹のゴードしかいないときにやって来るかもしれません。妹はあたしほどこのクロスに思い入れがないから、お金に目が眩んで売ってしまいやしないかと、それが心配なんですよ。百フランといえば、あたしらのように懐に一リアールも持っていない貧乏人にとっては、結構な額のお金ですからね。だからそうなる前に、クロスをたたんで、ここに持って来たんです。これを預かってもらえませんかね。あたしからだと言って、お子さん方に渡してほしいんです。そうすれば、こっちも安心していられますから」

このように話しながら、リズはわたしの目の前で布を広げてみせた。言うまでもないことだが、わたしはいまでも、このクロスを大切に保管している。それは麻の薄い布で、名もない田舎の織工がつくった素晴らしい品だ。クロスは真四角ではなく長方形で、長さは二メートル、幅は〇・九メートルほど。縦に三本の赤いラインが入っていて、端には赤と青のフリンジがついている。全体的にやや色褪せた感じがするものの、織り地は驚くほど繊細で、それでいて丈夫にできている。

（4）カンブリーはこの風習について報告しており、レヌヴァンの慣わしだとしている（Cambry, t. II, p.16）。
スコットランドでは、家の死者が出たことを蜜蜂に知らせ、蜂の巣にベールをつける。これを怠ると、ミツバチは腹を立てて巣から出て行ってしまう（J. Frazer, p.281）。

アイルランドでは、ミツバチの群れが突然巣を離れると、その家に死が訪れる（lady Wilde, p.181）。

（5）アイルランドではときどき、棺に入れた死者の靴下をピンで留め、左右の足を揃えてやることがある。だが、遺体を土に埋葬する前に、そのピンを取らなければならない。そうでないと死者は、両足がつながっていると訴えに、ふたたび戻ってくる（Curtin, p.157）。死者が自由に動けるようにという配慮から派生した、また別の風習もある。それは、棺が家にあるあいだは蓋を釘で留めておくが、墓穴に降ろす間際にその釘を取り除き、取り去った釘を十字に交差させて蓋の上に置く、というものだ（*ibid.*, p.156）。スコットランドでは、遺体を納棺するとき、屍衣についているすべての紐をハサミで切る（J. G. Campbell, p.241）。ヘブリディース諸島では、遺体が室内に横たえられているあいだ、死者の両足の指、両手、顔にリボンが結ばれているが、納棺のときはリボンを切って、故人が心置きなく最後の審判に出かけられるようにしてやる（Goodrich-Freer, p.60）。死者に着せられた屍衣を縫う。この行為は、相手が死者であるからこそ許されるのであって、生きている人間に服を着せたまま、糸で縫ってはいけない（*ibid.*, p.29-30）。新生児の棺の蓋を釘で留めてはいけない。さもないと、次の子が生まれなくなる（lady Wilde, p.214）。
アイルランドでは、これとは正反対の信仰に基づいた、また別の風習がある。例えば、遺体の足の指に紐を結ぶことがある（Haddon, p.363）。死んだ女房を頑丈な棺に納めた寡夫は、すぐにまた新しい妻を迎えることができる（G. H. Kinahan, p.100）。

（6）これについては、ブルターニュ高等法院の古文書の中の次の決定（一七二四年九月二五日、Reg. 343, fos 15,16）を引用しておこう。「検事総長が糾弾するのは、……農夫たちが子供を埋葬するために樹木の皮を剥いで棺にし、そのせいで樹木が損なわれることで、そのために以下の事柄を定める……。

法廷は何人に対しても、樹木の皮、特に栗の木の皮を剥いだり、あるいは人を頼んで剥がし、それを子供の棺に用いることを禁じる。また、主任司祭、司祭、神父に対し、木の皮の棺に納められた子供の葬儀をすることを禁じ、これに従わない者は五百リーヴルの罰金を払うものとする……。さらに、地域の小教区の歌ミサで説教を行なう際、この決定を会衆者に知らせるものとする」

アイルランドには、死者を墓に運ぶためにしか、棺を使わない地域がある。ウェックスフォード州エニスコーシーでは、埋葬の際に死者を棺から出し、芝草を敷き詰めた墓穴に埋める。ケリー州ではその昔、墓穴に貝殻を敷き詰め、その上に遺体を置いた（A. S. G. p.39）。
（7）Cf. Le Calvez, p.36. スコットランドでは、遺体が安置されていた部屋を箒で掃くのは、子供を産む年齢を過ぎた女性の役目である。若い男女がこの作業をしてはならない（G. Henderson, op.cité, p.292）。
（8）「誰かが亡くなると、数人が、家の中に貯められた水という水を丹念に探し出しては、空にしていた。それは、霊魂が中で溺れてしまわないようにするためだという」（*Vie de M. Nobletz*, 1666, chez H. Gaidoz, *Revue celtique*, t. II, p.485）だが、これとは正反対の風習が報告されているケースもある（O. Perrin & A. Bouet, p.156）。魂がミルクで身を清めないように、すべての容器に水を満たしておく。ミルクを使うと、霊が腐ってしまうからだ。それから、霊が十分に身を清めたと思われるころ、家中の容器に入っていた水を捨てて、新しい水を入れなおす。スコットランドでは、家の中にあるミルクを全部地面に捨て、食料が腐らないように、すべての食べ物に鉄を入れる。ときには、残っている玉ねぎとバターを家の外に捨てることもある（W. Gregor, p.207）。ブルターニュでは、癌で死にかけている人がいると、テーブルの上にバターを置いておく。すると癌がバターの中に移るので、その人が亡くなった一時間後にそのバターを土に埋める（Le Calvez, p.91）。
（9）埋葬が終わらないうちは、馬を〔荷車や犂に〕繋いではいけない。だが、埋葬地と死者の家とが水の流れによって隔てられているときは、その限りではない（W. Gregor, p.207）。悪霊は流れを渡ることができない。
遺体が埋葬されないかぎり、誰も働いてはいけない（R. Clark, p.82）。スコットランドでは葬列が出発するとき、動物を放してやる。もし動物が葬列について行ったら、故人に愛着があったしるしだ（W. Gregor, p.212）。

（10）アイルランドにも同様の言い伝えがある。信心深い人の墓石の上には、光が見えるといわれている（Ph. Redmond, p.362）。歩く光については、Le Rouzic, p.120-121 を参照のこと。

死者が自分の前を歩いていて、追いつこうとしても追いつけない（P.Sévillot, *Revue de Bretagne, de Vendée et d'Anjou*, t. XI, p.91）。先を行く人間がいつも同じ距離を保っていて、追いつけないという話は、ケルトの民話に頻繁に登場する。『マビノギオン』の中の『ダヴェドの王プーウィル』ならびに『ダ・デルガの館の崩壊』を参照のこと（*Revue celtique*, t. XXII, p.37）。

（11）アイルランドの島々では、人が死ぬと一二本の芦に火をつけ、それをベッドのまわりに配置する。そうすれば、悪魔が死んだ人の魂を取りに来るのを防ぐことができる。悪い霊は火でつくったサークルの中には入れない（lady Wilde, p.118）。

（12）スコットランドでは、死んだ人の夢を見たくないときは、その人の遺体に触らなければならない（K. Carson, p.210）。葬列の参加者は、遺体の胸や額に触るといい。そうでないと、死者の姿が四六時中頭から離れなくなる（W. Gregor, p.210）。スザーランドシャーでは、殺された人の遺体は、誰かが触るまで腐らない（J. G. Campbell, p.243）。ヘブリディーズ諸島では遺体の上に手を置かなければ、その死者にふたたび会いまみえる（Goodrich-Freer, p.60）。

（13）コーンウォールでは、死者の手に触れるとある種の病気が治癒する、といわれている（M. A. Courtney, p.204-205）。アイルランドでは、死者の身体を包んでいたシーツの切れ端を患部に当てると、頭痛や腫れが治ると信じられている（lady Wilde, p.82）。死者の身体の上で革紐を切り、それを気づかれないように誰かに当てると、その人を自分の思うままに操ることができる（Deeney, p.17）。アイルランドでは、革紐が魔力を発揮するには、雄牛の身体の上で切らなければならない（G. Dottin, *Contes irlandais*, p.93）。

墓場で死者の手を盗んだ者は、この手を家の中に隠し持っているかぎり、近所の家のバターを盗むことができる（R. Clark, p.81）。洗礼を受けずに死んだ子供の手を悪魔の名によって墓場から掘り出すと、その手は強力な魔力を発揮する（lady Wilde, p.82）。

死者の手にろうそくを握らせると、そこにいる人たちは突如として睡魔に襲われる（*ibid.*, p.82）。

逆に、動物を使って遺体に触ると、悲惨な結果になる。アイルランドでは、横たえられた遺体の上を歩いた動物は、すべて殺さなければならない(L. Duncan, p.181)。スコットランドでは、人が亡くなると、メンドリやネコを外に出られないように閉じ込める。動物が遺体の上に飛び上がると、その後、その動物を最初に見た者は盲目になるからだ(W. Gregor, p.207)。

(14) アイルランドでは、通夜に出席した者は、いくつかの戒律を守らなければならない。塩をポケットに入れておき、その数粒を口に入れるのは良いことだ。そうすれば悪霊から守られる(Deeney, p.41)。時計が止まる。灰を片付けない。他人のろうそくではなく、自分のろうそくに、マッチか炉辺で火を灯す。通夜にこうしたことが起きるのは、良いこととされている。出席者にパイプを勧められたら、断ってはいけない。少なくとも、二口は吸うこと(*ibid.*, p.78)。通夜に出席した人は、聖水に手を浸してからでなければ、子供を抱いてはいけない(lady Wilde, p.213)。

ウェールズではかつてあちこちで通夜の習慣があったが、いまでは廃れてしまった(E. L. Barnwell, p.331)。

(15) ブルトン語の韻文による祈祷は、主に時祷書から翻訳されたもの。こうした時祷書はその昔、バス・ブルターニュ地方で広く流布していて、著者のドン・シャルル・ル゠ブリスの名をとって「ウリウ・ブリス」と呼ばれていた。このル゠ブリスという人はレオン教区の司祭で、クレデールの主任司祭だった。『ブルトン語とラテン語による時祷書』が初めて出版されたのは一七六〇年のことで、版元はカンペールのペリエ書房だった。

ウェールズでは人が死んだ後、故人の遺体のそばで祈祷を唱えて通夜をし、ベッドの両脇のろうそくの火を絶やさないようにする(H. C. Thierney, *L'Hermine*, t. XXXIV, p.9)。

アイルランドでは、通夜の席で、順番どおりに親戚が並ぶ。近親者は故人の枕元に座る。ときどき全員が立ち上がり、葬式の嘆き節を歌い、故人の美徳を称える。その間に故人の妻と子供たちは遺体に向かって優しく語りかけ、共に過ごした楽しい時を思い出させる(lady Wilde, p.119)。

スコットランドでは人が亡くなったら、昼夜の別なく遺体を見守る。特に夜が肝心で、悪霊が故人の身体にあとをつけないように見張らなければならない。通夜の席では聖書が朗読されることもあれば、たばこをふかし、ウィスキーを飲み、パンやチーズを食べたりすることもある(軽食は真夜中ごろに供される)。あるいは死者の声音や動作を真似して、臆病な人にいたずらしたりすることもある(Gregor, p.209)。アイルランドのリートリム州では、通夜の席でしかやってはいけない遊びがある。夜が明けたら、人々は技巧を競うゲームをして打ち興じる（*Folklore*, t. V, p.190-191）。リムリック州では日の出のあと、技巧を競うゲームをして遊ぶ。アイルランド南部では五〇年前、通夜の席で、二人の若者が戦いを真似たパントマイムを行なっていた。これは、二人のうち一人が亡くなり、魔法使いによってふたたび蘇る、という劇仕立ての遊戯である（lady Wilde, p.121）。ハイランドでは故人の友人たちが本気で、血を流すまで戦い続ける（J. G. Frazer, p.281）。通夜の出席者には飲み物やたばこをふんだんに振る舞い、死者に面目をほどこす（G. H. Kinahan, p.100）ある伝承の語り手は、通夜の集まりで結婚相手を見つけた娘は三人を下らないのだと言って、通夜の良い面を強調した（Cr. Croker, p.189）。

（16）スコットランドでは、埋葬の晩、遺体が安置されていた部屋にパンと水を置いておく。すると、死者が自分の分を食べにやって来る。この措置を怠ると、死者はあの世で安らかに眠れない（Gregor, p.21）。アイルランドには、人が亡くなったあと、夜、家の外に焼き菓子やジャガイモなどの食べ物を置く習慣がある。そうすると、霊魂がそれを食べにやって来る（lady Wilde, p.118）。一一月一日の前夜も、同様にする（*Ibid.*, p.140）。死者が食べるようにと、棺の中に胡桃《くるみ》を入れることもある（Curtin, p.54）。
　この胡桃《くるみ》は、アイルランドの『地誌《ディンハナクス》』〔いろいろな地名の由来に関する説話伝承集九世紀から十二世紀にかけて、現存の形に書きとめられた〕に出てくる、妖精の胡桃《くるみ》と同類のものだと思われる（*Folklore*, t. III, p.506）。知恵のハシバミや、同集成の詩に登場するハシバミも同様（*Revue celtique*, t. XV, p.457）。

（17）霊魂はミルクをたいへん好む。「ブルトン人の国で注目すべきは、死者に対する敬愛の念の強さである。人々は幾夜も親戚の墓に通いつめ、涙を流し、ミルクをお供えする」（Cambry, t. I, p.229）。

（18）スコットランドでは、人が亡くなると、椅子や家具に水を振りかける（W. Gregor, p.207）。

（19）同じようにアイルランドでは、他の人が使わないように、死者の清めに使った石鹸、タオル、水を藪の中に捨てる（L. L. Duncan, p.181）。ヘブリディーズ諸島では、病人が死ぬと、その人が使っていたベッドの干し草を捨てる（Goodrich-Freer, p.60）。

（20）ウェールズには、重病人の話として、どこからともなく優しい歌声が聞こえたことが伝わっている（E. Owen, p.305-307）。

(21)『バス・ブルターニュの語り歌』には、非常に不完全な形ではあるが、この不良神学生のバラードが掲載されている（*Gwerziou Breiz-Izel*, t. II, p.293）。このバラードはその昔、トレゴール地方の沿岸部一帯で大流行した。この地域でオリエ・アモンは、ろくでなし、放蕩者、偽悪家で通っていた。アモンはこの土地の生まれ（それがどこかは、わざと特定されていない）で、両親は息子を神父にしようと考えたのだが、神学校に入った最初の年から勉強を投げ出した。そして下男となって結婚し、妻の持参金で生活しながら国中を遍歴し、「惨めな死に方」をした。

(22) ウェールズでは、カード・ゲームの相手をするのは悪魔である。ゲームは通常、橋の上で行なわれる（E. Owen, p.147-150）。

(23) カーティン〔一八四〇年頃―一九〇六年。アメリカの民俗学者。ヨーロッパ、アジア、北アメリカを広範に旅行し、さまざまな民族や文化の口承伝承を収集した〕の採取した伝承によれば、通夜のためにテーブルの上に横たえられた死者が生き返り、放火事件の犯人とされたことについて、自分は無罪だと訴えた。あの世でのことを語ろうとしたとき、そこにいた人が話を遮ったため、男はふたたび死んでしまった（Curtin, p.149-150）。

(24) プルグレスキャンにある聖ゴネリーの泉には、大勢の病者がやって来る。泉へと続く小道は人々の往来が頻繁なため、地主が石で舗装した。聖ゴネリーにまつわる古謡には、泉の水は特に頭痛に効果があると謳われている。熱にも効くという話もあるが、熱については、聖人の墓の土を一つまみ採取し、それを小さな布の袋に入れて首からかけているほうが、余計にご利益があるとされている。

(25) スコットランドでは、開いたままの墓の上で嵐が起こると、故人があの世で苦しんでいるか、または悪魔と契約を結んだと言われている（W. Gregor, p.214）。

北ウェールズでは、冬のさなかに雷が光ったら、その小教区の重要人物が亡くなるしるしだ（*Archaeologia Cambrensis*, 1872, p.333）。

(26) ブルトン人の言い分によれば、背後のドアの閉め方を学ぶには、パリに行かなければならないそうだ。

(27) アイルランドでは、caoineと呼ばれる韻文形式の嘆き節を歌い、故人の美徳を挙げ連ねる。コーク州やケリー州では、職業的な泣き女がいた。リムリック州では、故人の近親者の女が、手に持った石で棺を打ちつけながら、嘆き節の音頭をとる（G. H. Kinahan, p.100）。ワイルド卿夫人〔一八二六―一八九六年。作家オスカー・ワイルドの母で、詩人。

アイルランドの古い伝承を集めたその著作は、イェイツから絶賛されている」は著書の中で、caoineの一例を挙げている（lady Wild, p.10）が、残念ながら、その収集場所は明確に記されておらず、著者はアイルランド語を解さないため（Cf. D. Hyde, p.XIII-XIV）、英語の翻訳がどれほど信頼できるかについては、判断しかねる。

（28）悪口を言ってはいけないだけでなく、死者を話題にするときは、常に尊敬の念をもって話さなければならない。ブルターニュでは、故人の名前を口にするときは、誰でも必ず「ドゥエ　ダ　バルドノ　アン　アナオン！」（神さまが故人をお許しになりますように）という決まり文句を唱える。スコットランドでいちばんよく用いられている文句は、chuid a fhlaitheanas da（天国に行けますように）もしくは、chuid a throcair da（お慈悲を賜りますように）の二つである（J. G. Campbell, p.239）。

（29）死者のことで嘘をつくのも、やはり大きな罪とみなされる。それは生者について一〇回嘘をつくより重い罪だ（Curtin, p.55, 本書103話を参照）。

第8章

（1）アイルランドでは、葬列に参加した人は全員、墓地へ行く道すがら、交代で棺桶をかつぐ（lady Wilde, p.119）。アイルランド西部では、遺体を墓地へ運ぶとき、棺桶を担いでいる人は道の半ばで立ち止まり、小さな石の記念碑を立てる。あえてそれに触ろうとする者は、誰一人としていない（*ibid.*, p.83）。

（2）霊柩車が墓地に行く途中で立ち止まったら、じきに故人の家族からもう一人死人が出るしるしだ（M. A. Courtney, p.218）。

（3）アイルランドでは、棺をつくったときに残った材木で高さ〇・六メートル、幅〇・二七メートルの小さな十字架をつくる。それを緑、青、赤、黄に塗り、先を細く削る。墓地に立てる一本は棺桶の中に入れ、そのほかの十字架は葬列の参加者が手に携える。墓地の手前の四辻には、トリネコかサンザシの木が生えている。葬列はいったんそこで立ち止まり、十字架を手に持っていた人は木に登って、十字架を枝に結びつける。この風習はコング（メイヨー州）、テナークル、バンナウ（両方ともウェックスフォード州）で確認されている（M. Stokes, p.145-148 ; cf. p.256-258 ; G. H. Kinahan, p.120）。

アイルランドでは、墓地に向かう葬列が古い教会にさしかかると、そのまわりを三回まわる（Haddon, p.360）。また、遺体を墓穴に降ろす前、棺を担いで十字に置かれた鋤《すき》のまわりを三回まわる（lady Wilde, p.83）。

（4）サン・マイユー（コート・デュ・ノール県）では、棺を教会に入れる前に、まず棺の左側、ついで右側を教会の扉に打ちつける（*Revue des traditions populaires*, t. VIII, p.558）。

（5）葬列を窓越しに眺めてはいけない。そんなことをしたら、じきに自分もそのあとを追って、墓に入る羽目になる（W. Gregor, p.214）。アイルランドでは葬列に出会ったらすぐに踵を返し、少なくとも四歩、行列のあとについて歩かなければならない（lady Wilde, p.83）。

（6）似たような民間信仰はスコットランドにも見られる。棺が担ぎ出されたらすぐに、それまで棺が置かれていた椅子を引っくり返し、日暮れどき、もしくは葬列が戻るまで、そのままにしておかなければならない。さもないと、死者の霊が戻ってくる（W. Gregor, p.212）。ウェールズでは今から五〇年ほど前、埋葬に立ち会った人々は最後の祈りがすんだあと、ローズマリーの枝を墓穴の中に投げ入れる習慣があった（*Archaeologia Cambrensis*, 1872, p.333）。

（7）ランリヴォアレの墓地には、七七二七体の聖人が埋葬されている。そこに入るときは、必ず靴を脱がなければならない。この決まりを知らずに木靴をはいたまま墓地に入ったよそ者が、みごと仰向けにぶっ倒れ、臓物が回りに飛び出したことがあった。墓地の一角には石と化したパンがあるが、これには次のようないわれがある。昔、ある領主が、パンの焼け加減を注意して見張っていた。だが、貧しい者に一切れ与えるのを拒んだため、パンが石になった（Sauvé, *Annuaire des traditions populaires*, t. II, p.20-23 ; cf. *Revue celtique*, t. III, p.220）フレマンヴィルは、聖人の数は七七七七体だとしている（Frémenville, *Antiquités du Finistère*, t. I, p.235-237）。この伝説については、A. de la Borderie, *Histoire de Bretagne*, t. II, p.505-507 を参照のこと。

（8）よく知られているブルターニュの伝承によれば、狂人サラウンの墓の上に咲く不思議な百合は、遺体の口から生えているのだという（Frémenville, op.cité, p.128）。アイルランドでは、ニーシェとデルドレの墓に生える二本の木の根は、それぞれの遺体に生えていると言われている（本書第13章参照）〔ニーシェとデルドレはアイルランドで最も有名な悲恋物語の主人公。『クアルンゲの牛捕り』の前話『ウシュリウの息子たちの流浪』の中に登場。最古の稿本は九世紀に成立したと見られる〕。コーンウォールでは、墓地を訪れる人は、そこに生えている低木には決して触らない。もし少しでも葉っぱや枝をむしろうものなら、夜、悪霊が家にやって来る（M. A. Courtney, p.218）。

（9）似たような民間信仰は、アイルランドにも見られる。新たに埋葬された人は休息できず、他の者たちの見張りをする。このため、同時期に二人の死者が出た場合、故人の家族はできるだけ早く埋葬しようと、迅速さを競い合う。レンヴィールでは、墓穴が掘られているとき、男たちはたばこやパイプを吸い、吸ったたばこをその場に残しておく。それが、新しく見張り役に就く墓守の霊魂への、ささやかなお礼なのだ（Haddon, p.363）。サルラックでは、墓石の上においてある箱にパイプを残しておく（*Folklore*, t. XII, p.104, 259）。キルムリーでは墓地に最後に入った死者は、煉獄にいる霊の唇を水で湿すため、水路を引く役目を仰せつかる。二つの葬列が同時に墓地の門に着いた場合、両者が戦い、勝ったほうが先に中に入る（K. L. Pyne, *Folklore*, t. VIII, p.180）。キルラネラの墓地には井戸があり、この井戸の上にある塀の中は一種の奥所になっていて、木のカップが収納されている。このカップは、五歳以下の子供を埋葬した人々が奉納したものだ。新たに死んだ者の霊は、先に埋葬されている霊たちに水の入ったカップを差し出し、次の葬列が来るまで墓地を守らなければならない（Kennedy, *Legendary fictions*, p.166-167）。死者は喉が渇くという考えは、ケルト文化圏に広く普及している。ヘブリディーズ諸島では、死者が喉が渇いたときのことを考慮して、遺体を出して空になったベッドに水の入った鉢を置く習慣がある（Godrich-Freer, p.66）。また、本書第7章を参照のこと。

新たに埋葬された死者は、他の人々の見張りを務めるか、あの世に薪や水を運ぶか、この世に戻って次に死ぬのは誰かを、その人の近親者に告げるか、この三つのうちのいずれかの役目を担う（lady Wilde, p.82-83, 213）。

ブルターニュでは、コロレックの墓地の墓石には、聖水盤代わりに小鉢がついている。それは、死者がこの世にいたときにスープを飲んでいたどんぶり鉢だという（A. Le Braz, *Annales de Bretagne*, t. IX, p.40）。

（10）ウェールズでは、万聖節の前日、真夜中になるとAberhafespの教会の門の下で、声が聞こえた。声は教会の堂内から響いてきて、一人の男を名指しした。その男は、数週間もしないうちに亡くなった（E. Owen, p.169-170）。アイルランドでは、復活祭、聖霊降臨祭、クリスマスの日、親族の墓をきれいに飾ってから、人々は暗がりの中、教会の門に佇んで、じきに亡くなる人々の名前を聞く（Croker, t. II, p.288）。

（11）農作業に必要な盛大な集いは、「大仕事」（devez braz）と呼ばれる。砂や海藻の運搬など、農園のいつもの働き手、資材ではやりおおせない重要な仕事があるとき、近隣の人々や友人を総動員する。それが「大仕事」だ。

(12) わたしはこの伝承の別のバージョンを、まったく違う地域でいくつか採集した。しかし、それらはみな、ここに挙げた話よりもずっと形が不完全で、新たな記述がまったく含まれていないので、特に書き記す必要があるとは思われなかった。物語の数は多いものの、どのバージョンを較べても、それほど大きな違いは見られないからだ。とはいえ、そのうち一つを代表作として、ここに掲げておくことにする。そうすれば、他のバージョンがどのようなものか、想像に難くないだろう。以下の話はカンペールで、ケルオアス在住の娘から聞いたものだ。

「一人の若いお針子が、パンマルク近辺に住んでいました。この娘はたいそう信心深く、アナオンのために日夜、祈りを欠かしませんでした。ある晩、普段より一時間遅く仕事をしてから家路をたどっていると、あたりに夕方のもやが立ち込め、どこからともなく悲しそうな呻き声が聞こえ来ました。娘は、『そこにいるのは、誰?』と尋ねましたが、誰も返事をしません。そこで、霧の向こうにいるのは罪の償いをしている霊で、助けを呼んでいるにちがいない、と思いました。翌日の朝早く、娘はさっそく教会に出かけました。そして、ミサが一つあれば救われる煉獄の魂のために、ミサを挙げてください、と司祭に頼みました。

その願いはすぐに叶えられました。

娘自身も、ミサに出席しました。式が終わって教会を出ようとしたとき、墓地で、真っ白な服を着た青年に出会いました。青年は娘の隣に並ぶと、こう言いました。

『その様子からして、きみはお針子さんだね?』

『はい、そうです』

『いつも仕事をしに行く家で、一日にいくら稼いでいるの?』

『一二スーです』

『ふーん、そうかい! もしきみが三〇スー稼ぎたいと思ったら、オーディエルヌに行くといい。広場の一角に、白い家が建っている。その家のドアを叩いて、玄関に出てきた女の人に、僕の紹介で来た、と言いなさい』

そこで娘は、言われたとおりにしました。でも、家の女主人の対応は、のっけからとても冷淡でした。

『僕の紹介だなんて、一体誰のことかしら? 心当たりがないわ。うちではお針子を探しているなんて、人に頼んだ覚えはありませんよ』

そのとき娘の目は、奥さんの首についている、ジェットのブローチに釘付けになっていました。そのブローチの中には、小さな肖像画が入っていたのです。

『すみません、奥さま』しばらくたってから、娘はふたたび口を開きました。『あたしを遣わしたのは、奥さまが首にかけていらっしゃる肖像画の方ですわ』

『まさか、そんな!この肖像画は、あたしの息子です。でも、この子はもう一〇年以上前に亡くなったのよ』

『じゃあ、あたしがお会いしたのは息子さんだわ。イエスさまとマリアさまに誓って、嘘は申しておりません!』

そこで奥さんは、これまでのいきさつを詳しく聞きました。娘は何一つ包み隠さず、お話ししました。ハリエニシダの茂みの中で物音を聞いたこと、次の朝さっそくミサを挙げてもらったこと、墓地で白い服をした青年に出会ったことも、何もかも。

そこで、お歳を召した奥さんには、息子が救われたのはこの娘のおかげだということがわかったのでした。そのとき以来、奥さんは娘を家に住まわせ、二人で仲良く暮らしました。そして、自分の財産をすべて娘に残して亡くなったのです」

(13) ブルターニュでは、残忍な幽霊はごく稀にしか登場しない。だがアイルランドでは、その手の幽霊が頻繁に出てくる。女の幽霊が夫を殺し、息子を殺そうとする話(*Contes irlandais*, p.8-10)。あるいは、妻の亡霊が夫を貪り食らう話(Curtin, p.114)。夜なると幽霊が家のまわりをうろつくので、扉の隙間からその様子を伺っていた人が、幽霊に手をつかまれた。また、外に出された犬が、夜遅くなって家に帰って来た。その身体は全身血まみれで、首には不思議なしるしがついていた(Deeney, p.66-70)。一人の男が毎晩続けて、三人の姉妹の幽霊と戦わなければならなかった。犂についている鎖を使って、ようやく何とか幽霊を封じ込めることができた(Curtin, p.127-130)。幽霊は人気のない道をさまよい、出会った者と手当たり次第に戦い、相手を殺す(*ibid.*, p.137)。軽率にも夜、墓地に足を踏み入れた娘が死者に呼ばれて、墓地からその死者の遺体を掘り出し、背中におぶわなければならなかった。娘は死者に命じられ、きれいな水も聖水もない家に、遺体を運んで行った。すると死者はその家の三人の息子を殺し、そのとき流れ出た血をオートミールに混ぜ、お粥をつくった。そして、そのお粥を、自分を負ぶった娘に無理やり食べさせようとした。

だが娘は用心し、食べたとみせかけて、その実、全部ハンカチの中に隠したのだった。雄鶏《おんどり》が夜明けを告げるころ、娘はふたたび死者を背負って墓に戻した。もし娘が、鶏が鳴かないうちに死者を墓穴に戻していたら、その傍らに埋葬され、もう二度と日の目を見られないところだったのだ。それから娘は、死者に連れて行かされた家にもう一度戻り、血入りのお粥を息子たちの口に入れた。すると、彼らは蘇った(Curtin, p.183-189 ; cf. *Contes et légendes d'Irlande*, p.149-152)。モルビアンでは、幽霊は通りがかりの人に挑みかかるが、深刻な悪さはしない(Le Rouzic, p.93)。

(14) Cf. Luzel, *Fantic Loho* ; *Légendes chrétiennes*, t. II, p.125. また、Fouquet, *Légendes, contes et chansons populaires du Morbihan* の中の『アリス・ドゥ・キニピリー』と題された民話を参照のこと。スーヴェストルも『最後のブルトン人』の初版に、『死者のシーツ』と題された、似たような伝承を記載している(E. Souvestre, *Derniers Bretons*)。この話は、第二版以降は削除された。

　死者の屍衣に手をつけてはいけない。たとえ盗んだのがその切れ端であろうと、死者が戻って来て、返せと要求する(J. Loth 採話、Guémené-sur-Scoff. Cf. Le Rouzic, p.145 ; Luzel, *Revue celtique*, t. XIII, p.200-219)。

　スコットランドではその逆で、故人の屍衣を少しだけ切り取り、故人の髪の房とともに、大切に保管する(W. Gregor, p.211)。

(15) アイルランドにはこんな民話がある。一人の男が葬式からの帰り道に、頭蓋骨を見つけた。男はそれを拾って、墓に運んで行った。途中、一人の死者が出てきて、その頭蓋骨は自分のもので、もしそれを持っていたら男には不幸が起こるところだった、と語った(Larminie, *West-Irish folklore and romances*, p.31-32)。ブルターニュの伝承にも、次のような話がある。一人の男が墓場で死者の頭蓋骨を拾い、家に持ち帰った。が、すぐまたもとの場所に戻さなければならなかった。というのも、頭蓋骨は絶えず大声で叫び、男は一時の休息も得られなかったからだ。墓場の中ほどまで来ると、悪霊どもが襲いかかってきて、男は滅多打ちにされた(P.Y. Sébillot, *Revue de Bretagne, de Vendée et d'Anjou*, t. XVIII, p.60-61)。

(16) 洗礼を受けずに祝福された地を通った子供は、不思議な力を持つとされる。本書第1章を参照のこと。

　ソーヴェの記録によると、「夜の洗濯女」が一人の女に、仕事を手伝ってやろうと申し出る。それに対して女は、両腕が痺れてしまって利かないんだよ、なにせ洗礼から戻って来たところだから、と答える〔腕が痺れたのは、ずっと赤ん坊を抱いていたため」。すると洗濯女は、こう答えた。「もしお前が無垢な子供を教会に連れて行ったのでなければ、今頃お前は、雑巾みたいに身体を捻られ、一度緩められてから、また逆方向に捻られているところだ。そうすりゃ、こんぐらかった糸をほぐす名人だって、お前の身体をほぐすことは出来ないはずさ」赤ん坊を洗礼に連れて行った女には、洗濯女の魔力は及ばない（Sauvé, *Annuaire des traditions populaires*, t. III, p.16-18）。

（17）この話は大筋として、本当に起きた出来事がもとになっている。もともとは、酔っ払いの話だった。一人の青年が酒を飲んで、納骨所から頭蓋骨を盗んで家に持ち帰った。酔いが覚めたとたん、自分の行ないが空恐ろしくなり、主任司祭に相談した。すると主任司祭は物語と同じような方法を指示し、そうすれば事が丸くおさまるだろう、と語った。これは、一八六〇年前後に起きた出来事である。この種の伝承は、ブルターニュに広く普及している。わたしはこれと似たような物語を、エリアンとプルガステルで採録した。現実に起きた出来事が、孵化寸前の状態にまでなっていた伝承に、生まれ出るきっかけを与えたにすぎない。

（18）スコットランドには、自殺者についての民間信仰が多数ある。スコットランドでは、自殺した人の遺体は水に沈まないとされている（W. Gregor, p.208）。自殺者は、普通の人とは別の場所に埋葬され、その前を通る者は墓に石を投げる。自殺者の墓には何も生えない。妊娠した女性がその上を歩くと、生まれてくる子供は死産になる（*ibid.*, p.215）。自殺者の墓は、海の見えない耕作地に設けなくはならない（*The Folklore Journal*, t. V, p.160）。もしその墓が海の見える場所にあると、ニシンがまったく網にかからなくなる（J. G. Campbell, p.243）。自殺者の遺体を家から出すときは、ドアからではなく、壁と藁《わら》葺き屋根のあいだにつくられた穴から出す（*ibid.*, p.242）。自殺者の頭蓋骨から飲み物を飲むと、てんかんが治る（G. Henderson, p.302）。

（19）いまだに昔ながらの習慣を守っているブルターニュの農家では、たいてい、クロスに包まれたパンが常時テーブルに載っている。客が来て、皆と一緒のテーブルにつくと、家の主人は客の前で、このクロスをテーブル掛けのように広げる。

（20）リュゼルの出版した民話。生前犯した罪を償うため、女の死者が毎晩三時間、裸のままでいなければならなかった。勇気ある生者が、この女に屍衣を差し出して初めて、死者は自由になれた（*Revue celtique*, t. XIII, p.200-219）。

（21）一人の女が墓地のそばでシーツを拾った。女はそれで女の子の肌着をつくった。夜、家の中でこう叫ぶ声がした。

「あたしの白いシーツを返しておくれ、さもないとお前を焼き殺すよ！」女は屍衣を墓地に返しに行ったが、そのとき、二歳になる自分の子供を連れて行った。このような対策を講じたため、女の命は救われた。「よくも、この小さな天使を連れて来たものだ。そうでなければ、お前を殺してやったのに」と、声は言った（P.-Y. Sébillot, *Revue de Bretagne, de Vendée et d'Anjou*, t. XVIII, p.65）。

（22）スコットランド、アイルランド、コーンウォールには、墓掘り人にまつわる数多くの言い伝えがある。その主なものをここに挙げておく。

最初に墓穴を埋めた者（あるいはその近親者）は、時を経ずして死ぬだろう（MacPhail, p.403）。月曜日に墓穴を掘ってはいけない。いったん墓穴を掘り始めたら、同じ墓掘り人が最後まで仕事をやり遂げなければならない（Haddon, p.358）。

コーンウォールでは、墓掘り人は新しく墓穴を掘る前に、教会の鐘を三度鳴らさなければならない（M. A. Courtney, p.218）。

新しい墓場にいちばん先に埋葬された者は、運がない（J. -G. Frazer, p.281）。人々は古い墓場を閉じて、新しい墓場を設けるのをひどく嫌がる（W. Gregor, p.215）。

（23）ポエズヴァラの墓掘り人は、一八八九年に亡くなった。したがって、この伝承ができあがったのは、ごく最近のことだ。もともとの事件はこうだった。主任司祭は、遺体を傷つけられた男のためにミサを挙げたが、その最中に亡くなったわけではなく、その日のうちに卒中の発作で亡くなったのである。

（24）アイルランドでは、他の遺体がすでに横たわっている場所に、決して別の死者を埋めてはいけない、という民間信仰がある。『マイル・ドゥーンの航海』〔十世紀頃成立したアイルランドの航海譚。主人公は仲間と武装して父親の仇を討つため、航海に出、旅のあいだ様々な不思議な出来事や冒険に遭遇する〕のエピソードや（H. d'Arbois de Jubainville, *Cours de littérature celtique*, t. V, p.495）、タイグ・オカハーンの物語に、同様の言及が見られる（*Annale de la Bretagne*, t. VIII, p.533, 535 ; D. Hyde, p.230）。

第9章

（1）スコットランドでは、一本もしくは二本のろうそくに火を灯し、遺体の傍らに置く。もし火が屍衣に燃え移ったら、死者は悪魔に引き渡されたしるしだ（W. Gregor, p.207）。墓が開いているとき驟雨《しゅうう》が降ったら、死者は幸せでいる証拠だ（*ibid.*, p.213）。

十八世紀のウェールズでは、棺桶が死者の家から教会へと向かうあいだ、棺が濡れるくらいに雨が降ったら吉兆である、とされていた（*Archaeologie Cambrensis*, 1872, p.332）。

（2）歯や歯痛というテーマは、死にまつわる言い伝えや風習にも見られる。

ラニオンでは、午後三時に歯が痛くなったら、近親者が死ぬ前兆だ。前兆を見聞きしたときに歯が痛くなったら、その人はじきに死ぬ（Le Calvez, p.90）。パンヴェナンでは、墓地で司祭を見かけたときに歯が抜けたら、その人は近いうちに確実に死ぬ（*ibid.*, p.90）。ヘブリディーズ諸島では、歯が抜ける夢を見たら、親しい友人が亡くなるしるしだ（Goodrich-Freer, p.52）。

コーンウォールでは、遺体と一緒に歯も埋葬する。そうすれば、死後、五体満足で復活できる（M. A. Courtney, p.343）。アイルランドのキルデアでは、羊、山羊、雌牛など、動物の歯を遺体のまわりにぐるりと置く習慣があった（A. S. G., p.39）。

（3）ウェールズでは、髪の毛を切ってもらったら、切った髪を丁寧に集め、隠しておかなければならない。その髪を焼くと、健康を損なう（Rhys, p.599）。

（4）「誰かが死にそうなときは、ここ（ランデルノー）に来て、煙を眺めるといい。煙がもくもくと上がっていたら、瀕死の病者は死後、至福の地に住むだろう。煙が濃ければ、絶望の洞窟に下り、地獄の洞穴に赴かねばならない」（Cambry, t. II, p.169 ; cf. Verusmor, p.340）。

（5）この名前は、哲学者のコルネリウス・アグリッパ（一四八六―一五三四）に由来する。アグリッパは *De occulta philosophia*（『魔術思想』）を著し、魔術こそはすべての学問の頂点に立つ真の学問である、と説いた。

（6）ブルターニュの聖史劇『エモンの四人の息子』では、地獄の学校に通っていたと言われるモジが悔悛し、次のように誓う場面がある。

「これからはもう『エグロムス』などではなく、
比類なき書、『イエスの受難』を、
アルベルトゥスの著作の代わりに、『聖母の戴冠』を携えます。
魔術書なんかずたずたに破って、捨てることにいたしますとも。」

（7）バス・コルヌアイユではこの本を「アー・ヴィフ」（生者）という奇妙な名前で呼ぶが、それはこの本が「生きている」からなのだろう。

（8）ウェールズに流布しているヒュー・スィウィトの物語を参照のこと。主人公は死の床で、魔術書を川に捨ててくれ、と娘に頼む。この頼みが実行に移されて初めて、心安らかに死ぬことができたのだった（E. Owen, p.253）。

（9）似たような話は、バス・ブルターニュ中に流布している。わたしは様々な場所で、二〇以上のヴァリアントを採集した。舞台となる場所や人物の名前が変わるだけで、ストーリーはいずれも大同小異だ（Cf. Le Carguet, p.61-62）。

（10）メネス・ブレ（高い山という意味）は、アレ山系の前面に一つだけぽつんと飛び出していて、半分はペデルネック、もう半分はルアルガ・コミューンに属している。メネス・ブレはトレゴール地方にとって、ちょうどオート・コルヌアイユにとってのメネス・ミケル〔サン・ミシェル島〕、もしくはフィニステール西海岸にとってのメネス・オムに相当する。つまり、この地域の聖なる山なのだ。ラニオン、ガンガンを旅する人の目には必ず、この山の青い稜線とその上に建つ小さな礼拝堂が映る。この礼拝堂は、俗謡詩人と放浪歌手の守護聖人、聖エルヴェに奉献されている。聖エルヴェはホメロスのように盲目で、狼を飼い馴らしたと言われている。草の生い茂った階段が、聖人のお社へと続いている。礼拝堂は、落雷のせいで二度にわたって部分的に破壊されたが、門は無傷だった。この門は、悪魔がつくったと言われている。礼拝堂全体がオフェルン・ドランテルに捧げられているのは、そんな言い伝えのせいだろうか？　この三〇番ミサは、いまだに人々のあいだで「呪われたミサ」と呼ばれている。いまではメネスは、幼い羊飼いたちが羊を連れてきて草を食ませる場所と化し、礼拝堂のみすぼらしい門も、せいぜい羊たちを西の風から守るくらいの役にしか立っていない。あたりには家畜小屋の匂いがほのかに漂い、質素な礼拝堂は、自然の中に淋しく立つ羊飼いの小屋のような外観をしている。あたり一帯には、細い草が密生している。ここからの眺めは素晴らしい。レゲ川、ジョーディ川、トリウー川の谷間が見下ろせ、マンシュ海峡へと流れ込む、この三本の川筋に分かたれた平野が一望できる。背後には、ブルターニュの背骨ともいえる、アレ山脈のうねる稜線が見える。晴れた日、ブレ山の頂上からブルターニュを眺めた者は、この国について素晴らしいイメージを抱くこと、間ちがいない。

（11）アイルランドにも、生まれる前にしゃべる子供のエピソードがある。H. Gaidoz, *Mélusine*, t. IV, col. 228-229を参照のこと。

（12）霊魂が小鳥の姿になるというテーマは、アイルランドの宗教民話に頻繁に登場する。天国でエリとエリックは小鳥に取り囲まれ、その小鳥たちに最後の審判の話をした（*Revue celtique*, t. XXXI. p.377）。本書第13章を参照。

第10章

（1）同様の言い伝えでは、溺死した水夫の遺体は、自然死するはずだった時期まで保存される（*Mélusine*, t. II, col. 253）。カーティンの採録した話には、幽霊に殺された男が、自分はこの世では死んだが、あの世では死んでいない、と言いに戻って来る（Curtin, p.139）。グランド島では、溺死者は死んでから九日目に川を上り、腕を交差した姿勢で立ち上がったあと、ふたたび横になる（Ch. Le Goffic, *Le Fureteu breton*, t. VII, p.137）。

（2）死者があの世で裸でいなくてもいいようにするには、故人の服を友人や貧しい人たちに分け与えなくてはならない。服をもらった人は最初のうち、ミサのときにのみ、その服を身につける。もらった服を着て日曜のミサに出席し、そのたびごとに服に聖水をふりかける。これを三週続けて行なったあとは、好きなときに着てもいい（Curtin, p.10）。だいたいの場合、葬儀のときに貧しい人々に分け与えたものはすべて、あの世で故人のためになる（Mac Phail, p.170）。本書81話を参照。

十八世紀、ウェールズでは、家の戸口に置かれた架台の上に棺桶が載せられたら、死者にとっていちばん近い血縁の女性が、棺桶越しに、白いパンを貧しい人々に与えた。ときとして、チーズの中に小銭を入れたものを分け与えることもあった（*Archaeologia Cabrensis*, 1872, p.331-332）。

（3）Cf. *Mélusine*, t. II, col. 262. ガンガンの周辺地域では、溺死者の死体があがらないとき、火を灯したろうそくをパンの上に立て、それを流れの中に入れる。遺体は、パンが止まった場所に沈んでいる（Cambry, t. III, p.159）。ミランの採録した言い伝えによると、溺死した男が娘の前に姿を現わしたが、それは遺体の沈んでいる場所だった（Milin, p.53）。

アイルランドとスコットランドでは、溺死者の遺体を捜すのに、水に藁《わら》を浮かべて流す。藁《わら》は、遺体が沈んでいる場所で止まる（Haddon. p.360）。司祭が硫酸紙に呪文を書き、その紙で藁《わら》を巻いてから、水に流す場合もある（*Choice Notes from Notes and Queries*, p.42）。あるいは、人が水に落ちた場所にパンを置く。パンは溺死者の死体がある場所で止まり、くるくる回転し始める（W. Gregor, p.208）。ときどき、川の中の溺死者が沈んでいる場所で、光が見えることがある（J. Frazer, p.281 ; cf. *Folklore*, t. VII, p.81）。遺体の沈んでいる場所を夢に見る人もいる（W. A. Craigie, p.376）。

（4）Cf. Sauvé, *Mélusine*, t. II, col. 254. バッツ島では、外国人の溺死者は、もしその人がキリスト教徒であれば、祝別された地に葬られたときに血を流す、といわれている（Milin, p.53）。

（5）この言い伝えがポール・ブラン以外のトレゴール地方に流布しているのかどうか、わたしは知らない。だが、ポール・ブランの住人は、この言い伝えを固く信じている。海辺の小屋に住む漁師に訊けば、その証拠に何千もの例を引き合いに出してくるだろう。一八九一年、シェルブールからやって来た一隻のラガー〔三本マストの小船〕が、七つ《セッティル》が島付近の岩礁に衝突した。船には、二人の水夫と船長で船主のベナール、そのほか乗客として石工が二人、乗っていた。船長と二人の水夫は陸地で助けを求めようと、ボートに飛び移った。そのあとで、漂着物にしがみついていた二人の石工を救出するつもりだった。漂着物は潮に流されてポール・ブランに到着し、石工たちは無事助かった。だが、ボートのほうは、七つが島の危険水域を通過するうちに、乗っている人もろとも沈んでしまった。数日後、二人の水夫の遺体が上がった。しかし、船主ベナールの遺体が見つかったのは、事故からようやく五ヶ月を経た、八月のことだった。ポール・ブランの漁師たちが沖に出たとき、舷側を遺体が流れていくのを目撃した。ほぼ無傷で残っていたその服装から、漁師たちにはそれが誰だかわかったのだった。死者の脇腹にはすでに海藻が根を張り、ブーツの靴底には巻貝がびっしり付着していた。漁師たちは遺体をつかまえようとしたが、肉がぼろぼろにこぼれて指のあいだを流れて行った。

（6）わたしはこの話をドゥアルヌネ在住のプロスペール・ピエールから聞いたのだが、その際、語り手は次のような話をつけ加えた。この話は、いまだにあたり一帯の語り草になっているという。イギリスのブリック〔二本マストの帆装船〕が、シェーズ岬の岩場にぶつかり、船も乗組員も海に飲み込まれてしまった。この悲惨な事故の翌日、ロテル洞窟を通りかかった船乗りたちは、中から悲しそうな叫び声が聞こえるのを耳にした。「あれは溺死者の声だ」と、かれらは考えた。そして十字を切ると、慌ててその場を遠ざかった。そこから少し離れた所で、船乗りたちは税関吏に出会い、事の次第を語った。税関吏はすぐさまボートに飛び乗ると、憤慨した船乗りたちが抗議するのも構わず、洞窟の中に入って行った。そこには若いイギリス人女性が、祭壇《ロテル》の形をした岩にしがみついていた。この岩のせいで、その洞穴は「ロテルの洞窟」と呼ばれていたのである。物語はメロドラマ風の結末を迎える。美しい遭難者は、自分を助けてくれた若者と結婚したのである。

ロテル洞窟は奥行きが四〇メートルあり、ドゥアルヌネの名だたる景勝地の一つに数えられている。エミール・スーヴェストル〔一八〇六―一八五四年。モルレー生まれの作家。ブルターニュを題材とした作品で知られる〕は、その著『最後のブルトン人』の中で、この洞窟をいささかロマンチックなタッチで描いているが、その描写は今日でも十分通用する。

(7)「サン島の叫び声の正体は、海難事故で死んだ人々の遺骨だ。かれらは死んでからというもの、波に弄ばれ、絶えず揺すぶられることに絶望し、墓に埋葬して欲しいと叫んでいるのだ」(Cambry, t. II, p.253 ; cf. Verusmor, p.271 ; Sauvé, *Mélusine*, t. II, col. 254)「善良なる人々は、こう信じている。不純な身体や遺体が岸に吐き出されて、初めて嵐が止むのだ、と」(Cambry, t. III, p.49)。夜、聞こえてくる大西洋のはるか彼方の波のうねりや風のうなりは、墓を求めて泣き叫ぶ溺死者の声だ(*ibid.*, t. I, p.72)。

(8)バス・ブルターニュでは、ときどきこう言われることがある。海の波をつくっているのは溺死者である、と(*Revue des traditions populaires*, t. XII, p.395)。海の波がものすごい音をたてて砂浜に押し寄せるのは、難船事故か、その他の災難が起こる前兆だ(Le Rouzic, p.152)。

(9)ヘブリディーズ諸島には、溺死しない時間、もしくは溺死しない人についての言い伝えがある。空に太陽が出ている間は、何人も溺れない。馬鹿は溺れない。というのも、人が水底に引き込まれるのは、脳みそが重いせいだから。口の上に小さな黒いしるしがある人も、溺れない(Goodrich-Freer, p.61)。

(10)オデ川とステール川はカンペールで合流し、川は町から二キロの地点でらっぱ状に広がり、一種の塩湖をつくっている。この湖は、「入り江」と呼ばれている。この湖を出たところで川はふたたび細くなり、流れが速くなる。この流れは「ヴィル・クール」と呼ばれている。

（11）アルズ島では、船が岸の岩場に乗り上げて壊れるのは、アンクーによって岩礁に導かれたからだ、と言われている（Verusmor, p.71）。

（12）W. Y. E. Wentz, *The fairy-faith in Celtic countries*, p.192-193を参照のこと。モワンヌ島のポートル・エン・オー（沿岸の少年）は、バ・ヴァヌテ地方で言うビュギュル・ノス（夜の羊飼い）や、コリガン（いたずら子鬼）と同類だ。船上ではよく働いて役に立つこともあれば、どうしようもないいたずらをすることもある。機嫌がいいときは、船乗りたちに嵐の到来を予告する（J. Loth, *Annales de Bretagne*, t. XVII, p.424）。ロクマリアケールでは嵐の前になると、ポートル・グェルヴェンが悲しそうな叫び声をあげるのが聞こえる（Le Rouzic, p.59）。

（13）ウェッサン島の言い伝えでは、イアニック・アン・オドは家の戸口に立ち、悲しそうな声でこう叫ぶ。「戸口の上に、少しばかり火をくれんかね」と。「戸口の上から燃えさしを渡そうとした者は、悲惨な目に遭う。というのも、まず腕が、次に身体が、燃えさしといっしょに戸をすり抜けるからだ。その後、その人がどうなったかは、誰にもわからない」（Luzel, *Revue de France*, t. IX, p.778）。

（14）永罰を受ける者たちは魔法の船に乗せられ、巨大な犬の姿となった悪魔どもに見張られる（Sauvé, *Mélusine*, t. II, col. 137）。

（15）聖エルムの火は、祈りを求める溺死者の霊である（Sauvé, *Mélusine*, t. II, col. 139）。

（16）アイルランドでは、海難事故が起きたり、人が死にそうになったりすると、優しい楽の音と、それに唱和する嘆き声とが聞こえる。それは、死者を引き渡すように求める妖精の声だ。悪運が成就しないようにするには、船で音楽を奏で、歌を歌わなければならない。そうすると妖精たちは、その音楽に夢中で耳を傾けるから、決定的瞬間をむざむざ逃してしまう（lady Wilde, p.81）。

（17）ル＝カルゲ〔一八四七―一九二四年。フィニステール考古学協会副会長を務め、キャップ・シザン地方の風俗を収集した〕によれば、舵手になるのは、その年の最初の死者である（H. Le Carguet, p.655）。

（18）ブルターニュでは海難事故のあと、幽霊船が目撃されることがある（P.Sébillot, *Revue des traditions populaires*, t. XII, p.395)。

幽霊船の伝説はコーンウォールにもある（W. Bottrell, p.141 ; M. A. Courtney, p.189)。スコットランドも同様（W. Gregor, p.330)。

ヘブリディーズ諸島では、海岸に船が上がっている光景は、じきに棺桶が必要になるという意味だ（Goodrich-Freer, p.52)。

（19）不思議な乗客たちが定員超過で乗船しているために、船には沈没の危険がある（A. Le Braz, *Contes du soleil et de la brume*, p.161)。似たような話に、死者を運ぶ船が霊たちの重みで沈む、というエピソードがある（本書序文参照）。

（20）バス・ブルターニュには、目に見えない水夫の霊によって曳航される船の言い伝えがある（P.Sébillot, *Revue des traditions populaires*, t. XII, p.394)。

（21）「あたしも、それと似たような話を聞いたことがある」と、夜の集いに参加していたジャンヌ・ベナールが言った。その話に登場する故人の霊は、尻軽女の霊で、船乗りたちは二晩ほど遊ぶつもりで乗船させたのだった。遊んだあとは海に追いやって、早々に厄介払いしたという。

（22）ヘブリディーズ諸島では、死者を運ぶとき、漁船を使わない（Goodrich-Freer, *Folklore*, t.X, p.272)。漁師が溺れると、もはや誰も、その人が乗っていた船を使わない（W. Gregor, *Revue des traditions populaires*, t. IV, p.660)。

（23）リュゼルは『ウェッサンへの旅』の中で、この記念碑の碑文を書き写している（*Revue de France*, t. IX, p.781)。

ここに
プロエラの十字架を
安置する。
ふるさとから遠く離れ、
戦さや
病、あるいは海難事故で
亡くなった
船乗りたちのために。

(24)ウェサン島の溺死者の仮埋葬については、すでに共和国暦八年〔一七九九年〕にテヴナールが言及している(Thévenard, *Revue des traditions populaires*, t. VI, p.156-157)。
Cf. P.Sébillot, *Revue des traditions populaires*, t. XIV, p.346-347 ; A. Le Braz, *Le sang de la sirène*, p.96-111. プルバナズレックでは墓場の一角に、海で亡くなった船乗りたちの名前を刻んだ十字架の慰霊碑が建てられている(*Revue des traditions populaires*, t. XII, p.369)。

第11章

(1)コーンウォールでは、海で死んだ船長の墓の中から、船が沈没したときに鳴らされていた警鐘が聞こえてくる(M. A. Courtney, p.189 ; W. Bottrel, p.277-278)。
(2)アーサー王物語群にも、モルガンという名前の妖精が登場する。アイルランドの叙事詩にも、モリガンという名前の人物が出てくる(L. A. Paton, *Morgan la fée*, Boston, 1903)。
(3)『ブランの航海』(七世紀)によると、人間にとって海に見える場所は、妖精にとっては花の咲き乱れる草原だという(*Selections from ancient Irish poetry*, p.6)。このような構想は、水没した町の伝説がもとになって生まれたのかもしれない〔『ブランの航海』は、アイルランドの異界譚。ブランは仲間たちと、女だけが住む楽園の島に赴き、一年を過ごす。しかし里心のついた一人の仲間、ネフタンが、禁を破って故郷の地を踏んだとたん、遠い昔に死んだ者のように埃となってしまう〕。
(4)水没したイスの町についてのもっとも古い言及は、ベルトラン・ダルジャントレの著書に見出せる(Bertrand d'Argentré, *L'Histoire de Bretagne*, 2e éd. 1588, p.94)。「国王(グラロン王)の存命中、カンペールの近郊にイスという町があったが、海に沈んで消えてしまった、ということを誰かが書き残している。いまでも住人たちは、町の遺構や廃墟となった城壁を見せてくれる。これらの建造物は、セメントできわめて頑丈に出来ているので、海が押し寄せて来たときも、ほとんど波にさらわれず、中にいたグラロン王も無事だった。このように町が水没するという災害は、ときどき他の場所でも起きている。現に神は、似たような運命からロトを救い、生きながらえさせた。だが、イスの水没についての確たる証言はなく、ただ古い噂話が口から口へと伝えられているだけだ」ほぼ同時期、ル゠ボーも次のように書き記している(P.Le Baud, *Histoire de Bretagne*, 1638, p.45-46)。「そのイスという大きな都は海のそばにあり、住民たちが罪深い生活を送っていたために、海の波が堤防を越えて押し寄せ、都を水の下に沈めてしまったのだといわれている。イスを治めていたグラロン王は、町が水没したとき、奇跡的に逃げ出した。それは聖ギンガルルスのおかげだといわれている。いまでも、岸辺にはそのときの遺構が残っており、昔そう呼ばれていた町の名前から、いまだにその場所はイスと呼ばれている」

アルベール・ル゠グランによると、近々イスの町が水に沈むということをグラロン王に知らせたのは、聖グウェノレだそうだ。「水没の原因は、善良なるグラロン王の恥知らずな娘、ダユー姫のせいだといわれている。ダユーは水の底に沈んでしまった」(Albert le Grand, *Vie des Saints de la Bretagne Armorique*, 1636, éd. Thomas et Abgrall, p.63)

イスの町の水没は、聖グウェノレにまつわるブルターニュ聖劇のエピソードのひとつ。ドゥ・ラ゠ボルドゥリーは、グラロン王の物語の起源はそれほど古くはないとし、伝説の萌芽は中世のレー、『グラエレント』に見られる、と主張している(A. de la Borderie, op.cité t. I, p.322-324)〔『グラエレント』では、グラドロン〔グラロンとも言う〕に相当するグラエレントが妖精に恋をし、妖精を追って異界へと赴く〕。

(5) バス・ブルターニュの水没した町の伝説については、Sauvé, *Mélusine*, t. II, col. 331-332 ;*Revue celtique*, t. III, p.220-222を参照のこと。ウェールズでは、海の底に沈んだ町の物語がカエル・ロダに残っている。それによると、ランゴース湖の底に水没した町があり、そこから鐘の音が聞こえたという(Rhys, p.367-368)。また別のウェールズの伝説では、いつも蓋を閉めておかなければならない井戸があり、あるとき一人の女が、蓋を閉めるのを忘れた。すると町が水没し、そのあとに湖ができた(*ibid.*, p.367-368)。『マヴィルのウェールズ考古学』の三題歌《トライアド》には、次のような話が載っている。ダヴェドの王、Seithynin はある日酔っ払って、グウィズネ・ガランヒールの国々に海の波をさし向けた。この水没した国は、いまのカーディガン湾の周辺にあると言われている(J. Loth, *Les Mabinogion*, 2e éd. , t. I, p.276. note7 ; t. II, p.310)。

アイルランドの『地誌《ディンハナクス》』には、水の神ネフタンの配偶神ボアンが悪い好奇心にかられ、魔法の井戸を溢れさせてしまう話がある。溢れ出た水は波となり、海へと流れ込んだ(*Revue celtique*, t. XV, p.315)。

スコットランドでは、二つの村がエリクト川に呑み込まれたといわれている(W. Gregor, *Revue des traditions populaires* ,t.IX, p.79)。

第12章

（1）アイルランドでは、人が不測の事態で死んだ場所に、通行人がめいめい小石を置いてケルンをつくる（Haddon, p.357)。スコットランドでは、夜のあいだ小鳥たちが殺人現場に飛んで来て、土を掘り返すと信じられている（G. Henderson, p.98)。

（2）スコットランドとヘブリディーズ諸島では、次のような方法で殺人犯を見つけられる。まず、殺人犯の手を犠牲者の遺体に触れさせる。すると、血しぶきが迸り出て、犯人の顔にかかる。あるいは、傷口から血が流れ出す（MacPhail, p.403)。

　アイルランドでは、殺された人の遺体を埋葬するときは、殺人犯の家の前を通らなければならない（Haddon, p.360)。

（3）アイルランドでは、もし墓から骨を盗んだりしようものなら、その骨の持ち主がやって来て、盗人につきまとって苦しめる（Th. J. Westropp, *Folklore*, t. XXII, p.56)。

（4）『ブルターニュの昔話』には、殺人に使われた斧が、じきにまた家の中で新たな死を誘発する、という話が出てくる（*Vieilles histoires du pays breton*, p.284-301)。

（5）殺された人は殺人犯が罰せられるまで、この世に毎晩、戻って来る（D. Hyde, p.160)。Thomas de Bûrca に殺された O. Conchubhair 王は、三晩続けてこの世に戻り、殺人者を地面に叩きつけ、三日目の晩、そのまま死なせた（G. Dottin, *Contes irlandais*, p.49-52)。幽霊の姿は、犯人以外の誰の目にも見えなかった。

　スコットランドでは、殺された人の幽霊が戻って来て、殺人犯が耐え切れずについに犯行を自白するまで、犯人を苦しめる（W. Gregor, p.69)。殺された人の靴を土に埋めると、死者が殺人現場に戻って来て人々を苦しめるのを、防ぐことができる（*Revue des traditions populaires*, t. V, p.255 ; G. Henderson, p.275-276)。墓場に出没する幽霊は犯罪者の霊で、犯した罪を生者に告白するまでは安息を得られない（W. Gregor, p.215)。

　ヘブリディーズ諸島では、殺された人の霊は殺害現場に出没する。それは、その人より強い人物が現れて、幽霊を打ちのめし、無理やり殺人のいきさつを聞くまで続く（Mac Phail, p.401)。

　ウェールズでは、殺された人の遺体が埋葬されず、剥き出しのまま横たわる場所に、その人の霊が現れる。それは犯人が罰せられるまで続く（E. Owen, p.193 ; Rhys, p.73)。

(6)アイルランドでは、麻縄の下をくぐる者は、尋常ではない死を遂げるか、もしくは犯罪を犯すと信じられている。これはおそらく、吊るし首の麻縄に関連づけられた言い伝えだろう（lady Wilde, p.206）。
(7)ブルターニュでは一般的に、非嫡出子の洗礼では鐘を鳴らさない。そのため、「音なしの洗礼」と呼ばれる。洗礼盤の上で私生児を抱きかかえるのは、褒むべき行為であり、神に子供の加護を願うためには良いことだとされている（Luzel, *Revue de Bretagne, de Vendée et d'Anjou*, t. IV, p.301）。
(8)アイルランドの民話では、妖精は自分と関わりのある人間をよく知っており、その人を名前で呼ぶ（*Contes et légendes d'Irlande*, p.12 ; cf. p.98, 195）。

第13章

(1)モルビアンでは、死者がやって来て腰掛けないように、三脚の鉄輪《かなわ》を片付けてしまう。というのも、死者が鉄輪《かなわ》に座ると、年が明けないうちに家族の誰かが亡くなるからだ（Fr. Marquer, p.178）。あるとき、小さな男の子の霊が鉄輪《かなわ》に座りに来た。ところがその鉄輪《かなわ》は、女中が意地悪をしようと思って、わざと熱くしておいたのだ。女中はその晩のうちに死んだ（P.Y. Sébillot, *Revue de Bretagne, Vendée et d'Anjou*, t. XVIII, p.61）。
(2)「レヌヴァン地方では、夜、決して掃除をしない。そんなことをしたら幸運が家から逃げていく、と言われている。というのも、箒の動きが家の中を徘徊する死者を傷つけ、死者を遠ざけるからだ。人々はそうした行為を、『霊魂の掃き出し』と呼ぶ」（Cambry, t. II, p.32）。
(3)真夜中の鐘が鳴ると、死者が目を開く（Verusmor, p.340）。ウェールズでは、死者の霊魂は真夜中に戻って来て、雄鶏《おんどり》の鳴き声とともに帰らなければならない（E. Owen, p.192）。
(4)ある晩、一人の男が人里離れた道で、見知らぬ人物に出会った。「いま何時か教えてもらえませんか？」と男が尋ねると、見知らぬ人は「生者は眠り、死者は出歩く時間だ」と答えた。そのとたん、相手の姿は、まるで道に呑みこまれでもしたかのように、掻き消えた（G. Dottin, *Contes et légendes d'Irlande*, p.143）。
(5)ウェールズにはこんな話がある。二人が共に道を歩くとき、そのうち一人だけが幽霊を見、声をかけることができる。だが、幽霊が答えるときは、もう片割れの方にだけ話しかける。そうでない場合、その人はじっと黙りこくっている（E.

Owen, p.192)。

（6）モルビアンでは、「夜の口笛吹き」が有名。その正体は悪い幽霊であるとされている（Le Rouzic, p.63, 118）。

（7）ゴールウェイでは、茨の茂みは、塵芥となって世界中に撒き散らされた死者の亡骸の上に生える、といわれている（D. Fitzgerald, p.175）。妖精の魔力と茂みとは、ほぼ常に結び付けて考えられている。例えば、これこれの植物の茂みを切ると、切った人はたちまち死んでしまう、というように（L. L. Duncan, p.61-65 ; Deeney, p.61-65）。

（8）似たような言い伝えは、アイルランドのいくつかの地域にも存在する。死者の霊魂は、生きていたときに暮らしていた場所で、生前犯した罪の償いをしなければならない。その一方で、救われた霊魂は地上に戻って来て、幸福に暮らす（MacAnally, p.110）。ゴールウェイでは、死後、地獄に堕ちるには善良すぎ、天国に行くには悪人すぎると判断された者は、地上に送り返され、最後の審判のときまでそこに留まる、と言われている。そのときが来たら、別の人の霊魂がこの者を探しに来て、一緒に天国に連れて行く（lady Wilde, p.116-118）。

（9）Cf. Fouquet, *Légendes, contes et chansons populaires du Morbihan*, p.12 ; P.Y. Sébillot, *Revue de Bretange, de Vendée et d'Anjou*, t. XVIII, p.65 ; Le Rouzic, p.117-118.

ヘブリディーズ諸島では、ある女の幽霊が、夜明け、他の死者の霊とともに墓場に戻ろうとしたところ、仲間より遅れてしまった。それは、女の歩みが邪魔されたからで、足を引っ張っていたのは、彼女が隣人から盗んだ息子たちだった。女は生前、この子供たちに糸を紡がせていたのだった（Goodrich-Freer, p.59）。

（10）Cf. E. Herpin, *Revue des traditions populaires*, t. XIV, p.579-580.

アイルランドとスコットランドには、洗礼を受けずに死んだ子供たちにまつわる言い伝えが数々ある。こうした子供たちは、日の出前に埋葬しなければならない。さもないと子供たちの霊は、住むところもなく、ひたすら空中を漂う（W. Gregor, p.215 ; cf. MacPhail, p.434）。受洗していない子供の墓の上を歩いた者は、自分の進むべき道を見失う（L. L. Duncan, p.182）。家族のうち最初に死んだ子供は、受洗せずに亡くなった子供たちのために特別に設けられた墓場に埋葬されなければならない。もしも、そうした子供を普通の墓場に埋葬しようものなら、その家族のほかの二人の子供たちも、立て続けに葬られる（Haddon, p.351）。

（11）死者の霊魂が野うさぎの形になる、というテーマは、アイルランド民話にときどき登場する。Thomas de Bûrca の母親も死んでから野うさぎとなり、猟師も猟犬もこれを捕まえることができなかった（G. Dottin, *Contes irlandais*, p.40,42）。お前はあと一週間しか生きられない、とディルムッド〔ケルト神話の人物。フィアナ騎士団の首領〕に予告した野うさぎも、おそらくこの種のものだろう（*ibid.*, p.231）。ケリーの住人は野うさぎを食べない。というのも、その中に祖母の魂が入っていると信じているからだ（Haddon, p.352）。コーンウォールでは、恋人に騙されて失恋の痛手から死んだ娘たちは、白い野うさぎとなってこの世に戻って来る、と信じられている（M. A. Courtney, p.189）。モルビアンでは、幽霊が野うさぎ、または白い野うさぎの姿で出現するといわれている（Le Rouzic, p.61, 63, 66, 67, 69, 71, 76, 77, 79, 82, 94, 102, 103, 106, 107）。

（12）この話とは逆に、Thomas de Búrca がゴールウェイの司祭に売った不思議な子豚は、一晩でびっくりするほど大きくなった。魂が子豚の姿を借りる話については、ル＝ルージックを参照のこと（Le Rouzic, p.73, 89, 112）。

（13）魂がカラスの姿となることについては、次を参照のこと。A. Le Braz, *Au pays des pardons*, p.61, *La terre du passé*, p.82. アーサー王は死んだのではなく、カラスに姿を変えた。だから、コーンウォールの人々はカラスを殺さない（Rhys, p.611）。

このほかにもブルターニュでは、死者の霊魂がさまざまな動物の姿をとると信じられている。ブレア島では、死者は黒猫やガチョウの姿になって戻って来る（Luzel, *Revue de Bretange, de Vendée et d'Anjou*, t. X, p.339, 340, 341）。ル＝ルージックは馬、猫、羊、ネズミ、ヤギの形の幽霊について、多数の例を報告している（Le Rouzic）。

アイルランドでは、悪い精霊はよく動物の姿になる。豚について（Ph. Redmond, p.363）。鳩について（Curtin, p.131）。魂は黒い犬の形になることもある（Deeny, p.77 ; cf. Br. J. Jones, *Folklore*, t. X, p.120）。アイルランドの民話では、大罪を犯して死んだ男が七年目に黒いロバに変身した（G. Dottin, *Contes irlandais*, p.149-150）。クロウタドリとツグミは、犯した罪を償うため、贖罪の地に追放された死者の霊魂だ。カラスやミミズクには、呪われた霊魂が宿っている（*The Gael*, 1902, p.397）。クレア州では、雄牛、馬、山羊、うさぎには死者の霊が宿っている、と信じられている（Th. J. Westropp, *Folklore*, t. XXI, p.343-349）。

コーンウォールでは、溺死者は動物の姿を借りてこの世に戻って来る（M. A. Courtney, p.189）。

魂が樽の形に変身する例がアイルランドにあると指摘されているが（*Folklore*, t. X, p.362）、他のケルトの国々では同様の例は見当たらない。

（14）ソーヴェの集めた民話には、かちんかちんに凍った、真っ赤な小さな男の姿となって贖罪を終えた、死者の霊魂の話が出てくる。死者は、人間の寝ている寝床で身体をあたためて初めて、罪の償いを終えることができた（Sauvé, *Revue des traditions populaires*, t. VII, p.108-114）。

アイルランドの伝承には、死者が寒さで凍えるエピソードがよく登場する。アメリカで死んだ女がアイルランドの岸辺で彷徨い、通りがかりの人をつかまえて伝言を頼む。その内容は、母親に靴下とスリッパを買い、それを自分の名前で貧しい人々に分けてほしい、というものだった。この女は、寒さのせいで死んだのだった（Curtin, p.146）。

（15）十世紀アイルランドの黙示文学『アダムナーンの幻視』には、生前、慈悲深かった罪びとは、銀の壁によって地獄の火から守られる、と言及されている。その壁は、彼らが生きていたとき、貧しい人に与えた服やお布施でできている。

（16）アイルランドでは、死んだ両親のさまよえる魂が、夜のあいだ家にやって来る、と信じられている。そこで人々は、霊たちが身体をあたためられるように、暖炉のそばに椅子を置いておく（Deeney, p.7）。

（17）この石塚は一種のケルンで、メネス・オムの二つの峰のあいだの「メネス・ケルハ」と呼ばれる場所で、ローマ時代につくられたクロゾンへ続く道の近くに積み上げられている。

（18）マルク(Marc'h)とは、馬の意味。フランスの古い物語では、コルヌアイユの王であるとされ、『マビノギオン』やウェールズの三題歌では、アーサー王の家来で、マイルハウンの息子マルフであるとされている。マルク王を主人公とした物語に、ギリシャ神話のミダス王とまったく同じ内容の伝説がある。マルク王は、自分の耳が馬の耳であることを言いふらされては困ると思い、床屋を全員殺させる。そのなかで、自分が見たものについて絶対に他言しないと誓った一人の床屋だけは、殺されるのを免れた。だが、心のうちに秘めておくには、この秘密は重すぎる。そこで床屋は、海岸の砂に向かって秘密を打ち明けた。この砂浜から三本の芦が生え、芦は横笛にされた。すると笛は、「マルク王の耳は馬の耳」と、繰り返すのだった。ブルターニュではこの伝説は、ドゥアルヌネ一帯に伝えられている(Cambry, t. II, p.287)。ウェールズでは、*Y Brython*, 1860, p.431 に引用がある(Cf. Rhys, p.233-234)。アイルランドにも、ラブラス王を主人公とする同様の伝説がある（*Revue celtique*, t. II, p.197-199 ; Kennedy, *Legendary fictions*, p.219-224 ; G. Dottin, *Contes et légendes d'Irlande*, p.201-202)。

第14章

（1）Cf. E. Souvestre, *Le foyer breton*, 1845, p.233. ウェールズでは逆に、クリスマスの晩、悪霊は出現しないと言われている（E. Owen, p.192）。

（2）クリスマスと聖ヨハネの日の夜は、悪霊を恐れなくていい。幼子イエスと聖ヨハネが呪いの効力を消してくれるからだ（Sauvé, *Mélusine*, t. III, col. 358）。真夜中のミサが行なわれているあいだ、煉獄の炎は消え、死者は地上に現れない（Luzel, *Revue de Bretagne et de Vendée*, t. X, p.431）。納骨堂に潜んでいる勇気のある者にはアンクーがやって来て、その小教区で翌年亡くなるはずの人たちの名前を教える（Sauvé, *Revue des traditions populaires*, t. II, p.536）。モルビアンの言い伝えによると、アンクーは、年内に死ぬ運命の人に、指で触れる。アンクーを見るには、前の晩、九つの星が出るまで断食をし、聖水盤に人差し指をひたしたままにしなければならない。そのとおりにした一人の男が、アンクーが自分のほうへやって来るのを目撃し、慌てて教会から出ようとしたが、聖水盤の水が凍っていて、人差し指を抜くことが出来なかった（P.M. Lanvenot, *Revue des traditions populaires*, t. VII, p.569）。

（3）アイルランドでは万聖節の夜（サウィン）、幽霊が出現する。この晩、背後で足音を聞いても、決して振り返ってはいけない。足音をたてたのは幽霊で、死者と目があうと死んでしまうからだ（lady Wilde, p.140）。ウェールズでは、輪になって踊る妖精を見るチャンスは、万聖節の晩がいちばんだとされている（Rhys, p.457）。

ウェールズのヒアフォードシャーでは、万聖節の前夜の真夜中、修道僧の服を着た悪霊が教会でミサをあげ、年内に死ぬ人の名前を告げる（Rhys, p.328）。異教徒の時代のアイルランドでは、サウィンの祭り以外に、もう一つ、大きな祭りとして、五月一日のベルテネ祭があった。民間の風習には、いまだにその名残が見られる。クローカーによれば、五月一日の前夜、良い霊も悪い霊も、大勢の霊魂が野山をさまよう（Cr. Croker, *Fairy legends*, éd. Wright, p.153）。

アイルランドのある地域では、公現祭〔一月六日〕の夜も霊魂の祭りである、とされている。その晩、死者たちがさまよい、それぞれの家の屋根では、霊魂が、自分たちを煉獄から引き上げてくれるお祈りがなされるのを待っている（lady Wilde, p.83）。

（4）クリスマスの晩、溺死者たちも行列になって、海の上を進む（A. Le Braz, *Vieilles histoires du pays breton*, p.196-201）。

（5）Cf. Fr. M. Luzel, *Veillées bretonnes*, p.5 ; R. F. Le Men, *Revue celtique*, t. I, p.426） トレギエの司教ペナルスタンクは死して

なお、毎晩この世に舞い戻り、プルゴンヴェンの教会でミサを挙げようとした。アイルランドの亡霊のミサについては、Th. J. Westropp, *Folklore*, t. XXI, p.343を参照のこと。

(6)Cf. N. Quellien, *Revue d'Ethnographie*, t. IV, p.89. Aveneau de la Grancière, *Revue Morbiannaise*, 1912, p.171-173. パンプルでは、使われなくなった魚籠を漁の網にくるみ、薪のように積み上げて燃やす(A. Le Braz, *Annale de Bretagne*, t. IX, p.594)。

(7)アイルランドでは、聖ヨハネの日の晩、男たちがクノック・エネの上に集まる。竿に藁《わら》束や干し草を括りつけたものを持ち寄り、火をつける。それから、行列をつくって丘のまわりを一周したあと、各自、畑に散り、即席のたいまつを振り回す。そうやって、翌年も五穀豊穣で、家畜が元気でいられるように願う。あるとき、近所の人が亡くなり、たいまつをまったく燃やさなかった年があった。それなのにクノック・エネの丘は、これまでにないほど明るく輝いていた。それは、死者が生者の代わりにお役目を果たしたからだった(D. Fitzgerald, *Revue celtique*, t. IV, p.189)。クレア州では、人々は聖ヨハネの火のまわりで踊り、そこに家畜を通らせる(Th. J. Westropp, *Folklore*, t. XXII, p.206)。

(8)「聖ヨハネ祭の前夜、家族によっては焚き火をすることがある。そのとき数人が、篝火《かがりび》のまわりに小石を置いていたが、それは亡くなった両親や祖先が火にあたれるようにするためだ」(*Vie de M. le Nobletz*, H. Gaidoz, *Revue celtique*, t. II, p.485)この習慣については、モルヴァル伯爵夫人(旧姓アナトリー・ドゥ・ケルゲネック)も『モルビアン通信』で言及している(*Lycée armoricain*, t. IV, 1824, p.455)。*Le Fureteur breton*, t. II, p.152も参照のこと。

アイルランドのトラハトガでは、一〇月三一日の晩に大きな焚き火を燃やす(Rhys, *The Hebbert Lectures*, p.515)。初期中世のアイルランドのテキスト、『ダ・デルガの館の崩壊』には、サウィンの火と小石についての言及が見られる(*Revue celtique*, t. XXII, p.170)。万聖節の前夜の焚き火は、ウェールズにもある(*The Cambro-Briton*, t. I, p.351)。各家庭は、家の周囲の、外からいちばんよく見える場所で火を燃やす。火が消えたら、各人が灰の中に白い石を投げる。その石には、あらかじめしるしをつけておく。翌朝、石が見つからなかったら、それを投げた人は翌年の万聖節が来る前に死ぬ。もし焚き火が消えたら、全員大急ぎで逃げなければならない。逃げ遅れて最後になった者が、悪魔のえじきとなるからだ(Rhys, p.225)。

(9)Cf. A. Le Braz, *Pâque d'Islande*, p.195-197. アイルランドでは、五穀豊穣を願って、この灰を畑に撒く(Haddon, p.359)。カルナックでは、人と家畜に害が及ばないよう、炭と灰を厄除けのお守りとしてとっておく(Le Rouzic, p.189)。

（10）「死者の祭りの前夜、海岸の砂粒よりも多くの霊魂が各家庭にやってくる、と言われている」（Cambry, t. II, p.32）

死者は、ときどきは墓穴から出てもいいことになっているが、万聖節の晩にはすべての死者がこの世に現れる。死者たちは友人の家にやって来て、炉辺に座る。だが、それを見ることができるのは、年内に死ぬ定めにある人たちだけだ。死者の訪問に備えて、人々は念入りに掃除をし、暖炉に火を入れ、祈りの文句を唱える（Curtin, p.157）。一一月三一日から死者の日まで、すべての霊魂の苦しみは中断される（Br. J. Jones, *Folklore*, t. X, p.121）。謝肉の火曜日《マルディ・グラ》〔聖週間に入る前の肉を慎む四旬節の前日で、謝肉祭の最終日〕と万聖節の日、死者の霊は煉獄を飛び出し、家に戻って来て炉辺に座る。この両日、家の中に食べ物や火がないと、大きな不幸が起きる（Haddon, *Folklore*, t. IV, p.359）。五月一日には、家の中から火や食べ物、それにミルクを持ち出してはならない。もし旅人が一杯のミルクを所望したら、家の中で飲ませ、魔よけのためにミルクの中に塩を入れることだ（lady Wilde, p.106）。同様に、人が死にかけているとき、家の中の火を外に持ち出してはならない（*ibid.*, p.118-119）。

スコットランド高地では、元旦や聖ブリジットの日、そしてとりわけベルテネとルーナサの日〔ケルトの光の神ルーの祝日。八月一日〕に、家の中から火を持ち出してはならない（J. G. Campbell, p.235）。

（11）わたしはこの歌を宗教歌集から翻訳した。歌集を編んだアンリ師は、民衆のあいだに伝えられてきたテキストを少しばかり改変したが、そうした変更はいくつかの表現を対象として行われたにすぎず、それも学識的に見て、よりブルターニュ的な本来の形式を与える目的で実施されたのである。そのうえ編者は、誠実にも、現在使われている用語に代わるべきものとして、古語の語彙を書物の冒頭に列挙している。

ここにわたしが翻訳したグウェルス〔語り歌〕には、読む人の心に滲みるような趣があるが、望むべくは、本来この歌が歌われる御霊送りの場で、農民たちがその粗野な声を震わせながら、ブルトン語で歌うのを聞いていただきたいものだ。わたし自身、万聖節の晩、黒山地方の辺鄙なスペゼの町にある、質素な墓場でこれを初めて聞いたとき、心が激しく揺すぶられたことを決して忘れはしない。コルヌアイユの中央にあるこの地域一帯は、それ自体がいわば先史時代の墓場だといってもおかしくはない。淋しい荒地から棘《とげ》のように突き出した丘陵は、まるで神秘的なケルンの群れのようだ。この広々とした死の国で、力強い旋律にのせて、ゆったりとして単調な嘆き節がせつせつと歌われると、聞き手は、その荒々しいまでの雄大さに心打たれ、他では経験しがたい特別な慄きを覚えるのだ。

(12)このように死者のために陰膳を用意する習慣は、ますます稀になっている。だが、完全に廃れてしまったわけではない。一七九九年、キャンブリーは次のように記している。「一一月一日、辺鄙な地域（カンペール地方）では、いまだに死者のためにクレープや食事を用意する」(Cambry, t. III, p.48 ; cf. O. Perrin & A. Bouet, t. III, p.160 ; A. Le Braz, *Pâques d'Islande*, p.307)

モワンヌ島（モルビアン県）では万聖節の夜、死者のためにクレープの載った皿をテーブルに置いておく。その晩、死者たちはこの世に戻り、かつて住んでいた家を訪れることが許されている。だが、一番鶏が朝を告げたら、地下に帰らなければならない（A. Mauricet, *Bulletin de la Société polymathique du Morbihan*, 1877, p.89)。ウェールズでは万聖節の前夜は楽しく過ごす。人々は焚き火をたいて踊り、格闘技をして楽しむ（*The Cambro-Briton*, t. I, p.351)。

(13)この「霊魂の哀歌」は、次の人々によって出版されている。L. Dufilhol, *Revue de Bratagne*, 1833, p.185-188. Guionvac'h（訳文p.205, 原文p.375）H. de la Villemarqué, *Barzaz-Breiz*, 6éd., p.507。ここに記載した訳文は、哀歌を文字だけで写したにすぎない。人里離れた農家の箱ベッドで寝ているとき、この悲痛な調子の哀歌が聞こえてきて、びっくりして飛び起きる。バス・ブルターニュの御霊歌がいかに強烈な哀愁に満ちており、胸をえぐられるかのような荒々しい悲しみを帯びているかを本当に理解するには、そうした体験が必要だ。

第15章

（1）これに似た光景が、ロクロナン小教区の記録に記されている。「上述の者たちは前任者たち（おそらく教会建築財団委員会）が同じことを話していたのを聞いたと、口を揃えて断言した。すなわち、鐘がひとりでに鳴り、前述の聖遺物が十字架や旗とともに出て行って、行列するのを目撃したということだ」わたしはこの一文をトマ師の小冊子から引用させてもらったが、そこには、省略された形の記載があるだけだ（*Semaine religieuse de Quimper*, 1887)。本文の言い伝えについては、主にカンペールの果物売りの老婆から聞いた。この老婆はもっぱらナイックとだけ呼ばれていて、苗字はわからない。これらの言い伝えは、バス・コルヌアイユ全域に流布している。

（2）これ以外にも、義務とされる巡礼がある。例えば、ランドローの「聖遺物巡り」も、その一つ。生きているうちにこの巡礼をしておかないと、死んでからこの世に戻ってそれを果たさなければならない。そのときは、棺を肩に背負い、毎日棺の長さと同じ距離しか進めない（A. Le Braz, *Annales de Bretagne*, t. IX, p.36-38）。本書92話を参照のこと。

（3）このことは、不思議な詩情に満ちたドン・ジャン・ドゥリアンの美しいグウェルスに示されている。

その一部をここに紹介しよう。ある晩、ドン・ジャン・ドゥリアンが寝ていると、声がこう語りかけた。

「ドン・ジャン・ドゥリアン、お前さんは柔らかい羽根布団で寝ているが、わたしはちっとも眠れない」

「いったい誰だね、夜もこんなに更けてから、わたしの家で騒ぐのは？　司祭に叙階されてから、これでもう三日経つ。そのときから、わたしは一睡もできやしない。悪霊の仕業か、それとも死者の霊魂のせいか、さっぱりわからぬ」

「悪霊ではない、わたしだよ。そうとも、お前の母さんだ。お前を産んで育てた母さんだよ！　いいかい、ドン・ジャン・ドゥリアン。罪の償いをしなければならない者は、ほかでもない、お前の生みの母なのだ。息子のお前が助けてくれなきゃ、わたしは炎の餌食だよ」

「気の毒な母さん、教えてくださいな。どうすれば母さんのためになるのか」

「昔、わたしが元気でこの世を歩きまわっていたとき、スペインやドイツに行こうと願掛けをした。スペインやトルコの聖ヤコブさまの御堂に巡礼しようと。道は長く、ここからは遥か彼方の場所に！」

「気の毒な母さん、教えてください。わたしがそこに行ったなら、母さんのためになるのかどうか」

「自分で行けなかった巡礼に、お前が行ってくれるなら、こんなに助かることはない」

「ならばよろしい、参りましょう。お気の毒なお母さん。それがあなたのためになるなら、たとえそれがもとで死のうとも、わたしはそこへ参ります」

そこでドン・ジャン・ドゥリアンは妹の家に行き、こう話した。

「シャツを一ダースほど用意しておくれ。それに、同じ数のハンカチと三角帽を三、四個。そうすれば、わたしが司祭であることはすぐわかる」

すると妹のマリーは、ジャン・ドゥリアンに向かってこう言った。

「兄さんを神学校で勉強させて、うちの財産はすっからかん。それなのに、いまさらここを出て行くつもり？」

「お黙り、妹。怒ってはならぬ。これはみんな、わたしたち二人を育てた母さんのためにすることなのだから。わたしはトルコの聖ヨハネの御堂に行かねばならぬのだ」

「兄さんこそ、黙ってよ。お願いだから、家にいて。その代わり、別の人に行ってもらえばいいことよ」

「代理の者ではだめなんだ、自分で行くと言ったのだから。だからわかっておくれ、行かねばならぬ」

ヴァンヌ方言で書かれた、このグウェルスの完全版は、*Annales de Bretagne*, t. I, p.363-372 に掲載されている。

（4）ある晩、ボーメールの住人が二人の男に出会った。二人の姿は見えなかったが、話し声はよく聞こえた。一人がボーメールの住人の前を歩き、もう一人は隣に並んだ。隣の男が、お祈りの文句を覚えているか、と尋ねた。住人が、知っているとも、と答えると、二人は言った。それはよかった、さもなければお前は、ひどい目に遭うところだったのだ、と（Le Rouzic, p.61）。

（5）聖グルヴェンの生涯にも似たような話が伝えられているので、ここに記しておくことにする（Dom Lobineau, *Vie des saints de Bretagne*, 1725, p.206）。
一人の男が、これこれの期日までに、近所に住む男と一緒にローマに巡礼する、と願を掛けた。ところが、この男は近所の男に、巡礼を延期してくれと頼み込み、そうこうするうちに相棒は死んでしまった。聖グルヴェンは男にローマに行くことを命じ、その際、死んだ相棒の身体を革袋に縫い付けて一緒に持っていくよう、言いつけた。男は言われたとおりにした。素直に言いつけに従ったため、あるいは聖グルヴェンの功徳のせいで、男の償いは軽減された。というのも、革袋がたいそう軽くなったため、男は肩に何も乗っていないような気がしたからだ。

第16章

（1）生者が悲しむと、あの世で暮らす死者をよけいに苦しめる、という考えについては、Luzel, *Veillées bretonnes*, p.34- ; *Revue de Bretagne, de Vendée et d'Anjou*, t. IV, p.300 を参照のこと。ケネディの報告によると、アイルランドには次のような伝承がある。慈悲深いことで有名なある奥方が、死後、侍女の前に姿を現し、友人たちが自分の死を悼み、善良さを褒め称えることについて、不満を洩らし、こうした愛惜の情のせいで、わたしはあの世で苦しんでいるのです、と言った（Kennedy, *Legendary fictions*, p.164）。
同様の言い伝えは、スコットランドの民話にも見られる（Mac Innes, *Folk and hero tales*, p.69, 452）。スコットランドでは、生者の涙が死者を傷つける、と言われる（J. Frazer, p.281）。

（2）わたしが足を運んだブルトン語圏のほとんどの地域で、これと同じ伝承を耳にした。確かに、人口にもっとも膾炙している物語の一つであろう。どの地域でも、ストーリーと細部はほぼ変わらない。しかしながら、ポール・ブランで採取されたヴァリアントは特筆に価する。それを語ってくれたのは、ジャンヌ＝マリー・ベナールだった。

「……娘は告解室の奥から、死者の霊が行列をつくり、しずしずと進み行くのを目の当たりにしました。すると不意に、鈴が、悲しげな弔いの鈴が、あたりに鳴り響きました。

そのとき、娘は見たのです。鈴を鳴らしていたのは、自分の母親でした。母親は歩きながら、陰々滅々たる音の鈴を揺すっていたのです。スカートのまわりには、鈴が何列にもわたって重なり合っていました。最初の晩、鈴は膝の辺りまでしかありませんでしたが、三晩目はそれがウェストのあたりまでついていました。スカート全体が、鈴でびっしり埋まっていたのです。

「この鈴はどういう意味なの、母さん」

「ああ、この罰当たりめが！　みんな、お前のせいなんだよ！　お前がわたしを思って流す涙が、一粒一粒、この小さな鈴になるんだ。しかも、鈴一個が鉛のように重いときている。こんなに重いものを身につけて、どうやって天上へのぼっていけるというんだ！　見るがいい、もうこんなに他の人に遅れをとっているじゃないか。わたしが永遠の至福に預かれる日が来るのを、お前が邪魔しているんだ。いつそんな馬鹿げたことをやめてくれるんだい？　鈴がこんなにも悲しげに鳴り響き、わたしの苦しみをみんなに知らせているけれど、それにはちゃんとした理由あってのことなんだよ！」……

涙が鈴になって、悲痛な音を奏でる。なんと奇妙で詩的な想像力から生まれたエピソードだろう。

この伝承は広く伝播している、とわたしは記したが、その通り、民謡にも歌われている（*Guerziou Breiz-Izel*, t. I, p.61）。

（3）アイルランドの民話に、魔法の城から帰還し、両親の待つ家に戻った男は、人にキスをしても、人からキスをされてもいけない、という記述がある（G. Dottin, *Contes et legendes d'Irlande*, p.105 ; Kennedy, *Fireside stories of Ireland*, p.61-62）。

第17章

（1）三という数は、死にまつわる伝承に繰り返し登場する。家族の誰かが亡くなると、その家でもう二人が連れて行かれると言われている（M. A. Courtney, p.218）。同様の話はソーヴェとインガンも伝えている（Sauvé, *Revue celtique*, t. I, p.412-413 ; Hingan, *Mémoires de la Société d'émulation des Côtes-du-Nord*, t. XXXVI, p.76）。パンポルでは、一人の溺死者の遺体が十字架の前を通過すると、あと二人が同じ目に遭う、と言われている（*Revue des traditions populaires*, t. XII, p.396）。

（2）アイルランドには、次のような話がある。アメリカで一人の女が死んだ。女は、まだ幼い一人息子をアイルランドの両親の家に残していたが、その子は幸せではなかった。そこで女は子供を慰めようと、あの世から戻ってきた（Curtin, p.146）。

（3）アイルランドの民話では、妖精にさらわれた人間が、かの地の食べ物を口にすると、二度とこの世に戻って来られない（Curtin, p.23, 28, 109）。

（4）夜、通りがかりの見知らぬ人に、馬車に乗らないかと声をかけると、馬が暴れ出したり、重荷に押し潰されたりすることがある（Ph. Redmond, p.363）。これは、アイルランドの民話に頻繁に登場するエピソード。

（5）ウェールズでは、悪い幽霊は、池や紅海に封じ込められるまで、罰として地上を歩き回らなければならない。一年で進めるのは、小麦やライ麦一粒分の距離だけで、ときどき出発点に逆戻りさせられる（E. Owen, p.210）。

（6）ある男が生前、自分が死んだらランヌアルノーに埋葬してほしい、と妹に頼んでいた。が、妹がその願いを無視したので、死者は墓を開いて外に出てきた。そして妹に背負われ、埋葬されたプルガールの墓地からランヌアルノーに運ばれた（Sauvé, *Revue des traditions populaires*, t. II, p.267-268）。

アイルランドには、それよりずっとドラマチックな、タイグ・オカハーンの物語が伝えられている。主人公は長い夜のあいだずっと、死体を背負って墓から墓へと歩き回らなければならなかった。もともと埋葬されるべき墓地で開いた墓を見つけ、ようやくこの苦行から解放された（*Annales de Bretagne*, t. VIII, p.514-547）。アイルランドでは、家族のかたわらに埋葬されなければ、死者は安らかに眠れないと信じられている（lady Wilde, p.82）。ある若者が、家族の墓所から遠い場所に葬られた。すると埋葬の晩、幽霊たちが葬列をつくり、遺体を運び出した（*ibid.*, p.118）。遺体を掘り出し、ほかの墓に埋葬することは、いやがられる（Th. J. Westopp, *Folklore*, t. XXII, p.56）。モルビアンには、生者の背に負ぶわれる幽霊、あるいはその逆で、生者を負ぶう幽霊の話が伝わっている（Le Rouzic, p.55, 60, 106）。

(7) アイルランドでは、夜、家を訪れて、糸紡ぎを始める女の話が伝わっている。この女は、バン・フィオンもしくは「白い女」と呼ばれている（D. Fitzgerald, *Revue celtique*, t. IV, p.181-185 ; cf. Kennedy, *Legendary fictions*, p.160-161）。

(8) グロアーハは、ときには善良な者として、またときには邪悪な者として認識される。つまり、妖婆という意味もあれば、ただの老婆という意味にも用いられるのだ。ウェールズでは、グラッハ・イ・フリビンが皮の翼で窓ガラスをたたきながら、恐ろしい叫び声をあげて死を告げる。月の明るい晩、美しい若い娘に変身して野原に出現し、家に帰りそびれた若者に言い寄る。もし若者がそれに応えたら、もとの恐ろしい姿に変わり、若者をどことも知れぬ場所に引きずっていく（H. C. Tierney, *Hermine*, t. XXXIV, p.51）。

(9) ウェールズには、年老いた田舎地主が、死後、泥棒からりんごを守る話がある（E. Owen, p.200-201）。

(10) ラ・フイエの町は、メネス・アレのふもとの、カレーからランデルノーへと続く街道ぞいにある。メネス・ミケルや、陰鬱な沼地であるユーン・エレーズからも、さほど遠くはない。町は、海抜約二八〇メートルの丘陵の上にある。あたり一帯は、草木のまばらな淋しい場所だ。幾匹かの羊が辛うじて草を食むだけで、人間を養うには土地は痩せすぎている。美しい季節が到来すると、住民は放浪の旅に出る。女子供に家と家畜の世話を一任し、男たちは痩せ馬を駆ってコルヌアイユ南部のもっと豊かな田園をめざす。家の戸口から戸口へとめぐりながら、さまざまな密売に手を染めたり、古ぼけたスクラップやぼろ布など、汚らしい古物を買いあさる。道々、痩せ馬についている鈴が鳴り、陰鬱な呼び声があたりに響く。「タッム　ピル、タッム　ピル！」（ぼろ切れはないかね、ぼろ切れは）こうしたピラウェールは特殊な人々で、それだけで専門的な研究対象に値するだろう。

(11) ウェールズには、召使いたちをつねったり、昼も夜も寝かせない、意地悪な幽霊の話が伝わっている（E. Owen, p.195）。

(12) アイルランドには、土曜の晩、家に帰りそびれた一人の男が、まず一人の幽霊に遭遇し、その後、馬に乗った一群の亡霊と出会う話がある（G. Dottin, *Contes et légendes d'Irlande*, p.24-27）。

(13) アイルランドのコネマラの西の島々では、死者の笑い声や、死者が妖精と一緒になって糸を紡ぐ音が聞こえる。だが、死後一年と一日を過ぎると、声はぴたりと止み、死者はどこかへ去り、二度と戻って来ない（lady Wilde, p.83）。

(14) スコットランドでは、家の中で死人が出ると、鏡や絵を白い布で覆う（W. Gregor, p.207）。あるいは壁の方に向けてしまう（J. G. Frazer, p.281）。

(15) ウェールズでは、時計が止まると、家族の誰かが死ぬ前兆だ(E. Owen, p.304)。

(16) Cf. Le Calvez, p.46. スコットランドでもブルターニュ同様、人が亡くなると時計を止める(W. Gregor, Note, p.207)。

第18章

(1) 負債があるために埋葬を拒否される死者の話は、アイルランドに広く流布している。通りがかりの慈悲深い男が、代わりにその借金を返してやった。すると死者は、思慮深く賢い人物となってこの世に戻り、助けてもらった男が手を焼いていた難しい仕事を、やり遂げられるように力を貸した(G. Dottin, *Contes et légendes d'Irlande*, p.55-63 ; D. Hyde, p.21, 45, 153 ; Larminie, p.155, 167)。

(2) フランスの古い物語に精通している人であれば、この話の冒頭を読んだみだけで、かの有名な『ジャン・ドゥ・カレー』のブルトン語版だということをすぐに察知したはずだ。だが、フランス語の原話とブルトン語の翻案には、なんたる違いがあることか! わたしが言うのは、形式のことではない。物語の根底からして違うのだ。アルモリカ〔バス・ブルターニュ〕の人々は、テキストを自分たちの言語に翻訳し、自分たち流の言い回しで表現するだけではなく、根本から書き換えてしまったのである。つまり、まったく新しく作り直したのだ。したがって、もとの話の要約をここに記しておくことは、無益ではないように思われる。そうすれば、ブルトン人の想像力が、与えられた素材をいかにブルトン化するか、おわかりいただけると思うからだ。元の話とくらべることによって、どのような要素が新たに付け加えられ、それがどのように絡み合って物語を成しているか、理解できるだろう。このように、ある種族、環境、地域に関し、本質的に独特な要素が何かを見極めたいとき、それを可能にするのは、比較という手段だけである。

いまこの文章を書いているわたしの目の前に、一冊の小さな本がある。この本には『ジャン・ドゥ・カレーの物語』以外にも、さまざまな恋物語や冒険譚が集められている。例えば、『ピエール・ドゥ・プロヴァンス』、『美しいマグロンヌ』、『悪魔ロベールの息子、怖いもの知らずのリシャール』、『ジャン・ドゥ・パリ』、『愛の庭園』などだ。この本の版元はトゥールーズのJ・M・コルン出版社、出版年月日は記されていない。

カレーの町に、金持ちの貿易商がいた。この男には一人息子があり、父親は息子のために、「どんな海賊船でもやっつけられる」になってほしいと思い、子供をそのように育てさせた。父親は大きくなったら航海術に長けた船長りっぱな装備の船を与えた。その願いどおりジャン・ドゥ・カレーは、航海中に出会ったこの「海の盗人ども」を数回にわたってこてんぱんにやっつけ、町の人々から感謝された。人々はジャンが帰ってきたら、ありとあらゆる勲章を授けようと首を長くして待っていたのだが、嵐が起こり、ジャンは見たこともないような海域に流されてしまった。船はやがて、とある島に辿りついたが、驚いたことに、そこは無人島ではなかった。島の名前ははオリマニー、首都はパルマニーといった（ブルトン語の伝承に椰子《やし》の木（パルム）が出てくるのは、たぶんそのせいだろう）。この島でジャン・ドゥ・カレーは、生前借金を返さなかった罰に、一人の男の遺体が犬の餌食にされるのを目撃した。ジャンは代わりに負債を払ってやり、死者の弔いをした。ある晩、船で休んでいると、隣の船の甲板で、二人の女が涙にくれているのに気がついた。この二人は海賊船の船長の奴隷で、翌日市場で売られることになっていたのだ。そこで、ジャンが二人を買った。二人のうちの一人がたいそう美しく、「ジャン・ドゥ・カレーの心はすっかり骨抜きにされて」しまった。ここで騎士道物語さながらのセンチメンタルな描写が、えんえん二ページにわたって展開される。若い女奴隷は、実はお姫さまの仮の姿だった。お姫さまは侍女のイザベルが抗議するのもかまわず、若者に肌を許し、その愛に答えた。やがて一行は無事カレーに到着し、人々の大歓迎を受けた。ジャンは父親に、自分がコンスタンス（これがお姫さまの名前だった）をとても愛していて、彼女と結婚するつもりであることを打ち明けた。だが、父親は首を縦に振らなかった。奴隷を嫁にするなどとんでもない、と思ったのだ。だが、ジャンは父の反対を押し切ってコンスタンスと結婚し、一年すると二人の間に男の子が生まれた。幸い、友人たちがあいだに入って、父親の怒りを和らげてくれた。やがてジャンは二隻目の船を指揮して、航海に出ることになった。出発の日が来ると、コンスタンスはジャンに、二つの願いを叶えてほしいと申し出た。それは、一つには船尾に自分と息子、そして侍女イザベルの肖像画を描いてもらいたいということ、もう一つは船首をポルトガルの方角に向け、リスボン城のできるだけ近くに停泊してほしい、ということだった。ジャン・ドゥ・カレーは妻の願いを喜んで聞き入れた。ジャンの優美な船はポルトガルの人々の関心を引き、住民たちはこぞって船を見にやって来た。とうとうみんなの好奇心は、王さまにも伝染した。船尾の絵を見たとたん、王さまの心は掻き乱された。コンスタンスの肖像画を見て、これは自分の娘だとわかったからである。王さまは若い船長を呼びにやらせ、話を聞いた。いまや、すべてのいきさつが明らかになった。コンスタンスは王さまの娘に間違いなく、侍女イザベルはカスカエ公爵の令嬢だった。二人とも海賊にさらわれて、行方知れずになっていたのである。閣議に諮ったあと、王さまは、ジャン・ドゥ・カレーこそは自分の正当な婿である、とおふれを出した。だが、一人だけそれに反対した者がいた。それは第一親王で、国王の甥のドン・ジュアンだった。この男は、コンスタンス姫に横恋慕していたのである。さて、姫ぎみを迎えに艦隊が派遣されることになり、その指揮はドン・ジュアンに一任された（ブルトン語版では、このジュアンという名前が、ユダヤ人を意味する「ジュイフ」、もしくは「ジュイス」と混同されたものと思われる）。艦隊がカレーに到着すると、町を挙げての大歓迎となった。ジャンの父親は、結婚に反対したことを後悔した。こうしたお祭り騒ぎのあいだ、ドン・ジュアンはお姫さまに、一五分ばかり水入らずで話したい、と願い出た。だがコンスタンスは、この申し出をすげなく拒わった。相手はつれなくされて内心怒り狂ったが、おくびにも出さず、何食わぬ顔をしていた。一行は、ふたたびリスボンさして出航した。ジャン・ドゥ・カレーとコンスタンス、そして子供とイザベルが船に乗った。やがて、海はひどい時化になった。ジャン・ドゥ・カレーは大切な者たちを救おうと、てんてこ舞いだった。ジャンがみんなと離れ、一人船首で「天気を観測していた」とき、ドン・ジュアンが音もなく背後から近づいてきて、ジャン・ドゥ・カレーを海に突き落とした。夫の姿が波間に消えたとわかるや、コンスタンスは絶望の叫びを上げた。ドン・ジュアンはコンスタンスを慰めようとしたが、姫ぎみは長いあいだ耳をかそうとはしなかった。リスボンに着くと自室に閉じこもり、未亡人として夫の喪に服した。だが、裏切り者のドン・ジュアンは、ひそかにアルギャルヴ人をたきつけて反乱を起こさせ、機会を窺って内戦を鎮圧し、お国のために尽くしたのはこの自分だと喧伝しようと企んだ。実際、ドン・ジュアンは勇者として戦地から意気揚々と凱旋し、重臣会議で姫ぎみと結婚する資格のあるものとして名指しされたのである。そして、ついに国王の許しをも得たのであった。だが、コンスタンスは抵抗し、決してうんとは言わなかった。こうして、二年が過ぎた。実は、ジャン・ドゥ・カレーは死んではいなかった。漂流物にしがみつき、波に身を任せているうちに無人島に漂着し、何とか糊口をしのいでいたのである。ある晴れた日、一人の男が現われた。ジャン・ドゥ・カレーは、人がいたのでびっくりした。すると見知らぬ男は、「わしは人間の知らない道を歩いてきたのだ」と答えた。男は、ジャンが海に突き落とされてから起きた出来事を、いっさいがっさい教えてやった。二人は木の根元に座って話していたが、そのうちにジャンは強い眠気に襲われた。目がさめると、リスボンのお城の中庭にいた。ジャンは非常にとまどった。というのも、服はぼろぼろ、足は素足で、顎鬚はものすごく伸びていたからだ。とりあえず台所へ向かうと、一人の料理係がこの乞食を哀れに思って、部屋に薪《たきぎ》を運ぶ役目を言いつけた。そうこうするうち、ジャンはばったりイザベルに出会った。侍女は、乞食の指に嵌っているダイヤモンドの指輪に見覚えがあった。そこで、思っていることを姫ぎみに打ち明け、ささいな理由をつけて、ジャン・ドゥ・カレーを姫ぎみの部屋に招きいれた。コンスタンスは夫が死んだものと信じていたが、一目見た瞬間、二人はお互いがお互いだとわかり、その場で感動的な再開の場面が繰り広げられた。裏切り者のドン・ジュアンには罰が下された。国王の命令により、「いくつかの仕切りのある建物」に閉じ込められ、火で焼かれたのである。この建物は姫ぎみとの結婚に備えてドン・ジュアン自身が用意させたもので、「見物人の目には、斬新で素晴らしい見世物」が提供されたのだった。

　以上が手短かではあるが、できるだけ原典に忠実であるように要約したジャン・ドゥ・カレーの物語である。一つだけ断っておきたいのは、超自然の事象についてはごく限られた文面しか割かれていないことだ。ジャン・ドゥ・カレーが借金を肩代わりしてやった死者と、無人島で彼を助けてくれた男。この男がいなかったら、ジャンは野垂れ死にしていただろう。著者は、この二人を同一人物と断定するのを恐れたかのように見受けられる。それに対し、ブルトン語版のほうでは死者の役割ははっきりしており、死者が登場するエピソードが、物語の要となっている。

　あともう一つの問題は、先行性だ。現時点では、フランス語の物語に軍配をあげるのが自然であろう。ブルトン語版の題名それ自体が、その疑いなき証拠である。『ジャン・カレ』は明らかに、『ジャン・ドゥ・カレー』の変形だ。だが、フランス語の物語の作者であるドゥ・ゴメズ夫人は、この主題をさらに古い起源の物語からとったと主張している。リュゼル氏の『バス・ブルターニュ民話』の第一巻には、『ユエン・ケルメヌー』と題された伝説が採録されている。あらすじはこの本の物語とだいたい同じだが、神話的な趣がずっと色濃く現れている。主人公が出会うお姫さまは、蛇の生贄とされる運命にあり、姫を乗せた船は黒い帆を掲げている（テセウスの神話からの引用と思われる）。ユエン・ケルメヌーは死者の助力を得るために、何であろうと自分と妻が持っている財産の半分を譲ることを約束させられる。そして死者が願い出たものは、二人のあいだにできた子供だった。あとは、上記の作品を参照し、三つの物語を比較していただきたい。このテーマは研究に値するが、いまはそれを指摘するにとどめておく。

Cf. Luzel, *Contes populaires de Basse-Bretagne*, t. II, p.176, p.207 ; *Légendes chrétiennes de Basse-Bretagne*, t. I, p.75-77, p.90-91.

第19章

(1) Cf. Sauvé, *Mélusine*, t. III, c. 358 ; R. Fr. Le Men, *Revue celtique*, t. I, p.419. 一人だけのとき、幽霊に声をかけてはいけない。同性の人間が三人いて、その三人ともが洗礼を受けているときは、幽霊に声をかけ、何が望みなのかと相手に訊くことができる。そして幽霊が、ミサを一つあげてもらいたいと答えたら、そうしなければならない。幽霊は自分の悪口を言う人を、それが誰であろうとも、殺す権利を持っている（P.Y. Sébillot, *Revue de Bretagne, de Vendée et d'Anjou*, t. XVIII, p.62)。

(2) カルナックでは、勇気がある人は次のように尋ねる。「神の御名《みな》にかけて訊く。善良なる霊よ、教えておくれ。そなたを苦しみから救うには、どうすればいいかを」すると、霊魂はたいてい次のように答える。「わたしのために一つ、もしくは数回ミサをあげてもらうよう、頼んでください」と。あるいは何らかの服がほしい、と答えることもある（Le Rouzic, p.135)。ウェストミースでは、一人の男が夜、道を歩いていて、丘の頂上で叫んでいる幽霊の声を聞いた。「わしはどこに行くのだ？　どこに行くのだ？」すると、男はこう答えた。「そこから出て、神さまのところへ。そしてこれ以上、人々の生活を掻き乱さすことがないように」幽霊は男に礼を言い、それからというもの、あたりは静かになった（D. Fitzgerald, *Revue celtique*, t. IV, p.174)。スコットランドでは、幽霊に話しかけた人は死んでしまう、と信じられている。だが、幽霊と話をしながら生きて帰れた者もいる。いずれの場合も、幽霊はその後、姿を見せなくなる（W. A. Craigie, *Folklore*, t. IX, p.374)。九世紀につくられた、アイルランドでもっとも美しい詩の一つに、『死後の出会い』という作品がある。ある晩、恋人と待ち合わせをしていたFothadは戦いで殺され、幽霊となってこの世に戻り、約束を果たす。彼は恋人に、自分に話しかけないでくれ、と制止する（*Selections from ancient Irish poetry*, p.9)。

(3) このことを私に教えてくれたのは、ロスポルデンのフランソワ・ル＝ルーである。ほかにもさまざまなおりに、同じことを言われた。ところが、この本を読んでいただければおわかりなように、生者と死者の会話で、「お前」呼ばわりをするのは常に死者で、生者は死者に対して「お前さん」と丁寧な口をきいている。これは、はたして規則違反だろうか？　いや、そんなことはない。どの語り手も意識せずに、曖昧な文学的直感に従っているのだ。語り手の目に、死者は一種の優れた人物、聖なる人物として映る。だからこそ、登場人物に死者を「お前」呼ばわりさせることをよしとしないのだ。ことの真相はこんなところだろうと、わたしは推測する。

（4）こうした仕事道具でもっとも効力を持つのは、農夫が鋤《すき》の刃をはずすとき使う、小さな木のさすまただ（Sauvé, *Mélusine*, t. III. col. 358)。

カーティンの記録するアイルランドの伝承では、鋤《すき》の鎖を用いて幽霊を戒める。というのも、鋤《すき》に属するものはすべてこれ、祝福されているからだ。鋼鉄製の剣かナイフを携えていれば、幽霊を恐れることはない。特にその鋼鉄がアイルランド人の鍛えたものであれば、なおさらよい（Curtin, p.140-141）。

スコットランドの言い伝えによると、帰宅時間を過ぎて外でぐずぐずしている者は、幽霊に出会う。一人の老人が片手に聖書を携え、もう片方の手に持った小刀で自分の周囲に輪を描き、何が望みなのかと幽霊に尋ねた。すると幽霊は、生前、鋤《すき》の刃を盗んだせいで、いまだに休息を得られずにいるのだと打ち明け、刃を隠した場所を老人に教えた。その直後に幽霊は消え失せ、もう二度と現れることはなかった（J. G. Campbell, p.247)。鉄と幽霊のあいだには、さまざまな関係がある。

（5）妖精の風は人々をさらい、住まいからかなり遠く離れた場所まで運んだのち、地面に叩き落とす（J. G. Campbell, p.25)。

（6）死者が婚約者をさらって、幽霊船に乗せる話がある（W. Bottrell, p.152-153)。

（7）少し前まではバス・ブルターニュの人々にとって、「亜麻の莢《さや》潰し」は楽しいイベントの一つだった。亜麻の莢《さや》を茎から取り除き、空気にさらして莢《さや》を乾かす。その際、納屋の麦打ち場や、屋根裏の干し草置き場の床に広げる。寝室の床に広げる人もいる。莢《さや》がすっかり乾いたら、近所の人を呼んで、みんなで潰す。そのためにダンスが催され、踊っている人の足元で、種が莢《さや》から勢いよく飛び出す。伴奏は歌だ。踊り手の一人が音頭をとり、みんなでリフレインを合唱する。この集いは夕食後、七月の良く晴れた晩、夜遅くまで続く。ときには、日曜の晩課のあとに催されることもある。

一方、「麦打ち場づくり」は、たいてい六月に行なわれる。麦打ち用の土地を堅くして、麦打ちがしやすいように地均しする。そのため、若い男女に足踏みをしてもらう。

（8）語り手は、この話の舞台をペデルネックとしているが、そのペデルネックとルアルガはそれぞれ、ブレ山の南北に位置するコミューンである。このメネス・ブレ地方は、わたしの知るかぎり、伝承と民謡の宝庫だ。リュゼル氏とわたしは二人でこの地方を訪ね、大いなる成果を得た。この地方の民謡の独特な節回しは、ブルゴー・デュクードレーの著した『バス・ブルターニュの民謡の旋律』に記録されている（Bourgault-Ducoudray, *Mélodies populaires de la Basse-Bretagne*）。

（9）アイルランドには、馬に乗った幽霊が自分の後ろに若い娘を乗せ、墓場に連れて行く話がある。この幽霊は、娘の恋人の姿をしていた（G. Dottin, *Contes et légendes d'Irlande*, p.153-157）。

（10）アイルランドの話。ある女が再婚した。女は司祭から渡された、最初の夫との結婚証書を後生大事に持っていた。すると、最初の夫が目に見えない霊となってやって来て、女を殺してしまった。もしこの結婚証書を新しい夫に渡していれば、死なずにすんだのだった（Curtin, p.195）。

（11）この話のなかで語り手は、ホッペー・ノス（夜叫ぶ者）とビュゲル・ノス（夜の子供、あるいは夜の羊飼い）という、二つの民間信仰を混同しているように思われる。もともと、この二種類の妖怪は異なった性質を持っていたにちがいない（cf. J. Loth, *Annales de Bretagne*, t. IX, p.458 ; W. Y. E. Wentz, *The fairy-faith in Celtic countries*, p.191-192）。オーディエルヌのピッケー・ノスは、よく「ガビノ」や「ゴブリン」と混同される。これについては、次を参照のこと。H. Le Carguet, p.63. Mahé, p.354-355. カルナックにはビュゲル・ノスのほかに、Pautr tenna er varkèz、Pautr pont Kerveneu、Pautr pont er Stannek と呼ばれる巨人がいる（Cf. Le Rouzic, p.75, 79,90 ; Y. Le Diberder, *Annales de Bretagne*, t. XXVIII, p.559-584 ; Buléon, *Revue Morbihannaise*, 1914, p.34-38, 66-81）。リアンテックでは、ビュゲル・ノスが口笛を吹いても、つられて口笛を吹いてはいけない（J. Frison, *Revue des traditions populaires*, t. XXX, p.199）。アイルランドのビュゲル・ノスについては、A. Kelleher & G. Schoepperlé, *Revue celtique*, t. XXXII, p.53-58 を参照のこと。

（12）スコットランド山地のベン・シーは、出会った旅人を殺してしまうが、裏表両面にOの字を記した菓子をもらうと、悪さをしなくなる（*Folklore*, t. V, p.5）。Cf. *Barzaz-Breiz*, 6e éd. P.163-170.

（13）アイルランド民話では、幽霊はきれいな水のある家では悪さができず、汚水をあらかじめ外に捨てておかなかった家を標的にする（Curtin, p.179）。この点で、幽霊と妖精は同一視されているようだ。なぜなら、妖精も不潔さとだらしなさを嫌うからだ（*ibid.*, p.179 ; *Folklore*, t. VII, p.166, 171）。

アイルランド民話にも、同様のエピソードが見られる。その話にも、足を洗った水、糸車の紐、箒、泥炭が出てくる（Kennedy, *Legendary fictions*, p.146-147）。妖精を撃退するために、アイルランドのコンノートで用いられる方法は、箒をドアの後ろに立てかけ、炉の火に灰をかぶせ、足を洗った水を堆肥にかける、というものだ（J. Cooke, p.299）。スコットランドでは、夜、妖精が糸を紡げないように、糸車の紐を取り外す（W. Gregor, *Revue des traditions populaires*, t. IX, p.634）。

（14）Cf. E. Souvestre, *Le foyer breton*, 1845, p.69. ル＝メンの説によると、「夜の女」の正体は、「生前、洗濯を生業としていて、怠惰だったり、けちん坊だったりしたために、石鹸を節約しようと洗い物を石でこすり、貧しい人々のリネンや服を台無しにしてしまった女たち」だという（Le Men, *Revue celtique*, t. I, p.421）。スーヴェストルも夜の洗濯女について、生前犯した罪の罰として、夜、洗濯をさせられている霊魂である、としている。一方、キャンブリーは次のように記すのみで、夜の洗濯女の正体については沈黙している。「夜の洗濯女、すなわちアー・カンネレス・ノスは、通りがかりの人に洗濯物を絞ってくれと頼む。もし嫌々ながらその頼みを聞くと、腕をへし折られてしまう。頼みを断ると、溺れさせられる」（Cambry, t. I, p.73）。マルケは、運河で洗濯をする女がサン・ジェラール橋に出没すると指摘している（Fr. Marquer, p.69）。この女はその場所で溺れ死んだ癲癇患者の霊で、そこに戻ってきて罪の償いをしているのだ。そして、通行人をつかまえては、水の中に引き入れる。この話では、洗濯女の人間としての性格が薄れ、ホッパー・ノスやイアニック・アン・オド同様、妖怪のように扱われている。トリニテ・シュル・メールには Pautr Poul-er-pont と呼ばれるものがいて、夜、洗濯をする（Le Rouzic, p.105）。

ヘブリディーズ諸島では、夜の洗濯女はその年に溺れ死んだ者の衣服を洗う。悪さをされないようにするには、自分が洗濯女から見られるより先に、相手を見なければならない（MacPhail, p.91-92）。

夜の洗濯女との遭遇は、死が近いしるしだ。スカイ島では、出産が原因で死んだ女は、本来定められた寿命が来るまで自分の服を洗わなければならない、とされている。ただし、彼女の残したすべての衣服を、生者が洗った場合は別だ。この洗濯女が、自分を見つめる者をその人より先に見たら、見られた者は手足の一部が利かなくなる（J. G. Campbell, p.43）。

アイルランドのキルカリーでは、ベン・シーもしくは妖精が、手で水を叩く姿で表されることがある（*Folklore*, t. X, p.121, 123）。クレアのバンシーは、災厄が差し迫っているとき、服を洗う（Th. J. Westropp, *Folkore*, t. XXI, p.187）。

(15) アイルランドの民話では、悪さをする死者が頻繁に登場する。例えば、つれない恋人に捨てられ、心痛のあまり死んだ女が、この世に戻って恋人を苦しめる話がある（Deeney, p.76）。

ある若い娘が、司祭に言い寄って拒否されたため、嘘の証言をしてこの司祭を陥れる。だが結局、悪事がばれて縛り首にされる。娘はこの世に戻ってきて、なおも司祭を誘惑した（*Contes irlandais*, p.158）。

誰かが領地の古い木の下に身を投げ出すと、死んだはずの昔の領主がこの世に戻り、城を揺すぶり、家具を外に投げ捨てる（Kennedy, *The fireside stories*, p.158）。

第20章

(1) マン島では一一月一二日の晩、炉の灰を平らにならす。朝になってその灰に足跡がついていて、それがドアのほうへ向かっていたら、その年のうちに家族の誰かが亡くなるしるしだ（Rhys, p.318）。

(2) リュゼル氏の『バス・ブルターニュの語り歌』第一巻には、『トロガデック』という題のグウェルスが採録されている（*Guerzion Breiz-Izel*, p.68）。そのなかで、ぼやくのは寡婦ではなく、トロガデック自身である。話の成り行き上、そのほうが自然なように思われる。最後の言葉には人間の気性があらわれていて、とりわけ興味深い。

「……トロガデックは司祭に言った。『うちに行って、かみさんに伝えてくだされ。わしに会いに地獄に来い、と。そこに来れば、もう出られない。もしあいつがわしの知らぬ間に、貧しい人に施しをしていれば、二人のうちどちらかは救われたはずなのに』……。『お前さんの知らぬ間に、どうやって施しできるっていうんだよ』と、かみさんは答えた。『パンの入っている戸棚にはいつも鍵がかかっていたし、練り桶にどれだけの小麦粉が入っているか、いつもお前さんは印をつけていたくせに』『ほんにそうだ、でも俺は、お櫃の中の麦粒までは勘定しなかったぜ！』……」

生前けちん坊だったトロガデックは、死んでから、自分の代わりに人々に慈悲深くしなかったといって妻を責めたてる。さもしい根性が見事に浮き彫りにされていて、巷の詩人たちの的確な人間観察には、ときどきはっと驚かされることがある。

ところで、ブルトン人が施しをいかに重要なものとして考えていたか、ここで一言説明しておこう。「貧しい人々に分け与えなくてはならない」これは、いわば基本的な理である。ブルターニュに伝わる伝承の多くは、この理を証明しているにすぎないのだ。その典型的な例が、『ロクリスト・アン・イズルヴェの悔悛者』という不思議な物語である。以下に、その一つのバージョンを引用することにしよう。バス・ブルターニュでは、貧者は無為の王である、と言われる。ここで使われる「王」という言葉は、単なる比喩というより、むしろ本来の意味に近い。ある一族は、本物の乞食の王朝を築いている。バス・ブルターニュの「パン乞い人」には、王者の風格が備わっている。パルドン祭で、貧者は司祭よりも重要な役割を果たす。彼らは、神から王位を授かったのだ。人々は貧者をまるで神の近親者のように敬う。彼らを家に泊まらせ、食事をふるまうのは自分たちの責務である、と心得ているのだ。乞食たちはこう言う。「これこれの日、あなたの家で夕食をいただきますよ」すると人々は、彼らを丁重にもてなそうと、あれこれ気を遣う。このように貧者は日割りで、篤志家、いやむしろ自分たちの臣民の家を渡り歩く。彼らは「主の祈り」を唱え、家を出るとき、人々に祝福を与える。恩を受けたのは彼ら貧者ではなく、もてなした側なのだ。彼らはどこでも大歓迎される。貧者のうちで、馬鹿でも無知でもない者はときとして、労働を糧として暮らす民衆よりも優れた知性を備えていることがある。それは、物質的な生活にかかずりあう必要がないので、知性を磨き、記憶を詰め込む時間があるからだ。わたしの知っている人のなかには、素晴らしい雄弁家がいるかと思うと、生真面目な哲学者もいる。そうした人はいずれも、生き字引、歩く新聞といっていいくらいだ。そして民間習俗が蓄積された書物を一ページ一ページめくるように、広範な知識を披露してくれる。それぞれが流派をなし、弟子に口承教育を受け継がせることもある。彼らの最後の一人が亡くなり、この貴重な遺産が失われてしまうとしたら、まことに残念でならない。

ロクリスト・アン・イズルヴェの悔悛者

I

父なる神の恩寵により、また善良なる天使の感化、聖母さまのお救いを得て、これから新しいグウェルスを、さあ始めるといたしましょう。

本日のお題となるは、バス・ブルターニュの聖地でござる。どうぞお参りくださいまし。その価値は十分ございます。かつてレオン司教区に、名高い参詣地がありまして、ギネヴェという土地の、ロクリスト・アン・イズルヴェがそれにございます。

昔々、このロクリストに、一つの泉がありまして、ありとあらゆる地方から、巡礼が大勢訪れました。ところで聞きなされ、みなの衆。そんなに多くの人々が、泉を訪れるにはわけがある。それというのも泉の水が、毎日奇蹟を起こしたからだ。

主キリストのまなざしのもと、石でできた水槽に、身体の不自由な人を入れ、泉の水で洗います。その泉からは、きれいな水路が通じてて、そこから石の水槽に、水が迸っておりました。水を求めに、それはそれは大勢の人が泉にやって来ました。

白い祭服の司祭さん、香部屋係を伴って、首にストラを掛けたまま、毎日泉を訪れて、病者を手伝い、身体を洗う。ええ、そうですとも、毎日毎日順繰りに、水槽に病者を寝かせます。すると、憐れみ深いキリストの、み技で誰もが健康を、取り戻したのでありました。

おとぎ話なんかじゃ、ございません。これは本当のことですとも。身体の不自由な人はみな、ロクリストに行きさえすれば、元気になって戻って来ました。

しまいに村は、人で満杯。そこでみんなは周辺に、病者のための新しい、宿泊施設をつくったために、どこもかしこも巡礼で、満ち溢れんばかりになったのです。

そうこうするうち住人は、あわてて泉に蓋をしました。そこらじゅう、ペストの害をまかれては、困ったことだ、かなわない。そう危ぶんだからでした。

とうとうわが主キリストは、泉をそこから安全な、場所に移してしまわれました。それは教会の地下でして、みんなが毎日ひざまずく、場所のちょうど真下でした。

けれども、泉がこのように、地下に閉じ込められたので、人々の足は次第に遠のきました。とはいえそこは聖なる地、少なくとも、ここバス・ブルターニュでは。

石でできた水槽で、それは多くの病人が、癒しを見出したものでした。キリストさまにお願いすれば、いまでも安らぎが得られます。

身体と心が苦しいとき、希望を捨てず、ぜひロクリストにおいでなさい。そうすれば、癒されること、間違いなし。心が病んでいるときや、身体の自由が利かないときは。

巡礼から見捨てられはしたものの、そこはバス・ブルターニュでも、いちばん古い聖地です。

過去に起こった奇跡やら、いまも起こる奇跡やら、すべてを語り、書き記すには、ひと月あってもまだ足りぬ。

お情け深いイエスさま。わたしの知性を明るく照らしてくださいませ、あなたのなさった素晴らしい、行ないのいくつかを、ここにいるみんなに披露するため。

お願いします、聖母マリアの恩寵とともに、わたしの守護の天使さま、どうか力をお貸し下さい。それでは、さあさ、みなの衆、どうぞ話をお聞き下さい。

II

昔々、ロクリストに、一人の男が住んでいました。心にかなう妻がいて、貧しい人には親切で、哀れみ深い人でした。けれどもある日、……いいですか、耳を澄ましてお聞きなさい、というのもそれは恐ろしく、身の毛のよだつ話だから、……貧しい人が施しを、求めて家にやって来ました。

そして玄関に上がりこみ、何か食べ物を頂戴し、生き延びたいと、神さまの御名《みな》によって頼みました。

夫婦はたいそう慈悲深いたちでいたにも関わらず、このとき妻は頑なで、施しものを願い出た、この哀れな人に面と向かって、ぶっきら棒に答えました。

「いま、あいにくとても忙しい。家族みんなが口にする、食事を用意するのでね。またの機会にしてください。そしたら力になりましょう。でもいまはだめ、あっちへ行ってくださいな！」

かわいそうに、貧しい人は、こんな冷たい対応に、めげずにしつこく言いました。「何か食べ物をくださいまし、とってもお腹がすいているので。

まったく何も口にせず、何日経ったか、わからない！　わしの胸はひもじさで、きりきり締めつけられるよう。神さまの、御名《みな》によって頼みます。助けてください、さもなけりゃ、わしはこの場で野垂れ死に！」けれども妻はさっきより、猛り狂って言いました。「ここからすぐに出てお行き！　でなけりゃ、あたしが追い出すよ、猛犬の綱をはずしてやるからね！」

女は怒り心頭で、そう言うが早いが獰猛な、犬を放ってしまいました。けれども犬は貧しい人に、何の悪さもいたしません。ただクンクンと、匂いを嗅いでいるだけでした。

すると貧者はこのように、自分が誰からも見捨てられ、誰も助けてくれないと、悟って打ちひしがれました。よろよろ外にまろび出て、中庭の門まで来ると、ばったり倒れて死にました、両脇に二匹の犬を従えて。でも、なんと奇妙なことでしょう！

一匹は、さっき放たれた犬。もう一匹はどこからか、湧いて出てきた犬でして、貧者の横にぴったりと、寄り添うように立っていて、なのに身体にはちっとも触れず、とても嬉しげな様子です。

ご飯どき、野良からみんなが戻って来ると、老いも若きも誰もかも、びっくり仰天いたしました。なぜって、みんなの目の前に、死者が倒れていますのに、遺体につきそうキリスト教徒は、誰一人としていないからです。中庭の、門の前には哀れにも、死んだ男が横たわり、二匹の犬が両脇で、じっと見守っておりました。大切な、教えがそこにはあったのです！

事の次第を知ったとき、妻は大声で泣き出して、後悔に身悶えして叫びました。「ああ、あたしのせいだ、何もかも。こんな悲しい出来事の、不幸の原因は、このあたし！

あたしが犬を解き放ち、犬があの人を噛んだんだ！　それもこれもあの人が、神さまの御名《みな》を持ち出して、パンを一切れ恵んでと、あたしに頼んだせいなのだ」

あちらこちらから野次馬が、いったい何が起きたのか、知ろうと死者を見に来ました。死者にはまったく傷がなく、やがて遺体は葬られたのでありました。

女は罪を取り繕い、後悔にさいなまれずにすむように、せめてこれで屍を包んでやろうとシーツだの、シャツだのたくさん持ち出して、遺体に着せてやりました。

こんな不幸な出来事の、知らせを聞いて大勢の、人が集まり協力し、埋葬の様子を見守りました。みんな、それぞれ行き場のない、怒りと困惑を覚えました。

死者はギヌヴェに運ばれて、最大限の敬意を払われ、無事に埋葬されました。葬式の、費用を出したのは妻でして、通常どおりミサを挙げてくれるよう、それは手厚く頼みました。

片がついて戻ってみると、テーブルの上に、まあ、どうでしょう、着せたはずの経帷子と払ったお金がありました。それを見て、女はすぐさま教会に、出かけて行って、自らが、犯した罪の告白を、しようと心に決めました。

行ってみると教会に、罪の赦しを授けられる、司祭は一人もいないのです。もうこうなったら一つしか、救われる手段《すべ》はありません。ローマに行って、教皇さまにお会いして、包み隠さず自らの、罪を告白するのです。

この悔悛の方法を、女はすぐさま受け入れました。その日の晩、女は家族に打ち明けて、旅に出たいと言いました。

「ねえ、あなた。一刻の猶予もならないの!」

すると、夫の答えはこうでした。「お前が行くなら、どこにでも、わしもついて行くからな。一人が行くところには、どこでも二人で行くとしよう。家屋敷など、どうなろうとも、あとは野となれ山となれ!」

でも二人には、まだ乳飲み子の息子が一人、おりました。妻はまず、この赤ん坊にキスをして、つぎにそれより年上の、女の子にこう言い置きました。

「さようなら、元気でいてね、子供たち!」

それから二人は旅立ちました、二人分のパンを持ち。街道で、通行人とすれちがったのは、だいぶ歩いて、家から離れたときでした。

妻は夫に言いました。「あなたがくれたお金だけど、まあ、あたしったら、うっかり家に忘れたわ。悪いけど、あれをとってきてもらえない? あたしはここで、待っていましょう」夫は妻の言うとおり、すぐさま家に引き返し、お金を探しに行きました。

ところが夫と別れたとたん、妻はふたたび歩き出し、旅を続けたのでありました。約束の、場所に夫が戻ってみると、妻の姿は消えていました。

男は呻いて涙を流し、身も世もないほど嘆きました。それほど激しい苦しみに、さいなまれたからなのです。仕方なく、夫は家に帰りました。

この日から、二五年が過ぎました。二人とも、道で出会うこともなく、互いの消息も知らぬまま。それ以来、噂も便りも届かずに、時とともに記憶も薄れ、別の女と言い交わし、二度目の妻を迎えました。ああ、気の毒に！ 最初の妻が生きていて、元気にしていると知ったなら、そんなことはしなかったはず！ そのせいで、夫はじきに悔やんでも、悔やみきれない羽目になるのです。

III

ローマに着くと、すぐ妻は、教皇聖下の足元に、身を投げ出して悔悛の、苦行と赦しを願い出ました。教皇は、女を部屋に連れて行き、罪の償いをさせました。その部屋は、重罪を犯した罪人が、閉じ込められる場所でした。

妻は三日分のパンと水、それに糸を渡されました。三日三晩、不眠不休で、糸を紡がねばならぬのです。神さまの、お情けのなんと深いこと！ その日から、彼女は部屋に閉じ籠もり、人々は、女のことは何もかも、すっかり忘れてしまいました。

でもやがて、みんなは妻のことをふと、思い出したのでありました。誰も彼もが死んでいるものと、信じて疑いはしませんでした。

人々が、扉を開けに行ったとき、女は一人部屋の中、糸を紡いでおりました。彼女の体は健やかで、心は清くありました。みんなは部屋から妻を出し、教皇のもとに連れて行くと、教皇さまはこの女に、赦免をお与えになりました。

ローマからの道すがら、彼女は見知らぬ老人に、ばったり出会ったのでありました。老人は、腰を低くして訊きました。「お前さん、いったいどこから来なすった？ これからどこに行きなさる？ どうか教えてくだされ」と。

「この近所で、ついぞお見かけしたことのないご婦人だ、お前さん。この土地の生まれではござらんな？」

「ええ、おじいさん。隠し立てはいたしません。あたしの出身はバス・ブルターニュ。ロクリスト・アン・イズルヴェの出でございます。

そこに夫と子供が住んでいます。心苦しいことですが、ある理由から家を捨て、たった一人で旅に出ました。夫と二人の子供たち、さぞやあたしに会いたかろう。

「家族に会いたく思うのは、そりゃ、お前さんも同じこと」老人はそう言いました。「神さまの、憐れみによりふるさとに、辿りつける日が訪れるのも、そう遠い先のことじゃない。

願い叶ってご亭主と、二人の子供に会えるじゃろう。さすれば彼らの悲しみも、怒りも解けることじゃろう。ふるさとの、キリストの家に着いたなら、伝えておくれ、わしから是非によろしくと。いつも変わらずキリストを、お慕い申し上げてると。

何を隠そう、このわしは、イズルヴェの教会の十字架を、初めてつくった大工なのじゃ。この手に持った白い杖、これをあんたに差し上げよう。ご亭主と二人の子供さん、ほどなくあんたに会えるじゃろう」

IV

その日から、せっせとたゆまず歩いたせいで、ほどなく故郷に着きました。まっすぐ向かったその先は、言わずと知れた家族の家。

白い杖に導かれ、夫の家に辿り着き、謙虚な物腰で頼みます、どうか泊めてください、と。でも、誰にも彼女がわかりません。

女主人は居丈高に、素っ気なくこう言いました。「泊めるわけにはいかないよ。よそに行って頼むがいい」

夫は家にいませんでした。二人の子供は気の毒な、女の声を聞きました。そしてたいそうおずおずと、継母にとりなしましたので、しまいに彼女も哀れみを、覚えて泊めることにしました。子供らの、おかげで女は人並みの、もてなしを受けることになったのです。

気の毒な、女は敷居に辿り着き、玄関先の石に座って、ここに寝てもいいかと訊きました。

長女はうろうろ行き来しながら、弟の司祭に耳打ちしました。

「この人は、どこか変だわ、不思議だわ。見てると何だかこの胸が、締めつけられるかのようで」

母は戸口に、じっと座っておりました。それを見た、息子はたいそう丁寧な、言葉遣いで声をかけ、手をとり居間に導きました。

気の毒な、母は炉辺に行きました、実の娘と、息子の司祭に導かれ。息子は母を座らせました、ほかでもない、自分の席に。

娘は足を洗ってあげました、それはそれは丁寧に。そのとき足の傷を見て、娘は司祭の弟に、そっとこう囁きました。「あたしの心が言っているわ。これはあたしたちを産み、育ててくれた人だって。だってこの人、お母さんと、そっくり同じ傷跡が、足についているんですもの」

この言葉にも弟の、司祭は何気ないふうで、じきに夕食になりました。そのとき彼は、自分の分を、産みの母にあげました。

すると二度目の妻が怒り出し、継子の司祭に怒鳴《どな》りました。「お前はあたしに対しては、こんなに親切にしなかった。それに、父さんに対しても！」

司祭は動じる気配もなく、自分がよしと思ったことを静かに行なうだけでした。そのうえ、姉に頼みました、どうか見知らぬこの人に、優しくしてあげてください、と。

「姉さん、服を持ってきて、この人に着せてくださいな。そして夜は僕のベッドに、寝かせてあげてくださいね。今夜、僕は寝ないから。お祈りをして過ごします。僕をお守り下さいと、神さまにご加護を頼むため」

姉はたいそう喜んで、すぐさま箪笥《たんす》に駆け寄って、まだ袖を通してない、まっさらなシャツと服とを取り出しました。清潔できれいな服を身にまとい、女が見違えるようになったとき、姉は弟に言いました。「あたしたちの、お母さんだわ、間違いない」

弟も、それに答えて言いました。「僕もそうだと思うけど、でも結論を急がないで。時がすべてを明らかに、してくれるまで待っていよう」

その晩、女は息子の寝床で、休んで疲れをとりました。母と子の、気持ちが触れ合い、慈しみあったためでありました。

しかし亭主が戻ってくると、二度目の妻が言いました。「ねえ、あなた。あなたの息子の司祭のせいで、あたしはほんと、いい面の皮！

見知らぬ乞食がうちに来て、娘と息子が率先し、この女を手厚くもてなした。しかも、息子のベッドにのうのうと、鼾をかいているのです。これが嘘だと思うなら、行って見てきてごらんなさい！」

これを聞いたとたんに彼は、怒って二階に行きました。そして、すべてが本当の、ことだと知ると、司祭を呼びつけ、言いました。

「わしの息子の司祭殿、何を思ってこんなこと、やらかしたのか言うがいい！　気高い身分にふさわしい、行ないとはとても言えぬぞよ！」

お祈りの効用あって、父親の、怒りを鎮める司祭でした。「お父さん、どうかそんなに騒がないで。神さまのためにしたことです。

義母さんには、勝手存分に好きなこと、言わせておけばいいのです。泊まるところのない人を、うちに泊めて何が悪い。善行を積むのが唯一の、人の務めである以上」

息子の言葉に父親の、怒りはすっかり解けました。夫は下に駆け下りました、妻には口をきかぬまま。

V

空が白々明けるころ、哀れな女はいち早く、身体を起こすと服を脱ぎ、お礼を言って返しました。

司祭が姉に言うことにゃ、「姉さんは、服をたくさん持っていて、足りないものは何もない。だからこれはこの人に、あげてしまったらどうだろう」

娘は司祭の弟に、負けずと心が広いので、実の母に言いました。「ええ、いいですとも、この服は、さしあげますわ。お持ちなさい」

母は二人に感謝して、司祭の息子に言いました。お願いついでにもう一つ、あなたに告解したいのですが、と。

息子の答えは、こうでした。「できれば他の人でなく、僕自身がお聞きしたい。でも教会に司祭がいれば、その人に聞いてもらいなさい。

告解を、したら聖体をいただいて、そのあとうちに戻りなさい。ここでお昼を食べてれば、じき歌ミサの時間です。僕が最初に挙げるミサ、それに出席してください」

「ぜひそうさせてもらいましょう。あなたが初めて挙げるミサ、それにわたしは伺いましょう。あなたが司式をするまでは、聖体拝領はいたしません」

「だめだめ、そんなことしたら、ずっとご飯が食べられない。もしかしたら、病気になってしまうかも。だから最初にご聖体、それからご飯を食べなさい。だって僕の歌ミサは、ずいぶん長くかかるから」

「いえいえ、そうはしますまい。あなたの手から聖体を、ぜひいただきたく存じます。あなたが最初に司式する、歌ミサのそのときに」

じきに家の人々は、そろって教会に行きました。教会の、司祭に女は告解し、自分が誰かを明かしました。告白を聞いた司祭はでしゃばり屋、ではなかったのでこのことを、黙っていようと決めました。息子が最初の歌ミサで、ご聖体を渡すまで。

こうして女は告解し、息子の手から聖体を、いただいたあとにひざまずき、主キリストに向かって言いました。「イエスさま、見知らぬ人がよろしくと、あなたに申しておりました。

そう言ったのは、ここから遥か、異国に暮らすお年寄り。その人は、あなたの十字架をつくったと、言っておいでてでございます」

同じ文句を三回も、繰り返し繰り返し、言いました。三回目、キリストの像がうなずいて、頭《こうべ》が胸に垂れました。嘘なんかでは、ございません。それが本当の証拠には、以来、お像はずっとその姿勢。

主キリストがこんな動作をなさったのは、女にお礼を言うためと、恩寵の御技によって、女を聖とされたため。

一方で、ミサを終えた息子の司祭、祭壇から降りて香部屋で、祭服を脱いでおりました。

そのとき女の告白を、聞いた司祭がやって来て、「さきほど聖体拝領を、したばかりのあの女、あれはあなたの産みの母。

その口からじかに聞いたのです。でもあなたには、どうか言わずにいてくれと、頼まれ、いままで黙ってました。というのも、あなたと姉上が、悲しがると気の毒だ。と、まあ、そう思ったらしいのです」

その胸が苦しいまでの喜びに、司祭は、お堂でひざまずく母のもとへと駆けつけた。母は夢中でお祈りし、わが主イエス・キリストに、心を預けておりました。

感謝のしるしに、巡礼に出かけるときに携えた、パンのかけらをこれまでずっと、大事に持っておりました。不思議なことに、そのパンに、カビ一本すら生えてません。

その手には、紙を握っておりました。誰も奪えなかったその紙を、司祭はいとも簡単に、手に取ることが出来ました。書いてあるのは、これまでのいきさつと、悲しいその生涯。息子はすべてを読み通し、母と子は互いの手を取って、感極まって泣きました。

「ああ、気の毒なお母さん！　この僕は、何も知らずに大きくなった。でも、あなたに会ったとき、確信したんだ、これが僕の母さんだって！」

愛と悲しみが極まって、二人はその場で息絶えました。家族は誰も居合わせず、この出来事がそのあとで、伝えられただけでした。

家ではちょうど夕食の、支度が終わったとこでした。野良で働く男らが、腹に詰め込むものすべて、テーブルに並んだとこでした。そこに知らせが届いたのです。

最初の一言を聞くや否や、娘は、そして父親も、いても立ってもおられずに、何もかもをも放り出し、急いで家を後にしました。それほど強い悲しみが、二人の心を襲ったのです。

教会に、慌てて向かう道すがら、ばったり倒れて死にました。この出来事に人々は、すっかりたまげてしまいました。一日の、うちに四人が亡くなるなんて！　父、母、それに子供たち。なんと悲しいことでしょう！

人々は、やがて四人を埋葬しました。四人はギヌヴェに運ばれて、手厚く葬られたのです。

三人は、そのままギヌヴェに埋められました。父と娘、そして息子の三人は。

でも荷車は、神さまに愛された母の遺体を乗せたまま、墓地に着いたと思ったら、荷を引く牛はくるりと方向転換し、どこへとも知れずに突っ走ったのでございます。誰も、車を止められません。

教会の司祭は言いました、「好きなところにどこまでも、牛を行かせてみましょう」と。「神さまの、御心に叶う、その場所に、女を埋めてやりましょう」

人々が、ロクリスト・アン・イズルヴェの、墓地の門前に着いたとき、牛は止まっておとなしく、車もそこから動かない。

そこでみんなは棺を降ろし、教会に運んで行きました。

教会に、棺が入ったそのとたん、わが主イエスがおん自ら、埋葬場所を示しました。人々は、イエスの像が指を上げ、指し示すのを見たのです。

亡骸《なきがら》は、それは丁重に葬られました。教会の、主なるイエスの住む家の、その十字架の足元に。

その後、何年も経ってから、墓はいったん開けられて、人々はそこに見たのです、ちっとも日数を経ていない、真新しいも同然の、棺がそこに横たわるのを。

墓から出された棺には、傷一つとてついていない。以来、棺はずっとそこ、教会に安置されている。

どうです、みなさん、この歌を、聞いておのが腸《はらわた》を、揺すぶられない者がいることか！　虎のように残忍な、心の持ち主は別として。

貧者が家に来たならば、丁寧な口調で答えなさい。それもこれもみなすべて、神さまを愛するがゆえだから！

貧しい人は誰もみな、主の御心に叶う者。

だから気前よく施しを、はずんであげてくださいな。そしてミサには足繁く、通ってお祈りするといい。そうすりゃ、必ずキリストは、あなたに報いてくれるはず。

これで話はおしまいだ、でもその前に一つだけ、心の底からみなさんに、お願いいたす所存です。わが主イエスの家に来て、赦しを請うてくださいまし。

そこに聖遺物がございます、この地方でもいちばんの、そりゃ美しいお宝が。特別な功徳があるという、またとないこの聖遺物。一年に二度のお祭りで、お披露目される、その宝。

手始めに、ポン・クリストに運ばれて、聖母の祠に奉る。五月祭りに運ばれて、聖誕祭に引き出されるまで、ずっとそこに祀られるのです。

どうかみなさん、いらっしゃい、必ずロクリスト・アン・イズルヴェに。神さまの罪の赦しをいただきに。お忘れめさるな、きっとですよ、九月一四日の日にいらっしゃい。

その日、その時、この場所で、グラン・パルドンが厳かに、執り行われる予定です。これはとてもよい機会、イエスさまにお祈りし、わたしたち一人一人のため、お慈悲と赦しを願うには。

このテキストは、かつてはモルレー地方で非常に普及していた古いグウェルスを、できるだけ忠実に翻訳したものである。かつてロクリスト・アン・イズルヴェのパルドン祭には、薄紙に印刷された冊子が何千部も出回っていた。だが、冒頭のメランコリックな歌詞や、人々に参詣を促す末尾の文句から察するに、このグウェルスがつくられたころはもうすでに、ロクリストのパルドン祭は往時ほど盛んな信仰の対象ではなくなっていたものと推測される。とはいえ、いまだ参詣に訪れる人々も、いることはいる。その証拠に、いまでも歌を印刷した冊子は売られていて、版を重ねている。わたしが手にしている冊子は、モルレーのレダン出版社の後を継いだ、ラノエ社が版元になっている。したがって、この冊子には古めかしい趣があるが、実は最近出版されたものなのだ。もっとも、ブルターニュの事物はすべてこのように、新しいものでもすぐに古風な様相を呈する。特に、大衆向けの紙くず同然の冊子には、その傾向が強い。わたしが所有する冊子の正確な題は、『ロクリスト・アン・イズルヴェの主イエス』といい、タイトルの上に十字架に架けられたキリストの拙い版画が印刷されている。背景には、暗い色の空に、岩だらけの景色が広がっている。下には、こんな説明文が載っている。「ブルトン人を覚えていてください」

グウェルスにははっきりと述べられてはいないが、民間信仰では、女に見捨てられた貧者と、女がローマからふるさとに帰る途中で出会う大工とは、同一人物とされている。物語の教訓は、「貧しい人には親切にしなければならない」という一点につきる。実際、リュゼル氏は、「ロクリストの悔悛者」のヴァリアントの一つを『キリスト教の伝承』に採録するに際して、この言葉をタイトルにした。だが、語り手であるマルグリート・フィリップは、おそらくその昔、グウェルスが歌われるのを聞いたものの、押韻形式が記憶から脱落し、物語の大筋だけしか覚えていなかったものと思われる。それはともかく、このように民衆の記憶には数多くの伝承が刻まれているのだが、それは主に二通りの形式で保存される。一つは散文物語であり、もう一つはバラードである。その典型的な例が、「母の死を嘆きすぎた娘」の伝承（本書『アナオンのために泣きすぎてはいけない』の中の「コレーの娘の話」を参照のこと）である。この話は、ほぼ同じものが『バス・ブルターニュの語り歌』の中に採録されている。散文と語り歌と、どちらがより古いのかは不明である。語り歌のリズムが失われて、散文ができたのか、それとも散文が先で、巷の詩人がその素材を韻文にしたのだろうか？　これをどちらが先、と結論づけることは困難だ。どちらの説にも、同じくらい信憑性がある。上に掲げたグウェルスに関して言うならば、歌のほぼ全体を占める悔悛者の女のエピソードは、ロクリストの聖なる泉や、文中で褒め称えられている奇蹟とは、きわめて間接的な関係しか持っていない。泉の事蹟は、話を導くための枠組みとしての機能を、どうにかこうにか果たしているにすぎない。

　ロクリストの礼拝堂はモルレー地方プルネヴェ・コミューンにあり、かつては聖マチュー修道院に属していた。あたり一帯には、のどかな緑の景観が広がっている。すぐ近くに海が見え、西にはグルヴェンの入り江にきらめく海原が広がり、東にはプルエスキャの不思議で野趣に溢れる海岸が続いている。現在の礼拝所は十八世紀末に再建された、なんの変哲もない建物だ。しかしながら、それより以前の部分も残されていて、とりわけ塔とポーチは、かなり古い時代のものだ。言い伝えによると、昔の礼拝堂は、聖グウェノレの父、フラガンが、当時レオン沿岸を荒らしまわっていた蛮族を敗北させた場所に建てられていたという。それが真実かどうかはともかく、いま礼拝堂は、レオン副司教管轄区とケメネ・ティリー管轄区の境にある。両者の境界となっている小川は、ロクリストのふもとを流れている。礼拝堂の周囲は墓地になっているが、もはや埋葬には使われていない。以前そこから、初期教会時代の石棺が出土したことがある。ところで、グウェルスで言及されている悔悛者の墓が現実にあるかどうか、わたしは知らない。土地の人は、女の墓は礼拝堂の十字架の下にあるといって、敷石に嵌めこまれた墓標を見せてくれる。ロクリストの悔悛者は、土地の人から「グレジック・ア・ロム」（ローマに行った女）と呼ばれている。話によると、女はル・エランという場所に住んでいたという。これは、オー・レオンの、プルネヴェ・コミューンとトレフレズ・コミューンの、ちょうど境目にある場所だ。

　ロクリストからほど遠くないところに、やはりグウェルスにその名前が出てくる、ポン・クリストの廃墟がある。そこに行けば、いまでも「一六七六年建立」と刻まれた、御影石の立派な十字架《カルヴェール》磔刑像を見ることができる。〔俗謡刷りについて詳しくは、原聖の『周縁的文化の変貌――ブルトン語の存続とフランス近代』三元社、一九九〇年を参照のこと〕

（3）アイルランド民話では、溺死者の霊魂が海に落ちる寸前に、海の精がこれを集めて壷に入れ、あたたかいまま濡れないように保つ（Cr. Croker, p.207）。

(4) シャトー島はポール・ブランを西に見下ろす位置にある。島には、廃墟になった昔の要塞の跡が、いまだに残っている。島は大きな岩の塊に取り囲まれており、それらの大岩はトレゴール地方の沿岸で最大級と目されている。低地は一種の野原で、波に打ち上げられた遺体の埋葬地になっている。遺体の埋まっている所には、十字に組み合わされた石が地面に立てられているので、一目でそれとわかる。ここが幽霊の出る場所だということも、たやすく想像がつくだろう。シャトー島は、宝島としても知られている。この地方に住む人々は、金貨の詰まった大樽が埋まっていると信じている。一連の伝承は、そうした迷信から生じた。

(5) 霊魂を黒犬の姿に変える話は、アイルランドにもある (Deeney, p.77 ; Br. J. Jones, *Folkore*, t. X, p.120)。

(6) コーンウォールでは、ポルキングホーン牧師という人が、大きな本と、麻でできた新しい縄を一巻持って、幽霊を追い払い、墓の中に戻すとされている (W. Bottrell, p.125)。ウェールズでは、悪霊祓いの能力を持つのは、さまざまな呪文を知る司祭である。魔術師も悪霊を祓うことができ、ときにはただの一般人でもお祈りをすれば悪霊を追い払うことができる (E. Owen, p.209-210)。

(7) この山は、フィニステール県、ブラスパールにあるサン・ミシェル山。ブルターニュ地方で、いちばん高い山だ〔頂上は高さ海抜三八〇メートル〕。そのふもとには広大な泥炭質の沼地が広がっていて、「ユーン・エレーズ」と呼ばれている。ここは夏になると、海原のようにさまざまな色調の草原と化す。そこに足を踏み入れると、まるで雑草、ヒース、エニシダでできた絨毯の上を歩いているような感じがする。進めば進むほど、足の下の地面は柔らかく、不安定になる。やがて足は脛のへんまで水に浸かってしまう。ユーン・エレーズの中心に到達する頃には、目の前に、いかにも危なそうな緑の水面が開ける。土地の人は、この池の深さは底が知れないのだという。ここは闇の入口、見知らぬ世界の玄関口だ。お祓いされた悪霊は、その大きく開いた穴の中に追い込まれる。この池は「ユーディック」(沸騰した小さな池の意) と呼ばれている。それというのも、池の水がときどき、ぼこぼこいうからだ。そのとき身を乗り出した者こそ、哀れなり。目に見えない力によってつかまえられ、池の中に引きずりこまれる。ある晩、猟犬の群れが猛り狂って吠える声が聞こえた。それは、お祓いされた悪霊たちが、騒ぎ立てているのだった。だが、聖ミシェル〔大天使ミカエル〕が山の上から、ユーン・エレーズめがけて燃え立つ槍を構えたので、騒ぎはたちまち鎮まった。

偉大なる聖ミシェルさまはご存知だ、
黒狼を鎮める技を。
サン・ミシェル山の頂上には、聖ミシェルに奉献された礼拝堂が建っている（A. Le Braz, *Annales de Bretagne*, t. VIII, p.228-229）。

（8）悪い幽霊は地上をさまよったのち、湖や川、あるいは紅海の中で罪の償いを終える（E. Owen, p.193）。

（9）「近年になってもなお、罪人は黒いバルベ犬に変身させられ、ブラスパールに連れて行かれると信じられていた。黒犬は神父から召使いに預けられ、人里離れた場所に連れて行かれる。そのとき犬の姿は消え、遠くの地面が揺れ動く。岩の間から炎が上がり、空は不気味な雲に覆われる。霰がざっと降り、雷が轟く」（Cambry, t. I, p.24）犬、特に黒い犬の姿となった霊魂については、Le Rouzic, p.60, 67-69, 71-73, 79-85, 88, 94, 98, 109を参照のこと。ウェールズの口承伝説に「アンヌヴンの猟犬」がある。これは猟犬の形をした悪魔で、炎に包まれている。この犬が現われると、死の前兆である（Rhys, *Celtic folklore*, p.215-216 ; E. Owen, p.125-129 ; *Y Brython*, t. III, p.22 ; *The Cambro-Briton*, t. I, p.350 ; *Cymru fu*, p.298 ; M. Trevelyan, *Folklore and folkstories of Wales*, 1909, p.47-54）

第21章

（1）悪魔に自分の魂を売り渡したい者、あるいは人間や動物を先に進めなくする力を授かりたい者は、真夜中、墓場に行かなければならない（W. Gregor, Notes, p.216）。

（2）Cf. R. F. Le Men, *Revue celtique*, t. I, p.433-434. 悪魔が建造物を建てる話は、ブルターニュの伝承に頻繁に登場する。悪魔が運んでいた建材が地面に落ちて、メンヒル〔巨石〕になったという話は、その一例だ。そのほか、悪魔が橋をつくるという話も多い（H. Le Carguet, *Les légendes de la ville d'Is*, p.22-23）。

（3）ブルターニュの民話と同じくアイルランドの民話にも、主人公が地獄に行くという話がある。ある女が息子の代わりに地獄に落とされた。女は大勢の人の魂を背負って、運ばなければならなかった。彼女は道で日曜日の王に出会い、この重荷を渡した（Larminie, p.192-193）。また別の話では、悪魔と賭け事をして勝った男が、一人を除き、地獄に落ちたすべての魂を救い出した（G. Dottin, *Contes et légendes d'Irelande*, p.164-165）。さらに、地獄まで一人の霊魂を探しに行くよう、言い付かった巨人の話もある（*Contes irlandais*, p.26）。

(4) Cf. ウェールズの三題歌に出てくる「マラエンの馬」は、五月一日の災厄である（J. Loth, *Les Mabinogion*, t. II, p.302, t. I, p.233 note）。フリースはこれを、ペレデュール〔「マビノギオン」中の登場人物。そのストーリーはクレチャン・ドゥ・トロワの『ペルスヴァル』に似ている〕が乗ろうとする悪魔の馬と同種のものとしている（Rhys, *Hibbert lectures*, p.608 ; Nutt, p.21,44）。幽霊はときどき、頭のない馬に跨った姿で現れる。馬は夜じゅう、猛スピードで野原を駆け抜ける（E. Owen, p.201）。死の馬は白、もしくは黒い色をしており、その眼《まなこ》はらんらんと燃え、霊魂を地獄へ連れて行く（M. Trevelyan, *Folklore and folkstories of Wales*, p.182）。馬の姿に変身した悪魔について。コーンウォールの伝承に関しては W. Bottrell, p.233 を、ブルターニュの伝承については P.Y. Sébillot, *Revue de Bretagne, de Vendée et d'Anjou*, t. XVIII, p.64-66 を参照のこと。

　アイルランドでは、悪霊は尻尾の長い馬の姿になって、死人が出たばかりの家のまわりをうろつく、と言われている（Ph. Redmond, p.362）。

(5) 同様のエピソードは、アイルランドの民話にも頻繁に登場する。その時々で、火花、棘《とげ》、ロゼワインのしずく（G. Dottin, *Contes et légendes d'Irlande*, p.104）、小石、氷のかけらが魔除けとして用いられる（*Contes irlandais*, p.169-170）。

(6) 地獄では、生前、裁判官をしていた者や継子いじめをした女が、金色の椅子に座らされる（*Gwerziou Breiz-Izel*, t. II, p.539, 555）。

(7) Cf. Luzel, *Légendes chrétiennes*, t. I, p.187. リュゼル氏が『キリスト教の伝承』に採録した「山賊と隠者の弟」と、本書の伝承には、多くの共通点が見られる。フィニステール県で採録されたバージョンは、記述が省略されていて、形としては短縮されているが、そちらのほうがむしろ原型であり、リュゼル氏の出版した伝承は、その他の地獄下りの物語のエピソードが後世に付け加えられたものである可能性がある。Cf. *ibid.*, p.162-, p.175-.

(8) プルーアのケルマリア・アン・イスキの礼拝堂には、四〇人の人物が踊る、死の舞踏《ダンス・マカーブル》を描いた珍しいフレスコ画がある。踊り手のグループの下には、死者と生者の対話が韻文で記されている。

第22章

（1）あの世での飲み代が払えるようにと、酔っ払いを埋葬するとき、一〇レアール銀貨を一緒に埋めた、という内容の歌がある（*Soniou Breiz-Izel*, t. II, p.163）。

（2）ブルターニュでは町と町のあいだの街道に、たいてい一軒は旅籠屋がある。そういう店は「道中宿」と呼ばれ、土地の引き馬なら、主人が命令しなくても、おのずとその前で立ち止まる。

（3）『アダムナーンの幻想』の中で、聖ミシェルは第一天の入口にいて新しく来た霊魂を迎え（15節）、第六天に連れて行く。そこで霊魂は浄化されたのち、いよいよ神にお目見えする（18節）。〔『アダムナーンの幻想』は十世紀末から十一世紀にかけて成立した。物語のあらすじは次のとおり。洗礼者ヨハネ祭に、肉体を離れた霊魂が天使に導かれて、七天を一つずつ昇って行く。ようやく神の前に立ち、良い魂は歓迎され、悪い魂は地獄へ堕ちる。邦訳は松岡利次編訳『ケルトの聖書物語』岩波書店、一九九一年〕

（4）この話の語り手、マリー＝サント・トゥルーザンが個人的に付け加えた数々の余談を、わたしは省かざるをえなかった。マリー＝サントは無類の話好きで、なかなか結末に向かおうとしない。途中で、わざわざ関係ない意見をはさむなどして、話を遅らせるのだ。本人曰く、「オールドミスのせいだろうかね、あたしはずいぶんおしゃべりなんだよ」だが、ふつう考えられているようなオールドミスとは違って、彼女は陽気で、上機嫌で、気立てがいい。話のこの場面にくると、マリー＝サントは相好を崩して、わたしにこう言った。「ねえ、あなた。この丸々と太った牛のうち、少なくとも一ダースはトゥルーザン家の者たちだったよ。うちの家族には、いつも食うや食わずの人がいたからね。顔は笑って、腹は泣いていたような連中が。でも、心が豊かでありさえすれば、あとはどうでもいいのさ。バス・ブルターニュの人間は、そうやって自分たちを養ってくれない土地で楽しく暮らしているんだよ」

（5）天国の小鳥については、『アダムナーンの幻想』七節三三を参照のこと。ウェールズの伝説では、「リアンノンの小鳥」が死者を目覚めさせ、生者を眠らせる（*Les Mabinogion*, t. I, p.307）〔リアンノンは『マビノギオン』の登場人物で、プイスの妻でプレデリの母。「リアンノンの小鳥」は三羽で、忘却の力を持つ歌を歌う〕。

（6）アイルランドの民話に、こんな話がある。一人の小人が、かつて自分が犯した人殺しの罪の赦しを得ようと、聖なる隠者のもとに出かけた。その間、母親と一緒に暮らしていたのは、この小人とまったく同じ姿形の人物だった（G.

（7）Dottin, *Contes irlandais*, p.151)。

わたしはこの話と、その前の122話のヴァリアント数種類を採集した。これらは、もともとは神話的な民話だったものに、あとになってキリスト教的な意味が付け加えられたに相違ない。

あるヴァリアントでは、本書のテキストのように髪の毛のうえを歩いて池を渡るのではなく、羊毛の糸の上を通って沼を渡ることになっている。

122話『イアニックの旅』については、リュゼル氏が『キリスト教の伝承』に採録した二話と比較するといいだろう。わたしがベギャールで採録した話では、カプチン僧だった死者が、天国に届けてほしいと言って、イアニックに手紙を渡し、そこへ行くための道案内に白い杖を与える。イアニックが道中、恐ろしく不思議な体験をする点は、本書の話と同じである。ただ、互いに戦うのは二つの山ではなく、二本の木になっている。あまりに激しくぶつかりあうので、木の皮や枝が遠くまで飛び散る。次に、炎に包まれた大きな輪に、行く手が遮られる。それから、交差して置かれたフォークが、手当たり次第に通りがかりの者を突き刺す。そのあとイアニックは、素晴らしく豪華な服を着た男女が、美しい金の馬車に乗っているのを見る。人々は馬車を止め、楽しい歌を歌い、おしゃべりをしながら、ピクニックを始める。テーブルの上には美味しそうな食べ物や、ありとあらゆる種類のワインが載っている。お腹がくちくなると、人々は花の咲き乱れる緑の絨毯の上で、さまざまな楽器の音色にのって踊りだす。だが、こんなに愉快な旅を続けながら、行き着いた道の果てで、ぽっかりと口を開けた真っ暗な穴の中に、全員が転げ落ちてしまう。その穴からは炎が噴き出し、奥の方から恐ろしい叫び声や呪詛の声が聞こえてくる。次に白い杖はイアニックを、一面にビロードのように柔らかい草が生えた道へといざなう。白い髭《ひげ》を生やし、灰色の長い衣を来たお年寄りたちが、ゆったりとした足取りでその道を行き来している。その様子は沈鬱で、老人たちはみんな申し合わせたように頭《こうべ》を垂れ、手に持った象牙の十字架に向かって涙を流している。イアニックはその場を後にし、さらに道を続ける。今度見えてきたのは畑だった。そこでは大勢の人が働いていた。ある者は畑を耕し、ある者は土を掘り、また別の者は犂で畝《うね》をつくっている。低い畑にいる連中はたいそう苦労しているようで、片時も休まず働いているのに、作業はまったくはかどらない。そのため、人々は暗く、悲しそうな顔をしている。それに比べて上の畑にいる者は、忙しく立ち働いてはいるものの、一心不乱になるほど取り組んではいない。身体を動かしながらも歌を歌い、ときどき手を休めて互いにおしゃべりをしている。ところが、仕事は早く進み、その出来具合も文句のつけようがないほど完璧だ。イアニックはさらに道を続けた。今度は、野原の真ん中に鳩舎が建ち、そのまわりを鳩たちが飛んでいた。白い鳩は軽々と鳩舎の上を飛び回り、灰色の鳩は真ん中の高さまで飛びあがるのだが、すぐに下に落ちてしまう。ほかにも真っ黒な鳩がいて、上に飛ぼうと虚しく羽を動かすのだが、羽は地面にくっついたまま動けない。

ようやく天国に着いたイアニックは、これまで自分が見聞きしたものについて、カプチン僧に説明を求める。すると、カプチン僧はこう答える。

「互いにぶつかりあっている二本の木は、生前、折り合いが悪かった夫婦だよ。

二本のフォークは腹黒い金持ちたちで、生前、手当たり次第に何でもかっさらっては自分の物にし、溜め込んでおいたのだ。

金の馬車に乗っていた人々は、現在の快楽のことだけしか考えず、来世にどうなるかなんて心配しなかった連中だ。だから、まっすぐ地獄に堕ちた。

灰色の長い衣を着て、悲しそうな様子のお年寄りは、現世で自分たちの務めを果たしながらも、いくつかのことで失敗した人々だ。かれらは煉獄に行って、失敗を償う。

下の畑で働いていたのは、日曜の休みを守らず、少しでも豊かになろうと血眼になっていた人々だ。上の畑にいたのは、どの祭日も欠かさず守った。だから今、あんなにも楽しそうにしているのだよ。自分たちが天国に迎えられるとわかっているからね。

鳩舎のまわりを飛んでいた白い鳩は、神さまの言葉を説き、その教えを守った人の霊だ。

灰色の鳩は、常に正しい道を歩んでこなかった人の霊。

黒い鳩は、キリスト教徒として恥ずかしい、放蕩に身を委ねていた人の霊だ」

わたしがここに引用したのは、ヴァリアントの中でも特に興味深いと思われる箇所である。その以外の部分は、どのヴァリアントもさほど大差ない。

Cf. Luzel, *Contes populiares de Basse-Bretagne*, t. I, p.3-140. この本に採録された様々な物語の共通点を鑑みると、一連の伝承のキリスト教的な要素はあとから付け加えられたものにすぎず、もともとの神話的な性格が明確になる。さらに、リュゼル氏が『天国に手紙を届けた男』の第二バージョンにつけた註を参照のこと（*Légendes chrétiennes*, p.247-）。*Contes populaires...* の物語は、「イアニックの旅」よりも「びっこの少年と天使の義兄」のほうにより近い。前者にはキリスト教的な構想と感情がより深く浸透しており、原話にいっそう念入りな手直しがなされたものと思われる。また、ブルターニュの聖史劇のテーマとなった、聖パトリスの煉獄伝説のある種の細部と、両者との類似点を指摘することもできよう。

参考文献

定期刊行物

Annales de Bretagne, la Faculté des Lettres de Rennes, Rennes, 1886 -.

—— A. Le Braz, *Les saints bretons d'après la tradition populaire*, t. XII.

Annuaire des traditions populaires. Paris, 1887-1888.

Archaeologia Cambrensis, London, 1846 - .

—— E. L. Barnwell, *On some ancient Welsh customs and furniture*, 1872.

Bulletin de la Société archéologique du Finistère, Quimper, 1873 - .

Folklore, London, 1890 - .

—— K. Carson, *Burial customs*, t. XI.

—— J. Cooke, *Notes on Irishi folklore from Connaught*, t. VII.

—— L. Duncan, *Further notes from country Leitrim*, t. V.

—— Goodrich-Freer, *More folklore from the Hebrides*, t. XIII.

—— W. A. Craigie, *Some Highland folklore*, t. IX.

—— Haddon, *A batch of Irish folklore,* t. IV.
—— M. MacPhail, *Folklore from the Hebrides,* t. VIII.
—— Ph. Redmond, *Some Wexford folklore,* t. X.
—— W. B. Yeats, *Traditions and superstitions collected out at Kilcurry,* t. X.

Le Fureteur breton, M. Le Dault, L. Durocher, Et. Port, Paris, 1905 - .

L'Hermine, Rennes, 1889 - .

Mélusine, recueil de mythologie, littérature populaire, tradtions et usages, dirigé par H. Gaidoz, Paris, 1877 - 1902.

Mémoires de la Société d'émulation des Côtes-du-Nord, Saint-Brieuc, 1865 - .

Revue celtique, Paris, 1870 -.
—— D. Fitzgerald, *Popular tales of Ireland,* t. IV
—— H. Gaidoz, *Superstitions en Basse-Bretagne au XVIIe siècle,* t. II.
—— L. F. Sauvé, *Traditions populaires de la Basse-Bretagne, intersignes et présages de mort,* t. VI.

Revue de Bretagne et de Vendée, Nantes, 1857 - 1888.
—— F. M. Luzel, *La veillée de Noël,* t. X.

Revue de Bretagne, de Vendée et d'Anjou,

—— P.Y. Sébillot, *Contes et légendes du pays de Gouarec,* t. XVIII.
—— P.Y. Sébillot, *Légendes du pays de Paimpol,* t. XI.

Revue des traditions populaires, dirigé par P.Sébillot, Paris, 1885 - .
—— Le Calvez, *La mort en Basse-Bretagne,* t. III.
—— Le Carguet, *Superstitions et légendes du cap Sizun,* t. IV.
—— L. Chaworth-Musters, *Superstitions du sud du Pays de Galles,* t. VI.
—— Fr. Marquer, *Traditions et superstitions du Morbihan,* t. XI.
—— Milin, *Notes sur l'Ile de Batz,* t. X.

The Cambro-Briton, London, 1820 - 1822.

The Folklore Journal, London, 1883-1889, 7vol.
—— M. A. Courteney, *Cornish folklore,* t. V.
—— L. L. Duncan, *Folkore gleanings from country Leitrim,* t. IV.
—— J. Frazer, *Death and burial customs, Scotland,* t. III.
—— A. S. G. , *Wexford folklore,* t. VII.

The Folklore Record, The Folklore Society, 1878-1882, 5vol.
—— R. Clark, *Folklore collected in co. Wexford,* t. V.
—— G. H. Kinahan, *Notes on Irish folklore,* t. IV

単行本

—— C. S. Boswell, *An Irish precursor of Dante, a study on the vision of Heaven and Hell ascribed to the eighth-century Irish saint Adamnân,* London, 1908.

—— W. Bottrell, *Traditions and hearthside stories of West Cornwall,* 2e édition, Penzanac, 1873.

—— Cambry, *Voyage dans le Finistère,* Paris, an VII, 3vol.

—— J. F. Campbell, *Popular tales of the West Highlands orally collected with a translation,* Edinburha, 1860-1862, 4vol.

—— J. Gregorson Campbell, *Superstitions of the Highlands and islands of Scotland, collected entirely from oral sources,* Glasgow, 1900.

—— T. Crofton Croker *Fairy legends and traditions of the South of Ireland,* (1er édition 1825), a new complete edition by T. Wright, London.

—— J. Curtin, *Tales of the fairies and of the ghost-world,* London, 1895.

—— *Cymru fu,* yn cynwys hanesion, Wrexham, 1862.

—— H. D'Arbois de Jubainville, *Cours de littérature celtique,* t. V, *L, épopée celtique en Irlande,* Paris.

—— Daniel Deeney, *Peasant lore from Gaelic Ireland,* London, 1900.

—— M. le chevalier De Fréminville, *Antiquité de la Bretagne,* Brest, 1932.

—— H. De La Villemarqué, *Barzaz-Breiz,* 6e édition, Paris, 1867.

—— P.Diverrès, *Le plus ancien texte des Meddygon Myddfai,* Paris, 1913.

—— G. Dottin, *Contes et légendes d'Irlande,* Le Havre, 1901.

—— G. Dottin, *Contes irlandais,* Rennes.

—— W. Gregor, *Notes on the folklore of the Notrh-East of Scotland,* London, 1881.

—— G. Henderson, *Survivals in belief among the Celts.*

—— D. Hyde, *Legends of saints and sinners,* Dublin.

—— D. Hyde, *Bedside the fire, a collection of Irish Gaelic folkstories,* with additional notes by A.Nutt, London, 1890.

—— L. Kérardven (L. Dufilhol), *Guionvac'h, Etudes sur la Bretagne,* 2e édition, Paris, 1835.

—— P.Kennedy, *Legendary Fictions of the Irish Celts,* London, 1891.
—— P.Kennedy, *The Fireside Stories of Ireland,* Dublin, 1870.
—— A. De La Borderie, *Histoire de Bretagne,* Rennes, 1896-1899.
—— W. Larminie, *West-Irish folktales and romances,* London, 1898.
—— Z. Le Rouzic, *Carnac, légendes, traditions, coutumes et contes du pays,* 2e édition, Nantes, 1887.
—— *Les Mabinogion du Livre Rouge de Hergest,* trad. J. Loth, Paris, 1913, 2vol.
—— F. M. Luzel, *Contes populaires de Basse-Bretagne,* Paris, 1887, 3vol.
—— F. M. Luzel, *Légendes chrétiennes de la Basse-Bretagne,* Paris, 1881, 2vol.
—— F. M. Luzel, *Veillés bretonnes, moeurs, chants, contes et récits populaires des Bretons-Armoricains,* Paris, 1876.
—— D. R. MacAnally, *Irish wonders, the ghosts, giants, pookas, demons, leprechawns, banshees, fairies, witches, widows, old maids, and other marvels of the Emerald isle,* London, 1888.
—— J. Mahé, *Essai sur les antiquités du département du Morbihan,* Vannes, 1825.
—— A. Nutt, *Stydies on the legends of the holy Grail, with especial reference to the hypothesis of its Celtic origin,* London, 1888.
—— E. Owen, *Welsh folklore, a collection of folktales and legends of North Wales,* Oswentry, 1896.
—— Th. Pennant, *Antiquarian and picuresque tour in Wales,* London, 1778.
—— O. Perrin & A. Bouet, *Galerie bretonne, ou vie des Bretons de l'Armorique,* Paris, 1838, 3vol.
—— J. Rhys, *Celtic folklore, Welsh and Manx,* Oxford, 1901.
—— P.Sébillot, *Le folklore de France,* Paris, 1904 – 1907, 4vol.
—— *Selections from ancient Irish poetry,* translated by Kuno Meyer, 2e édition, London, 1913.
—— E. Souvestre, *Le Finistère en 1836,* Vrest, 1838.
—— E. Souvestre, *Les derniers Bretons,* Paris, 1858.
——M. Stokes, *Three months in the forests of France,* London, 1895.
—— *The Gentleman's magazine library.* Popular superstitions ed. , G. L. Gomme, London, 1884.

—— *The Physicians of Myddvai(Meddygon Myddfai)*, translated by J. Pughe, Llandovery, 1861.

——A. G. Vérusmor, *Voyage en Basse-Bretagne,* Guingamp, 1855.

—— lady Wilde, *Ancient legends, mystic charms and superstitions of Ireland,* London, 1888.

—— *Ysten Sioned neu y gronfa gymmysg,* Gwerecsam, 1894.

通貨単位について

・本書に登場する通貨単位は、相互に以下のような関係にある。
1ドゥニエ銅貨は、1スーの12分の1。または1リヤールの3分の1。
1リヤール銅貨は3ドゥニエ、または1スーの4分の1に相当する。
1スーは5サンチーム硬貨。20スーが1フラン。
1エキュ銀貨は、約5フランに相当（本書では6フラン相当）。

・当時の通貨単位の実質的価値を正確に把握するのは困難なことだが、ひとつの目安として、ヤン・ブルキリヤン著『19世紀ブルターニュの農民の日常生活』(Yann Brekilien, *La vie quotidienne des paysans bretons au XIXe siècle*, Hachette, 1966) によると、日雇い農夫の日給は、冬季はだいたい50サンチーム、夏季の農繁期では75サンチームだった。農場の作男の年給は、食事と宿泊所（といっても馬小屋に寝泊りすることが多かった）つきで、150フラン。それに対し、町のブルジョワ家庭で働く召使いは、この2倍稼いでいた。ちなみに、『フランス語近代作家文献　1801-1953年』(Hector Talvart & Joseph Place, *Bibliographie des auteurs modernes de langue française*, 1801-1953, éd. De la Chronique des Lettres françaises, 1954) をひもとくと、1893年に出版されたル=ブラース著『バス・ブルターニュの死の伝承』初版には、3フラン50サンチームという値段がつけられている。

1920年

9月から翌年5月にかけて、7回目の米国滞在。コロンビア大学で講義を行なう。

1921年

メアリー＝ルシンダ・デヴィソンとパリで結婚。デヴィソン家は米国の富裕な名家。

1922年

9月16日、ポンティヴィでＵＲＢ創設25周年を記念し、「不滅のブルターニュ」と題した講演を行なう。

＊月刊誌『ブルターニュ観光（*Bretagne touristique*）』創刊。ブルターニュにも次第に観光地化の波が押し寄せる。

＊アイルランドの26州が独立。

1923年

このころから、各地の荒廃した礼拝堂に興味を抱き始め、自動車で訪ねて回る。

12月、妻メアリーとともに渡米。

＊イェーツ、ノーベル文学賞を受賞。

＊「7人兄弟（*Ar seiz breur*）」の発足。ブルターニュ独自の芸術の伝統を蘇らせる目的をもったこの会は、その後の音楽、建築、装飾芸術の発展に大きな影響を与えることとなる。

1924年

4月、フランスに帰国。南仏マントンに住む娘夫婦のもとを訪ねる。

8月1日、レンヌ大学を退官。

妻メアリー、マントン、カルノレス通りの“カーザ・ジプティス”と呼ばれる家を購入。

1925年

2月から3月にかけて、妻メアリーの家族とともにエジプトに遊ぶ。

＊文部大臣アナトール・ル＝モンジ、パリ装飾美術展ブルターニュ・パビリオン開館の祝賀会の席で、フランスにおいて言語的統一性を図るため、ブルトン語は消滅しなければならない、と発言。

1926年

マントンの“カーザ・ジプティス”に滞在。詩作に打ち込むが、次第に健康状態が悪化。「ケナヴォ（さらば）」と題した詩の原稿を友人のリュシアン・エールに託し、死後出版してほしいと伝える。

3月20日、白血病によりマントンで逝去。

1928年

7月8日、遺灰がトレギエに運ばれる。

『ブルターニュの古い礼拝堂（*Vieilles chapelles de Bretagne*）』、パリのアルベール・モランセ書店から出版。

1982年

＊6月21日、ミッテラン政権下の文部大臣アラン・サヴァリ、いわゆる「サヴァリ通達」を出し、学校での仏語／地域言語のバイリンガル教育を容認。

＊モルビアン選出国会議員ポール・ギエイスら、文部大臣に対し、公教育でのブルトン語教育の必要性を直訴。

1910年

最初の妻の長女で、アナトールの子どもたちにとっては母親代わりでもあったアンドレ・ドンズロ、結婚。

3回目の渡米。

1911年

4月21日、巧みな語り手であったお針子、リズ・ベレック死去。

中篇小説『西洋の魂（*Âmes d'Occident*）』、カルマン・レヴィ書店より出版。

＊モーリス・デュアメル、フランソワ・ヴァレらとともにＵＲＢを脱会し、「ブルターニュ地域主義連盟」（ＦＲＢ）を設立。

1912年

春、4回目の渡米。

4月5日、シンシナティで講演を行い、リズ・ベレックの死を報告すると、出席者一同、涙にむせんだ。聴衆のあいだで、自発的に記念碑を建てる計画が持ち上がる。

8月10日、リズ・ベレックの業績を偲ぶ記念式典がパンヴェナンで行なわれる。アナトール、シャルル・ル＝ゴフィック、フランソワ・ヴァレらが出席。また米国代表として、ヘンリエッタ・ポーターらが出席。

1913年

4月20日、次女マギー、ポール・ブランにて結婚。

＊社会主義者エミール・マッソン、フランス語・ブルトン語の2ヶ国語を併記した雑誌『霧（*Brug*）』を創刊。

1914年

4月13日、長女レーヌ＝アンヌ、ポール・ブランにて結婚。

7月30日、レジオン・ドゥヌール・オフィシエ勲章を受勲。

＊第3次アイルランド自治法、成立。その実施に保守党が反対し、イギリス国内で緊張高まる。

1915年

1月から6月まで5回目の渡米。シンシナティ大学で教鞭をとる。

9月23日、長男ロベール、ナンシー近郊にて戦死。

11月6日、ニューヨークのセント・トーマス・チャーチでヘンリエッタ・スペンサー・ポーターと結婚。

＊8月、ドイツ、ロシアとフランスに宣戦布告。第一次世界大戦勃発。

1916年

＊4月24日の復活祭、アイルランドのダブリンで民族主義者たちが武装蜂起するも、イギリスに鎮圧される。パトリック・ピアスを始め、若く才能のある詩人たちが銃殺刑に処せられる。

1917年

1月から翌年8月まで6回目の米国滞在。各地で講演を行なう。

＊4月6日、米国、第一次世界大戦に参戦。

1919年

妻ヘンリエッタ、パリで死去。

＊1月、ヴェルサイユ講和会議にて終戦の協議が始まる。ＵＲＢ、『言語の権利と人民の自由に関する陳情書』を代表団に提出。

＊6月、ヴェルサイユ条約。

店より出版。
ドレフュス事件をめぐって、フランスの世論が二分される。アナトールは、ユダヤ人に対する冤罪事件だという立場を明確にする。

1898 年

アナトールら 10 人の文人・政治家が主要発起人となり、8 月 16 日、モルレーにて「ブルターニュ地域主義連合」（ＵＲＢ）発足。会長にはアナトールが就任。ルイ・ティエルスラン、フランソワ・ヴァレ、作家シャルル・ル＝ゴフィックらが参加。この出来事は、欧米のマスコミで大きく報じられた。

1899 年

3 月、スイス旅行。ジュネーヴにて講演を行なう。
7 月、初めてウェールズを訪れ、深い感銘を受ける。
＊アルマン・ダヨ、ＵＲＢの会員に貴族と聖職者が多いことから、宗教色を排除し、より共和主義的傾向の強い「ブルターニュ協会」を創設。

1900 年

小説『火の守り人（*Le Gardien du Feu*）』、カルマン・レヴィ書店より出版。

1901 年

6 月 29 日、レンヌ大学文学部講師に任命される。
8 月 20 日、ジョーディ川河口での海難事故。乗客乗員 13 人のうち、10 人がアナトールの親族だった。この事故により、父ニコラ、義母、最愛の妹プティマン、ならびに義弟レオン・マリリエを失う。
中篇小説『人魚の血（*Le Sang de la Sirène*）』、カルマン・レヴィ書店より出版。
＊イギリスのネオ・ドルイディスムの流れを汲む「ブルターニュ半島・バルト団ゴルセズ」、ガンガンにて結成。

1903 年

＊トレギエにエルネスト・ルナンの銅像が建立される。

1904 年

博士論文『ケルト演劇史論（*Essai sur l'histoire du Théâtre Celtique*）』を提出、6 月 19 日、パリのソルボンヌ大学において論文審査が行なわれる。
12 月 25 日、レンヌ大学文学部教授に任命される。
『ケルト演劇史論』をカルマン・レヴィ書店から、『コノメルスと聖トレフィーヌ（*Cognomerus et Sainte Trefine*）』をシャンピオン書店から出版。

1905 年

春、アイルランドを訪問。
ベルギー、レンヌにて講演を行なう。
『太陽と霧の物語（*Contes du soleil et de la brume*）』、パリのドゥラグラーヴ社より出版。

1906 年

アリアンス・フランセーズの招きにより渡米。ハーヴァード大学などで講演を行なう。
2 月 16 日、妻オーギュスティーヌ、レンヌにて死去。米国から急ぎ帰国するも、臨終には間に合わなかった。
12月8日、2回目の渡米。ノーベル賞を受賞したばかりのルーズベルト大統領と会見。

1907 年

11 月、訪英。オックスフォード、ケンブリッジ、ロンドンなどで講演を行なう。

1909 年

『シャトーブリアン追放の地にて（*Au pays d' exil de Chateaubriand*）』、シャンピオン書店より出版。

1887 年

「楢の木の詩（*La Chanson des chênes*）」が『クロニック（*Les Chroniques*）』に掲載される。

1889 年

＊詩人ルイ・ティエルスラン、音楽家のジャン＝ギィ・ロパルスとともに文芸誌『アーミン（*L'Hermine*）』を創刊。

1890 年

8月6日、生徒の母で寡婦のオーギュスティーヌ＝ジャンヌ・ドンズロとカンペールで結婚。いちどきに3人の子の父親となる。

フランソワ＝マリー・リュゼル収集・翻訳、アナトール・ル＝ブラース協力の『バス・ブルターニュの民謡集（*Soniou Breiz-Izel*）』が出版される。

1891 年

1月1日、妹ジャンヌ＝マリー、パリの国立高等研究所講師レオン・マリリエと結婚。

5月22日、長女アンヌ＝イヴォンヌ＝ジャンヌ＝オーギュスティーヌ、愛称レーヌ＝アンヌ誕生。

＊アルマン・ダヨ、「パリ・ブルトン人協会」を設立。

1892 年

エルネスト・ルナンの推薦により、文部省から第1次現地調査を委託される。

8月から9月にかけて約1ヵ月半、プレイバン、アレ山系、レオン、トレゴールなど各地を回り、ブルターニュの聖人にまつわる民間信仰を調査する。

詩集『ブルターニュの歌（*La Chanson de la Bretagne*）』、レンヌのH・ケリエール書店より出版される。

＊10月2日、ルナン、パリで死去。

1893 年

夏季、文部省の委任による第2次現地調査を実施。

10月8日、次女ジャンヌ＝フランソワーズ＝マリー＝マルグリット、愛称マギー誕生。

最初の調査報告『民間信仰に見るブルターニュの聖人（*Les Saints bretons d'après la tradition populaire*）』、『ブルターニュ年報』に掲載。

『バス・ブルターニュの死の伝承（*La Légendes de la Mort en Basse-Bretagne*）』、パリのシャンピオン書店より出版。義弟レオン・マリリエが序文を執筆。

1894 年

夏季、第3次現地調査を実施。

『パルドン祭の国で（*Au pays de pardon*）』、H・ケリエール書店より出版。

1895 年

＊2月26日、フランソワ＝マリー・リュゼル、カンペールで死去。

＊12月8日、テオドール・エルサール・ドゥ・ラ＝ヴィルマルケ子爵、カンペールで死去。

1896 年

1月13日、長男ロベール＝ジャン＝レオン誕生。

＊フランソワ・ヴァレ、サン・ブリウーのサン・シャルル校で隔週のブルトン語の授業を開始。「ブレイス語擁護委員会」発足。

1897 年

夏季、第4次現地調査を実施。

12月31日、レジオン・ドゥヌール騎士勲章を受勲。

中篇小説『アイスランドの復活祭（*Pâques d'Islande*）』、パリのカルマン・レヴィ書

アナトール・ル＝ブラース関連年譜

歴史的事項は、＊印の後、明朝体で記した。

1859 年

4 月 2 日、アナトール＝ジャン＝フランソワ＝マリー・ル＝ブラース、サン・セルヴェ（現コート・ダルモール県）で生まれる。父は小学校教諭、ニコラ・ル＝ブラース。母はジャンヌ・ル＝ギヤデール。母は全部で 11 人の子を産むが、生き残ったのは、アナトールと 2 人の女の子だけだった。

＊ 1852 年から 1876 年にかけて、文部省は、フランス各地に伝わる民謡の調査を実施。アナトールの父ニコラを含め、大勢の教員がこの調査に参加。

1867 年

＊国際ケルト大会、サン・ブリウーで開催。フランソワ＝マリー・リュゼル、ドゥ・ラ＝ヴィルマルケの『バルザス・ブレイス（*Barzaz-Breiz*）』の信憑性について疑問を投げかける。両者のあいだの溝は、終生埋まることはなかった。

1868 年

＊リュゼル、『バス・ブルターニュの民謡集（*Chants populaires de Basse-Bretagne*）』第 1 巻を出版。

1869 年

8 月 20 日、母ジャンヌ、プルミリオーで死去。

1870 年

サン・ブリウーの高校に入学。

＊アンリ・ゲドス、『ケルト研究誌（*La Revue Celtique*）』を創刊。翌年からエルネスト・ルナンが編集に協力。

1871 年

父ニコラ、マリー＝フランソワーズ＝フィロメーヌ・ル＝ルーと再婚。

1879 年

パリのサン・ルイ高校に入学。

1882 年

＊パリのコレージュ・ドゥ・フランスで、ケルト学講座が開設される。

1883 年

＊ジョゼフ・ロート、レンヌ大学文学部でケルト学の講義を開始。

1884 年

哲学教師としてエタンプの中学に赴任。

1886 年

カンペールの高校に転任。エミール・スーヴェストルの娘、ボー夫人のサロンに足繁く通う。この年、父の友人でもあったリュゼルとともに、各地の民謡を収集。このころ妹ジャンヌ＝マリー、愛称プティマン、兄アナトールと同宿し、父の再婚後に生まれた幼い弟妹たちを引き取り、面倒をみる。

＊レンヌ大学文学部、『ブルターニュ年報（*Annales de Bretagne*）』を創刊。

訳者あとがき

日本人は怪談が好きだ。

特に夏の怪談というと、もはや季語に近くなった感がある。テレビは連日のように心霊番組を流し、「本当にあった怖い話」を集めた本が書店に並ぶ。最近ではその内容もエスカレートしてきて、内臓が飛び出し、顔はぐちゃぐちゃに潰れ……というような、ホラー映画顔負けのスプラッタ的描写が幅をきかせているようだ。

かく言うわたしも怖い話は大好きだが、怪談の真髄は何といっても、語り手の話を聞くことにあると思う。猥談と同じで、怪談も座の娯楽だ。合宿や旅行などで数人が車座になり、少し明かりを落としてから、「これは本当にあった話なんだけれどね……」という決まり文句が発せられると、それだけでもう心臓がどきどきする。ストーリーが展開するにつれて体は緊張し、鼓動は早まる。そして恐怖のクライマックスに達したときのパニックときたら……。聴衆の口からは思わず悲鳴が洩れ、気の弱い人は互いに抱き合う。だが、そうした騒ぎも、楽しみのうち。その場のみんなで恐怖を分かち合う。これこそが、怪談の醍醐味なのだ。

そんなふうに、人々の集いの中で実際に語られた話ばかりを集めた本がある。それが、本書『ブルターニュ　死の伝承』だ。だが、この中の話を一つでも読むと、わたしたちの知っている怪談とはずいぶん趣が違う、とお感じになるかもしれない。

それも、無理はない。物語の舞台は、十九世紀末フランスのブルターニュ東部（バス・ブルターニュ）。現代の日本に生きるわたしたちにとっては、まったく馴染みのない土地だ。しかも、そこに登場する人々は、アイルランドやウェールズから移民した、島のケルト人の末裔である。フランス語とは系統の異なるブルトン語を話し、先祖代々伝えられてきた風習を頑固に守ってきた人々なのだ。

海に囲まれた半島では、小麦の実りは悪く、葡萄は育たない。人々は海岸で海藻《ゴエモン》を採り、魚を漁《すなど》り、畑を耕してカラス麦や蕎麦、じゃがいも、キャベツ、麻などを栽培する。「金好きジャン」が言うように、「バス・ブルターニュでは家族を食わすことはできても、金持ちにはなれやしない」のだ。そんな貧しい土地だからこそ、人々はかえって想像力の翼を豊かに羽ばたかせ、驚くほど興趣に富んだ伝承を語り継いできたのだろう。

ここでは、怪談が語られるのは、おもに冬だ。農閑期の長く暗い夜、人々は炉辺に集い、男たちはパイプをふかし、女たちは糸を紡ぎながら、低い声で死者の物語を語り合う。だが、それは、身の毛がよだつような話ばかりではない。ユーモアに満ちた話、美しい話、残忍な話……。色とりどりの物語がある。そして、そのいずれにも、まるで通奏低音の伴奏のように、深い哀愁が漂っている。

この本の面白さは、人々の語る怖い話だけではなく、死にまつわる風習をも紹介している点にある。その意味で、単なる怪談本とは決定的に異なる。人々が死とどのように向き合い、そこから何を感じたのかを合わせ読むことで、一つ一つの怪談は、人々の深い信仰心によって培われたのだということが、おぼろげながら見えてくるだろう。

例えばバス・ブルターニュでは、死者はいつでも寒いから、人々は夜、死者が火にあたれるように、炉辺の熾き火をとっておくのだという。そのことを知って初めて、亡くなった両親が息子の家を訪ねて来る『二本の老木』の話が味わいを増す。

また、一一月一日の万聖節《トゥッサン》の夜、死者たちは生前暮らした家に戻って来る。そのため、人々は焚き火を燃やし、陰膳を用意して死者を迎える。教会では、鎮魂のミサが挙げられる。そうした配慮をしてもらえず、誰からも忘れられた死者が、いかに寂しい思いをするか……。それが想像できなくては、『止まった時計』の本当の意味が理解できないだろう。

これを読んで、おや、日本でも同様の風習がある、と思い当たる方は多いのではないだろうか。日本では、死者はいつも喉が渇いている、といわれる。だから私たちはお墓参りをすると墓石に水をかけ、毎日仏壇で手を合わせる前に水をお供えする。死者が戻って来る盂蘭盆《うらぼん》には、火を燃やして死者を迎え、お供えをしてもてなす。お坊さんを呼んで、お経を挙げてもらう。

なあんだ、死者に対する畏敬の念は、日本でも十九世紀のバス・ブルターニュでも同じじゃないか！　思わずこう叫んで、手を叩きたくなるだろう。すると、今度は次から次へと、様々な共通点が見つかるに違いない。死んだ人の悪口を言ってはいけない、お通夜では寝ずの番をして遺体を守る、などなど……。

死者はどこかに行ってしまったわけではない。形を変えて「生きて」いる。ただ、わたしたちの目に見えないだけだ。「見える力」を授かっている人は別として。死者は生者とともにある。そう考える点で、日本人も、一昔前のブルトン人も、変わりないはない。ただ、現代の消費社会、情報社会の目まぐるしさに翻弄され、わたしたちはちょっとだけ、そのことを忘れてしまったにすぎないのだ。

しばしのあいだだけでも、この二十一世紀の今を忘れ、物語の中に入り込んでみよう。そうすれば、海に囲まれ、山や荒地、川や耕作地を配する、変化に富んだブルターニュの地が、不思議と親しみの湧く風景となって眼前に広がるだろう。

作者のアナトール・ル゠ブラースは、一八五九年四月二日、ブルターニュ半島コート・デュ・ノール県（現コート・ダルモール県）のサン・セルヴェという小さな町で生まれた。

本書を取り巻く世界は、アナトールの育った世界そのものだ。彼の母語はフランス語ではなく、ブルトン語である。子供のころ、祖父の膝の上で、水没したイスの物語を聞き、願掛け女のお供をして「真実の聖イヴ」詣でに行った。グランド島から荷車を御して、ラニオンの市場に通う、マリー゠ジョブ・ケルゲヌーおばあさんの話は、父親の店の商品をラニオンに仕入れに行っていたアナトールの母、ジャンヌの体験とも重なる。漁師、農夫、糸紡ぎの老婆、巡礼女、徳高い主任司祭……。アナトールの子供時代は、そうした人々との交わりの中で、豊かに育まれたのである。

小学校教諭の父ニコラは、立派な先生として、地域の人々の尊敬を集めていた。田舎の小さな町では、知的エリート階級に属する。ニコラ自身、民間伝承に興味があり、民話民謡の採集家、フランソワ゠マリー・リュゼルと親交があった。文部省の民俗学調査にも協力している。

そうした家庭に育ったアナトールである。パリで学業を終え、カンペールに高校教師として赴任したとき、ふるさとの民間伝承に目を向けたのは、ごく自然ななりゆきだっただろう。リュゼルとともに民話の語り手のもとを訪れて民謡を採取し、ルナンの推薦で文部省の委託調査員に選ばれ、数回にわたって各地で民俗学の調査を行なった。おそらく、こうした調査を進めるうちに、強い危機感が彼を襲ったに違いない。

十九世紀は、フランスがブルターニュを「発見」した時代でもあった。一八三九年、ドゥ・ラ゠ヴィルマルケ子爵がブルトン語の民謡をフランス語に翻訳し、『バルザス・ブレイス』を著すと、ジョルジュ・サンドはホメロスのイーリアスをも凌駕する傑作だと絶賛した。パリではケルトブームが興り、ブルターニュがエキゾチックな地として脚光を浴びるにつれ、この半島にも観光開発、近代化の波が徐々に押し寄せるようになった。

また一方で、中央集権を強化し、国家の統一性に配慮する中央政府は、フランス語の習得を最優先に掲げ、学校教育の場でのブルトン語の使用を厳しく禁じた。そのため、規則を犯した生徒に、みんなの前で恥をかかせる罰が導入された。授業中少しでもブルトン語を話した者は、紐で吊るした小さな円盤型のメダルを首に掛けさせられる。アナトール自身、何度もこの罰をくらい、屈辱的な思いを経験していた。こうしたことが積み重なると、当然のことながら、若者たちはブルトン語をフランス語よりも劣った言語とみなすようになる。

このままでは、ブルトン語とともに、ブルターニュの独特の文化が失われてしまうのではないか。アナトールはそんな懸念を抱いていた。

「思考の表現形式を破壊することは、思考そのものを破壊することと同じだ。（……）わたしたちの唇がこの言葉〔ブルトン語〕をもはや永遠に発音しなくなったとき。それは、わたしたちが最終的な降伏条約にサインしたことを意味する」

一八八八年七月二〇日、彼はカンペール高校の学業優秀生徒への賞の授与式で、このように語っている。こうした危機感は、アナトールだけのものではなく、ブルターニュの知識人が多かれ少なかれ共有する懸念でもあった。

だが同時に、その逆の動きも起きていた。民謡の採集によってケルト文化が見直され、学問としての地位が確立されるようになったのである。一八八〇年代、パリのコレージュ・ドゥ・フランス、そしてレンヌ大学で、あいついでケルト学講座が開設された。ダルボワ・ドゥ・ジュバンヴィル、アンリ・ゲドス、ジョゼフ・ロートら、錚々たる学者が講義を担当し、専門誌を発刊して精力的に寄稿するなど、研究の機会と発表の場が確保された。

ブルトン語への政治的圧力と、ブルターニュが営々と継承してきたケルト文化に対する賞賛の念。このように相反する二つの流れの中で、一八九三年、アナトールはブルターニュ東部を回って集めた民間伝承を『バス・ブルターニュの死の伝承』としてまとめ、パリのシャンピオン書店から出版する。

この本は、当初、大きな反響を呼んだ。好意的なものばかりではない。特にアナトールの義弟で、若き宗教学者、レオン・マリリエの執筆した序文は、少なからぬ批判を浴びた。ブルターニュ出身者にとって、とりわけショックだったのが、「ブルターニュはとりわけ死の国である」という一文だった。ジョゼフ・ロートは、一八九四年四月の『ブルターニュ年報』に次のように書いている。

「親愛なるル＝ブラースよ、（子供の誕生と結婚を題材にした）『生の伝承』は、いつ書いてくれるのか？　収穫は（『死の伝承』ほどは）豊かではないかもしれないが、それを書くことによって、きみは、ブルトン人の生から死までを一貫して紹介することになるのだよ。フランス人はイギリスのことを『悲しいイギリス』と言うが、イギリス人は『楽《メ》しい《リー》イングランド』と呼ぶ。とはいえ、どちらの言い分も正しいのだ。マリリエはブルターニュを死の国だと言う。だが、カンペールの陶器を見れば、冗談と色恋の国であることもわかるはずだ。どうか、すべてを調和させてもらいたい」

とはいえ、一般の人々からはこの本は好評をもって迎えられ、いちはやく英語に訳され、アメリカやイギリスでも熱心な読者を得た。今でも、アナトール・ル＝ブラースの代表作といえば、真っ先に挙げられるのが、この『死の伝承』である。資本主義経済が急速に発展し、人々の暮らしが消費中心の社会へと変わっていく十九世紀末、人生の行き着く先に何が待っているかを忘れるな、という大昔からのメッセージは、人々の浮かれ足をふと止めるだけの強さを秘めていたのだ。

このメッセージを誰よりも真剣に受け止めたのは、著者であるアナトールに他ならなかっただろう。このころ、彼はキャリアの階段を着実に上がっていた。カンペールの高校教師からレンヌ大学講師、ついで教授に就任し、一方では民間伝承だけではなく、詩や小説にと著作の幅を広げつつあった。

順風満帆であるかのように思われた人生に、思いがけなく死が影を落とす。悲劇は一九〇一年、トレギエ近郊のジョーディ川河口で起きた。一艘の船が遭難し、十三人の乗客乗員のうち、十人までが彼の血縁者だったのである。このとき、父ニコラと義母、最愛の妹「プティマン」、そして初版の序文を執筆した義弟マリリエを一挙に失ってしまう。とりわけ悲惨なのが、マリリエの最期だった。運良く岩場に漂着したものの、助けを求める絶望の叫びを、沿岸の人々は海の悪霊の声だと思い、耳を塞いでいたのである。明け方になって、ようやく救援が差し向けられたとき、遭難者はもはや虫の息だった。

そのことを知って、ブルターニュの民間伝承を誰よりも大切にしてきたアナトールですら、人々の頑迷さにこぶしを振り上げたくなったに違いない。たぶん、彼はもう一つの危機感を抱いたことだろう。それは、ブルトン人が先祖伝来の風習に固執していると、いつまでも辺境の地のままで、おいてけぼりをくってしまうだろう、という危惧である。「人々がおのれの種族に伝わる古代の遺産をまだ放棄せず、原始時代の迷信の重い頚木を引きずっているのは、彼らのせいではないのだから。だが、少なくとも子供たちは、近代的な教育によって、こうした過去の亡霊から解放されるように、と祈らずにはいられない。そして、そのうちブルトン人にとって、死の伝承が思い出でしかなくなり、経帷子に包まれた死者のように、一つ一つこの本のページに封じ込められて保存されますように!」

本書序文を締めくくるこの文章は、作者の心からの叫びであるように思われる。

ふるさとの独特の文化を殺さずに、未来に向かって発展するブルターニュへと変えていく。それにはどうしたらいいのか?

地元文化人の多くがそれぞれ、この問いの答えを探していたが、アナトールの解答は明確だった。ブルターニュの発展は、フランスとの一体性なしには果たせない、というのがそれである。

一八九八年、地元の知識人が中心になってブルターニュ地域連合(URB)が結成され、アナトールは初代議長に就任した。フランスとの一体性を認めながらも、中央集権の破壊したものを再生させるために、地方分権を求めていく。それがURBが掲げた主張であった。こうした地域主義の動きは、その後もアメーバーのように分裂と設立を繰り返しながら、今日まで受け継がれることとなる。漁業、農業、牧畜業といった伝統的な産業に加え、通信技術などのハイテク産業も隆盛を誇る現代のブルターニュは、まさにアナトールの願いどおりの道を辿っているといっても過言ではあるまい。

ところで、ジョーディ川の事故のあとも、アナトールにとって悲しみが尽きることはなかった。愛する妻を二度までも失い、一人息子のロベールは二十歳にならぬうちに銃弾に倒れてしまう。

アンクーは自分の傍らに立ち、いつもじっと見守っている。そして、機会あらば容赦なくその鎌を振り下ろす。死の残酷な権力の前に、人間は無力で、人生は虚しい。大切な人を失うたびに、アナトールは絶望に打ちひしがれ、長期間にわたって精神的な危機に見舞われた。それでも、彼は必ず立ち上がった。愛する人々と、故郷ブルターニュのために。

その後の彼の活動は、実に精力的である。何回となく米国を訪れ、各地で講演を行なう。なんと六十を過ぎて恋をし、三度目の結婚をする。レンヌ大学を退官してからは南仏に家を買い、生まれて初めてエジプトを旅行する。残りの人生を人一倍楽しんだのも、アナトールだったに違いない。

光と影が神秘的に交錯するブルターニュの空のように、人の一生には喜びと悲しみがつきまとう。そこを通り抜けて、人間はさらに豊かになる。それまでの道程を振り返ったとき、アナトールに悔いはなかっただろう。最後の詩の題を見ると、それがよくわかる。

「ケナヴォ」

ブルトン語で、さらば、という意味だ。

生者よ、驕るなかれ。死を思え。

『死の伝承』の全篇には、この調べが低く流れている。

死を思うことは、すなわち生を考えること。自分もいずれはあちら側へ行く。それまでのあいだ、神さまに生かされているわずかな時間を、かけがえのないものにするよう努力しなさい。そう語りかける『死の伝承』は、まさに『生の伝承』に他ならないのではないだろうか。

次に、本書について簡単に解説しておきたい。

先に記したように、ル゠ブラースが初めて『死の伝承』を発表したのは一八九三年で、*La légende de la mort en Basse-Bretagne*（『バス・ブルターニュの死の伝承』）という題で、パリのオノレ・シャンピオン書店から四九五ページの一巻本として出版された。著者はその後も、新たに採取した話を挿入するなどして、手を入れ続けた。一九〇二年には、同じくオノレ・シャンピオン書店から *La légende de la mort chez les Bretons armoricains*（『アルモリカのブルトン人のあいだに伝わる死の伝承』）と題名を変えて、二巻本を出している。このとき、初版に掲載されていた義弟マリリエの序文は、マリリエ自身の遺言により、削除された。実はマリリエは、一部の学者たちから不評だった初版の序文を、改めて書き直すつもりでいたのである。だが、先にも触れたように、海難事故によってその機会は永遠に失われてしまった。そこで、マリリエは死の床で、若書きの作である序文をもはや掲載してくれるな、とル゠ブラースに依頼したのだった。

義弟の最後の頼みを承諾したものの、やはりル゠ブラースにとって、初版の序文は、亡きマリリエを偲ぶ、捨てがたい作品だった。新たに出版された一九二三年版では、冒頭にではなく、巻末の付録として、マリリエの序文がふたたび掲載された。この版では第二版同様、ケルト学者ジョルジュ・ドタンの詳細な註が付され、物語の世界は、アイルランド、ウェールズ、スコットランドにまで及ぶ広大なケルト文化圏の中に位置づけられ、さらに奥行きと深みを増している。

それまで深い愛着を持って、手直しを怠らなかったル゠ブラースだが、ジョルジュ・ドタンという最良の協力者を得たことで、改変に終止符を打つふんぎりがついたのだろう。一九二三年版の序文で、次のように記している。

「強いこだわりを感じながら作業を続け、版を新たにするたびに、運良く事前に集めることのできた新しいテーマを付け加え、内容の充実をはかってまいりました。この新版には、最も重要な話がまとめられているといっても過言ではありません。ですから、わたしとしては、すでにもうかなり多くの話がぎっしり詰まっている、この上下二冊本を、そろそろ決定版としてもいいころだと思うのです」

本書は、作者自身が「決定版」とした、この一九二三年版の全訳である。ただ、一つ不可解な点がある。それは、原本の表紙に出版年一九二三年と記されているのに、それが見開きでは一九二二年となっていることだ。文献によると、実際に出版されたのは一九二三年八月だということなので、凡例にはその数字を掲げた。

いま全訳と記したが、厳密に言えば、そうではない。「一九二三年版序文」、マリリエの初版の序文を冒頭に掲げない理由を説明した「序文」第一部、巻末の付録として掲載されているマリリエの初版序文、さらに注の解説、索引については、日本の読者にとってあまり興味が持てないだろうと推測されたため、訳本では削除した。注については、文献を引用しているのみのものを除き、なるべく忠実に掲載した。

原注には著者の執筆した注と、ジュルジュ・ドタンの作成した注が、筆者の区別なく挿入されているが、ブルターニュの地形、個人的体験、語り手についてのコメント、ヴァリアントに関する注は作者のもの、それ以外のものはドタン氏の手による、と断り書きがなされている。文中のブルトン語については、カタカナで表記してしまうと独特のイントネーションと抑揚が失われてしまい、まったく興趣が削がれてしまうが、必要と思われる箇所にかぎって、あえてカタカナで表記した。

カバー絵、十六ページにわたる口絵、章ごとの挿絵は、原書にはない。カバー絵は、ヤン・ダルジャン（一八六一―一八九九年）制作の油彩画『夜の洗濯女』である。ダルジャンはル＝ブラースと同じく、サン・セルヴェで生まれたロマン派の画家。イラストレーターとして活躍する一方で、ふるさとの風景や伝説を題材とする油絵を数多く描いた。挿絵は、十九世紀を代表する挿絵画家で、作家でもある、アルベール・ロビダ（一八四八―一九二六年）の『古き良きフランス紀行・ブルターニュ篇』*La vieille France, Bretagne, éd.A la librairie illustrée*（出版年記載なし。文献によると一九〇〇年）から採った。

なお、ブルターニュの歴史文化について、詳しくは原聖氏の著作『ケルトの水脈』（講談社、『興亡の世界史』シリーズ第七巻、二〇〇七年）、ならびに『〈民族起源〉の精神史――ブルターニュとフランス近代』（岩波書店、二〇〇三年）、『周縁的文化の変貌――ブルトン語の存続とフランス近代』（三元社、一九九〇年）を参照されたい。

本書の翻訳を思い立ったのは、十年ほど前のことである。気軽な気持ちで始めてはみたものの、作業が進むうちに、ケルト文化のあまりの奥の深さに、これはもしかすると、とんでもないパンドラの箱を開けてしまったのではないか、と後悔することもしばしばだった。今回、このような形で本にまとめることができたが、これはわたし一人の力では到底なしえるものではなく、さまざまな方の支えがあったからこそ、実現できたことである。この場を借りて、深く御礼申し上げたい。

本をお送りいただき、翻訳のきっかけを作ってくださった慶應義塾大学名誉教授、松原秀一先生、本書の出版を快くお引き受けくださった藤原書店の藤原良雄社長、また常に適切な助言と叱咤激励をしてくださった藤原書店の西泰志氏、ここに深く感謝いたします。

まったくブルトン語のできない訳者に、多忙な中、貴重な時間を割いて、ブルトン語の読み方を教えてくださったブルトン・デュ・ジャポン会長、ステファン・ペアン氏、有益なアドバイスをいただいた女子美術大学教授、原聖先生、誠にありがとうございました。

カトリックの典礼について教えていただいた三軒茶屋修道院長、南雲正晴神父、便宜を図っていただいた三軒茶屋カトリック教会助任司祭の松本巌神父、深謝申し上げます。

この本がみなさんの心に少しでも響くことがあれば、これほど嬉しいことはありません。

聖イヴ祭を目前にした二〇〇九年五月

訳者

著者紹介

アナトール・ル=ブラース（Anatole Le Braz）

1859年4月2日、フランス、コート・デュ・ノール県（現コート・ダルモール県）サン・セルヴェに生まれる。カンペールで高校教諭を勤めたのち、レンヌ大学文学部で教鞭をとる。1898年、ブルターニュ地域主義連合（URB）の発足に尽力し、議長に就任。アメリカ、イギリスで頻繁に講演を行なった。1914年、フランス政府よりレジオン・ドゥヌール・オフィシエ勲章を授かる。1926年3月20日、白血病により南仏マントンで死去。1928年7月、遺灰がトレギエに運ばれ、ギンディ川を見下ろす「詩人の森」の記念碑に納められる。バス・ブルターニュ各地の民間伝承を収集し、本にまとめると同時に、自身も詩や小説を数多く執筆した。主な作品に、バス・ブルターニュ地方のモルビアンを除くほぼ全域を約15年かけてめぐり、伝承を収集した本書（初版1893年）のほか、『パルドン祭の国で』（1894年）、『火の守り人』（1900年）、『太陽と霧の物語』（1905年）などがある。

訳者紹介

後平澪子（ごひら・みをこ）

翻訳家。慶應義塾大学文学部仏文科卒業、同大学修士課程修了。パリ第三大学博士過程中退。フランス大使館産業技術広報センター勤務を経て、現職。主な訳書に『身のまわりの科学』（ジャン=アンリ・ファーブル著、岩波書店）、『世界で一番美しい愛の歴史』（J・ル=ゴフ他著、共訳、藤原書店）などがある。

ブルターニュ　死《し》の伝承《でんしょう》

2009年5月30日　初版第1刷発行 ©

訳　者　後　平　澪　子

発行者　藤　原　良　雄

発行所　株式会社　藤　原　書　店

〒162-0041　東京都新宿区早稲田鶴巻町523

電　話　03（5272）0301

FAX　03（5272）0450

振　替　00160 - 4 - 17013

info@fujiwara-shoten.co.jp

印刷・製本　図書印刷

落丁本・乱丁本はお取替えいたします

定価はカバーに表示してあります

Printed in Japan

ISBN978-4-89434-685-7